LSノート
刑事訴訟法

長井　圓　著

不磨書房

はしがき

　本年10月（後期）より法科大学院で刑事訴訟法の講義を担当することになり，本書は，その「講義ノート」として，講義前に配布するレジュメに代わるものとして，急遽作成したものである．夏季の授業等の負担のない間を縫って，以前に作成した古いレジュメを整理したが，判例・文献の引用を含めて不備の多いものとなったので，将来の補正に期するしかない．

　本書の内容は，(1) 判例を前提とした説明と理論化に努めたが，(2) 法科大学院の多くの学生諸君が既に「体系書・教科書」を有していることを前提に，その簡明な整理をすると同時に，(3) 特に難解と思われる部分は重複して詳説することにした．その意図も実現に遠いので，今後一層の努力を重ねたい．

　本書の原稿整理等については，渡辺靖明氏（横浜国立大博士課程後期）に多大な支援を頂いた．また，本書の刊行は，不磨書房の稲葉文子さんの積極的な助言と短期での集約的な尽力なしには実現しえなかった．その誠意に満ちた格別のご努力に対して感謝の意を尽くしえません．

　2008年10月

長井　圓

目　　次

はしがき

第1講　刑事手続概説 …………………………………………………………1
1　基本権と公共の福祉 ……………………………………………………2
2　個人の自律と私的自治 …………………………………………………2
3　個人の自由と侵害原理 …………………………………………………3
4　民事事件・行政事件・刑事事件と二重制裁の禁止 …………………3
5　実体法と手続法との相関性 ……………………………………………4
6　適正な法定手続によらなければ犯罪なし ……………………………4
7　刑事手続による実体的真実の発見と適正手続の保障 ………………4
8　刑事手続の概観 …………………………………………………………4
9　刑事手続の運用 …………………………………………………………4
10　刑事手続の制度・構造 …………………………………………………4

第2講　捜　　査（1）──捜査の基本原則 ……………………………6
1　捜査の概念 ………………………………………………………………7
2　捜査の基本原則 …………………………………………………………7
3　任意捜査と強制捜査との限界づけの基準 ……………………………8
4　おとり捜査の法的規制 …………………………………………………9

第3講　捜　　査（2）──捜索・差押（証拠の発見・保全）……10
1　事件単位の原則 …………………………………………………………11
2　証拠を発見・保全する捜査行為には，どのようなものがあるか …11
3　強制捜査における法的主義と令状主義 ………………………………11
4　令状による強制も許されない人格の精神的自律と真実性 …………11
5　強制捜査としての捜索・差押 …………………………………………11
6　捜索・差押の手続 ………………………………………………………12
7　捜索・差押の限界 ………………………………………………………13
8　令状によらない捜索・差押 ……………………………………………15

第4講　捜　　査（3）──検証と取調 …………………………………17
1　検証の意義 ………………………………………………………………18
2　検証の種類 ………………………………………………………………19
3　検証・身体検査の手続 …………………………………………………19

目　次

 4　嘱託鑑定の手続 …………………………………………………… 21
 5　検視の手続 ………………………………………………………… 21
 6　写真撮影・秘聴・秘密録音 ……………………………………… 23
 7　被疑者・被告人の黙秘権と取調 ………………………………… 26
 8　被疑者への出頭要求・取調 ……………………………………… 27
 9　第三者への出頭要求・取調・証人尋問請求 …………………… 28
 10　被告人の取調 ……………………………………………………… 28
 11　取調の方法 ………………………………………………………… 28

第5講　捜　　査 (4)――任意捜査の限界 …………………………… 29
 1　告訴・告発・請求・自首 ………………………………………… 29
 2　職務質問 …………………………………………………………… 32
 3　職務質問に伴う所持品検査 ……………………………………… 33
 4　自動車検問 ………………………………………………………… 33
 5　監視付移転 ………………………………………………………… 34

第6講　捜　　査 (5)――逮捕と勾留（被疑者の保全）…………… 35
 1　逮捕・勾留の意義 ………………………………………………… 36
 2　通常逮捕の手続・要件 …………………………………………… 37
 3　現行犯逮捕の手続・要件 ………………………………………… 39
 4　緊急逮捕の手続・要件 …………………………………………… 40
 5　逮捕状発付後・逮捕後の逮捕要件の変動・消滅 ……………… 41
 6　逮捕後の手続 ……………………………………………………… 41
 7　逮捕の引致・留置の場所 ………………………………………… 42
 8　被疑者勾留の手続・要件 ………………………………………… 42
 9　被疑者勾留の場所 ………………………………………………… 44
 10　勾留の期間 ………………………………………………………… 44

第7講　捜　　査 (6)――逮捕・勾留の法的限界 …………………… 46
 1　逮捕・勾留の効力の基礎 ………………………………………… 47
 2　逮捕前置主義の具体的適用 ……………………………………… 49
 3　逮捕・勾留の一回性 ……………………………………………… 50
 4　逮捕・勾留の競合 ………………………………………………… 52
 5　余罪取調の要否と可否 …………………………………………… 53
 6　余罪取調の許容される範囲 ……………………………………… 54
 7　別件逮捕勾留の違法根拠 ………………………………………… 56

目　次

第8講　捜　　査 (7) ── 被疑者の法的地位と防御権 …………………62
　1　刑事手続の制度・構造と被疑者の法的地位 ……………………………63
　2　被疑者の法的地位と防御権 ………………………………………………69
　3　被疑者・被告人の弁護権と弁護人の法的地位 …………………………70
　4　被疑者・被告人の接見交通権 ……………………………………………74
　5　違法捜査に対する被疑者の救済方法 ……………………………………81

第9講　公　　訴 (1) ── 国家訴追主義と起訴便宜主義 ……………………86
　1　捜査から公訴への刑事手続 ………………………………………………87
　2　不告不理の原則 ……………………………………………………………89
　3　現行法の国家訴追主義・起訴独占主義 …………………………………90
　4　起訴便宜主義と起訴法定主義との対比 …………………………………92
　5　起訴独占主義における不当な不起訴の控制 ……………………………98
　6　起訴独占主義における不当な起訴の控制 ………………………………101

第10講　公　　訴 (2) ── 公訴提起の手続と起訴状一本主義 ……………103
　1　起訴状の提出すべき裁判所 ………………………………………………104
　2　裁判所の意義と刑事裁判権 ………………………………………………104
　3　公訴提起の方式・種別 ……………………………………………………106
　4　起訴状の記載要件 …………………………………………………………106
　5　起訴状一本主義 ……………………………………………………………108
　6　公訴提起の法的効果 ………………………………………………………111
　7　公訴不提起の法的効果 ……………………………………………………119

第11講　公　　訴 (3) ── 公訴権と訴訟条件 …………………………………121
　1　公訴権の意義 ………………………………………………………………122
　2　公訴権をめぐる学説 ………………………………………………………123
　3　公訴権と訴訟条件との関係 ………………………………………………124
　4　公訴権と裁判との関係 ……………………………………………………125
　5　管轄違の判決 ………………………………………………………………127
　6　公訴棄却の決定 ……………………………………………………………127
　7　公訴棄却の判決 ……………………………………………………………128
　8　免訴の判決 …………………………………………………………………130
　9　訴訟条件の補正・追完・治癒 ……………………………………………137

第12講　公　　訴 (4) ── 公訴事実・訴因と審判対象 ……………………139
　1　公訴権と訴訟条件・審判対象と裁判確定力との関係 …………………140
　2　公訴事実と訴因との関係 (古い審判対象論) ……………………………142

vii

目　次

　　3　公訴事実と訴因との関係（新しい審判対象論）……………146
　　4　訴因の明示と特定 …………………………………………………148
　　5　不告不理の原則の理論的根拠 ……………………………………151
　　6　訴因変更の要否 ……………………………………………………153
　　7　訴因変更の可否 ……………………………………………………155
　　8　訴因・公訴事実の個数と罪数の変更 ……………………………159
　　9　訴因変更の命令と許否 ……………………………………………160

第13講　公　判（第一審）――公平な裁判所の迅速な公開裁判の実現 …163
　　1　公判手続の意義 ……………………………………………………164
　　2　公判手続の基本原理 ………………………………………………164
　　3　公判廷の意義と構成 ………………………………………………173
　　4　公判準備の手続 ……………………………………………………176
　　5　争点及び証拠の整理手続 …………………………………………187

第14講　公　判（第一審）――公判期日の手続 ……………………191
　　1　第一審の公判手続とその特例手続 ………………………………192
　　2　第一審の公判期日の手続 …………………………………………192
　　3　冒頭手続 ……………………………………………………………192
　　4　証拠調の手続 ………………………………………………………194
　　5　弁論の分離・併合・再開 …………………………………………208
　　6　公判手続の停止 ……………………………………………………210
　　7　公判手続の更新 ……………………………………………………211
　　8　論告求刑，最終弁論，結審 ………………………………………212
　　9　判決の宣告 …………………………………………………………212
　　10　公判調書 ……………………………………………………………214

第15講　証　拠（1）――事実認定の基本原理 ………………………216
　　1　証拠と証拠法の意義 ………………………………………………217
　　2　証拠裁判主義 ………………………………………………………217
　　3　自由心証主義 ………………………………………………………218
　　4　証拠による要証事実の証明力と証拠能力 ………………………220
　　5　証拠の分類・性質 …………………………………………………222
　　6　厳格な証明と自由な証明の対象 …………………………………225
　　7　証明の不要 …………………………………………………………228
　　8　証明の制限 …………………………………………………………229
　　9　挙証責任と推定規定 ………………………………………………230

目　次

第16講　証　　拠 (2) ―― 被告人以外の者の供述証拠 ………………………233
　1　証拠能力 ―― 証明力との関係 ……………………………………………235
　2　被告人以外の者の供述証拠 …………………………………………………237
　3　公判期日における供述の証拠能力 …………………………………………239
　4　公判期日外における供述の証拠能力（伝聞法則）………………………241
　5　公判期日外における供述の証拠能力（伝聞法則の例外）………………248

第17講　証　　拠 (3) ―― 被告人の供述証拠 ……………………………………268
　1　被告人の供述と自白法則 ……………………………………………………269
　2　自白の証明力と補強法則 ……………………………………………………286
　3　共犯者の供述 …………………………………………………………………295

第18講　証　　拠 (4) ―― 非供述証拠と違法排除法則 …………………………299
　1　違法収集証拠の証拠能力 ……………………………………………………300
　2　科学的証拠の証拠能力 ………………………………………………………315

第19講　裁　　判 (1) ―― 第一審の終局裁判（有罪・無罪の判決）…………321
　1　裁判の意義 ……………………………………………………………………323
　2　裁判の種類 ……………………………………………………………………323
　3　裁判の成立過程 ………………………………………………………………325
　4　第一審の終局裁判 ……………………………………………………………327

第20講　裁　　判 (2) ―― 形式裁判と確定裁判の効力 …………………………338
　1　管轄違の判決 …………………………………………………………………340
　2　公訴棄却の判決・決定 ………………………………………………………341
　3　免訴の判決 ……………………………………………………………………345
　4　特殊な裁判および終局後の裁判 ……………………………………………348
　5　裁判の効力 ……………………………………………………………………348
　6　一事不再理の効力 ……………………………………………………………349
　7　確定裁判の内容的確定力 ……………………………………………………354

第21講　上 訴 概 説 ……………………………………………………………………360
　1　上訴の意義 ……………………………………………………………………360
　2　上訴の目的 ……………………………………………………………………360
　3　上訴の手続・効果 ……………………………………………………………361
　4　上訴権者 ………………………………………………………………………361
　5　上訴の利益 ……………………………………………………………………362
　6　上訴権の発生・消滅・回復 …………………………………………………362

ix

目　次

 7　上訴制度の構造・機能 …………………………………………363
 8　上訴の範囲 ………………………………………………………364
 9　上訴審の審判対象 ………………………………………………365
 10　検察官の不利益上訴と二重危険の禁止 ………………………366
 11　刑の不利益変更禁止 ……………………………………………367
 12　破棄判決の拘束力 ………………………………………………368

第22講　控　訴 …………………………………………………371
 1　控訴理由の制限 …………………………………………………371
 2　絶対的控訴理由 …………………………………………………371
 3　相対的控訴理由 …………………………………………………374
 4　控訴審の手続 ……………………………………………………375
 5　控訴審の構造 ……………………………………………………378
 6　控訴審の裁判 ……………………………………………………380

第23講　上告と抗告 ……………………………………………383
 1　上　告 ……………………………………………………………383
 2　抗告・準抗告 ……………………………………………………388

第24講　非常救済手続と裁判の執行 …………………………392
 1　再　審 ……………………………………………………………392
 2　非常上告 …………………………………………………………398
 3　裁判の執行 ………………………………………………………400

　事 項 索 引……………………………………………………………401

略 語 表

1．法令の引用例

① 刑事訴訟法は，条項号のみを表示した．

② そのほかの法令

憲	憲法
裁	裁判所法
裁員	裁判員の参加する刑事裁判に関する法
検	検察庁法
検審	検察審査会法
弁	弁護士法
警	警察法
警職	警察官職務執行法
道交	道路交通法
少	少年法
規	刑事訴訟法規則
傍受	犯罪捜査のための通信傍受に関する法律
犯捜	犯罪捜査規範
刑事収容	刑事収容施設及び被収容者等の処遇に関する法律

2．文献の引用例

① 教科書等

青柳　上・下	青柳文雄『五訂　刑事訴訟法通論　上巻・下巻』(立花書房・1976年)
渥美	渥美東洋『全訂　刑事訴訟法』(有斐閣・2006年)
内田ほか	内田文昭・河上和雄・垣花豊順・長井圓・安冨潔『刑事訴訟法』青林書院・1993年)
岸	岸盛一『刑事訴訟法要義』(廣文堂・1961年)
小林	小林充『刑事訴訟法』第3版（立花書房・2006年)
齊藤（編）	齊藤誠二　編著『刑事訴訟法』(八千代出版・1993年)
白取	白取祐司『刑事訴訟法』第5版（日本評論社・2008年)
鈴木	鈴木茂嗣『刑事訴訟法』改訂版（青林書院・1990年)
田口	田口守一『刑事訴訟法』第4版補正版（弘文堂・2006年)
田中ほか	田中開・寺崎嘉博・長沼範良『刑事訴訟法』第3版（有斐閣アルマ・2008年)
田宮	田宮裕『刑事訴訟法』新版（有斐閣・1996年)

略　語　表

団藤	団藤重光『新刑事訴訟法綱要』7訂版（創文社・1967年）
寺崎	寺崎嘉博『刑事訴訟法』補訂版（成文堂・2007年）
能勢ほか	能勢弘之・大野平吉・横山晃一郎編『講義刑事訴訟法』（青林書院・1984年）
平野	平野龍一『刑事訴訟法』（有斐閣・1958年）
平場	平場安治『改訂　刑事訴訟法講義』改訂3版（有斐閣・1958年）
福井	福井厚『刑事訴訟法講義』第3版（法律文化社・2007年）
松尾　上・下	松尾浩也『刑事訴訟法　上・下』（有斐閣・上（新版）1999年，下（新版補正第2版1999年）
三井　Ⅰ・Ⅱ・Ⅲ	三井誠『刑事手続法（1）・Ⅱ・Ⅲ』（有斐閣・（1）（新版）1997年，Ⅱ2003年，Ⅲ2004年）
光藤	光藤景皎『刑事訴訟法Ⅰ』（成文堂・2007年）

② 注釈書・講座・論文集

判例解説	法曹会『最高裁判所判例解説　刑事篇』
刑事手続　上・下	三井誠ほか編『刑事手続　上・下』（筑摩書房・1988年）
新刑事手続	三井誠ほか編『新刑事手続Ⅰ～Ⅲ』（悠々社・2002年）
条解	松本時夫ほか編著『条解　刑事訴訟法』第3版（弘文堂・2003年）
新実例刑訴	平野龍一ほか編『新実例刑事訴訟法Ⅰ～Ⅲ』（青林書院・1998年）
大コメ	藤永幸治ほか編『大コンメンタール刑事訴訟法』1巻～8巻（青林書院・1994年～2000年）
註釈	青柳文雄ほか『註釈　刑事訴訟法』1巻～4巻（立花書房・1巻（増補版）1979年・2巻1976年・3巻1978年・4巻1981年）
注釈	伊藤栄樹ほか『注釈　刑事訴訟法』1巻～7巻（立花書房・1996年～2000年）
令基　上・下	新関雅夫ほか『増補　令状基本問題　上・下』（一粒社・1996年）
石井	石井一正『刑事実務証拠法』第3版（判例タイムズ社・2003年）

③ 法律雑誌

百選8版	刑事訴訟法判例百選〔第8版〕
ジュリ	ジュリスト
判時	判例時報
判タ	判例タイムズ
警研	警察研究
刑雑	刑法雑誌
刑ジ	刑事法ジャーナル

第1講　刑事手続概説

1. 法則（因果律）と法律（当為規範）との差異・関係について，説明せよ．
2. 憲法には，「刑事手続に関する人権規定」および「刑事司法に関する制度規定」として，どのようなものがあるか．また，そのような憲法の規定がある理由は何か．
3. 憲法13条が「個人の自由」（人格的自律）を保障しているのは，なぜか．自由と生命・生存とは，どのような関係に立つか．また，自律と自己決定権（同意・合意）とは，どのような関係に立つか．さらに，自律と道徳・倫理・プライヴァシーとの関係はどうか．
4. 個人の自由・権利が「公共の福祉」の制約下にあるのは，なぜか（憲12条・13条，法1条参照）．これとミルのいう「侵害法理」との関係はどうか．
5. 民事法・行政法・刑事法・憲法は，法体系としてどのような関係にあるか．また，それらの法原理的差異は，どこにあるか．
6. 同一の不法行為（侵害）に対して，民事賠償義務・行政処分・刑罰を行為者に重ねて負わすことが法的に許されるか．この三者を調整するにはどのような法的方法があるか．なお，交通反則金と罰金との差異はどうか．
7. 実体法と手続法との相違・関係はどうか．
8. 民事訴訟法と刑事訴訟法との根本的相違は，どこにあるか．
9. 被害者等の私人は，刑事訴訟を提起できるか．この点について，日本法と外国法とには差異がある．それはなぜか．また附帯私訴と刑事賠償命令とは，どのような手続か．
10. 「形式的意義の刑事訴訟法」と「実質的意義の刑事訴訟法」とを区別すべき理由は，何か．また，刑法典に定める刑事手続規定があるか．
11. 「法定手続（裁判）なければ犯罪（刑罰）なし」（憲31条）の法理の根拠は何か．この法理と「私讐・自力救済の禁止」とは，どのような関係に立つか．
12. 「無罪の推定」が被疑者・被告人について働く法的根拠は，何か．わが国における起訴有罪率は，99%を超えている．それはなぜか．この有罪率と無罪推定法理とは，矛盾しないか．また，この法理と「疑わしきは被告人の利益に」の事実認定法理とは，どこが異なるか．
13. 「事案の真相を明らかに」することは（1条），刑事手続における絶対的要請であるか．「適正手続もしくは法定手続の保障」（憲31条）と「実体的真実発見の要請」とは，どのような関係に立つか．実体的真実の発見を犠牲にすべきときは，どのような場合か．
14. 「一事不再理の原則」・「二重危険の禁止」（憲39条）は，いかなる根拠に由来するか．この原則は，およそ実体的真実主義に反するものか．また，「不利益再審」は，なぜ禁止されているか（435条・436条）．スウェーデンのように「不利益再審」を許容する国も少なくない．その理由はなぜか．
15. 「無罪判決」（336条）は，どのような場合になされるか．それは無罪を証明するものか．
16. 「真実」は一つか，それとも複数ありうるか．例えば「実体的真実」と「手続的真実」とを区別することは，妥当であるか．また，「積極的真実主義」と「消極的真実主義」とを区別することは，論理的に可能であるか．
17. 刑事手続における「真実発見」と「人権保障」とは，どのような関係に立つか．両者が相反するのは，どのような場合か．例えば，「自白法則」（319条1項）を「人権保障」ないし「違法排除」の観点から一元的に説明することは妥当か．刑事手続における「最大の人権侵害」とは，何か．

第1講　刑事手続概説

18 「択一的認定」を許容することは，「真実主義」および「罪刑法定主義」に反するか．
19 犯罪白書の「刑事司法における犯罪者（成人）処理の流れ」を説明せよ．なお，少年の犯罪（非行）については，どうなるか．
20 検察庁新規受理人員の罪種別構成比から，どのようなことが判明するか．
21 被疑者の逮捕と勾留の「身柄率」の各罪名における差異は，何に由来するか．
22 被疑事件の処理における「起訴猶予率」・「公判請求率」，「罪種別起訴率」，「罪種別起訴猶予率の推移」，「不起訴処分における理由別人員」から読み取るべきことは，何か．
23 全事件確定人員における「無罪の比率」は，どうか．また，懲役および禁錮に対する「執行猶予率」はどうか．
24 通常第一審終局人員の身柄状況における「勾留率」および「保釈率」はどうか．
25 行刑施設の「収容率の推移」および「再入率」から，何が判明するか．
26 犯罪白書を概観して判明する「日本の刑事手続の特色」は何か．

〔1講のねらい〕　刑事手続法・刑事訴訟法の意義・役割・機能・目的について，(1) 民事法・行政法・憲法という法体系における「刑事実体法」と「刑事手続法」の位置づけを明確化すると同時に，(2) 事件の捜査に始まり，公訴・公判・裁判の確定・執行に至る刑事手続の全体の展開を理解する．

1　基本権と公共の福祉（憲13条，法1条）

刑事手続では，事件の発生を契機として，個人（市民）は被害者・被疑者・被告人・参考人・証人として国家の機関である警察官・検察官・裁判官・裁判員・裁判所との関係が生じる．ここでは，「**基本的人権の保障**」と「**公共の福祉の維持**」をめぐって，「**個人と国家**」との交渉・葛藤が生じる．それゆえ，憲法13条の規定を出発点として，これを刑事手続に具体化した保障規定である憲法31条「**法定手続の保障**」から憲法40条「**刑事補償**」に至る憲法規定の下で刑事手続法が定められている．

2　個人の自律（自己決定）と私的自治

全体主義ではなく個人主義を基礎とする憲法秩序（法の支配，立憲国家）の礎底には「個人の自律と私的自治」（最大多数の最大幸福の共存）の原理があり，その実現のために民事法・行政法・刑事法が重層的に位置づけられている．

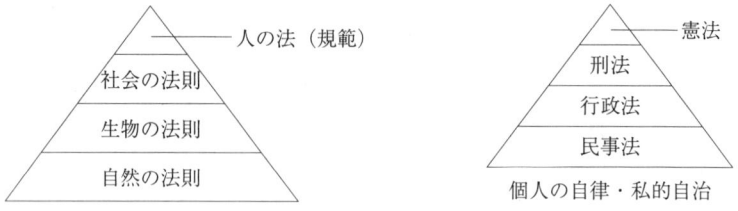

3 個人の自由と侵害原理 (憲13条・31条の法理)
① 人間は，**適者生存・優勝劣敗の生物法則**下にある社会的動物である．──法は，自然法則を前提としながらも，共存の理想を実現する「当為の規範」である．
② 社会の共同生活──**個人の人格的自律・プライバシーの最大保障**
③ 最大の保障の内在的制約としての侵害原理（J.S.ミル）──相互に保障されるべき個人の人格的発展の利益とその侵害者の犯罪に対する刑罰
④ **比例権衡の原則**──不法（嫌疑）の重さと手続（刑罰を含む侵害）の重さとの適正なバランス（適正手続の保障）
⑤ 刑罰法令（犯罪抑止）の実現に不可欠な**最小手段**としての刑事手続による自由制約
⑥ 刑事手続と無罪の推定（被疑者・被告人の市民としての最大保障）

4 民事事件・行政事件・刑事事件と二重制裁の禁止 (憲39条)
① 民事──債務不履行・不法行為による損害賠償（加害者・債務者による被害者の損害補顛）．私人による損害回復を主目的とするので，これを補完する公的な不法抑止が行政・刑事の処分として必要になる．
　　行政──法違反への過料・反則金その他の行政処分としての制裁
　　刑事──犯罪に対する刑罰による抑止（刑事法の補充性・最終手段性）
② 現実には一体不可分な事実として発生しうる民事・行政・刑事の事件
③ 実体法的効果の形式的区別──手続の分業化と一体化（懲罰的賠償制度，少年法の保護処分・24条と刑事事件・40条，精神障害者の処遇等）
④ 実体法的・手続法的効果の実質的連関──不法抑止に不要な二重制裁を回避するために，**起訴猶予の裁量**（248条）および**量刑**（執行猶予等）での調整がなされる．
⑤ 刑事手続における被害者の地位──刑事私訴・附帯私訴・刑事賠償命令・起訴猶予処分と手続参加
⑥ 修復的司法の構想・ダイヴァージョン・ADR ──犯罪は自然・社会法則の所産であるから，被害抑止のためだからといって，犯罪者の社会復帰・共存を否認し，犯罪者を非市民として社会から排斥する「**敵性刑法**」（死刑など社会復帰を不能・困難にする処遇）を法定することは，許されない．犯罪者を排害する程に，その敵性（反社会性）が強化され，社会の安全が害される．そこで，同じ市民として加害者と被害者との社会的宥和を図る「**修復的司法**」の推進が刑事手続でも必要になる．

5 実体法と手続法との相関性

① 刑事手続法による刑法(実体法)の実現と修正(1条・248条)——**刑事手続法なき刑法は「ただの紙片」に等しい**.
② 刑事訴訟法の形式的意義と実質的意義(法源)——刑法典にも刑事手続の規定がある(例えば親告罪につき刑135条・183条・209条2項等参照).
③ 刑事手続と民事手続との相違——私的自治(合意)では解決しえない紛争のみが民事訴訟となる.

6 「適正な法定手続(裁判)によらなければ犯罪(刑罰)なし」

① **憲法31条の意義**——刑事法は市民の共存保障を目的とするので,その達成に適した手続を法定すべきことになる.個人に私讐・自力救済を許容したのでは,過剰な制裁・闘争の連鎖が生じる一方で,弱い被害者の救済や無辜の私刑防止を達成しえない.それゆえ,被告人の防御権・被害者の手続参加(292条の2・316条の33~39)など市民の権利を保障した公正な裁判手続が必要になる.
② **無罪の推定法理**——有罪判決の確定までは,被疑者・被告人に対して,「嫌疑刑」(犯罪の嫌疑を理由とする刑罰・拷問)を科してはならず,その自由を可能な限り尊重し,その防御権を保障しなければならない.また,有罪確定後も再審(435条~453条)の機会を保障すべきである.

7 刑事手続による実体的真実の発見と適正手続の保障

① 刑訴法1条の目的と「実体的真実」の意義(志向対象としての真実と経験則)
② 真実発見の積極面と消極面(不利益再審の禁止・憲法39条)
③ 「適正手続」(due process)の意義——法の支配と人権保障
④ 適正手続による真実発見の制限(憲31条)

8 刑事手続の概観

① 事件(の発生)と犯罪予防・行政警察の活動
② 捜査——捜査機関の活動と被疑者側の活動
③ 公訴——検察官による公判請求と略式命令の請求
④ 第一審の公判・控訴審・上告審
⑤ 裁判(有罪・無罪)の確定と執行
⑥ 再審・非常上告

9 刑事手続の運用 (「犯罪白書」を読む)

10 刑事手続の制度・構造 (8講1参照)

第1講　刑事手続概説

●予習問題1

① 法律家の役割とは何か．なぜあなたは法律家を志望するか（再確認）．
② 法の目的・役割・機能とは何か．実体法と手続法（訴訟法）との関係はどうなるか．
③ 憲法13条と31条との関係（刑事手続における基本的人権と公共の福祉との関係・調和）
④ 刑事事件と民事事件・行政事件との関係（これらはどの点で区別され，かつ関連するか）
⑤ 刑事手続の進行過程とわが国での運用の実際（これを犯罪白書で理解すること）

●予習問題2

〔事例〕

① Xは，平成15年3月3日午後7時頃より横浜駅前のホテルで友人Aと共にウィスキーボトル一本・清酒等を多量に飲酒した後，酒に酔った状態で午後11時すぎに自動車を運転して帰途についたが，保土ヶ谷区常盤台79番地附近の国道を時速約70キロメートルで進行中，酔いのため前方注視が困難になり，対向車線に進入して急制動したが間に合わずに，同所の路端を無灯火の自転車で進行中のY（学生21歳）に自車を衝突させYを転倒させた．Yの自転車は大破したが，Yは軽い擦過傷を負ったにすぎなかった．

② Xは，事故の現場でYにとりあえず自己の名刺と現金1万円を渡し，被害の弁償については後に交渉することを約束して，事故の報告を警察にせずに，午後11時45分ころ再び自車を運転して同所から徐行しつつ約1キロメートル進行したところ，これを発見して不審に思った警察官Zから停車を求められてこれに応じた．さらにXは，Zより運転免許証の提示を要求されたが，免許失効中であったため，無免許運転の発覚を怖れて「免許証を自宅に忘れた」と申し述べ，弟Wの名前を詐称したため，ZよりWの氏名を記載した交通反則切符を交付され，翌日交通反則金を郵便局より仮納付したので，その後神奈川県警察本部長により公示通告がなされた（道路交通法126条～130条）．

③ Yは，学費の支払いに困っていたので，3月5日，「むち打ち症になった」と偽って10万円の治療費等を請求したが，Xがこれに応じないので，被害届を警察署に提出した．その捜査の結果，本件は業務上過失傷害罪として起訴され，Wを被告人とする起訴状謄本が送達されてきたが，Xが公判に出頭して手続が開始された．

〔設問〕

① 交通反則金納付（行政処分）の効力は，X・Wいずれに対して生じるか．
② 本件公訴提起は適法であるか（訴訟条件，11講7d参照）．
③ 本件における被告人は，X・Wのいずれか（10講5(3)参照）．
④ XがYの支払請求に応じた場合，その民事法律関係は刑事手続にどのように影響するか．Xは，Yの不当な要求に応じなかったがゆえに，起訴されるという結果になった点をどう考えるか（248条，刑211条2項参照）．

第2講　捜　査(1)

―― 捜査の基本原則

1 　刑事訴訟は，常に一個または数個の「刑事事件」(特定かつ同一の犯罪となりうる事実)を単位(基準)かつ対象として，手続が進行する．この「刑事事件」と「犯罪の嫌疑」(189条2項)，「公訴事実」・「訴因」・「罪となるべき事実」(256条，312条，329条，335条，336条)とは，どのような関係に立つか．

2 　捜査行為は，いつ開始され，いつ終了するか．後者につき，法定の制限があるか．例えば，起訴後・公判期日後の捜査は許容されうるか．

3 　「犯罪の嫌疑」(事件)が発生する前に捜査行為を開始することができるか．これにつき，通信傍受法3条1項2号3号・14条は，どのように定めているか．

4 　警察官の「犯罪予防活動」と「捜査」とを区別すべき実益はあるか．行政警察活動と司法警察活動との区別はどうか．また，犯罪の嫌疑と不審事由(警職法2条1項)との相違はどうか．

5 　強姦被疑事件について，被害者の告訴がなくても，捜査を開始することは適法か．

6 　いわゆる「おとり捜査」は，犯罪の嫌疑発生前の活動であるがゆえに，全面的に不適法になるか．「おとり捜査」が違法になるのは，どのような場合か．違法な「おとり捜査」に対して，どのような法的規制をすべきか．なお，おとり捜査を任意捜査(197条1項)として許容されるとした最決平成16・7・12刑集58巻5号333頁(百選8版12，平成16年重判解・ジュリ1291号190頁参照)を参照しつつ，検討しなさい．

7 　捜査における「必要」(197条1項，198条等)とは，何か．これと「最小手段の原則」または「比例権衡の原則」とは，どのような関係に立つか．

8 　「任意捜査」とは，どのような法的性質のものか．これにつき「法定」されていなくても実施が許容される根拠は何か．法定された任意捜査には，どのようなものがあるか．

9 　「強制捜査」は個別の法定された要件の下でのみ許容される．その根拠は何か．強制採尿令状を条件つきの捜索・差押令状として許容する判例の立場は妥当であるか．

10 　間接強制と直接強制との区別はどうか．(137条～140条参照)．

11 　「強制捜査法定の原則」(197条1項)と「令状主義」(憲法33条・35条)とは，どのような関係に立つか．令状なき強制捜査が許容されるのは，どのような場合か．

12 　「一般令状」とは，どのような令状か．それが法的に禁止されるのは，なぜか．

13 　令状主義は，原則として事前の司法審査を必要とするが，例外的に事後の司法審査も法的には許容されている．緊急逮捕(210条)・通信傍受(222条の2)について，検討しなさい．

14 　任意捜査と強制捜査とを限界づける基準は何か．「意思の制圧」(最判昭51・3・16刑集30巻2号186頁)は，基準となりうるか．結局，「強制」の「同義反復」ではないか．

〔2講のねらい〕①捜査の概念・要件，②捜査の機関，③捜査の手続進行，④捜査の基本原理，とくに必要性の原則，任意捜査の原則，強制捜査の法定原則および令状主義について，体系的に理解する．

第 2 講　捜　査 (1)

1　捜査の概念 (法189条 2 項)
① 条件　「犯罪の嫌疑があるとき」(犯罪があると思料するとき)
　　a　捜査の端緒——捜査開始の原因となる「事件情報」を提供する事情をいう．ただし，事件が実体を伴うかは，「調査後」に判明するにすぎない．
　　b　犯罪予防活動 (行政警察) と捜査 (司法警察) との区別——その事態は流動的であり，前者の違法性は後者に作用するので，刑事訴訟の対象になる．
　　c　犯罪嫌疑の客観性と主観性——事件発生につき合理的な根拠 (情報) が必要である．
　　d　不特定の犯罪嫌疑 (警職 2 条 1 項の不審事由)——その特定により捜査に移行する．
　　e　通信傍受の特例 (傍受 3 条 1 項 2 号・3 号)——犯罪と思料される事件の先行の要否 (行為時における事件の突発性と流動性)
　　f　おとり捜査との関係 (犯意誘発型と機会提供型)
　　g　親告罪における告訴等の存在は捜査条件か
② 目的　「公訴の提起・進行を目的とする」(204条・205条)
　　a　不起訴処分を目的とする捜査 (捜査独自目的説)？
　　b　公訴時効の成立した事件の捜査？
　　c　起訴後の捜査の許容性 (捜査の時期的限界・公判中心主義との関係)
③ 方法　被疑者および証拠の発見・保全 (法197条 1 項)
④ 主体　捜査機関 (法189条〜195条) の行為 (活動)
　　a　手続の段階としての「捜査」の概念 (捜査・公訴・公判・裁判)
　　b　手続の主体としての「捜査」の概念 (捜査機関と被疑者の活動・行為)
　　c　糾問的捜査観と弾劾的捜査観との対立 (捜査の構造)
　　d　警察による捜査から検察による (補充・補正) 捜査・公訴へ，検察官公判専従論

2　捜査の基本原則
① 捜査における「必要性」の原則 (197条 1 項，198条 1 項，218条 1 項等)
　　a　197条 1 項本文における「取調」と198条 1 項における「取調」との意義の相違
　　b　捜査の目的達成に必要な「最小手段の原則」(警職 1 条 2 項・199条 1 項但書・217条・139条等)——銃を手にした犯人の射殺は，正当防衛とならない限り，違法となる．
　　c　捜査における「比例・権衡の原則」(公務上・業務上の秘密と押収拒否権・103条〜105条)——被疑事実とその嫌疑の軽重に比例した捜査の種別・方法のみが適法となる．

② 任意捜査「自由」（非法定）の原則
    a　同意・承諾の原則──任意の女子の身体検査・任意の家宅捜索の（原則）禁止（犯捜107条・108条）
    b　法定された任意捜査──**任意捜査といえども自由の制約になる．**
    c　被疑者の出頭要求・取調（198条1項）
    d　領置（221条・110条）と押収物の還付（123条・347条），検視（229条）と任意捜査との限界
    e　違法な任意捜査と強制捜査との区別──「必要性」を欠く捜査は，すべて違法になる．しかし，任意捜査として違法だからといって，強制捜査として違法になるとは限らない．
③ 強制捜査「法定」の原則
    a　法定の要件に従った内容・手続の強制処分のみが許容される．
    b　非法定の強制捜査は許されない（違法）
    c　間接強制と直接強制との区別（身体検査・137条〜140条）
    d　強制採尿令状（判例）の適法性（合憲性）
④ 令状主義の原則と例外（憲33条・35条）
    a　事前と事後の司法審査（緊急逮捕・210条，通信傍受・222条の2）
    b　一般令状の禁止（対象の特定性・手続の非限定性）
    c　令状による捜索・差押・検証（218条・219条）
    d　通信傍受法の制定（222条の2）
    e　現行犯逮捕（212条・213条）の令状例外（憲33条）
    f　逮捕に伴う捜索・差押・検証（220条1項〜3項）の令状例外（憲35・33条）

3　任意捜査と強制捜査との限界づけの基準

① 同意（内心）──内心の不明確性，犯人ならば同意はしない．
② 承諾（表示）──外形のみの承諾・真摯性，善良な市民のみが承諾をする．
③ 法益侵害──任意捜査は法益侵害でないか．
④ 権利侵害──権利とは何か．
⑤ 有形力（実力）の行使──その程度．心理的圧力（脅迫・強要）の行使．
⑥ 強制・義務づけ──多様な程度・段階があり，多義的である．
⑦ 法定の有無──法定の任意処分もある．法定なき強制処分もありうる．
⑧ 令状の要否──令状なき強制処分もある．
⑨ 意思の制圧と「重大」な法益侵害（最判昭和51・3・16刑集30巻2号186頁・百選8版1）──写真撮影・秘密録音・盗聴との関係

4　おとり捜査の法的規制

① **意義** (問題性)――「おとり捜査」とは，(ア) 捜査官またはその協力者 (私人) が，(イ) 市民の行われようとしている犯罪行為を (実害の発生しない時点までは) 阻止せず誘発して，(ウ) その罪責・証拠が明白になった被疑者を検挙 (現行犯逮捕等) する捜査 (起訴・処罰) 方法をいう．(イ)の点で国家機関が犯罪を防止せず市民を犯罪者に仕立て上げるので，原則として違法で許されないが，(ウ)の点で究極的な犯罪抑止の目的に適合し，他に適切な手段がなく，犯罪の実害防止に有効であるときは，例外として正当化される．

② **適法性** (正当化) **の要件** (最決平16・7・12刑集58巻5号333頁・百選8版12)

　　a　197条1項の任意捜査であること (任意性)――誘発等が意思制圧になるときは，常に違法である．

　　b　直接の被害者のいない薬物犯罪等の捜査であること (無害性)――直接被害のリスクがある捜査方法は，違法である．個人的法益に対する罪では，正当化しうる被害者の同意が必要となる．

　　c　通常の捜査方法のみでは当該犯罪の摘発が困難であること (補充性)

　　d　機会があれば犯罪を行う意思があると疑われる者を対象とすること (機会提供型)――対象者に前科・前歴のあることでは足りず，犯行準備・志向の具体的状況の存在が必要となる．

③ **違法捜査の法的効果** (一般法原則の適用)

　　a　被告人は無罪・刑の免除・免訴・公訴棄却とはならない (最決昭28・3・5刑集7巻3号482頁)．

　　b　違法排除法則による証拠能力の排斥・情状による量刑 (執行猶予等)・起訴猶予 (248条) がありうる．

第3講　捜　査（2）
——捜索・差押（証拠の発見・保全）

❶　「被疑者」と「被告人」,「裁判官」と「裁判所」を区別する基準は何か.
❷　捜査は，何を目的として行なわれるか．また，捜査行為には，どのような種別があるか．
❸　捜査において「証拠保全」と「被疑者保全」とのいずれが通常は先行するか．また，それは何故か．
❹　証拠を発見・保全する捜査行為には，どのようなものがあるか．
❺　証拠保全の強制捜査について，憲法および刑事訴訟法はどのように定めるか．
❻　令状による強制（捜査）も許されない場合があるか．それは，どのような法益・領域か．
❼　「捜索」と「検証」との相違は何か．捜索状により，捜索現場，そこに所在した物・人を「写真撮影」することが許されるか．その撮影の法的性質はどうか．
❽　「押収」とは，どのような手続か．「差押」とは，どのような関係に立つか．
❾　「郵便物」の押収に関する規定（100条）は，いかなる意義をもつか．
❿　「被疑者」と「その他の者」とで捜索の要件が異なる理由はどうか．
⓫　押収拒絶権による拒否がある場合（103条～105条・222条・218条）に捜索・検証は許容されるか．
⓬　業務上の秘密に関して押収を拒むことができる者は，明文の範囲に限定されるべきか．また，拒絶権であって，拒絶義務でないのは何故か．さらに，捜索・差押により常に秘密・プライバシーが必然的に害されるにもかかわらず，一定の業務者のみに押収拒絶権が認められるにすぎない根拠は何か．
⓭　秘密とは何か（主観的秘密，客観的秘密）．それを判断・決定するのは誰か．また，「押収の拒絶が被告人のためのみにする権利の濫用と認められる場合（被告人が本人である場合を除く．）」とは，いかなる趣旨であるか．さらに，被告人・被疑者が当該事件に関して自己の秘密に関わる証拠を占有している場合には，拒絶権が法定されていないのは何故か．自己負罪拒否特権との関係はどうか．
⓮　押収拒絶権は，客体の押収後にも行使しうるか．
⓯　別件の捜索差押が禁止されるのは，どのような場合・範囲か．他事件の証拠の差押えが許されるのは，どのような場合か．
⓰　捜索中に法で所持の禁止された銃砲刀剣類や薬物を発見した場合，捜査官はどのような措置をとるべきか．「プレイン・ビューの法理」は日本法に妥当するか．
⓱　捜索の対象（法102条）として「物」・「身体」・「場所」が区別されているのは何故か．例えば，一定の住居を対象とする捜索差押状により，その現場に所在した人やその所持品について捜索・差押が許されるか．それは，どのような場合か．
⓲　身体に対する捜索状により，その対象者を裸にさせたり，下着の内部まで捜索することは許されるか．身体検査令状が必要な場合との限界はどうか．
⓳　PC・FDの捜索・差押において，特に留意すべき点について説明しなさい．
⓴　強制採尿は，いかなる要件の下で，いかなる令状により実施しうるか．また，強制採尿のために一定の病院等に被疑者を連行する場合はどうか．
㉑　身体の一部（毛髪・血液・臓器）・遺体の差押等は，どのような要件で実施しうるか．
㉒　逮捕に伴う捜索・差押・検証（220条1項～3項）に令状が不要な根拠は何か．これにつ

㉓ 220条1項にいう「逮捕する場合」とは，どのような場合か．身体保全前を含むか．被疑者が逃走して逮捕しえなかったならば，どうか．
㉔ 同条1項1号により住居等に立ち入り被疑者を捜索したが，これを発見しえなかった場合，その捜索は違法になるか．また，同条2項にいう「逮捕する現場」とは，どのような時点か．警察署等への引致後を含みうるか．

〔3講のねらい〕 捜査の各論における「証拠保全の手続」として，捜査機関による「捜索」・「差押」に関する①規定・概念・要件，②任意捜査・強制捜査・令状主義の限界，さらに③「検証」との区別について，実定法および基本判例を理解する．

1 事件単位の原則
刑事訴訟法では，「刑事事件」(1条) が，その名を代えて，捜査 (189条2項・「犯罪」)・公訴 (256条・「公訴事実」・「訴因」・「罪となるべき事実」)・公判 (312条・「公訴事実・訴因」)・裁判 (329条・336条・「被告事件」，335条・「罪となるべき事実」) を通じて，前提となる．「被疑者」・「被告人」・「裁判所」の概念も「事件」が基準となる．

2 「証拠」を発見・保全する捜査行為には，どのようなものがあるか
① 法定・非法定，② 強制処分と任意処分，③ 対人捜査と供述証拠の保全

3 強制捜査における法定主義 (憲31条) と令状主義 (憲35条)
① 人の「住居，書類及び所持品」に対する「個人の自律・自己決定」(プライバシー，人格の尊厳・発展のための私的領域と私的活動) の国家による尊重・不可侵性
② 「侵入，捜索」と「押収」を「受けることのない権利」
　a 侵入，捜索 (「城の法理」) と「検証」との関係 (侵害された個人情報)
　b 「押収」(「財」の占有排除と占有移転)
③ 「個人の自律」(プライバシー) を制限しうる「正当な理由」の存在 (「侵害法理」)
④ 「捜索する場所又は押収する物を明示する令状」(侵害・許容対象の特定・明示)
⑤ 司法による抑制 (令状主義) と司法 (裁判官) の抑制 (法定主義)
　——「事前」と「事後」のコントロール

4 令状による強制も許されない「人格の精神的自律」と「真実性」
　——黙秘権・自白の任意性の保障と虚偽排除の保障との接点 (憲38条)

5 強制捜査としての捜索・差押 (法の規定)
① 令状による捜索・差押・検証 (身体検査) (218条・219条)

第 3 講　捜　査 (2)

② 令状によらない捜索・差押・検証（220条）
③ 裁判所による**押収・捜索・検証**（99条以下）の準用（222条）
　　a　押収──「証拠物又は没収すべき物と思料するもの」の占有取得
　　　　──身体の一部（臓器移植法11条・20条参照）・遺体（対象とならないとする通説は疑問）
　　b　差押（222条1項・99条），提出命令（99条，捜査への準用なし）
　　c　領置（221条・101条）──（被疑者その他の者の）遺留物・（所有者・所持者・保管者の）任意提出物（令状不要，ただし任意の返還を認めない点で強制処分の性質あり）
　　d　捜索（222条1項・102条）──「人の身体，物又は住居その他の場所」

6　捜索・差押の手続

① 令状の請求
　　a　請求権者──検察官・検察事務官または司法警察員（218条3項）
　　b　裁判官への令状請求および疎明資料の提出（規155条・156条）
② 令状の審査（裁判官）
　　a　**捜索・差押の「理由」**（被疑者の嫌疑と証拠・没収すべき物の存在の蓋然性，規156条1項・3項）
　　b　**捜索・差押の「必要」**（199条2項とは異なり，明文の要件ではない．犯罪の態様・軽重，差押物の証拠価値・重要性・隠滅のおそれ，被疑者の不利益の程度その他の事情により明らかに差押の必要のないとき，最決昭44・3・18刑集23巻153頁）
　　c　令状の記載（219条，被疑者または被告人の氏名・罪名，捜索・差押の対象，有効期間・期間後の返還義務・発付の年月日，規157条の2）
　　d　**対象の特定**（事件関連性）──「本件に関係ありと思料される一切の文書及び物件」（最大決昭33・7・29刑集12巻12号2776頁，ただし罪名記載の問題あり．）
　　e　令状の発付
③ 令状の執行（捜索・差押の実施）
　　a　「処分を受ける者」に対する「令状の呈示」（222条1項・110条）
　　　　──事前呈示の原則と例外（証拠隠滅の防止とその他の執行の実効性の確保，相手方の拒否，最決平14・10・4百選8版23）
　　　　──受忍の義務・範囲の告知，準抗告の申立（430条──押収の事後的救済）
　　b　**執行の必要性**（218条）──捜索・差押の対象物を破壊・隠匿したり執行を妨害する者の行動を「必要」な限りで制圧しうる．
　　c　**執行に必要な解錠・開封等の処分**（111条──捜索・差押の執行力をその前提・付随的範囲まで拡張する規定，検証も可能）
　　d　**被疑者の立会**（222条6項「必要があるときは……立ち合わせることができる」，113条の不準用）

(ア)　住居等の捜索執行における住居主・看守者・その代人，隣人・地方公共団体の職員の**立会**（222条1項・114条）――執行の適正の看守（証人）
　　　(イ)　女子の身体捜索における成年女子の**立会**（222条1項・115条，外国法では女子・医師による執行）
　　e　夜間執行禁止の原則と例外（222条3～5項・116条・117条）
　　f　執行中の出入禁止等の措置（222条1項・112条）
　　g　執行中止における場所の閉鎖・看守（222条1項・118条）
　　h　捜索における証拠物等の不在証明書の交付（222条1項・119条）
　　　押収目録の交付（222条1項・120条）
　　i　押収物の保管・廃棄（222条1項・121条・122条）
　　j　押収物の還付・仮還付（222条1項・123条・124条）

7　捜索・差押の限界
(1)　**捜索の要件における外見上の相違**（102条）――被疑者の場合（必要性），その他の者の場合（押収すべき物の存在を認めるに足りる状況）
(2)　**被疑者に関する郵便物の押収**（100条，憲21条）――捜索的差押（差押の先行）報道の自由との利益衡量（判例）
(3)　**公務上・業務上の秘密における押収拒絶権**（103条〜105条，主体の限定列挙）
(4)　**令状における執行対象の特定・明示**（罪名・捜索対象・差し押さえるべき物）
　　a　一般令状・包括的探索的令状の禁止（限定・特定の原則）
　　b　「**包括的な事件関連性**」（判例，執行での限定・選別）
　　――捜査の初期ゆえの対象物の特定不可能，被疑者の取調・自白強要の回避
(5)　**別件差押の禁止**（本件の捜索中に別罪の証拠ないしその可能性を含む物を発見）
　　a　事件関連性（事件の背景・間接事実・情状を含めて本件の証拠であれば，別件・別罪の証拠でもよい．最判昭51・11・18百選8版24．ただし，別件証拠の差押目的で本件捜索を流用することは，許されない．広島高判昭56・11・26百選8版30）
　　b　法禁物（銃砲刀剣類・覚せい剤等の所持等の禁止された物）を偶然に発見したとき，その現行犯逮捕・緊急逮捕に伴う現場での差押（220条1項）――その前提として，発見された白色粉末が覚せい剤等に該当することを確認（検証）するには，受忍義務者の同意を得て「**試薬検査**」（**予検査**）を行うのが原則である．
　　c　逮捕の要件を欠くとき，または逮捕不能のときは，任意提出等による領置（221条）
　　　　または，現場・所持者を看守・追跡等をしたうえ捜索・差押令状の請求手続をとる．この場合には別件ゆえ「執行中の出入禁止等の措置」（112条）をなしえない．
　　d　アメリカ法ではplain viewの**法理**により現場差押ができるが，日本法に

は明文がない．

(6) **捜索の対象**（「物」・「身体」と「場所」）
   ① 令状記載が「物」であるとき，その存在する「場所」が公道等ではなく住居等であれば，その捜索は許されない（立入につき同意または令状が必要）．
   ② 令状記載が「場所」であるとき，そこに存在する「物」の捜索が許されるか．原則として許されるが，例外があるか．
      a　X宅（捜索場所）でAの所有物を発見した場合（物が本件・別件に関連）
      b　AがXの同居人であるか，それ以外の第三者であるか．
      c　(ア) Bが偶然にX宅訪問中にそこに置いたBの物（京都地決昭48・12・11判時743号117頁は，許されないとする．「令状審査後」に存在した物）（しかし，令状で許容した対象は「執行時」を前提とするものと解すべきである．）(イ) 令状呈示後に配達されてXが受領した荷物（最決平19・2・8刑集61巻1号1項・ジュリ1354号200頁，適法）──その荷物はXの受領により捜索の「場所」（X宅）に帰属する．執行の「時間的限界は，令状の有効期間内（219条1項・規300条）であれば，「令状呈示前」に存在した物であることを要しない．
   ③ 令状記載が「場所」であるとき，そこに存在する「人」の「身体」または「携帯品」の捜索が許されるか．
      a　被疑者Xの不在中に同居人Aのバッグをの任意提出拒否にもかかわらず捜索して覚せい剤を発見した事案（最決平6・9・8百選8版22，適法）
      b　Aが居住者であることが要件となるか．
      c　AがX事件の証拠（その場に事前に存在した物）を隠匿しようとしたことが要件となるか（証拠隠滅罪・公務執行妨害罪の現行犯人，220条1項・3項参照）．
      d　「身体」（衣服の中）と「携帯」（バッグの中）との区別（「身体」と「物」）
      e　「捜索」自体か，「**捜索に必要な処分**」（111条1項）か．
      f　「捜索」の許容範囲の逸脱に対する準抗告は明文を欠く（429条・430条参照）．

(7) **PC・FDの捜索・差押**（情報の「検証」と情報媒体物の「捜索・差押」との区別，侵害の最小化の方策）
   a　「検証」と「差押」との区別（差押の対象は，「有体物」に限られる．）
   b　PC・FDの情報量と日記・図書との相違（情報媒体物）
   c　事件関連性の判断（内容確認と複写，複写は検証であり，複写物は差押の対象でない．対象者の協力義務はない．）
   d　現場での破壊・消去の危険がある場合の緊急例外（実効性・受忍義務の長期化との利益衡量）
   e　「必要な処分」（111条）としてのFD等の一時的な持ち出し（移動）の適否──押収目録の交付・準抗告等との関係

第3講　捜　査(2)

  f　判例——最決平10・5・1刑集52巻4号275頁・百選8版25・平10年重判解（ジュリ1157号）181頁，大阪高判平3・11・6百選7版25，東京地決平10・2・27百選8版26（準抗告による差押取消）
(8)　**採尿の手続**（覚せい剤使用罪の証拠保全）
 ①　原則——被疑者からの任意提出（領置）
 ②　例外——間接強制と直接強制（最終手段）の許否（カテーテルの使用は重大な人格侵害となるので，厳格な要件で最終手段としてのみ許容される．被疑者は，これを避けて任意提出を選択しうる．）
 ③　必要な令状
  a　身体検査令状説（218条4項・5項・主体は捜査官）
  b　鑑定処分許可状説（主体は医師・直接強制の不能・139条，225条4項・168条6項，172条の準用なし）
  c　併用説（身体検査と鑑定処分との効力の関係）
  d　条件つき捜索差押令状（強制採尿令状）説（最決昭55・10・23刑集34巻5号300頁・百選8版31）
  e　採尿のための強制連行（最決平6・9・16刑集48巻6号420頁・百選8版32）
  ——㋐強制採尿は適切な医学的措置をなしうる場所での実施を要件とするので，そのための強制連行は強制採尿に不可分一体の措置である．㋑捜査における身体検査（218条4項）のための強制連行も，222条1項による召喚・勾引の準用なしに実施しうる．㋒連行すべき場所の令状記載は，要件ではない．事情により病院等を事前に特定しえないことがあるからである．

8　令状によらない（逮捕に伴う）**捜索・差押**（220条1項～3項）
①　**令状主義の例外**（憲35条・33条）
②　**外見上の例外**（220条1項2号）**の根拠**
 a　**緊急限定説**——逮捕の完遂・実現に必要な兇器・逃走具および所持品等の証拠隠滅の防止のための捜索・差押であって，その令状を得て執行したのでは，その目的を達成しえない場合に限定する（令状による執行が可能な限り，その捜索・差押は，本条では違法となる）．
 b　**合理的相当説**——逮捕の現場には被疑者（事件）の証拠が存在する蓋然性が明白なので，裁判官の令状審査を経なくとも捜索・差押の要件（理由・必要）が充足されているゆえ，その合理的な範囲で執行が許される．
  ——また，逮捕自体がプライバシーの大なる侵害なので小なる侵害である捜索・差押を必要な範囲内で認めることが，被処分者にとっても1回（最小）のみの侵害になり，利益である．

c　検討——a説中の兇器・危険物の一時的除去は，捜索・差押ではなく，被逮捕者・逮捕者等の安全確保のために逮捕の効力として当然に許容される．
　　　　a説では，被疑者が保持する「所持品等」の範囲は，被疑者が逮捕前に移動した場所内で被疑者の「直接支配・手足の及ぶ空間内」に限定される．しかし，証拠隠滅の防止を目的とするのであれば，被疑者以外の共犯者・家族等による隠滅も防止すべきことになり，被疑者の「直接支配内」という限定は不合理になる．a説の当否は，「裁判官の事前審査」を可能な限り実施すべきとする点にあるが，捜索・差押の要件が明白に備わる場合でなければ執行は許されず，その範囲内である限り，令状は発付されるのであるから，事前審査をする意義は乏しい．その要件が欠けた捜索・差押は，事後審査で違法となる（違法排除法則）．また，違法な差押は準抗告（430条）で救済しうる．
③　捜索・差押の要件とその事件・時間・空間的範囲
　　a　「逮捕する場合」（1項柱書）——逮捕行為の直前・直後の捜索・差押も必要な限り許容されるが，現に「被疑者を逮捕（身柄拘束）した」ことは要件でなく，結果的に被疑者が逃亡しても，先行した捜索・差押は適法になる（なお，最大判昭36・6・7刑集15巻6号915頁）．
　　b　被疑者の逮捕に必要な住居等の捜索（1項1号）——(ｱ)被疑者を「逮捕する場合」には，その現在・潜伏する蓋然性のある住居等への立入・捜索が必要になる．(ｲ)被疑者以外の者の住居等では，被疑者の「存在を認めるに足りる状況のある場合に限り」捜索が許される．(ｳ)その現場に被疑者が現在したことは要件でなく，その捜索で被疑者を発見できなくとも，その捜索は違法にならない．
　　c　被疑事件の証拠等の逮捕現場での差押・捜索・検証（1項2号）——(ｱ)「逮捕の現場」とは，逮捕行為をする場合における「現場」であり，住居等の管理者の同一支配の及ぶ空間領域をいう．(ｲ)被疑者が逃走して「現場」に不在であっても，その現場に被疑事件に関する証拠等が存在する蓋然性が明白である限り，捜索・差押等が許される．(ｳ)ここでも，222条1項で102条等の規定が準用されているので，その範囲内で令状による捜索・差押と同一要件の執行が可能になる．(ｴ)「被疑者の身体・携帯品」については，時間的に移動しても何ら変動がなく，「現場」であるとする見解，逮捕後の連行も逮捕の一連の過程であり，「現場」に含めてよいとする見解もある．しかし，最決平8・1・29百選8版28は，逮捕場所で直ちに捜索・差押を行うことが適当でない具体的状況があるときは，速やかに最寄の適切な場所まで被逮捕者を連行して，これを実施しても「逮捕の現場」と「同視」できるので適法とした．
　　　それゆえ「逮捕の現場」という形式性（文言）は，これを遵守しえない実質的な正当根拠がある限り，要件を欠いても違法とならない．

第4講　捜　査 (3)
──検証と取調

1. 証拠保全の捜査手続として,「検証」と「捜索」との相違はどうか.
2. 検証（広義）には,「任意処分」・「強制処分」として, どのようなものがあるか. また, 裁判所が直接行う「検証」の規定（128条）が捜査機関が行う証拠保全の「検証」（218条）に準用されていないのは, 何故か.
3. 強制捜査の方法として「検証」と「身体検査」とが区別して法定されているのは, 何故か. その要件・手続には, どのような相違があるか.
4. 「身体検査」につき「間接強制」の規定（222条1項・137条〜140条・222条7項）があるのは, 何故か. また, 身体検査を実施するために被疑者または第三者を一定の場所に「強制連行」しうるか（218条・222条・132条・57条, 58条・198条1項・199条1項・223条1項参照）.
5. いわゆる身体検査（広義）には,「捜索令状によるもの」・「検証令状によるもの」・「身体検査令状によるもの」（218条・219条）および「鑑定処分許可状によるもの」（225条）がある. これらの要件・手続には, どのような相違があるか.
6. 「尿」・「精液」・「卵子」の強制採取は, 法的に許されるか. 許容される場合には, どのような要件・手続（令状）が必要となるか.
7. 「毛髪」・「血液」の強制採取は, いかなる要件・手続（令状）で実施されるか. また,「尿」の強制採取との差異はどうか.
8. 死体に対する「行政検視」・「司法検視」（229条）・「検証」（218条・219条）の要件・手続につき相違点を説明しなさい. また, それらは, 行政処分・司法処分（捜査）または任意処分・強制処分のいずれであるか.
9. 「司法検視」と「鑑定処分としての司法解剖」とは, どのような関係に立つか.
10. 「司法検視」に際して, 変死体のある住居への立入・検査, 所持品検査等を住居権者等の承諾なしに実施することが法的に許されるか. また, この場合に捜索差押・検証等の令状を得ることが法的に可能であるか.
11. 「死体の処分権」は, 本人（死者）または, 遺族等のいずれに属するか. また, 死体に関する遺族の「葬祭権」・「相続権」との関係はどうか. さらに,「死者の人格権」とは, どのような法的性質のものか.
12. 証拠保全の手段として,「ＰＣ・ＦＤの捜索・差押」と「写真撮影・秘密録音」とでは, どのような法的差異があるか.
13. 捜査の手段として「写真撮影」・「秘聴」・「秘密録音」が許容されるのは, どのような場合か. また, それによって侵害されるのは, どのような法益であるか. その侵害において, 秘聴と秘密録音とに相違があるか.
14. 本人の同意なき写真撮影・秘聴・秘密録音は, 任意捜査・強制捜査のいずれか. それが捜査として違法になるのは, どのような場合であるか.
15. 秘聴・秘密録音・秘密撮影についての令状主義に関して, どのような点が問題になるか. また, 通常の検証との相違点は何か.
16. 「新しい強制処分説」とは, どのような見解であるか. その当否について説明しなさい.
17. 犯罪行為（現行犯）についても,「プライバシーの権利」が保障されるか. それが保障さ

18 令状による電気通信の傍受（222条の2，通信傍受法）の要件・手続について，説明しなさい．また，その対象外の秘聴（盗聴）には，どのようなものがあるか．

19 通信傍受・秘聴は，「黙秘権の侵害」にならないか．

20 黙秘権（自己負罪拒否特権）に関する憲法および刑事訴訟法の規定を列挙しなさい．また，黙秘権の「法的根拠」・「法的性質」・「法的効果」はどうか．

21 「黙秘権」と「供述の自由」との関係はどうか．また，刑事免責や利益供与を条件として「黙秘権の放棄」を迫ることは，法的に許されるか．

22 「黙秘権」（憲38条1項）と「自白強要の禁止」（憲38条2項）とは，刑事手続においてどのような差異があるか．

23 被告人が，質問に対して黙秘したときの表情・態度から裁判所は被告人に不利な心証を形成することは，法的に許されるか．また，被疑者と取調官との関係では，どうか．さらに，黙秘した被告人・被疑者を量刑上不利に取り扱うのはどうか．

24 行政手続においても黙秘権保障が及ぶのは，どのような場合か．

25 捜査の端緒となりうる情報につき，報告届出義務違反に対して刑罰を科することは，黙秘権保障に反しないか．この点についての判例の立場（見解）はどうか．

26 捜査において被疑者の取調が必要になる理由はどうか．また，これと「調書裁判」といわれる日本の刑事司法とは，どのような関係に立つか．

27 法198条1項にいう「逮捕又は勾留されている場合を除いては」とは，被疑者の取調に関して，いかなる意味であるか．逮捕・勾留時の取調の法的性質は，任意捜査・強制捜査のいずれか．

28 逮捕・勾留時の取調につき，被疑者の「取調受忍義務」を否認しながらも「出頭滞留義務」を肯定する見解がある．その意図するところは何か．

29 「取調の透明化」とは何か．また，それが必要な理由は何か．さらに，それが進展しない理由は何か．

30 現行法の解釈として，弁護人の取調立会権を承認することができるか（39条3項参照）．

〔4講のねらい〕 捜査の各論における「証拠保全の手続」として，捜査機関による「検証」および「取調」に関する①規定・概念・要件，②任意捜査・強制捜査・令状主義の限界，さらに③「捜索・差押」との区別について，実定法および基本判例を理解する．

1 検証（広義）の意義

① 「検証」の概念については，法に直接の規定がないが，関連規定（128条以下，165条以下，321条3項・4項）からして，次のように定義される．

② 「検証」とは，場所・物または人（身体・なお，身体の切断された一部）・死体について，その形状を感知（認識）する証拠保全処分である．

③ 「捜索」との相違

　　a　客体を感知する作用の点では，検証と捜索とは共通するが（英米法では両者

の区別がない．また，両者とも準抗告・429条・430条の対象とならない．），捜索は証拠物の占有取得（押収）のための処分である．

  b これに対して，捜索・押収が不可能ないし不適切であるときに，「検証」はその実施者の「感知した情報」自体が「供述証拠」（証人・調書）となる点に特色があり（伝聞例外・321条2項～4項），この点で「取調」（198条・223条）と共通する．

  c 「取調」は，捜査官が対象者から「その感知した情報」（供述証拠）を聴取する点で検証と区別される．

  d なお，検証に際しては，情報記録の手段として「検証調書」・「写真撮影・録音」等が用いられる．その「写真・録音テープ等」自体は，通説によれば「供述証拠」ではない．また，捜索・差押の現場・状況を記録した「写真等」は，要証事実（手続の適法性）との関係でも「供述証拠」にならない．

2 検証の種類

① **強制処分**（検証・身体検査・鑑定留置・鑑定処分・通信傍受），**任意処分**（実況見分・検視．ただし，検視は捜査それ自体ではない．）

② **捜査機関による検証**（検証・身体検査・検視），**鑑定受託者（専門家）による検証**（嘱託鑑定・鑑定留置・鑑定処分）

③ **強制捜査（検証）における令状主義**（憲35条，法218条・219条・220条・222条・222条の2・224条・225条）．なお，憲法35条にいう「侵入・捜索」には「検証」を含む．

3 検証・身体検査の手続

① **令状の請求**
  a 請求権者——検察官・検察事務官または司法警察員（218条3項）
  b 令状請求書および疎明資料の提出（規155条・156条）
  c 身体検査の特則（法218条4項，規155条2項）

② **令状の審査**（裁判官）
  a 検証（身体検査）の理由（規156条1項参照）
  b 検証（身体検査）の必要（128条・218条4項）
  c 令状の記載（219条，身体検査令状につき，適当と認める条件の附加，218条5項，規157条）
  d 令状の発付

③ **令状の執行**（検証の実施）
  a 「処分を受ける者」に対する「令状の呈示」（222条1項・110条）
  b 検証の執行に必要な処分（222条1項・129条）

第4講 捜　査 (3)

　　　——「身体の検査」・「死体の解剖」・「墳墓の発掘」・「物の破壊」・「その他の必要な処分」をすることができる
　c　出入禁止・立会等（222条1項・112条・114条・118条・222条4～6項）
　d　**身体検査の特則**（222条による準用）
　　　——性別・健康状態・名誉への留意，女子の検査における医師または成年女子の立会（131条）
　　　——**身体検査のための召喚・勾引**（被告人以外の者につき132条～136条，その被疑者への準用なし．身体検査令状の効力として，検査を実施すべき場所に対象者を強制連行しうる．）
　　　——間接強制が原則で，直接強制は例外（137条～140条・222条7項）
　e　体液（血液・胃液等）・身体組織の採取
　　医学的な知識・技術を要するため医師による実施を条件とする身体検査令状（218条5項）のみでは足らず，傷害を伴うので嘱託鑑定（医師を主体とする処分）および鑑定処分許可状（225条・168条1項・2～4項・6項）を要する（通説）．これらの規定には，139条が準用されていないため，直接強制が許されない．そこで，実務では，身体検査令状との併用が行われている．なお，鑑定用の「毛髪」の採取につき，実務ではハサミを用いるときは「理容師等」によること，「採取の量」，ブラシを用いた少量の採取等の「条件」が令状に付記される．
　f　体腔内の証拠物の差押（身体検査令状＋捜索差押令状）（条件つき捜索差押令状）
　g　体内の証拠物の差押（身体検査令状＋鑑定処分許可状＋捜索差押令状）
④　**令状によらない**（逮捕に伴う）**検証・身体検査**（220条・222条1項）
　a　被疑者・現行犯人を「逮捕する場合において必要があるとき」（220条1項本文）
　b　「逮捕の現場で」検証をすること（220条1項2号）
　c　110条・112条・114条・118条・129条・131条（身体検査の注意）および137条～140条（身体検査拒否に対する身体検査の強制）の規定は，220条の規定によってする検証について，これを準用する（222条1項）
　　　——本条項によれば，aおよびbの要件の下で被疑者等に対して身体検査を実施しうることになる．
　　　——学説では，身体検査を令状なしに認めるのは疑問であり，「身体の捜索（外部から着衣をつけたまま）として許される程度」にとどめるべきとする見解が有力である．上記の学説は，法の規定に反する点で疑問であり，むしろ実質的に「身体検査の要件」が充足されていることで足りる．
　d　身体の拘束（逮捕・勾留）を受けている被疑者の指紋・足型を採取し，身体・体重を測定し，または写真を撮影するには，被疑者を裸にしない限り，

第4講 捜査 (3)

218条1項（検証・身体検査）の令状によることを要しない（218条2項）．

4 嘱託鑑定の手続
① 鑑定の意義
「鑑定」とは，「学識経験のある者」（165条）の「特別の知識」（174条）によらなければ，感知（認識）しえない検証をいう．これには，（公判）裁判所による「鑑定命令」（165条・166条・強制処分）と捜査機関が鑑定人に依頼する「鑑定嘱託」（223条・任意処分）とがある．

② 嘱託鑑定
検察官・検察事務官または司法警察員は，犯罪の捜査をするについて必要があるときは，被疑者以外の者に鑑定（通訳もしくは翻訳）を嘱託することができる（233条1項）．

③ 鑑定留置（鑑定にあたり鑑定実施に必要な被疑者の場所的身柄拘束・強制処分）
被疑者の心神もしくは身体に関する鑑定につき期間を定め病院その他の相当な場所（拘置所等）に被疑者を留置する必要があるときは，上記の捜査機関の請求により，裁判官が相当と認めれば鑑定留置状を発付する（224条・167条1項・2項，規158条の2・130条の2）．

④ 鑑定処分（鑑定実施に必要な強制処分）
a 鑑定受託者が鑑定実施につき，住居等への立入・身体の検査・死体の解剖，墳墓の発掘・物の破壊をする必要があるときは，上記捜査機関の請求により，裁判官が相当と認めれば「鑑定処分許可状」を発付する（225条・168条2項・3項，身体の検査につき条件を付しうる．被処分者への令状呈示）．

b 鑑定処分としての身体検査では，直接強制が許されない（139条・172条の不準用）．

c 強制採尿では条件つき捜索差押許可状（判例）．

5 検視の手続
① 「司法検視」（229条）と「行政検視」との区別
a 「行政検視」は，警察署長が行政法規（軽犯1条18項，医師21条，戸籍92条1項など）に基いて実施する．すなわち，医師は死亡を確認すると「死体検案書」を作成し，死体がある旨の届出・報告を受けて，警察が公衆衛生・死因身元の確認・死体の処理等の目的のために，現場に臨んで死体等を見分する手続をいう．この手続は「犯罪による死体」でないことが「明らかな段階」で開始されるが，「行政解剖」等の過程で，自殺幇助・遺棄致死・死体遺棄等の可能性が生じれば，「変死体」として「行政検視」から「司法検視」へ移行することもある．

第4講　捜　査 (3)

　　　b 「**司法検視**」は，刑事訴訟法の規定（229条）に基いて実施されるもので，「変死体」につき「犯罪の嫌疑」が不明の段階でなされる．「捜査の端緒」（特殊な検証・嘱託鑑定等）として位置づけられ，それ自体は「捜査」ではない．
　　　c 犯罪に関する死体（殺人その他の致死罪，死体遺棄・損壊）であることが明らかなときは，直ちに通常の捜査（検証等）が開始される．
② **司法検視の主体**
　　　a 検察官（229条1項），または検察官の権限の下で検察事務官・司法警察員が実施（代行検視・229条2項）するが，この場合には国家公安委員会の定める「検視規定」により，「検視官」等が「医師」の立会を求めて行う．
③ **司法検視の要件**
　　　a 「変死者又は変死の疑のある死体」（229条1項）があるときとは，死因が「自然死」であるか「犯罪死」であるか判明しない場合をいう．前者で「死因等不明」と判断されれば行政検視，後者と判断されれば捜査に移行する．
　　　b 検視の手続・行為は，死体の外表検査・着衣・遺留品等の確認，写真撮影・指紋採取等に限られる（任意処分）．
　　　c 死因や死亡時期を解明するための「司法解剖」は，死体損壊罪（刑190条）に該当しうるので，法令行為（刑35条）として鑑定処分許可状により実施され（225条，規159条），「鑑定書」（321条4項）が作成される．
④ **司法検視の法的性格**
　　　a 「犯罪の嫌疑」（事件発生）の先行性を捜査の要件とする見解によれば，検視は捜査機関による立件前の「行政処分」となる．
　　　b 「犯罪の嫌疑」の有無を確認する行為も，公訴の提起・追行の目的でなされる「捜査の準備活動」であり，嫌疑の確認（立件）により「捜査」が実行されるとする見解によれば，検視は「広義の捜査行為」（司法処分）となる．
　　　c 検視を任意処分（任意捜査）と解するとき，その処分（同意）権者が誰であるか．
　　　　――検視は「変死の疑い」という重大な犯罪の嫌疑につながる要急処分であり，（犯人の可能性もある）遺族・同居人等の同意を得ていたのでは，その拒否により死因の解明に支障を生じるため，令状なしで他人の住居に立ち入ることができるとの見解もある．この見解は，憲法35条違反の問題を生じる．住居権者との関係では，その承諾または捜索・検証令状が必要になるが，変死につき嫌疑未確定の段階では，捜索も検証もなしえない．遺骨・埋葬との関係では，遺族の葬祭権・相続権の対象となるが，「死体」それ自体については，財産権の存否・帰属が民法上必ずしも明確ではない．
　　　　――「死者の人格権」を認めるドイツ・英米法によれば，死体はその死者の人格権（自律）が尊重され，遺族は死者の（生前の）意思と人格的利益を尊重

する義務を負う．すなわち，遺族は，死者の意思・利益に反する決定をなしえない．通常，死因の解明は，本人の無念をはらすものであり，かつ，犯罪の解明は，故人・遺族の単なるプライバシーではなく，公益（市民の安全）に関わる．要するに，遺族は故人の死体につき固有の処分権を有していないので，その限りでその同意がなくても，死者の推定的同意により死体の検視・解剖を令状なしでも実施しうる（私見）．ただし，死者の人格権（死者への礼意）および遺族の感情・葬祭権を可能な限り害しない方法が選択されるべきことになる．

6 写真撮影・秘聴・秘密録音 (特殊な検証)

(1) **私的領域・人格的自律**（住居権・肖像権・黙秘権・供述の自由）としてのプライバシーの侵害

——対象が無形（非有体）の人格的利益であるため，その侵害の正当根拠づけが容易でないが，基本的には「侵害法理」（比例権衡・必要最小性の原則）で限界づけが可能である．プライバシーにも，憲法35条の外的人格領域と憲法38条1項・2項の内的人格領域とが段階的に区別しうる．

(2) 「新しい強制処分」説（田宮・72頁・121頁）の問題点

 a 197条1項但書に定める既成の強制処分は法定の令状主義に従うが，それ以外の「新しいタイプの強制処分」は弾力的に規制する．例えば，写真撮影は既存の強制処分よりゆるやかに，盗聴は厳格に規制する．

 b (批判) 電子装置等の手段は新しいが，盗聴等は古来よりある．写真撮影も218条2項に法定されている．その本質は「検証による個人情報の取得・利用・管理」でしかない．

 c (批判)「強制処分法定の原則」および「令状主義」の枠を不明確に弾力化することは，現行法上許されない．

(3) **人格の特定によるプライバシー（人格権）侵害**（同意の範囲）

 a 「人格」を特定しえない写真撮影等は，プライバシー侵害がなく，実況見分としてなしうる (解析しても人格・所有者・所持者も不明な風景の一部としての人・所持品等)．

 b 「人格」を特定しうる場合は，本人の同意を要する (ただし，公道等を通行中の姿を他人が見うる場合，他人に聴こえる大声での会話の場合では，本人の同意がある)．

 c これを「記録」(有体物への媒体化) することの当否 (方法の差異)

——同意の対象を「みる・きく」(記憶) と録画・録音 (記録・物体化) とで区別すべきか (個人情報保護法と捜査法とで違法性が異なるか)．

 d 会話者の同意は一方で足りるか，双方を要するか (対人的差異)．一人に話せばもはや口を封じえない (秘密の放棄，それとも守秘義務)．Aに話すことの

第4講　捜　査 (3)

　　　　同意は，Bへの同意を意味しない（同意の放棄の個別性）．秘密とプライバシー
　　　　とは同義ではない（なお，秘密録音につき，最決昭56・11・20刑集35巻8号797頁，最決
　　　　平12・7・12刑集54巻6号513頁，千葉地判平3・3・29判時1384号141頁・百選8版11参照）．
　　　e　犯罪者・被疑者にもプライバシーが認められるが，犯罪行為（現行犯の状
　　　　態）にもプライバシーの権利が認められるか（侵害法理）．
　　　f　侵害対象の差異（公道・住居・物・身体の外部（着衣）・身体の内部（着衣の中）・
　　　　表現・内心）――プライバシーの要保護性にも段階的差異がある．
(4)　**同意なきプライバシー侵害は**，「任意捜査」または「強制捜査」として違法
　　か
　　　a　**カメラの設置と録画（個人情報）の保存・管理**――(ｱ) 設置場所の管理者の
　　　　同意がなければ，財産権侵害となる．(ｲ) 現行犯人以外の通行人等を撮影す
　　　　る監視カメラでは，嫌疑なき捜査・行政行為の適法性が問われる．(ｳ) 犯罪
　　　　発生の蓋然性・証拠保全の必要性と緊急性・録画対象の必要最小性・相当性
　　　　が要件となる（東京高判昭63・4・1百選8版10）．(ｴ) 証拠として不可欠でない個
　　　　人情報は消去等の措置が必要となる．
　　　b　**身柄拘束中の被疑者の写真撮影**（218条2項）――逮捕・勾留の効力が及ぶ
　　　　範囲
　　　c　**「公道」における「現行犯人」の写真撮影**――「現行犯人」の逮捕に伴う
　　　　検証（220条1項・3項）ではなく，公道ゆえ任意捜査として適法（最大判昭44・
　　　　12・24刑集23巻12号1625頁，速度違反車両の運転者・同乗者の撮影の合意性につき，最判
　　　　昭61・2・14刑集40巻1号48頁）
　　　　――同時に撮影された被疑者以外の第三者との関係（回避義務と受忍義務）
　　　d　**検証令状・身体検査令状・鑑定処分許可状による写真撮影**
　　　e　**捜索差押令状による**「必要な処分」**としての写真撮影**（事件関連性の要件）
(5)　**秘密の撮影・録音の問題性**（対象者が不知ゆえ拒否の困難と侵害範囲の拡大化）
　　　――望遠レンズによる撮影（屋内の人物に対しては検証令状が必要）
(6)　**会話秘聴・通信傍受の問題性**（捜査の許される限界）
　　　a　会話（意思・思想の表明）の特殊性（深いプライバシー，人格の内面的自律）
　　　　――手紙・日記（供述内容）の捜索・差押との比較－捜査と無関係になされ
　　　　た供述証拠を記録化することへの同意．
　　　b　「黙秘権または供述の自由」の侵害
　　　　――既に自由に供述した内容（供述証拠）の感知と「供述の強要」との差異
　　　c　嫌疑なき会話（供述の内容と存在）の感知（事件関連性の欠如，捜査の条件）
　　　　――第三者の立会（秘聴の可視化による濫用防止）（制止権限はない）
(7)　**秘聴・秘密録音における令状主義の限界**
　　① 基本的な問題点

a 「会話・通信の当事者」への令状呈示の不能――これに代わる通信施設の管理者（傍受9条）
　　　b 処分（傍受）対象の特定と最小化（対象となる犯罪の限定，人・場所・通信器による特定）
　　　c 反復・継続される「将来の犯罪」または「別罪」に関する通信傍受（通傍3条1項2・3号，14条）
　② 条件つき検証令状による秘聴（最決平11・12・16刑集53巻9号1327頁）
　　　a 法改正後の射程（電気通信以外の口頭会話等の傍受）
　　　b 検証説への批判（三井・渡辺・田口，検証は形状の把握のみで意味内容の把握・供述証拠を含まない）．しかし，検証時には「供述の存在」（物証）として認識・記録するだけであって，供述証拠としては，捜査時に要証事実は特定しえず，公判の証拠調時に伝聞法則を適用すれば足りる．
　　　c 合憲説（過去の犯罪．将来の犯罪捜査については判断していない）．
　　　d 218条5項の準用（条件付加が処分の範囲・程度を縮減する作用ゆえ許容）．
　　　e 129条の「必要な処分」（事実関連性なき会話の選別的聴取―写真撮影における不可避的な第三者）．
　　　f 対象者への事後通知・不服申立制度の不備（429条・430条は検証への準抗告を認めない）．
　③ 電気通信の令状による傍受（222条の2，通信傍受法）
　　　a 対象となる通信――(ア)「現に行われている」当事者間の「いずれの同意」もなき「電気通信」（2条）（会話ではない文字（文書）での通信を含む（郵便物の差押との比較）），(イ)電話番号等で特定され被疑者が契約で使用している通信または犯人が犯罪の関連の通信に用いる疑いのあるもの（3条1項）．
　　　b 対象犯罪（組織的犯罪）の共謀についての十分な嫌疑の存在，これに関する通信がなされる状況の存在，および他の捜査方法の困難（3条，別表）．
　　　c 傍受執行者（検察官・司法警察員）・令状請求者（指定された検事・警視以上の警察官等）の限定（3条・4条・5条）．
　　　d 傍受期間の限定（10日間，最長30日間，5条1項・7条）．
　　　e 傍受の実施に関する条件（5条の2）・立会（12条）．
　　　f 令状記載通信の該当性判断に必要な最小限度の傍受（13条）．
　　　g 令状記載外の通信傍受の例外（14条）．
　　　h 傍受した全通信の録音等の義務（19条），録音記録媒体の裁判官への提出義務（20条）．
　　　i 傍受実施状況記載書面の裁判官への提出義務（21条）．
　　　j （刑事手続に使用する）傍受記録の作成・当事者への通知・閲覧・複製等（22条～24条）．

第4講 捜 査 (3)

　　k　当事者の不服申立・傍受記録等の消去命令 (26条).

7　被疑者・被告人の黙秘権と取調 (198条・223条, なお取調の多義性につき, 43条3項・197条1項・282条1項・296条・299条1項参照)
① 「何人も, 自己に不利益な供述を強要されない」(憲38条1項).
　　a　「供述の自由」と「不利益供述の強要禁止」(黙秘権).
　　b　刑事手続のみならず民事行政手続にも及ぶ (広義の黙秘権).
　　c　法定手続の保障 (憲31条) に由来する「無罪の推定」を担保し, 特に被疑者・被告人の「人格的自律・主体性」を担保する権利 (自己負罪拒否特権).
② 被告人の黙秘権 (311条1項) ——「終始沈黙し, 又は個々の質問に対し, 供述を拒むことができる」.
③ 被疑者の黙秘権 (198条2項) ——「自己の意思に反して供述する必要がない」.
④ 証人の黙秘権・証言拒絶権 (146条・147条).
⑤ 黙秘権の法的効果
　　　a　権利の告知義務 (291条・198条2項), b　刑罰・過料その他の制裁による供述義務づけの禁止, c　黙秘権侵害による証拠収集の証拠能力の否認 (憲38条2項, 法319条1項), d　黙秘を不利益証拠とすることの禁止.
⑥ 黙秘に対する自由心証の是非
　　a　黙秘自体を証拠とする有罪認定の禁止.
　　b　個別の (証拠に関する) 質問に対する被告人・被疑者の黙秘 (供述の中断・絶句・顔色等の態度) からの心証形成.
　　　——黙秘の反射的効果として (被告人が弁解しうるのにしない場合), 質問内容としての証拠の信用性の増強 (これは, 黙秘自体ではなく, 別の証拠の証明力).
　　　——供述の中断・絶句・顔色等の態度からの合理的心証の形成は, 許される (これは, 自由心証の問題であり, たとえ禁止しても排斥しえない).
　　c　黙秘を被害者に対する謝罪意思・反省の欠如として量刑資料とすること (肯定・平野・229頁). ——これも黙秘自体ではなく, 謝罪・反省を表明しないこと (不作為) の効果として許容される (なお, 藤井・新実例Ⅲ209頁).
　　d　陪審裁判では, 判決理由 (証拠説明) を示す必要がないため, 被告人の証人・証言拒否に対する不利益認定を防止しえない (被告人の証人適格).
⑦ 黙秘権と行政取締目的での報告・記帳義務の罰則担保
　　a　憲法38条1項の保障は, 刑事手続以外の手続もおいても, 実質上, 刑事責任追及のための資料収集に直接結びつく作用を一般的に有する手続には, ひとしく及ぶ (最大判昭47・11・22刑集26巻9号554頁・川崎民商事件).
　　b　麻薬取締法, 外国人登録令・法人税法・関税法, 道路交通法 (72条) (合憲判例). 医師による異状死体の届出義務 (医師法21条, 違反は罰金) につき, 最

第4講　捜　査(3)

判平16・4・13刑集58巻4号247頁は，「犯罪行為を構成する事項の供述までも強制されるものではない」，また「公益上の高度の必要性に照らすと，……自己の犯罪が発覚する端緒を与えることになり得るなどの点で，一定の不利益を負う可能性があっても，それは，医師免許に付随する合理的根拠のある負担として許容される」と判示している．ここでは，「公益による黙秘権の制限・削除」の是非が問題となる．
　　c　行政手続で黙秘権保障をせずに収集された証拠には，刑事手続では証拠能力を欠く．行政手続（公正取引委員会）で収集した証拠の差押（実務では許容，憲法35条違反・公務員の守秘義務違反の回避）．
⑧　**黙秘権の保障と自白法則**（証拠能力）**との関係**
　　a　アメリカ法では，「自己負罪拒否特権」は公判における「法律上の供述義務」を免除するものであり，「自白法則」は公判外手続（捜査）での「事実上の供述強要」を排除するものであったが，ミランダ判決で黙秘権保障（警告）が捜査にも及ぶことになり，「違法排除法則」も拡大した．
　　b　日本法では，両者は，憲法38条の1項・2項との密接な関係に立つものの，区別される．刑事免責（訴追免除）を受けると黙秘権は奪われるが，自白法則の効果は害されない．

8　**被疑者への出頭要求・取調**（198条1項・任意捜査）
①　「逮捕又は勾留されている場合を除いては」，出頭拒否・退去の自由（199条1項参照）がある．
②　逮捕・勾留時の取調も任意捜査である．
　　a　供述義務なき取調受忍義務を認める見解（旧多数説・実務，椎橋・争点3版58頁）．
　　b　198条1項但書は，逮捕・勾留の効力が否定されない趣旨（平野）．
　　c　取調受忍義務はないが，出頭滞留義務（逮捕・勾留の効力）は残るとする見解（松尾）．
　　──「供述しない自由」も「取調を拒む自由」もある（黙秘権の効果）．
　　──「取調官」は，被疑者に「供述」し「取調」に応じるよう「説得」しうる．
　　d　「身体の拘束を受けている被疑者に取調べのために出頭し，滞留する義務があると解することが，直ちに…その意思に反して供述することを拒否する自由を奪うことを意味するものではない」（最決平11・3・24民集53巻3号514頁）．
③　被疑者の「供述の自由」を担保する手段
　　a　弁護人との接見交通権の実質的保障
　　b　**取調の透明化**（ビデオ・録音テープの使用，取調の開始・終了時刻の記録作成）

第4講　捜　査 (3)

　　c　各取調毎の供述調書の作成（義務化）
　　d　弁護人の取調立会権の立法化（弁護人の真実義務との関係，39条の接見指定権は弁護人の立会を認めないことを前提とする）
　　e　代用監獄の廃止（日弁連案）

9　第三者（参考人）への出頭要求・取調・証人尋問（強制処分）請求（223条，226条〜228条）
① 被疑者（およびその共犯者）が参考人として取調を受けることがある（198条2項との関係）．――223条1項には198条1項但書・3項〜5項の規定が準用される（223条2項）．
② 「犯罪の捜査に欠くことのできない知識を有すると明らかに認められる者」の出頭・供述拒否の場合（226条），前にした任意の供述と異なる供述を公判期日でする虞れがある場合（227条），第一回公判期日前に限り，検察官は，裁判官に証人尋問を請求しうる．
③ 証人尋問期日には，裁判官は，捜査に支障がないときは，被告人・被疑者および弁護人の立会を認めることができる（228条2項）（証人尋問調書の証拠能力）．

10　被告人の取調
① 「当事者たる地位にかんがみ，なるべく避けなければならない」（最決昭36・11・21刑集15巻10号1764頁）．
② 第一回公判期日前に限り，弁護人立会を条件とする裁判例
③ 被告人でも，起訴されていない事件との関係では被疑者となる．

11　取調の方法
① ポリグラフ検査
　　a　供述と同質の内心的反応の表出を採取・分析する点で黙秘権侵害ゆえ違法とする説
　　b　生理的反応（非供述証拠）ゆえ黙秘権侵害ではないが，人格的自律（内面の表出）に関わるので，本人の同意（実務），さらに身体検査令状を要するとの説，鑑定処分許可状が考えられるが必要性を欠くとの説
② 麻酔分析――供述の内容を完全に奪うので，被疑者の同意があっても黙秘権の全面放棄（供述の自由の喪失）となるので，許容されない（通説）．

第5講 捜 査 (4)
──任意捜査の限界

1. 「捜査の端緒となる事由」には，どのようなものがあるか．法定事由・非法定事由およびその主体（捜査機関・被疑者・被害者・第三者によるもの）を基準として分類しなさい．また，一定の事件につき「報告・記帳義務」が法定されている場合を列挙しなさい．
2. 告訴・告発・請求・自首の主体と手続について，説明しなさい．
3. 告訴・請求と被害届との相違は何か．
4. 告訴権を有する者について列挙しなさい．また，「被害者の法定代理人」と「告訴手続の代理人」との相違は何か．
5. 被害者の法定代理人の告訴権（231条1項）について，固有権説と独立代理権説との対立点について説明しなさい．
6. 死後の名誉毀損における「遺族の告訴権」（233条1項・2項）の法的性質はどうか．
7. 「親告罪」の告訴等にはどのようなものがあるか．また，それが訴訟条件となるのは，どのような理由からか．さらに，強姦罪において告訴がある前に捜査を開始することは許されるか．強姦罪を親告罪と定める現行法の刑事政策的当否を論じなさい．
8. 親告罪における「告訴不可分の原則と例外」について説明しなさい．
9. 職務質問の要件はどうか．また，職務質問に際して警察官は「有形力の使用」が許されるか．さらに，「質問のための任意同行」が許容されるのは，どのような場合か．
10. 「職務質問に伴う所持品検査」と「捜索・差押」との相違について論じなさい．また，前者において「所持品の開示」が許容されるのは，どのような場合か．
11. 嫌疑または不審事由がある車両の運転者に対して捜査官は，どのような措置をとることが許されるか．
12. 自動車検問について法的根拠が問われるのは何故か．また，不審事由を欠く車両の運転者に対して自動車検問が許容されるのは何故か．さらに，それが許容される要件は何か．
13. 監視付移転（コントロールド・デリバリィ）と「おとり捜査」との相違点はどうか．また，クリーン・コントロールド・デリバリィにおいて禁制品（薬物）を無害な物質と置き換えて運搬させることの適法性の根拠は何か．さらに，監視付移転に際して，被疑者の運搬する物品に電波発信機を無断で装着することは，法的に許されるか．

〔5講のねらい〕 捜査機関による①捜査前の手続・捜査の端緒，②任意処分の許される法的限界，③法的根拠のある任意処分，④法的根拠の不明な任意処分について，実定法および基本判例を理解する．

1 告訴・告発・請求・自首（230条〜245条）
(1) 告訴・告発・請求・自首の区別
  a 「**捜査の端緒**」（罪となるべき事実の捜査機関への情報提供）となるものであるが，告訴・告発・請求は，「犯人の訴追請求」（183条・260条・261条，検審30条）で

第5講　捜　査 (4)

あって,「訴訟条件」(11講参照) となる場合がある.
- c **告訴・請求**は,「犯罪の被害者」側からなされるもので, その「権利者の範囲」が法で限定される点で共通し,「請求」(「外国政府」刑92条,「労働委員会」労働関係法42条) は「特定機関によりなされる特別な告訴」(訴訟条件) でしかない (237条3項・238条2項・235条参照).
- d **告発**は,「犯罪被害者以外の第三者」からなされるもので,「権利者の範囲」に限定がないが, 公務員には職務上知った犯罪につき「告発義務」がある (239条).
- e **自首**は,「犯人からなされる特別な告訴・告発」であるため告訴・告発の規定が準用されるが (245条), その時期が「犯人が捜査機関に発覚する前」に限定される (刑42条・判例).

(2) **告訴・告発 (請求・自首) の手続**
- a 「告訴」と「被害届」とは, 法的効果が異なる.
- b 「申立」およびその「取消」は, 書面または口頭で, 検察官または司法警察員に対して行い, 口頭によるときは調書を作成すべきことになる (241条・242条・243条, 245条).
- c 外国代表者等の特例 (244条)
- d 「告訴・請求の取消」は,「公訴の提起」までに限られ,「取消後の再告訴」は許されない (237条).

(3) **告訴権者**
① 犯罪の「被害者」(230条)
- a 「被害者」とは, (ｱ) 自然人・法人を問わず,「法益の主体」(同意権者) であるが, 必ずしも各罪の「一般的法益」に制約されない (放火罪における負傷者, 公務執行妨害罪において暴行・傷害等を受けた者および官庁). 詐欺罪等の財産犯では,「占有」・「本権」をめぐる解釈により「被害者」の範囲が異なりうる. (ｲ)「被害者と称している者」が「被害者」であるとは限らない. ここにいう「犯罪の被害」とは, 被疑者に対する「犯罪の嫌疑」に対応するものでしかなく, 捜査・公判を経て「被害の実体」が解明される.
- b 「法人」たる被害者では, その代表者が告訴権者となる.
- c 告訴権者は, その「代理人」を通じて「告訴の手続」をなしうる (240条).
- d 告訴権は,「一身専属権」であるから, 相続譲渡の対象とならない. それゆえ, 被害者の遺族 (231条2項)・親族は, 本条にいう「被害者」ではない.

② 被害者の「法定代理人」(231条1項)──被害者から独立して告訴しうる (学説の対立).
- a **固有権説**──無能力者保護のためには, (ｱ) 被害者の意思・告訴権の消

滅にもかかわらず，代理人は固有の告訴権を有し，(イ) これを被害者本人は取消しえない（判例・通説）．
  b　独立代理権説──告訴権は被害者の一身専属権であるので，(ア) その告訴権消滅後は，代理人は告訴権を失い，(イ) 代理人の告訴を本人は（訴訟行為能力がある限り）取り消しうる．
  c　検討──被害者に行為能力がある限り，前記①の問題になるから，b説の(イ)は無意味である．本人に行為能力がないときは「犯人を知った」(235条1項）ことにならないので，告訴権は消滅せず，a説・b説の(ア)も無意味である．a説の結論(ア)は妥当であるが，それは本人の告訴権の一身専属性に反しない．
  d　被害者の法定代理人が被疑者本人・その配偶者・一定親族であるときは，被害者の親族も独立して告訴をなしうる (232条)．
 ③　死亡被害者の配偶者・一定親族（231条2項）
  a　死者の生前の明示意思に反しえず，本人が生前に告訴権を消滅した場合には遺族の告訴権もない．遺族は「死者の人格権」（一身専属権・生前の意思）を擁護すべき以上，当然である．
  b　死者の名誉毀損罪（刑230条2項）における死者の遺族の告訴権 (233条)
　　　1項は，「遺族自身の名誉権」が法益であるので，死者の意思等の制約がない．2項は，「死者の名誉権」が法益あるので，aに等しい．
 ④　指定告訴権者 (234条)──親告罪の告訴権が①〜③の者を欠くため行使不能の場合の救済手段である．
(4) **親告罪の告訴**
  a　親告罪（広義・238条）とは，告訴・告発・請求が「訴訟条件」となるため，それなしでは，公訴の提起・追行・実体判決が許されない犯罪事件をいう．
  b　親告罪は，被害者の意思を尊重するものであるが，(ア) 名誉の保護・被害拡大の防止（秘密漏示・刑135条，強姦等・刑180条，名誉毀損等・刑132条），(イ) 家族関係の尊重（親族相盗・刑244条・251条・255条），(ウ) 被害の軽微・回復（過失傷害・刑209条，器物損壊等・刑264条）等の刑事政策的考慮に由来する．
  c　親告罪の告訴期間──「犯人を知った日」から6ヶ月であるが，強姦等（刑176〜178条）・営利目的略取誘拐（刑225条・227条1項）等につき例外的に期限がない (235条)．
(5) **親告罪の「告訴不可分」の原則・例外**
  a　「事件」の合一的手続処理を図るため，客観的範囲（事件単位・「公訴事実の同一性」・312条1項）・主観的範囲（共犯者の関係）の全体につき，告訴等の（申立・取消）効力を及ぼす原則である．
  b　客観的範囲（一罪性）の例外──(ア) 住居侵入・強姦につき，前者につき限

定してなされた告訴は，強姦に及ばない（ただし住居侵入のみを公訴しても，実質的審理は強姦に波及する危険がある．この場合に，不告不理の違反（378条1項3号の控訴理由）・訴訟条件の欠如（公訴棄却の判決・338条4号）を理由に原判決を破棄または形式裁判をしても，被害者を救済しうるか疑問である），(イ) 一通の手紙でA・B・Cの名誉を同時に侵害したが（観念的競合），Aからのみ告訴があった場合，その効力はB・Cに及ばない．

 c 主観的範囲（共犯・238条）の例外
  窃盗の共犯者A・B・C中の親族相盗例の適用のないAに対する告訴は，非親族Bには及ぶが，親族Cには及ばない．

 d 例外は，親告罪の趣旨を尊重するものである．

2 職務質問（警職法2条）

(1) **前提条件**（不審事由の対象者）——「異常な挙動その他の周囲の事情」による警察官の合理的判断

  (ア) 不特定の罪を犯したと疑われる者，(イ) 罪を犯そうとしている者，(ウ) 行われた犯罪について知っていると認められる者（参考人），(エ) 罪が行われようとしていることを知っていると認められる者

(2) **任意処分の方法**

 ① 「停止させて質問する」（2条1項）
  a 言語による説得が原則
  b 質問のための追跡（最決昭29・7・15・刑集8巻13号2435頁，最判昭30・7・19刑集9巻9号1908頁）
  c 安全確保のための一時的措置——腕に手をかけて停止させる行為（最決昭29・7・15刑集8巻7号1137頁），エンジンキーを回して運転制止（最決昭53・9・22刑集32巻6号1774頁），エンジンキーの抜き取りによる運転制止（最決平6・9・16百選2）

 ② 「質問のための任意同行を求める」（2条2項）
  その場での質問が，(ア) 対象者に不利，または(イ) 交通妨害になる場合に限られる．

 ③ 上記の場合，法の規定によらない限り，逮捕・不任意の連行・答弁の強要が許されない（2条3項）——実質的に逮捕（およびその後の連行）と同視しうる程度・時間の身柄拘束は，無令状逮捕として違法になる（前掲判例参照）．

(3) **任意処分の許容される限界**

 a 任意処分として違法になる基準
  必要最小手段の原則・比例権衡の原則（不審事由のある事件の軽重と不審事由の程度，対象者の態度・状況，実力行使の程度・時間，警職1条2項）

b　強制処分として違法になる基準
　　　(ア) 対象者の意思の制圧による重大法益の侵害（態様・時間），(イ) 令状発付の可能性・時点

3　職務質問に伴う所持品検査
① 被逮捕者の身体につき兇器所持の検査（警職2条4項）
② 銃刀の携帯の疑いのある者につき提示・開示させて検査・一時保管（銃刀法24条の2）
③ 上記以外の所持品検査の進行過程
　　a　所持品の質問（不審事由が解消されれば，それ以上の措置は許されない）
　　b　所持品の開示要求（承諾を求める）
　　c　（承諾なき）所持品の外部からの接触
　　d　（重大犯罪の嫌疑が強まるとき）所持品の開示
　　e　所持品の確認（内部の視認）
　　f　現行犯・緊急逮捕に伴う捜索・差押（220条）——最判昭53・6・20百選8版4（適法），最判昭53・9・7百選8版67（違法，着衣のポケットに手を差し入れ携帯品（覚せい剤）を取り出した場合），最決昭63・9・16刑集42巻7号1051頁（違法，足首の靴下が膨らんでいるのを見つけて中の物（覚せい剤等）を取り出した場合）
④ 所持品検査と検証・捜索・差押（強制処分）との区別
　　a　外部（他人）に開示されていない場所・物・身体への侵入（捜索・検証）
　　b　生命身体の安全に関わる所持品（爆発物・凶器等）の疑いのある場合の特例（優越利益保全のための一時的緊急処分であり，差押・捜索・検証ではない．例えば，199条・211条・213条（適法な逮捕），警職法4条・5条，銃刀法24条の2または道交法67条による危険物・自動車の鍵などの一時的保管等も，比例権衡・必要最小手段の原則に適合する限り，適法）
　　c　外部に（一部でも）開示されている所持品の破壊等を伴わない開披・内部の一瞥（身体・着衣内に手を差し込むなどしない限り，bの基準で適法）

4　自動車検問
① **不審事由が認められる場合**，警職法2条1項による職務質問
② 交通違反の取締を目的とする無差別の「**交通検問**」（最決昭55・9・22百選8版5）
　　a　違反多発地点等の適当（安全）な場所（不審事由に近接）
　　b　相手の任意の協力を求める方法（任意処分・比例原則）
　　c　短時間のみの停止（必要最小手段）
　　d　警察法2条および運転者の公道利用に伴う負担（協力義務）
③ 重大事件発生後の逃走経路における「**緊急配備**」（犯捜93条，前掲百選8版4）

第5講　捜　査(4)

　　　――嫌疑のある対象車両には任意捜査の要件（197条）により実施しうる．
④　不特定犯罪の予防・検挙のための「**警戒検問**」（大阪高判昭38・9・16高刑集16巻7号526頁）
　　a　自動車利用の重大事件（タクシー強盗）の続発している状況の存在
　　b　運転者の承諾による停止（任意手段による．障害等の設置は不許）．
　　c　他に予防・検挙の方法が乏しいこと（補充性）．
⑤　テロ等の防止のための「**入場検問**」
　　――搭乗の際の検問と同じく「入場者相互の安全」を達成するために不可欠な検問・検査であるから，間接的な同意で足りる．その対象者には，検問に不同意であれば，入場を回避する自由が保障されている．

5　監視付移転 (controlled delivery)

①　「おとり捜査」と異なり犯意を誘発せずに，「嫌疑」が先行している被疑者（運び屋）の検挙を意図的に遅らせ，監視・追跡後に，重大被疑者（黒幕）を含めて一挙に検挙する「**泳がせ捜査**」の一種である．
　　――一時的に犯行を容認し検挙を遅らす点で不作為の幇助としての違法が問題になるが，終局的には被疑者全員の検挙を目的としており，組織犯罪の捜査として効果的であるので，直接の被害者のない禁制品の所持・運搬等の犯罪捜査に限り，適法化しうる．
②　ライブ・コントロールド・デリバリー（禁制品の現物運搬・麻薬特例3条・4条参照）
　　――禁制品が散逸するリスクがあるので，捜査としての「必要性」を欠くことがある．
③　クリーン・コントロールド・デリバリー（禁制品の除去後の運搬・麻薬特例11条では無害な物質と置き換えることが前提）
　　a　禁制品の捜索・差押は，被疑者の同意または令状，現行犯・緊急逮捕に伴う処分として実施する．
　　b　無害な物質の挿入の適法性（④を参照）．
④　電波発信機（ビーパー）付加の適法性
　　a　これを被疑者が拒否しえない点で一種の「意思の制圧」はあるが，重大な法益侵害を欠き，「公道」における犯人の逃走を防止しうる手段として多数人による追跡と同じ効果を有する任意処分であるが，他の手段よりも被疑者の負担が小さくより安全に実施しうるので適法といえる．
　　b　「住居内」（アジト）に持ち込まれたときは，逮捕・差押等の強制捜査に移行するが，その執行に至らなくとも「通信傍受」のような深いプライバシー侵害はない．

第6講 捜 査 (5)
──逮捕と勾留（被疑者の保全）

1. 逮捕・勾留は何を目的として実施されるか．また，被告人に対する逮捕が法定されていないのは何故か．さらに，被疑者の勾留と被告人の勾留との相違点はどうか．
2. 逮捕における「身体の拘束」・「引渡・引致」・「送致」・「留置」および「被疑事実の要旨・弁護人選任権（黙秘権）の告知」・「弁解聴取の機会提供」（202条～206条）は，どのような関係に立つか．「逮捕」（執行）の始期・終期はどうか．
3. 逮捕前置主義（204条～207条）とは何か，また何を目的とする手続であるか．被疑者をA罪で逮捕後，B罪で逮捕することなく，A罪およびB罪で勾留することは許されるか．
4. 通常逮捕の手続・要件について説明しなさい．また，「明らかに逮捕の必要がない場合」とは，どのような場合であり，かつ，これにつき裁判官はどの程度積極的に判断すべきか．さらに軽微事件の逮捕について，法はどのような制限を定めているか．
5. 逮捕状の法的性質について「命令状説」と「許可状説」との対立があるが，両説の差異はどうか．
6. 現行犯逮捕が「令状主義の例外」（憲33条）とされる実質的根拠はどうか．また「現行犯人」（212条1項）の定義はどうか．「みなし現行犯人」（212条2項）との差異はどうか．
7. 犯行現場から時間的・場所的に大幅に離隔した地点で（準）現行犯人を逮捕することは，法的に適法であるか．いわゆる「現認性」（犯人の明白性）の要件は，誰において，どの時点で必要であるか．また，現行犯逮捕が法的に許容されない場合に，緊急逮捕が許容される場合があるのは何故か．
8. 現行犯人（犯人の明白性）の認定資料として，逮捕しようとする者が「自ら現場で外部的に認識しえた資料」の他に，「被疑者の自白・被害者の通報または他の警察官からの連絡による情報資料」を補充して使用することが法的に許容されるか．
9. 犯人の明白性についての「現認者」・「情報提供者」と「逮捕者」とは一致していなければならないか．現認者が非現認の警察官・私人等に犯人の逮捕の依頼・助勢を得ることはどうか．
10. 現行犯逮捕にも「逮捕の必要性」を欠く場合があるか．また，現行犯人を逮捕した私人は，自ら被疑者を釈放することが許されるか．
11. 緊急逮捕（210条・211条）が合憲である理由はどうか．
12. 緊急逮捕の令状審査において，裁判官は，捜査官が逮捕後に保全・提出した疎明資料を用いてよいか．逮捕時に既に存在した要件が事後に消滅し，かつ審査時に初めて通常逮捕の要件が充足された場合はどうか．また緊急逮捕時に傷害の被害者が令状審査時に死亡していた場合，発付される逮捕状に記載される「罪名」はどうなるか．逮捕後または令状発付後に逮捕の要件が変更・消滅した場合には，捜査機関または裁判官は，どうすべきか．
13. 逮捕において「引致」・「留置」すべき「場所」についての法律の規定はどうか．これを決定・審査するのは誰か．捜査機関（検察官）は，その場所を自由に変更することが許されるか（移監の権限）．
14. 被疑者の勾留における「勾留請求」・「勾留質問」・「勾留理由の審査」・「勾留理由の開示」の各手続・要件について，該当する規定を示して説明しなさい．
15. 勾留の必要（相当性・87条）を欠くのは，どのような場合であるか．

第6講　捜　査 (5)

16　被疑者に対する「勾留の取消」(87条)・「勾留の執行停止」(95条)と「勾留中の保釈」(88条〜98条・207条1項)との関係はどうか．被疑者の勾留につき保釈が認められていない実質的理由はどうか．
17　少年に対する勾留の特則について，説明しなさい．
18　勾留命令に対する不服申立（準抗告，420条3項）の制限はどうか．これと「勾留中の取調」とは，どのような関係に立つか．
19　被疑者の勾留すべき場所は，「拘置監」（刑事施設）が原則であって，「警察の留置場」（留置施設）は例外であるか．法の解釈と運用はどうか．
20　勾留場所の変更（移監の手続）について，当事者には申立権・準抗告権があるか．その命令権は，検察官・裁判官のいずれに属するか．

〔6講のねらい〕　捜査機関が公訴・公判に備えて被疑者の身体（行動の自由）を拘束する「被疑者保全の手続」（強制処分）として，①捜査機関による「逮捕」および裁判官による「勾留」の意義，②「通常逮捕」，③「現行犯逮捕」，④「緊急逮捕」について，実定法および基本判例を理解する．

1　逮捕・勾留の意義

①　「逮捕・勾留」——(ア) 公判における「真実発見」と「適正手続」とを実現するために，被告人となるべき「被疑者の公判出頭」を確保すると同時に，被疑者による「罪証隠滅」の防止を図る手続である．(イ) 逮捕の段階になると，事件の捜査は，公訴のために司法警察職員からの事件記録（証拠）・被疑者の送致を通じて，検察官に移る．**検察官は，この手続を利用して，警察捜査を補充・補正する捜査**（取調）を行い，**「起訴・不起訴の決定」**を行う．

②　「逮捕」(199条〜206条・209条〜217条)——(ア)「**通常逮捕**」・「**現行犯逮捕**」・「**緊急逮捕**」の3種がある．(イ) 広義では，被疑者の身体確保（そのための行為）とその後の短期間の拘禁をいう．(ウ) 狭義では「身体確保」（拘束の着手・201条・210条・212条）のみを指し，その後の「引渡」(214条)・「引致」・「送致」および「留置」(202条〜206条)とは区別される．

③　「勾留」——「**被疑者の勾留**」（起訴前の勾留・204条〜206条・207条〜208条の2）と「**被告人の勾留**」（起訴後の勾留・60条〜98条）とに区別される．

　　a　前者には207条1項の規定により，「保釈」を除いては，後者つまり裁判所による勾留の規定が適（準）用されて，保釈が認められず，比較して短期の身柄拘束のみが認められる (208条・208条の2)．

　　b　「被疑者の勾留」には，「前三条の規定による勾留の請求を受けた裁判官」(207条1項) の規定から「逮捕前置主義」(204条〜207条) が採用されている．

④　「**逮捕前置主義**」——被疑者の身体的長期拘束からの自由（釈放の機会）を保障するものとして，現行法で初めて採用された．旧法では，逮捕は現行犯にの

第6講　捜　査 (5)

み認められ，それ以外では勾留のための引致でしかなく，勾留の一部にすぎなかった．

 a　母法のアメリカ法では，被逮捕者は遅滞なく（24時間以内）裁判官に引致されて，その場で保釈の是非を含む権利保障・要件認定のための手続が実施される．

 b　日本法では，アメリカ法のような手続（機会）は，裁判官（裁判所）による「勾留質問」までなく，また不法な逮捕に対する不服申立（準抗告）の制度もないが，以下のような手続的保障がある．

 c　逮捕後の手続（203条～205条）として，被疑者には，「犯罪事実の要旨・弁護人選任権（黙秘権）の告知」および「弁解の機会」（弁解録取書の作成）が保障され，「留置の必要がないと思料するとき」または「制限時間内に検察官送致・勾留請求・公訴提起をしないとき」は，「直ちに被疑者を釈放しなければならない」とされている．要するに，被疑者の弁解の当否をまず捜査して，「勾留前の釈放」の機会を被疑者に保障することこそが，逮捕の優先的目的である．

 d　通常逮捕・緊急逮捕では被疑者の身柄拘束の是非につき2度の司法審査がなされる．裁判官は，「逮捕の時間的制限の不遵守」（206条2項・207条2項）または「逮捕手続の無効・違法」を理由として，検察官の勾留請求を却下して，勾留状を発付しないで，被疑者の釈放を命じることができる．後者の裁判例として，(ｱ) 逮捕状請求者における規142条1項8号の記載の欠如が裁判官の逮捕要件の判断に影響を及ぼしうる場合，(ｲ) 緊急逮捕・現行犯逮捕の要件を欠く場合，(ｳ) 所持した逮捕状の呈示を欠いたり，緊急逮捕後の令状請求が遅延したり，逮捕状なしの身柄拘束の取調が長期化した場合がある．

 e　「求令状起訴」（検察官が起訴と同時に裁判官の職権による勾留状の発付を促すもの・204条1項・205条1項）の場合にも，被疑者の逮捕自体に対する不服申立（準抗告）制度を欠くため，違法逮捕が先行するときは，「勾留請求を却下して釈放後の職権勾留」または「勾留の取消」（87条）が実務ではなされている．

2　通常逮捕の手続・要件

①　**逮捕状の（発付）請求**──捜査機関は，「逮捕の理由」（被疑者の犯罪嫌疑の相当性）および「逮捕の必要」（被疑者の逃亡または罪証隠滅のおそれ）があると考えるとき，裁判官に逮捕状の発付を求める（199条2項）．

 a　請求権者──検察官，公安委員会指定の警部以上の司法警察員

 b　一定方式の請求書（規142条）・「逮捕の理由と必要」があることを認めるべき資料（疎明資料）の提出（規143条）

 c　「同一事実」・「現に捜査中の他の事実」につき「以前の令状請求・発付」

の通知（199条3項，規142条1項8号）——㈰逮捕の濫用（再逮捕・別件逮捕）の防止，㈪例外としての「同一事実」による再逮捕の許容

② **逮捕状発付の審査**——裁判官は「逮捕の理由と必要」を認めれば令状を発付する（199条2項）．

　a　審査・発付権者——裁判官（請求権者の所属の官公署の所在地を管轄する地方裁判所，簡易裁判所または（少年の刑事事件では）家庭裁判所の裁判官・規299条）

　b　請求書・疎明資料（逮捕の理由と必要）の審査——必要と認めるときは，逮捕請求権者の出頭を求めて陳述を聴き，書類その他の物の提出を求めることができる（規143条の2）．

　c　要件（逮捕の理由と必要）
　　㈰「罪を犯したことを疑うに足りる相当な理由」があれば，「明らかに逮捕の必要がない場合」を除き，逮捕状を発付する（199条2項）．——後者は，「必要性」の判断につき積極的に疑いないとの心証までは要せず，「必要を否定しえない程度」で足り，それに至らず「明らかに必要でない」と認められるときは請求を却下すべき趣旨である．
　　㈪「逮捕の必要がない」とは，被疑者の年齢及び境遇並びに犯罪の軽重及び態様その他諸般に照らし，「被疑者が逃亡するおそれがなく，かつ罪証を隠滅するおそれがない等」をいう（規143条の3）．「等」とは，逃亡・罪証隠滅のおそれがあっても，犯罪軽微で乳児のいる女性とか試験前の学生とかの理由から，身柄拘束の不利益が過大な場合をいう．
　　㈫30万円以下の罰金・拘留・科料に当たる犯罪については，被疑者が「住居不定」または「正当理由なく出頭要求に応じない」場合に限り，逮捕状を発付しうる（199条1項但書）．——この場合，当然に「必要性」が認められるとは限らない．

　d　**逮捕状の記載要件**（200条，規144条）——㈰被疑者の氏名・住居・罪名・被疑事実の要旨・引致すべき場所，有効期間，裁判官の記名押印等，㈪逮捕状の有効期間は，原則7日であるが，例外的に，3日後に公訴時効が成立するような場合には，これを短縮しうる．

　e　逮捕状の発付——これで逮捕の執行が可能になる．

③ **逮捕状の執行**

　a　**逮捕状の法的性質**——「命令状」ではなく，「許可状」とする通説によれば，逮捕状が発付された場合でも，事情に応じて捜査機関は，逮捕の執行を見合わしうる．なお，執行しなかった令状は裁判官に返還する（200条）．

　b　執行権者——検察官，検察事務官または司法警察職員（199条1項）

　c　令状の提（呈）示（201条1項）——急速を要する場合には，被疑事実の要旨と逮捕状発付の事実を告げて逮捕しうる（**逮捕状の緊急執行**）が，逮捕後速

やかに逮捕状を被疑者に示さなければならない（201条2項）。
　d　逮捕に伴う捜索・差押・検証（220条1項・3項，3講8参照）
　e　被疑者の身体拘束，引致，被疑事実・権利の告知，弁解聴取の機会の提供，留置・送致・勾留請求・起訴・釈放（202条〜205条）

3　現行犯逮捕の手続・要件

① **令状主義**（憲33条）**の「外見（形式）上の例外」**──令状審査を経なくとも「逮捕の理由と必要」が何人（現認逮捕者）にも明白である（逮捕濫用のおそれが乏しい）。

② **現行犯人**──(ア) 特定の犯罪事実（嫌疑）を基準として，(イ)「現に罪を行い，又は現に罪を行い終った者」（212条1項）
　(ウ) 準（みなし）現行犯人──2項の「各号の一にあたる者が，罪を行い終わってから間がないと明らかに認められるとき」（212条2項）

③ **令状なき逮捕権**──現行犯人は，何人でも，逮捕状なくしてこれを逮捕することができる（213条1項）。

④ **現認性の要件と追跡による逮捕**（現認と逮捕との接続）
　a　準現行犯人は，現行犯人が現場から逃走して時間的に間がない時点・状況で「現認」された場合を指す．この時点で「準現行犯人」であることが明白であれば，「逮捕行為」に着手しうる．その後の逃亡犯人の追跡継続（つながりの明白性）がある限り「逮捕（身体拘束）の時点」には，法的制約がない．また，1項の現行犯人を追跡するときも同様であり，その逮捕行為の継続（時間経過）により2項現行犯人に変わることもない．
　b　「現認者」と「逮捕者」とは，一致することを要しない．現認者の指示（情報）に従って，司法警察職員・検察事務官・検察官または私人は現行犯人を逮捕しうる（最判昭50・4・3刑集29巻4号132頁）．両者の共同逮捕もなしうる．

⑤ **現行犯人認定の資料と時点**
　a　被害者の通報や被疑者の自白（認）を資料として「犯人の明白性」を補充しうるかにつき，見解の対立がある．しかし，認定資料の限定は不要である．
　b　現行犯人の現場を直接覚知した者からの提供情報は，資料となりうる．
　c　外観からみて「賄賂」・「違法薬物」であることが不明な場合，これを知っている者からの提供情報は，補助的資料となしうる．また，速度違反につき，測定器の資料を用いることも許される．
　d　（準）現行犯人の認定要件が「現認に接続する逮捕行為時」に充足されていない場合には，事後に被害者の現場証言・被害届や被疑者の現場自白を資料として「犯人の明白性」を判定して「現行犯逮捕」することは，許されない．ただし，この場合には「緊急逮捕」が可能になることが多い．その単な

第6講　捜　査 (5)

る逮捕の種別の誤りで逮捕自体が違法となることはない．
⑥　**現行犯逮捕の必要性**——軽微事件につき特則（217条）がある．その他の場合には，199条2項，規143条の3の準用がないところから，不要説もある．しかし，217条に準じる軽微事件の場合もあり，一般原則を否定すべき根拠はない．ただし，現行犯人では，氏名・住所が不明であるため「逃亡のおそれ」が肯定されることが多い．
⑦　**私人による現行犯逮捕における被疑者の「引渡義務」**（釈放の許否）
——214条に定める引渡義務は，私人による逮捕（身体拘束）後の留置（逮捕監禁罪）・私的制裁を防止するためのものであり，私人（逮捕者）への「強制処分」の規定ではない．私人は，被疑者を釈放することが許されない，とするのが通説である．しかし，釈放により犯人蔵匿・隠避罪が成立しうるとしても，釈放の禁止を私人に強制しえない．

4　緊急逮捕の手続・要件
(1)　**令状主義**（憲33条）**の原則・例外との関係**（合憲性）
　　a　「緊急逮捕」（210条・211条）は，逮捕の時点では，逮捕状を要しないため，この逮捕の法的性質および合憲性につき，従来は学説上の争いがあった．
　　b　**現行犯逮捕説**——犯罪の「充分な」嫌疑の存在を要件とするため，「特別な現行犯逮捕」であるとするが，憲法および刑訴法にいう「現行犯」・「現行犯人」の文理・要件に反することは明らかである．
　　c　**令状逮捕説**（団藤）——「直ちに裁判官の逮捕状を求める手続をしなければならない」（210条1項2文）ところから，全体として「特別な令状逮捕」であるとするが，「逮捕状が発せられないとき」（210条1項3文）を法が予定しており，これを「令状逮捕」と解することは不可能である．
　　d　**合理的例外説**——210条1項の「厳格な制約のもとに，罪状の重い一定の犯罪のみについて，緊急止むをえない場合に限り，逮捕後直ちに裁判官の審査を受けて逮捕状の発行を求めることを条件とし，被疑者の逮捕を認めることは，憲法33条の規定の趣旨に反するものではない」（最大判昭30・12・14刑集9巻13号2760頁．最大判昭36・6・7刑集15巻6号915頁）．——(ｱ) 違憲説に従い210条を削除するとどうなるか．(ｲ) 母法のアメリカ法の令状主義は（逮捕要件），日本法よりも緩い．(ｳ) 逮捕の濫用阻止にとって，事前の司法審査は絶対的に必要か（事後審査による人権保障の有効性）．
(2)　**逮捕の手続・要件**
　　①　逮捕の執行者——捜査機関一般（210条1項）
　　②　逮捕後の令状請求者——同上（明文の制約なし．210条2項参照）．
　　③　裁判官による令状発付の審査

a　**逮捕時の緊急逮捕の要件の審査**──㈦ 逮捕時に要件（に関する疎明資料）の存在したことが必要．当時に認識していた事情（資料）による限り，書類の作成は逮捕後でもよい．㈣ 逆に，逮捕時に存在した要件が事後的に消滅したときも，緊急逮捕は適法であるから，後述ｃの審査で通常逮捕の要件があれば，逮捕状を発付しうる．
　　b　**逮捕後の令状請求要件「直ちに」の審査**──㈦ 裁判所からの遠隔地・深夜未明等を考慮しつつも，㈣ 弁解録取書の作成以外の取調・実況見分に時間をかけることは許されない（不合理な遅滞の禁止）．
　　c　**現時の通常逮捕要件の審査**──㈦ この要件の審査資料は，前記ａとは異なり，逮捕後に生じた資料を含む．なぜなら，㈣ 事後的に通常逮捕の要件が欠けることもある．また，㈥「緊急逮捕状」は存在せず，常に「逮捕状」が発せられるだけである．
　　d　**逮捕状の発付**
　　　㈦ ａ・ｂの要件を欠くときは，ｃの要件を充足しても，緊急逮捕の請求を却下する．
　　　㈣ ａ・ｂの要件を充足しても，ｃの要件を欠けば，令状請求を却下する．
　　　㈥ 傷害での緊急逮捕後に被害者が傷害で死亡したときも，逮捕状の罪名は「傷害」となる（小田・令状基上182頁）．

5　逮捕状発付後・逮捕後の「逮捕要件の変動・消滅」
　逮捕は，その要件を充足しうる限りで身柄拘束を許可するものであるから，令状発付後・逮捕後において「逮捕の理由と必要」の欠くことが判明したときは，捜査機関は被疑者を釈放すべきことになる．この場合には，裁判官の許諾を要しない．

6　逮捕後の手続（203条～209条・211条・214条～216条）
① **被逮捕者の防御権保障**──㈦ 司法警察員・検察官による被逮捕者への「被疑事実の要旨・（黙秘権）・弁護人選任権の告知」（当番弁護士等への連絡）および「弁解機会の提供」（逮捕手続書・弁解録取書の作成）──「留置の必要」がないと思料するときは，「被疑者の釈放」──㈣ 司法警察員が「送致の手続」，検察官が「勾留の請求」・「公訴の手続」をしないときは，「被疑者の釈放」（203条・204条・205条）
② **私人・警察官による被疑者の逮捕**──㈦「私人」による現行犯人の逮捕「身体の拘束」後の「司法巡査への引渡」（214条），㈣「司法巡査による逮捕」（212条）後の「司法警察員への引致」（215条）または㈥「司法警察員による逮捕」──①の手続──「検察官への送致の手続」（「身柄拘束」後48時間以内・203条1項）──検察官による「勾留請求」または「公訴提起」（被疑者の受取後「24時間以

内」・身柄拘束後「72時間」以内・205条）
③　**検察事務官による被疑者の逮捕**──検察官への引致または検察官による逮捕──①の手続──検察官による「勾留請求」または「公訴提起」（被疑者の身柄拘束後「48時間以内」・204条）
④　**被疑者の緊急逮捕**（①の手続）──「直ちに逮捕状請求の手続」──逮捕状の発付（または被疑者の釈放）──②の(イ)・(ウ)または③の手続（210条・211条）

7　逮捕の引致・留置の場所
①　逮捕状の執行では，「引致すべき官公署その他の場所」（200条1項）に被疑者を連行する．
②　「引致」後の「留置」は，逮捕の要件（理由と必要）が継続する限り，認められる．
③　「引致」と「留置」の場所は，一致するのが原則であるが，「必要」があるときは（旧）監獄（拘置監，警察の代用監獄たる留置場）（現行法では，「刑事施設」・「留置施設」）に留置することができる（209条・75条）．なお，検察庁には留置施設がない．
④　留置場所の変更（権限）──「引致された被疑者を，留置の必要があるときに，他の警察署の代用監獄に押送拘置することは違法な措置ではない」（裁判官の許可不要）（最決昭39・4・9刑集18巻4号127頁）──なお，取調目的のみでの変更は許されない．

8　被疑者勾留の手続・要件
①　**検察官の請求**──(ア) 207条1項にいう「前三条の規定による勾留の請求」（211条・216条），(イ) 検察官の公訴提起による裁判官（第一回公判期日まで）の被告人に対する職権勾留（280条）
②　**裁判官による「勾留質問」**──勾留請求を受けた裁判官は，被疑者に対し，被疑事件を告げこれに関する陳述を聴いた後でなければ，勾留をしえない（勾留質問調書の作成・61条，憲34条1項）．──国選弁護人請求権の告知（207条2項・3項，平成16年改正）
③　**裁判官による「勾留の理由」の審査**（207条4項）
　　a　被疑者が「罪を犯したことを疑うに足りる相当な理由」（狭義の「理由」）がある場合で，
　　b　被疑者の(ア) 住居不定，(イ) 罪証隠滅のおそれ，(ウ) 逃亡のおそれ（狭義の「必要」）のいずれかが認められること（60条1項）
　　c　（広義の）「勾留の必要」（「相当性」・87条）を欠く場合として，(ア) 住居不定でも身元引受人（身柄引受者の提出）があるとき，(イ) 住居不定でも犯罪が軽微な

とき，(ウ) 罪証隠滅のおそれが微弱なときが裁判例で認められている．
    d 「勾留の理由」があっても，206条2項の規定（勾留請求の遅延が正当なものと認められない場合）により勾留状を発することができないときは（逮捕前置主義），直ちに被疑者の釈放を命じる（207条4項）．
④ 勾留命令（勾留状の発付）または勾留請求の却下（釈放命令）
⑤ 勾留理由の開示
    a 勾留されている被疑者その弁護人・法定代理人等は，裁判官に勾留理由の開示請求をしうる（82条）．
    b 勾留理由の開示は，公開の法廷で，被疑者及びその弁護人が出頭して，裁判官が行う（83条～85条）．
⑥ 勾留の取消（87条）
    勾留の理由または必要がなくなったときは，被疑者・弁護人等の請求または職権により勾留を取り消さなければならない．
⑦ 勾留の執行停止（95条）
    a 被疑者の入院治療・近親者の葬儀（勾留の相当性の一時的欠如）または鑑定留置のために行われる．
    b 保釈とは異なるので保釈保証金の納付が不要であり，（監視つきで）行われる．
⑧ 保釈（88条～98条）に関する規定——被疑者勾留には準用されない（207条1項）．
⑨ 少年の勾留
    a 少年には「観護措置」（観護令状による少年鑑別所収容・少年法17条）が優先し，やむを得ない場合でなければ，検察官は勾留を請求しえず，裁判官は勾留状を発付することができないが，少年を勾留する場合には少年鑑別所に拘禁することができる（少43条1項～3項・48条1項・2項）．
⑩ 勾留の裁判（命令）に対する不服申立（準抗告）
    a 裁判所の勾留に関する決定に対しては，**犯罪の嫌疑**がないことを理由として抗告しえない（420条3項）．
    b 裁判官の勾留に関する命令に対して，不服がある者は，その裁判の取消または変更を請求することができる．420条3項の規定は，これを準用する（429条1項・2項）．
    c aの趣旨につき，「犯罪の嫌疑」の有無は抗告ではなく本案訴訟（公判）で争うべきものと理解したうえ，公訴提起後・公判期日前の「裁判官」による職権勾留（280条1項）についてのみ，bの準用が妥当し，起訴前の勾留に対しては「犯罪の嫌疑がないことを理由とする準抗告」もなしうるとの学説（磯部・光藤・萩原）・裁判例（大阪地決昭46・6・1判時637号106頁）もあるが，通説ではない．

第6講 捜　査 (5)

　　d　aの趣旨は，(ア) 抗告・準抗告 (付随的手続) の簡易迅速性にも着目したものであり，(イ) 被疑者の勾留の中には，検察官の「起訴・不起訴の決定に必要な捜査」(取調) が実施中であることに着目すると，この段階で嫌疑の有無を準抗告の対象とすることは適切ではない．なお，被疑者勾留につき保釈が認められないのも同趣旨である．要するに，法は「勾留中の取調」を許容する (なお，接見交通の制限につき39条3項参照)．

9　被疑者勾留の場所

　　a　裁判官が勾留状に記載する (旧)「監獄」(「拘置監」または「警察の留置場」，64条1項，監獄法1条1項4号・3項)．現行法では，監獄は「刑事施設」になった (刑事収容1条・3条3項)．

　　b　「警察の留置場」は拘置監に「代用」されるが，(旧) 監獄法はこれを「例外」とは定めておらず，実務では，逮捕後の (引致)「留置」の場所 (200条〜205条) が警察の留置場であることが殆んどであることから，被疑者勾留の9割が「代用監獄」で実施されている．現行法では，留置場は「留置施設」になった (刑事収容4条2号・15条1項)．

　　c　旧来の「**代用監獄廃止論**」は，「代用」ではなく，警察の支配下での勾留中の「**取調方法**」に向けられている (取調の透明化の問題)．1980年4月以降は，警察の留置担当が「刑事課」から「総務課」に移された．なお，アメリカのカウンティにおける Sheriff (民選警察長官) の警察署には，通常2F以上に巨大な留置場が設置されているが，これに対する反対論はない．

　　d　勾留場所の変更 (移監の手続) ――(ア) 検察官による移監には，裁判官の同意が必要 (規80条1項)，(イ) 裁判官の職権による移監命令 (肯定・最決平7・4・12刑集49巻4号609頁) ――当事者の申立は職権発動を促すものでしかなく，弁護人の移監申立権・準抗告権は否定された．

10　勾留の期間

① **期間と期間延長** (更新)

　　a　**被疑者勾留**では，勾留命令のなされた被疑事実につき「10日間」，「やむを得ない事由」があるときは「10日間」まで延長しうる (208条，なお208条の2「再延長」)．

　　b　**被告人勾留**では，「公訴の提起のあった日から2箇月とする」．「特に継続の必要がある」ときは，「1箇月ごとにこれ更新することができる」．所定の場合を除いては，「更新は，1回に限る」(60条1項，なお同2項)．

② **被疑者勾留の期間短縮** (「10日間より短い期間」を予め定めることの可否)

　　a　208条2項は，「延長」のみを定め「短縮」につき定めていない．

b 「勾留の請求をした日から10日以内に公訴を提起しないときは」(208条1項)と定める．これは，「10日以内」の勾留期間を予め定めることを認めたものではなく，その間に公訴提起があれば，被疑者勾留が終了し，被疑者勾留(職権による勾留)に変わることを意味する．
c 勾留期間は，「勾留状の記載要件」にもなっていない (規70条・149条)．
d 勾留期間の短縮は，「勾留の取消」(87条) および (勾留の理由と必要を欠くに至ったときは)「検察官による釈放」でなしうる．
e 勾留期間中に「公訴時効が完成する」ときは，その時点から勾留の理由を欠く．
f 勾留期間中の「事前短縮」が法的に許容されない実質的根拠は，検察官による起訴・不起訴の決定のための「被疑者の取調」に必要な勾留期間が事前には確定しえないことにある．

第7講 捜　査 (6)
――逮捕・勾留の法的限界

1 勾留中の被疑者が起訴されると，新たに勾留状を発することなく起訴後の勾留に切り替えられる．この場合に「起訴前の勾留」（勾留期間の延長，勾留取消請求却下も含む．）に対し，「起訴後」において，公判裁判所への抗告（420条2項）ではなく準抗告（429条1項2号）の申立が許容されるか．また，第一回公判期日後はどうか．

2 「逮捕に関する裁判」に対して準抗告の申立が許されるか．

3 被疑者の勾留命令に対して「犯罪の嫌疑がない」ことを理由として準抗告をすることができるか．また，公訴提起前または第一回公判期日前ではどうか．

4 逮捕・勾留における「事件単位の原則」の法的根拠は何か．

5 逮捕・勾留の要件（理由・必要）に関する裁判にも「一事不再理の効力」が発生するか．例えば，常習一罪の一部が逮捕・勾留の裁判後に行われたり発覚した場合はどうか．

6 「事件単位の原則」は逮捕・勾留中の「取調」にも妥当するか．この問題と「別件の逮捕・勾留」および「余罪の取調」とは，どのような関係に立つか．

7 包括一罪または科刑上一罪の関係に立つ複数の犯罪行為について，複数の逮捕・勾留をすることが許されるか．

8 A罪・B罪・C罪が数罪（併合罪）の関係に立つとき，同一被疑者について順次A罪・B罪・C罪で逮捕・勾留を蒸し返して反復することはどうか．この場合に「逮捕・勾留の競合」は認められるか．

9 逮捕・勾留における「人単位説」とは，どのような見解であるか．

10 逮捕・勾留における「手続単位説」は，「事件単位説」・「人単位説」とはどの点で異なるか．

11 逮捕・勾留の「期間の法的制限」は，どうなっているか．「逮捕・勾留の一回性」（一事件一逮捕勾留の原則）について説明しなさい．

12 例外として再逮捕・再勾留が許容される場合とその法的根拠はどうか．再逮捕・再勾留と逮捕・勾留の原状回復との差異について，具体例を示して説明しなさい．

13 任意同行と逮捕とを区別する基準は何か．

14 二重勾留が不可欠になるのは，どのような場合か．

15 「余罪」とは，逮捕・勾留との関係において，何を意味するか．「逮捕・勾留されている事件以外の事件」について逮捕・勾留中に取り調べることについて，法的制限が必要とされる理由は何か．

16 余罪取調の「要否」と「可否」との相違はどうか．

17 「余罪取調の許容される範囲」について，見解が激しく対立しているのは何故か．「逮捕・勾留」に関する「事件単位説」・「人単位説」の対立が逮捕・勾留中の「取調」にも波及するのは，何故か．逮捕・勾留中の「取調」の「法的性格」（任意捜査・強制捜査，取調受忍義務・出頭滞留義務）は，どう解されるべきか．

18 逮捕・勾留中の被疑者に対して，取調受忍義務のある事件とそうでない事件（余罪）とを区別した取調が現実に可能であるか．

19 余罪取調が違法となるとき，違法になるのは「取調」自体であるか「逮捕・勾留」でもあるか．「余罪取調」と「別件逮捕勾留」とは，同一ないし同根の問題であるか．

第7講　捜　査(6)

20　いわゆる「別件の逮捕・勾留」とは，どのような場合であるか．その場合に「違法」なのは，「逮捕・勾留」または「取調」のいずれか．また，第一次の逮捕・勾留（取調）と第二次の逮捕・勾留（取調）との関係はどうか．
21　別件の逮捕・勾留につき「違法の判定基準」として，「形式説・実質説」ないし「別件基準説・本件基準説」が対立している．その相違点と当否について論じなさい．

〔7講のねらい〕　被疑者（被告人）の保全のための強制処分である「逮捕と勾留」の基本原理として，①「事件単位の原則」，②「逮捕前置主義」の具体的適用，③「逮捕・勾留の一回性」ないし「一事件一逮捕・勾留」の原則，④「逮捕・勾留の競合」（二重勾留の可否），⑤「別件逮捕・勾留の違法根拠」，⑥「逮捕・勾留中の余罪取調の限界」，⑦「被疑者の弁護権と接見交通権」について，実定法および基本判例を理解する．

1　逮捕・勾留の効力の基礎（基準）
①　「事件単位の原則」
　　a　逮捕・勾留は，裁判官（裁判所）が被疑者（被告人）につき，「理由と必要」とを「審査」した「被疑事実」（被告事件）のみに効力を生じる．司法審査を経なかった「事件」につき，強制処分の効力を認めることはできない．
　　b　「罪」を犯したことを疑うに足りる相当な理由（199条1項・60条1項），「同一の犯罪事実」（199条3項），「犯罪事実」の要旨（203条1項・204条1項），「公訴事実」の要旨（64条1項）などの各規定にも，「事件単位の原則」が示されている．この原則は，「被疑者・被告人の防御権の保障」（防御対象の特定・明示）および「身柄拘束期間の制限」に不可欠である．
　　c　「犯罪事実」・「公訴事実」は，特定の罪となるべき事実として「訴因」（256条2項・3項）とほぼ同義であって，逮捕・勾留（命令・決定）の「審判対象となった事実」を意味する．これと「同一の犯罪事実」（199条3項・312条1項参照）については，**再度の逮捕・勾留および二重の逮捕・勾留が許されない**（一回性）のが原則であるが，例外が認められる．
　　d　「逮捕・勾留の理由と必要」に関する「裁判」（命令・決定，43条2項・3項）には，公判（本案）の終局裁判（有罪・無罪の判決確定）におけるのと同一の「一事不再理効」を認めるべき根拠が欠ける．
　　e　特に捜査段階では，「事実の同一性」（広義の一罪性）は**流動的**であり，例えば，窃盗の教唆か共同正犯か不明な場合には，盗品の罪との罪数関係も確定困難である．また，常習一罪につき捜査を尽くしても，更にその一部の犯行が事後に反復され発覚することもある．そこで，被疑者・被告人の人権を最大限保障するために，その「身体拘束の最小化」を図りつつも，「公判にお

ける真実発見」（被疑者の逃亡・罪証隠滅の防止）を実現するための「やむを得ない場合」として，「事情変更の原則」が妥当する．

  f 「事件単位の原則」が逮捕・勾留中の「取調」にも及ぶかについては，「別件逮捕勾留」または「余罪の取調」をめぐり見解の対立がある（198条1項但書・223条2項）．

② **「事件単位説」**（判例・通説）――事件単位の身柄拘束要件の司法審査の必要性

  a A罪とB罪とが住居侵入と窃盗のような科刑上一罪などの**「広義の一罪」**であれば，「事件の同一性」が認められるので，一罪につき一回の逮捕・勾留のみが認められる．

  b A罪とB罪とが**「数罪」**（併合罪）であれば，各事件毎に逮捕・勾留の要件を司法審査して，これを認める．ただし，順次A罪・B罪・C罪につき逮捕・勾留を蒸し返し反復することを防止するために，また，各事件毎に「理由と必要」が異なるときは，**「逮捕・勾留の競合」**（二重勾留）を認める．

  c bの場合，A罪で逮捕し，B罪で勾留することは，逮捕前置主義に反するので禁止される．B罪で勾留するには，B罪で逮捕することが必要になる（原則）．

  d しかし，A罪に逮捕・勾留の要件が認められるときは，B罪で逮捕しなくともA罪での勾留が認められるので，B罪の勾留要件が認められるときは，**A罪の勾留に付加してB罪との勾留競合を認めてよい**（例外・通説）．なぜならば，「逮捕前置主義」は，被疑者の身体拘束を最小化するためのものであるから，その「例外」を認めることが「被疑者の利益」に適合する．

   ただし，その例外につき，B罪に関して被疑事実・権利の告知と弁解機会の保障が事前になされたことを要する（その結果，B罪での勾留は勾留質問前に要件を欠いて不要になることがありうる）．

③ **「人単位説」**（平場安治・横井大三）――身柄拘束の期間の最小化

  a 逮捕・勾留は，その理由と必要を要件とするものの，それは「被疑者・被告人」についてであり，「人の身体拘束」であるから，「事件」単位の逮捕・勾留の競合はありえず，その効力は「余罪」を含めて生じる．

  b 「人の身体拘束」は一つしかありえず，A罪につき逮捕・勾留をすれば，B罪につき「逃亡・罪証隠滅のおそれ」（身体拘束）の必要性が生じることはありえない．

  c 事件単位説によると，A罪・B罪・C罪につき（各取調をするには）重複勾留および反復勾留が可能（必要）になり，被疑者・被告人に不利である．

  d 本説によれば，A罪で逮捕，B罪で勾留，C罪で勾留延長しうることになる．また，逮捕・勾留の基礎（理由と必要）にならなかった「余罪の取調」も，制限なく当然に許容される（223条2項参照）．

e　(検討)「人単位説」は,「事件単位説」の反面を強調する限りでは, 正当な部分 (③b参照) がある. しかし, 逮捕・勾留が「人」に対してなされることは, 当然であるものの, 刑事手続は人自体ではなくその「犯罪事実」(行為の罪責) を審判対象とする. しかも, 前記bは, 必ずしも正しくはない. A事件につき逮捕・勾留の理由が欠損・消滅しても, B事件につき逮捕・勾留の理由が生じることがありうる. また, A罪で自由刑の執行中であっても, 監獄法 (刑事収容法) の接見交通の要件と逮捕・勾留の接見交通 (禁止) の要件とは異なり, 罪証隠滅のおそれが生じることもある. その「身体拘束は一つ」であっても, その「令状審査なき余罪の取調のための利用」が無制限に許容されるわけではない.

④　「手続単位説」(渥美東洋)
　a　同時に捜査 (逮捕・勾留) の可能なA・B・Cの犯罪事実は, 同時に一つの手続単位として令状請求し, 一回の身柄拘束で競合処分すべきであって, 各事実毎の反復的逮捕・勾留は, 違法なものとして禁止される.
　b　(検討)「同時に逮捕・勾留の可能な範囲」は, 結局, A・B・Cといった「事件単位」を基礎として判断するしかないので, 本説の基準は「事件単位」を基礎とするものに他ならない. それゆえ,「事件単位」によりながらも, 被疑者・被告人の身体拘束を最小化するための「実質的かつ具体的な基準」として「手続単位」が有用になる. 要するに, 一方では, (ア) 犯人の逃亡を防止すべく, 事件単位原則 (逮捕・勾留の一回性) の例外を認めるべき必要がある. 他方では, (イ) 逮捕・勾留の不当・違法な反復を防止すべきである. さらに, (ウ)「身柄拘束状態 (出頭・滞留義務) の取調利用」の適正化が必要である.

2　「逮捕前置主義」の具体的適用

① 逮捕前置主義の目的——勾留前に必ず逮捕要件を司法審査せよという「形式」にではなく, 不要な勾留を避けよという「身体拘束の最小化」の「実質」にある.
② A事件で逮捕し, A・B両事件で勾留することの適法性——1②d参照.
③ A事件で逮捕し, B事件で勾留することの是非——逮捕の拘束期間が短縮される分だけ被疑者に有利であるとする「人単位説」からの肯定説が有力であった. しかし, そもそもA事件の逮捕が違法になるときは, B事件についても勾留しえないはずである.
　a　A事件の犯罪嫌疑等が既に消滅していた場合には, その逮捕は違法であるので, B事件についても勾留しえない.
　b　B事件の勾留請求時に, A事件の逮捕拘束制限時間を超過していた場合も,

同様である．
- c B事件の勾留請求時までに，B事件につき弁解聴取およびその真偽に関する捜査をしていなかった場合には，その結果としてB事件につき勾留要件の欠如が判明する可能性があるので，同様である．
- d A事件につき，逮捕要件は備わるが，事件軽微ないし嫌疑薄弱のため勾留請求されなかったが，B事件には，勾留要件が備わり，かつ弁解聴取も実施されていた場合，(ｱ) 消極説（豊田・谷口・増井・藤永・田宮）は，別件逮捕のリスクを防止しえないとするが，(ｲ) 肯定説（金谷）は，そのリスクを解消しえた場合には，勾留請求前の逮捕手続が適法なので，②と同様に解してよいとする．

3 逮捕・勾留の一回性 （一事件一逮捕勾留の原則）

① **逮捕・勾留の期間制限**——逮捕・勾留には，その司法審査の基礎とされた一罪の事件ごとに「期間の制限」がある．同一事件につき，複数回または重複の逮捕・勾留は原則として許されない．

② **逮捕・勾留の原状回復**
- a **逮捕着手後「身体拘束前」の被疑者の逃亡**については，現行犯逮捕・緊急逮捕・通常逮捕の要件を充足しうる限りで，被疑者を追跡して身体を拘束することができる．しかし，被疑者が追跡から離脱したときは，現行犯逮捕は続行しえないが，緊急逮捕・通常逮捕は，新たに実施しうる．この場合には，一度も「身体の拘束」に至っていないので，「逮捕」の制限時間は，全く進行しない．
- b **身体拘束後の「引渡・引致・送致・留置」中に被疑者が逃亡して逮捕者の支配を離脱した場合**には，現行犯逮捕の要件としての「明白性」ないし緊急逮捕としての「緊急性」が失われる限り，新たに「逮捕状」を得ないと逮捕の執行が許されない．この場合の「身体拘束の制限時間」は，203条〜205条の規定によるが，既に「身体の拘束」された時間は，そこから控除される．しかし，被疑者の逃亡は，その帰責理由によるものなので，制限時間を超過しても，206条にいう「やむを得ない事情」にあたると解しうる．
- c **通常逮捕において被疑者が「引致中」に逃亡・離脱したとき**は，既に逮捕に着手しているが引致が完成していないので，逮捕状の有効期間にかかわらず，原逮捕状の効力に基いて，再度の身体拘束および引致をなしうるが，既に身体拘束された時間は通算され，bと同じく206条の適用がある．
- d **逮捕状による「留置後」・「送致前」・「送致後」の被疑者の逃亡・離脱**については，(ｱ) ｃと同様に逮捕の原状回復として制限時間の通算を認める見解，(ｲ) 逮捕は「引致場所への引致」で終了し，その後の「留置」・「送致」は逮

捕の付随的効力でしかないので，従前の逮捕状の効力として被疑者の拘束・引致がもはや不可能になり，新たな逮捕状を得て再逮捕するしかないとの見解（木谷）が対立する．後者が実務での通説であろう．
　　e　「勾留」からの被疑者の逃亡については，刑法97条にいう「未決の囚人」に該当するので，(単純)逃走罪の犯人として新たな逮捕・勾留が可能になる．しかも，勾留状には，被疑者の拘束・引致の効力が認められ，勾留自体が監獄（刑事施設）への拘禁・留置を認めるものであるから，「勾留の裁判」の効力として逃亡被疑者の再度の引致・拘禁（原状回復）が認められる．
③　例外としての再逮捕・再勾留
　　a　**再逮捕・再勾留の法的根拠**——再逮捕は，これを予想した規定（199条3項，規142条1項）があるので，「逮捕権の濫用」を防止すべく裁判官が審査したうえ，再逮捕を例外的に許容しうる．再勾留には，かかる規定を欠くが，逮捕前置主義の関係で同一事実につき勾留を既に実施したか否かを審査しうるので（規148条1項参照），これを全面的に否定すべき理由を欠く（通説）．
　　b　「**新たに**」重要な証拠が発見された場合，釈放・保釈後に「**新たに**」逃亡・罪証隠滅のおそれが生じた等の「事情の変更」が生じたときには，再逮捕・再勾留が不可欠な場合に限り，これが例外的に許容される．
　　c　逮捕・勾留の「違法・不要な蒸し返し」は厳禁されるが，そうでない場合にまで再度の逮捕・勾留を許容しないと，むしろ逮捕・勾留の理由と必要を欠くに至っても，釈放を控えるという悪弊を助長するおそれもある．
　　d　**勾留期間の満了前の釈放**については，再逮捕・勾留が認められ易い．逮捕・勾留の期間を（延長を含めて）完全に消費・満了して不起訴としたとき，その期間が短くてもその間に起訴・不起訴の結論を出すことが可能であったときには，仮に重要な証拠が発見された場合でも，再逮捕・勾留は認め難い．
　　e　**重大な犯罪**については，事前には発見困難な重要証拠が新たに発見されたような場合には，極めて例外的に再度の逮捕・勾留が許容される場合がある．
　　f　再度の逮捕・勾留が認められない場合には，検察官は公訴を提起したうえ，「裁判所（官）の職権による勾引・勾留」に委ねるしかない．
　　g　**常習一罪・包括一罪・科刑上一罪**では，前の逮捕・勾留の後に犯された一罪の一部については，同時処理が不可能であり，逮捕勾留請求権の濫用とはいえないので，「逮捕・勾留の一回性」の例外となりうる（なお，福岡高決昭42・3・24高刑集20巻2号114頁は，「包括一罪」を構成する「各一罪」ごとの逮捕・勾留をやむをえないものとして認める）．なお，保釈中に新たに犯された一罪の一部については，**保釈取消**をすれば足りるとの見解があるが妥当ではない．保釈は勾留の一形態であるから，保釈取消事由となりうる犯罪は，勾留の審査（基礎）とされた犯罪事実でなければならないからである．すなわち，保釈取

消を許すことは，勾留要件の審査を欠く事実につき勾留を認めることになるばかりでなく，起訴前の逮捕・勾留の期間制限のない身柄拘束を認めるに等しい．

④ **任意同行と逮捕の始期**
  a **逮捕の始期**（制限期間の算定開始時）は，「身体の拘束」時である．その自由拘束（強制）が認められる限り，手錠・捕縄等の有形力を行使した場合に限定されはしない．
  b 「**任意同行**」**という名目**であっても，「実質的に逮捕と同視しうる強制」が被疑者に加えられている限り，**逮捕状なき違法逮捕**となりうる．この時点からが「身体の拘束」であるので，その時間は後になされた（それ自体）**適法な逮捕の期間に算入すべきこと**になる．
  c **実質的逮捕の判定基準**（反抗の困難・意思の制圧された身体状況）
    (ア) 同行を求められた時間・場所（深夜自宅で就寝中とか，未明に現在地から遠隔の派出所に連行された場合）
    (イ) 同行の方法（数人の警察官による威圧的態度や包囲，パトカーに乗せられた等）
    (ウ) 同行の必要性・合理性の有無（逮捕の準備が完了していて，特に理由がないのに逮捕の実施を遅らせている場合）
    (エ) 同行後の取調時間と看視状況（警察署での長時間の連続取調，休憩中の看視など退去・帰宅を困難にする状況）
    (オ) 逮捕を執行しうる準備の完了（逮捕状の発付を告げたうえでの同行要請等）

4 **逮捕・勾留の競合**（二重勾留の要否，反復勾留の最小化）
  a **事件単位説の短所**——事件単位説からすれば，同一の被疑者・被告人による数罪となる事件については，「一事件一逮捕勾留」（逮捕・勾留の一回性）の原則が働かないので，形式上は複数回の逮捕・勾留の反復が可能になる．
  b **手続単位説の長所**——これを制限しようとする学説が「手続単位説」であり，これによれば，同時に逮捕・勾留の可能な範囲の事件を「手続単位」で二重（重複）勾留すべきという．すなわち，「同時処理の可能な限り」二重勾留することが，身体拘束の最小化になる．
  c **二重勾留が必要になる場合**として，(ア)A事件が権利保釈の除外事由のない犯罪（窃盗）であり，B事件が除外事由にあたる犯罪（殺人）である場合に，A事件につき保釈または勾留取消の請求がなされたり，A事件に勾留更新の制限の除外事由がないため勾留期間の満了が迫っていたりするとき，(イ)B事件のみにつき接見禁止の必要な高度の罪証隠滅のおそれがあるとき等がある．
  d 上記の場合，(ア)同時に勾留がなされず，A事件につき保釈を許可すると同時にB事件につき勾留状を発付すると，被告人の**保釈保証金の納付が無益**

に帰する．また，(イ) A事件につき勾留期間の満了日にB事件につき勾留状を発付・執行すると，その後3箇月も勾留される．そこで，可能な限り同時に二重勾留をすれば，後者の身柄拘束は不要になる．

e　A事件につき公訴勾留中にB事件につき追起訴する場合にも，その時点から二重勾留を認めるならば，「余罪の取調」の問題も生じにくい．

f　B事件の勾留期間を算定するうえで，先行するA罪の勾留の「実質的利用関係」を考慮すべきことになる．例えば，後に無罪となった公訴事実につき発せられた勾留状の執行により生じた未決勾留日数を，それと併合審理された別の有罪の公訴事実の本刑に算入しうることを認めた判例（最判昭30・12・26刑集9巻14号1996頁），また「別罪の逮捕・勾留」が「無罪となった事実」のためにも利用されていたときは，その利用日数が刑事補償の対象となりうることを認めた判例（最大判昭30・12・24刑集10巻12号1692頁）がある．

5　余罪取調の要否と可否

① 　**余罪取調の要否**——被疑者の逮捕・勾留に関係なく，本件が公訴・公判中に被告人（被疑者）の「公訴事実以外の余罪」をいつまで捜査して「訴因追加」（科刑上一罪・常習一罪等，訴因変更の時期的限界）または「追起訴」（併合罪）すべきか．
——適正な訴追裁量（一事不再理効の遮断）および適正な量刑確保（併合罪加重の利益）の要請

② 　**余罪取調の可否**——A罪で「適法」に逮捕勾留中の被疑者をB罪・C罪（余罪）で取り調べることの適法性および法的効果（論点）

　a　「司法審査を経た事件」の身柄拘束を利用した「司法審査を経ない事件」（余罪）の「取調の必要性」と「身柄拘束の最小化」（逮捕・勾留の反復防止）との調和の達成．

　b　「逮捕勾留中の取調」への「事件単位の原則」適用の是非（「身柄「拘束中の取調」における事件単位説と人単位説との対立）．

　c　余罪取調の「法的性格」——取調受忍義務ないし出頭滞留義務の「存否」および「範囲」（事件単位の効力の有無）——(ア) 198条1項但書，223条2項の解釈，(イ) 取調の法的性格——強制捜査・任意捜査，(ウ) 身柄拘束を利用した取調と「黙秘権」・「取調の任意性」，「供述の任意性」との関係．

　d　余罪取調の「法的効果」——(ア) 本罪の「逮捕・勾留」の違法性，(イ) 余罪の「取調」の違法性，(ウ) 余罪の供述調書の証拠能力，(エ) 余罪での「第二次逮捕・勾留」の違法性．

6 余罪取調の許容される範囲 (見解の対立)

① **人単位の取調非限定説** (余罪にも取調受忍義務の肯定・河上和雄)

　a　事件単位でしか取調できないとすると，同一被疑者に1,000件もの余罪があれば，起訴の終了までに数年を要するばかりか，余罪につき逮捕・勾留の反復をするしかないので被疑者の利益が害される．

　b　198条1項但書は，被疑者(A)の逮捕・勾留の状態に着目したものであり，特定の犯罪事実ごとに取調の限定を定めたものではない．また，この規定は**233条2項により取調を受ける第三者(B)にも準用**されているが，第三者が本件（A被疑事実）につき逮捕・勾留されていることはありえないので，逮捕・勾留の基礎になった事件のみに取調が許容されることを法は予定していない（東京高判昭53・3・29判時892号29頁）．

　c　黙秘権・供述の任意性の侵害は，取調受忍義務それ自体から生じるものではない．身柄拘束の有無を問わず，被疑者の取調は常に何らかの心理的圧迫を伴う限りでは，取調に任意と強制の区別はない．

　d　余罪取調後にその事実で新たに逮捕・勾留することは，aの主義に反し，令状主義の観点から制限される．

　e　（検討）aの理由は，必ずしも適切ではない（常習一罪であれば余罪でない）．余罪に逮捕・勾留の要件を充足するときは，余罪による司法審査を経て「逮捕・勾留の競合」をなしうる．それゆえ，この要件を欠く「余罪の取調」の可否が，問題となる．bの理由についても，**第三者の取調に198条1項但書が準用される根拠は**，第三者Bが（Aの共犯として）逮捕・勾留されている場合がありうることを前提としたものであり，BはA（共犯）事実につき出頭・滞留義務を負うことを定めたのであると解しうる．なお，この場合，Bは，被疑者A自体の事実については黙秘権を有しない（198条2項の不準用）．

② **人単位の取調形式的限定説** (取調受忍義務の全面否定・任意取調適法説・平野)

　a　取調受忍義務は，逮捕・勾留の基礎となる事実についても否定されるべきである．

　b　その義務のない「任意の取調」であれば，余罪についても許容される．

　c　（検討）現実には，身柄拘束下で取調が実施されているので，拘束を理由として取調の任意性を否定するならば，逮捕・勾留中の取調は，全面的に違法として禁止されることになる．本説は，現実の取調問題に何らの意味をもちえない．また，理論的にも，受忍義務があるがゆえに，必ずしも黙秘権を害し，取調・供述が常に任意性を欠くとはいえない．

③ **人単位の取調限定説** (取調受忍義務の全面否定・令状主義潜脱による取調違法説)

　a　取調も逮捕・勾留の付随的効果と考える「事件単位説」では，逮捕令状は「取調令状」と化することになり，妥当でない（田宮・136頁）．

b　その身柄拘束が「令状主義を潜脱する違法」となるとき，その下での余罪取調も違法になる（田口・105頁）．
　　c　（検討）b説によると，逮捕・勾留が適法な限り，余罪取調は無制限に許される（A説と同一の結論）．また，「別件逮捕勾留」と「余罪取調」とは，同時に違法になり，循環論法（トートロジー）に陥る．つまり，本件取調ゆえに別件逮捕が違法になり，別件逮捕ゆえに本件取調が違法になる．また，aの理由にも，疑問がある．逮捕は「取調」を理由として審査・許容されるものではないが，法は「逮捕理由となった事件」の起訴・不起訴の決定のために「取調」を許容するものである（39条3項参照）．
④　**人単位の取調実質的限定説**（余罪にも取調受忍義務の肯定・中谷雄二郎）
　　a　余罪取調の適否を(ｱ)「実質的な令状主義違反」および(ｲ)「具体的な事情の総合判断」（本罪と余罪の罪質・軽重，捜査の重点，余罪の取調方法・時間・客観的証拠の程度，捜査官の目的）で決する．
　　b　（検討）(ｱ)の判定基準と根拠は不明であり，(ｲ)の基準は，事後判断であるから，取調時には明白とはいえない．
⑤　**事件単位の取調限定説**（取調受忍義務の否定・旧多数説）
　　a　余罪の取調は，余罪につき令状審査を経ていないので，原則的には禁止されるが，余罪が軽微・同種事犯・密接関連犯であれば，例外的に許容される．
　　b　（検討）例外の事由に統一性を欠き，その根拠が不明である（例外となる余罪取調は，別件逮捕勾留としての違法性を欠くという結論のトートロジーでしかない）．本罪と余罪とが密接不可分な場合には，余罪取調は本罪の起訴・不起訴に不可欠な事情であるから，それは本罪の取調と同視しうる．しかし，そうなると，本罪（件）につき，身柄拘束下の取調強要ないし取調受忍義務を認めることになる．
⑥　**事件単位の取調限定説**（本罪にのみ取調受忍義務の肯定・小林充）
　　a　取調受忍義務は，逮捕・勾留の理由・必要があることの司法審査を経た事件にのみ生じるので，そうでない余罪につき，単なる取調は（逮捕・勾留）の事件単位の原則に反しないが，受忍義務を課した取調は違法となる（原則）．
　　b　しかし，(ｱ)受忍義務を負わされずとも，被疑者が自発的に応じた余罪取調は，適法である．(ｲ)余罪につき，被疑事実・黙秘権・弁護人選任権および出頭・受忍義務のないことを告げれば，その取調は適法である（例外）．
　　c　（検討）aの取調受忍義務の肯定には，疑問がある．また，取調受忍義務は，事件単位で生じるものではない，とする批判が，①説・②説から加えられている．bの(ｲ)については，法文上の根拠がなく，また同じ身柄拘束下の取調につき，被疑者が事件ごとの区別をすることも，捜査官が異なる態度で取調することも，実際にはありえないので，本説は非現実的であると批判され

⑦ **本罪の身柄拘束期間限定説** (取調受忍義務の否定・出頭滞留義務の肯定)
　a　出頭滞留義務を課した取調でも，黙秘する被疑者に翻意するよう説得する範囲では，供述の自由が保持され，「黙秘権の侵害」とまでいえず，取調に応じるよう求めることも，その拒否に対して説得するのも，「取調の強制」とまではいえないので，その限りで余罪の取調も適法となる．
　b　余罪の取調によって本罪 (別件) の逮捕・勾留期間が本来よりも長期化するとき，それは本罪の逮捕・勾留より生じる出頭滞留義務の範囲を超えるものであるから，余罪取調は違法となる (川出敏裕)．
　c　余罪取調は，逮捕・勾留された事件 (本罪) の起訴・不起訴に必要なときは，本罪の取調として許容されるが，そうでないときも事後に余罪による逮捕・勾留の反復を避けて身柄拘束を最小化するためには，許容され適法となる．しかし，別件の身柄拘束による出頭滞留義務を余罪取調に利用しているのであるから，余罪で逮捕・勾留したのと同一の効果を上げている．その利用期間に応じて，余罪を理由とする再度の逮捕・勾留は制限を受けることになる．

7　別件逮捕勾留の違法根拠
(1)　**別件逮捕勾留の意義と争点**
　①　**意義**——「本件」(通常は重大な犯罪事実) につき被疑者を「逮捕・勾留する要件」(理由と必要) を欠くとき，「本件の取調」を行うために「別件」(通常は比較的軽微な犯罪事実) の逮捕・勾留を利用する場合をいう．
　②　**争点**——この場合が違法になる根拠は，別件または本件の「逮捕・勾留」もしくは「取調」のいずれに由来するか (「別件逮捕勾留」と「余罪の取調」との関係)．
　　a　「逮捕・勾留」が違法になる根拠は，(ア) 別件につき要件 (その形式・実質) を欠くこと，(イ) 別件の身柄拘束期間 (一回性) を害すること，(ウ) 本件につき要件の司法審査を欠くことのいずれか．
　　b　本件の「取調」が違法になる根拠は，(ア)「違法な別件逮捕勾留」の下での取調であること (この場合には，「別件」・「本件」のいずれの取調も違法になりうる)，(イ)「違法な本件逮捕勾留」の下での取調であること (前記と同様)，(ウ)「適法な別件逮捕勾留」の下でも「本件の取調」は許容されないこと (身柄拘束下の取調への「事件単位の原則」の適用・「余罪取調」の違法性)，(エ)「適法な逮捕・勾留でも」「受忍義務」を課した取調であるから，黙秘権・取調の任意性・供述の任意性を害すること (取調自体の違法性) のいずれか．
　③　**違法の対象**

a 「第一次」および「第二次」の「逮捕勾留」および「取調」の違法性
　　b その間に作成された「供述調書の証拠能力」(自白の任意性・違法排除)
④ 理論の現状——「逮捕・勾留」とその「取調」利用をめぐる争点であるが，「判例」が確立しておらず，「学説」の理論的根拠も必ずしも明確ではない．
　　a 「事件単位の原則」の及ぶ範囲 (逮捕勾留中の取調利用の許容範囲)
　　b 「別件の逮捕・勾留」に司法審査および要件が備わるときに，これを「本件の逮捕・勾留」として違法にしうる「要件上の根拠」

(2) 裁判例・学説の対立
　① 別件基準説——「別件の逮捕・勾留」を基準・対象として，その要件・適法性を判断する見解 (裁判例・実務家の多数説)
　　a 形式説
　　　㋐ 別件の逮捕・勾留は，その要件の存在が司法審査で判断されている限り，適法である．
　　　㋑ この逮捕・勾留が「本件の取調」に利用する目的で請求された点，ないし，現に専ら利用された点は，「余罪の取調の可否」の問題でしかない．
　　b 実質説 (逮捕・勾留の実質的必要性の欠損・消滅)
　　　㋐ 別件の逮捕・勾留の要件については，「形式的な事前の司法審査」のみでは足りず，身柄拘束中の別件捜査 (取調) の進展に対する「実質的な事後判断」が必要である．
　　　㋑ 「起訴すべき価値」の乏しい相対的に軽微な「別件」での逮捕勾留請求は，(その要件を欠く本件の取調を専ら目的とするゆえに) 実質的には「逮捕・勾留の理由・必要」を欠くものとして，却下されるべきである．しかし，その事前の司法判断は容易でない．
　　　㋒ 別件の逮捕・勾留の司法審査で理由・必要が認められた後でも，専ら本件の取調がなされたときは，別件の起訴のための逮捕・勾留 (これを利用した取調) が不要であることを示すから，(たとえ別件が事後に起訴されたとしても，)「別件」の逮捕・勾留の**要件** (実質的必要性) の「**本来的欠損**」として，別件逮捕勾留は違法になる．
　　　㋓ 当初は別件の取調をしたが，事後は専らまたは主に本件の取調のみをしたときは，(たとえ別件が事後に起訴されたとしても，) 当初は適法であった「別件」の逮捕・勾留は，その**要件の**「**事後的消滅**」により，その時点より違法になる．
　　　㋔ 別件と本件の取調が併行的になされ，その取調時間も大差なく，両者とも起訴されたような場合には，別件の逮捕・勾留自体に要件を欠いた

とはいえない．しかし，その「本件の取調時間」が原因で「別件の逮捕・勾留」が継続・延長されたときは，**別件には身柄拘束の継続・延長事由を欠くのであるから**，本来ならば継続・延長が許されてはならず，別件の逮捕・勾留として違法になる．

　㈹ 上記の場合，継続・延長された身柄拘束は，本件による実質を備えるので，「本件の司法審査を経ていない逮捕・勾留」と解しうる余地がある．しかし，その前提として，「別件の逮捕・勾留」が違法になることが必要である．本件基準説は，現存する「別件の逮捕・勾留」の要件・法的効力（無効）を無視したまま，それを「本件の逮捕・勾留」と評価する点で，理論上妥当でない．すなわち，「別件の（適法ないし司法審査された）逮捕・勾留」を「本件の取調」に利用したのみでは，「余罪取調」の問題になるにすぎない．また，「別件の逮捕・勾留」中に「本件の取調」をしなかった時間があるからといって，その間に別件の逮捕・勾留の要件（理由と必要）を欠くことにはならない．

② **本件基準説**——「別件の逮捕・勾留」が「本件の取調」のために請求・利用されたことから，「本件の逮捕・勾留」に司法審査を欠く違法を認める見解（学説の多数説）．

　a **形式説**（取調の事件単位説）——㈠ 別件の逮捕・勾留を利用した本件の取調は，別件による身体拘束の本件利用につき司法審査を経ていないので，「事件単位の原則」に反する令状主義違法と解する．㈡ 本説によると，「身柄拘束を利用した取調」には，事件ごとに司法審査が必要になる（しかし，その司法審査は法の要件とされていない）．すなわち，別件の取調には別件の逮捕，本件の取調には本件の逮捕が要件となる（逮捕・勾留が競合されない限り，その反復をしないと取調ができないことになる）．㈢ 本説では，逮捕・勾留は取調のための制度であり，その身柄拘束の理由となる事件ごとに「取調受忍義務」が生じることを前提とすべきことになる．㈣ 本説では，「別件逮捕勾留の違法性」は「余罪取調の違法性」に一致することになる．

　b **実質説**（取調の人単位説・令状主義潜脱説）——㈠ 本説は，「別件による逮捕・勾留」について，「本件による取調」を目的とし，これを利用する実質に着目して，「本件による身柄拘束」の脱法化（令状主義違反）と解する．㈡ 本説は，別件基準説が別件の逮捕・勾留に要件を欠く場合を違法とするのは自明であり，意味がないとしたうえで，「別件の身柄拘束の本件取調利用」という実態を違法根拠とする．しかし，㈢ その結論は，明白であるものの，その「実態」が違法になる根拠は，a説と異なり不明であるといわざるをえない．㈣「身柄拘束の取調利用」について，「事件単位の原則」の適用を否定するならば，これを「司法審査」を欠く「令状主義違

反」と解するための「法的根拠」が失われるからである．そこで，(オ) 別件の逮捕・勾留の「制限時間」が本件取調により超過されたという「別件の逮捕・勾留の一回性」違反（別件における理由と必要の事後的消滅）こそが違法根拠になる，と解するしかない．そうであるならば，(カ) 本説は，「別件による逮捕・勾留」における上記の「違法・無効」を前提とすることになり，この点において別件基準説を承認すべきことになる．

(3) 判例（裁判例）の検討
① 別件の逮捕勾留と余罪の取調との関係
  a 問題の所在——手続の違法性が問題になるのは，(ア)「本件」には逮捕勾留の要件を欠くことが前提となり，(イ)「別件」には形式上は逮捕勾留の要件の備わっていることが前提となり，(ウ) その別件逮捕勾留を利用して本件の取調を行う場合，逮捕勾留または取調の違法性が問題になり，(エ) その結果として自白調書が作成され，その証拠能力が問題となり，(オ) これを疎明資料とする第2次の逮捕勾留の違法性も問題になる．
  b 違法性の観点と実質——(ア) 逮捕勾留とこれを利用した取調とは，理論的には逮捕勾留の違法性と取調の違法性とに区別されるが，実質的には両者は相即不離の関係で判断され，(イ) **本件基準・別件基準のいずれにしても，「両事件の関係」および「取調の実態」を資料として逮捕勾留の違法性が判断される**点に変わりはなく，ただこれを本件・別件のいずれの逮捕・勾留と称するかに差異があるのにすぎないので，両基準を対立するものとすべき「実質」は，ほとんど失われている．例えば，別件基準とされる(i) 東京高判昭53・3・29刑月10巻3号233頁（富士高校放火事件）は，「いまだ証拠の揃っていない本件について被疑者を取り調べる目的でなされ，証拠の揃っている別件の逮捕・勾留に名を借り，**別件については身柄拘束の理由と必要がないのに**，その身柄拘束を利用して，本件について取り調べるのと同様な効果を得ることを狙いとした場合」を「**令状主義を実質的に潜脱することとなる**」とし「その捜査の手続によって得られた被疑者の自白は，証拠能力を有しない」と判示している．他方，本件基準の裁判例とされる(ii) 金沢地七尾支判昭44・6・3刑月1巻6号657頁（蛸島事件）では，別件の逮捕につき「軽微な事案であって**逮捕の必要性**に疑問があり，これに続く**勾留も理由がなかった**」と判示されており，その限りでは別件基準に等しいといえる．さらに，(iii) 東京地決平12・11・13判タ1067号283頁・百選8版19は，「A事件の取調はB事件による逮捕勾留期間中に許された限度を超えているのに対し，本来主眼となるB事件ないしC事件の捜査はほとんど行われない状況にあったから，右勾留期間延長後は，B事件による

勾留としての実体を失い，実質上，A事件を取り調べるための身柄拘束となったとみるほかはない」と判示している．(ウ) 結論として，逮捕勾留またはその間の取調に重大な違法が認められるときは，「自白調書の証拠能力」が否定される点でも，本件基準・別件基準に差異は認められない（前記(i)・(ii)の裁判例等．ただし，(iii)は自白の任意性のみを肯定する）．

② 取調受忍義務と事件単位の原則との関係

a 逮捕勾留されてない事件には取調受忍義務を否定する裁判例——(ア) 前記(i)の原審・東京地決昭49・12・9判時763号16頁は，「別件基準」に拠りながらも「余罪（本件）について純粋の任意捜査としての取調べをするのであれば，これを禁止する理由はなく，(中略) 捜査官が，本件について任意捜査としての取調べを行おうとする場合には，まずもって，本件についての嫌疑の内容を告知したうえで，右事実について取調受忍義務がないことを明確に告知し，被疑者の誤解を解くよう努めるべき」と判示している．
(iv) 浦和地判平2・10・12判時1376号24頁は，「何らかの事実により身柄を拘束された者は，他のいかなる事実についても取調べ受忍義務を負うと解するときは，捜査機関は，別件の身柄拘束を利用して他のいかなる事実についても逮捕・勾留の基礎となる事実と同様の方法で，被疑者を取り調べ得ることとなり，令状主義なかんずく事件単位の原則は潜脱され，被疑者の防禦権の保障（告知と聴聞の保障，逮捕・勾留期間の制限等）は，画餅に帰する」としたうえ，「被疑者が退去の希望を述べたときは，直ちに取調べを中止して帰房させなければならない」と判示している．(v) 福岡地判平12・6・29判タ1085号308頁は，「余罪についてもいわゆる取調受忍義務を課した取調べが許されるとする見解は，刑事訴訟法が，逮捕・勾留についていわゆる事件単位の原則を貫くことにより，被疑者の防禦権を手続的に保障しようとしていることに鑑み，採用できない」としたうえ，起訴後の勾留中の余罪取調べについて「被告人は，別罪につき新たに逮捕・勾留されないかぎり，いかなる意味においても取調受忍義務を負わない」と判示している．
(イ) これらの裁判例によれば，逮捕勾留中の余罪取調は原則的に禁止され，その余罪（本件）について新たに逮捕勾留することが必要になる．すなわち，余罪の取調にあたり，被疑事実および黙秘権を告知しただけでは足りず，被疑者が取調を拒否すれば直ちに取調を中止すべきことになる．しかし，別件の逮捕勾留中に別件の取調をすることが取調受忍義務を課した強制処分として適法になる根拠は，明らかでない．

b 逮捕勾留中の取調における事件単位の原則を否定する裁判例——(ア) 前記(i)の裁判例は，「ある事実（別件）について逮捕・勾留中の被疑者を，当該被疑事実と別の被疑事実（本件）について取り調べることは，一般的に

禁止されているものではなく，またその取調に当って，その都度裁判官の令状あるいは許可を受けなければならないものではない」と判示している．
(ｲ) 別件と本件の取調とを区別して取調受忍義務の存否を区別することには無理がある．別件の取調であっても取調または供述の任意性が害されるのであれば，違法とされるべきであろう．

③ **別件と本件との密接関連性**（違法性の判断資料）

a 両事件の密接関連性が認められるときには，本件の取調は同時に別件についての取調になるので，本件の取調は違法にならない．ただし，別件の逮捕勾留に要件の備わることが前提となる（最決昭52・8・9刑集31巻5号821頁・狭山事件）．

b 別件の逮捕勾留中に本件等の余罪の取調をすること自体は，禁止されておらず，適法である（判例・通説）．すなわち，別件と本件の起訴すべき価値・別件と本件との関連性の程度および別件の取調時間と本件の取調時間との比率の対比を総合的に判断して，別件の逮捕勾留に形式上の要件が認められても，その取調が別件の起訴に必要なものとはいえなくなるときは，その時点より逮捕・勾留は「実質的必要性」を欠いて違法となる．

第8講 捜 査 (7)
──被疑者の法的地位と防御権

1. 糾問手続と弾劾手続の各理念型について，その相違点はどうか．
2. 弾劾手続において「犯人必罰モデル」と「適正手続モデル」とを対比する見解がある．これについて論評しなさい．
3. 旧刑訴法には存在した「予審」が廃止された理由は何か．
4. 「陪審制」（アメリカ型）と「参審制」（ドイツ型）との異同について説明しなさい．また，陪審制の長所および短所はどうか．さらに，これらの制度と日本の裁判員制度との異同についても説明しなさい．
5. アメリカの刑事手続では，被疑者・被告人の自己負罪拒否特権が保障されつつ，重大事件の迅速裁判が実現されている，といわれている．'arraignment' および 'plea bargaining' の制度について説明したうえで，上記の理由について論じなさい．
6. 被疑者（被告人）の法的地位およびこれを担保するための防御権の内容はどうか．
7. 被疑者（被告人）の弁護権およびその法的根拠について説明しなさい．
8. 私選弁護と国選弁護との関係はどうか．また，国選弁護人の選任の手続・要件はどうか．さらに，国選弁護人の終任事由（終期）はどうか．
9. 弁護人・補佐人・代理人の相違について説明しなさい．
10. 弁護人は，被告人（被疑者）から自己が有罪または犯人の身代わりであるとの告白（自白）を受けた場合，どのような対応をすべきか．この場合に，「内部関係」と「外部関係」とを区別して論じる見解があるが，その当否について論じなさい．
11. 弁護人の対内的権限・対外的権限について，刑訴法の各規定を列挙して説明しなさい．
12. 被疑者・被告人の接見交通権は，「39条1項に規定する者」と「それ以外の者」とで区別されている．両者の相違はどうか．また，接見禁止の手続・要件はどうか．
13. 刑訴法81条にいう「逃亡し又は罪証を隠滅すると疑うに足りる相当な理由」とは，どのような理由であるか．
14. 捜査機関による接見等の指定は，「捜査のため必要があるとき」，「公訴の提起前に限り」許容されるが，その理由はどうか（最大判平11・3・24民集53巻3号514頁参照）．
15. 「逮捕・勾留されていない余罪」の捜査（取調等）を理由とする接見指定は，許されるか．
16. A事件の弁護人甲は，同時にB事件の弁護人（になろうとする者）でない場合であっても，B事件につき接見交通権を有するか．また，甲がA被疑事件およびB被告事件の被疑者・被告人乙の弁護人である場合において，乙にA事件とB事件の勾留が競合しているときに，甲弁護人に対してA事件の接見指定をすることが許されるか（甲はB事件を理由として接見しうるか）．さらに，このときに甲がB被告事件のみで選任された弁護人であれば，どうか（事件単位の原則は徹底されるべきか）．
17. 「捜査のため必要があるとき」という接見指定の要件について，判例の立場はどうか．
18. 接見指定の方式について，昭和63年4月の改正前後の相違について説明しなさい．
19. 接見指定に対する準抗告について論じなさい．
20. 違法捜査に対する被疑者（被告人）の救済方法には，どのようなものがあるか．

> 〔8講のねらい〕　捜査による権利・自由の制約に対する「被疑者の防御権」として，被疑者の①「法的地位」，②「弁護権」，③「接見交通権」，④「証拠保全請求権」，および⑤「違法捜査に対する不服申立等による救済制度」について，実定法の根拠および判例・学説を理解する．

1　「刑事手続の制度・構造」と「被疑者の法的地位」

(1)　糺問手続の理念型

　　a　刑事手続の全権力・権限が「裁判所」(裁判官)に集中するので，裁判所は，職権により，(ア)自ら捜査官を指揮して「犯人」(被疑者・被告人)を検挙し，証拠を保全して，(イ)自ら「裁判」(審理)を開始して，(ウ)「判決」を言い渡し，(エ)「刑の執行」を行なう制度である(古代ローマから中世の時代までは，「犯行現場」において，「現行犯人」に対して逮捕・捜索・押収・検証・証人尋問による処刑が行われてきた，とされている)．

　　b　この「**司法権力の集中型**」の刑事手続制度では，(ア)「捜査機関」・「公訴機関」・「司法機関」の明確な区別・独立関係がなく，(イ)裁判所は，「捜査権」・「公訴権」・「司法権」を独占して行使し，その「取調の客体」が被疑者・被告人となる．

　　c　この手続では，「立法権」・「行政権」と「司法権」との「権力の分立」もなく，裁判所は，「国家権力」(王権・政府)の維持に必要な「治安の確立」のために，その妨害者・敵対者を「犯罪者」として検挙・処罰するのに際して，自ら必要な「法」を定立して適用する(罪刑専断主義)．

　　d　この手続では，「治安維持」のために「犯人」が迅速に検挙・処罰されるが，一度「犯人」として検挙された被疑者・被告人は，たとえ「無辜」であっても自己を防御して救済されることは困難である．

　　e　この手続では，「被疑者」(被告人)は，罪体(客観的証拠)の存在から犯人として「**有罪の推定**」を受けるため，「**嫌疑刑**」により身柄が拘束され，「真実の供述義務」が負わされ，「拷問」による「自白の強要」が許容され，その法定証拠により有罪が確定して処罰される．

　　f　この手続は，「近代の個人主義・人権思想」が確立するまでは一般的であり，「中世の身分刑法」時代の「刑事手続の理念型」であったといえる．

(2)　弾劾手続の理念型

　　a　国家の刑事手続の権力・権限が「司法権」と「公訴権」・「捜査権」とに分立し，被告人・被疑者の「**無罪の推定**」を前提として，これに対する「**防御権**」が保障され，その主体として「裁判所」(裁判官)・「検察官」(公訴機関)・「司法警察職員」(捜査官)および「被告人」(被疑者)に法的地位の独立性が

認められる．
　b　この「司法権力の分立型」の手続制度では，「被告人」(被疑者)は，「実体的真実の発見」のための単なる「証拠手段」または「取調の客体」ではなく，「刑事手続の主体」としての地位が法的に保障される．
　c　その法的保障を担保するために，被疑者・被告人は，「有罪の判決確定」までは，「無罪の推定」(憲法31条)がなされる．その法的効果として，被疑者・被告人は，法が「適正手続の実現」のために許容した必要最小限の制約を除いて，一般市民と同様に「人権と自由の享有」が最大限保障されると同時に，「有罪につき合理的な疑いが残る限りは無罪」(in dubio pro reo)が保障され，「誤った有罪判決」を受けないための「防御権」を行使しうる．
　d　無罪の推定される「被疑者・被告人」と「捜査官・検察官」とは，原理的には「対等な当事者」として対峙する．被疑者の同意がなければ「任意捜査」を実施しえず，その意思を制圧し拒否を排除する「強制捜査」は，「法定の理由と必要」とが認められる場合に限り，これを司法審査した「裁判官の令状」によらない限り，原則として執行しえない．
　e　被疑者・被告人の「逮捕・勾留」とこれを利用した「取調」は，(ｱ)公訴・公判に必要な最小の期間に限定され，(ｲ)その「理由と必要」につき，「告知・聴聞による弁解・防御の機会」が保障され，(ｳ)これを担保するために「黙秘権・弁護権・証人喚問権」が認められ，(ｴ)その「理由と必要」を欠くときは「直ちに釈放」される権利が保障される．

(3) 弾劾手続の諸相──「犯人必罰モデル」と「適正手続モデル」
　a　刑事手続は，「犯人必罰を目的とするモデル」と「適正手続の保障を目的とするモデル」に分類される．しかし，両目的は必ずしも相反するものでなく，両モデルも目的の重点の置き方に差違があるにすぎない．
　b　「犯人必罰」は「無辜不罰」と同根であって，「実体的真実主義」の両面でしかない．「犯人必罰」は，「犯罪の一般予防」と「犯人の特別予防」(社会復帰)とを通じて，市民の犯罪による侵害からの「人権保障」(社会の安全・共存)を達成しようとする．しかし，犯罪は，その性質からして大部分が隠蔽され，一部のみが露呈して，僅少な犯人のみの「真実」が証明されて，一罰百戒的な犯罪防止が実現されるにすぎないのが「現実」である．「犯人必罰モデル」は，このような「人権保障」のための努力を放棄しないという「システム」である．
　c　「適正手続」は，国家による犯罪処罰の手続で生じる「市民の人権侵害の防止」に着目したものである．しかし，「適正手続モデル」も，犯罪抑止による市民の人権保障を放棄しえず，「犯人必罰」・「無辜不罰」のための「真実究明」を前提とするものである．これを断念するのであれば，「刑事手続

における人権保障」も元来不要になる．

 d　「弾劾手続」は，「刑事手続の適正な法定化」により被疑者・被告人の「当事者としての自律性と対等性」を最大限に保障する．しかし，そのために刑事手続は複雑化・長大化して「多大な人権コスト」を市民が負担すべきことになる．しかも，「犯罪の真実発見」が阻害され，良き市民と小悪人のみが検挙・処罰されるだけで，**狡猾な大悪人には「犯罪の自由の保障」**がなされる結果に終りかねない．すなわち，弾劾手続は，犯人もしくは被疑者・被告人となる市民の「人権保障のためのコスト」を極大化する一方で，犯人の不罰と犯罪の反復・拡大による「被害者の人権侵害によるコスト」も極大化する．それゆえ，市民は「犯罪予防の自衛のための莫大なコスト」を自ら支払うべきことになり，国家は「犯罪予防のための抽象的危険犯の拡大化」により更に「市民の自由の犠牲」を要請するというジレンマに陥る（犯罪被害者・遺族の悲惨さは，誰にも分かり易いので，これにマスメディアの焦点があてられ，ポピュリズムの下で犯罪化・重罪化を進める「敵性刑法」の弊が生じる）．

 e　かくして，「犯人必罰モデル」と「適正手続モデル」との峻別ではなく，両者の統合により，「人権保障の極大化」と「人権侵害の極小化」とを調和的に達成する方策が必要になる（その一つの試みが「修復的司法」の構想である）．

(4) 弾劾手続の現実

 a　弾劾手続は，これを実現しうる「人権保障のコスト」を負担するだけの社会的経済的なゆとりを必要とする．また，「人権保障のコスト」を刑事手続のどの部分にどのように配分するかが，重要になる．

 b　中国では貧富の差が激しく，被疑者・被告人のための「人権保障」に充分なコストを配分するだけの国家経済的なゆとりが従来は欠けていたので，徹底した「犯人必罰モデル」が採用されていた．1997年の新刑事訴訟法では，被疑者・被告人の拷問等の禁止と弁護人選任権が認められるようになったが，黙秘権保障・令状主義が採用されていない．検察官に逮捕・勾留の権限が与えられ，起訴前の身柄拘束期間が長い反面，大多数の事件の公判は1，2回で結審して判決言渡となり，上訴では二審制が採用される．立件後の捜査による真実究明が検察官主導の下でなされ，公判は，その証拠を引継・確認する場でしかない．すなわち，自白法則・伝聞法則などの証拠能力の制約が乏しいため，公判での証拠調・事実認定は短期で実施しうる．その手続は，戦前のわが国での旧刑訴法の運用に近い．

 c　旧刑訴法下には，「**予審**」の制度があった（現在でもフランス法系には，予審制度があり，弾劾手続の下で圧倒的な優位に立つ「真犯人」に対処しようとしている）．予審判事は，職権により「真実究明の強力な捜査（取調）」を実施すると同時に，証拠が不充分な場合には，公訴・公判を避けて被疑者を免訴として釈放する．

第8講 捜　査(7)

現行法では，予審が廃止され，その代りに被疑者の「逮捕・勾留に厳しい期間制限」が導入され，この間に起訴をしなければ，被疑者を釈放するしかない．しかも，公判では「証拠能力のある証拠」による精密な事実認定を経て，「無辜の不罰」を実現することが要請されるため，これに耐えうる証拠（「自白調書」と補強証拠）を「逮捕・勾留中の取調」で固めるしかない．これが，「日本型の糾問的弾劾主義」であり，その刑事手続全体からの「必然」(帰結)でもある．

d 「予審制度」は，糾問手続の一種であるので，先進国では一般に廃止されてきたが，これを維持する国（フランス・オランダ等）も少なくない．また，予審に代えて「検察官による公訴権行使」を裁判所が公判前に審査して，被告人を早期に釈放するための「**公判開始前の中間手続**」（訴訟条件の審査手続）を定める国（ドイツ等）もある．しかし，「逮捕・勾留中の取調」を重視せずに，「あっさりした起訴」を行なう国では，2割から3割の無罪率となる（日本はほぼ0.1％である）．

e 欧米の刑事手続では，「**陪審制**」・「**参審制**」のいずれか，または両者が採用され，「職業裁判官による公判」との選択的併用がなされることが多い．この制度は，「職業裁判官」の固定観念・狭い視野・自らに都合のよい裁判を打破して，「一般国民の健全な常識」を裁判に生かすものであるが，「国民の代表者によるデモクラシー」の裁判ではない（職業裁判官は，その威信と経験にかけて誤判を回避しようとするが，1回限りの裁判の陪審員（裁判員）には，その清新さと緊張に期待するしかない．そこで，ドイツの参審制では，職業経験の豊かな年齢の者に資格が制限され，しかも任期制が採用されている）．「人権保障」は「多数決」には馴染まないので，「陪審制」では，有罪・無罪のいずれにせよ，全員一致の評決が要求されることが多い（アメリカ型）．しかし，この「**評決**」は，「**民の声**」であるとして「**判決理由**」を示さないので，事実誤認を理由とする上訴が許されず，「**裁判の一回性**」（一事不再理）が強調される．また，陪審員の長期拘束が不可能なので，公判は迅速・集中審理化し，書証（伝聞証拠）の利用が制限され，公判中心主義・口頭弁論主義（公判での事実認定）が徹底する（それゆえ，公判主義や当事者主義は，その社会の文化・伝統と無関係かつ無条件に妥当するものではない．この点は忘れがちであるが，銘記すべきである．）．

(5) アメリカ型の弾劾手続と陪審裁判——日本の対極

a 司法制度にもデモクラシーが採用され，裁判官・検察官および警察官（保安官）も「**公選制**」であることが多く，彼らは「**政治家**」であるがゆえに，有罪評決から排除して，その恣意を「陪審制」で抑制して「公正中立化」する必要がある．

b リベラリズムに由来する「令状主義の母国」であるが，捜査機関には

「plain view の法理」で証拠物の現場押収が認められ，「合理的な疑い」の判断で被疑者を「ミランダ警告」後に無令状で逮捕しうるが，被疑者は遅滞なく（24時間以内）「治安判事」（非法曹）の下に引致され，「審問」と「保釈」の機会が保障される．しかし，重罪の場合には，保釈制限があり，また高額の保釈保証金等の支払が困難となるので，保釈のない重大犯罪の被疑者（60％）の逃亡は阻止される．

c 　治安判事への引致後に令状の発付された被疑者は，警察署に連行され，保安官管轄の拘置所（jail）に勾留される．この後の公訴前後の身柄拘束の期間には厳格な制約がなく，捜査官は，「弁護人がいない被疑者」であれば，自由に取調を反復・継続しうるため，殺人事件の自白率は80％にも達するが，自動車窃盗等の事件では捜査官の熱心な取調もないため，その自白率は5％以下である．

d 　重罪事件では正式起訴前に「予備審問」で被疑事実の真否と身柄拘束の必要につき審査されるが，大部分の被疑者には弁護人がいないため，その請求がなされず，予備審問は開かれない．審問があっても，99％以上の事件では身柄拘束が継続される．

e 　重罪事件では，必要的または任意的に「大陪審」で正式起訴が決定される．大陪審は，選挙人名簿による無作為抽出または地裁判事が任命した「良民」の「大陪審選任委員」により候補者が選任される（白人の中高年の男性退職者が多い）．6名から23名の陪審員からなる大陪審が各地域に複数設置され，1日平均約60件処理され，1件当り5分から10分で終結するものが多い．その手続は，検察官主導であって，被疑者・弁護人の立会権も認められてなく，通常は捜査に関与した警察官が証人として出頭し，陪審員の多数決の評決で起訴が決定され，検察官が正式起訴状を作成する．

f 　公訴後10日から1月の間に裁判所による「罪状認否の手続」(arraignment) が開かれ，検察官・被告人・弁護人（この段階で初めて弁護人が選任される事件が60％）が出廷し，起訴状の朗読後に被告人は答弁（plea）を求められ，not guilty と答えることが多い．その後，検察官と弁護人との間で，証拠開示と答弁取引が継続され，約2月間で80-90％の重罪事件は，「有罪の答弁」で処理され，「公判審理」が回避される（訴追打切り10％）か，訴因変更（重罪から軽罪）ないし複数訴因の一部取下げか，さらに多くでは量刑の引下勧告などが公判開始後も交渉される．これは，当事者間の acceptable solution の発見と妥協の過程であるとされる．

g 　Plea Bargaining がアメリカの司法で一般化した要因として，(ア) 法定刑および宣告刑が重く，(イ) 罪数で加算主義が採用されており，(ウ) 自己負罪拒否特権が強く保障されているので，これを自律により緩和させる必要があり，

第8講　捜　査(7)

　　　(エ) 公判審理・陪審公判を回避して，弁護人および費用の負担を軽減することが挙げられる．
　h　陪審公判は，重罪事件の起訴後2月–6月間に実施される．1件当り36名の候補者から当事者による忌避申立で12名の陪審員が選定される．裁判官は，事実認定権がなく，陪審員に対して法律についての説示を行い，公判の進行と量刑を担当するにすぎない．アメリカの陪審制は，植民地時代のイギリスの裁判官への反感，国家の一員たる裁判官のルーティン・ワークへの不信，公選裁判官の住民による控制などの「リベラリズム」に由来する．
　i　陪審公判は，素人たる陪審員の正しい事実認定を担保するために，証人への主尋問・反対尋問により証言を吟味しつつ，事実を法定で再現させることにある．供述書・供述調書は，(検察官の反対尋問の資料にはなるが，公判証拠としては)殆んど利用されない．また，**被告人は，自己負罪拒否特権を有するにもかかわらず，真実の供述義務を果すことを宣誓したうえ証人として反対尋問に曝される地位を選択する．**(陪審員には裁判官から黙秘の不利益認定禁止につき説示がなされるとはいえ，)これを拒否したときの「陪審員の有罪心証」(「無罪ならば被告人は自ら証言台に立つだろう」)を怖れるからである．
　j　要するにアメリカの刑事手続でも，殺人・強盗事件等では保釈がなされず，取調(取引)で自白が獲得される．また，弁護権を駆使しうるのは金持ちだけであり，貧困な被疑者といえども公設弁護人が充分に選任されるわけではない．さらに，**自己負罪拒否特権**も，司法取引・刑事免責・陪審制により緩和されている．ミランダ警告も自白を得るための障害の除去として機能しているともいえる．
　k　これと比較して，日本の刑事手続は「愚直な精密司法」と称されている．
(6)　**日本の刑事手続の特色**
　a　令状主義の遵守による**不当逮捕の回避**(真犯人の検挙困難)
　b　23日間の逮捕・勾留の期間に限定した「**身柄拘束下の取調**」による(集約的な)真実究明(黙秘権の最小化．これを日弁連は「**人質司法**」であると批判している．)
　c　**訴追裁量による公訴**(被告人)**の最小化**(99.9％の有罪率・軽微事件の切り捨て)
　d　**職業裁判官による事実認定の厳正化**(争いのある事件での公判・証拠調の長期化)
　e　**世界一軽い言渡刑**(起訴猶予率と執行猶予率の高さは，犯罪者との同化・刑務所への順応・出所後の再犯・社会復帰の困難を避けて，「社会内処遇の優位」を認めるものである．しかし，最近では，法定刑の引上により重罰化の量刑相場が進んでいる．)
　f　**裁判員制度の導入**(「裁判員の参加する刑事裁判に関する法律」平成16年5月28日から5年以内の施行)
　　　(ア) **法の趣旨**——「国民の中から選任された裁判員が裁判官と共に刑事訴

第8講　捜　査(7)

訟手続に関与することが司法による国民の理解の増進とその信頼の向上に資する」(1条. その目的は, アメリカの陪審制ともドイツの参審制とも異なる).

　(イ)　**対象事件**──「死刑又は無期の懲役禁錮に当たる事件」および「故意の犯罪行為により被害者を死亡させた罪」(かつ裁判所法26条1号所定のもの)(2条1項).

　(ウ)　**合議体の構成**──「地方裁判所」の合議体の裁判官の員数は3人, 裁判員の員数は6人. ただし, 公訴事実について争いがないと認められる適当な事件では, 裁判官1人および裁判員4人と決定しうる(2条2項・3項).

　(エ)　**裁判官・裁判員の権限**──刑の言渡し・刑の免除・無罪の判決および少年法の家裁への移送決定につき,「事実の認定・法令の適用・刑の量定」に関する合議. ただし,「法令の解釈・訴追手続」に関する判断は, 裁判官の合議による(6条).

　(オ)　**裁判員の選任資格**──衆議院議員の選挙権者であって, 義務教育を終了し, 禁錮以上の刑に処せられた者でなく, 職務執行に支障のある心身の故障がない者.

　(カ)　**裁判員の就任禁止の事由**──国会議員, 国務大臣, 一定の国家行政職員, 裁判官・検察官・弁護士である者あった者, 司法警察職員, 法律学の教授・助教授・司法修習生等(15条. 要するに, 法律の「素人」でなければ, 裁判員の資格がない).

　(キ)　裁判員候補者の出頭義務と不選任の決定(29条～37条).

　(ク)　裁判員・補充裁判員の公判期日等への出頭義務(52条).

　(ケ)　**評決**──合議体の員数の過半数による(67条1項).

2　被疑者の法的地位と防御権

① **無罪の推定**(憲31条. ただし, 犯罪の嫌疑があれば, 被疑者になる.)

② **黙秘権**(憲38条1項, 法198条2項)・**証言拒否権**(146条)・**取調拒否権**(198条1項)──被疑者の黙秘権等は, 逮捕・勾留の法的効果として取調時の出頭・滞留義務を伴うため, 制約されたものとなる.

③ **弁護人選任権**(憲34条・37条2項, 法30条以下, 被疑者の国選弁護人請求権・法37条の2, 204条2項)──接見交通権は弁護人の取調立会権を含むものでない(39条).

④ **不当な身柄拘束からの救済請求権**(憲34条, 人身保護法, 法203条～205条, 勾留理由開示・勾留取消請求権(82条・87条))

⑤ **強制処分に対する不服申立権**(準抗告, 429条・430条)

⑥ **証人審問権・反対尋問権**(憲37条2項, 法320条以下)・**証拠の保全開示の請求権**(179条・180条・40条)

69

3 被疑者・被告人の弁護権と弁護人の法的地位

(1) **弁護権の意義**——刑事手続において捜査・公訴・公判の対象とされる(ア) 被疑者・被告人の「劣弱で受動的な法的地位」を補完・補助し，(イ) 刑事手続上の諸権利を担保し，(ウ) 当事者としての対等性を確保し，(エ) 理由なき手続負担・処罰を回避するための「防御権」として重要不可欠なものである．

(2) **弁護権の法的根拠**
    a 憲法34条1項前段——抑留・拘禁された者の弁護人依頼権
    b 憲法37条3項——被告人の弁護人依頼権・国選弁護人請求権
    c 法30条——被告人・被疑者の弁護人選任権（1項），法定代理人等の弁護人独立選任権（2項）

(3) **弁護権の実質的保障**
    ① **弁護人選任権の告知義務**——逮捕（203条1項・204条1項・2項・211条・216条），勾引（76条），勾留（77条），公訴提起（272条，規177条）
    ② **私選弁護の原則**と弁護士会の対応（30条・31条の2・36条の3）
    ③ **国選弁護の例外**と裁判所・裁判官による選任（36条〜37条の4）
        a 「貧困その他の事由により弁護人を選任することができない」「被告人」の「**請求**」による選任（36条）
        ——資力申告書の提出（36条の2），私選弁護人選任申出の先置（36条の3）
        b 「未成年」・「年齢70年以上」・「耳の聞こえない・口のきけない」または「心神喪失・心神耗弱の疑いのある」等の被告人に対する「**職権**」による**裁量的選任**（37条）
        c 「死刑又は無期若しくは短期1年以上の懲役刑若しくは禁錮に当たる事件について」「勾留状が発せられ」または「勾留を請求され」かつaの要件を充足する「被疑者」の「**請求**」による選任（37条の2）
        ——資力申告書の提出・私選弁護選任申出の先置（37条の3）
        d 精神障害等により弁護人の必要についての判断困難な疑いのある「被疑者」に対する「**職権**」による**裁量的選任**（37条の4）
        e 必要的弁護事件において弁護人が不出頭・不在または欠ける被告人に対する「**職権**」による**必要的選任**（289条）

(4) **弁護人・補佐人・代理人の区別**
    a 「**弁護人**」——「弁護士」から弁護人に選任された者（31条1項），「資格を有する弁護人」（憲37条3項）
    b 「**特別弁護人**」——「弁護士でない者」から弁護人に選任された者（31条2項）
        (ア) 簡易裁判所・家庭裁判所・地方裁判所の許可．
        (イ) 地方裁判所では，「ほかに弁護士から選任された弁護人がある場合に限

る」．

　　　㈦　控訴審・上告審では，弁護人に選任しえない（387条・414条）．
　　　㈱　被疑者の弁護人には，選任しえない（最決平5・10・19刑集47巻8号67頁）．
　　c　「補佐人」
　　　㈥　被告人の法定代理人，保佐人，配偶者，直系の親族および兄弟姉妹は，審級ごとに裁判所に届出をすれば，何時でも補佐人になることができる（42条1項・2項）．
　　　㈰　補佐人は，被告人の明示した意思に反しない限り，被告人がすることのできる訴訟行為をすることができる．但し，この法律に特別の定のある場合には（例えば，360条），この限りでない（42条3項）．
　　　㈦　補佐人の権限は，㈰の点では，単なる「代理権」ではなく，弁護人より強い．しかし，弁護人とは異なり，本人の意思に反する独立代理権および固有権を有しない．
　　　㈱　補佐人になりうる者は，同時に被告人の弁護人の独立選任権者であり，「非法律家として後見的な立場」から被告人の利益を擁護するものである．
　　　㈲　この制度は，弁護人制度を補完するものでしかないためか，実例は乏しい．
　　　㈹　「被疑者」には，補佐人が認められない．
　　d　「代理人」
　　　㈥　被告人・被疑者が「法人」であるときは，その「代表者」が訴訟行為についてこれを代表する（27条）．代表者は，「代理人」に訴訟行為を委任することができる．
　　　㈰　被告人が「法人」である場合には，「代理人」を公判廷に出頭させることができる（283条）．
　　　㈦　50万円以下の罰金又は科料に当たる事件については，被告人は，公判期日に出頭せず，「代理人」を出頭させることができる（284条）．
　　　㈱　刑法39条・41条の規定を適用しない罪に当たる事件については，被告人・被疑者が意思能力を有しないときは，その「法定代理人」が訴訟行為を代理する（28条）．
(5)　**弁護人選任の手続と効力**
　①　**私選弁護人の選任**──単なる私的契約ではなく，刑事手続上の「訴訟行為」である．
　　a　被疑者の弁護人──「公訴の提起前にした弁護人の選任は，弁護人と連署した書面を取り扱う検察官又は司法警察員に差し出した場合に限り，第一審においてもその効力を有する」（規17条，法32条1項）．
　　b　被告人の弁護人──被告人の段階で弁護人を選任する場合は，選任者と

弁護人とが連署した選任届を裁判所に提出しなければならない（規18条）．
  c 弁護人の数——特別の事情のある場合は，被告人の弁護人の数を3人までに制限しうる．また，被疑者の弁護人の数は，原則として3人までとする（35条，規26条・27条）．「主任弁護人の指定」につき，法33条・34条，規19～25条．
② 国選弁護人の選任
  a 勾留における被疑者または被告人が「貧困その他の事由により弁護人を選任することができないときは」，その「請求」により，裁判官または裁判所は，弁護人を選任する（36条・36条の2・3，37条の2・3）．
  b 37条および289条所定の被告人，37条の4所定の被疑者については，裁判所・裁判長または裁判官は，職権により弁護人を附することができる．
  c 裁判所は，公訴の提起があった場合において被告人に弁護人がないときは，遅滞なく，弁護人の選任ないし選任請求について確認し，回答を求めることができる（規178条）．
  d 国選弁護人は，裁判所・裁判長・裁判官が「弁護士」の中から選任しなければならない（38条1項）．
  e 国選弁護人は，旅費・日当・宿泊料及び報酬を請求することができる（38条2項）．
③ 弁護人選任の効力
  a 弁護人の選任効力は，「事件単位」で生じるが，特に指定しない限り，追起訴で併合された複数の事件にも及ぶ（規18条の2）．
  b 公訴提起後の弁護人の選任は，審級ごとに行う（32条の2）——審級の終りは，(ｱ) 終局的裁判（判決）の言渡しではなく，その確定まで，または上訴申立のあるときは，(ｲ) 移審の効力（または訴訟記録の上訴裁判所への送付）が生じるときまでである（最決平成4・12・14刑集48巻9号675頁）．
　　——なお，**審級代理の原則**は，被告（上訴）人が，従前の弁護人にとらわれることなく，新たな弁護人の選任を自由になしうることを保障したものである．そこで，上訴人の利益保護の観点から，「移審の時期」と切り離して，例外を個別に認める見解も有力である．
  c **国選弁護人の終任事由**（時期）は，弁護人の辞任の申出により地位を失うものでなく，裁判所がこの申出に「正当事由」があると認めて解任することが必要である（「公法上の一方行為説」・「公法上の契約説」ではなく，「裁判説」・最判昭54・7・24刑集33巻5号417頁）．——弁護人は，被疑者との間の信頼関係が喪失したときも弁護人の意思で一方的に辞任しえない．
(6) 弁護人の職務
  ① 被告人・被疑者の権利擁護と無辜の不罰

──裁判官・検察官が見逃しがちな「被告人に有利な事情」に光をあてる．
② 迅速な裁判・集中審理のための事前準備・交互尋問の原則（304条2項）
──迅速な裁判の保障は，刑事被告人の権利であり（憲37条1項），また社会的正義の実現にも不可欠である．しかし，社会の応報処罰感情の鎮静化，執行猶予（刑法25条1項2号）の獲得あるいは刑執行の遅延化の手段として，弁護人が戦術的に裁判（期日と証拠調）の遅延を図ることがある．
③ 弁護人の訴訟法上の義務
　a　**援助義務**──依頼人（被疑者・被告人）の意思に基いて，これに従属して依頼人を補助する義務．
　b　**弁護義務**──依頼人の権利・利益を擁護するために誠実に調査・説明をして，依頼人から独立して依頼人を後見する義務（法律の専門家としての役割）．
　c　**真実義務**──裁判官・検察官とは異なる視点から，依頼人の「実質的正当利益」に反しない範囲において，真実・正義を追究すべき義務．
④ 弁護人の真実義務の限界とジレンマ
　a　弁護人は，被告人等の偽証・偽造証拠の提出・証拠隠滅・逃走・逃亡などを教唆し，これに加担してはならない（弁護は犯罪の正当化事由とはならない）．
　b　弁護人は，検察官と同じ観点から，被告人に不利益な立証・弁論等をしてはならない（弁護義務違反，「第二の検察官化」の禁止）．
　c　弁護人は，上訴理由（弁護の余地）なしとの趣意書を提出したり，被告人の無罪主張に耳を貸さず，情状論のみを弁じることは，許されない（弁護義務違反としての不法行為責任・戒告処分）．
　d　弁護人は，被告人から有罪または犯人の身代りであるとの告白（自白）を受けた場合，これを告発したり，公判で供述・弁論することは，許されない．
　e　上記の場合に，「当事者主義」と「訴訟的真実」とを根拠にして，弁護人は裁判所の真実発見に協力すべき義務がないとの見解もあるが，その根拠は疑問である．真実に「訴訟的真実」と「実体的真実」とを区別することは，現行法と調和しない（弁護人に実体的真実が明らかでない事実については，弁護人に「真実義務」が発生しない）．弁護人は，被告人の「正当利益」を擁護すべきではあるが，「違法利益」ないし「虚偽」を擁護すべきではない．この場合には，弁護人と被告人との「内部関係」と訴訟における弁護人の「外部関係」とを区別すべきである．前者において，弁護人は，どこまでも法律家の一員として「法」と「真実」（正当利益）の妥当性を被告人に説得すべきであり（その結果，信頼関係が失われて，弁護義務を履行不能であれば，弁護人を辞任することも許されるが，守秘義務は継続する．ただし，当該事件の弁護義

務が及ばない事項（別件の違法）については，そもそも守秘義務が欠けるので，告発もなしうる），「違法の擁護者」に成り下がってはならない．しかし，「外部関係」において，弁護人は，被告人の「弁護義務」を放棄して，検察官・裁判官を代行することは許されない．

  f 弁護人は，被告人に真実に反して事実を黙秘・否認するよう勧めることも許されない．黙秘権は，「黙秘する自由」（自律）を保障するものであるから，「黙秘するよう勧める」ことは，「黙秘権の行使」（自律）の告知・勧告とは異なり，被告人への自律の不当な干渉に他ならない．

(7) 弁護人の権限
 ① 対内的権限——接見交通権（39条）
 ② 対外的権限
  a 従属的代理権——本人（被告人）の明示・黙示の意思に反してなしえない訴訟行為（8条・10条2項・11条2項・17条2項・19条1項・326条・331条・376条・414条）
  b 独立代理権Ⅰ——本人の明示の意思に反してよい訴訟行為（82条2項・87条・88条・91条・179条1項・276条・298条1項・309条1項・2項）
  c 独立代理権Ⅱ——本人の黙示の意思に反してよい訴訟行為（21条2項・355条・356条）
  d 代理権は，その訴訟行為の利益・不利益が本人の意思・選択に関わり，本人の権利が消滅するとき，同時に消滅する．
  e 固有権Ⅰ——被告人・弁護人が併有して行使しうる訴訟行為（113条・142条・157条・228条・293条2項，規211条・304条2項，規108条2項）
  f 固有権Ⅱ——弁護人のみがなしうる訴訟行為（39条・40条・170条・180条・338条・414条）
  g 固有権は，その訴訟行為が本人の利益を害するおそれがないものである．

4 被疑者・被告人の接見交通権

(1) 「勾留」された被疑者・被告人の「弁護人以外の者」（家族等）との接見交通権——勾留の害悪を保釈で解消しえない場合に，必要な家族等の固有の利益とその支援のための面会と物の授受を保障するのが，接見交通権である．

 ① 「勾留」された被疑者・被告人は，「39条1項に規定する者以外の者」と，法令（刑事収容111条〜118条）の範囲内で，接見し，又は書類若しくは物の授受をすることができる．勾引状により刑事施設に留置されている被告人も，同様である（80条・207条1項）．

  弁護人または弁護人になろうとする者以外の者との接見交通（面会）では，39条1項の接見交通とは異なり，立会人が置かれる（刑事収容112条・116条）．

② 接見交通の禁止・制限
　a 裁判所・裁判官は，「逃亡し又は罪証を隠滅すると疑うに足りる相当な理由」があるときは，(ア) 検察官の請求により又は職権で，勾留されている被告人・被疑者と39条1項に規定する者以外の者との接見を禁じ，又は (イ) これと授受すべき書類その他の物を検閲し，その授受を禁じ，若しくはこれを差し押さえることができる．ただし，糧食の授受を禁じ，又はこれを差し押さえることはできない（81条，207条1項）．
　b 81条にいう「逃亡し又は罪証を隠滅すると疑うに足りる相当な理由」とは，既に「勾留」されている被疑者・被告人を前提とするものであるから，単なる勾留の理由となる程度のものでは足りず，単なる勾留（身柄拘束）では防止しえず，接見交通の禁止・制限に「相当な理由」があることを要する．
　c 「逮捕」された被疑者には，本接見交通権は認められていない．
③ 接見等禁止の裁判による「期限・対象」の限定・変更
　a 禁止の権限──勾留に関する裁判所・裁判官（80条・81条・207条1項）の専権である．検察官は，接見等禁止の請求をなしうる．しかし，その裁判の解除・取消の請求権および不服申立権については，法の規定もなく，その職権の発動を促すことができるにすぎない．被疑者・被告人とその弁護人についても，同様である．
　b 禁止の期限・条件──(ア) 禁止の期間につき法律の定めがない．(イ) 裁判所・裁判官は，禁止の要件が消滅すれば，禁止を取消すべきことになる．(ウ) 禁止の裁判において，「10日間」または「公訴提起ないし第一回公判期日まで」といった期限を付することは，当然に許容され，現に運用されている．(エ) 禁止を解除して，刑事収容法等の法令の制限内において，個別の接見許可（30分以内）を認めることもできる．
　c 禁止（授受）の対象物の解除・許可──裁判所・裁判官は，法令の範囲内において裁量的になしうる．
　d 禁止の対象者──(ア)「弁護人」（これになろうとする者を含む．）以外の者（家族等）．(イ)「勾留事件の捜査に必要な」検察官・検事事務官・司法警察職員および同行する証人・通訳人は，本来的に除外されている．(ウ) 裁判所・裁判官は，接見禁止の裁判にあたり，特定対象者を限定または解除し，また裁判を事後に変更・取消しうる．(エ) 外国人被疑者には，「領事関係に関するウィーン条約」等により条約締結国の領事官の接見通信権が認められているので，「領事官と同行する通訳人」を対象から除外する運用がなされている．
　e 検察官の裁量による接見禁止解除の是非

(ｱ) 消極説（通説）——前記 a の根拠，および裁量を認めると「自白の誘導」に利用されるおそれがあるので適切でないことを理由とする。

(ｲ) 積極説（有力説）——検察官は，勾留自体から被疑者を釈放しうるのであるから，これより小なる「接見禁止の解除」のみを排斥されるべき理由がない。また，「自白の誘導」自体は，自白法則で防止しうる。

(2) 身体の拘束を受けている被疑者・被告人の「弁護人」との接見交通権
 ① 弁護人（等）との秘密（自由）接見交通権
  a 要件（原則）——身体の拘束を受けている被告人または被疑者は，「弁護人」または「弁護人を選任することができる者の依頼により弁護人となろうとする者」（弁護士でない者にあっては，31条3項の許可があった後に限る。）と「立会人なくして」接見し，または書類もしくは物の授受をすることができる（39条1項）。
  b 権利の性格——弁護人との接見交通権は，憲法34条前段に由来する「被疑者・被告人の基本的な権利」であると同時に，「弁護人の固有権」でもあるので，被疑者・被告人の同意がなくとも「接見」をなしうる。
  c 憲法との関係——憲法34条前段は，「単に被疑者が弁護人を選任しうることを官憲が妨害してはならないというにとどまるものではなく，被疑者に対し，弁護人を選任した上で，弁護人に相談し，その助言を受けるなど弁護人から援助を受ける機会を持つことを実質的に保障している」のであって，刑訴法39条1項の規定は，この憲法の趣旨に基いて設けられたものである（最大判平11・3・24民集53巻3号514頁・百選8版36）。
  d 弁護人との接見交通権の制限——39条1項の接見または授受については，法令で，被告人・被疑者の逃亡・罪証の隠滅または戒護に支障のある物の授受を防ぐため必要な措置を規定することができる（39条2項）。
 ② 接見・授受に関する指定
  a 接見指定の要件——検察官・検察事務官または司法警察職員は，「**捜査のため必要があるときは**」，「**公訴の提起前に限り**」，弁護人との接見または授受に関し，その日時，場所および時間を指定することができる。ただし，その指定は，被疑者が防禦の準備をする権利を不当に制限するようなものであってはならない（39条3項）。
  b 接見指定の趣旨——接見指定は，(ｱ) 刑訴法で「身体の拘束を受けている被疑者の取調」が認められていること（198条1項），(ｲ) その身体拘束につき最大でも23（28）日間という時間的制限があり，(ｳ) この間の捜査（取調）により起訴・不起訴（被疑者の釈放）を決定しなければならないことなどを考慮して，「被疑者の取調べ等の捜査の必要と接見交通権の行使との

調整を図る」趣旨で置かれたものである（前掲・最大判平11・3・24）．また，
(エ) 39条3項但書は，接見指定が「必要やむを得ない例外的措置」である
ことを明らかにしている．

③ **被告事件・被疑事件の勾留競合と接見指定の可否**（被疑事件単位）

　a　接見指定をなしうるのは，「**公訴の提起前**」の「**事件**」での身柄拘束に
限られる．被告事件についての弁護人との接見指定は，要件を欠くので許
されない．ただし，被疑事件の接見指定の効力は，後者に波及する．

　b　被疑事件でも「**逮捕・勾留されていない余罪**」については，その捜査
（取調）のための接見指定は，「**事件単位**」の原則からして，許されない．
──「公訴の提起後は，余罪について捜査の必要がある場合であっても，
検察官等は，被告事件の弁護人または弁護人になろうとする者に対し，同
39条3項の指定権を行使しえない」（最決昭41・7・26刑集20巻6号728頁．千葉大
チフス事件）．

　c　**弁護人**についても「**事件単位の原則**」が働く．A事件の弁護人甲は，B
事件につき弁護人（になろうとする者）でなければ，B事件の接見交通権を
欠く．しかし，甲がA被疑事件およびB被告事件の被疑者・被告人乙の弁
護人である場合にどうか．──「同一人につき被告事件の勾留とその余罪
である被疑事件の逮捕，勾留とが競合している場合，検察官等は，被告事
件について防禦権の不当な制限にわたらない限り，刑訴法39条3項の接見
等の指定権を行使することができる」（最決昭55・4・28刑集34巻3号178頁）．
──本判例は，(ア) 被疑事件と被告事件とを区別して論じており，接見指
定には法文上事件単位の限定がないと主張して，逮捕・勾留されてない余
罪の取調の必要性を理由として接見指定を認める「**人単位説**」を排斥して
いる．また，(イ) 被告事件の接見交通権は絶対に保障されるべきであるか
ら，被疑事件につき捜査の必要があっても，接見指定は許容されないとの
見解も排斥された（接見交通は，これを無制限に反復・継続しないと弁護権が害さ
れるものではないからである）．

　d　「**被告事件Bのみで選任された弁護人**」の接見交通権を被疑事件Aの捜
査の必要から接見指定しうるか．──「同一人につき被告事件の勾留とそ
の余罪である被疑事件の勾留が競合している場合，検察官は，被告事件に
ついての防御権の不当な制限にわたらない限り，被告事件についてだけ弁
護人に選任された者に対しても，同法39条3項の接見等の指定権を行使す
ることができる」（最決平13・2・7判時1737号148頁）．──事件単位を徹底して，
被疑事件Aでの接見指定は被告事件Bには及ばないので，B事件の弁護人
には接見指定が許容されないとする裁判例は，本判例により排斥されたこ
とになる．この裁判例によると，被疑事件Aの接見指定はAの弁護人の

「接見自体」を捜査妨害になるとの見解に帰着するので，妥当でないとされている（大澤裕）．

　e　接見指定の理由となる「捜査の必要」とは，被疑事件Aの被疑者の身柄の利用がA事件の捜査（取調・現場検証等）に不可欠であることをいう（被疑事件単位の原則）．その支障となる弁護人の接見交通が，A事件またはB事件のいずれについてであるかは（また，B事件が被疑事件か被告事件か，その弁護人が誰であるかも），重要でない．B事件についての接見交通権に支障が生じない限りは，問題がないといえる．

④　接見指定の要件（「捜査のため必要があるとき」）
　a　捜査全般説（罪証隠滅説，出射・伊藤・河上）
　　　(ア)　法の文言には何らの限定もないので，「罪証隠滅の防止を含む捜査全般の観点から捜査に支障がないか否か」を捜査機関が「第一次的」に「裁量」に従って判断する．(イ)　本説は，「一般指定方式」と結びついて，主張されてきた．
　b　物理的限定説（平野・青柳・松尾）
　　　(ア)　被疑者の取調・実況見分・検証等の立会いのため「捜査機関が被疑者の身柄を現に必要としているときに限定する．(イ)　平野・105頁は，取調受忍義務を全面否定する立場から，取調中でもこれを中断して接見させるべきであるとする．
　c　準限定説（神垣・令基上504頁，判例）
　　　(ア)　捜査機関が被疑者の取調を開始しようとするとき，実況見分・検証等の立会いに赴こうとしているときを含めて，「**捜査の中断による支障が顕著な場合**」に限られる．(イ)　ただし，捜査の中断に支障がなければ，取調中でもこれを短縮・調整して，可能な限り速やかに接見を保障しなければならない（被疑者には出頭滞留義務が認められる反面として，捜査機関には接見機会を保障して**取調の濫用（強要）を防止すべき義務**がある．すなわち，接見交通権は，単なる「自由権」ではなく，これを保障すべき作為義務を捜査機関に課すものである）．
　d　最判昭53・7・10民集32巻5号820頁（杉山事件）──「捜査機関は，弁護人等から被疑者との接見の申出があったときは，原則として何時でも接見の機会を与えなければならないのであり，現に取調中であるとか，実況見分，検証等に立ち会わせる必要がある等捜査の中断による支障が顕著な場合には，弁護人と協議してできる限り速やかな接見の日時等を指定し，被疑者が防禦のため弁護人等と打ち合わせることができるような措置をとるべきである」．──捜査官に「**弁護人との協議義務**」を課している．
　e　最判平3・5・10民集45巻5号919頁（浅井事件）
　　　「捜査の中断による支障が顕著な場合」は，接見申出のあった時点で，

「間近い時に」取調・実況見分・検証等の「確実な予定」がある場合を含む（同旨・最判平3・5・10裁判集民163号47頁，最大判平11・3・24）．——捜査官に(ｱ)「できるだけ速やかに接見等を開始することができ」，「目的に応じた合理的な範囲内の時間を確保する」よう**配慮すべき義務**，(ｲ)そのための**調査義務**，接見日時の**告知義務**・**協力義務**を課している．

f 最判平12・6・13民集54巻5号1635頁（取調の中断等が可能とされた事例）

「接見申出があってから約1時間10分が経過した時点に至って，警察署前に待機していた弁護人に対して接見の日時を翌日に指定した措置は，即時または近接した時点での接見を認めて接見の時間を指定すれば捜査に顕著な支障が生じるのを避けることが可能であるにもかかわらず，……弁護士と協議することなく取調べを継続し，……夕食前の取調終了を早めたり，夕食後の取調べの開始を遅らせたりして接見させることをしなかった」点で違法である．

——本判例は，接見指定要件が欠けるとしたのではなく，取調後の接見が可能であるのに，**接見指定または接見自体を迅速に実施しなかった措置**を違法としたものである．

⑤ **接見指定の方式**（昭和63年4月以前の「一般指定制度」）

a 改正前の法務大臣訓令事件事務規定28条によれば，(ｱ)裁判官による接見等禁止決定（命令・81条・207条1項）があると，(ｲ)検察官等は，弁護人との接見に関し，「その日時，場所及び時間を別に発すべき指定書の通り指定する」と記載した「接見等に関する指定書」（一般的指定書）を被疑者収容施設の長に交付しておき，(ｳ)弁護人の接見申出があれば，「その日時・場所・時間を記載した指定書」（具体的指定書）を作成して，弁護人に交付する．(ｴ)弁護人は，この具体的指定書を施設長に提出して初めて，被疑者との接見をなしうる．

b 一般指定書の発せられた事件では，具体的指定書を持参しない限り，弁護人との接見は，許されない．接見交通は，「原則禁止」になり，具体的指定書で「禁止解除」の効果をもたらす．

c 接見指定の要件につき「捜査全般説」に立つと，捜査官が「捜査のため必要があるとき」と判断すると，接見は原則禁止となる．これは不条理である．「弁護人以外との接見禁止」が，裁判官のみに認められ，しかもその要件が「逃亡し又は罪証を隠滅すると疑うに足りる相当な理由があるとき」に限定されているのに対し，その場合であっても許容される筈（81条参照）の「弁護人との接見交通」が，検察官により制限（禁止）され，しかもその要件が上記の理由により緩和され，「捜査のため必要があるとき」で足りることになるからである．

d 接見指定の要件につき「準限定説」に立つと，接見指定は「弁護権の行使と捜査の必要性との調和」を図るものであるから，(ア) 一般指定書に接見禁止の効果をもたらすことは許されず，(イ) 接見指定は，裁判官の接見等禁止決定 (81条) を前提とするものではなく，(ウ) 接見の日時等を約束し保障するものでしかないから，(オ) 接見指定の日時以外でも「捜査に顕著な支障」がない限り，何時でも接見が可能になる．

e 一般的指定に対する準抗告 (430条) の可否
　(ア) 39条3項の接見指定に関する違法の救済手段
　　i 検察官・検察事務官または司法警察職員のした39条3項の「処分」については，430条1項・2項に定める「準抗告」(処分の取消・変更) を裁判所に請求しうる (この場合には，行政事件訴訟に関する法令の規定は適用しえない)．
　　ii 監獄の職員による接見指定に関する処分については，430条に定めがなく，行政訴訟による救済を求めるしかないが，それは実際には救済になりえない．
　　iii 違法な接見指定の間の取調による「自白の証拠能力」の否定も，接見交通の実現に役立たない．
　(イ) 次の各方式の一般指定の「処分」性 (430条1項・2項)
　　i 「一般的指定書」の謄本を被疑者・弁護人および監獄の長に交付する方式
　　ii 「一般的指定書」の謄本を被疑者・弁護人には交付しない方式
　　iii 「一般指定書」の文言を「その日時，場所及び時間を別に指定する．」と変更する方式
　　iv 「一般指定書」を作成せず，「別に指定するので接見等の申出があったときは直ちに必ず連絡されたい」との文書を監獄の長に交付する方式
　　v 口頭・電話でivと同旨の内容を監獄の長に連絡する方式
　(ウ) 裁判例の対立——具体的指定が「処分」に当たることに争いはないが，一般的指定は，未だ「接見指定」をしていないので準抗告の前提要件を欠くことにならないか．
　　iにつき，鳥取地判昭42・3・7下刑集9巻3号375頁は，「一般指定によって弁護人と被疑者との交通権を一般的に禁止することは，法第81条，第39条の趣旨に徴し許されないものと解する」とした．その後，「一般的指定」を「処分」として取り消す裁判例 (地裁) が続出したが，これを適法とした裁判例もある．ii～vは，「一般的指定」を形式上は被疑者・被告人にはしていないが，「具体的指定書」の持参がない限り接見が拒否・

禁止される点では，ⅰと同じ効果を生じる．それゆえ，「一般的指定」を取り消すだけでは，接見交通の保障になりえない．そこで，「具体的指定書の持参要求」の違法性が準抗告で争われるようになったが，裁判例では適法と違法の判断が対立した．

　㈡　最判平3・5・31判時1390号33頁によれば，ⅱの方式について，「本件の一般的指定書の適否に関して，原審が捜査機関の内部的な事務連絡文書であると解して，それ自体は弁護人である上告人又は被疑者に対し何ら法的効力を与えるものでなく，違法ではないとした判断は，正当として是認することができる．」――この判例により，**一般的指定の処分性**は否定されたが，それが単なる「内部的な事務連絡文書」でしかない以上「処分」として「一般的禁止の法的効力」を有しえないのであるから，**「具体的指定」の適法性**のみを準抗告で争えば足りることになった．なお，具体的指定の要件である「捜査の必要」につき，本判例も，最判平3・5・10民集45巻5号919頁の「準限定説」と同じ解釈を示している．

　㈢　前掲の最判平3・5・10は，㈆捜査機関が接見に日時等を指定する際いかなる方法を採るかは，その合理的裁量に委ねられているが，㈇検察官が弁護人と協議する姿勢を示すことなく，一方的に往復2時間を要するなど離れている検察庁に接見指定書を取りに来るよう要求したのは，著しく合理性を欠き違法であると判示している．

⑥　**接見指定の方式**（昭和63年4月の**具体的指定制度**）

　a　法務大臣訓令事件事務規程28条は，昭和62年12月25日に改正された．昭和63年4月1日より，いわゆる「通知事件制度」が採用されるに至った．

　b　一般指定書は廃止され，検察官による監獄の長への連絡文書は，「捜査のため必要があるときは，その日時，場所，及び時間を指定することがあるので通知する．」という様式になった．

　c　接見の申出を受けた検察官は，㈆指定の必要がないときにはそのまま接見させる．㈇指定の必要があるときは，弁護人と協議の上，具体的な日時等を指定する．㈈この指定は，指定書の弁護人への直接交付，ファックスの送付，電話口頭での指定のいずれかの適当な方法による．㈉司法警察職員による指定も，捜査書類基本書式例により，同様の方法によることになった．

5　違法捜査に対する被疑者の救済方法

(1)　**裁判官の裁判に対する準抗告**――裁判に不服がある者は，法定の裁判所に裁判の取消または変更を請求しうる（429条1項）．

　a　勾留（保釈）・押収または押収物の還付に関する裁判（ただし，勾留に対しては，

第8講　捜　査 (7)

　　　嫌疑のないことを理由とする準抗告は，許されない429条2項）．
　　b　鑑定のため留置を命ずる裁判
　　c　身体の検査を受ける者に対して過料又は費用の賠償を命ずる裁判
(2)　**検察官・検察事務官または司法警察職員の処分に対する準抗告**——別に行政訴訟をなしえない（430条）．
　　a　39条3項の接見指定の処分
　　b　押収または押収物の還付に関する処分
(3)　**逮捕**（最決昭57・8・27刑集36巻6号726頁）・**検証**（捜索・差押の際の写真撮影につき，最決平2・6・27刑集44巻4号385頁・百選8版35）・**捜索は，準抗告の対象とならない．**
　①　「逮捕」の裁判・執行への準抗告
　　　a　「逮捕手続の違法」ゆえに「勾留請求」が却下されるべき場合については，「勾留に関する裁判」に対して，準抗告がなしうる．
　　　b　「勾留に関する」との文言には「逮捕」を含むとする見解（田宮・渥美・笠井）は，現行法が「逮捕」と「勾留」とを区別している以上，無理がある．
　　　c　立法論としては，逮捕の最大制限時間が72時間と長いため，独自の準抗告の対象とすべきとの見解が有力である．
　②　「勾留」の裁判・執行への準抗告
　　　a　「嫌疑がないこと」を理由とする準抗告は，なしえない（前掲．ただし，反対説あり）．
　　　b　「勾留請求却下」の裁判例に対する検察官の準抗告における「釈放命令（207条2項但書）の執行停止」（身柄拘束の継続）については，釈放命令が勾留請求却下の独立の裁判ではなく，勾留請求却下に「執行」がありえないとする反対説（松尾・鈴木）も有力である．しかし，身柄拘束からの釈放も「執行」であるから，その「停止」もありうる．何よりも，請求却下の裁判に誤りもありうるので，その執行停止を認めないと被疑者の逃亡防止が困難になるとするのが，実務である．
　　　c　勾留に関する「裁判後の事情」をも参酌しうるかについて，「抗告審の構造論」（「事後審」または「続審」）をめぐる対立があるが，「新事情」を参酌した場合の効果を個別的に判断する見解が有力である．
　③　「押収」の裁判・執行への準抗告
　　　a　検察官の押収請求（218条3項）につき「却下」または「許可状発付」の裁判に関しては，準抗告を認めるのが通説であり裁判例の主流であった．
　　　b　しかし，国税犯則取締法2条により収税官吏の請求により裁判官がした差押等の許可につき，被疑者の準抗告その他の独立した不服申立は許されないとの判例（最大判昭44・12・3刑集23巻12号1525頁）がある．その趣旨を援

第8講 捜査(7)

用して，差押許可については処分性を欠くので，差押の執行段階で差押許可を含めて430条の準抗告を認めれば足りるとする見解もあるが，かかる限定をすべき文理上の根拠が429条には欠ける．
 c 請求却下の裁判に対しては，片面的に被疑者のみが準抗告をなしうるとの見解（能勢）があるが，b説と同様の難点がある．
 d 被疑者（被告人）側からなされる第一回公判前の証拠保全のための押収請求（179条1項）を却下する裁判への準抗告は，許容される（最決昭55・11・18刑集34巻6号42頁）．

④ 押収物の還付請求に検察官が応じない場合の準抗告（430条）
 a 留置の必要がない押収物は，（裁判所の決定により）被告事件の終結前に還付しなければならない（123条1項・222条1項）．
 b 留置の必要がないとは限らない押収物は，所有者・所持者・保管者・差出人の請求により，仮還付することができる（123条2項・222条1項）．
 c 留置の必要がない押収した贓物（盗品）は，被害者に還付すべき理由が明らかなときに限り，被告事件の終結前に被害者に還付しなければならない（124条1項・222条1項）．
 d 上記（a～c）の裁判所の決定には，抗告がなしうる（420条1項・2項）．
 e 上記（a～c）の裁判官の命令には，準抗告がなしうる（424条）．
 f 上記（a～c）の捜査機関がした押収還付に関する処分には，準抗告がなしうる（430条1項・2項）．
 g 例えば，検察官に還付請求をなしうるか，また検察官が請求に何らの応答もしない場合には，fの準抗告をなしうるか．──㈠還付請求の規定がなく，還付しない場合の規定を欠くため，実務では，検察官は還付しない場合には請求者に対して何らの措置もしない．㈡この場合に，準抗告がなしえないとすると，押収物の不還付につき430条所定の準抗告は，救済手段の意義を失う．しかし，㈢検察官の「処分」がないとすれば，準抗告の要件が欠けることになる．㈣還付請求に対する判断に必要な合理的期間が経過しても検察官が応答しないときは，請求却下の黙示の意思表示（処分）があったものとして，準抗告を申し立てることができる（東京地決昭40・7・15下刑集7巻7号181頁，大阪地決昭45・9・11判時613号104頁，堀籠幸男，小田健二）．㈤押収という先行行為により還付請求への応答義務が生じる．それは，「作為義務のある不作為」（不処分）というよりも「黙示的態度」（不還付）が「作為」（処分）であると解される．

⑤ 押収（捜索・差押）時の「写真撮影」に対する準抗告の可否
 a 最決平2・6・27刑集44巻4号385頁・百選34，「許可状記載の「差し押さえるべき物」に該当しない印鑑（等）について写真を撮影したというので

83

あるが，右の写真撮影は，それ自体としては検証としての性質を有すると解されるから，刑訴法430条2項の準抗告の対象となる「押収に関する処分」には当たらない」．

b **違法な写真撮影に対する救済手段**──(ア) 民事・国賠法の損害賠償請求，(イ) 公判での証拠排除請求，(ウ) 準抗告（ネガ等の廃棄・返還請求の可否──処分の「取消」・「変更」にあたるか．原審は否認）．

c **「検証」処分自体への準抗告が認められない根拠**──(ア) 規定がないのは，検証により感知された「情報の秘密」は，過去の回復しえない侵害であるから，準抗告により救済しえないからである．また，検証および捜索は，押収とは異なり，「物」の利用を排除するものでないから，準抗告で救済すべき必要性も低い．(イ) 検証から保護されるべき「個人情報」は，「秘密」と同一ではない．現に情報が写真・ネガとして「物に化体して所蔵」されている以上，侵害拡大の危険もあり，個人情報保護法27条（なお，行政機関個人情報保護法6条2項2号参照）の趣旨からしても，現在の侵害への「原状回復」の必要があるので，現行法には不備がある．(ウ) 検証令状による通信傍受には，準抗告が許されない．しかし，通信傍受法26条は，その裁判・処分に対する取消・変更の請求を認めている．

d **押収に必要な検証（写真撮影）の適法性**（111条，見解の対立）

(ア) 証拠価値の保全のための撮影の適法性（証拠の占有者・同一性・発見された場所・状態の記録，また押収手続の適法性を立証するための記録）

(イ) 上記の要件を欠く場合，許可状に不記載の物件の撮影・記録の違法性（名古屋地決昭54・3・30判夕389号157頁，大津地決昭60・7・3刑月17巻7・8号721頁，東京地決平元3・1判時1321号160頁等）

e **前記d(イ)での準抗告の可否**（見解の対立）──押収に必要な処分として検証が許容される以上，その違法は押収に不可分な一部として「押収に関する処分」にならないか．

(ア) 令状主義の精神を没却するほどの重大な違法でなく，かつ押収処分全体が違法を来すものではないとの基準（棄却・名古屋地決昭54・3・30）

(イ) 検証（写真撮影）が対象物の外形のみでなく，「記録内容」を録取したときには，「押収に準じる処分」（後藤・法時58巻7号101頁）として，あるいは「情報の押収」として準抗告の対象となる（前掲・大津地決）が，押収に必然的に随伴するものではない写真撮影は，捜索・差押と一体として取消の対象とはなりえないとの基準（井上・警研64巻2号42頁）

(ウ) (検討) (ア)説は，準抗告の違法と排除法則の違法を同一基準で判断しているが，両制度は目的を異にするので，基準も異なってよい．(イ)説（井上）にも，両者の混同があるがゆえに，「必然的な随伴」ないし「一体と

第8講　捜　査 (7)

しての取消」を問題にしている．しかし，準抗告の取消・変更の対象は，「被疑者の救済」を目的とするものであるから，本来的に「押収手続全体」の適法性を問題にする必要がない．つまり，「違法の現存」部分のみが取消対象であり，その検証が「押収に関する処分」として実施されたことで足りよう．

(4) 違法捜査を理由とする訴訟障害としての不起訴・公訴棄却・免訴による被告人 (被疑者) の解放・救済――公訴権の濫用と訴訟条件の欠如による形式裁判 (手続打切) との関係 (11講) において，後述する．

(5) 証拠能力の排斥による違法捜査の抑止
　a　供述証拠の保全手続が供述の任意性・信用性を害する場合には，(ｱ) 不任意自白の排除法則 (319条1項)，(ｲ) これに関する伝聞法則 (320条以下)，および(ｳ) その保全手続が違法な場合には，違法排除法則の適用があり，保全証拠は事実認定から排斥される．
　b　非供述証拠 (物証) については，判例により違法排除法則が適用されるが，その適用範囲には限定がある．
　c　いずれについても，「証拠能力」の項目 (16講～18講) で後述する．

(6) 刑事手続 (事件) 外の事後的救済手続と違法抑止
　a　民法709条以下所定の「不法行為による損害賠償請求」により，司法警察職員・検察官・検察事務官・裁判官の個人責任を追及しうるが，その立証責任負担の力量につき問題があるものの，損害賠償には被害の補填・回復に伴う抑止力が (たとえ責任追及に失敗したとしても) 認められる．
　b　公権力行使にあたる公務員の職務上の故意・過失による加害については，国または公共団体に賠償責任がある (国賠法1条)．
　　接見交通の指定については，本条による民事訴訟の判例が多数ある．
　c　当該捜査官検察官に対する行政法上の懲戒処分 (国公82条，地公29条，検察23条・検察官適格審査会による罷免，検察25条)
　d　当該捜査官検察官の刑事責任の追及 (捜査官の捜査懈怠および検察官の訴追裁量により害されうる．なお，262条以下の準起訴手続および検察審査会法参照)．
　e　人身保護法による保護手続 (ただし，刑事訴訟法による救済不能な場合にしか利用しえない)．

第9講 公 訴 (1)
——国家訴追主義と起訴便宜主義

1. 「捜査の終結」または（検察官の）「終局処分」について，説明しなさい．
2. 司法警察員の事件処理について，法はどのように定めているか．
3. 少年の刑事事件の送致（少年法41条）について，説明しなさい．
4. 「微罪処分」に当たる事件の不送致について，説明しなさい．
5. 検察官の地位・職務の「独立性」は，どのように法的に保障されているか．また，その「独立性」と「検察官同一性の原則」とは，どのような関係に立つか．
6. いわゆる「検察司法」とは，どのような意味であるか．
7. 「不告不理の原則」について，現行法はどう定めているか．
8. 「私人訴追主義」とは，どのような起訴の制度であるか．また，この制度を現行法が採用していない理由は，どうか．
9. 「国家訴追主義」について，現行法の制度の長所・短所を論じなさい．
10. 「起訴独占主義」の原則と例外について，説明しなさい．
11. 犯罪被害者について，現行法はどう定めているか．
12. 「起訴法定主義」と「起訴便宜主義」とを比較し，両者の長所・短所を論じなさい．
13. 起訴便宜主義（248条）と検察官の訴追裁量権との関係はどうか．また，起訴便宜主義と起訴変更主義との関係はどうか．
14. 被疑者を証人尋問するために検事総長が刑事免責の不起訴宣明をすることは，法的に許されるか．これについての判例の立場を説明しなさい．
15. 事件の一部に限って検察官が公訴提起することは，法的許されるか．
16. 強姦事件について被疑者の告訴がない場合に，その事件の示兇器暴行（暴力行為等処罰法1条）の部分のみを起訴することが，法的に許されるか．その起訴があったとき，受訴裁判所はどのような裁判をすべきか．
17. 起訴独占主義の下で検察官の「不当な不起訴」を控制する法的手段（制度）は，どうか．また，「不当な起訴」を控制する法的手段はどうか．
18. 「嫌疑不充分の起訴」がなされた場合，現行法はどのような手続を予定しているか．また，現行法で「予審」が廃止され，「起訴状一本主義」が導入されたのは，何故か．
19. 「違法捜査に基づく起訴」がなされた場合，被告人を救済する手続はどうか．
20. 「不公平な起訴」とは，どのような場合であり，その救済手続はどうなるか．
21. 「迅速な裁判を受ける権利」（憲37条）が侵害されるのは，どのような場合か．その救済手続はどうか．

〔9講のねらい〕「公訴」に関する基本原理として，①「捜査」から「公訴」に至る「検察官の事件処理」，②「不告不理の原則」，③「国家訴追主義」，④「起訴便宜主義」と「一罪・数罪の一部起訴」，⑤「起訴独占主義」と「不当不起訴の抑止」について，実定法の根拠および判例・学説を理解する．

第9講　公　訴 (1)

1　「捜査」から「公訴」への刑事手続
(1)　捜査の終結
　　a　捜査は，刑事手続につき「公訴の提起・追行」を目的とする準備的行為であり，実体的真実の究明に不可欠な「証拠」と「被疑者」を保全する．
　　b　事件の捜査は，(ｱ) 検察官・検察事務官が自ら捜査を実施する「特捜事件」を除くと，(ｲ)「司法警察職員」による立件・捜査から被疑者・証拠・書類などの**事件の「送付・送致」**を経て，公訴権を有する「検察官」へと移行する．
　　c　事件の捜査は，検察官による**起訴・不起訴**の「終局処分」をもって，一応の「終結」を迎える．すなわち，事件は，「捜査」の段階から「公訴」を経て「公判」の段階に移る．しかし，その「終局処分」は，裁判におけるような「確定力」を欠くため，(ｱ) 起訴後・公判中にも「補充捜査」が継続されることがあり，(ｲ) 不起訴処分とされた事件でも，新たな証拠発見等の事情変更により，捜査が「再起」され，「公訴時効」が完成せず，「訴訟条件」が備われば，起訴されることもある．

(2)　司法警察員の事件処理
　　①　事件送致の原則——司法警察員は，犯罪の捜査をしたときは，「法律に特別の定のある場合を除いて」，速やかに書類（「送致書」等）および証拠物とともに事件を検察官に送致しなければならない (246条)．
　　②　告訴・告発または自首を受けた事件の「送付」（例外1，242条・245条）
　　③　逮捕による身体拘束から48時間以内の「送致」（例外2，203条・211条・216条）
　　④　少年の刑事事件の送致　（例外3，少41条）
　　　　a　「少年」（20歳未満の者・少年法2条）——「保護処分」の対象（少年法3条）として，(ｱ)「犯罪少年」，(ｲ)「触法少年」(14歳未満)，(ｳ)「虞犯少年」に区分される．
　　　　b　「**全件送致主義**」——少年の全事件は，保護事件・刑事事件を問わず，一度は「家庭裁判所」に送致され，「刑事処分」に優先して「**保護処分**」（保護観察所の保護処分，児童自立支援施設・児童養護施設・少年院への送致，少年法24条）の要否が判断される．
　　　　c　「**逆送致**（刑事処分相当）**される事件**」——例外的に，家庭裁判所は，「死刑，懲役又は禁錮にあたる罪の事件」であって「相当と認めるとき」および「故意の犯罪行為により被害者を死亡させた罪の事件であって，その罪を犯すとき16歳以上の少年に係るもの」（なお例外あり）についてのみ，「決定」により検察官に「逆送致」される（少年法20条）．この少年の刑事事件は，起訴されるべきことになる．そこで，司法警察員による事件送致は，以下のようになる．
　　　　d　「禁錮以上の罪に当たる少年の刑事事件」——司法警察員は，これを検

察官に送致する（送致を受けた検察官は，犯罪の嫌疑の有無を捜査して，刑事処分・保護処分の要否を確認のうえ，家庭裁判所に送致する（246条，少42条）．
　　e　「罰金以下の罪に当たる少年の刑事事件」——刑事処分（逆送致）とならない事件であるので，司法警察員は，これを検察官を経ずに，直接家庭裁判所に送致する（少41条）．
　　f　「軽微事件の簡易送致」——家庭裁判所または検察官が指定した少年事件であって，軽微であり，再犯のおそれがなく，刑事処分・保護処分を必要としないものは，司法警察員が「少年事件簡易送致書」を作成して，1月毎に一括して家庭裁判所または検察官に送致する（犯捜214条）．
　⑤　**微罪処分に当たる事件の不送致**（例外4，264条但書，犯捜178条）
　　a　検察官の指定した軽微な犯罪で送致の不要とされた事件（Diversionの機能）
　　——送致しても「起訴猶予」となることが明白であって，「社会内処遇」が適切な事件である．ただし，被疑者が逮捕された事件および告訴・告発・自首のあった事件は，対象から除外される．
　　b　微罪処分の対象となる事件は，検察総長の通達である昭和25年「送致手続の特例に関する件」に従い，各地検の検事正の「一般的指示」（193条1項）により指定される．
(3)　**検察官の事件処理**
　①　**「検察官司法」**
　　a　**検察官の地位・職務の「独立性」**——検察官は，「外部的」には「独任制官庁」として，捜査・公訴・公判・裁判（刑）の執行に至る全手続に関与し，その「職務の公正」を図るため独立性が保障され，裁判官に準じる身分保障がある．法務大臣といえども，検察官に「個別的指揮監督」を与えて，これを支配することができない（検14条）．
　　b　**検察官同一体の原則**——検察官は，「内部的」には，法務省の行政官であり，検事総長を頂点とする検察庁の組織体の一員であり，政府の一員として国家意思の統一的実現のために活動するために，上司の指揮監督権，事務引取権・移転権が認められている．
　　c　このような検察官の二面的性格は，その広範な職務権限・訴追裁量権と結合することにより，組織的に強大な権力機構となる．特に裁判所は，検察官の公訴に従属し，法務省のように立法作業を主導する行政権限も欠き，「裁判所の独立」は「裁判所の孤立」を意味する．
　　d　「検察官司法」とは，検察官・検察庁の権力が，「裁判所の司法権」よりも実質的には強大な独立性を確保しており，立法・行政にも及んでいることを意味する．

② 中間処分
　　a　中止処分──犯人不明，被疑者・参考人の所在不明等による捜査の中断処分．
　　b　移送処分──管轄裁判所に対応する検察庁に被疑事件を移送する処分．
③ 終局処分（終局人員の構成比は，平成14年の統計）
　　a　不起訴処分（2.3％）──(ア) 訴訟条件の欠如（被疑者死亡，公訴時効の完成），(イ) 犯罪不成立，(ウ) 嫌疑・証拠不充分，(エ) 刑の免除事由
　　b　不起訴処分（起訴猶予処分・248条，40.7％）
　　c　家庭裁判所送致（少年法42条，11.9％）
　　d　起訴処分（公訴の提起）──(ア) 公判請求（6.3％），(イ) 略式命令請求（461条・462条・38.8％）

2　不告不理の原則

① nemo judex sine actore（訴なければ裁判なし）──原告の訴（訴追）がなければ，裁判所は事件を審理し裁判を下すことが許されない（弾劾主義・裁判所の司法権の濫用防止）．
② 審判対象（訴訟物）の裁判所に対する拘束力──裁判所は，「審判の請求を受けた事件」（公訴事実＝一罪関係の訴因）につき判決をしないこと，「請求を受けない事件」につき判決をすることは，およそ手続法的に許されない（378条）．
③ 公訴提起・公訴取消・訴因変更に関する「公訴権」（審判対象の設定権）は，わが国では，「検察官」が原則として独占している（247条・256条・257条・312条）．
④ 私人訴追主義──被害者訴追
　　a　不法行為（民事法）と犯罪（刑事法）とが未分化の時代では，被害者の私讐が国家により禁止されると，被害者が原告となって加害者（被告人）を裁判所に訴えることが認められるようになる．
　　b　イギリスでは，被害者または公秩序を維持すべき警察官による私人訴追主義が伝統的に採用され，一定の公的犯罪のみに公訴局による起訴がなされていたが，1985年法により公訴官制度が導入され，犯罪の増大に対応して公訴提起が拡大・一般化した．他方，アメリカと異なり「起訴陪審」は廃止された．
⑤ 私人訴追主義──公衆訴追
　　a　その起源は，共同体の住民が地域の犯罪からの安全を自律的に実現するために，犯人告発の裁判を開始する制度に由来する．
　　b　アメリカ合衆国では，植民地時代のイギリス統治への反発（リベラリズム）の歴史から，連邦および州の重大事件について，検察官の訴追と併立して「大陪審」（起訴陪審）による公衆訴追が検察官の主導下で実施され，犯罪の

嫌疑が認定されると「正式起訴状」が裁判所に提出される．これは，公衆の一員（代表）である陪審員が検察官の不当な起訴を控制する役割を果たす制度である．

⑥ **国家訴追主義**

a 国家機関である専門的公訴官の中央集権的公訴制度により，外部からの圧力に屈することなく，効率性の高い弾劾的訴訟が実施される．

b フランスでは，革命期にイギリス流の起訴陪審が導入されたが，これに代えて1808年の治罪法は，強大な検察官制度を確立した．わが国の検察官制度は，律令の伝統の下に，明治期にフランス法制の影響下に創設された．

c ドイツでは，19世紀中葉，自ら事実を捜査・究明した糺問（予審）手続判事の作成書面に依拠して判決裁判所が判決するという「糺問的訴訟」に代えて，「改革された刑事訴訟法」といわれる「弾劾的訴訟制度」の誕生により，訴追機関として検察官制度が創設された．

d 日本では，明治初期の律令の復活の下で，ヨーロッパ大陸法に倣って，明治5年の司法職務定制により検察官制度が導入され，明治11年の司法省達により国家訴追主義が創設され，治罪法（1880），明治刑訴法（1890），大正刑訴法（1922）を経て，現行法に至っている．

e 「国家訴追主義」は，犯罪と刑罰を公秩序の維持・公共の福祉の実現に必要な公的制裁と見るので，その手続を不安定な「被害者」の畏怖・復讐感情や同情・党派性・地域格差に左右される「公衆」の恣意に委ねることなく，国家の安定した刑事政策の実現に資するが，刑事訴追への民主的支配を欠き官僚主義の独善と硬直に陥る危険をもつ．これに対して，「私人訴追主義」は，犯罪と刑罰を民事不法行為に対する損害賠償・制裁の補完・延長と見て，その手続を被害者や市民の私的自治と民主的支配の下に置くので，検察官も，公選制が採用され，「公衆の代理人」でしかない．

3 現行法の国家訴追主義・起訴独占主義

a 「**公訴は検察官がこれを行う**」(247条)．――国家の行政官たる検察官が刑事訴追を行なうと同時に，私人には刑事訴追が許されない．公訴権は，検察官に独占されている．

b 国家訴追主義・起訴独占主義の下では，検察官による「公訴権の行使」（起訴と不起訴）をどのようにして，(ア)適正化・(イ)民主化するか，さらに，(ウ)被害者の意思を反映するかが，最大の課題となる．

c イギリス・アメリカ・フランス・ドイツ・中国等では，刑事訴追権は検察官のみに属さず，公衆の関与がある．被害者にも**刑事私訴**および（英米以外では）**付帯私訴**（刑事公判の後に民事公判を結びつけて被害者を救済・賠償する制度）

が認められている．例えば，ドイツでは，起訴法定主義の例外として，住居侵入・侮辱・脅迫・器物損壊等の単純で軽微な個人的法益侵害罪には刑事私訴が認められている．これらの犯罪は，民事損害賠償で被害回復が達成しうることも多いが，単なる金銭賠償では達成しえない精神的苦痛——を含む被害が残るときにも，重大犯罪ではないため検察官の公訴では切り捨てられる傾向もあるため，被害者の自律を尊重したものである．

d 日本では，「**微罪処分の不送致の制度**」があり，また広く「**起訴猶予**」(248条) の制度が採用されているため，警察は起訴されない軽微な犯罪では「捜査のやる気」が起きないので，事件が放置されることも多く，被害者は「泣き寝入り」するしかない．その結果，小悪がはびこり，失業者や正業につかない若者の増大とともに，凶悪な犯罪に発達・増大することにもなる（ダイヴァージョンは，犯罪の放置を意味しないので，事後の適切なフォローアップが必要である）．

e 現行法は，刑事手続の迅速化と純化のために，旧法の予審・付帯私訴を廃止した．刑事手続と民事手続では，証明の程度が異なり，被告人の利益と被害者の利益とが相反するというのが，廃止の理由である．しかし，フランス・ドイツ・中国等の多くの国々では，付帯私訴が機能している．被害者の損害賠償を刑事手続と結びつけて実現することは，被害回復を通じて犯人が被害者に直面し責任を自覚して更生に役立てる点でも，刑事政策的意義が高い．犯人の賠償能力が乏しいことが多いという理由で，これを放置することは，「加害者と被害者の敵対」を温存して，犯罪の重罰化により社会復帰が阻害されることになる．

f 「**犯罪被害者等給付金支給制度**」(1980)——その「給付金」の額・対象は限定されている．

g 「**刑事訴訟法及び検察審査会の一部を改正する法律**」および「**犯罪被害者等の保護を図るための刑事手続に付随する措置に関する法律**」(2000)——(ア)「性犯罪の告訴期間の撤廃」，(イ)「証人保護の強化」(付添人・ビデオリンク式・遮蔽措置)，(ウ)「被害者等の公判傍聴への配慮」，(エ)「公判記録の閲覧・謄写の拡大」，(オ)「公判における意見陳述」，(カ)「民事和解への強制執行力の付与」がなされ，被害者の保護と刑事手続への関与が前進した．

h 「**犯罪被害者等基本法**」(2004)——被害者支援の総合的施策を推進するための法整備が今後なされることになった．

i 「**被害者参加の手続**」(2007)——(ア)「故意の犯罪行為により人を殺傷させた罪」など一定の事件の被害者等は，検察官への申出を経たうえ，「被告人又は弁護人の意見を聴き，犯罪の性質，被告人との関係その他の事情を考慮し，相当と認めるときは，裁判所の決定により，被告事件の手続への参加が許される (316条の33)．(イ)「被害者参加人」(被害者等・その法定代理人) または

「その委託を受けた弁護士」には，(i) 公判期日への出席，(ii) 検察官の権限行使に関する意見陳述，(iii) 情状に関する証人尋問，(iv) 被告人に対する質問，(v) 事実・法律の適用に関する意見陳述，(vi) 付添い等（316条の34～39）が許される．(ウ) その運用には特段の配慮が必要である．被害者等は「証人」になることもできるが，その直接経験した事実の供述は反対尋問で吟味される（規199条の14）．これに対して，**被害者等の「意見陳述」**は，「証拠とはならない」（316条の38第4項）とされていても，「真実」よりも強く事実認定者の「感性」に作用する．人は，論理ではなく，情によって動かされるからである．従来の意見陳述（292条の2）は「被害に関する心情」を中心とするものであったが，これに対して裁判官・訴訟関係人は「質問」をすることができ，これは一種の「反対尋問」の作用をもちえた．他方，被害者参加人等の意見陳述等には，検察官と裁判所との二重の制約がかかるが，これが強くなると被害者等の憤懣・苦痛はむしろ強まるであろう．

j　犯罪の原因は，個人の素質と生育・生活環境とに由来する．犯罪の重罰化で犯罪原因を犯人への個人責任のみに集約化させても，刑務所収容コストの増大および刑罰のラベリングにより社会復帰を困難にするだけで，被害者の痛みの癒しにはならない．それゆえ，欧米では，加害者と被害者との「修復的司法」の構想を刑事政策に反映させるための多様な試み（刑事立法・行政立法・市民活動）が推進されている．日本では，被害者の応報感情の声の増大に対応した「重罰化」の推進が国会での中心課題（集票手段）となってはならない．

4　起訴便宜主義と起訴法定主義との対比
①　「起訴法定主義」の意義と根拠

a　**「起訴法定主義」**——犯罪処罰の要件（実体条件）と刑事訴追の要件（訴訟条件）とが備わっていると思料される事件は，必ず起訴して実体的真実の究明がなされねばならない．これを公訴の提起・追行の原則と定めるものである．現行法は，この原則を採用していない．

b　**起訴法定主義の実体法的基礎**——「起訴法定主義」は，犯罪には刑罰が科せられるべきことを法定している「刑法」（古典派）の立場を「刑事訴訟法」に忠実に反映させた制度である．すなわち，法定主義は，(ア) 応報刑論・必罰主義ないし(イ) 積極的一般予防論および(ウ) 客観（行為）主義の刑法理論に依拠する．

c　**起訴法定主義の訴訟法的基礎**——「起訴法定主義」は，公正な裁判を実現するために公訴の提起・追行が(ア) 外部の政治的・経済的・社会的な一部の権力・影響，(イ) 内部の当事者間の取引・自白誘導等の不正かつ偏頗な作用

を排除して，(ウ) 捜査・公判における「検察官の恣意・裁量」を可能な限り排除して，事件を一律に起訴させて「公判」に曝らし，「裁判所の主導下」で「公判中心主義」・「直接口頭主義」を実現することで，(エ)「積極的な法治国家」の実現をめざす．すなわち，「公開裁判による刑法の実現」のために，訴追の公正と法的確実性・「形式主義」による「均分的正義」(機械的平等) を重視する制度である．

② 「起訴便宜主義」の意義と根拠

a 「**起訴便宜主義**」——犯罪処罰の要件と刑事訴追の要件とが形式的に備わっていると思料される事件であっても，実質的ないし総合的な利益衡量の判断の介入を認め，訴追者の自律ないし検察官の訴追裁量を許容する．現行法 (248条, 257条) は，後者の制度を採用している

b 起訴便宜主義の実体法的基礎——起訴便宜主義は，罪責を解明し，犯罪者に刑罰を科する手続の「現実」が，「科学主義」・「犯罪学」の観点からして，必ずしも犯罪の抑止・予防にとって有効ではないとする「刑法」(近代派・犯罪社会学派) の立場を刑事訴訟法に反映させた制度である．すなわち，(ア) 犯罪は，単なる「行為者の自由意思」ではなく，犯人の生来的素質・社会的生育環境の所産である (因果決定論)．(イ) 犯罪の防止は，犯罪が行なわれないような教育・経済的条件等の「**社会政策の拡充**」で達成すべきであって，その不可能な現実に由来する補完として刑罰による抑止が有効であるにすぎない．(ウ) 刑事手続の現実を直視するとき，被疑者・被告人は，「適正手続」により犯人でも処罰を免れうることを経験して，より巧妙悪質な犯罪者に成長する．(エ) 刑事手続を受けた市民は，被疑者・被告人という「**ラベリング**」を受けることで「自信」を喪失すると同時に社会から排斥されて「孤立化」して，反社会的性格・環境に追い込まれる．刑務所を経験した者は，刑務所を怖れなくなるため，その再犯率は，一般人よりも遥かに高い．最良の刑事政策は，「刑務所」に入れないことであり (牧野英一)，**刑事手続の回避** (Diversion・平野龍一) である．(オ) 自由刑・罰金刑は，犯人の失業・隔離により，被害賠償を困難にし，家族の生活を困難にして新たな犯罪者を生み出す原因となる．(カ) 犯罪必罰により刑務所は過剰拘禁となり，「**犯罪の学校**」の運営費用は国民が負担すべきものとなる．要するに，刑事政策的に可能かつ有効な限り，起訴猶予 (執行猶予・仮釈放) を活用することが，社会の安全・福祉につながる．

c 起訴便宜主義の訴訟法的基礎

(ア) 私人訴追主義の下では，起訴が被害者等の市民の自律的判断に委ねられるため，起訴便宜主義 (訴追裁量) が必然化する．(イ) アメリカの刑事司法は，アレインメントの手続下での司法取引により当事者間での自律的な訴追

裁量が実現され，争いのある重大事件のみが陪審公判に付される．(ウ) 起訴法定主義を採用しても，事実上の「検察官による訴追裁量」を禁止することは不可能である．

(エ) 一般予防・特別予防の必要性の高い事件のみを訴追することにより，当事者・裁判所の公判手続の負担が軽減し，より重大な事件の審理に限られた資源を投入しうる．(オ) 完結的な地域共同体を欠く人口流動的な都市型匿名社会では，Diversion の基準と手続を体系化して，司法の公正と法的安定性を確保する必要がある．(カ) 検察官の訴追裁量権は，その基準を公表しないことで犯罪抑止力を保つと同時に，具体的事案に即した解決をもたらすものの，その官僚的な独善と裁量の控制をどのように達成しうるかが問われる．

③ **起訴便宜主義の沿革**
  a 明治13年の治罪法，明治23年の旧々刑訴法──起訴便宜主義の明文こそ欠けていたが，財政難（税収不足）の明治政府は，監獄経費の節減のために，「微罪不検挙」の実務を推奨した．
  b 大正11年の旧刑訴法での明文化──(ア) 上記 a の後に起訴猶予は微罪以外にも拡大され，旧刑訴法は，初めて便宜主義（279条）と公訴取消の規定を明文化した．当時の起訴猶予率は既に53％に達していた．(イ) 旧法の便宜主義の規定には「犯罪の軽重」の要件が欠けている．その理由は，起訴猶予の対象が「一般予防」の観点での微罪のみでなく，被害の弁償・犯罪の悔悟など「犯罪後の情状」による「特別予防」の観点が近代学派（行為者主義・目的刑論・教育刑主義）の隆盛下で重視されていたことによる．
  c 「小さな裁判所制度」と「精密司法」
  日本の政治と法律は，「巨大な行政機構」の下での官僚の広範な行政裁量による「予防法学」が一般化し，訴訟による（自律的な）紛争解決・権力実現は最終手段として例外的にしか利用されない．民主的関心の乏しい「小さな裁判所制度」の下で，一罰百戒的な「調書裁判」での「精密司法」が運用されてきた．これを支えたのが，起訴有罪率99％を超える起訴便宜主義の運用である．

④ **現行法の起訴便宜主義**
  a 248条の規定──(ア)「犯人の性格，年齢及び境遇」，(イ)「犯罪の軽重及び情状」，ならびに(ウ)「犯罪後の情状」により，(エ)「訴追を必要としないときは，公訴を提起しないことができる」．
  b 248条の趣旨──(ア) 法定事由の範囲内で検察官に訴追裁量権を付与し，公訴権行使の具体的妥当性を図る制度である．(イ) 偶発的で軽微な犯罪事件を不起訴にして，犯罪者の烙印づけを回避して，家族・職場・社会内での更正を促進し，反復される重大犯罪を精密に審理することで，誤判を防止し，過

剰拘禁を避けて，治安維持のための司法的資源を有効活用する．㈦法定事由は，量刑事由と一致し（改正刑法草案48条2項参照），「一般予防」および「特別予防」に関する「行為者刑法」の観点が鮮明化されている．㈢旧法とは異なり，「犯罪の軽重」の要件が導入されたのは，「行為刑法」の枠内での「行為者刑法」ないし「一般予防」の観点が重視されるようになったことに由来する．

 c **248条の例外**（少年法20条・45条5号）——㈦少年法20条により家庭裁判所が少年の刑事事件を刑事処分相当と判断して検察官に送致したとき（20条），検察官は，「家庭裁判所から送致を受けた事件について，公訴を提起するに足りる犯罪の嫌疑があると思料するときは，公訴を提起しなければならない」（45条5号）と定める．㈡ただし，検察官は，家裁へ送致する段階で刑事処分の相当性につき既に判断をしているのみならず，家裁からの逆送後も，新たな事情および送致後の情状から訴追を相当でないと思料するときは，この限りでない（同5号但書）．それゆえ，少年法の特例は，248条の実質的例外とはいえない．

 d **257条の公訴取消**（起訴変更主義）——公訴の取消事由については，法律上の制限がないため，起訴後に248条所定の事情が発生した場合または発見された場合にも，公訴の取消をなしうることになる．なお，オウム真理教主の事件では，長期審理を避けるため17件中の4件の公訴取消がなされたが，これは，死刑判決を前提として，迅速な審理終結を目ざしたものであって，248条所定の事情を考慮したものではない．

 e **ドイツの刑事手続との比較**——ドイツ法では，原則として起訴法定主義であるが，その制限が親告罪であるとされ，その例外として起訴便宜主義が私訴可能な事件につき認められている．なお，最近では，犯罪件数の急増により公訴・刑務所人口の過剰に対処すべく，起訴便宜主義の拡大が図られているが，検察官の訴追裁量の控制を伴うものである．

⑤ **訴追裁量権の限界**（検察官による公訴事実の処分権）

 a **争点**——検察官の訴追裁量権は，248条所定の起訴猶予の裁量枠を超えることが許されるか．この問題は，起訴便宜主義（248条）ではなく，国家訴追主義（247条）における「公訴権」（訴因設定権・256条3項・5項・312条1項）に内在する「訴追裁量権」が認められるかにある．すなわち，247条が，1条に定める実体的真実の発見と適正手続・迅速裁判の実現のために検察官に公訴権を付与したとすれば，それは権限であると同時に「真実発見と適正手続の客観的義務」を課したことになる．その例外が248条であるとすれば，それ以外の例外を法定事由なしに肯定することができるかが，文理解釈として問題になる．

第9講 公 訴(1)

b 刑事免責による強制証人の不起訴宣明

(ア) 事件——ロッキード事件丸紅ルート関連のK，Cの証人尋問を合衆国裁判所に嘱託して実施した際に，検事総長が証人の不起訴宣明をし，最高裁判所も裁判官会議で，この不起訴宣明が検察官により遵守される旨の宣明をした．第一審と原審とは，本調書の証拠能力を321条1項3号書面として肯定したが，被告人らは憲法31条・37条・38条違反を主張して上告した．

(イ) 判旨（最大判平7・2・22刑集49巻2号1頁，百選8版71）——「我が国の憲法が，その刑事手続等に関する諸規定に照らし，このような制度の導入を否定しているものとまでは解されないが，……我が国の刑訴法は，この制度に関する規定を置いていないのであるから，結局，この制度を採用していないものというべきであり，刑事免責を付与して得られた供述を事実認定の証拠とすることは許容されない」．

(ウ) 検討——本件の第一審および控訴審は，不起訴宣明を248条に基づくものと解しているが，その理由づけには疑問がある．最高裁は，本調書の証拠能力を否定したが，その理由は「黙秘権侵害」でも「自白の任意性の欠如」でもなく，「刑事免責制度の法定・明文の欠如」ゆえに「供述証拠」につき一種の「違法排除法則」を適用したものである．その法定化が必要な根拠は，「公正な刑事手続」・「国民の法感情からみた公正感」に関わる重大な事項である点に求められている．要するに，「刑事免責による証言強制」は，検察官の「公訴権」に内在する裁量事項とはいえない．しかし，検察官の不起訴の約束により証人が黙秘権を放棄して自由に供述した証言や録取書の証拠能力については，本判決は直接には判示していない．

c 数罪・併合罪の一部のみの起訴裁量の可否——実務では，当然に許されると解されているが，248条に該当しないときは，1条所定の目的の制約をうける．

d 一罪の一部のみの起訴裁量の可否

(ア) 単純一罪の一部のみの起訴——業務上過失致死の事実につき業務上過失傷害の訴因で起訴したところ，裁判所の訴因変更の勧告に検察官が従わなかったため，無罪判決が下された．検察官の控訴申立に対して，名古屋高判昭62・9・7判タ653号228頁は，「専権的に訴追権限を有する検察官が，審判の対象である訴因を構成・設定するにあたって，被告人の業務上の過失行為と被害者の死亡との間の因果関係の立証の難易や訴訟経済等の諸般の事情を総合的に考慮して，合理的裁量に基づき，現に生じた法益侵害のいわば部分的結果である傷の事実のみを摘出して，これを構成要件要素として訴因を構成して訴追し，その限度において審判を求めることも，なんら法の禁ずるところではない」と判示した．

(イ) 検討——上記の判例では，訴因変更の勧告・命令に形成力が例外的に認められるかが問題になっている．名古屋高裁は，公訴権・訴因の設定権限が検察官にあることを前提として，「立証の難易や訴訟経済等の諸般の事情」から「合理的裁量」が認められると判示している．しかし，本件が「合理的裁量」の枠内にあるかは不明である．検察官にも「真実究明義務」があり，その著しい義務違反がある場合にも，訴因変更命令の形成力を肯定しないのであれば，検察官の公訴権濫用を放任することになろう．

(ウ) 法条競合・結合犯・科刑上一罪の一部起訴（肯定するのが通説）——公職選挙の買収資金の交付罪が供与罪に吸収される事案において，「これを第三者に供与した疑いがあったとしても，検察官は，立証の難易等諸般の事情を考慮して，甲を交付罪のみで起訴することが許される」（最決昭57・1・27刑集38巻1号136頁）．

e **親告罪の一部起訴**——暴力団員が包丁を示して反抗不能になったA女を強姦した事実について，検察官は，示兇器暴行罪（暴力行為等処罰法1条・3年以下の懲役または30万円以下の罰金）の事実のみで起訴しうるか．

(ア) 強姦未遂罪を脅迫罪で起訴した事件での有罪判決を破棄して，公訴棄却（338条4号）した裁判例（広島高判昭25・12・26高刑集3巻4号692頁）．

(イ) 強姦罪を共同暴行罪として起訴した事件につき，被告人Aにつき公訴を棄却した原判決を破棄・差戻した理由として，共同暴行罪（訴因）は親告罪でないと判示した裁判例（仙台高判昭25・7・2判時12号150頁）．

(ウ) 同一事件の被告人B・Cを共同暴行罪で有罪とした原判決を破棄し，公訴棄却の理由として，「**強姦罪の構成要件中の一部の事実たる暴行行為のみを抽出して之が公訴を提起することも亦許されない**」，「裁判所が当該事案を審判するにはその犯罪の動機原因手段目的被害の状況程度等，当該犯情の全般に亘り審判すべきものであるから，**通例の場合強姦被害の事実は凡そ公けにせられるところとなり**」，「刑法の趣旨は到底之を達成すること不可能に帰する」（最判昭27・7・11刑集6巻7号896頁）．

(エ) 同一事件の被告人D・Eについての非常上告（有罪判決の破棄と公訴棄却の請求）を棄却した理由として，「何等姦淫の点に触れずに，同条違反の罪として起訴した以上，裁判官は，その**公訴事実の範囲を逸脱して，職権**で親告罪である**強姦罪の被害者が**姦淫された点にまで**審理**を為し，その暴力行為は，起訴されていない該強姦罪の一構成要件であると認定し，しかも，**当該強姦罪については告訴がないか又は告訴が取り消されたとの理由をも明示して，公訴を棄却する旨の判決を為し，これを公表するがごときこと**（そして，かくのごときは，却って被害者の名誉を毀損し，強姦罪を親告罪とした趣旨を没却すること勿論である．）の許されないことはいうまでもない」（最大判昭28・12・16刑集7巻12号

97

第9講 公　訴 (1)

2550頁）．
　　(オ) 学説には，(ア)・(ウ) の判例に賛成して，親告罪の一部起訴を違法とする見解（石井・三井・後藤・木谷・臼井）も有力であるが，疑問が残る．第一に，訴因（公訴事実）が非親告罪である以上，訴訟条件に欠けることがないので公訴棄却となしえない．第二に，審判対象とされていない事件（強姦）を審理することは許されないが，特にその事件に訴訟条件（告訴）が欠ける場合には，二重に審理禁止が要請される．第三に，訴因でない事実につき有罪ないし「強姦」を主張して親告罪の趣旨を没却すると，公訴棄却になって被告人が救済されるというのは背理である．第四に，(ア)・(ウ) の判決が「強姦」の事実を判示・公表して，被害者の利益を害することになるからである．

5　起訴独占主義における「不当な不起訴の控制」
① **告訴・告発・請求**（230条〜244条）
　a　被害者または第三者は，告訴等により検察官の訴追を促すことができる．
　b　その場合，検察官は，起訴・不起訴・公訴取消・事件送致の各処分につき告訴人・告発人・請求人に速やかに通知する義務を負う（260条）．
　c　告訴人等の請求があるときは，検察官は，不起訴の処分の理由を告知する義務を負う．
② 検察官の所属する検察庁または上級検察庁の長の指揮監督権の発動を促すための不服申立（検4条〜10条）．
③ **検察審査会制度**（検察審査会法・平成6年改正）
　a　沿革――戦後の刑事司法改革において「**検察の民主化**」のためにＧＨＱが提案した
　　(ア)「私人訴追主義」は，告訴・告発手続の拡充と準起訴手続の新設に，
　　(イ)「検察官の公選制と地方分権制」は，検察官の任期制と検察官適格審査制に，
　　(ウ)「大陪審」は，検察審査会制度に，各々修正して解消された．
　　　特に「大陪審」の導入案は，施行後15年で停止された陪審法の運用経験から国情に合わないとされ，これに代えて「**議決に拘束力のない**」検察審査会が新設されることになった．
　b　**検察審査会の目的**――公訴権の実行に関し民意を反映せしめてその適正を図る（1条）．
　c　検察審査会の設置――全国の地域管内に各1庁（計200以上）が設置される．
　d　検察審査員の選任・任期――ｃの所在地の衆議院議員の選挙権者の中から11名がくじで選任され，任期は6月である（4条〜18条）．なお，事件ごとに審査補助員として弁護士に委嘱しうる（39条の2）．

e 　**検察審査会の職務**──㈠ 不起訴処分の当否の審査および㈡ 検察事務の改善に関する建議・勧告を行う（2条1項）．大陪審のように，事前に不当な起訴を抑制する機能を有しない．

f 　**検察審査会の手続**──㈠ 不起訴処分の当否は，告訴人等の申立または職務により，事後的に非公開で審査される（検察2条2項・26条・27条・30条・33条）．㈡「起訴相当」・「不起訴処分相当」・「不起訴処分不当」の議決をし（39条の5），㈢ その理由を付した議決書を作成し，謄本を当該検察官を指揮監督する検事正および検察官適格審査会に送付し，その議決の要否を掲示する（40条）．㈣ 検事正は，その議決を参考にし，起訴を必要と考えれば基礎をしなければならないが，議決に拘束されはしない（旧41条）．──検察官は，速やかに，当該議決を参考にして，公訴を提起すべきか否かを検討した上，当該議決に係る事件について起訴または不起訴の処分をし，直ちに，検察審査会にその旨を通知する（新41条）．㈤ 起訴相当の議決をした検察審査会は，検察官から不起訴処分の通知を受けたときは，その当否の審査を行い（41条の2），起訴相当と認めるときは，議決書に認定した犯罪事実を記載して，その謄本を地方裁判所に送付する（41条の6・7）．㈥ 地方裁判所は，**起訴議決に係る事件の公訴**の提起・維持に当たる者を弁護士から指定し（41条の8），指定弁護士は，速やかに当該事件につき公訴を提起しなければならない（41条の10）．

g 　**検察審査会制度の運用と改革**

　　㈠ 2000年の検察審査会での既済総数（被疑者）1,949人のうち，起訴相当（3人）と不起訴不当（105人）との議決（合計5.6％）に対して，検察官は34人を起訴している．その有罪率は，過去52年では93％であって一般の有罪率よりは低いものの，最近は高率化して，検察審査会は不起訴を控制・是正する役割を着実に果たしていると評価しうる．

　　㈡ この制度の問題点としては，議決（特に「起訴相当」）に拘束力がなく，検察官の事後処分につき検察審査会への報告義務がない点等が指摘されていた．しかし，平成16年の法改正により，(i) 弁護士の審査補助員制度の新設により，審査の専門的能力が強化され，(ii) 前記報告義務が明文化され，(iii) 起訴相当事件の不起訴処分に対する**再審査で起訴相当の議決をしたときは，地方裁判所の指定弁護士により公訴提起がなされる**．このような改革により，前記の問題点は解消され，本制度は強化されたことになる．

④ **準起訴**（付審判請求）**手続**（262条〜269条）

　a 　準起訴手続は，**起訴独占主義の例外**であって，告訴・告発した者が検察官の不起訴処分にした事件について，請求により審判開始の途を拓くものである．

b その対象事件が**公務員職権濫用罪**（刑法193条～195条，破防法45条，無差別殺人団体規制法42条・43条）に限定されているのは，検察官が同業者への同情等からなされる不起訴を是正することが，公務員による人権侵害の防止に不可欠であるからである．

c 本手続の新設に参考とされたドイツの「起訴強制手続」は，被害者のために起訴法定主義を保障する制度であって，その請求者を被害者に限定するが，対象事件を職権濫用罪に限定してはいない．わが国では，判例の違法排除法則が被告人の処罰との両立をめざすために捜査官の違法抑止に充分でないとすれば，新たな職権濫用罪と起訴強制手続の新設を検討する余地もあろう．

d **付審判請求の手続**──(ア) 検察官の不起訴処分の通知を受けた「告訴・告発人」が，通知後7日以内に「検察官」に請求書を提出して，その検察官所属の所在地を管轄する「地方裁判所」に対して，同事件を審判に付するよう請求しうる (262条)．同請求は，弁護士を代理人として (最決昭24・4・6刑集3巻4号469頁)，弁護士会が自ら告発人としてなしうる (最決昭36・12・26刑集15巻12号2058頁)．(イ) 検察官は，同請求に理由ありと認めるときは，公訴を提起するが (264条)，公訴を提起しないときは，意見書を添えて書類・証拠物とともに請求書を裁判所に送付する (規171条)．(ウ) 裁判所は，必要があれば事実を取り調べ，合議体で審理し (265条，規173条，なお被疑者は忌避を申立てしうる．最決昭44・9・11刑集23巻9号1100頁)，請求が不適法または理由のないときは，「請求棄却の決定」をする (266条1号，同決定には通常抗告をなしうる．最決昭28・12・22刑集7巻13号2559頁)．(エ) 裁判所は，請求に理由があるときは，事件を管轄地方裁判所の「審判に付する決定」をする (266条2号)．

e **付審判請求手続の「法的性格」・「審理方式」**──(ア) これについては，265条の規定しかないため，明らかでない．(イ) 特に記録の閲覧謄写・証拠の申請・立会尋問等の請求人・代理人の関与をめぐって，これを否定する「**捜査説**」とこれを肯定する「**訴訟説**」との対立がある．(ウ) 判例は，付審判請求手続を本来の意味での「行政手続」ではなく，請求人・被疑者・検察官も「当事者たる地位」を有せず，「捜査に類似する性格をも有する訴訟提起前における職権手続」である (最決昭47・11・16刑集26巻9号515頁)，としている．(エ) このような手続の基本的性格・構造に反しない範囲内で，裁判所は，裁量により適切な審理方式を採りうる (最決昭49・3・13刑集28巻2号1頁)．要するに，本手続の捜査類似の密行的性格からして，記録閲覧等には制限があるが，不起訴処分の消極的審査にとどまらず，積極的調査活動も認められる．

f **裁判所の「付審判の決定」の効力**──(ア) 公訴の提起があったのと同一の効力が生じる (267条)．(イ) この時点で公訴時効は停止する (最決昭33・5・27刑集12巻5号1665頁)．また，この決定は，同一事件につき審査または起訴議決

第9講　公　訴 (1)

をした検察審査会に通知される (267条の2)．(ウ)「付審判事件」では，検察官が不起訴処分を維持しているので，裁判所は「公訴の維持にあたる者」を弁護士の中から指定する．(エ)指定弁護士は，裁判の確定に至るまで検察官の職務を行う (268条)．(オ)本手続では，事件の訴追が可能かつ必要であることを前提とするので，公訴の取消は許されない．しかし，職権濫用罪の成立を前提とするものではないから，同罪が成立しえない段階では別罪の訴因に変更しうる（暴行罪への縮小認定につき，最決昭49・4・1刑集28巻3号17頁）．

6　起訴独占主義における「不当な起訴の控制」

① 訴訟条件——「公訴の提起・追行」につき「訴訟条件」を欠くときは，形式裁判による審理の打切りがある (329条〜332条，337条〜340条)．現行法は，これ以外に不当な起訴を抑制する手段を備えてはいない．

② 公訴権濫用の理論——不当な起訴を控制するための解釈論として，法定の訴訟条件を欠く場合以外にも，形式裁判による審理打切りを認める．しかし，憲法と刑事訴訟法の規定を超える訴訟条件を創出することは，憲法31条の適正手続（法定手続）の保障と調和しないであろう．以下では，問題となる「不当起訴」の類型について，触れておく．

　a　嫌疑不十分の起訴——(ア)「起訴状一本主義」の採用により，裁判所は公訴期日における「証拠調」(292条，296条以下) までは，検察官が提出する証拠の量と内容について知りえないので，犯罪の嫌疑の程度を判断しえない．(イ)「証拠調」により「有罪」とするに足りる証拠がなければ，「無罪の判決」(336条) となる．(ウ)予審の廃止された現行法では，迅速な無罪判決をすることこそが，一事不再理効との関係でも，被告人に有利である．

　b　訴追裁量違反の起訴——248条所定の要件に違反する公訴提起には，判決で公訴棄却 (338条4号) すべきことになる．

　c　違法捜査に基づく起訴——(ア) 例えば，被告人が逮捕に際して不必要な暴行等を受けた事実は，本件の公訴事実（訴因・審判対象）ではないから，訴訟条件にも影響しないのが原則である．また，被告人の被害ゆえに，本件犯罪が免責されるべき理由もない．(イ)捜査官の違法行為が犯罪を構成する場合には，本件とは別の事件として起訴されるべきであり，また民事不法行為として国家賠償法・民法で対応しうる．(ウ) 捜査官の職権濫用罪 (刑法193条〜196条等) の「不起訴の控制」には準起訴手続等があるから，これは「本件の起訴の当否」の問題ではない．(エ)違法収集証拠として証拠能力を否定しうるが，(ア)のように証拠保全に違法を欠くときは，排除法則を適用しえない．それゆえ，(オ)捜査官の違法と捜査・公訴とが条件関係に立ち，その違法の程度が，公訴事実となる犯罪の違法性を超え，被告人の被害が既に刑を受け

たのに等しいような極限的な場合には，憲法31条・36条違反による免訴を認める余地がある（最決昭41・7・21刑集20巻6号696頁の事案では，前記の条件関係が欠けている．警察官の暴行がなくとも，被告人を検挙しえた事案である）．

d **差別捜査等による不公平な起訴**──㋐ 犯人の全てが検挙されて起訴されるわけではないから，全ての起訴は被告人にとって不運なものであり，有罪となれば一罰百戒的な作用を受忍するしかない．㋑ （必要的）共犯関係にある一方の行為者のみが起訴された場合（最決昭56・6・26刑集35巻4号426頁）にも，憲法14条に違反するとはいえない．その不公平は，被告人の起訴自体にではなく，共犯者の不起訴（捜査不備）に由来するものであるから，後者の是正が必要であるにすぎない．㋒ 憲法14条・31条・37条に違反し，他の救済手段が乏しい極限的な場合には，例外的に免訴による審理打切が要請される（最決昭55・12・17刑集34巻7号672頁・百選8版41は，検察官の裁量権の逸脱が公訴の提起を無効ならしめるのは，「たとえば公訴の提起自体が職務犯罪を構成するような極限的な場合に限られる」と判示する）．

e **迅速な裁判違反による審理の打切り**──憲法37条の保障する「迅速な裁判を受ける権利」については，その侵害から被告人を直接に救済する規定がないので，著しい訴訟遅延の原因が被告人ではなく，検察官・裁判所にあるときは，免訴となる（最決昭47・12・20刑集26巻10号631頁）．

第10講 公 訴 (2)
——公訴提起の手続と起訴状一本主義

1. 「裁判所」の意義は，各法令・規定で異なっている．その各意義について説明しなさい．
2. 「刑事裁判権」の及ぶ領域はどうか．また，刑事裁判権と刑法の適用範囲・効力との相違はどうか．
3. 「第一審の裁判管轄」において「事物管轄」と「土地管轄」は，どのように定まるか．
4. 「公訴提起の方式」には，どのようなものがあるか．また，「略式手続」について説明しなさい．
5. 「起訴状の記載要件」とくに「公訴事実」と「訴因」との関係は，どうか．
6. 「公訴の対象」・「審理の対象」・「判決の対象」は，どのような関係に立つか．
7. 数罪の関係に立つ複数の訴因を同時に起訴することが許されるか．この場合に「公訴事実の同一性」（単一性）が認められるか．また，この場合に有罪（刑の言渡）または無罪の判決は主文でどのように表示すべきか．
8. 「訴因の予備的・択一的記載」と「訴因の変更」との関係について説明しなさい．
9. 公訴提起の方式において現行法と旧法との相違について，説明しなさい．
10. 「起訴状一本主義」と「裁判官の除斥・忌避・回避」とは，どの点で共通し，どの点で相違するか．
11. 「証拠の引用の禁止」と「余事記載の禁止」との法的差異は，どうか．
12. 「二重起訴・二重係属の禁止」の根拠は，どうか．
13. 「再訴の禁止」（判決確定事件の一事不再理効）の根拠・範囲は，どうか．実体的に公訴事実の同一（単一）性のある事件（の一部）について，再訴が許されるか．これを許容する判例について説明しなさい．
14. 「公訴の時効」と「刑の時効」との相違は，どうか．また，公訴時効の法的性格（根拠）は，どうか．
15. 「科刑上一罪の関係に立つ複数の訴因」につき，時効期間はどのように算定すべきか．また，「時効の起算点」はどうか．
16. 「時効の中断」と「時効の停止」との相違は，どうか．
17. 「被告人の特定・確定」に関する基準と手続について，説明しなさい．
18. 略式手続における被告人の特定について，公判請求の場合とどのような差異が生じるか．
19. 公訴不提起の法的効果または不起訴により被疑者でなくなった者への処分はどうか．
20. 行為時の心神喪失または心神耗弱を理由として不起訴（起訴猶予）処分となった被疑者に対する手続・処分について，説明しなさい．

〔10講のねらい〕 公訴提起の手続として，①起訴状の提出される裁判所の意義・管轄，②公訴提起の方式・種別，③起訴状の記載要式，④起訴状一本主義，⑤公訴提起の効果（訴訟係属と被告人の特定）について，実定法の根拠および判例・学説を理解する．

第10講　公　訴 (2)

1　起訴状の提出すべき「裁判所」
① 公訴の提起——検察官が (管轄) 裁判所に起訴状を提出して行う (256条1項).
② 「裁判所」の語意は，憲法・裁判所法など各法令・規定の文脈で異なることがある．刑事訴訟法でも各規定に応じて多義であるので，その意義について注意が必要である．

2　裁判所の意義と刑事裁判権
(1) 司法権の裁判所への帰属——その公正な行使を担保するために「司法権の独立」および「裁判官の独立・身分」が保障されている (憲法76条〜81条).
(2) 裁判所に帰属する「刑事裁判権」——(ア) 刑事事件につき検察官の提示した公訴事実を認定して刑罰その他の処分を定める権限であり，(イ) 原則として，国籍を問わず日本の主権の及ぶ領域内にいる全ての者に及び，国外犯でも外国にいる者には及ばない．(ウ) 刑事裁判権の及ばない被告人には，公訴棄却の判決 (338条1号)，刑法の適用されない行為には公訴棄却の決定 (339条1項1号) がなされる．
(3) 国法上の意義での裁判所——(ア)「官署としての裁判所」は，単一の司法行政権の及ぶ組織体であり，裁判官およびその他の裁判所職員で構成されるが，その各人の全体に司法行政権が帰属するものではない．この裁判所には，全国唯一の最高裁判所，全国8つの高等裁判所，北海道に4つ，各都道府県に1つづつの地方裁判所・家庭裁判所および簡易裁判所がある (裁1条・2条).「起訴状の提出」されるべきは，この意味での裁判所の一つである．(イ)「官庁としての裁判所」は，官署としての裁判所を構成する (判事補を除く) 裁判官の合議体である「裁判官会議」を機関とする「司法行政権の主体」であり (裁12条・20条・29条・31条の5，37条)，これに裁判所規則制定権 (憲77条) が帰属し，これを基礎に管轄が定まり，その事務分配規程に従って「事件を審判すべき裁判所」が定まる．
(4) 訴訟法上の意義での裁判所——(ア)「官署としての裁判所」に公訴提起または上訴等の申立があった後に，「官庁としての裁判所」が事件を内部的に配分し，「特定事件の係属した裁判所」が刑事訴訟法では一般に (受訴または公判)「裁判所」といわれる．(イ) その構成は，一名の裁判官による「単独制」と複数の裁判官・裁判員による「合議制」とに区別される (裁9条・10条・18条・26条・31条の5・35条，最事規2条・7条).
(5) 起訴状が提出されるべき「裁判所」(第一審の裁判管轄)
① 刑事裁判権を有する裁判所は複数あるので，個別の事件を受訴・審理すべき (訴訟法上の意義での) 裁判所を「管轄」により，分配し限定する必要がある．
② 裁判の事件管轄は，「第一審の管轄」と「審級の管轄」とに区別される．

③ 「第一審の管轄」——「事物管轄」(事件の性質)と「土地管轄」(事件の地域)との組み合わせで定まる．土地管轄は，被告人の申立がなければ管轄違の判決をなしえない (331条)．
　a 「事物管轄」
　　(ア) 高等裁判所は，(i) 内乱罪の事件，(ii) 独禁法の事件 (東京高裁) のみを管轄する．
　　(イ) 地方裁判所は，(i) 専属管轄事件のほか，(ii) 常習賭博，窃盗，横領などの事件，(iii) 罰金を選択しうる罪の事件につき簡易裁判所と競合して管轄する．
　　(ウ) 家庭裁判所は，少年法37条1項に定める罪 (少年の福祉を害する成人の犯罪) の事件を管轄する．
　　(エ) 簡易裁判所は，(i) 罰金以下の刑にあたる罪の事件のほか，(ii) 前記の地方裁判所と競合する事件を管轄する．
　b 「土地管轄」
　　(ア) 犯罪地または被告人の住所・居所・現在地を管轄区域とする裁判所が管轄する (2条1項)．
　　(イ) 事物管轄および土地管轄を併有する裁判所が，起訴状を提出すべき裁判所となる．しかし，この場合にも，同一事件につき複数の裁判所が第一審の管轄権をもつことになる．
　　(ウ) 同一事件が事物管轄を異にする数個の裁判所に係属するときは，上級の裁判所がこれを審判するのが原則である (10条，二重の起訴・係属の禁止)．
　　(エ) 同一事件が事物管轄を同じくする数個の裁判所に係属するときは，最初に公訴を受けた裁判所が，これを審判するのが原則である (11条，二重の起訴・係属の禁止)．
　　(オ) 前記(ウ)の場合は下級の裁判所が，(エ)の場合は後訴裁判所が，「公訴棄却の決定」(339条1項5号) をすべきことになる．また，管轄を欠く裁判所に公訴の提起 (起訴状の提出) があり受理されたときは，「管轄違いの判決」(329条) または「移送の決定」(330条) がなされる．
　c 簡易裁判所の科刑権制限——簡易裁判所は，a(エ)で見たように，選択刑として罰金を定める罪等につき事物管轄を有するが，禁錮以上の刑を科しえない (例外あり) ので，その科刑が相当と認めるときは，事件を地方裁判所に移送する (裁33条2項・3項，法332条)．
④ 起訴状を提出すべき「検察官」
　a 管轄裁判所であれば，そこにどの検察官でも「起訴状の提出」が許されるわけではない．
　b 起訴状は，公訴を提起する検察官の所属検察庁に対応する管轄裁判所の

第10講 公　訴 ⑵

みに提出しうる（検4条・5条）．

3　公訴提起の方式・種別
① **公訴提起の方式**——㋐ **公判（正式裁判）の請求**，㋑ **略式命令の請求**，㋒ **交通事件の即決裁判の請求**（交通事件即決裁判手続法）がある．公訴提起の9割が㋑であり，㋒は現在では運用されていない．
② **略式手続**（前記㋑）——㋐ 簡易裁判所の管轄事件について，「書面審理」のみにより，100万円以下の罰金または科料を科すことができる（461条〜470条）．㋑ 検察官は，被疑者に通常の裁判（公判請求）を受けうることを説明したうえ，その異議がないことを確認した書面を作成したうえでないと，略式命令請求をなしえない（461条の2）．㋒ 略式命令を受けた者または検察官は，命令の告知を受けた日から14日以内に正式裁判を請求しうる（465条1項）．

4　起訴状の記載要件（256条，規164条）
① **書面主義**
　a　公訴の提起は，256条2項所定の「起訴状」の提出による．口頭・電話による公訴提起は，当然無効になる．ただし，訴因等の変更は，被告人の在廷する公判廷で口頭でもなしうるので（規209条5項），これを追起訴の補正として認める余地は残る．
　b　略式命令の請求でも，「起訴状」によるが，「略式命令を請求する」旨が記載される．その公訴提起の際には，「略式手続の告知手続書」と「証拠資料」とを併せて裁判所に提出するので（461条の2・462条，規289条），この請求方式は**本条6項**（起訴状一本主義）**の例外**となる．
　c　公訴の効力は，検察官の指定した被告人のみに及び（249条），不告不理の原則が妥当する（378条3号）．そこで起訴状の記載要件は，検察官が「公訴権」を行使する**審判の人的対象**（被告人の特定）と**審判の物的対象**（事件・公訴事実・訴因の特定）の範囲を確定するうえで不可欠になる．
② **被告人を特定するに足りる事項**（256条2項1号）
　a　被告人の氏名・年齢・職業・住居・本籍であり，「法人」では，その事務所・その代表者または管理人の氏名・住居である（規164条1項1号）．
　b　これが明らかではないときは（例えば旅券不所持の外国人等），その旨を記載して被告人を特定すれば足りる（規164条2項）．例えば，氏名等を黙秘している場合には，「氏名不詳」としたうえ，その人相（写真の添付）・体格・指紋・留置番号等を記載する．
　c　共謀共同正犯・集団犯・対向犯などの「共犯規定」ないし「両罰規定」の適用される事件では，同時に起訴される複数の被告人の氏名等を並列して起

第10講　公　訴 (2)

　　　訴状に記載することがある（共同被告人の併合審理の場合）．
　　d　被告人の特定がなされている限り，氏名・住所等の誤記は，訂正書を提出すれば足りる．
③　公訴事実と訴因（公訴・審判の対象，256条2項・3項）
　　a　「公訴事実」(256条2項2号)──起訴状の「公訴事実」は，「訴因」を明示して記載したものであり，できる限り日時・場所・方法をもって「罪となるべき事実」を特定しなければならない(256条3項)．したがって，起訴状に訴因を明示・特定して記載した「罪となるべき事実」が「公訴事実」であって，検察官が審判を請求する「事件」である．それゆえ，起訴状に訴因が明示・特定されている限り，「公訴事実」である旨の表示を欠いても，起訴状の記載要件を欠くことにならない（最決昭42・7・20刑集21巻6号833頁）．
　　b　「公訴事実」は「罪となるべき事実」の実体（歴史的・社会的に存在した犯罪事実）であり，「訴因」はその表示であるとする解釈（古い「公訴事実」審判対象説）は，256条2項・3項の文言と調和しない．起訴状一本主義により証拠から実体を知りえない裁判所にとって，「公訴事実」とは，検察官が起訴状に記載した「訴因」に他ならない（新しい「公訴事実」審判対象説）．
　　c　「公訴事実」と「訴因」との区別──両者が区別されている理由は，(ア) 一個の訴因から一個の公訴事実が構成される場合には，両者は一致するが，(イ) 複数の訴因から一個の公訴事実が構成される場合には，両者は一致しない点にある．すなわち，(ウ) 複数の訴因が数罪の関係に立つときは，公訴事実も数個になる（併合起訴または追起訴）．(エ) 複数の訴因が科刑上一罪・包括一罪の関係に立つときは，公訴事実は一個であり（同旨・鈴木107頁，反対・平野134頁は訴因も単一とする．），その個々の訴因ごとに判決理由中に判断を示す必要はあるが，一部有罪・一部無罪の場合，有罪とした訴因につき主文で判決（刑の言渡）を示すことで足りる（判例）．
　　d　「訴因の予備的・択一的記載」(256条5項)──訴因は形式上複数であるが，公訴事実は一個である．訴因変更(312条)の場合と同じく，両訴因が別罪として両立しえない関係にあるので，(ア) 択一的記載では一方の訴因（窃盗）が無罪の場合のみ他方の訴因（前記窃盗と同一の日時・場所・客体についての占有離脱物横領）も解除条件的に審理・判断する必要があり，(イ) 予備的記載では主位的訴因（リヤカーの窃盗）と予備的訴因（その贓物寄蔵）とは停止条件的に審理する必要があるが，いずれの場合にも，各訴因間には「公訴事実の同一性」(312条1項)が認められるので，一罪しか成立しえず，主文の判決は一個となる．
④　罪名と罰条（256条4項）
　　a　「罪名」は，適用すべき「罰条」（法令と条文）を示して記載する．公訴事実

(訴因)がどのような「罪となるべき事実」であるかを明確化（「特定」ではなく，「明示」）するためである．「窃盗　刑法235条」とか「財物詐欺　刑法246条1項」と記載する．

b 「罰条」には，刑法各則の規定のみならず，刑法総則の未遂・共犯・罪数等の規定も，適用すべき限り含まれうる．

c 「罰条」（罪名）記載の誤りは，被告人の防禦に実質的な不利益を生ずるおそれがない限り，公訴提起の効力に影響がなく（256条4項但書），公訴棄却の事由（338条4号）とならない（罰条の記載遺脱があるが，公訴事実と罪名の記載により特定の罰条を推認しうる場合につき，最判昭34・10・26刑集13巻11号3046頁）．なぜなら，罪名・罰条の記載は「訴因特定」の補助的手段でしかなく，その事実への刑罰法令の適用について，（訴因についてとは異なり）裁判所は検察官の主張に拘束されないからである（最決昭53・2・16刑集32巻1号47頁）．

d 事件の一部起訴も，1条・248条に所定の趣旨を害しない限りは，検察官の訴追裁量として許されるので，その一部をなす事実の記載があっても罪名・罰条の記載を欠くときは，その部分につき訴因として起訴されなかったと扱われることがある（住居侵入窃盗につき，最決昭25・6・8刑集4巻6号972頁）．

5　起訴状一本主義

① 旧法での公訴提起の方式

検察官は，起訴状に証拠物と一切の捜査書類（一件記録）とを添えて，裁判所に提出していた．裁判所は，積極的に真実を発見し訴訟を指揮するために，予め自ら，この記録と証拠を調べて事件（公訴事実）につき一定の心証（予断）を形成したうえ，公判期日に臨んだ．

② 現行法での公訴提起の方式

a 検察官は，起訴状には，裁判官に事件につき予断を生じるおそれのある書類その他の物を添付し，または，その内容を引用してはならない（256条6項）．こうして，旧法を改めた現行法の起訴の方式は，「起訴状一本主義」と呼ばれる．これは，現行法の弾劾主義，当事者主義を進めたものである．

b 検察官は，起訴状のほか，(ア) 被告人の数に応じた起訴状の謄本（規165条1項），(イ) 弁護人選任書（規165条）を裁判所に提出する．起訴状の謄本は，裁判所から被告人に送達され，起訴後2箇月以内に被告人に送達されないときは，（被告人の公判準備・防御を害するので）公訴提起は遡って効力を失う（271条1項・2項）．この場合，裁判所は，公訴棄却の決定を行う（339条1項1号）．

c 現行法でも，**略式命令の請求**では，口頭弁論の公判なしに「書面審理」のみで裁判（命令）がなされるため，起訴状と証拠物・一件記録とが起訴時に提出される（462条，規289条）．それゆえ，「起訴状一本主義」は採用されてい

ないが，当事者は「正式裁判」を請求しうる．
③ **起訴状一本主義と予断排除の原則**
　a　旧法では，検察官は犯罪の真実発見を任務とする裁判所の補助者であり，公訴提起は，検察官の捜査結果・「嫌疑」を裁判所に報告して引き継ぐという「糺問主義」の性格を備えていた．検察官は準司法官であり，裁判所は公正な審判適格を有するとされたので，事件につき充分な予備知識をもって，公判で積極的に訴訟を主導する「職権主義」こそが，真実発見に資するとされた（なお，ドイツ法につき，松尾・上181頁参照）．
　b　現行法は，憲法にいう**「公平な裁判所」**（37条1項）の理念から，旧法の糺問主義・職権主義を排斥して，予断から解放された裁判官が，白紙の心証で公判に臨み，当事者の主導に従い，中立公正な審判者に徹して，無辜の発見に努めることを保障した．すなわち，裁判所は，**「公判の証拠調」**（292条）で初めて，当事者による証拠の提出・適格性審査，証明力の吟味と弁論を経て，有罪・無罪の心証を形成することが許される．
　c　こうして，起訴状一本主義は，除斥・忌避・回避（20条～24条・26条）のような単なる「予断排除の法則」ではなく，厳格な証明（証拠能力の制限等）・公判中心主義・口頭主義・当事者主義を支える基本原則であり，その母法である「アメリカ法の陪審公判」に由来する制度であるといえる．
④ **起訴状一本主義の問題点**
　a　ドイツ法では，起訴状一本主義が採用されていないことが「公平な裁判」に反するとは考えられていない（その職権主義の下では，検察官にも除斥・忌避の制度があり，その客観義務（公正）を担保するために「起訴法定主義」が原則的に採用され，また公訴と公判の間には中間手続による「公判開始決定」がある）．
　b　起訴状一本主義が「予断排除による無辜の発見」に有効であるかは，実証研究もなく，必ずしも明白ではない．裁判所が予め証拠を精査したうえでの知識・心証は，証拠調において，これと異なる供述・証拠評価に接したときは，適時の尋問等による吟味がなされ，適正な心証形成に変わりうる．そうであるとすれば，職権主義は，「真実の発見」と「迅速な裁判」に適する．
　c　起訴状一本主義の下では，(ア)公判の証拠調前には，予審もないため，「嫌疑なき起訴」を排除しえず，(イ)裁判所の下での証拠開示もなしえず，(ウ)弁護人は訴訟準備の乏しいままに証拠調に臨むため，(エ)「当事者主義」は形骸化し，(オ)「集中審理」を阻害して，争いのある裁判は長期化する傾向をもつ．なお，以上の問題点は，「裁判員制度」の導入に伴う「刑事訴訟法の平成16年改正」により，多くの点で是正される方向にある．
⑤ **証拠の引用**（256条6項）**と余事記載**（256条2項）**の禁止**
　a　起訴状には，(ア)「予断を生ぜしめる虞のある書類その他の物」（証拠）の

「添付」に限らず，(イ)「その内容の引用」も禁止される．その趣旨は，引用も「証拠の存在」を前提とするので，「証拠の添付」に等しい効果を与えるし，添付禁止の脱法化を放置しえないことにある．

b 　添付（事実）と引用（伝聞）とを同視すると，訴因における「証拠の引用」と「不利益事実の主張」との区別もあいまいになる．検察官の記載した「訴因」は，捜査による「証拠」から得られた「知識」の要約であるから，当然に「不利益事実の主張」である．

c 　前記 a（証拠の引用）以外の予断を生じるおそれのある「事項」の記載も，6項の禁止にあたるか（肯定説が多い）．例えば，被告人の性格・犯罪事実等を詳細に記載すると，証拠の引用に類似する説得の効果を生じうる（平野・130頁）．

d 　予断禁止の限界を「程度」で画するのは，困難である．起訴状のみならず，裁判官・裁判員を含む市民一般に対する犯罪報道の自由への規制まで必要になる．そもそも，「訴因」は，被告人に不利な「罪となるべき事実」の記載であるから，それが具体的になると6項違反とするよりも，「訴因の明示・特定」（3項）に不要な事実記載として2項違反（余事記載の禁止による記載の削除・訂正）とするのが，適切であろう．すなわち，「訴因の明示・特定」に不可欠な事項は，「検察官の主張」でしかないので，2項違反にも6項違反にもならない．

e 　記載内容が「証拠の引用」に実質的に等しいときは，2項違反ではなく6項違反となる．「同種前科の記載」につき，判例（最大判昭27・3・5刑集6巻3号351頁）によれば，(ア)詐欺の起訴状に詐欺の前科を記載することは6項違反になり，その違法は性質上，訂正しても治癒しえず，(イ)前科が犯罪の構成要件（例えば常習累犯窃盗）または構成要件該当事実（例えば前科を告知して恐喝）となっている場合は，訴因明示に必要であって，適法であるが，(ウ)累犯加重事由たる前科は，証拠調の段階で示せば足りるから，その記載は違法になる．

f 　「訴因の明示・特定に必要な場合」として，証拠（文書）の引用であっても，文書の趣旨が婉曲暗示的であって判明し難いようなときには，脅迫文書の全文とほぼ同様な記載をしても，その要約摘示と大差なく，被告人の防御に実質的な不利益を生ずる虞れもないとする判例（最判昭33・5・20刑集12巻7号1398頁，さらに名誉毀損の記事の引用につき，最決昭44・10・2刑集23巻10号1199頁参照）がある．

⑥　その他の予断排除の手続規定

起訴状一本主義と裁判官の除斥・忌避・回避以外の規定として，280条1項，296条但書・301条・302条，規167条・186条・188条・194条1項・198条2項等

がある（なお，証拠決定のための証拠書類・証拠物の提示命令，規192条参照）．

6 公訴提起の法的効果
(1) 訴訟係属と不告不理の原則
　a　**訴訟係属**——公訴の提起・追行の「存在」により，事件（公訴事実）は，裁判所の審理開始を許容・必要とする状態または現に審理している状態になる．

　b　**不告不理の原則との関係**——訴訟係属は，「公訴の存在」から生じる「実質的ないし事実的な効力」であるから，起訴状で定めた被告人ではない者が公判に出頭して（この者を人定質問後に退廷させない限り）訴訟係属が生じることがあり，その者には適法な公訴を欠くので公訴棄却の判決（338条4号）がなされる．このように「訴訟条件」を欠く事件にも訴訟係属が生じるので，その者は形式裁判との関係では訴訟係属を生じた「不適法な被告人」である．

　c　**公訴不可分の原則**——同一かつ単一の事件であっても，公訴事実に訴因として明示特定されていない事件の部分には，当然に訴訟係属が生じるものではない．訴訟係属は，起訴状の記載または審理の「事実的効力」として生じるものであるから，上記の場合に「公訴不可分の原則」として訴訟係属を認める見解は，審判対象を訴因とは異なる公訴事実（実体）とすることの結論を先取りしているにすぎない．それゆえ，その事実が証拠として実際に訴訟係属を生じた場合でも，これを審判対象として認定するためには追起訴または訴因変更（追加）の手続をとらない限り，**不告不理違反**（378条3号）となる．

　d　**余罪と量刑**——起訴されていない犯罪事実（余罪）を認定したうえ，実質は処罰する趣旨で量刑の資料とすることも，余罪を黙示的に公訴事実（訴因）として審判（有罪判決）したことになるから，不告不理違反となる．しかし，余罪を起訴された犯罪（被告人）の情状の一資料とすることは許される（最判昭41・7・13刑集20巻6号607頁，最判昭42・7・5刑集21巻6号748頁）．

　e　**二重起訴と二重係属の禁止**——既（同時）に訴訟係属の生じた事件を別の裁判所に二重に起訴して訴訟係属させることは（10条・11条，前記2(5)③b），避けねばならない（338条3号・339条1項5号）．

　f　**再訴の禁止**（判決確定事件の一事不再理効・憲39条）——公訴事実の「同一性」のある事件は，同一の公訴事実として，複数の訴因を当初より記載し，または事後の訴因変更により，同一の訴訟で一回のみ審理・判決することが許される（256条4項・312条）．それゆえ，訴因の同時記載または変更の可能な公訴事実の同一性のある事件が一部（例えば，住居侵入窃盗の住居侵入の部分の事実）でも訴訟係属すると「二重の危険」が生じ，その**実体判決の確定**により「一事不再理効」が生じる．すなわち，その残余の事実（窃盗）は，再訴される

と，免訴の判決（337条1号）がなされる．単純一罪・科刑上一罪等になりうる同一事件につき被告人を二度も有罪となりうる刑事手続の危険に曝すことは許されない（憲法39条）．

g　なお，**実体として一罪を構成する常習特殊窃盗の一部**が（建造物侵入）単純窃盗として起訴され有罪判決の確定後，その残余が単純窃盗罪で起訴された場合であっても，「前訴及び後訴の訴因が共に単純窃盗罪であって，両訴因を通じて常習性の発露という面は全く訴因として訴訟手続に上程されて」いないときは，「両訴因が公訴事実の単一性を欠くことは明らかであるから，前訴の確定判決による一事不再理効は，後訴には及ばない」（最判平15・10・7百選8版99）．前訴・後訴における訴因の一方が常習特殊窃盗であれば，前訴の判決確定により一事不再理効が生じるので，後訴は免訴事由（337条1号）となる．

(2)　**訴訟係属と公訴時効の完成・停止**（254条・337条4号）

①　**公訴時効と刑の時効**——「公訴時効」（250条）は，公訴提起前の一定期間の経過により完成する（254条）．公訴時効の完成により，その事件の訴訟条件が欠ける（337条4号）．公訴の提起により，公訴時効は停止する．これに対して，「刑の時効」（刑31条）は，有罪判決で言い渡された刑の確定後，執行を受けずに一定期間が経過することで完成する（刑32条）．

②　**公訴時効が完成する期間**——犯罪の重い法定刑を基準として（251条・252条），7つに区分される（250条1号〜7号．平成16年改正により6区分から7区分になり，期間が延長された）．

　　a　**治罪法**（1882）は，フランス法の影響下で(ア)「公訴権・私訴権の消滅事由」として「満期免除」（9条6号．10条3号「期満免除」）を定め，(イ)その期限として，違警罪6月・軽罪3年・重罪10年の3区分とし（1条），「犯罪ノ日ヨリ」「但継続犯罪ニ付テハ其最終日ヨリ」起算するとし（13条），(ウ)その「中断事由」として，起訴・予審・公判の手続を定め（14条），(エ)公訴の満期免除には「免訴」（224条・335条）の効果を認めていた．

　　b　**明治刑訴法**（1890）は，(ア)公訴権・私訴権の消滅事由として「時効」（6条6号．7条3号）に確定判決・和解を併記し，(イ)1908年の改正で，時効の完成期間として，死刑にあたる罪（15年）以下の6区分を採用した．

　　c　**大正刑訴法**（1924）では，ドイツ法の影響下で「公訴権消滅」の規定が削除され，起算点が「犯罪行為ノ終リタル時ヨリ」（284条1項）と改正され，(イ)共犯者に対する時効の起算点の規定（284条2項）が新設され，(ウ)「時効の中断」のみならず「時効の停止」（287条）の規定が新設された．

　　d　公訴時効の規定は，フランス法系では刑訴法に定めるが，ドイツ法系・

英米法系では刑法に定めるのが一般である．

　　e **時効の期間**につき，(ア)ノルウェー法の最高25年があり，日本の改正法はこれに類する．(イ)フランス法（1993年改正）は，重罪10年・軽罪3年・違警罪1年（7条～9条）という伝統を維持している（ただし，最近になって時効期間を延長した）．(ウ)アメリカ法では，時効の完成しない犯罪（殺人罪）を除くと10年以上の期間は稀である．(エ)ロシア法・オーストリー法では，時効期間内に別罪での訴追が中断事由とされているが，これは時効の完成を犯人改善の推定とみる制度である．

③　**公訴時効の法的性格**――「公訴時効の完成」した事件が起訴されると「免訴の判決」（337条4号）が言渡される法的根拠は，何か．

　　a **実体法説**――時効期間の経過により，犯罪者であったとしても，(ア)犯罪性または(イ)処罰の必要性が消滅・減少するものと解する．本説は，時効の期間が犯罪・法定刑の重さに対応している点を説明しうる．しかし，(ア)であれば「無罪判決」ないし「刑の減軽事由」，(イ)であれば「刑の免除・減軽の事由」にしかなりえない．そもそも，行為時に犯罪であった行為が時間の経過により犯罪成立要件を欠くことになるとは，考えられない．そこで，(ウ)「社会の処罰感情・要求の鎮静化」という理由づけもあるが，本説でも(イ)と同じ問題があり，また，犯人は逃亡・隠避で常に苦痛を受け続けるとしても，犯人が社会復帰を果し，被害者等の処罰要求が弱まるというのは，事実とは限らない．さらに，(エ)「時効の停止」事由を実体法説が説明しうるかも，疑問である．

　　b **訴訟法説**――時間の経過により，証拠が散逸し，証人の記憶が弱まるので，正確な事実認定（真実の発見）が困難になるため，訴訟障害事由になると解する．しかし，(ア)正確な事実認定（立証）の困難による誤判防止は，犯罪の法定刑の重さに対応しないので，これを基準とする251条と必ずしも調和しない．しかも，(イ)証人尋問等の証拠保全が既に確実になされている事件には，本説の根拠は妥当しない．(ウ)本説が妥当しうるのは，直接口頭主義を徹底した陪審などの裁判であり，しかも時効期間をほぼ一律化する場合に限られる．

　　c **競合説**――実体法的理由と訴訟法的理由との競合により時効の法的性格を説明する．しかし，a説およびb説の難点も競合することになる．

　　d **新訴訟法説**ないし**新競合説**――(ア)被疑者の迅速な裁判を受ける利益ないし時間の経過後に形成された生活関係の現状などの法的安定性の保護，(イ)時間の経過による犯人の改善可能性の推定を理由とする．――(ア)の理由は，被疑者の利益のみを片面的に保護するものであって，被害者および社会の観点が稀薄であり，(イ)の理由も，犯罪を反復・累行して潜伏・逃

第10講　公　訴 (2)

亡を続けている者には妥当しない.

e　**総合的衡量**（刑事政策）**説**──㋐ 時効制度は，一元的には説明しえず，実体法・手続法の根拠による刑事政策的な総合判断を規範化した実定法の所産であると解する．㋑ 重罪については，「一般的予防」の観点から長期の経過後にも，刑事訴追が必要になる．㋒ 犯罪を反復・累行すれば検挙される可能性も高まるので，別罪での検挙がないことは「特別予防」の必要性の低下を推定しうる．㋓ 254条が公訴提起に時効停止を認めるのは，被告人・訴因を特定しうる状態になったことで，証拠散逸（誤判）の防止が可能になったことを推定する．㋔ 255条が被疑者の国外逃亡・国内隠避を理由として時効停止を認めるのは，訴追の障害に加えて，その逃亡という帰責事由ゆえに，迅速な裁判を受ける権利が喪失することを定めたものである．㋕ 犯罪後長期の経過後に犯人を処罰しえても，「遅れた正義の実現」でしかなく，刑事手続の緩慢さを示し，国民の刑事司法への信頼を確保しえない．㋖ 刑事手続の資源は限られているので，公訴提起の困難な僅少の事件をいつまでも追及するよりは，その捜査・公訴の人的余力を他の新しい事件に振り向けることが合理的である（ただし，平成16年改正の250条が上記の趣旨に合致するかは，検討を要する）．

④　**時効期間の算定基準**（250条・251条）

a　起訴状の公訴事実に「訴因」として記載された犯罪事実の「法定刑」のうちの「重い刑」を基準にして算定する（251条・252条）．

b　「科刑上一罪」の場合──各訴因ごとの個別説（平野・154頁，松尾・上140頁）ではなく，**その最も重い罪の「重い刑」**を基準とする統一（一体）説による（大判昭 7・11・28刑集11巻1736頁，最判昭47・5・30民集26巻 4 号826頁，最決昭41・4・21刑集20巻 4 号275頁，最判昭63・2・29刑集42巻 2 号314頁）．

c　「両罰規定」の場合──㋐ 行為者または法人・自然人事業主への法定刑を基準とする（最大判昭35・12・21刑集14巻14号2162頁，最判昭42・7・14刑集21巻 6 号825頁）．
　　㋑ 公害罪処罰法 6 条は，行為（従業）者基準説を法定している（例外）．

d　「法定刑の変更」の場合──犯罪後の法律により刑の変更があったときは，刑法 6 条の適用で定まる犯罪規定により「最も軽い刑」が基準となる（最判昭42・5・19刑集21巻 4 号494頁）．

e　「時効期間の変更」の場合──旧法から現行法への移行については，刑訴法施行法 6 条により旧法が基準となる．それ以外は，d に準じる．

f　「訴因変更」の場合──㋐ 各「訴因」が基準となるので，変更後は変更後の「訴因」が基準となるが，その場合も時効の進行は，「変更時」ではなく，「起訴時」に停止する．公訴の存在の付随的な効果として公訴事実

の「同一性」の範囲内で公訴時効を停止させる効力が生じるからである（平野・145頁）. (イ) 判例によれば, 詐欺で起訴後に横領の訴因に変更された場合, 変更時に横領の訴因につき時効期間が満了していても, 起訴時に横領の訴因につき時効が完成していなければ, その時点で横領の時効が停止する（最決昭29・7・4刑集8巻7号1100頁）.
    g 時効の計算では, 初日は1日として計算し, 末日が土曜・日曜・祝日等のときは, これを算入する（55条1項但書・3項）.
⑤ **時効の起算点**（253条）
    a 時効は,「**犯罪行為が終った時から**」進行する.
    b 単純行為犯（挙動犯）では,「行為の終了」で「結果の発生」になるのが原則であるが, 行為の終了後であっても, その（実質的な意味での）直接的な違法結果が増大するときは例外となる. なお, 継続犯でも同様になる（競売等妨害罪につき最決平18・12・13刑集60巻10号857頁は, 虚偽の陳述等に基づく競売手続が進行する限り,「犯罪行為が終った時」には至らない, とする）.
    c 結果犯では,「行為の終了」ではなく, （最終の）「**結果の発生**」時とするのが通説・判例である. いわゆる「状態犯」（傷害・窃盗）でも既遂等の結果が増大し続ける限り, その最終結果の発生時が起算点になる.
    d 第一結果（傷害）後に第二結果（死亡）が発生したときは, 後の結果発生時から時効が進行する（熊本水俣病事件・最決昭63・2・29刑集42巻2号314頁・百選8版45）.
    e **科刑上一罪**——(ア) 判例は「一体説」（連鎖説）を採用するので, 同一行為の個々の結果が個別的には時効期限を満了していても, 行為の他の最終結果に時効が完成していない以上, その全体が不可分に時効未完成になる（観念的競合）. (イ) ただし, **牽連犯の訴因**では, その一方の訴因における結果のみに独立して時効が完成しうる（最判昭41・4・21刑集20巻4号275頁, 東京高判昭43・4・30高刑集21巻2号222頁）. (ウ) **包括的一罪・営業犯**でも, その最終結果時から時効が進行する.
    f **共犯の特例**——(ア) 最終の行為が終った時から, すべての共犯に対して時効の期間を起算する（253条2項）. (イ) 共犯には, 刑法総則の共犯のみならず, 必要的共犯を含む. (ウ) 共犯者の処罰の公平から時効の合一的確定を図る規定である. (エ) 時効の停止についても, 同旨の定めがある（254条2項）.
⑥ **時効の停止**（254条・255条）
    a 旧法に定める「**時効の中断**」——中断事由の発生により, 既に進行した時効期間は無効となり, 中断事由の消滅後に新たに時効が進行し始める. 中断事由の反復により永久に時効は未完成となりうるので, 中断の制限を

設ける立法例もあるが，現行法は，中断制度を廃止して，「時効の停止」のみを定める．

　b　特別法の「時効の中断」——国税犯則取締法15条，関税法183条3項がある．判例は，通告処分の不履行をまって初めて刑事告発をなしうるので，「国税犯則法15条が通告処分に公訴時効中断の効力を認め，もって検察官の公訴の維持に支障なからしめることにしているのは，あながち不合理ということができない」(最大判昭39・11・25刑集18巻9号669頁)と判示して，憲法31条・14条に違反しないとする．

　c　公訴提起による「時効の停止」——(ｱ)当該事件(訴因)の公訴提起により公訴事実の「同一性」の範囲で時効の進行が停止する(254条1項)．(ｲ)時効は，その「管轄違又は公訴棄却の裁判が確定した時から」その進行を始める(254条2項)．それゆえ，(ｳ)公訴は適法・有効であることを要しない．「訴因の特定」を欠く起訴状による公訴提起(最決昭55・5・12刑集34巻3号185頁・百選45)，起訴状謄本が法定期間内に被告人に送達されなかったため(271条2項)，公訴棄却の決定(339条1項1号)がなされた場合(前掲最決昭55・5・12)でも，起訴時に時効が停止する．なお，(ｴ)後者につき，反対説は，271条2項が公訴提起の遡及的失効を定めること，被告人が逃亡もせず知らないうちに時効停止の不利益が生ずることを理由とする．しかし，起訴状謄本の不送達につき時効進行が停止しないと定めていた254条1項但書が削除されたこと，被告人の不知・落度は時効停止の根拠に不可欠なものでなく，被告人の保護に欠けるとはいえないこと，公訴時効の停止は訴訟係属に由来するものであること等の反論がなされている．

　d　犯人が国外にいることによる時効停止(255条1項前段)——(ｱ)起訴状謄本の送達または略式命令の告知が不能であったことは要件ではなく，捜査官が犯罪の発生・犯人を知ることも必要でなく，犯人が国外にいる場合は捜査権が及ばないことが，時効停止の根拠になる(最判昭37・9・18刑集16巻9号1386頁)．(ｲ)短期の国外旅行については，1項前段から除外すべき理由がないとする見解と謄本の送達(告知)が可能であり，時効期間の算定が複雑になるとする反対説とがあるが，前者が妥当であろう．

　e　犯人の逃げ隠れのため起訴状謄本の送達または略式命令の告知の不能による時効停止(255条1項後段)——(ｱ)国内での逃亡・隠避により送達・告知が不能のため訴追を免れる者に時効の利益を与えるべきではない．これが，法の趣旨である．(ｲ)dと同じく犯人の逃亡・隠避を理由とするが，これを明確化するため国内では要件が具体化されている．

　f　その他の事由による時効停止——(ｱ)家庭裁判所送致(少47条)，(ｲ)摂政在任(皇室典範21条)，(ｳ)国務大臣在任(憲75条)がある．

g 要するに，(ア) 捜査・公訴が可能であれば国家に帰責事由があるから，公訴時効は進行する．(イ) 逃亡・隠避など被疑者側に帰責事由があれば，公訴時効は停止する．(ウ) 公訴提起は，通常は有罪の可能性 (証拠の保全) を前提とするから (検察官における有罪と認められる嫌疑の必要性につき，最判昭53・10・20民集32巻7号1367頁)，時効が停止する．しかし，公訴が不適法であれば，形式裁判の確定で再び時効が進行するのを阻止しえない．

(3) **被告人の特定・確定**
① **被告人の意義** (相対性) ——被告人とは，その者に対して(ア) 公訴の提起・追行 (審理) が「存在」する者 (訴訟係属のある被告人ないし形式的意味での被告人) をいい，(イ) 公訴の提起・追行が「有効」になされた者 (訴訟条件のある被告人ないし実質的意味での被告人) とは限らない．そこで，(ア)と(イ)の被告人が一致する場合には手続上の問題が生じないが，不一致の場合には「公訴棄却」等の排除手続および救済手続が必要になる．
② **被告人を特定する基準**
　a **起訴状に被告人として指定された者**に公訴の効力が及ぶ (249条，256条2項1号)．ここでは，①の(イ)にいう「公訴が有効になされた被告人」(被告人となるべき者) が意味されているが，その特定基準としては，以下の見解がある．
　b **意思説**——検察官の訴追意思を基準とする見解であるが，その意思が表示されていない限り，裁判所には特定が難しい．
　c **表示説**——検察官が起訴状に表示して指定した者を被告人とする見解である．
　d **事実 (行動) 説**——実際に公判期日等で被告人として行動し，審理を受けている者を被告人とするもので，「訴訟係属」の「存在」に着目した見解である．前記の①の(ア)の基準となる．
　e **従来の通説**——表示説 (被告人となるべき者) と事実説 (被告人とされた者) とを併用する．
　f **最近の通説 (実質的表示説)** —— c説を基礎として，その表示の解釈における資料として，検察官の意思 (釈明)，被告人としての行為 (勾留されている者) を用いる (平野・70頁)．
　g (ア) 被告人の特定過程に過誤がなければ，検察官が「訴追意思」を有する者が起訴状に「表示」されて，公判で被告人として「行動」し審理される．(イ) この特定過程に過誤があるとき，前記の基準が問題になる．(ウ) 略式手続のように「公判」がなく書面審理のみなされる場合には，事実説ではなく表示説が一般に用いられる．(エ) 逮捕・勾留のない在宅起訴または

第10講　公　訴 (2)

略式請求の場合に，前記の過誤が生じやすい．

③ **具体的な検討**

a **偽名・人違い・身代り**などのため，起訴状に表示された氏名の者と（現実に出頭して）審理を受けた者との不一致が生じるので，被告人の特定が問題になる．

b 真犯人でない者を誤認逮捕したり，犯人の身代りとして自首してきた者を**被告人として検察官が起訴し，審理されたとき**は，①(ア)・(イ)の手続的不一致はなく，過誤は（検察官による特定ではなく）実体的不一致にあるから，「**誤判**」（再審）の問題が生じるにすぎない．

c **冒頭手続**（第一回公判期日）**の人定質問**において，起訴状で指定された被告人（被告人となるべき者）ではない者が出頭していることが判明すれば，裁判所は退廷を命じて，本来の被告人を召喚・勾引する手続をとる．

d **審理**（証拠調）**が続行された後に不一致が判明したとき**は，公訴の取消（257条・339条1項3号）または338条4号で公訴棄却されるべきである．

e （有罪）**判決確定前に手続上の不一致が判明したとき**は，控訴により(ア)「不法に公訴を受理した」（378条2号）または(イ)「審判の請求を受けない事件について判決をした」（378条3号）として，原判決を破棄したうえ，公訴棄却（自判）されるべきことになる．(イ)が妥当である．上告審では，411条1号により処理される．

f **判決確定後に手続上の不一致が判明したとき**は，(ア)「再審」（435条6号）による説と(イ)「非常上告」（458条1号）による説との対立があるが，「公訴棄却」すべきであったのであるから(イ)が妥当である．

g 検察官が起訴しようとした者(X)と被告人として行動している者とが一致するが，起訴状で記載した氏名(Y)とが不一致の場合には，(ア)その氏名を訂正するか，(イ)それをせずとも(Y)こと(X)として，被告人に関する手続上の不一致は外見上のものとなる．

h **通常略式**（在宅略式）――被告人が裁判所に出頭せず行動することもないので，起訴状の表示のみで被告人が定まる．氏名の被冒用者Yが被告人として裁判（略式命令）を受けたことになり，その救済は再審（無罪判決）による（上田簡決昭36・11・6下刑集3巻11・12号1292頁，朝日簡決昭39・10・28下刑集6巻9・10号1193頁，東京高判昭36・7・28東高刑時報12巻7号128頁）．ただし，正式裁判の請求期間内であれば，検察官は正式裁判で公訴を取消し，公訴棄却の決定がなされるが（257条・339条1項3号），公訴の取消がなければ被冒用者Yに対する無罪判決がなされる．なお，正式裁判を検察官が請求し，公判期日に冒用者Xが被告人として出廷すれば，起訴状の氏名訂正が許される（河上・判タ584号17頁）．

第10講　公訴(2)

  i 逮捕・勾留中在庁略式——起訴状には被冒用者Yの氏名が記載されていても，現に身柄拘束のされている冒用者Xが被告人として起訴されていることは明らかであるから（大阪高決昭52・3・17刑月9巻3・4号212頁），冒用者Xが略式命令の謄本の交付を受けて罰金を仮納付した場合であっても，正式裁判を請求して被告人の氏名YをXに訂正し，その請求期間後であれば犯歴を訂正すべきことになる．

  j 三者即日在庁略式——交通切符を交付された交通違反者が区検察庁の警察官・検察官の下で所定の手続を経て，即日，略式起訴され，略式命令謄本の交付を受けた後に，検察庁で罰金を納付する．この場合，他人の氏名Yの冒用者Xが被疑者・被告人として行動しているので，Xを被告人とする見解（小林充・判タ315号149頁等）も有力である．しかし，「もっぱら書面上で特定された被告人に対し裁判が下されるのであり」，「検察官は起訴状の表示と本件被告人との同一性を信じて起訴したものではあるが，起訴状におけるYの表示は本件被告人Xの通称ないし単純な偽名ではなく」，被告人はその表示に従いYとなる（東京高判昭49・8・29高刑集27巻4号374頁，最決昭50・5・30刑集29巻5号360頁）．そこで，検察官は，略式命令の告知後14日以内であれば，正式裁判を請求して公訴取消による公訴棄却の決定を求める（465条1項・399条1項3号）．その経過後は，略式命令の取消と公訴棄却の決定を求めるべきことになる（463条の2，東京高判昭52・5・24東高刑時報28巻5号50頁）．

7 公訴不提起の法的効果

① 公訴による訴訟係属を欠いた者には，刑事手続以外の処分が必要になる．
② **不起訴（起訴猶予）処分により被疑者でなくなった者への更生緊急保護**
 ——逮捕・勾留された被疑者が釈放後に，(ｱ) 親族等からの援助，福祉施設等の保護を受けることができない場合，(ｲ) これらの援助・保護のみでは更生することができないと認められる場合には，(ｳ) 緊急に，金員の給与・貸与，(ｴ) 宿泊所の供与，(ｵ) 一定施設での訓練・医療などの保護を実施する（犯罪者予防更生法48条の2）．
③ **心神喪失**（平成14年360人）**または心神耗弱**（平成14年304人）（刑39条）**を理由として不起訴処分（起訴猶予処分）とした被疑者に対する処分**
 a 平成14年では，精神障害のため心神喪失者・心神耗弱者と認められた734人中，34人（心神耗弱）が自由刑（医療刑務所等への送致）となっている他，436人が**精神保健福祉法による「措置入院」**の対象となっている．不起訴処分・無罪の場合には，検察官の通報により，知事が措置入院を決定する．しかし，この措置入院は，過剰または過少の収容となる傾向があり，精神病院の開放

治療化および精神障害者のノーマライゼイションとも調和しない．
  b **心神喪失者等医療観察法**（平成15年7月10日成立）**による入院決定・環境調整**──(ア)殺人・強盗・強姦・傷害・放火等の重大な罪にあたる行為をした者が，(イ)不起訴処分として心神喪失者・心神耗弱者と認められた場合，(ウ)心神喪失を理由とする無罪の確定裁判または心神耗弱を理由とする刑減軽の（執行猶予）確定裁判を受けた場合には，(エ)検察官の申立により，裁判官と精神保健審判員（精神科医）の合議で入院・通院による治療の要否に関する審判を行い，(オ)両名の一致する決定に基いて，指定入院医療機関での治療的処遇等を行い，(カ)保護観察所による退院後の生活環境の調整等がなされる．
④ **被疑者補償規程**──逮捕・勾留された被疑者が罪を犯さなかったと認めるに足りる十分な事由があるときは，刑事補償法と同様に，身柄拘束についても補償がなされる．

第11講　公　訴（3）
——公訴権と訴訟条件

① 「公訴権」と「刑罰権」との相違は，どうか．また，「嫌疑刑」との関係はどうか．

② 「無罪の推定」法理が前提とする「公訴権」の概念は，どのようなものか．

③ 実体法とは異なる「手続法の法的性格」は何か．また，「訴訟状態説」と「訴訟法律関係説」との相違は，どうか．

④ 「訴訟行為は，訴訟法上の評価と，国法上の評価の，二重の評価に服する．」とは，具体的にはどのような意味・法的効果を生ずるか．

⑤ 「有罪判決請求権説」の問題点は，何か．

⑥ 「実体判決請求権説」（通説）の内部においても，「有罪判決の得られる見込」を公訴権の要件とする見解がある．その当否について論じなさい．また，この点をめぐる平野説・松尾説・田宮説の相違は，どうか．

⑦ 「公訴権と訴訟条件との関係」，「訴訟条件と形式裁判との関係」はどうか．

⑧ 訴訟条件には，どのような「法的性格」（訴訟機能）があるか．

⑨ 「訴訟条件の存否を審査すべき時点」は，現行法で定まっているか．

⑩ 「裁判の形式」には，どのようなものがあるか．

⑪ 「公訴棄却の決定」は，どのような公訴に対してなされるか．また，「起訴状に罪となるべき事実を包含していないとき」（339条1項2号）とは，どのような場合であるか．

⑫ 「公訴の取消」について，説明しなさい．

⑬ 「公訴棄却の判決」は，どのような公訴に対してなされるか．また，「公訴提起の手続がその規定に違反したため無効であるとき」（338条4号）には，どのような場合があるか．

⑭ 「免訴の判決」の法的性格（形式裁判・実体裁判），免訴判決と管轄違・公訴棄却の裁判との相違は，どうか．さらに，免訴判決を「形式裁判」としながらも，これに「一事不再理効」の存在を承認する通説の根拠の当否について，検討しなさい．

⑮ 免訴判決の事由としての「確定判決を経たとき」とは，どのような判決の確定をいうか．これに「免訴の判決」が含まれるとしながらも，「管轄違の判決」・「公訴棄却の判決」が含まれないとされる理由は，どうか．

⑯ 管轄違の判決（329条），移送の決定（330条・332条・19条）および公訴棄却の判決・決定（338条・339条）が「確定」した場合，これに対して無条件で再審ないし不服申立が許されるか．許されないとして，その法的根拠（適用条文）はどうか．

⑰ 免訴判決の事由としての「犯罪後の法令により刑が廃止されたとき」とは，どのような事件（行為）が訴訟係属している場合をいうか．例えば，ある行為の継続中に刑が廃止された事件には，どのような裁判をすべきか．さらに，その免訴の対象は，刑の廃止された訴因事実のみならず，これと公訴事実の「同一性」の認められる訴因も含むか．

⑱ 免訴判決の事由としての「時効が完成したとき」について，例えば詐欺の訴因を横領に変更したとき，その公訴時効の算定は新旧いずれの訴因を基準とするか．また，その時効完成の基準は，起訴時・訴因変更時のいずれであるか．

⑲ 訴訟条件の補正・追完について，説明しなさい．また，起訴状の「訂正」と「補正」との相違は，どうか．さらに，起訴状における訴因の特定・明示が不充分な場合に，公訴棄却とすべきか，それとも，起訴状の補正を認めるべきか．

第11講　公　訴 (3)

〔11講のねらい〕　公訴の提起・追行を内容とする①「公訴権」の意義，公訴の提起・追行ないし実体判決の適法要件である②「訴訟条件」，これを欠くときの審理打切りの③形式裁判（管轄違移送・公訴棄却・免訴の裁判）について，実定法の根拠および判例・学説を理解する．

1　公訴権の意義

①　**刑事公訴権**——被害者等による**刑事私訴権**に対する概念であって，国家機関である検察（公訴）官が刑事裁判所に対して公訴を提起・追行して裁判を請求する権限をいう．

②　**公訴権の概念**——フランス法の action publique に由来するが，現行法には「公訴権」の文言は用いられていない．しかし，検察審査会法1条・恩赦法3条・遺失物法11条等には，この用語がみられるが，後二者にいう「公訴権」とは実体法上の「刑罰権」に他ならない．

③　**公訴権と刑事訴訟法の理論的基礎**（平野・21頁〜38頁参照）

　　a　**刑罰権としての公訴権**——実体法（刑法）と手続法（刑事訴訟法）との未分化の時代には，国家には，犯罪が行われると，「犯人に対する刑罰権」が発生し，被疑者にも「嫌疑刑」が加えられる．この刑罰権の一作用として，検察官は，公訴を提起して，裁判所から刑罰権を付与され，これを執行する．

　　b　**刑罰権**（実体法）**と公訴権**（手続法）**との分化**（無罪の推定）——これを基礎づけたのが，Bülow (1868) の「**訴訟法律関係説**」である．(ア) 犯罪の成否は訴訟（事実認定）を経て初めて判明するのであるから，訴訟の請求権である「公訴権」が「刑罰権」の存在（犯罪の成立）を前提とするのは，論理的に逆である．(イ)「無罪の判決」でも，実体的真実の究明という刑事訴訟の目的は達成されるのであるから，これに対する「公訴権」は，既に存在したことになる．そこで，(ウ)「**公訴権の発生する要件**」として「**訴訟条件**」が考案された．こうして，(エ) 訴訟は，裁判所・検察官・被告人の「法律関係」であり，実体法から独自の領域として，「手続法」が発見された．すなわち，(オ) 国家の裁判所・検察官と被告人との関係を「権利・義務の法律関係」と構成することにより，「被告人の手続上の地位」（無罪の推定）が基礎づけられた．

　　c　**刑事訴訟と公訴権の発展的性格**——(ア) Goldschmidt (1925) の「**訴訟状態説**」は，実体法とは異なる手続法に独自な「法的性格」を理論化した．すなわち，訴訟は，実体法の権利・義務の関係ではなく，「見込」・「権能」（可能化）・「負担」という発展的過程である．当事者は，裁判所が自己に利益・不利益な判断をするという「見込」（予見）に基いて，有利な判断を受ける「権能」を有し，そのように行為すべき「負担」を負うにすぎない．(イ) Sauer

(1919, 1951) によれば，訴訟は，「手続過程」・「訴訟追行過程」・「実体形式過程」という「相互に手段・目的の関係に立つ発展過程」からなり，各過程を構成する訴訟行為の要件・追完・治癒にも差異が生じる．

d **日本の刑事手続理論**——㈠ **小野清一郎**は，訴訟を「基本的な訴訟法律関係」とこれを基礎に訴訟の発展に伴って発生・消滅・変化する「派生的な訴訟法律関係」との全体であると解した（刑事訴訟法講義・昭8）．ゴールトシュミットのいう「見込・権能・負担」が単なる事実的状態であるとすれば，裁判所が恣意的な判断をしても，これを違法としえなくなる．裁判所は適法な判断をする義務があるから，訴訟は「法律関係」であると解すべきことになる．

　(イ) **団藤重光**は，ザウアーの見解を修正し，訴訟追行過程を主に手続過程に吸収させて，「実体」と「手続」とは「一つの訴訟の二つの面」にすぎない．その「実体面」は，嫌疑から始まり，実体的確定力（既判力）として固定する「訴訟状態」である．その「手続面」は，直接的な実体形成行為と間接的な実体形成に資する手続形成行為から成る「法律関係」であるとする（訴訟状態と訴訟行為・昭25，団藤・135頁〜145頁）．

　(ウ) **平野龍一**は，団藤説を批判して，訴訟の「実体面」も「手続面」も「法律関係」であって，十分な証拠があれば裁判所は有罪の心証形成義務がある，とする．すなわち，「訴訟関係は，法律状態であると同時に，法律関係でもある」，「訴訟行為は，**訴訟法上の評価と，国法上の評価の，二重の評価に服する**」として，Niese (1950) の見解を支持する．例えば，検察官が，全く嫌疑がないのに公訴を提起したとすれば，国法上は懲戒を受け刑事責任を問われうるが，訴訟法上は，その公訴は適法・有効になって，被告人は無罪になる（平野・24頁，9講6②a）．

2　公訴権をめぐる学説

① **抽象的（形式的）公訴権説**——㈠ 刑事事件につき実体裁判または形式裁判を請求する権限であって，検察官がこの意味での公訴権を有する（247条）．このような公訴権の概念は，理論上無益なものであるとされている（注釈刑訴（中）平場・228頁，大コメ4巻・吉田・6頁）．しかし，(イ) 裁判所は，公訴権の行使がなければ，訴訟条件が欠けることを理由とする形式裁判をなしえない．また，公訴の「存在」により訴訟係属を生じたときは，公訴棄却をすべきことになる．さらに，公訴棄却の形式裁判には一事不再理効を欠くため，公訴権は必ずしも消滅せず，検察官は同一事件につき「再度の公訴提起」をなしうる権限を有する．この限りで，本説に意味がないわけではない．

② **具体的公訴権（有罪判決請求権）説**——㈠ 公訴は，検察官が有罪判決を請求

するものであるから，公訴が適法で理由（有罪）のある場合にのみ公訴権があるとする．この見解によると，(イ) 無罪判決は，公訴権を欠くゆえに請求なき裁判（不告不理違反）となる．また，(ウ) 公訴の不適法を理由とする形式裁判と無罪の実体裁判とは，いずれも公訴権なしとなり，区別しえない．さらに，(エ) 訴訟の発展が無視され，訴訟の出発点たる公訴に訴訟の結論たる有罪判決が前提とされることになる．

③ **実体的公訴権（実体判決請求権）説**──(ア)「有罪判決の得られる見込」を要件とする実体判決請求権説（339条1項2号説，高田・104頁，338条4号説，鈴木・127頁，田宮・227頁，田口・147頁）がある．本説は，一定の犯罪嫌疑の存在を公訴の有効要件（訴訟条件）とすることにより，嫌疑不充分な被告人への応訴を排除して，被告人を公判の負担から解放することを意図する．

(イ) しかし，(i)「予審」を廃止した現行法では，嫌疑の有無と有罪・無罪という二段階審査を回避して，迅速な手続を実現しようとしたことに反する．しかも，(ii)「起訴状一本主義」の下では，証拠調前に嫌疑（証拠）の質と量を裁判所は判断しえない．(iii) 証拠調において，嫌疑（証拠）が不充分であれば，直ちに無罪判決をすべきである．(iv) その一事不再理効の発生により再訴が禁止されるので，被告人の地位の安定にも役立つ．さらに，(v) 本説は，訴訟法と国法との区別を看過している．**嫌疑不充分の公訴**は，刑事訴訟法上は有効であるが，検察官適格審査会による罷免事由になりうるばかりか（検察庁法23条），国家賠償法の不法にあたるので（最判昭53・10・20民集32巻7号1367頁・百選8版40），これを抑止しうる．これを前提として，松尾博士は，公訴の積極的要件として「犯罪の確実な嫌疑」を必要とするが，これを訴訟条件とはせず，「無罪判決」と「国家賠償」の効果しか認めていない（松尾・149頁～150頁）．

(ウ) 平野博士は，「嫌疑の存在」を訴訟条件とすると，捜査（取調）が長期化して被疑者に不利益であり，調書裁判で直接口頭主義が形骸化するので，「あっさり捜査・起訴」すべきことを主張する．しかし，実務では99.9％の有罪率となる「慎重な起訴」で被告人の不利益（負担）を軽減してきた．

(エ) 刑事事件（公訴事実）につき有罪または無罪の実体判決を請求する権利が公訴権であり，その公訴権（訴訟条件）を欠く場合の形式裁判と公訴権（訴訟条件）の備わる場合の実体裁判（刑罰権があれば有罪判決，なければ無罪判決）とが区別される．本説が今日の通説である．

3 公訴権と訴訟条件との関係

① **公訴権を訴訟条件に解消する見解**──実体的審判の要件である訴訟条件が備わる限り，裁判所は実体的審判権を有し，当事者は実体的審判を受ける権利を有し，これを検察官から見たものが公訴権に他ならない．しかも，公訴権の概

念は，訴訟の発展的性格に調和しないので，訴訟条件論に解消すべきとする（団藤・163頁）．
② **訴訟条件を公訴権に解消する見解**──訴訟条件は，検察官の訴追の抑制機能にこそ本質があるから，公訴権の適法行使の要件として，訴訟条件を公訴権論に解消すべきとする（ただし，田宮・215頁では，その見解は撤回されている）．
③ **公訴権と訴訟条件とに差異を認める見解**──訴訟条件を欠く場合でも，公訴棄却の形式裁判の場合には，公訴権は消滅せず，再度の行使が可能である．それゆえ，公訴の適法性たる訴訟条件と公訴権とは，その範囲が異なる（平野）．しかし，ここにいう「公訴権」とは，抽象的公訴権（247条）ないし「再度の公訴のなしうる権限」の意味であって，公訴が「存在」する場合に，公訴の「効力」（適法性）が否認される場合とは機能が異なる．
④ 当事者主義の立場から，訴訟条件を公訴権に解消することには，疑問が残る．公訴権行使に違法がなくとも，裁判所の審理に違法があるため，訴訟条件を欠く場合がありうるからである．すなわち，裁判所の実体審理・実体判決の権限自体が自ら失われるゆえに，訴訟条件を欠くことを当事者は主張しうるであろう．なお，訴訟条件は，職権調査事項であり，当事者がその欠落を主張することを要しないが，主張することは可能であろう．
⑤ **公訴権と応訴権との関係**
　a　検察官の公訴権に対応して被告人の「応訴権」を観念しうる．しかし，それが被告人の諸権利の総称でしかない（田口・148頁参照）のであれば，理論上の実益はない．
　b　例えば，公訴が無効であっても，公訴が存在する限り，形式裁判ではなく実体判決を請求しうるとする場合には，「応訴権」が有益な概念となる（平野・29頁）．

4　公訴権と裁判との関係
① **公訴権における「実体判決請求」とその「有効要件」**（訴訟条件）
　a　**訴訟条件**──検察官による公訴の提起・追行の訴訟行為に「法定要件」（訴訟条件）を欠くときは，「実体審理」および「実体判決」をなしえず，その訴訟行為は「無効」となる．
　b　**形式裁判**──㈦　裁判所は，公訴の存在により訴訟係属した「被告人の事件」（公訴事実）について，当事者から申立がなくとも職権により，「訴訟条件」の欠くことを認定したうえ，「形式裁判」（管轄違・公訴棄却・免訴）で，訴訟係属を打ち切るべきことになる．それゆえ，㈣　訴訟条件は，検察官の訴追行為を裁判所が控制することにより，「実体審理」と「実体判決」を阻止して，被告人の訴訟負担を排斥する機能を有する．

　　　　c　実体裁判——訴訟条件が備わる限り，検察官による訴追手続は有効であるから，裁判所は，訴訟係属している「被告人の事件」(公訴事実) について，(ア)「証拠調」の「実体審理」に入り，(イ) 有罪・無罪の「実体判決」をすべきである．
②　訴訟条件と形式裁判
　　　a　訴訟条件の法的性格 (公訴提起・実体審理・実体判決の要件)——訴訟条件は，(ア) 公訴提起の有効要件であるのみならず (起訴阻止機能)，(イ) 公訴追行・実体審理の有効要件であり (実体審理阻止機能)，(ウ) 実体判決の有効要件でもある (実体判決阻止機能)．
　　　b　訴訟条件の基準と変動
　　　　　(ア) 訴訟条件存否の基準は，「公訴事実」(訴因・256条2項・3項) であり，訴因変更 (312条) のときは「新訴因」である．しかし，(イ) 訴訟条件は，訴訟の動的発展に応じて，例えば被告人の死亡・消滅，訴訟遅延等の事情変更，公訴の取消・訴因変更等の手続変更により，変動しうるので，実体審理 (証拠調) に入った後に訴訟条件が欠けることもある．
　　　c　形式裁判の時期 (訴訟条件の審査をすべき時点)
　　　　　(ア) 現行法は，訴訟条件存否の判断につき予審を廃止しており，アメリカ法のような大陪審もなく，ドイツ法のような中間手続による公判開始決定も設けていない．
　　　　　(イ) 現行法は，**公訴手続の審査手続と実体の審理手続とを二段階に峻別して**いないので，手続の発展変動に応じて，裁判所は，訴訟条件の存否を随時判断すべきことになる．
　　　　　(ウ) 訴訟条件の欠損は，起訴状の記載における訴因特定の有無や起訴状一本主義違反などから判明することもあるが，これを基礎づける手続的事実を実体的事実と関連づけないと認定しえないことがある．それゆえ，「形式裁判」にも「判決」と「決定」との区別がされている．
　　　　　(エ) 訴訟条件は，**憲法違反となる非類型事由**を除くと，形式裁判をなすべき類型的事由として法定されている．
③　裁判の形式——(ア) 裁判には，判決・決定・命令の三形式がある (143条)．(イ) 公判手続を終了させる裁判には，原則として，口頭弁論のある判決 (管轄違・329条，免訴・337条，上訴方法は控訴) であるが，公訴棄却には判決と決定 (その上訴方法は抗告) とがある (338条・339条)．(ウ) その他の裁判には，裁判所・裁判官によるかで決定・命令 (上訴方法は準抗告．いずれも口頭弁論は任意的で，事実の取調ができる．) の区別がある (なお，簡易裁判所の「略式命令」は，「決定」の一種である)．

5 管轄違の判決 (329条・規219条の2)
① 事物管轄なき事件の訴追
　a　放火の訴因で簡易裁判所に起訴されたとき．ただし，その訴因が失火の訴因とも認められるときは，管轄違とならない．
　b　失火の訴因で簡易裁判所に起訴されたが，実体審理により放火であることが判明したとき（検察官が放火の訴因に変更すれば），裁判所は管轄違の判決（または地方裁判所への移送の決定）を言い渡す．
② 土地管轄なき事件の訴追
　　被告人の住居等の変更があったときでも，被告人が証拠調の開始前に管轄違の申立をした場合に限る（331条）．

6 公訴棄却の決定 (339条)
① 271条2項の規定により公訴の提起がその効力を失ったとき（1項1号）．
　a　起訴状謄本が公訴提起後の2箇月以内に被告人に送達されないとき．
　b　略式命令の請求があった事件について，正式裁判の規定により審判する場合に，aの送達がないとき（462条4項）．
② 起訴状に罪となるべき事実を包含していないとき（1項2号）
　a　起訴状記載の公訴事実（訴因）それ自体に適用すべき犯罪規定がない場合をいう．例えば，姦通罪・不敬罪の事実または犯罪前に刑の廃止があった事実（337条2号参照）が記載されている場合であり，その実体審理は許されない．
　b　尊属殺人罪の事実が記載されている場合には，罰条記載の誤り（256条4項）となる．
　c　刑法解釈上の対立により不可罰になりうるような事実の記載（可罰的違法性・誤想防衛・脳死等）は，本号にあたらない（東京高判昭40・5・28高刑集18巻4号273頁，東京高判昭52・5・9高刑集30巻2号220頁）．
　d　「罪となるべき事実」とは，「嫌疑なき事実」を意味しない．
③ 公訴が取り消されたとき（1項3号）
　a　第一審判決があるまでは，公訴を取り消しうる（257条）．
　b　公訴棄却がなされたときは，「犯罪事実につきあらたに重要な証拠を発見した場合に限り」再起訴が許される．嫌疑（証拠）不充分な場合にも，公訴取消後の再起訴が認められていることになる．
④ 被告人が死亡し，または被告人たる法人が存続しなくなったとき（1項4号）
　a　起訴前に被告人が死亡していたときは，起訴状謄本の送達不能（271条2項，339条1項1号）により公訴棄却となる．
　b　「法人が存続しなくなったとき」とは，法人の合併による解散（最決昭40・5・25刑集19巻4号353頁）である．合併以外の事由で解散後も清算法人として存続

第11講　公　訴 (3)

するときは，事件係属がある限り法人は存続する（最決昭29・11・18刑集8巻11号1850頁，最決昭33・5・24刑集12巻8号1611頁）．
　　　c　法人役員処罰法は，刑事訴追または刑執行を免れるための法人消滅を5年以下の懲役に罰する．
⑤　**10条または11条の規定により審判してはならないとき**（1項5号）
　　同一事件が数個の国法上の裁判所に重複して起訴されて，**二重の訴訟係属**を生じた場合である．
⑥　公訴棄却の決定に対しては，即時抗告をすることができる．
　　被告人・弁護人には，上訴が許されない（最決昭53・10・31刑集32巻7号1793頁）．

7　公訴棄却の判決（338条）

①　**被告人に対して裁判権を有しないとき**（1号）
　　　a　天皇・摂政および治外法権を有する外国元首・使節その随員・家族ならびに外国軍艦内および同乗組員の公務上陸中の犯罪
　　　b　わが国に駐留する米軍の構成員・軍属それらの家族の犯罪であって，日米安保条約の地位協定により第一次裁判権が米軍当局にある場合については，本号ではなく4号違反となる．
②　**340条の規定に違反して公訴が提起されたとき**（2号）
　　　a　公訴の取消後に犯罪事実につき「新たに重要な証拠」が発見されない限り，同一事件につきさらに公訴を提起しえない（340条）
　　　b　取消前の公訴事実と同一性のある限り，別の訴因での再訴であっても，340条の制約が及ぶ．
　　　c　「新証拠」を吟味しないと340条違反は判断しえないので，証拠調前には，本号による公訴棄却はなしえない．
③　**公訴の提起があった事件について，更に同一裁判所に公訴が提起されたとき**（3号）
　　　a　同一事件（公訴事実）が同一の国法上の裁判所に**二重に起訴**があり，受理されて訴訟係属を生じた場合には，「前訴」の取消（257条）・失効（271条2項）がない限り，「後訴」を棄却する．
　　　b　同一の受訴裁判所に第一の公訴事実と併合罪関係にあるとして追起訴された第二の公訴事実（訴因）が併合受理の結果，包括一罪・科刑上一罪などの公訴事実の「同一性」があると認められるときは，追起訴された訴因は，訴因の変更・追加であると解されるので，本号にあたらない（最大判昭31・12・26刑集10巻12号1746頁，最判昭34・12・11刑集13巻13号3195頁．なお，最決昭35・11・15刑集14巻13号1677頁）．
④　**公訴提起の手続がその規定に違反したため無効であるとき**

a 　公訴提起の要式行為（256条）違反の起訴——特に(ｱ) 訴因の明示・特定（256条3項）については，公訴事実と訴因をめぐる審判対象論の項目で後述するが，犯罪の種類・性質・態様により一定程度は幅のある記載も許される．また，訴因の記載が不明なときでも，裁判所は，検察官に釈明を求め，検察官がこれを明確にしない場合に初めて，訴因不特定として公訴棄却すべきである（最判昭和33・1・23・刑集12巻1号34頁）．(ｲ) 余事記載の禁止（256条2項），起訴状一本主義違反（256条6項）については，前述した．

b 　親告罪の告訴・告発等の欠けた起訴——(ｱ) 科刑上一罪の一部たる親告罪に訴訟条件が欠けても，他の部分については適法に起訴しうる（最判昭40・9・10刑集19巻6号656頁）．

　　(ｲ) 強姦罪と一部競合する脅迫・暴行等を訴因とする起訴については，前述したが（9講4⑤ e），その訴因には訴訟条件が欠けることがなくとも，その証拠調が告訴を欠く強姦行為にまで及ぶことを回避しえない場合には，例外的に実体審理につき訴訟条件を欠くものとして，公訴棄却すべきであろう．(ｳ) 議院証言法8条による偽証の告発は，議会自治権の尊重の立場からして，訴訟条件となる（最大判昭24・6・1刑集3巻7号901頁）．しかし，議会場内での議員の犯罪については，告訴・告発は訴訟条件ではない（東京高判昭44・12・17高刑集22巻6号924頁）．

c 　少年法違反の起訴——(ｱ) 少年の刑事事件については，家庭裁判所から刑事処分相当として送致を受けた検察官でなければ，公訴を提起しえず（少20条・42条・45条5項），これに違反する公訴は棄却される．(ｲ) 少年法20条の送致事実以外の余罪が発覚したときも，家庭裁判所を経ずになされた余罪の公訴は棄却される（最判昭28・3・26刑集7巻3号641頁）．(ｳ) 少年を成人と誤認したため家庭裁判所を経ずになされた公訴も，無効として棄却される（東京高判昭26・7・20高刑集4巻9号1098頁）．(ｴ) 少年法37条に定める成人の刑事事件が，地方裁判所に起訴されたときは，本号による公訴棄却ではなく，管轄違の判決をすべきである（最判昭32・2・5刑集11巻2号498頁参照）．

d 　交通犯則手続違反の起訴——(ｱ) 道路交通法第9章に定める「反則者の反則行為」については，(i) 反則金納付の通告があり，(ii) 通告を受けた日の翌日から10日間が経過するまでは，公訴提起が許されないのが原則である（道交125条～130条）．(ｲ) 非反則行為として通告手続を経ずに起訴された事実が，公判審理で反則行為にあたると判明したときは，裁判所は公訴を棄却すべきである（最判昭48・3・15刑集27巻2号128頁）．(ｳ) 運転免許を受けていない者を運転免許を受けている者と誤認してした交通反則通告は無効であり，反則金が納付されても道交法128条2項に定める効力は発生しないので，その事件の公訴は有効である（最決昭54・6・29刑集33巻4号398頁）．(ｴ) 科刑上の一罪の関係

にある事件の一部につき通告がなされたが，通告のない非反則行為の部分について起訴することは許されよう．

e **国税反則手続違反の起訴**——間接国税に関する犯則事件では，国税局長または税務署長がした罰金・科料に相当する金額等の納付通告に従って，犯罪者が納付を履行したときは，検察官は本件の公訴を提起しえない（国税犯則取締法16条1項）．

f **その他の事由**——(ｱ) 国会議員は，議院の演説・討論・表決につき院外で責任を問われない（憲51条）．これを刑法35条の正当行為と解すれば，犯罪は成立しえない．しかし，公訴提起を許さない趣旨と解すべきならば，本号により公訴棄却となる．(ｲ) 国務大臣は，その在任中は，内閣総理大臣の同意がなければ，訴追されない（憲57条）．

8　免訴の判決 (337条)

(1) **免訴判決の法的性格**

① **形式裁判**——免訴判決は，337条各号に定める事由から明らかなように，その事由があれば，公訴事実（訴因）につき有罪・無罪の実体審理・実体判決をすべきものではなく，形式裁判である（通説・判例）．

② **免訴事由が存在するときの実体審理の禁止**

a 例えば，公訴係属中の事件（訴因）につき免訴事由（大赦）があったときは，裁判所は単に免訴の判決をすべく，公訴事実の存否につき実体審査を行うことはできない．当事者は無罪判決を請求しえないから，免訴判決に対して無罪を理由として上訴をしえない（最大判昭23・5・26刑集2巻6号529頁）．

b (ｱ) 当初の公訴事実（訴因）には免訴事由がないときは，訴訟条件が欠けないので実体審理に入ることができ，その段階で，免訴事由（大赦）が発生することがあり，また免訴事由（公訴時効の完成）が判明することがある．この場合には，その段階で免訴判決により手続を打ち切るべきである．(ｲ) 例えば，裁判所は，名誉毀損で起訴された事実を公訴時効の成立した侮辱罪にあたると認めるときは，免訴判決をすべきである（最判昭31・4・12刑集10巻4号540頁）．(ｳ) この場合には，名誉毀損の訴因には侮辱罪の訴因が含まれるので，訴因変更なしに後者を基準として免訴事由（時効の完成）が判断される．

c (ｱ) 公訴事実（訴因）につき，実体審理を経た後に免訴事由と無罪事由とが競合するときは，無罪の実体判決をすべきである（通説）．(ｲ) この場合には，訴訟条件による実体審理・実体判決の阻止作用が働いておらず，現に「有罪の危険」が発生しているので，一事不再理効のある無罪判決が被告人の利益にもなるからである．

(2) 免訴判決と一事不再理効（学説）
① **実体裁判説**
   a 治罪法224条1項，明治刑訴法165条・224条，大正刑訴法13条の予審免訴の規定では，無罪事由（嫌疑・証拠の不充分）も免訴事由（公訴時効・確定判決・大赦等）とされていたので，免訴判決にも公訴事実の同一な範囲で既判力（一事不再理の効力）が生じるとされていた．
   b これを前提として，免訴判決は「実体的公訴権」ないし「具体的刑罰権」の消滅事由と解されていた．
   c 本説によると，公訴事実につき実体審理をするのであれば，無罪判決をすれば足り，無罪の確定判決を受けた事件につき（無罪判決でなく）免訴判決とすべき理由がない．また，本説は，現行の刑事補償法25条が，無罪と区別して，免訴（ないし公訴棄却）の裁判を受けた者には「無罪の裁判を受けるべき充分な理由」がある場合にのみ補償請求を認めているのと調和しない．
② **実体関係的形式裁判説**
   a 免訴は，実体的公訴権の消滅が訴訟手続で明白になったため訴訟条件を欠くゆえの形式裁判（小野・467頁），実体的訴訟条件の実体審理を要する形式裁判（団藤・159頁）である．
   b しかし，(ｱ)免訴事由の判定には必ずしも実体審理を要せず，(ｲ)免訴以外の形式裁判でも，訴訟条件の存否につき実体審理を要する場合があるので，本説は妥当ではない．
③ **実体裁判・形式裁判二分説**
   a 1号の免訴は刑罰権の有無を問わない形式裁判であり，2号以下の免訴は犯罪事実の有無を問わずに刑罰権なしとする実体裁判である（宮本・大綱384頁・390頁，平場・505頁）．
   b 1号の免訴は，形式裁判であり，2号以下の免訴は，被告人の無罪主張があるときに，訴因事実が認められれば免訴，認められなければ無罪とすべきである（小野慶二）．
   c しかし，(ｱ)いずれの見解でも免訴・一事不再理効の統一的理由が欠け，(ｲ)b説は，免訴の一事不再理効を説明しうるが，免訴の訴訟条件としての性質（実体審理からの被告人の解放）を否認すべきことになる．
④ **形式裁判**（一事不再理効肯定）**説**
   a 免訴は，訴因につきおよそ訴追を許さない形式裁判であるから，一事不再理効を生じる（平野・288頁）．
   b 免訴は，実体審理を要しない「形式裁判」であるが，「刑罰権」を欠くことを判断する「本案裁判」であるから，一事不再理効を生じる（鈴木・

243頁).

c 免訴は，手続事項を理由として「刑罰権不存在」を宣言する形式裁判である（田口・350頁）．

d しかし，(ｱ) 平野説は，政策的に一事不再理効を肯定するだけで，なぜ訴因につき実体審理（訴因変更の危険発生）を排除すべき形式裁判（免訴）に一事不再理効が発生するかにつき，理論的根拠を欠く．(ｲ) 鈴木説のいう「本案裁判」も，言葉の修飾（レトリック）でしかなく，同じく田口説の「刑罰権不存在の宣言」からも，「二重危険の発生」（一事不再理効）を基礎づけえない．(ｳ)「刑罰権不存在の宣言」は，当該訴因に関する免訴判決の内容的確定力（既判力）以上のものではない．

e なお，松尾・下176頁は，免訴事由がある場合にも，訴因変更許可請求が常に許容されることを理由として一事不再理効を認める．しかし，訴因変更が可能であるだけでは一事不再理効（二重の危険）は発生しない．少なくとも，証拠調が「公訴事実の同一性」の害しない訴因についてなされなければ，被告人には実体審理の危険は発生しえないからである．

⑤ 純粋形式裁判（一事不再理効原則否定）説

a 免訴を純粋な形式裁判とするならば，免訴と公訴棄却・管轄違とでは区別なく，一事不再理効が直ちに発生することはありえない．ただし，形式裁判にも既判力が生じるので，形式裁判により訴訟条件を欠くとされた当該訴因については（その訴訟条件の欠損のままでは）永久に再訴遮断効が働く．それゆえ，免訴判決に一事不再理効を認めなくとも，不都合はない（田宮・450頁，同・一事不再理効の原則・258頁）．

b 免訴事由は，「事情変更のありえないもの」である点に特色をもつ．しかし，公訴棄却事由でも，「被告人の死亡」の場合は同じである（田宮・449頁）．それゆえ，免訴にのみ一事不再理効を認めるべき理由はない．

c 法が，「免訴」と「公訴棄却」とを区別している点も，「公訴棄却」と「管轄違」とが同じ形式裁判でありながらも区別されているのと同様に，免訴のみを特別扱いすべき理由とならない．

d 免訴に一事不再理効を認めると，むしろ不都合が生じる．A罪につき刑の廃止・大赦があった場合（337条2号・3号），これと公訴事実を同一にするB罪で訴追することは許されるはずである．しかし，免訴に一事不再理効を無条件で認めると，A罪で免訴とされた場合，その後B罪の訴追が妨げられることになるが，その結論は適切ではない（田宮・450頁）．

e 一事不再理効の発生を形式的に画定するのは，妥当でないとして，免訴事由にあたる事実が「実体審理」により認定されて免訴判決がなされた場合には，「実体審理による危険負担」が生じるので，例外的に一事不再

効が発生し，当初の訴因での再訴は認められないとする見解もある（田宮・451頁，能勢，福井・371頁，寺崎）．

⑥ 学説の検討

a **免訴判決の一事不再理効の肯定説**──(ア) 通説が免訴判決に一事不再理効を認める理由は，旧法以来の伝統のほか，現行法でも無罪と免訴とを一体のものとして，公訴棄却・管轄違とは区別する規定（183条・254条1項・435条1号，さらに378条・398条〜400条参照）がある点に由来する（松尾・下176頁参照）．(イ) この点は否定説（田宮）も認めているが，これを立法の過誤とするのでは解釈論として妥当でない．(ウ) しかし，通説が免訴事由を統一的に説明しようとして，各号の免訴事由の差異を無視して，一律にかつ形式的に一事不再理効の発生を認めるのは，疑問である．

b **免訴事由の特色**──(ア) 免訴判決の一事不再理効の否定は，理論的統一性を追及するあまり，免訴と公訴棄却との差異を軽視している．(イ) 免訴は，「刑罰権不存在の形式裁判」である点で，公訴棄却の形式裁判のように，その事由の治癒による再訴が予定されているのとは異なる．(ウ) それゆえ，免訴判決には，「実体判決の一事不再理効に類似する形式的確定力」（既判力）が生じるので，現行法も無罪判決と免訴判決とを共通するものとして処理してきた．その限りでは，立法の過誤とはいえない．

c **免訴事由（337条各号）の差異**──(ア) 確定判決の存在（1号）を理由とする免訴判決は，有罪・無罪の実体判決が当然に一事不再理効を有することを前提として，これを確認した判決であれば，形式裁判であっても，その「一事不再理効の存在」を「形式的に確定する効力」が生じる．(イ) しかし，その免訴判決（形式裁判）の確定力は，形式裁判に固有のものではなく，その前提とする実体判決の確定に由来するものであるから，その前提を欠く免訴判決には一事不再理効が発生すべき理由も欠ける．(ウ) 2号・3号の「刑の廃止」・「大赦」を理由とする免訴判決は，当該訴因についての免訴事由の存在を確認したものでしかないから，一事不再理効は発生しない．しかし，当該訴因の「刑罰権不存在」についての確定力（既判力）が発生するので，183条（訴訟費用の負担），435条6号（再審事由）が「無罪による刑罰権不存在」と同じ処理をしているのは妥当である．(エ) 4号の「公訴時効の完成」を理由とする免訴判決も，当該訴因につき免訴事由があることを理由とするのであるから，免訴判決の前に時効の完成していない他の訴因に変更して実体判決が確定した場合には，一事不再理効が発生する．(オ) 要するに，免訴判決に一事不再理効が認められる理由のあるのは，1号にいう「確定判決」が「実体裁判」である場合に限られる．

(3) **免訴判決の事由**（337条1号～4号）
　① **確定判決を経たとき**（1号）
　　a **有罪・無罪の確定判決**──(ア) 実体裁判確定の効力（一事不再理効）が認められる略式命令（470条）および交通事件即決裁判も，本号に含む．(イ) 少年法19条1項による審判不開始の決定は，事件が罪とならないことを理由とするものであっても，一事不再理の効力を認めることはできない（最大判昭40・4・28刑集19巻3号240頁．学説には反対説も少なくない）．
　　b **免訴の確定判決**──(ア) 従来の通説は，免訴判決の性質を実体裁判または実体関係的な形式裁判と解し，免訴判決にも，実体的確定力（既判力）があるという理由から，本号に該当するという．(イ) また，形式裁判説では，公訴事実の同一性の認められる全体に訴追禁止が及ぶべきであるとする理由から，同じ結論に至る．(ウ) しかし，純粋形式裁判説では，訴因の実体的審理が禁止されるがゆえに免訴となる形式裁判には一事不再理効が当然に生じる理由はないので，原則として免訴判決は，本号にあたらない．例外的に（当初の訴因に訴訟条件が認められ）実体審理のなされた場合に限り，形式裁判（管轄違・公訴棄却・免訴）にも一事不再理効が生じるので，本号にあたるという．(エ) 私見によれば，(2)の⑥で検討したように，従来の学説はいずれも「免訴判決自体」に「一事不再理効」が発生するか否かという前提から出発して，結論を導いている点で妥当でない．免訴判決が形式裁判である以上，(2)⑤説の指摘するように，当然に一事不再理効が生じる理由はなく，むしろ免訴判決がなされた前提となる各事由に応じて一事不再理効が発生しうる事由があるか否かが定まる．(オ) すなわち，免訴判決で確認された前提の「確定判決」が有罪・無罪の実体判決であれば，その効力として一事不再理効が発生するが，そうでない限り，必ずしも一事不再理効が免訴の形式裁判に発生することはない．(カ) 結論的には，免訴判決の対象となる前提事由に応じて一事不再理効の発生の有無が定まるので，その結論を逆転して，従来の学説のように免訴判決には一事不再理効が発生する・しないという結論を前提にして問題を論じるべきではない．
　　c **公訴棄却・管轄違の確定判決**──(ア) 従来の学説は，本号にいう「確定判決」を文言に反して，「実体的確定力」ないし「一事不再理の効力」の発生する確定判決に限定してきた．(イ) それゆえ，公訴棄却・管轄違の確定判決が本号に含まれないことは，明らかである（条解788頁），としてきた．しかし，その結論には疑問がある．(ウ) 本号の文言に即する限り，免訴以外の形式裁判も，形式的確定により「内容的確定力」が生じる（訴因不特定を理由とする公訴棄却の判決につき，最決昭56・7・14刑集35巻5号497頁）ので，「確定判決」に該当する．(エ) これを否定すると，本号以外には「確定判

決」につき再訴を遮断する規定が現行法にはないため，免訴以外の確定した形式裁判による「内容的確定事項」につき，これと「同一の訴訟条件を欠く同一の訴因」につき再訴の蒸し返しを禁止しえないことになり，再訴につき再度の訴訟条件欠損の審査が必要になるので，不都合が生じる．(オ) 管轄違・公訴棄却の形式裁判が確定したとき，訴訟条件の欠損が治癒しない限り，再訴は許されない．この点を検察官が看過することは稀有であろうとも，再訴がなされた場合には，本号により形式裁判の「確定を経ている」として免訴判決をするしかないであろう．(カ) この免訴判決に一事不再理効が発生しないことは自明である．

② **犯罪後の法令により刑が廃止されたとき**（2号）

a **刑の廃止**──(ア) 明文による罰則の廃止（例えば刑73～76条）のほか，(イ) 法令の有効期間の経過，(ウ) 前法後法の抵触により罰則の実質的効力が失われる場合を含む．判例によれば，昭和25年政令325号違反被告事件は，講和条約の発効後には刑の廃止があったものとして，免訴となる（最大判昭28・3・29刑集7巻7号1562頁）．(エ) 白地刑罰法規では，その罰則自体が存在する限り，補充法令または告示が廃止・変更されても，刑の廃止があったとはいえない．(オ) 罰則が廃止されても，廃止前の行為につき従前の例による旨の経過規定があるときは，刑の廃止にあたらない．(カ) 限時法については，予め有効期間が示されているため，前記の経過規定があるのと同様に解してよいとする見解もある．

b **犯罪後の法令**──(ア) 行為前に刑の廃止があるときは，公訴事実につき無罪判決ではなく，339条1項2号により公訴棄却の決定をすべきであって，本号にあたらない．(イ) 行為の継続中ないし継続犯の途中で刑の廃止があった事件が起訴されたときは，形式的には，その事後の行為は罪となりえないので，その事後の行為につき免訴判決（主文）を下し，事前の行為につき訴因撤回がなければ理由で公訴棄却の趣旨を判示すべきことになろう．(ウ) 即成犯についても，可罰的な予備・未遂の終了後に刑の廃止があれば，本号にあたる．しかし，行為終了後既遂発生前に刑の廃止があれば，発生した既遂については，公訴棄却ではなく，免訴とすべきである．(エ) 状態犯で第一結果の発生前に刑の廃止があれば，その罪は公訴棄却になるが，刑廃止後の第二結果については免訴となる．既遂後に刑の廃止があっても，本来は共罰行為（不可罰）となる別罪は成立するので，これには刑の廃止がない以上，免訴にもならない．

c **免訴の範囲**──(ア) 刑の廃止は，特定犯罪のみを処罰しない趣旨であるから，その訴因のみが免訴の対象となり，これと「公訴事実の同一性のある範囲」の罪にまで免訴（刑の廃止）の効力は及ばない．(イ) それゆえ，刑

廃止の効力の及ばない訴因への変更は許容され，この場合には実体判決がなされうる（なお，最決昭25・9・8刑集8巻9号1471頁参照）．

③ **大赦のあったとき**（3号）

a **大赦**──㋐ 恩赦の一種であり（恩赦法1条），大赦令（政令）で罪を定めて行う．㋑ 大赦の法的効果は，政令に特別の定めのない限り，(i) 有罪判決の効力が失われ（350条参照），(ii) 未だ有罪判決を受けていない者には公訴権が消滅する（恩赦法3条）．㋒ 本号にあたるのは，(ii) の場合である．

b **免訴の範囲**──㋐ 刑の廃止と同様に，特定の犯罪（訴因）のみを対象とする．㋑ 原公訴事実（訴因）につき免訴の判決前であれば，他の訴因への変更も許容される（反対・東京高判昭28・3・17高刑集6巻2号271頁．同判決は，免訴判決には「公訴事実の同一性」のある範囲で一事不再理効が発生することを前提上とするので，他の訴因による有罪判決の可能性を事前に阻止するのである）．㋒ 大赦令に掲げた罪が他罪と観念的競合または牽連犯の関係に立つときは，赦免の対象としないのが通例である．㋓ これに関して，最大判昭28・6・24刑集7巻6号1371頁は，連続犯の一部に大赦令の適用を受けない罪があっても，その余罪は赦免されるべきである，と判示する．これは，連続犯を構成する大赦の対象となる犯罪中に他罪が介在することによって，一罪とされる連続犯が大赦の対象となりえなくなるのは，被告人に不利であるので，これを避ける趣旨であって，訴因基準説を排斥する趣旨のものではない．㋔ 大赦令の基準日の前後にわたる継続犯につき，基準日前の犯行であっても赦免されないとする判例（大阪高判昭28・5・24高刑集6巻3号345頁）があるが，疑問である．

④ **時効が完成したとき**（4号）

a **公訴時効の完成**──第10講6(2)「訴訟係属と公訴時効の停止」の項参照．

b **時効の基準**──㋐ 訴因とされた罪の「重い法定刑」であるが，科刑上一罪の「訴因」では一体として「重い法定刑」が基準となる（判例）．㋑ 訴因」が基準となるので，その変更後は新訴因を基準として時効期間が算定されるが，その場合も時効の進行は，「変更時」ではなく「起訴時」（訴訟係属時）に停止する．「公訴の存在」の効果として，公訴事実の「同一性」の範囲内で公訴時効を停止させる効力が生じる．㋒ 判例によれば，詐欺の訴因を横領の訴因に変更した場合，横領の訴因についての公訴時効の完成は，公訴時を基準とする（最決昭29・7・14刑集8巻7号1100頁，同旨・最決昭26・12・25刑集5巻13号2623頁，最決昭39・11・24刑集18巻7号610頁）．また，業務上横領の訴因で起訴したが，単純横領につき既に起訴時に公訴時効が完成しているときは，免訴を言い渡すべきとする（最判平2・12・7判時1374号143頁）．

c　免訴の範囲──㋐訴因（特定の犯罪）を基準として，公訴時効が完成する．㋑A罪の訴因について時効が完成している場合には，その完成していないB罪の訴因に変更することができる．変更後のBの訴因につき有罪・無罪の判決が確定したときは，A訴因についても一事不再理効が発生する．

9　訴訟条件の補正・追完・治癒
　a　訴訟行為の「訂正」──㋐誤りがあっても「有効」な訴訟行為について，「明白な誤り」を是正・補充することをいう．㋑例えば，被告人の特定（同一性）を害しない範囲で起訴状の氏名・住所等の誤字・脱字を訂正する場合である．㋒横領の公訴事実につき，本文の記載と一覧表の金額記載とが異なる場合に，後者を誤記であるとして，削除訂正が認められる（高松高判昭31・10・9高刑裁特3巻19号925頁）．㋓犯行日時として「昭和33年3月上旬頃」とする記載を「昭和34年3月上旬頃」と訂正するのは，認められる（東京高判昭35・2・6下刑集2巻2号109頁）．この場合には，「昭和33年」が誤記であることが他の記載と対比すれば「明白」であり，かつ公訴事実の「同一性」を害しないことが，前提となっている．
　b　訴訟行為の「補正」──㋐誤りがあるため「無効」な訴訟行為について，誤りを是正・補充することにより，「有効」なものに転換することをいう．㋑補正が許されないのは，本来の記載（事実主張）と異なる（別件の）事実主張となる場合である．㋒被害者の記載を甲から乙へと変更することは許されない（和歌山地判昭48年10・1刑月5巻10号1414頁）．㋓起訴された被告人が検察官の起訴しようとした者とは別人である場合には，氏名・住所・職業・生年月日等の補正は許されない（東京高判昭36・7・28東高刑時報12巻7号128頁）．㋔数人の被告人中の1名の公訴事実の記載が欠けていた場合（神戸地姫路支判昭34・10・28下刑集1巻10号2271頁），㋕道交法違反の日時を1年異なる記載に変更することは，別個の公訴事実になる（福岡地小倉支判昭40・6・9下刑集7巻6号1261頁）．
　c　起訴状の訂正・補正と訴因の明示・特定（256条3項）──㋐起訴状の訂正は，訴因が既に特定している場合に行われる．㋑起訴状の補正は，訴因の明示・特定が不充分な場合に行われる．㋒訴因の特定を欠くときは，公訴棄却となる（338条4号）．
　d　公訴棄却の裁判と再訴の許容性──㋐起訴状の補正を認めずに公訴を棄却しても，一事不再理効が発生いないため，補正後に再訴しうる．㋑それゆえ，公訴棄却をせずに，起訴状の補正を許して，訴因の明示・特定の不備を治癒させることが，被告人にも利益となる．
　e　訴訟条件の追完──㋐公訴提起時に欠損していた訴訟条件をその後に補

正・追完した場合に，その公訴を有効として形式裁判をしないことが許されるか．(イ)訴訟条件は，公訴の有効要件であるから，これを無条件には肯定しえない（大判大5・7・1刑録22輯1191頁，名古屋高判昭25・12・25高刑特14号115頁）．(ウ)学説では，冒頭手続または被告人の同意を条件として，訴訟条件の追完・補正を認める見解が有力である．(エ)判例では，起訴状謄本不送達による公訴棄却の決定後，その確定前に同一訴因につき再度の公訴があった場合には，その後に同決定が確定したときは，(本来ならば二重起訴になるのに) 二重起訴にあたらないとしたもの（最決昭36・10・31刑集15巻9号1653頁），(オ)訴因不明示でも，検察官が釈明により明確化したときは（被告人への告知による防御機会の保障は害されないので）公訴棄却を免れるとしたもの（最判昭33・1・23刑集12巻1号34頁）がある．(カ)公訴棄却の裁判は，訴訟条件の不備を明確化して，その補正・追完を検察官に委ねるものでしかないので，公訴棄却前に訴訟条件の補正・追完があれば，これを許容しても，被告人に不利益とはならない．(キ)既に実体審理に至っている場合には，後の判決確定で一事不再理効が発生しうるので，特に形式裁判での手続打切りを固守すべき理由に乏しい．

f **訴因変更と訴訟条件**——(ア)訴因変更が許容されるときは，変更前の訴因についても訴訟条件が備わっていることが前提となり，変更後の訴因については，これを基準として訴訟条件の存否が判断される．(イ)例えば，強姦致傷罪で起訴され審理したところ，傷害の事実が認定しえないときは，強姦の訴因につき告訴が追完されなければ，公訴は棄却される．(ウ)ただし，傷害のみならず強姦の事実も審理されたが認定されないときは，もはや親告罪の実体審理阻止機能は破られているのであるから，公訴棄却とすべき実効性は失われているので，強姦致傷につき無罪判決とすべきである．(エ)強姦の事実のみは認められるときは，なお実体判決阻止機能が働くので，公訴棄却とすべきである．(オ)検察官は，(ウ)の場合に，無罪判決による一事不再理効を回避するために，告訴なき強姦の訴因に変更しうるか．これを公訴権の濫用として許さないと考えることもできるが，既に強姦について実体審理が終わっており，強姦への訴因変更は，実体審理阻止機能を失効しているので，無効となる．それゆえ，(ウ)の結論に至る．

第12講 公　訴 (4)

——公訴事実・訴因と審判対象

1 起訴状の公訴事実としては強姦致傷の事実が記載されていたが，公判における証拠調の結果，被害者の身体傷害は被告人の暴行為によるものではなく，別の機会に生じたものであることが判明した．この場合に，①検察官が被害者から告訴状を得て公判に提出したとき，裁判所は，強姦の事実審理を続けることが許されるか．②被害者からの告訴が得られなかったとき，強姦につき公訴棄却の判決をすることが許されるか．それとも，強姦致傷につき無罪の判決をすべきか．③強姦についての公訴棄却の判決が確定した後に，検察官が被害者の告訴を得たうえ再び強姦の訴因で公訴の提起をしたとき，受訴裁判所はいかなる裁判をすべきか．

2 一事不再理効を基礎づける「二重の危険」が発生するのは，公訴・公判手続のいかなる時点であるか．また，確定した実体判決には「公訴事実の同一性」の範囲において一事不再理効が発生しうる根拠について，説明しなさい．

3 「公訴事実」と「訴因」との異同について（256条・312条），説明しなさい．両者の関係について「古い審判対象論」と「新しい審判対象論」とでは，どのような差異が法解釈論について生じるか．また，起訴状一本主義が審判対象論に及ぼす影響はどうか．さらに，択一的訴因・予備的訴因とは，両訴因がどのような関係に立つ場合であるか．

4 「一罪一訴因の原則」および「一事件一判決の原則」について（256条・312条・378条3号），具体例を挙げて説明しなさい．

5 訴因（罪となるべき事実）の「明示」と「特定」について，法（256条3項）が区別しているのには理由があるか．

6 「訴因の特定」が問題になる具体例を示し，その有罪・無罪の判決が確定した場合に生じる「一事不再理効の範囲」について，説明しなさい．

7 「公訴事実・訴因の拘束力」とは何か．

8 「訴因変更の要否」と「訴因変更の可否」との区別について，具体例を示して説明しなさい．

9 公訴事実の「同一性・単一性」について，具体例を示して説明しなさい．

10 「訴因変更」における実体法の「罪数による制約」は，どうか．また，訴因を「窃盗の教唆」から「窃盗」（正犯）へと変更した後，さらに「窃盗」から「盗品有償譲受」へと変更することが，許されるか．

11 「訴因変更の手続」（312条）はどうか．裁判所が検察官に対して訴因変更命令をすべきなのは，どのような場合か．これに検察官が応じない場合に，裁判所は，変更すべきと判断した訴因について，有罪判決をすることが許されるか．

〔12講のねらい〕　①検察官の「公訴対象」・被告人の「防御対象」・裁判所の「実体審理・判決対象」と「有罪・無罪判決の効力」（既判力・実体的確定力・一事不再理効）との関係，②「公訴事実」と「訴因」の意義・異同・関係，③「訴因の特定」を欠く場合の形式裁判（公訴棄却），④「訴因の予備的・択一的記載」と「訴因の変更」との

第12講　公　訴 (4)

関係，⑤「訴因変更の要否」(訴因の同一性)，⑥「訴因変更の可否」(公訴事実の同一性) について，実定法の根拠および判例・学説を理解をする．

1　公訴権と訴訟条件・審判対象と裁判確定力 (既判力) との関係
① 不告不理の原則
　a　事件について，検察官の公訴提起がなければ，裁判所はいかなる審理・裁判もなしえない．
　b　公訴の提起・追行のなされた事件 (審判対象) については，裁判所は(ｱ) 訴訟条件の有無を審査し，(ｲ) 訴訟条件が備わるときには，実体の審理・判決をすべき法的義務を負う．
　c　裁判所は，検察官の公訴権行使について，不法な形式裁判・実体裁判をすると，それは絶対的破棄事由 (無効) になるので，(その確定前には) 控訴・上告により破棄される (378条1号〜3号・411条1号)．
② 訴訟条件の欠損による形式裁判 (管轄違・公訴棄却・免訴)
　a　公訴提起・追行の手続要件の不法 (無効) ──裁判所は，(ｱ)「訴因」について「訴訟条件」の欠損・無効を発見したときは，(ｲ) その追完・補正が可能かつ許容されない限り，(ｳ)「形式裁判」で審理を打ち切る．
　b　訴訟条件──公訴事実 (訴因) について，その訴訟条件には，公訴の提起・追行及び実体の審理・判決を阻止する機能があるため，訴訟条件が欠ければ形式裁判がなされる．
　c　実体審理阻止機能の働いた形式裁判──形式裁判が確定しても，(ｱ) 被告人 (および裁判所) に実体審理の負担 (不利益) を与えなかったので，訴訟条件の欠損につき「形式的確定力」(既判力) が生じるが，「一事不再理効」は生じない (ただし，「免訴判決」については，通説は反対)．(ｲ) 検察官は，その公訴事実 (訴因) につき訴訟条件を補完・補正することができれば，再訴することが許される (その補完・補正が不能であれば，再訴は許されず，再訴しても形式裁判の内容的確定力により手続は打切られる)．(ｳ) 検察官は，「公訴事実の同一性」(312条1項) を害しない別の訴因により再訴することも許される．
　d　実体審理阻止機能の働かなかった形式裁判 (例外1) ──(ｱ) 現行法は，予審を廃止したが，公訴提起後において訴訟条件の存否を判断する手続段階と実体の存否を判断する手続段階とを二分していない (ドイツ法は，予審を廃止したが，公判開始前の中間手続段階を設けている)．(ｲ) それゆえ，実体審理 (証拠調) の段階で初めて訴訟条件の不備が裁判所に判明する場合がある．(ｳ) 実体審理をしないと訴訟条件の不備が判明しえない場合もある (公訴取消後の再訴における「新たな証拠」の存否)．(ｴ) 実体審理後に初めて訴訟条件の不備が新たに発生する場合もある (被告人の死亡・消滅，公判審理の長期中断による迅速裁判違反)．

(オ) これらの場合には，実体審理を経たこと（被告人への二重危険の発生）を理由として，確定した形式裁判に「一事不再理効の発生」を根拠づけることはできない．しかし，(エ) のような事由により形式裁判が確定したときは，公訴棄却の場合でも後に事情の変更がありえないので，当該訴因のみならず別訴因についても再訴が遮断される．これは，形式裁判の内容的確定力（拘束力・既判力）の効果であって，一事不再理効によるものではない．

　e **実体審理阻止機能の働かなかった実体裁判**（例外2）——(ア) 訴訟条件は，実体審理（証拠調による事実認定）に適しない公訴を排斥して，公判手続を早期に回避して被告人および裁判所の手続的負担を軽減すると同時に，検察官に再訴による実体審理（真実発見）の余地を保障する制度である．(イ) このような訴訟条件の目的・機能が実現しえなくなったときは，例外として訴訟条件が欠けても，実体判決をすべき場合が認められる．(ウ) 例えば，強姦致傷の訴因につき実体審理の結果として，傷害の事実も強姦の事実も認められないときは，強姦につき告訴を欠くゆえに公訴棄却とすべきではなく，強姦致傷の訴因につき無罪判決を言い渡すべきことになる．(エ) なお，実体審理後に訴訟条件を欠くことが判明した場合に，有罪判決を言い渡すことは許されない（ここでは，実体判決を阻止する訴訟条件の機能は未だ失われていない）．

③ **訴訟条件の具備による実体裁判**（有罪・無罪の判決）

　a 　公訴提起・追行の手続面の適法（有効）——裁判所は，「訴因」について「訴訟条件」が備わるときは，実体審理（証拠調）を経たうえ，（証拠に基いて）有罪・無罪の実体判決を言い渡すことができる．

　b 　**実体的確定力**——控訴期限の途過により判決が確定すると，有罪・無罪の判決がなされた訴因については，実体的確定力（既判力）が生じるので，当該裁判所も他の裁判所もこれを変更しえず，この裁判には執行力（対外的効力）が生じる．

④ **一事不再理効と被告人に対する「二重の危険の禁止」**

　a 　**一事不再理効**——実体的確定力を生じた訴因事実のみならず，訴因変更の許される「公訴事実の同一性」（一罪関係）のある別の訴因についても，一事不再理効が発生するので，再訴が許されなくなる．

　b 　**「二重の危険の禁止」法理**——(ア) 一個（単純一罪または罪数上一罪）の犯罪事実は一回の訴訟で解決すべきである．一罪となる事件（「公訴事実の同一性」が認められるため同時起訴・訴因変更が許され，二重起訴・二重係属が禁止される範囲の事実）について，国家（裁判所・検察官）は，**同一の被告人には裁判確定まで一回の「有罪判決の危険」**（実体審理の負担）**しか与えることが許されない**とする法理であり，憲法39条に由来する．(イ) その危険は，「実体審理（における訴因の予備的・択一的記載または変更の可能性）」を経たことで発生し，「実体裁判

の確定」により効力を生じる（通説は，「免訴判決」については，実体審理を経ない場合でも，一事不再理効の発生を認める）．(ウ)「不利益再審の禁止」(435条・436条)は，この法理からの帰結である．

 c **公訴事実の同一性**（単一性）**と一事不再理効**（常習一罪の判例）
  (ア) 前訴の訴因と後訴の訴因との間の**公訴事実の単一性**についての判断は，基本的には，**前訴および後訴の各訴因のみを基準**としてこれらを比較対照することにより行うのが相当である．(イ) 本件においては，前訴および後訴の訴因が共に単純窃盗罪であって，両訴因を通じて常習性の発露という面は全く訴因として訴訟手続に上程されておらず，両訴因の相互関係を検討するにあたり，常習性の発露という要素を考慮すべき契機は存在しないのであるから，ここに**常習特殊窃盗罪**による一罪という観点を持ち込むことは，相当でないというべきである．(ウ) そうすると，別個の機会に犯された単純窃盗罪に係る両訴因が**公訴事実の単一性を欠く**ことは明らかであるから，前訴の確定判決により一事不再理効は，後訴には及ばないものといわざるを得ない（最判平15・10・7刑集57巻9号1002頁，百選8版99，ジュリ1269号202頁）．

2　「公訴事実」と「訴因」との関係（古い審判対象論）

① **設例**——検察官が起訴状に「Xは，Aの住居に承諾なく立ち入った」という公訴事実を記載して起訴したところ，公判の証拠調において，「XがAの住居においてダイヤモンドを盗取した」という事実が判明した．裁判所は，「住居侵入罪」のみならず，（起訴状に記載されておらず，検察官が主張していない）「窃盗罪」についても，Xに有罪判決を言い渡すことができるか．

② **旧法での審判対象**（「公訴事実」・「公訴不可分の原則」）
 a 旧法も，不告不理の原則を定め，「公訴ヲ提起スルニハ被告人ヲ指定シ犯罪事実及罪名ヲ示スベシ」(291条1項) の規定は，現行法の規定 (256条1項・2項) と大差ない．
 b しかし，**起訴状一本主義** (256条6項) を採用していなかった旧法では，検察官が起訴状に一件記録・証拠物を添えて裁判所に提出していたので，裁判所は，起訴状に記載された「犯罪事実」自体ではなく，その記載と添付された証拠が示す「犯罪事実」全体（旧法における公訴事実）が審判対象であると解されてきた．
 c 旧法の公訴・審判の対象は，「一罪となる事実の全体」であり，「**公訴不可分の原則**」により，その全体について訴訟係属が生じ，裁判所は審理・判決をすべきことになる（不告不理の原則）．また，その公訴事実全体につき既判力（実体的確定力）が生じる（その全体が一回の訴訟のみで解決されるので，被告人に不利益ではない）．

d　旧法では，設例①につき，窃盗罪も審判対象になるので，有罪判決を言い渡すべきことになる．現行法では，「公訴事実」に「窃盗の訴因」を追加（312条1項）しない限り，裁判所は，これにつき有罪判決をなしえない．
③　**現行法での審判対象**（「公訴事実」と「訴因」との区別）
　　a　**現行法**──「公訴事実」と並んで，新たにアメリカ法の影響により「訴因」の概念が導入された（256条2項・3項・312条1項）．しかし，旧法の「公訴事実」概念を前提としたうえ，「訴因」はこれと異なるものと理解したため，次のような学説が主張された．
　　b　**公訴事実（審判対象）説**（岸・要義52頁）
　　　(ｱ)　公訴・審判の対象は（旧法の意味での）「公訴事実」（の同一性）であり，その範囲で訴訟係属が生じ（公訴不可分の原則），二重起訴が禁止され，訴因変更が許され，**既判力**（実体的確定力としての一事不再理効）も生じる．
　　　(ｲ)　「訴因」は，「公訴事実」（審判対象）とは異なり，その「**法律構成**」を明示して「**被告人の防御**」を図るものであって，有罪判決の手続要件（訴訟条件）でしかないから，被告人の具体的防禦を害しない限りは「訴因変更の手続」も必要ではない．
　　　(ｳ)　裁判所が変更手続なしに訴因を逸脱する事実認定をしても，その認定事実が「公訴事実の同一性」の範囲内にある限りは，「不告不理違反」（378条3号前段）ではなく「**訴訟手続の法令違反**」（379条・相対的破棄事由）になるにすぎない．
　　　(ｴ)　裁判所は公訴事実の全体を審判すべき義務があるから，そのための「**訴因変更命令**」**も裁判所の義務**であり，これに検察官が従わなくとも「**訴因変更の形成力**」を生じる．
　　　(ｵ)　この見解は，「職権主義」および「実体的真実の発見」に適しており，裁判所は検察官の公訴権（「訴因」の設定）を控制することができる．
　　c　**訴因（審判対象）説**（平野・132頁）
　　　(ｱ)　審判対象は，検察官が起訴状で具体的に主張した「訴因」（256条2項・3項）であり，それのみに訴訟係属が生じ，その範囲で既判力も生じる．しかし，審判対象（訴因）の変更が「公訴事実の同一性」（312条1項）の範囲で許されるので，その**二重危険**が生じる範囲において「**二重起訴の禁止**」と「**一事不再理効**」とが及ぶ．
　　　(ｲ)　「訴因」は，単に被告人の具体的防御のみを図るための手続ではなく，「審判対象を画する事実」を記載したものである．これを逸脱する事実を裁判所が認定するには，検察官による訴因変更（審判対象の変更）の請求が必要になり，**その許容される限界を画する機能的な概念が「公訴事実の同一性」**である（すなわち，「公訴事実の同一性」は実体・一罪性を前提とする概念ではない）．

第12講 公 訴 (4)

　　　(ウ) 審判対象たる「訴因」を逸脱する事実を裁判所が認定すれば，「不告不理違反」として絶対的破棄事由 (378条3号) にあたる．
　　　(エ) 訴因を設定・変更する権限は検察官に専属するから，訴因変更命令は，原則として裁判所の義務ではなく (312条3項)，形成力を生じない．ただし，重大犯罪の成立が明白な場合には，裁判所の後見的役割から命令義務が生じ，その義務違反は訴訟手続の法令違反 (379条) になりうる．
　　d　折衷説 (団藤・綱要204頁)
　　　(ア) 現実的な審判対象は「訴因」(256条2項・3項) であるが，潜在的な審判対象は「公訴事実の同一性」(312条1項) の範囲内であり，その範囲で訴因変更が許容され既判力 (実体的確定力) が生じる．
　　　(イ) 「不告不理違反」(378条3号) における「審判の請求を受けた事件」とは「公訴事実」であるが，「審判の請求を受けない事件」とは「訴因」である (同一規定の同一文言である「事件」が異議に解されている)．
　　　(ウ) 本説では，二つの異なる審判対象の概念が用いられており，理論的にも文理的にも整合性を欠く．
　　e　前記の設例については，いずれの見解でも訴因の変更が必要になるが，その意義と法的効果が異なる．
④　訴因説 (判例・通説) の純化 (「公訴事実」と「同一性」との区別)
　　a　「古い公訴事実説」の退潮 (起訴状一本主義との不調和)
　　　(ア) 本説は，検察官が起訴状に示した「訴因」と実体的に不可分な「単一・同一の公訴事実」(312条1項) を審判対象とし，これを基準に訴訟係属・訴訟条件 (事物管轄・公訴時効の成否・二重起訴の禁止等)・既判力の範囲を定める点で，「手続法の実体法への従属」(実体的真実発見の優位) により両関係を安定させるものであって，理論的にも簡明である．
　　　(イ) しかし，本説は，旧来の「糾問的職権主義」に由来するものであり，「公平な裁判所」の憲法的理念の下で検察官が嫌疑 (一件記録) を裁判所へ引継ぐことを禁止した「起訴状一本主義」等が示す「弾劾的当事者主義」と調和し難いと批判されて，訴因説が通説となり，判例の主流をなした．
　　　(ウ) 実務上，本説によると，公訴提起の時点では，「公訴事実」(証拠が示す犯罪事実) が裁判所には不明であるため審判対象を特定しえない (特に科刑上一罪の訴因ないし予備的・択一的訴因)．
　　b　「新しい公訴事実説」の台頭 (「公訴事実の同一性」概念の再構成)
　　　(ア) 訴因説も，訴因と公訴事実 (の同一性) とが異なるという前提に立つ限り，理論上は，古い公訴事実説・折衷説を完全には排斥しえない．そこで，旧法の「公訴事実」概念から脱却するために，「公訴事実の同一性」概念を再構成する必要に迫られた (田宮・刑訴Ⅰ579頁，松尾・上248頁，下345頁)．

(ｲ) 新しい公訴事実説によると，256条2項・3項の文理からして，「起訴状に明示特定された訴因」が「公訴事実」に他ならず，両者は審判対象の異なる名称でしかない．

(ｳ)「公訴事実」（審判対象）とその「同一性」（312条1項，審判対象の変更可能な限界，一事不再理効と二重起訴禁止の範囲）とは区別される必要がある．

(ｴ) 訴因（審判対象）の変更は，訴因を超えてこれを包摂しうる「一個の公訴事実」（実体的な一罪たる事実）の「同一性」（範囲内）ではなく，（起訴状記載の「一個の公訴事実」を構成しうる）複数の異なる「訴因」間の「同一性」（各訴因の中核としての実質的な共通性・実体的な一罪となりうる範囲）により限界づけられる．

(ｵ)「新しい公訴事実概念」の下でも，その「同一性概念」には「観念形象または証拠が示す実体的一罪性」（両訴因事実が主張として歴史的に一罪の関係に立つこと）が残される．それは，手続的発展性（刑訴法）と実体的安定性（刑法）とを調和させ，一事不再理効の範囲を安定させるのに必要であり，審判対象の変更（真実究明・有罪確保）を許容する「一罪となりうる事実・事件の手続的一回処理」からの要請である．

c 新しい折衷説（公訴事実概念の相対化，公訴事実と訴因との区別を認める見解）

(ｱ) 審判対象たる公訴犯罪事実（訴因・罰条で特定された事実の主張）と訴訟対象たる公訴問題事実（公訴事実・訴訟課題）とを区別する見解（鈴木・112頁．その批判として，能勢・359頁，松尾・上251頁）──その実質は，団藤説に近い．

(ｲ) 256条の公訴事実（審判対象）と312条の公訴事実（審判対象の変更の限界）とを区別する見解（小林・判タ644号5頁）──その実質は妥当であるものの，同一の文言に異なる意義を与える点に問題を残す．

(ｳ)「訴因」は検察官の主観的嫌疑たる「公訴事実」を具体的犯罪構成要件にあてはめた主張であり，公訴時効成立の不可分性は「公訴事実」を基礎にしないと説明しえないとする見解（中山隆夫・刑事手続上462頁，その批判として佐藤文哉・後掲）．

(ｴ)「訴因」は事実および法律構成の点で「公訴事実」より具体的であり，他の犯罪事実との区別に関係する部分のみが「公訴事実」に属し，その異なる「公訴事実」につき「同一性」を認める見解（佐藤文哉・争点133頁）──本説にいう「公訴事実」は，b説にいう「同一性」に等しい．

(ｵ)「公訴事実」とは，訴因変更の範囲を画する概念ではなく，その同一性を判断するための基準となる概念であるとする見解（山中・153頁）──その実質は，(ｴ)説に等しい．

⑤ 要　点

(ｱ) 審判対象（公訴事実・訴因）とその変更の基準・限界（公訴事実の「同一性」）

とは，区別して理解する必要がある．

(イ) 公訴事実の「同一性」とは，一回の手続で同時処理されるべき「広義の一罪となりうる関係の事実」であり，**裁判所の証拠調の結果**（心証）に基いて判定される．その結論は旧法に一致する．

(ウ)「同一性の判定基準」として，判例は，旧法におけるのと同じく，(i) 犯罪の日時・場所の近接性，(ii) 客体・被害者の同一性，(iii) 構成要件の共通性などの「**基本的事実関係の同一性**」（最判昭29・5・29刑集7巻5号1158頁）または「**犯罪成立の非両立性**」（最判昭29・5・14刑集8巻5号676頁）を用いている．

3 「公訴事実」と「訴因」との関係（新しい審判対象論・本書の立場）
① 訴因による公訴事実の起訴状記載（256条2項・3項）
　a 検察官が主張する「罪となるべき事実」——256条2項・3項の文言に従うと，起訴状に「訴因」を明示・特定したものが「公訴事実」となる．
　b 公訴・審判の対象たる「公訴事実」・「訴因」——(ア) 起訴状に記載される「公訴事実」は（一個または数個の）「訴因」から構成されるので，両者は「罪となるべき事実」（審判対象）としての範囲において異ならない．(イ) しかし，法が「公訴事実」と「訴因」とを区別するのには，次の理由がある．
② 一罪一訴因の原則——(ア)「訴因」は，一個の「罪となるべき事実」（例えば，住居侵入・窃盗の各行為，常習賭博を構成する各賭博行為）ごとに特定して，起訴状の「同一の公訴事実」欄に記載される．(イ) その訴因となる事実ごとに「訴訟条件」の有無と「実体的な犯罪」の成否が判断される（ただし，判例は，公訴時効につき一体説をとる）．
③ 一事件一判決の原則
　a 「一事件」すなわち「一個の公訴事実」（審判対象）は，一個の訴因（単純一罪または科刑上一罪・包括一罪中の一罪）または数個の訴因（科刑上一罪・包括一罪となる各罪）から構成される．
　b 一個の公訴事実（審判対象）には，一回の公訴（二重起訴の禁止）・審理・判決が原則であって，一個の実体判決（有罪・無罪）のみがなされる．
　c (ア) 一個の公訴事実が数個の訴因から構成されるときは，ある訴因（窃盗）につき有罪，ある訴因（住居侵入）につき無罪（一部有罪・一部無罪）となることがある．
　　(イ) この場合には，裁判所は各訴因ごとに犯罪成否の判断を示す必要があるが，有罪とした訴因につき主文で言渡刑を示し，無罪とした訴因は判決理由中にその理由を示すことで足りる（378条3号後段，なお後記④d(イ)の判例参照）．
④ 訴因の択一的・予備的記載
　a 起訴状の公訴事実として記載された複数の訴因（例えば，同一臓物の窃盗と横

領または窃盗と盗品故買）は，一個の訴因のみの有罪判決を求める公訴事実であり，**訴因変更**（312条）の先取りでしかない．

b 数個の訴因間には「公訴事実」としての「同一性」が必要である．この点では，科刑上一罪・包括的一罪の関係に立つ複数の訴因と同じ関係に立つが，その択一的・予備的記載は許されない．その一方が有罪認定されると，他方は審判対象から外されるからである．

c (ア) 主観説によると，択一的・予備的記載は，検察官の訴因に対する審理の順序についての条件を表示したものでしかない．(イ) 本説を一貫すると科刑上一罪・包括的一罪（常習賭博を構成する各訴因事実）についても，択一的・予備的記載の余地があることになる．

d (ア) 客観説によると，複数訴因間の関係に応じて「択一的記載」と「予備的記載」とは客観的に区別される．これを「訴因の両立しえない関係」と「法条競合の関係」とに対応させる見解（鈴木・109頁）もあるが，疑問とされている（大コメ 4 巻・古田・223頁）．

(イ) 例えば，最決昭25・10・3 刑集 4 巻10号1861頁は，択一的関係（不両立の関係）にある訴因（窃盗と贓物運搬）の一方を認めたときは，当然に他の訴因を排斥する趣旨を含むので，後者の訴因について判断を示す必要はない，と判示している．この場合には，「択一的記載」ではなく，窃盗が主位的訴因であり，贓物運搬は予備的訴因であるとされることになる．主位的訴因を無罪とするには，その理由が示されるべきことになる．

⑤ **数事件数判決の原則**

a 併合罪の関係に立つ数個の訴因（同一の運転機会における酒気帯運転と業務上過失致死）は，③・④の場合と異なり，数個の公訴事実となる．

b **数個の公訴事実**については，**数個の判決**が必要になる．それゆえ，③・④の場合と異なり，一部有罪・一部無罪の場合にも，いずれもが主文に示される必要がある（ただし，各公訴事実が有罪となるときは，その刑は併合罪として統一される）．

c 数個の公訴事実を起訴する方法には，「**併合起訴**」と「**追起訴**」とがある．後者の方法は，訴因が追加される点では訴因変更（312条）に似るので，「追起訴」であることが明示される必要があり，手続的には公判裁判所ではなく国法上の裁判所に，追起訴状が提出される．

d 訴因変更（追加）の手続がとられた場合でも，**罪数判断の差異**により，裁判所が追起訴であると判断する場合（暴行後の窃盗と強盗，窃盗後の暴行と事後強盗）もあり，その逆の場合もある．このような場合には，検察官に対する求釈明により，手続の補正がなされる．

第12講　公　訴 (4)

4　訴因（審判対象）の明示と特定（256条3項）
① 「罪となるべき事実」の欠損
　a　起訴状の「公訴事実」欄に，構成要件該当性を欠く事実ないし不可罰的な事実が記載されている例としては，姦通の事実ないし行為前に大赦のなされた事実等が記載されている場合である。
　b　起訴状に「罪となるべき事実」がおよそ包含されていないときは，実体審理を開始すべき公訴事実（審判対象）を欠くので，裁判所は，「公訴棄却の決定」をすべきである（339条1項2号，最判昭37・6・14刑集16巻7号1245頁）。
　c　312条1項により変更される「訴因」について，訴訟条件を欠く事態が生じた場合にも，「公訴棄却」とすべきか。それとも，裁判所は，訴因変更を許さず，原訴因について「無罪判決」をすべきか。これは，「訴訟条件を欠く訴因への変更の可否」の問題であり，「一事不再理効の発生」の有無にも関わる。
② 「罪となるべき事実」の明示・特定
　a　特定の歴史的かつ具体的な事実（存在）の主張としての訴因——「日時・場所・方法」の明示による「罪となるべき事実」の特定を欠く訴因は，「審判対象の特定」を欠き，「被告人の防御対象の告知」も欠くので，「訴訟条件」を欠くものとして公訴提起の手続が無効になり，裁判所は「公訴棄却の判決」すべきである（338条4号）。
　b　再訴による被告人の負担および訴訟経済上の負担の回避——これに資するときは，裁判所は検察官の釈明を求めたうえ，明示・特定を欠く訴因の補正を認めるべきである（最判昭33・1・23刑集12巻1号34頁）。
　c　「できる限り」の明示——(ｱ)「罪となるべき事実」の具体性は際限なく，その完全な表示は，本来不可能であり訴訟経済とも適合せず，余りにも具体的な表示は関係者のプライバシーを害しかつ予断をもたらしかねないので，公平かつ迅速な裁判の実現を害することにもなる。(ｲ)そこで，法は，「訴因の特定」が害されないときは，日時等の記載については「できる限り」の「明示」を要請するにすぎない。(ｳ)しかし，それは訴因の「特定」を欠いても良いとする趣旨ではない。
③ 訴因の「明示」と「特定」との区別
　a　訴因の明示——(ｱ)「明示」とは，審判対象の「告知機能」を意味し，特に「被告人の具体的防御の機会」を確保すべき役割をいう（すなわち，「訴因の特定」審判対象の画定が被告人の「抽象的防御の対象」を告知するのに対して，「訴因の明示」は「具体的防御の対象」を告知する）。(ｲ)この点からすると，具体的な事実記載が要請されるとはいえ，それが細部にわたると無用な争点を生み，迅速な裁判の要請に反することにもなる。(ｳ)そこで，審判対象の「特定」に不

可欠ではない細部は，証拠調の進行に応じて，検察官の冒頭陳述・立証趣旨の釈明・証人尋問等に応じて具体化・明確化するので，「被告人の具体的防御」については，検察官の釈明・訴因の変更等の別途の方策を講じれば足りる（松尾・上110頁，240頁，最判昭58・12・13刑集37巻10号1518頁参照）．──それによって具体的防御の機会が保障されず，不意打になるときは，(i) 裁判所の**求釈明義務違反**，または，(ii)「訴因の明示」と異なる事実を裁判所を認定したものとして，**相対的破棄事由**（379条）になる．

  b **訴因の特定**──(ア)「特定」とは，審判対象の「画定機能」を意味し，審判対象を特徴づける「中核的部分」の記載を要する（最決平13・4・11刑集55巻3号127頁，大澤・法教256号28頁）．その「中核的部分」とは，(イ) 他の訴因との相違を識別しうる事実であって，かつ(ウ)「一罪となるべき事実」を限定可能なものであることを要する（その「特定」を欠くときは256条3項に違反して338条4号の公訴棄却事由となり，その手続違反は378条1号の絶対的破棄事由となる）．(エ) 特に(ウ)の点は，公訴事実の「同一性」（312条1項）を判断する際の基準となる．──その違反は**絶対的破棄事由**（378条3号）になる．

  c **緩やかな訴因の明示と一事不再理効の生じる範囲**──(ア) 審判対象の「告知機能」が緩やかなため，その事実の限界が不明なままで裁判が確定することもある．(イ) この場合には，一事不再理効の発生する範囲も「明示」されずに終るが，これを被告人の「二重危険の禁止」に不利益に取り扱うことは，許されない．(ウ) 検察官は，一事不再理効の射程外であることを明らかにしない限り，「公訴事実の同一性」を欠く「新たな公訴事実」であるとして，改めて起訴することは許されない．(エ) 訴因の明示の限界が不明なときは，疑わしきは**「被告人の二重危険の禁止」に利益**に判断されることになる（なお，(1) の④参照）．

④ **「訴因特定」の限界事例**

  a **密出国罪の訴因**（白山丸事件・最判昭37・11・28刑集16巻7号1245頁）──(ア) 6年の幅のある出国日時の記載が適法とされたが，密出国罪は即成犯であって，当時は中国への出国は極めて困難な事情があったので，特定の帰国日に対応する出国を「最低一回」と見る限り，訴因の特定が認められる（しかし，前記判決は，「犯罪の日時，場所及び方法は，…本来は，罪となるべき事実そのものではなく，ただ訴因を特定する一手段として，できる限り具体的に表示すべきことを要請されている」と判示しており，日時等の「幅のある表示」を訴因特定として許容する趣旨である．すなわち，「これを詳らかにすることができない特殊事情があるときは」とする判示部分は，「訴因の明示」に関するものであって，「訴因の特定」を緩和するための要件ではない，と解される）．(イ)「幅のある表示」でも「一罪」としての訴因である限り，「訴因の特定」が認められる．なぜならば，この間に二回の出国があった事実が

第12講　公　訴 (4)

後に判明した場合にも，上記の一回との識別が可能にならない限りは，一事不再理効により再訴が禁止されるので被告人に不利益が生じないからである．

b　**覚せい剤自己使用の訴因**（吉田町事件・最決昭56・4・25刑集35巻3号116頁）

(ア)「9月26日ころから同年10月3日までの間」，「Y町内およびその周辺において」，「自己の身体に注射または服用」という記載は，「検察官において起訴当時の証拠に基づきできる限り特定した」ので，訴因の特定に欠けない，と判示された．

(イ)　自己使用罪は，行為者が他人に知られないように行なうのが通例なので，本人の自白がない場合には，その行為の日時・場所・方法を特定することが困難である．そこで，尿の鑑定で検出した覚せい剤の体内保有の推定期間（1週間前後）を基に幅のある使用日時とその間の行動地域を使用場所として起訴状に記載する．

(ウ)　上記決定は，「検察官において起訴当時の証拠に基づいてできる限り特定した」と判示する．その趣旨は，この一回の鑑定結果に対応する少なくとも一回の使用は特定されるとして，「起訴状の記載」ではなく，「証拠」に基いて「訴因の特定」を認めるものではない．そもそも，「証拠による訴因の特定」を認めると，証拠が示す日時・場所等で，すべての訴因は特定されうることになる反面として，その証拠がなければ，訴因の特定も欠けることになってしまう．これは，背理であろう．訴因の特定は，起訴状または検察官の主張（釈明）による「審判対象」の特定でなければならず，起訴状外の事実（証拠）から直接に訴因の特定を認めることは許されず，証拠の引用も256条6項との抵触の問題を生じる．

(エ)「最低一行為説」が，理論的には妥当である（渡辺修・争点3版49）．すなわち，訴因記載の期間内に複数回の使用の疑いが残るとしても，「その記載日時間の少なくとも一回のみの特定使用」を起訴する趣旨であれば，「訴因の択一的特定」を認めて良い．被告人は，特定日時につきアリバイを封じられるが，その不利益は外見上訴因によるものであっても，実質的には証拠に由来するものでしかない．期間中の一定使用につき犯罪阻却事由等の抗弁がなされた場合には，検察官はこれが訴因の使用とは異なる日時のものであることなどを立証する必要があるから，被告人の実質的防御に支障が生じて誤判になることもない．

(オ)　本説は，幅のある期間内に成立しうるA・B・C等の各使用中の特定一個の使用（例えばB）を訴因とするものであるから，それらの「択一的事実認定」に等しい（最決平14・7・18刑集56巻6号307頁参照）．またB使用からA使用ないしC使用への訴因変更を許容するものではなく，B使用の日時をAまたはCに変更しうるにすぎない．

(カ)「最終一行為説」は，前記Ａ・Ｂ・Ｃ等の使用日時・回数が不明である以上，その最終行為も観念的であって，その前後を区別して特定しえないので，実質的には「最低一行為説」に等しい．例えば，公判廷での自白がＢ日からＣ日に変動した場合，Ｂ使用も認定しうるときは，最終のＣ使用への訴因変更は許されないので，Ｂ使用を最終使用としたうえ，日時をＢに訴因変更したうえで，Ｃ使用の追起訴が必要になる．この点では，両説に差異が生じない．なお，最低一行為であるＢ使用につき判決が確定した場合，その期間中の別罪であるＡ・Ｃ等の使用につき一事不再理効は生じない．Ｂ使用とＡ・Ｃ等の使用との区別がなしえないため，一事不再理効の及ばない使用であることの特定ができないので，別罪を新たに起訴しえないにすぎない．

　(キ)「唯一回行為説」（高田昭正・争点新版51，同旨・後藤・百選8版47）は，使用日時の重複がある場合には，訴因変更を許し，その範囲で二重起訴と再訴の禁止を認める．この見解は，複数回の使用につき「公訴事実の同一性」を認める点で，使用罪を「継続犯」ないし「包括的一罪」とするに等しく，それゆえに妥当でない．

c　過失犯の訴因（最判昭46・6・22刑集25巻4号588頁，最判昭63・10・24刑集42巻8号1097頁，最決昭63・10・24刑集42巻8号1079頁，最決平15・2・20判時1820号149頁）——過失犯の行為態様は，故意犯のそれと同じく，その実行行為（不注意で危険な行為）を特徴づけるのに必要でなければ，訴因特定に不可欠ではない．

d　共同正犯の訴因（最判昭33・5・28刑集12巻8号1718頁）——(ア) 共同正犯の「共謀・謀議」は，「罪となるべき事実」を構成し，その日時・場所・内容等の記載により，訴因が「明示」され，被告人の防御に役立つ．(イ) しかし，単に「共謀のうえ」という記載でも，特定の実行行為との関連性に依拠して，最小限の訴因「特定」を肯定しうる．共同正犯の罪責は，共謀自体ではなく，その実行行為への作用・支配により基礎づけられるからである．(ウ) この作用・支配は，厳格な証明の対象になり，立証段階で共謀の内容等を具体化して，被告人に告知し防御の機会を与える必要がある．反対説は，「訴因の特定」と「訴因の明示」（防御に必要な告知）との範囲の差異を混同している．

5　不告不理の原則の理論的根拠

① 訴因の拘束力——裁判所は，公訴事実を構成する訴因（審判対象）に記載された事実についてのみ実体審理（事実認定）・実体判決をすることが許される．
② 訴因逸脱認定の禁止——裁判所は，公訴事実を構成する訴因に包含されない事実を認定し実体判決をすることが許されない（378条3号前段）．ただし，量刑事実として訴因外の事実を訴因事実の量刑に反映させることは許される．
③ 古い公訴事実説にいう訴因の拘束力

第12講　公　訴 (4)

　　a　訴因は公訴事実(審判対象)の法的な評価・構成を明示するものでしかなく，その構成要件(罰条)または法律構成が変動するときには，訴因変更が必要になる(罰条同一説・法律構成説)．
　　b　訴因は，審判対象(公訴事実)を被告人に告知するためのものであるから，被告人の防御が具体的に害されない限り，訴因逸脱認定をしても不適法ではない(具体的防御説)．
　　c　その不適法も，訴訟手続の法令違反(相対的破棄事由・379条)でしかない．
④　古い訴因説にいう訴因の拘束力
　　a　訴因(審判対象)は，検察官の主張事実を画するものであるから，その「重要な」具体的事実が変動すれば訴因変更が必要になる(事実記載説)．
　　b　その審判対象の明示により，被告人の防御対象の範囲も示される(抽象的防御説)．
　　c　事実記載説によると，「重要な事実」の限界が不明であるため，検察官は，訴因に記載された全ての事実につき僅少な変動があっても，常に訴因変更の請求をすべきことになり，それなしに裁判所が事実認定をすると絶対的破棄事由になりかねない．
　　d　このような結論は，過度に訴因変更手続を重ねることを義務づけるものであって，手続の迅速性・効率性を害し不合理であるから，支持しえない．
⑤　新しい公訴事実説にいう訴因の拘束力
　　a　実体法令の解釈適用権は裁判所にあり，検察官の具体的主張が審判対象になるとしても，その全てを訴因に明示することを法は要請していない(256条3項・296条)．
　　b　前述4③のように，訴因における「**明示機能**」と「**特定機能**」とは，複合的に作用するものの，その拘束力には差異がある．
　　c　決定的なのは，審判対象の中核(内包)を「**特定**」する機能であって，審判対象の具体(外延)を「**明示**」して，被告人の防御を図る告知機能ではない．
　　d　この「**明示機能**」は，他の告知手段で代替しうる．それゆえ，検察官が訴因に「明示」する事実の詳細は，訴因の「特定」に必要な範囲を除くと，起訴状一本主義に反しない限りは，その裁量に委ねられている．
　　e　訴因の明示を欠き，被告人の具体的防御権を害するおそれがあるのに訴因変更その他の告知手段を欠いた場合には，**不告不理違反ではなく，相対的破棄事由**(379条)になるにすぎない．
　　f　訴因の特定に不可欠な部分について，その変更をせずに逸脱認定をしたときは，**不告不理違反になり，絶対的破棄事由**(378条)に当たる(結論同旨・松尾・上246頁，香城敏麿・判時1236号20頁)．
⑥　判例における訴因の拘束力(最大判平15・4・23刑集57巻4号467頁)

a　先行の抵当権設定行為について成立する横領罪と後行の所有権移転により成立する横領罪との**罪数評価のいかんにかかわらず**，**検察官は**，事案の軽重・立証の難易等諸般の事情を考慮し，先行の行為ではなく，後行の行為をとらえて公訴を提起することができる．
　　b　そのような公訴の提起を受けた裁判所は，所有権移転による横領罪の点だけを審判の対象とすべきであり，売却に先立って横領罪を構成する抵当権設定行為があったかどうかというような**訴因外の事情に立ち入って審判判断すべきものではない**．
　　c　このような場合に，被告人に対し，訴因外の犯罪事実を主張・立証することによって，訴因とされている事実について犯罪の成否を争うことを許容することは，訴因制度をとる訴訟手続の本旨に沿わない．

6　訴因（審判対象）**変更の要否**（訴因と認定事実との同一性，訴因の拘束力）
① **訴因変更の意義**──(ｱ) 訴因の変更（312条）は，検察官の主張する原訴因と裁判所の認定（心証）とが一致しないときに，その認定事実に一致する新訴因への変更を許して，「有罪判決を確保する制度」である．(ｲ) 当事者の訴因をめぐる攻防の結果として，証拠が有罪となりうることを示すとき，被告人を無罪とすべき理由はない．(ｳ) それゆえ，訴因変更は証拠調の最終段階でなされるのが通例である．(ｴ) この場合には，被告人に防御の機会を充分に保障すべきである．
② **原訴因の任意的変更**──検察官がみずから原訴因と異なる事実（原訴因に包摂しえない事実）を主張・立証しようとするときには，審判対象の「明示」（防御対象の告知）のために，新訴因への変更（請求による決定）が必要になる．
③ **原訴因と証拠の示す事実との同一性の欠如**
　　a　裁判所が証拠調で形成した心証となる事実（傷害致死）と原訴因の事実（殺人）とが異なるときは，訴因の変更が必要になる．
　　b　訴因変更の「必要」とは，裁判所の心証に合致する新訴因に変更しないと，(ｱ) 検察官が有罪判決を得られないか，そうでなければ，(ｲ) 裁判所が原訴因逸脱認定の違法をなすか，という結果の回避措置の必要をいう．それは「不告不理の原則」（訴因の事実認定への拘束力）からの帰結である．
　　c　裁判所の心証を不知のため原訴因の記載事実と裁判所の認定事実との不一致を当事者が認識していないときは，検察官は訴因変更の権限を，被告人は防御の権限を，それぞれ行使しえないので，裁判所は検察官の釈明を求めたり，訴因変更の勧告・命令をすべきことになる．
④ **訴因変更が必要とされた事例**
　　a　**事実の追加・拡大認定**──(ｱ) 窃盗と住居侵入（最決昭25・6・8刑集4巻6号

第12講　公　訴 (4)

972頁)，(イ) 逋脱額の増加 (最決昭40・12・24刑集19巻9号827頁)。

　　b　要件事実の変化──(ア) 強制猥褻と公然猥褻 (最判昭29・8・20刑集8巻8号1249頁)，(イ) 単純収賄と請託収賄 (最判昭30・7・5刑集9巻9号1777頁)，(ウ) 収賄と贈賄の共同正犯 (最判昭36・6・13刑集15巻6号961頁)，(エ) 供与の幇助犯と共同正犯 (最大判昭40・4・28刑集19巻3号270頁)，(オ) 業務上横領と特別背任 (最判昭41・7・26刑集20巻6号711頁)。

　　c　防御の具体的侵害──業務上過失の態様の相違 (最判昭46・6・22刑集25巻4号588頁)。

⑤　訴因変更が不要とされた事例 (防御権の侵害のないことが要件になる。)

　　a　特定に不可欠でない事実の変化または防御権侵害の欠如──(ア) 詐欺の単独犯と共同正犯 (最判昭28・11・10刑集7巻11号2089頁)，(イ) 詐欺被害者の形式的変更 (最判昭30・10・4刑集9巻11号213頁)，(ウ) 業務上過失の態様・根拠の変更 (最判昭32・3・26刑集11巻3号1108頁・最判昭63・10・24刑集42巻8号1097頁・最決平15・2・20判時1820号149頁)，(エ) 傷害の同時正犯と共同正犯 (最判昭33・7・18刑集12巻12号2656頁)，(オ) 覚せい剤の単独所持と共同所持 (最判昭34・7・24刑集13巻8号1150頁)，(カ) 特別背任の目的の変更 (最決昭35・8・12刑集14巻10号1360頁)，(キ) 共謀の態様変更 (最判昭58・9・6刑集37巻7号930頁)，(ク) 共同正犯の実行者の択一的認定 (最判平13・4・11刑集55巻3号127頁)。

　　b　事実の縮小認定──(ア) 強盗と恐喝 (最判昭26・6・15刑集5巻7号1277頁・最判昭29・10・19刑集8巻10号1600頁)，(イ) 委託物横領と占有離脱物横領 (最判昭28・5・29刑集7巻5号1158頁)，(ウ) 殺人と同意殺人 (最決昭28・9・30刑集7巻9号1868頁)，(エ) 殺人未遂と傷害 (最決昭28・11・30刑集7巻11号2275頁)，(オ) 窃盗の共同正犯と幇助犯 (最判昭29・1・21刑集8巻1号71頁)，(カ) 密輸入の共同正犯と幇助犯 (最判昭29・1・28刑集8巻1号95頁)，(キ) 強盗致死と傷害致死 (最判昭29・12・17刑集8巻13号2147頁)，(ク) 爆発物の目的所持と単純所持 (最判昭30・10・18刑集9巻11号2224頁)，(ケ) 傷害共同正犯と暴行単独正犯 (最決昭30・10・19刑集9巻11号2268頁)，(コ) 強盗殺人共同正犯と殺人幇助犯 (最判昭33・6・24刑集12巻10号2269頁)，(サ) 酒酔運転と酒気帯運転 (最決昭55・3・4刑集34巻3号89頁)。

　　　これらの事例では，法条競合として黙示的に予備的訴因または択一的訴因が主張されていたと解しうる。

　　c　同一事実についての法的評価の差異──(ア) 包括一罪と数罪 (最判昭29・3・2刑集8巻3号217頁・最判昭32・10・8刑集11巻10号2487頁)，(イ) 背任と詐欺 (最判昭28・5・8刑集7巻5号965頁)，(ウ) 供与と交付 (最決昭29・5・20刑集8巻5号711頁)，(エ) 併合罪と単純一罪 (最決昭35・11・15刑集14巻13号1677頁)，(オ) 業務上過失致死と重過失致死 (最決昭40・4・21刑集19巻3号166頁)。

⑥　過失犯 (注意義務違反) での訴因変更の要否──(ア) 注意義務違反の行為に

つき訴因と異なる事実を認定するには訴因変更が必要である．(イ) 注意義務を課する根拠・縁由となる具体的事実には訴因の拘束力がなく（前掲・最判昭63・10・24），単なる行為態様のみが異なるにすぎないときは，必ずしも訴因変更を必要としないが（前掲・最決平15・2・12），審理の具体的経過に鑑み被告人の防御権を害するときは，訴因変更（または検察官への求釈明）が必要になる（前掲・最判昭46・6・22，さらに前掲・最決平13・4・11・百選8版48参照）．(ウ) なお，前記(イ)は，「訴因の明示」に関わる問題である．

7 訴因（審判対象）変更の可否（公訴事実の同一性）

① **訴因変更の可能な限界**（312条1項）

a 「公訴事実の同一性」——(ア)「原訴因との同一性」（原訴因への認定事実の包摂性）を欠くため新訴因への変更が必要な場合（6の③）でも，検察官の請求により，(イ) 訴因の変更は「公訴事実の同一性」を害しない限度においてのみ許される．この要件は，一罪関係を欠く複数の訴因（併合罪になる場合）には「併合起訴」または「追起訴」の手続を要することを意味する．

b 審判対象の変更が許される根拠——両訴因事実が「訴因の明示範囲」において異なっていても，「刑法上一罪しか成立しえない共通の事実関係」（公訴事実の同一性）にあることが証拠に示されているため，同一訴訟での一回的審理判断（一事不再理）が被告人・検察官・裁判所にとっても適切な点にある．

c 「同一性」の必要な範囲——(ア) 変更の必要な「両訴因」のみならず，(イ) 主位的訴因と予備的訴因，択一的訴因の相互間，(ウ) 科刑上一罪・包括的一罪の関係に立つ各訴因間においても，「公訴事実の同一性」を害しないことが要件となる．

d 証拠による同一性の拘束力——(ア) 実務において，訴因変更が必要になるのは，証拠調において証拠が示す事実と原訴因の示す事実との間に同一性を欠く場合である．ここからは，証拠関係を基礎にして，「公訴事実の同一性」を判断すべきとの見解が生じる．(イ) 他方，訴因審判対象説によれば，「公訴事実の同一性」は，起訴状一本主義により裁判所に証拠の存在しない時点においても，起訴状の公訴事実として記載された「各訴因」間のみを比較して判断可能でなければならないと理解され続けてきた．これは，論理的にも矛盾した誤りである．なぜならば，(i) 訴因変更の「可否」の前提となる「要否」において，原訴因と認定事実（証拠）との不一致を判断せざるをえない．(ii) 訴因の択一的・予備的記載（256条5項）でも，証拠調で初めて現実の審理がなされ，そこで両訴因の関係が明らかにされることで足りる．(iv)「同一性」は実体的一罪になる関係（「基本的事実の同一性」・「犯罪としての非両立性」）であるから，その判断を検察官の釈明に委ねるのでは足らず，証拠に依拠し

なければ、「青い背広」の窃盗と盗品の罪との同一性は判定しえない。(v) その判定がなしえない段階での訴因変更に対しては、裁判所は変更決定を保留することができるからである。(ウ) 証拠の基礎を欠く訴因に変更したところで、その実体審理（証拠調）の結果として無罪とせざるをえないので、訴因変更を認める実益は欠ける。(エ) 無罪となる訴因への変更が許されないとすれば、その根拠は「公訴事実の同一性」を欠く点に求めるしかなく、その場合の「同一性」とは「証拠が示す事実との同一性」になる。(オ) そもそも、起訴状一本主義は公訴提起時の原理でしかなく、訴訟の発展に応じて証拠調に至るならば、「証拠による同一性の拘束力」を認めても、起訴状一本主義に反するわけではない（「同一性」の欠如が判明した時点で、裁判所は、以前に変更許可決定をした場合にはその取消決定をしたうえ、訴因変更等を不許可決定すべきことになる）。

② 「公訴事実の同一性」の意義
　a　同一性――(ア) 両訴因が別訴・別罪において両立しない関係であって、(イ) 審判対象の変更を「一罪の成立可能な範囲」に限定する要件である。
　b　狭義の同一性・単一性（学説の対立）。
　　(ア)「同一性」は訴訟を動的発展的に見た事件の前後の同一性であり、「単一性」は訴訟を静的空間的に見た事件の不可分な一個性である（小野・194頁、団藤・147頁）。
　　(イ) 科刑上一罪の訴因では動的にも「単一性」があり、予備的・択一的な訴因では静的にも「同一性」が必要になるので、(ア) 説は妥当でない。それゆえ、「単一性」は両訴因が両立しうる関係であり、「同一性」は、両訴因が両立しえない関係である（平野・135頁）。
　　(ウ) その両立の基準は不明確であるので、「単一性」を罪数に解消したうえ、「同一性」のみに焦点を置くべきである（田宮・刑訴Ⅰ600頁）。
　　(エ)「単一性」を罪数規制として「一罪一訴因の原則」に内在化したうえ、「同一性」とは別個の概念と解する（松尾・上292頁）。
　　(オ) 〈検討〉(i)「単一性」のみならず「同一性」も一罪性の認定基準であることは否定しがたい。判例にいう「基本的事実の同一性」「両訴因の両立しない関係」という基準についても、同じことが妥当する。(ii) 以下では、「単一性」と「同一性」との「区別の試み」（私見）を示すことにするが、両者の区別には特段の「実益」が乏しい。(iii) 要するに、併合罪の関係に立つ訴因間には、広義の「同一性」が欠けるのである。

③ 公訴事実の単一性（狭義）
　a　「単一性」の意義――(ア) 両訴因が、個別に見ると可罰的行為（罪となるべき事実）として両立（共に成立）するが、一体として刑法（罪数）評価をすると一

罪のみが成立する関係である．(イ) この両立関係は，各「罪となるべき事実」の大小・増減または構成要件該当性の差異にもかかわらず，行為・結果の日時・場所等が前後一連の侵害として接続・競合するために，独立には犯罪となりうる行為が，罪数上は一罪として全体評価される．(ウ) 単一性は，共罰的（事前・事後）行為などの包括的一罪・科刑上一罪の関係に立つ複数の訴因，訴因の追加・撤回の場合が対応する．

b　**単一性の肯定された事例**（構成要件の異なる事実の共罰行為・科刑上一罪等の関係，ただし，両訴因の一方の事実が認定しえないときは，「同一性」が肯定される）

　　(ア) 自転車等の窃盗と贓物運搬（最決昭27・10・30刑集6巻9号1122頁），(イ) リヤカーの窃盗と贓物寄蔵（最判昭29・9・7刑集8巻9号1447頁），(ウ) 同一金銭の詐欺と占有離脱物横領（最判昭28・5・29刑集7巻5号1158頁），(エ) 同一金銭の詐欺と業務上横領（最決昭31・11・9刑集10巻11号1531頁），(オ) 同一株の代金横領と自己取得（最判昭33・5・20刑集12巻7号1416頁），(カ) 同一被害者の馬売却代金横領と馬窃盗（最判昭34・12・11刑集13巻13号3195頁），(キ) 腕時計の窃盗と横領（最決昭37・3・15刑集16巻3号274頁），(ク) 詐欺罪と無許可寄付募集（最決昭47・7・25刑集26巻3号366頁）

c　**単一性の肯定された事例**（構成要件の同じ事実の包括的一罪・正犯と共犯の関係）

　　(ア) モルヒネ注射液の自宅所持と自宅外所持（最判昭28・5・29刑集9巻5号1158頁），(イ) 窃盗の共同正犯と幇助犯（最判昭29・1・21刑集8巻1号71頁），(ウ) 密輸入の正犯と幇助犯（最判昭29・1・28刑集8巻1号95頁）．

d　**単一性の否認された事例**（各可罰的行為として両立しうる訴因が併合罪になる関係）

　　(ア) 窃盗幇助と贓物故買（最判昭33・2・21刑集12巻2号288頁），(イ) 無謀操縦（道交法違反）と業務上過失致死（最判昭33・3・17刑集12巻4号581頁），(ウ) 賭博と賭博開帳図利幇助（最決昭45・7・10判時598号94頁）．

e　なお，b・cの事例については，同一客体ゆえに両訴因が不両立であるとして，「同一性」を認める見解が多数である．そこにいう「不両立」とは，「犯罪」としての不両立が意味されているが，そうであれば「単一性」も同じことになる．しかし，例えば，bの(キ)の事例では，腕時計を窃盗後に入質して横領になるという不可罰的事後行為は，窃盗行為と入質行為という各可罰的行為それ自体としては両立しうるが，罪数評価として両立しえず一罪になるので，「単一性」の関係に立つ．

④　**公訴事実の同一性**（狭義）

a　**「同一性」の意義**──(ア) 両訴因が，同一の行為を対象とするため，可罰的行為として両立しえず，構成要件評価として排他的に一罪とされる関係である．(イ) この非両立の関係は，「単一性」と同じく両訴因に複数の刑法的評価

第12講 公 訴 (4)

を排斥するが,「単一性」のように両行為が併存しえず,一方の可罰的行為の成立を否認・撤回する条件で他方の可罰的行為が成立しうるので,一罪性が保たれる (通常は, 訴因の択一的・予備的記載・縮小認定または交換的変更の場合である).

　b **同一性が肯定された事例** (構成要件の異なる行為の排斥)
　　(ア) 同一金銭の恐喝と収賄 (最判昭25・5・21刑集4巻9号1728頁), (イ) 同一日時場所の収賄共犯と贈賄共犯 (最決昭28・3・5刑集7巻3号457頁・最判昭36・6・13刑集15巻6号961頁), (ウ) 同一背広の窃盗と贓物牙保 (最判昭29・5・14刑集8巻5号976頁), (エ) 同一客体の失火と放火幇助 (最判昭35・7・15刑集14巻9号1152頁).

　c **「単一性」と「同一性」との流動性**――(ア) 例えば,「Xが公務員Yと共謀してZから25万円を収賄した」との訴因と「XがZと共謀してYに5万円を贈賄した」との訴因には,「同一性」が認められる (最決昭53・3・6刑集32巻2号318頁). (イ) この場合にXがY・Zと共に共謀し, かつ「媒介者XがZから収受した25万円のうち5万円をYに供与した」と認定されれば, 両訴因は行為として両立し, 共罰的行為の関係に立つから,「単一性」が認められる. (ウ) しかし,「単一性」・「同一性」の判断に際しては, 事実の認定を前提として, 訴因の記載事実を対比にすべきである. 例えば, 同一背広の窃盗と贓物牙保 (盗品処分あっせん) とは,「同一の背広」と認定されたが「窃盗」と認定しえなかった場合には, 同一性 (排他性) の関係に立つ. しかし, 同一の自転車の窃盗と贓物運搬とは, 両事実が認定されるときは, 行為として両立するので, 単一性 (併合性) の関係に立つ. (エ) なお, 同一贓物については窃盗が成立すれば盗品の罪は成立しえないので, 非両立関係になるとの判断は, 正しくない. 他人の自転車を車で運び去った場合, 個別に見れば窃盗と別に盗品運搬が成立しうるが, 両者は (共に成立が証拠から認定されたときに) 罪数評価 (共罰行為) で初めて一罪になるからである.

⑤ **訴因 (審判対象) の順次的変更と罪数の制約**
　a **罪数による制約**――(ア) 訴因の変更には, 罪数の制約がある (1の④b, 2の⑤(イ), 7の①参照). 例えば, 窃盗教唆 (幇助) と贓物故買 (盗品有償譲受) とは併合罪 (の関係に立つ訴因) のゆえに「公訴事実の同一性」を欠くとするのが判例 (③d) である. しかし, 罪数規制 (二重処罰の禁止) は「犯罪の成立」を前提とするから, 両訴因の可罰的行為の一方だけの成立を主張する「狭義の同一性」(択一的訴因) の場合には, 併合罪となる危険が元来ない. 上記判例も, 贓物故買が予備的訴因として窃盗教唆 (幇助) と「単一性」の関係で (両立しうるものとして) 主張された場合に限り妥当する.
　b **併合罪の関係に立つ訴因への順次変更** (原訴因の拘束力)――(ア) 訴因を窃盗教唆から窃盗へ, さらに窃盗から贓物故買へと変更することが許されるか.

(イ) この場合に，窃盗への訴因変更を介在させなければ，元来「公訴事実の同一性」を害するはずである．このような訴因の順次的変更は，本来許されない訴因変更の脱法行為ではないか．(ウ) 当初の訴因に拘束力を認めて，これと併合罪の関係に立つ訴因への変更を許さない見解も主張されている．(エ) この見解は，「古い公訴事実説」（2③b・④参照）と同根の主張である．なぜならば，「窃盗教唆」および「贓物故買」が実体的に共に成立しているとの前提に立たない限り，「贓物故買」とは併合罪になりえない．(オ) 他方，「窃盗教唆」が成立しているとの前提に立っても，「窃盗」（共同正犯）の成立を排斥しえないのであるから，後者への訴因変更を許さざるを得ないとすれば，もはや「贓物故買」への訴因変更を拒否する理由も失われる．(カ) しかも，変更された窃盗の訴因の有罪確定力は贓物故買に及ぶとの見解（光藤・上288頁．その結論は疑問である）によるとしても，ここに一事不再理効・二重起訴禁止を認めない限り，右判決確定前に別訴で贓物故買が有罪になることを排斥しえない．(キ) それゆえ，窃盗教唆から窃盗への変更を許した時点で既に（実体判決の確定を経ることを条件として）必然的に贓物故買への一事不再理効が生じるのであれば，贓物故買への訴因変更を許さない理由は失われるであろう（結論同旨・田宮・I 597頁，香城・判時1236号13頁）．(ク) なお，「証拠が示す事実」への拘束力を認める見解によれば，既に窃盗教唆のみが成立し，窃盗（共同正犯）の不成立が明らかである時点では，贓物故買への「訴因変更」は許されないが，「追起訴」としてであれば許される．

8 訴因・公訴事実の個数と罪数の変更──「一罪一訴因の原則」と罪数の特定

a 公訴事実における罪数の特定──(ア) 公訴事実は，「一罪となるべき事実」ごとに訴因を特定して明示しなければならない（256条3項）．(イ) この特定は，公訴時効の起算・二重起訴の防止等の訴訟条件についての判断のみならず，罪数を弁論の対象とするためにも必要である．(ウ) この特定を欠く起訴状は無効になりうる（**併合罪としての起訴**であれば，数個の訴因は「**数個の公訴事実**」に書き別ける必要がある．**一罪としての起訴**であれば，数個の訴因は「**一個の公訴事実**」の記載覧に併記すべきことになる）．検察官が数個の公訴事実に補正・変更しないと，裁判所は数罪と認定しえないのが原則である（378条3号）．(エ) ただし，一罪ごとの訴因の明示がなくとも，訴因の特定があり，しかも数個の訴因であると解しうる場合には，補正・変更の不要な場合がある．

b 訴因の個数に関する判例

(ア) 1月から6月までに積み出した京花紙に対する物品税を逋脱したとの訴因（積出の日時・数量の別表つき）を各月ごとに1罪で計6罪が成立すると認

定しても違法ではない（最判昭29・3・2刑集8巻3号217頁）．

(イ) AがB・C・Dと共謀して落綿11俵を窃取したとの訴因について，AがB・Cと共謀して落綿6俵を，Dと共謀して落綿5俵を各窃取した，として二罪（併合罪）を認定した判決には，各訴因事実と各認定事実とに公訴事実の同一性があるので訴因変更を要しない（最判昭31・10・8刑集11巻10号2487頁）．

　c　判例の検討——(ア) 前記(ア)の事例では，罪数のみでなく事実の変更を伴うので，公訴事実の同一性を害しないことは「訴因変更の不要」な理由とはなりえない．前記(ア)の事例でも，罪数変化（一罪か数罪か）につき被告人の防御権行使が妨げられていれば，「訴因の明示」を欠く点に補正・変更をしなかったことが訴訟手続の法令違反（379条）になりうる．(イ) この場合，訴因の「補正」と「変更」のいずれが必要かにつき見解の対立がある（鈴木茂嗣・団藤古稀4巻233頁，光藤・上299頁参照）．(ウ) 思うに，特定の罪数論を前提にして訴因記載を違法として補正を必要とする見解は，方法論として失当である．訴因は主張であるから，従来の罪数論の是正を意図して判例に反する訴因・罰条を記載しても，それゆえに手続違法として補正されるべき理由はない．
　(エ) ただし，法令適用は裁判所の専権に属するので，その判断に従わないと検察官は不利な判断を受ける．この段階では，裁判所の判断によれば訴因の補正が必要になるが，訴因の変更には無効の補正を包摂すると考えても不都合はないであろう．

　d　**数罪の訴因の一罪認定**（東京高判昭29・11・4刑裁特1巻9号423頁，なお東京高判昭26・4・25刑判特21号83頁参照）．——(ア) ここでも補正を含む訴因変更が必要になる．(イ) 甲訴因に乙訴因の追起訴がなされたが，裁判所が両訴因を一罪の関係にあると判断したときは，**罪数判断に差異**が生じただけであるから，追起訴を二重起訴として公訴棄却の判決（338条3項）をする必要はない．乙訴因が検察官の主張する審判対象である点に誤りはないから，この場合の訴因変更命令には罰条変更命令と同様の形成力を認めて良いであろう．

9　訴因変更の命令と許否

① **変更請求権**——これは，裁判所ではなく，公訴権を有する検察官にある．
② **訴因変更命令**
　a　裁判所の命令は，**義務**ではなく裁量であるにすぎず（312条2項），「**訴因変更の形成力**」を有しない（最大判昭40・4・28刑集19巻3号270頁）．
　b　しかし，検察官が訴因変更権限を適切に行使するには，訴因に対する裁判所の心証を知ることが前提となる．この点について検察官の誤解が推認されるときは，裁判所は自己の心証を示唆することが必要になる．
　c　新訴因に変更すれば有罪となりうる場合には，裁判所は検察官に求釈明な

いし勧告の義務がある．
- d 特に，殺人の訴因を重過失致死に縮小認定することもできないような重大犯罪の場合には，裁判所は訴因変更を命ずべき義務がある（最決昭43・11・26刑集22巻12号1352頁）．その義務違反は，訴訟手続の法令違反になる．控訴審でも破棄自判に備えて訴因変更が許される範囲内において，訴因変更の機会を保障して第一審の審理を尽くさせることは，被告人の利益にもなる．
- e ただし，検察官の原訴因を維持する意思が明白な場合には，このような義務は生じない（最大判昭58・9・6刑集37巻7号930頁）．

③ 訴因変更の許否
- a 原訴因で有罪判決が得られる場合でも，検察官から訴因変更請求があれば，裁判所は公訴事実の同一性を害しない限り，その許可決定をする必要があるという判例（最判昭42・8・31刑集21巻7号879頁）がある．
- b これに対して，証拠調が相当進んだ段階において，裁判所の心証が原訴因と合致している場合には，新訴因が無罪となるかより軽い罪である限り，訴因変更を相当ではないとして許さないことができると解すべきである（なお，原訴因に起訴猶予事由が事後的に発生した場合には，257条で公訴を取消しうる）．そうでないと，訴因変更命令を認める法の趣旨にそぐわないとする見解（佐藤文哉・争点3版48）がある．
- c この場合には，裁判所が勧告すると検察官は訴因変更請求の撤回（取消）をすることになろう．それでもなお，検察官が変更請求を維持することは，通常考えられないが，原訴因につき有罪判決が得られる以上，検察官は自ら行使した公訴（訴追裁量）の目的を達成している限り，新訴因への変更請求は無効となるものと解される．

④ 訴因変更請求による公判手続の停止（312条4項）
- a 実体審理を尽くした結審前後の訴因変更の許否――(ｱ) この問題は，「訴因変更の時機的限界」として論じられてきたが，単なる「時期」の問題ではない（最決昭47・7・25刑集26巻6号366頁，最判昭58・2・24判時1070号5頁，福岡高那覇支判昭51・4・5判タ345号321頁，横浜地小田原支判昭43・10・9下刑集10巻10号1031頁，浦和地決昭63・9・28判時983号132頁参照）．
- b 訴因変更が被告人にとって「不意打ち」になるため防御準備のために「公判手続の停止」を必要とし（312条4項），この措置で対応しうる場合は問題がない．
- c 憲法37条で保障する「迅速な裁判を受ける権利」を害する場合には，訴訟条件を欠き免訴判決をすべきことになるが（最大判昭47・12・20刑集26巻10号631頁），それは極限的に，長期の審理中断があったような場合に限られる．
- d 検察官の公訴権の濫用・消耗により訴訟条件を欠くため公訴棄却としたう

第12講　公　訴 (4)

　　え，その確定後に再訴遮断効を認めることもありうる（訴因変更の請求をなしうる機会が再三ありながらも，検察官が裁判所の求釈明にも応じることなく原訴因の主張に固執し，請求を放棄してきたにもかかわらず，結審段階で突如として変更請求をするような場合には，「**訴因変更請求権の放棄・失効**」ゆえに，控訴審での訴因変更も認められなくなる）．

e　また，裁判所が原訴因につき無罪心証に到達している場合には，訴因変更を違法としたうえ，無罪判決をすべき場合もある．

f　しかし，この場合に，**控訴がなされ，原判決破棄を見越して訴因変更請求**をすることが許されるならば，そもそも原審において訴因変更を許さないことの意義は失われることになる．

g　それゆえ，「訴因変更による有罪判決の可能性を拒否すべき事情」の存在がなければ，訴因変更を許さないとすることはできない．

第13講　公　判（第一審）

——公平な裁判所の迅速な公開裁判の実現

1. 「公平な裁判所の迅速な公開裁判を受ける権利」（憲37条1項）を保障するための法的制度には，どのようなものがあるか．
2. 「司法権の独立」と「裁判官の独立」・「裁判官の身分保障」（憲76条・78条）とは，どのような関係に立つか．
3. 「司法行政権の独立」について「裁判官会議」（裁12条・20条・29条・31条の5）は，どのような役割を果しているか．
4. 上級裁判所の破棄判決に拘束力（裁4条）が認められている理由はどうか．それは，下級裁判所裁判官の判断の独立性を害しないか．
5. 「公平な裁判所」の制度的保障として，刑訴法にいかなる手続が定められているか．
6. 「除斥」・「忌避」・「回避」の手続上の異同について，説明しなさい．
7. 「裁判公開」の原則・例外について，説明しなさい．
8. 「公判中心主義」（弁論主義・口頭主義・直接主義）の意義はどうか．
9. 訴訟遅延の構造的複合的な要因はどうか．また，「迅速な裁判」を保障する刑事手続上の制度にどのようなものがあるか．
10. 「裁判員の参加する刑事裁判に関する法律」（平成16年）の概要およびその刑事手続にもたらす作用について，説明しなさい．また，裁判員制度を違憲とする見解の論拠はどうか．
11. アメリカ型「陪審制」とドイツ型「参審制」との相違は，どの点にあるか．
12. 新設された「即決裁判手続」（330条の2〜350条の14）の概要はどうか．
13. 「公判廷」とは何か．「公判期日」に被告人を出頭させる手続はどうか．
14. 被告人の「訴訟能力」と「訴訟行為能力」とは，どのような関係に立つか．
15. 裁判所の「訴訟指揮権」および「法定警察権」について，説明しなさい．
16. 「公判準備の手続」について，説明しなさい．
17. 「証拠の開示・閲覧」は，刑事公判においていかなる意義を有するか．これに関する現行法の規定および判例について，説明しなさい．
18. 「被告人の勾留時の保釈」の意義と手続はどうか．また，保釈について「勾留の基礎となった事実」は，いかなる役割を果すか．
19. 権利保釈（必要的保釈）の除外事由としての「罪証を隠滅すると疑うに足りる相当な理由」（89条4号）について，説明しなさい．
20. 保釈許可の必要的条件・任意的条件（93条）はどうか．
21. 保釈の取消事由（96条）はどうか．
22. 「保釈に関する裁判」に対する不服申立（420条1項・2項・429条1項2号）について，説明しなさい．
23. 平成16年に導入された「争点及び証拠の整理手続」（316条の2〜316条の32）とくに「公判前整理手続」の概要と問題点について，説明しなさい．

〔13講のねらい〕　第一審の「公平な裁判所の迅速な公開裁判」（憲37条1項）を実現する①「公判手続」，②「司法権・裁判官の独立」，③「公判中心主義」，④「迅速な

第13講　公　判（第一審）

裁判と裁判員制度の導入」，⑤「公判準備」と「公判期日」の手続について，実定法の根拠および判例・学説を理解する．

1　公判手続の意義
① **第一審の公判**

　　公訴の提起により事件（起訴状記載の公訴事実となる訴因）が裁判所に係属すると，裁判所は，(ア)訴訟条件の有無を審査し，これが欠けていれば形式裁判で審理を打ち切り，(イ)訴訟条件が備わるときは，公訴事実の有無について審理を尽くし，有罪・無罪の実体判決をし，これに対する上訴（不服申立）がなければ裁判が確定する．すなわち，訴訟係属に基いて裁判所が事件の審理・裁判を行う一連の手続を「公判手続」という．

② **上訴審等の公判**

　　広義の公判手続には，(ア)第一審（271条～350条の14）のほかに，(イ)上訴審（351条～）として(i)控訴審（372条～404条），(ii)上告審（405条～418条），(iii)抗告審（419条～434条），また判決確定後の(ウ)再審とその請求審（435条～453条）・非常上告審（454条～460条），さらに略式手続（461条～470条）も含めることができる．

③ **公判手続（狭義）と公判準備手続**

　a　狭義の公判手続は，第一審の「公判廷」（282条～290条）で行われる「公判期日」（273条）の手続をいう．これは，「公判準備手続」と区別される．

　b　広義の公判手続には，起訴後の「公判期日」の前（中間）に行われる「公判準備」（271条～281条の6，特に「争点及び証拠の整理手続」として，316条の2～316条の32）が含まれる．充実した公判期日を集中的に開廷し，「迅速な裁判」を実現するためには，「公判準備」における争点の整理・証拠の開示等が不可欠である．この点は，「裁判員制度」の新設に伴って，平成16年に大幅な法改正がなされたので，後述する（13講5参照）．

2　公判手続の基本原理
① **「公平な裁判所の迅速な公開裁判を受ける権利」の保障**（憲37条1項）

　a　公判手続は，この権利保障を実現しうるものでなければならない．

　b　その前提として，「司法権の独立」・「裁判官の独立」・「裁判官の身分保障」（憲76条・78条）が重要である．

② **「司法権の独立と裁判官の独立の保障」**

　a　司法権の独立——(ア)裁判所が司法権を独占し，その行使につき立法権・行政権の干渉を受けないという憲法的保障は，権力分立の原理からの帰結である．

　　(イ)憲法は，(i)司法権を最高裁判所および下級裁判所の専属とし，(ii)裁

判官の独立・身分を保障し（憲76条・78条〜80条），(iii) 裁判所に違憲法令審査権（憲31条）を認めて法令の適用につき司法の優位を図った．(iv) 特に裁判所の規則制定権（憲77条）は，積極的な立法が期待しえない場合に，人権保障のために判例による法創造（迅速な裁判違反につき最大判昭47・12・20刑集26巻10号631頁，証拠物の違法排除法則につき最判昭53・9・7刑集32巻6号1672頁等）を認める根拠となりうる．

　b　司法行政権の独立——裁判官の任命（憲6条2項・79条1項，なお80条1項）以外の司法行政権（裁判官その他の裁判所職員の人事，裁判所の設置，庁舎の管理，事件の配分等）は，最高裁判所を頂点とする各裁判所の「裁判官会議」の下に置かれている（裁12条・20条・29条・31条の5）．

　c　裁判官の独立——(ｱ) 司法権の行使は，司法の外部のみならず内部（司法行政）からの不当な干渉と圧力に歪められてはならない．そこで，裁判官には職権の独立と身分の保障がなされている．

　(ｲ)「すべて裁判官は，その良心に従ひ独立してその職権を行ひ，この憲法及び法律にのみ拘束される」（憲76条3項）．裁判所（裁判官）は，憲法・法令の解釈・適用に当り法令・判例を違憲・不当と考えるならば，法令・判例に違反する裁判をなしうる．しかし，その裁判の理由は，上訴審の審査に耐えうるものではなければ破棄されて，「判例の統一」が実現される．

　(ｳ) 上級裁判所の破棄判決の拘束力（裁4条）が認められているのは，下級審の裁判官の判断における独立性を害するものではなく，事件が上級審と下級審（原審）との間を際限なく往復することにより，裁判を終結・確定することが不可能になることを防止するものであって，上訴制度に内在する独立性を調整するための合理的制約である．

　(ｴ) 裁判官の独立は，裁判における不偏不党を実現するための制度的保障であって，職業裁判官の専門的知識・技能に由来するものではないとすれば，裁判員制度（参審制）の導入はこれに反するものではない．裁判官も裁判員も，「その良心に従ひ独立してその職権」を行使すべきなのである．しかし，一回限りの裁判員に「職務の独立保障」があるかは，疑問である．

③　「公平な裁判所」の制度的保障（憲37条1項）

　a　起訴状一本主義——256条6項の規定は，検察官の「嫌疑」（証拠）の裁判所に対する引継を禁止し，裁判所が「被告人の無罪の推定」を基礎として，一方的に形成された「予断」ではなく，「公判における当事者の立証をめぐる口頭弁論」に基いて形成される「公平な心証」を担保するものである．

　b　訴因（256条3項）・不告不理の原則（378条3号）——これも検察官の公訴・主張を無視して，裁判所が自ら事件を選別し実体（嫌疑）自体を審判対象として審理・判決することを禁じたものであり，その弾劾主義化は「公平な裁

判所」の保障に連なる制度である．

c　**裁判官の除斥・忌避・回避**──(ｱ) 受訴（公訴）裁判所を構成する裁判官の「除斥・忌避・回避」の制度は，「公平な裁判所の構成」を担保するものである．

(ｲ) この制度は，20条7号の事由を除いて，裁判所書記官に準用される（26条，規則15条）．しかし，現行法は，ドイツ刑訴法のように検察官に対する除斥等を認めていない．

(ｳ) この制度は，**事件につき公判外（前）の客観的事由の存在**を前提とするものであって，公判内における裁判官の審理方法や態度・姿勢を理由とするものであってはならない．裁判官の審理・判決における違法・不当は，異議・申立・上訴（不服申立）で是正すべきであり，憲法と法律に従っている裁判官の独立保障を害し，当事者が自己に有利な裁判官を選別することによって，むしろ「公平な裁判所の構成」を害する結果になるからである．

(ｴ)「**除斥**」は，当該事件について法定の類型的事由のある裁判官を，当事者の申立なしに，その裁判官所属の「**国法上の意味での裁判所**」（官庁としての裁判所）が職権で「**訴訟法上の意味での裁判所**」から除斥（事件審理の職務担当から排除）の決定をする（20条）．

(ｵ) 除斥事由のある裁判官が判決に実質的に関与すると**絶対的控訴（破棄）事由**にあたり，判決前の審理に関与すると**相対的控訴事由**にあたる（377条2号・379条）．

(ｶ)「**除斥原因**」（事由）は，裁判官が，(i) 被害者であるとか，被告人または被害者の親族・法定代理人のように，事件に密接な利害のある人的関係にある場合（20条1号〜3号），(ii) 被告人の弁護人等または検察官・司法警察員として片面的な職務を行った場合（20条4号〜6号），(iii) 事件に関する一定の裁判または「裁判の基礎となった取調」に関与した場合（20条7号）である．すなわち，①および②は，事件またはその当事者の一方に属する身分・職務にあって，証拠に触れているおそれもあり，③は，事件の証拠に接していて予断をもつため，いずれも公平性を客観的に欠く場合である．

(ｷ)「**忌避**」は，裁判官に「**除斥事由**」または「**不公平な裁判をするおそれ**」があるとき，当事者または弁護人の申立により，その裁判官を当該事件の職務担当から除外する制度である（21条）．

(ｸ)「**忌避事由**」は，非類型的な事由を含むので，その申立事由につき，その裁判官所属の裁判所が合議体の決定で判断する必要がある（23条2項，規則9条〜11条）．

(ｹ)「**忌避申立**」は，事件につき請求・陳述をした後には，原則として許されない（22条）．その理由は，「審理内」の裁判官の態度を理由として「後知

恵」による忌避申立を排斥する趣旨である．

　㈡ 訴訟を遅延させる目的のみでされたことの明らかな忌避申立または手続違反の忌避申立には，忌避された裁判官も申立を却下しうる（24条）．

　㈢「**回避**」は，裁判所が自ら忌避原因があると考えるときに所属裁判所に申し立て，その決定により職務執行から除外する制度である（規則13条・14条）．

④ **裁判公開の原則**

　a 「**裁判の対審及び判決は，公開の法定でこれを行ふ．**」（憲82条1項，37条1項）——㈠「法治国家」の裁判が社会的紛争解決の公的制度として「法の支配」を実現するには，「手続を一般に公開してその審判が公正に行われることを保障する」（最大判昭33・2・17刑集12巻2号253頁）必要がある．㈡ 特に「政治犯罪，出版に関する犯罪又はこの憲法第3章で保障する国民の権利が問題になっている事件の対審」は，常に公開する必要がある（憲82条2項）．

　b **公開原則の例外**——㈠ 対審に限っては，「裁判官の全員一致で，公の秩序又は善良の風俗を害する虞があると決した場合には」非公開にしうる（憲82条2項）．㈡ マスメディア等による「公判廷における写真の撮影，録音又は放送」は裁判所の許可が必要である（規215条・その合憲性つき前掲判例）．なお，開廷中のメモは，報道記者のみならず一般傍聴者にも許されるようになった（最大判平元・3・8民集43巻2号89頁）．

　c **訴訟記録の公開**（閲覧・53条）——なお，少年法61条は，少年を特定しうる記事の出版物掲載を禁止する．

⑤ **公判中心主義**（弁論主義・口頭主義・直接主義）

　a **捜査との分離と起訴状一本主義**——捜査機関の嫌疑に基づく捜査は，一方的な真実発見であるから，裁判所が検察官の提出した一件記録に直接依拠して形成する心証（予断）も一面的になる．そこで，審理・事実認定は，公判において当事者に意見・評価とくに被告人に防御の機会を与えた上で実施されることが望ましい．

　b **弁論主義**——当事者の弁論（主張・論争）に基いて審判を行うものであり，（i）口頭弁論による判決（43条1項），（ii）証拠調の冒頭手続における当事者の意見陳述権（293条），（iii）論告求刑・最終弁論における当事者の意見陳述権（293条）等の規定に表明されている．

　c **口頭主義**——㈠ 当事者の主張や証人の証言については，その供述の意味や供述者の心理・表情が事実認定者に分かり易いので，その点では真実発見（事実認定）に適する．㈡ これと対立するのが**書面主義**であるが，書面に記載された報告や供述を冷静に反復して検討しうる点では，真実発見に適している．㈢ 特に，公判廷では，被告人・証人も真実を供述し難いという特質があり，密室の取調であるがゆえに真実の吐露が期待しうるという面も否定

し難い．(エ) 陪審裁判の陪審員・参審裁判の素人裁判官（裁判員）は，素人であるため書面を精査・検討することが困難であり，口頭主義により事件を法廷で再現させて，反対尋問をするという審理方法が適している．それゆえ，伝聞証拠の原則的禁止の法理が発達した．

　　d　**直接主義**──裁判所（事実認定・判断を伴う主体）の面前で当事者の主張・証人の供述・証拠・書面を取り調べることで，正しい心証形成を図るものである．

⑥　**迅速な裁判と司法制度改革**（裁判員制度等の導入）

　　a　**慎重な審理と遅延した裁判**──(ア) 誤判を避けるためには慎重な審理が必要であるものの，社会から忘れられる程に事件後に長期間を経過した後の裁判の審理・宣告は，(i) 犯人の罪責を問うのにも適さず，(ii) 社会への法確証・一般予防の効果も稀薄化し，(iii) 裁判所・当事者・証人の記憶も弱まり，真実発見に適しない．(イ)「**遅れた裁判は正義の否定に等しい**」．被告人（弁護人）・検察官・裁判所の負担も重くなる．

　　b　**集中審理のための制度**（改正前）──(ア) 簡易公判手続（291条の2），(イ) 起訴状謄本の速やかな送達（271条，規176条），(ウ) 公判準備手続（規則194条〜194条の7），(エ) 当事者の訴訟準備（規178条の2〜178条の11），(オ) 継続審理（規179条の2〜179条の6），(カ) 異議申立の方式（規205条の2〜205条の6），(キ) 三者即日方式の略式命令手続などがある．

　　c　**訴訟遅延の構造的・複合的な要因**──(ア)「調書裁判の精密司法」「長時間の被疑者取調」の結果として作成された山のような「調書」が検察官から提出され，これが公判の証拠調で精査されねばならない．

　　　　(イ)「弁護士の数の不足」　一人の弁護人が多数の事件を兼任して多忙のため，公判期日を集中しえず，月に1〜2回ペースの「五月雨方式」ないし「歯科治療方式」の開廷になる傾向が見られる．

　　　　(ウ)「刑事専門弁護士の不在・小規模な法律事務所」　東京に集中する数少ない「数百人規模の渉外事件法律事務所」を除くと，大部分は数人のスタッフからなる零細な「町医者的な弁護士事務所」であるため，多分野の法律につき分業化が難しく，「やめ検」と呼ばれる元検察の弁護士でも，刑事専門では経営が困難であるため，民事中心の「何でも屋」であるとの傾向が見られる．

　　　　(エ)「高い起訴有罪率」　検察の組織的な捜査により有罪の確実な事件のみが精選して起訴されるので，弁護人の防御が効を奏することは乏しく，また，司法取引の余地もないため，刑事弁護が発達する基盤が欠けている（アメリカの陪審裁判とは事情が異なる）．

　　　　(オ)「検察官による証拠開示の消極性」　弁護人は，弁護・反証の計画を立

てられず，検察官側の立証（証人）を経てから初めて反証（反対尋問）の準備・対応をする．第一審よりも控訴審が本番となる．

(カ)「弁護人の法曹倫理の欠如」　検察官が証拠開示に消極的なのは，(i) 挙証責任を果すための証拠固めが困難であるのに対して，弁護人が立証を崩すには「合理的な疑い」を生じせしめることで足り，(ii) 真実の発見ではなく，「訴訟ゲーム」に勝つために，検察官の立証の間隙を発見して，これに合わせた「弁解の創出」を行うだけでなく，供述調書等の写しがマスメディア等に流出することもあるので，検察官は「真実義務」を欠く弁護人を信用しえないことになる．

(キ)「被告人の有罪判決の先延しへの迎合」　弁護人は，無罪判決を期待しえない大多数の事件では，意図的に，検察官請求証拠に全面不同意とし，無用な証人を多数喚問したり，不要な反対尋問を重ね，事件の核心外の瑣末な事情につき無駄な証拠調を重ねさせ，被告人への社会の怒りの稀薄・忘却をめざして，公判の長期化を図り，あわよくば執行猶予付判決を得るために情状のみの立証を重ねる傾向も見られる．

(ク)「陪審・参審制の不採用」　従来は，参審制も採用されていなかったため，裁判所も是非とも集中審理・連日開廷を実施すべき強い動機づけに欠いていた．

d　連日開廷の原則化・即決裁判手続の新設――(ア)「起訴便宜主義による公訴の抑制」　バブル崩壊までの経済成長の時代では，可能な限り起訴猶予にして社会内の雇用により再犯を防止することができた．しかし，高齢者と失業者の増大した「今日の希望なき社会」では，教育の失敗が露呈して，「安全神話」が崩壊して「**刑務所過剰拘禁の時代**」を迎え，大量の刑事事件につき「**迅速な裁判**」を実現することが緊要な刑事政策的課題となっている．

(イ)「昭和30年代の集中審理方式と刑事訴訟規則改正」「外科手術方式」による集中審理の実現をめざして，昭和36年に刑事訴訟規則が改正され，特に予断排除を図るために，裁判所書記官（ただし，書記官も除斥・回避の対象になる．）による事前準備（規178条の3・8・9）により，例えば道交法違反事件では1時間位で即日結審となっていた．(i) しかし，裁判所による公判準備は，「第1回の公判期日前は，この限りでない」（規194条1項但書）とされていたので，効果的には実施しえなかった．(ii) また，昭和40年代に頻発した学生・労働・公安事件では，集中審理方式は機能しなかったとはいえ，1990年代になると審理期間が大幅に短縮される傾向が見られ，学説の一部からは「**集中審理よりも慎重な審理**」という批判も見られた（平良木・現刑6巻12号7頁参照）．

(ウ)「**司法制度改革審議会**（2001年6月）**の提言**――刑事裁判の充実・迅速

化」(i) 第1回公判期日前からの「**裁判所による新たな準備手続**」を「**予断排除の原則**」との関係に配慮しつつ創設する．(ii) そのためには，「**証拠開示の時期・範囲**」等に関して明示して，裁判所が必要に応じて「**開示の要否について裁定**」する．(iii) 「**公判期日の連続的開廷の原則**」を明示・整備する．(iv) 「**争いのある事件と争いのない事件との区別**」に応じて，捜査・公判手続の合理化・効率化を図る．

　(エ) **裁判員制度の新設と刑事訴訟法の大改正**（平成16年）──(ウ)の提言に基いて，(i)「**連日的開廷の確保**」につき，「裁判所は，審理に2日以上を要する事件については，できる限り，連日開廷し，継続して審理を行わなければならない」(281条の6第1項，規179条の2) と定められた．(ii)「**争点及び証拠の整理手続**」(316条の2〜316条の32) が新設された．(iii)「**即決裁判手続**」(350条の2〜14) が新設された．

⑦ 「**裁判員の参加する刑事裁判に関する法律**」（平成16年5月28日成立）

　a　**本法の目的**──(ア)「この法律は，国民の中から選任された裁判員が裁判官と共に刑事訴訟手続に関与することが司法に対する国民の理解の増進とその信頼の向上に資すること」を目的とするもので，刑事公判に「裁判員」と「裁判官」とが「共同参与」する「参審制」の一種である．(イ)「国民の中から選任された裁判員」とは，衆議院議員の選挙権者の選挙名簿に登録されている者の中から「くじで選定」し (13条・21条)，欠格事由 (14条)，就職禁止事由 (15条)，辞退事由 (16条)，事件に関する不適格事由 (17条・18条，除斥・忌避事由に相応) のある者を削除して作成される「裁判員候補者名簿」に記載された候補者の名から，第1回公判期日が定まった後に「裁判員等選任手続」（裁判長，陪席裁判官，検察官，被告人又は弁護人による構成）を経て決定される (25条〜40条)．要するに，「**裁判員**」は，「**国民から選出された代表者**」ではない．それゆえ，「**裁判員制度**」は，「**民意を代表し反映する制度**」ではない．

　b　**裁判員制度の刑事手続への影響**──(ア) 公判における「**書面審理手続**」(いわゆる調書裁判) から「**口頭弁論主義**」への実質的転換，(イ) 裁判員のための「**連日開廷の実現**」の緊要化，(ウ) 捜査における「**被疑者取調の長期化の間接的抑制**」（重点的取調の実現と黙秘権保障の実質化）こそが，裁判員制度を刑事訴訟手続に導入したことの「眼目」となっている．

　c　**裁判員制度の対象事件**──(ア)「死刑又は無期の懲役若しくは禁錮に当たる罪に係る事件」(2条1項1号)，(イ)「裁判所法第36条第2項第3号に掲げる事件であって，故意の犯罪行為により被害者を死亡させた罪に係る事件」(2条1項2号)，(ウ) 対象事件からの除外決定 (3条)．(エ) 対象外の事件の弁論併合決定 (4条)．

d　地方裁判所の合議体の構成──㈦　裁判官の員数は3人，裁判員の員数は6人とし，1人の裁判官が裁判長となる．㈣　公判前整理手続において，「公訴事実について争いがない」と認められ，事件の内容等を考慮して「適当」と認められる事件では，裁判官1人および裁判員4人からなる合議体による審理・裁判を裁判所は（当事者に異議のないことを確認したうえで）決定しうる（2条1項～3項）．

e　合議体における裁判官・裁判員の権限──㈦　「全体の合議事項」として，（ⅰ）事実の認定，（ⅱ）法令の適用，（ⅲ）刑の量定（6条1項），㈣　「裁判官専属の合議事項」として，（ⅰ）法令の解釈に係る判断，（ⅱ）訴訟手続に関する判断（少年法15条の決定を除く），（ⅲ）その他裁判員の関与する判断以外の判断」（6条2項）．

f　裁判員参加裁判の手続──㈦　裁判所は，対象事件については，第1回公判期日前に，これを**公判前整理手続**に付さなければならない（49条）．

㈣　裁判官，検察官および弁護人は，裁判員の負担が過重なものとならないようにしつつ，裁判員がその職責を十分に果すことができるよう，審理を迅速で分かりやすいものとすることに努めなければならない（51条）．

㈬　評決における裁判員の関与する判断は，構成裁判官および裁判員の双方の意見を含む合議体の員数の過半数の意見による（67条1項．例えば，9人合議体の6人の裁判員が有罪，3人の裁判官が無罪の場合には，有罪の判決をなしえない．また，4人の裁判員と1人の裁判官が無罪とするとき，2名に裁判官と2名の裁判員が有罪としても，無罪の判決をすべきことになる．

㈮　刑の量定につき，裁判官および裁判員の双方の意見を含む合議体の員数の過半数の意見にならないときは，過半数の意見になるまで，被告人に最も不利な意見の数を順次利益な意見の数に加え，その中で最も利益ない件による（67条2項）．

㈯　67条の評決規定は，「刑事被告人の公平な裁判所の裁判を受ける権利」（37条・32条）との関係で，**合憲性に疑問があるとの見解**（香城・現刑6巻5号24頁）が主張されている．その理由は，（ⅰ）被告人には「裁判員参加の裁判」を選択・拒否する自由が保障されていないため，従来の地裁合議体の裁判では，少なくとも裁判官2名の有罪評決がなければ有罪判決をなしえなかったにもかかわらず，「裁判員参加の裁判」では，裁判官としては1名の有罪評決のみで有罪判決をなしうるので，被告人に不利になる．（ⅱ）最高裁判所は「裁判官で構成する」（憲79条1項）と明示しており，下級裁判所の裁判官は，裁判官から指名・任命すると定められている（80条1項）ので，下級裁判所の裁判は「裁判官の裁判」であることが憲法上予定されている．（ⅲ）そこにいう「裁判官」とは，法曹資格を有することは必要でないが，「憲法で定め

た手続」で「裁判官」に選任されることが必要であり,「裁判官の身分保障」等(憲78条, 80条1項・2項, 82条2項)があってこそ「公平な裁判」をなしうる. (ⅳ) 裁判員も事実認定の能力を有するとはいえ,事実認定と法令解釈とは,不可分な関係に立つ.

　(カ) 裁判員制度違憲説は,「裁判官」は,たとえ素人であっても良いとするが,実は,法的判断をするのに相応しい識見・能力を有する者のみが「裁判官」に選任されるのであって,それで構成される「裁判所の裁判を受ける権利」を憲法が保障しているので,この点に**被告人の選択権を認めていない**本法には,裁判官のみの裁判よりも不利になるから,違憲の疑いがあるとする. 確かに,現行法では,「最高裁判所の裁判官」は「広い識見」を要するので,法曹資格を要せず,国民審査の対象とされているが,「下級裁判所の裁判官」は法曹資格を必要とし,アメリカのように公選制も採用していない.「法の支配」を最終的に担保する「裁判官」は,法的な知識・技能を有し,事実認定の修練を受け,高い倫理性のある「適格性」を必要とすることを前提としている. かかる「法曹倫理」を前提にしてロースクール制度も創設されながら,他方では法曹資格を欠く者のみが「裁判員」になりうるとすれば,その理由は「**素人裁判員**」には,公正な裁判をする適格性があるからではなく,裁判に参加することで「司法に対する国民の理解の増進とその信頼の向上に資すること」(1条)に求めるしかない. その手段とされる「被告人の権利」はどうなるのか. これが本説の根本的な疑念なのである. しかも,本説は,上訴による救済では足らないという. しかし,上訴において「裁判官で構成される裁判所の裁判」を受けることが保障されているのであるから,違憲とまではいえないであろう.

⑧ **即決裁判手続**(350条の2~350条の14)の創設

　a　**立法の理由**——(ア)「争いのある事件とない事件とを区別し,捜査・公判手続の合理化・効率化を図ることは,公判の充実・迅速化の点で意義が認められる」(司法制度改革審議会の意見書). (イ) アメリカの「有罪答弁制度」にも着目して,現行の略式手続・簡易公判手続の見直しも視野に入れた検討が必要とされた.

　b　**簡易公判手続の運用**——(ア) 利用率の低下傾向, 法定合議事件を除く自白事件につき,地裁で5.2%, 簡裁で23.7%(平成14年). (イ) アメリカの有罪答弁制度とは異なり,事実審理を放棄するものでないので,検察官請求証拠の量は変らない. (ウ) 通常の公判手続でも,起訴事実を認めた被告人は,証拠書類の取調(証拠能力)に同意するので,取調はその要旨の告知で簡略化される. (エ) 裁判所は,簡易公判手続の採用の相当性判断を必要とする(それゆえ,余計な手間がかかる).

c　**即決裁判手続の概要**——㋐ 公訴提起時の検察官による即決裁判手続の申立（死刑または無期もしくは短期1年以上の懲役・禁錮に当たる事件を除く．350条の2第1項），㋑ 被疑者の事前同意および弁護人の同意・留保の要件（350条の2第2項・4項），㋒ 裁判所の即決裁判手続審理の採否のための公判期日における決定（350条の7・8），弁護人（国選弁護および必要的弁護）の同意（350条の8・11・350条の3・350条の9），㋓ 公判審理での即日裁判の原則，適当な方法での証拠調（350条の10・12・13），㋔ 被告人の同意・有罪陳述の撤回等による即決裁判審理決定の取消・公判手続の更新（350条の11）．

　　d　**即決裁判手続の特色**——㋐ 科刑制限（懲役・禁錮の言渡しには，刑の執行猶予の必要・350条の14）により，被告人は本手続に同意する利益を有する．㋑ 上訴制限（事実誤認を理由とする控訴申立の禁止，403条の2・413条の2）により，検察官には控訴に備えた証拠収集・立証が不要になる．

3　公判廷の意義と構成

① **公判廷の意義**——公判廷とは，公判期日の「取調」（審理手続）が行われる（公開の）法廷をいう（282条1項）．

② **公判廷の構成**

　　a　「公判廷は，裁判官及び裁判所書記が列席し，且つ検察官が出席してこれを開く」（282条2項，検察官不出席の公判期日における判決宣告を違法としたものとして，最決平19・6・19刑集61巻4号369頁がある．342条参照）

　　b　**公判手続の更新**——裁判官は公判手続を通じて同一であることを要するので，途中で交替するときは，判決宣告の場合を除き，公判手続の更新手続が必要になる（315条．なお，更新前の公判期日における証人尋問の公判調書の伝聞例外につき，321条2項参照）．

③ **被告人の出頭**

　　a　**出頭の権利・義務**——㋐ 被告人は，出頭の権利と義務を有する．㋑ 公判期日に被告人が出頭しないときは，裁判所は原則として開廷をすることができない（286条）．

　　b　**出頭義務の例外**（免除）——㋐ 死刑・3年を超える懲役・禁錮に当たる事件では，被告人の出頭が必要である（286条）．㋑ 3年以下の懲役・禁錮または50万円を超える罰金に当たる事件では，冒頭手続および判決宣告以外の手続について，裁判所の許可があれば，出頭が不要である（285条2項）．㋒ 拘留に当たる事件では，判決宣告以外の手続きについて，裁判所の許可があれば，出頭が不要である（285条1項）．㋓ 50万円以下の罰金・科料に当たる事件では，本人の出頭は不要である（代理人の出頭可）．

　　c　**出頭の権利放棄**——㋐ 勾留されている被告人が，公判期日に召喚を受け，

第13講　公　判（第一審）

正当な理由がなく出頭を拒否等したときは，公判手続を行いうる（286条の2）．
　(イ) 被告人が陳述をせず，許可を受けないで退廷し，または秩序維持のための退廷命令を受けたときは，その陳述を聞かないで判決をなしうる（341条）．
　d　**法人たる被告人**——代理人を出頭させることができる（284条）．
　e　**被告人の訴訟能力**（訴訟手続続行能力）**と訴訟行為能力**
　　(ア)「**訴訟能力**」とは，手続一般に必要な能力であり，意思能力または意思疎通能力を全ゆる手続との関係で欠く場合には，無能力である．これと犯罪行為についての「刑事責任能力」とは異なる．
　　(イ)「**訴訟行為能力**」とは，個別の訴訟行為に応じて必要となる理解・判断力である．すなわち，(ア)の備わる場合にのみ，(イ)の存否が問われる．例えば，「一定の訴訟行為をなすに当り，その行為の意義を理解し，自己の権利を守る能力」（最決昭29・7・30刑集8巻7号1231頁），「（死刑判決における）上訴の取下げの意義を理解し，自己の権利を守る能力」（最決平7・6・28刑集49巻6号785頁）である．
　　(ウ) 訴訟行為につき，弁護人の代理ないし無効が問題になる．
　　(エ) **訴訟能力の判断基準**——(i) 弁護人の助力・裁判所の後見が存在することを前提として，(ii) 法廷で行われている各訴訟行為の内容を当人に正確に伝達することも困難であり，当人が現在置かれている立場も理解しえない場合（最決平7・2・28刑集49巻2号481頁），(iii) 必ずしも一般的・抽象的・言語的なレベルでの理解力ないし意思疎通能力までは必要とせず，日常生活が送れる程度の具体的・実質的な能力で足りる（最決平10・3・12刑集52巻2号17頁）．
　　(オ) **訴訟能力を欠く場合の手続**（措置）——(i)「**公判手続の停止**」「被告人が心神喪失の状態に在るときは，検察官及び弁護人の意思を聴き，決定で，その状態の続いている間公判手続を停止しなければならない」（314条1項本文）．(ii)「**訴訟能力の回復の見込みがない場合**」検察官の公訴取消による公訴棄却決定（257条，339条1項3号），公訴棄却判決（338条4号），免訴判決（憲37条1項）などがありうる．
　f　**公判廷における被告人の身体の自由**（287条）**と在廷義務**（288条）——(ア) 公判廷では，被告人の身体を拘束してはならない（被告人の防御活動の保障，黙秘権の間接的保障）．(イ) ただし，被告人が暴力を振いまたは逃亡を企てた場合は，この限りでない．(ウ) 被告人の身体を拘束しない場合にも，これに看取者を附すことができる．(エ) 被告人は，裁判長の許可がなければ，退廷することができない．(オ) 裁判長は，被告人を在廷させるため，又は法廷の秩序を維持するため相当な処分をすることができる．
　g　**弁護人の出頭の権利と必要的弁護事件**——(ア) 弁護人は，公判期日に出頭する権利を有し，公判期日は弁護人に通知しなければならない（273条2項）．

(ｲ) 必要的弁護事件では，弁護人がないときは，開廷しえないので，裁判長は職権で弁護人を付さねばならない (289条, 350条の9)。(ｳ) 弁護人が正当理由なく出頭せず，在廷命令に反して退廷したり，法廷秩序のための退廷命令を受けることがある (288条2項, 裁71条)。(ｴ) 被告人が弁護人の出頭を妨げるなどして訴訟の引延をはかり，実効ある弁護活動も期待しえない場合には，「当該公判期日については，刑訴法289条1項の適用がない」(最決平7・3・27刑集49巻3号525頁・百選58)。

④ 裁判所の訴訟指揮権
　a　固有の指揮権——裁判所は，(ｱ) 公判手続の規定に従って適正に審理・判決すべき手続的義務があり，(ｲ) 事実につき適正な心証を形成して実体的真実を発見すべき義務があり，(ｳ) 手続法・実体法の法令解釈につき当事者に争いのある場合にも，これを最終的に決する権限がある。
　b　当事者主義を補充・後見する指揮権——(ｱ) 当事者主義の下での職権行使は，二次的・補完的となるが，(ｲ) 当事者の攻防が適正に行われ，争点につき審理を尽くさせる必要があり，(ｳ) 特に被告人に不利益が生じないよう，適切な釈明権の行使 (規則208条1項) や職権による証拠調 (298条2項) が必要になることもあり，(ｴ) 充分かつ迅速な審理となるよう訴訟指揮をすべきである。
　c　訴訟指揮権の行使 (裁判長)——(ｱ) 原則として，公判期日における訴訟指揮権の行使は，迅速な対応の必要から，裁判長に委ねられる (294条)。
　　(ｲ) 裁判長は，訴訟関係人のする尋問・陳述が重複するとき，または事件に関係ない事項にわたるとき，その他相当でないときは，その本質的な権利 (例えば，証人尋問権) を害しない限り，これを制限することができる (295条1項)。
　d　訴訟指揮権の行使 (裁判所)——(ｱ) 裁判長の証拠調またはその他の違法な処分に対して，異議申立のあるときは，裁判所は決定をしなければならない (309条, 規205条・205条の2)。
　　(ｲ) 裁判長は，検察官および被告人・弁護人の意見を聞き，証拠調の範囲・順序・方法を定め，または受命裁判官に定めさせることができる (297条)。
　　(ｳ) 裁判所は，訴因・罰条の変更等の許可・命令 (312条)，公判手続の停止 (312条4項・314条)，弁論の併合・分離，終結した弁論の再開 (313条) を行う。
　　(ｴ) 裁判所の訴訟指揮権の決定に対しては，証拠調に関するものを除き，異議申立をなしえない (309条1項)。

⑤ 裁判所の法廷警察権——(ｱ) 公判手続に対する内外の妨害・干渉を排除して，法廷の秩序を維持する裁判所の作用・権限を法廷警察権という。(ｲ) 法廷における秩序維持は，裁判長または開廷した1人の裁判官が行い (裁71条1項), 裁

判所の職務執行を妨げ不当な行状をする者には，退廷その他の必要な事項を命じ，または措置をとりうる（裁71条2項）．(ウ) 公判廷における写真撮影の許否（規則215条），傍聴人のメモ採取の許否（最大判平元・3・8民集43巻2号8頁）も，法廷警察権の対象になる．(エ) 法廷警察権の対象は，「法廷の内外を問わず裁判官が妨害者を直接目撃または関知しうる場所」・「法廷の開廷中及びこれに接着する前後の時間に及ぶ」（最判昭31・7・17刑集10巻7号1127頁）．(オ) 裁判所の庁舎内外の一般的秩序維持は，裁判所長の管轄権の対象となる．(カ) 法廷警察権による命令・処置に違反する行為または暴言・暴行等で裁判所の職務執行を妨害し，裁判所の威信を著しく害する行為には，20日以下の監置または（および）3万円以下の過料が科せられる（法廷等の秩序維持に関する法律2条1項・3条1項）．(キ) 法廷警察権に基づく命令に違反して裁判所または裁判官の職務の執行を妨げる行為には，1年以下の懲役・禁錮もしくは2万円以下の罰金が処せられる（裁73条）．

4 公判準備の手続

① **公判の準備**──(ア) 広義では，公判期日のための裁判所による被告人の出頭の確保および証拠の収集保全を含む．(イ) 狭義では，公判期日のための裁判所または当事者の準備手続をいう．

② **起訴状の受理**──(ア) 国法上の意味の裁判所に提出された起訴状は，公訴時効との関係で，受理の年月日が受付印・受付簿に記録される．(イ) 被告人の数に応じた起訴状謄本の添付が必要である（規165条1項）．(ウ) 受理された起訴状は訴訟法上の裁判所（受訴裁判所）に配分される（事件の配点，訴訟係属）．(エ) 検察官は，起訴状の提出時に，既に受理していた弁護人選任届を裁判所に提出する（規165条1項）．(オ) 逮捕・勾留された被告人については，逮捕状・勾留状を裁判所に提出し，これらの令状は勾留裁判官に回付され，第1回公判期日後に受訴裁判所に渡される（280条1項，規167条3項）．

③ **起訴状謄本の送達**

 a 被告人への公訴提起の告知と防御の準備──(ア) 被告人は，起訴状謄本が送達されることにより，初めて検察官の公訴事実の主張内容を知って，防御の準備をなしうる．(イ) そこで，有効に起訴状を受理した裁判所は，遅滞なく起訴状の謄本を被告人に送達しなければならない（271条，規176条1項）．(ウ) その送達ができなかったときは，裁判所は，その旨を速やかに検察官に通知する（規176条2項）．(エ) 通知を受けた検察官は，送達ができるように，被告人の所在地の解明に努める．

 b 起訴状の不送達による公訴提起の無効──(ア) 公訴の提起のあった日から2箇月以内に起訴状の謄本が送達されないときは，公訴の提起は，さかの

ぼってその効力を失う（271条2項）．

(イ) この場合には，裁判所は決定で公訴を棄却する（339条1項1号）．(ウ) この期間の経過後に謄本が送達され，被告人が異議なく訴訟に応じても，その手続の無効は治癒されない（東京高判昭48・12・5刑月5巻12号1639頁）．(エ) しかし，公訴提起後2箇月以内であれば，謄本の送達のないままで開かれた第1回公判期日に出頭した被告人が異議の申立をしなければ，公訴の提起は有効である（最決昭26・4・12刑集5巻5号893頁）．

　c　外国人の被告人への起訴状の送達──(ア) 日本語を理解しない外国人の被告人に対しても，日本語で書かれた起訴状の謄本が送達される．(イ) この場合の被告人は，公訴事実を知ることが困難であるから，別途の方法で起訴状の内容を告知させる必要がある．(ウ) 公判手続全体を通じて，公訴事実の内容が告知され，防御の機会が与えられた場合には，憲法31条に反しない（東京高判平2・11・29高刑集43巻3号202頁）．

④　**弁護人の選任手続**（前出8講3(5)参照）

　a　弁護人選任権の告知──公訴提起があったときは，既に弁護人がある場合を除いて，(ア) 裁判所は，弁護人を選任しうる旨，(イ) 貧困その他の事由により弁護人を選任しえないときは国選弁護人の選任を請求しうる旨を被告人に遅滞なく通知し，また(ウ) 必要的弁護事件（289条）では弁護人なしに開廷しえない旨も告知する（規177条）．

　b　弁護人選任の照会──(ア) 被告人に弁護人がないときは，(i) 必要的弁護事件では弁護人を選任するか否か，(ii) それ以外の事件では弁護人の選任請求をするか否かについて，期間を定め回答を求めて，裁判所は遅滞なく被告人に確認する（規178条1項・2項）．(イ) 必要的弁護事件では，その期間内に回答もなく弁護人も選任されないときは，裁判長は，直ちに弁護人を選任する（規178条3項．なお，控訴審につき，最決昭33・5・9刑集12巻7号1359頁）．(ウ) これらの照会手続を懈怠しても，直ちに憲法37条3項違反になるものではない（最大判昭28・4・1刑集7巻4号713頁）．

⑤　**証拠の開示・閲覧**

　a　事件に関する証拠──(ア) 捜索差押・検証および被疑者の取調により，証拠はほぼ包括的に検察官の手元に収集・保全されているので，被告人・弁護人側が自ら収集しうる証拠は限られている．(イ) 検察官が公判提出記録として整理・分別した証拠は，通例，「起訴後」間もなく開示され，弁護人による閲覧・謄写が行われている（299条1項，規178条の6・7）．

　　(ウ) 特に，**検察官面前調書**を伝聞法則の例外として証拠としうる場合には（321条1項2号），検察官に取調請求が義務づけられ（303条），開示も行われる（主尋問終了後反対尋問前の検面調書の開示命令を違法とした判例として，最決昭44・4・

25刑集23巻4号275頁がある）．

　　b　**取調請求の予定していない証拠**——㋐ この証拠には，被告人に有利な証拠が含まれうるが，「開示義務」を定めた明文を欠く．㋑ 旧法と異なり起訴状一本主義の下では，第1回の公判期日前には，裁判所での証拠閲覧（40条）も，証拠開示の役割を果たせない．

　　c　**判例の動向**——㋐ 冒頭手続の段階での全面開示を命じた決定（大阪地決昭34・10・3判時202号22頁）について，「検察官が所持の証拠書類又は証拠物につき公判で取調を請求すると否とに拘わりなく予めこれを被告人もしくは弁護人に閲覧させるべき義務を定め，あるいは裁判所がかような証拠を弁護人に閲覧させるべきことを検察官に命令しうることを定めた法規」が存在しない，との理由で開示命令が取消された（最決昭34・12・26刑集13巻13号3372頁）．

　　㋑ 検察官が取調請求を決定していない証拠には，弁護人は閲覧請求権を有しない（最決昭35・2・9判時219号34頁）．

　　㋒ 裁判所は，(i) その訴訟上の地位にかんがみ，法規の明文ないし訴訟の基本構造に違背しない限り，適切な裁量により公正な訴訟指揮を行ない，訴訟の合目的的進行をはかるべき権限と職責を有するものであるから，(ii) 本件のように証拠調の段階に入った後，(iii) 弁護人から，具体的必要性を示して，一定の証拠を弁護人に閲覧させるよう検察官に命ぜられたい旨の申し出がなされた場合，(iv) 事案の性質，審理の状況，閲覧を求める証拠の種類および内容，閲覧の時期，程度および方法，その他諸般の事情を勘案し，(v) その閲覧が被告人の防御のため特に重要であり，かつ(vi) これにより罪証隠滅，証人威迫等の弊害を招来するおそれがなく，相当と認めるときは，(vii) **その訴訟指揮権に基づき，検察官に対し，その所持する証拠を弁護人に閲覧させるよう命ずることができる**（最決昭44・4・25刑集23巻4号248頁）．

　　㋓ ただし，弁護人は，検察官の手の内を知らない限り，「開示の具体的必要性」や「一定の証拠」を指示することが困難であるため，弁護人の開示申出の前提として，検察官に手持証拠の釈明を命じる裁判例（大阪地決昭49・11・6刑月6巻11号190頁）もある．㋔ 冒頭手続前の全面開示論は，訴訟の進行と無関係に裁判所が当事者に介入するのは妥当でなく，被告人側の証拠漁りを誘発することになり，個別の証拠につき証人威迫・罪証隠滅のおそれ，関係者のプライバシーをおよそ考慮しなくともよいとする根拠も見出し難い．

⑥　**公判期日の指定・召喚**

　　a　**公判期日の指定**——㋐ 裁判長は，公判期日を定め（273条1項），その期日に被告人を召喚する（57条・273条2項）．㋑ 裁判長は，第1回の公判期日を定めるに当たり，訴訟関係人の訴訟準備を考慮する必要がある（規178条の4）．㋒ 裁判長は，裁判所書記官に命じて，訴訟準備の進行に関して問合せ，そ

の準備を促す処置をとらせることができる（規178条の9）。(エ) 裁判所は，適当と認めるときは，第1回公判期日前に検察官および弁護人を出頭させたうえ，公判期日の指定・訴訟の進行に関する必要な事項について打ち合わせをなしうる（規178条の10）。(オ) 公判期日の指定は，検察官，弁護人および補佐人にも通知される（273条3項）。(カ) 公判期日の指定に不服がある訴訟関係人は，裁判所に異議を申し立てうる（309条2項，規205条2項）。

 b **公判期日の変更**——(ア) 公判期日は，やむをえない場合を除き，変更してはならないが（規則182条1項），訴訟関係人の請求または職権で変更しうる（276条1項）。(イ) 裁判所がその権限を濫用して公判期日を変更したときは，訴訟関係人は，最高裁判所の規則または訓令の定めにより，司法行政監督上の処置を求めうる（277条）。

 c **公判期日の召喚**——(ア) 公判期日には，被告人を召喚する（57条，273条2項）。(イ) 召喚は，召喚状を発布して行う（63条）。(ウ) 召喚状には，一定の事項を記載して，送達するのが原則である（63条・65条1項）。(エ) 召喚状の送達と公判期日との間には，少なくとも5日（簡裁では3日）の猶予期間を置くが（275条，規則179条2項），被告人に異議がなければ猶予期間を置かなくとも良い（規179条3項）。(オ) 被告人が公判期日に出頭して異議なく弁論をしたときは，猶予期間内に即日判決しても違法にならない（最決昭25・7・20刑集4巻8号1500頁）。(カ) 召喚に類する強制処分として，裁判所の「出頭命令」・「同行命令」（68条）がある。召喚とは異なり，令状を要せず，猶予期間もないが，差押・検証の立会（113条3項，142条）に用いられる。

⑦ **被告人の勾引**

 a **被告人の公判期日への出頭確保**——公判期日に召喚を受けた被告人が正当な理由がなく出頭しない場合には，「勾引」（58条）または「勾留中の保釈取消等」（96条）が行われうる（規179条の3）。

 b **被告人の召喚・勾引・勾留**——(ア) 裁判所が公判期日の公判廷における被告人の出頭を確保するための「強制処分」には，「召喚」（57条）・「勾引」（58条）・「勾留」（60条）がある。

  (イ) 被告人の召喚は，(i) 直接強制を用いず，また(ii) 証人の召喚（150条〜153条の2）とは異なり，正当な理由なき不出頭に対する過料・刑罰（罰金・拘留）の規定もないが，(iii) 召喚により出頭に応じなければ「勾引」（直接強制）が予定されている点において，間接強制を用いた強制処分である。

  (ウ) 被疑者を引致する強制処分としては「逮捕」があるが，被告人は「逮捕」の客体になりえない。これに代わる「一定場所への引致・短期拘束」のための強制処分が「勾引」である。

  (エ) 被告人が「勾留」されておらず「在宅」の場合には，「必要最小手段の

原則」からして,「召喚」が先行し,それでは出頭を確保しえないときに「勾引」がなされる。(オ)「勾引」は,「不出頭」または「そのおそれ」を要件とするが,「勾留」は,単なる不出頭のおそれを超える「逃亡」または「罪証隠滅」のおそれを要件とする。

　　c　被告人の勾引──(ア) 勾引は,被告人の公判廷への出頭確保のほか,身体検査および証人尋問のためにも行なわれる (132条・152条)。

　　　(イ)「**勾引の理由**」(i) 被告人が定まった住居を有しないとき (58条1号)。または,(ii) 被告人が,正当な理由がなく,召喚に応じないとき,または応じない虞があるとき (58条2号)。ただし,(iii) 被告人の公判期日への出頭義務が免除される場合 (284条・285条・390条・414条),(iv) 被告人が法人 (27条) または訴訟能力を欠く場合 (28条) における (被告人ではない) 法人の代表者および法定代理人,(v) 国会議員 (憲50条・国会33条〜34条の2) は,この限りでない。

　　　(ウ)「**勾引の裁判**」(i) 公判裁判所 (裁判官) は,「勾引の理由」を審査して決定 (命令) の上,「勾引状」を発付する (62条)。(ii) 公判裁判所は,被告人の現在地の地裁・家裁・簡裁の裁判官に勾引の裁判 (命令) を嘱託しうる (66条・67条)。

　　　(エ)「**勾引状の執行**」(i) 勾引状の記載要件は,引致場所を除き,勾留状に等しい (64条)。(ii) 検察官の指揮により検察事務官,司法警察職員または監獄官吏が勾引を執行するが,緊急の場合には裁判長または嘱託裁判官が直接に指揮しうる (70条)。(iii) 執行時には,勾引状を被告人に示し,直ちに指定場所に引致する (73条)。(iv) 引致された被告人には,公訴事実の要旨・弁護人選任権が告知・保障される (77条・78条)。

　　　(オ)「**勾引の効力**」(引致後の時間的制限)(i) 勾引した被告人は,裁判所に引致した時から24時間以内にこれを釈放しなければならない。(ii) ただし,その時間内に勾留状が発せられたときは,この限りでない (59条)。

　　　(カ)「**出頭命令・同行命令と勾引**」(i) 裁判所は,必要があるときは,指定の場所に被告人の出頭または同行を命ずることができる (68条1文)。(ii) 被告人が正当な理由がなくこれに応じないときは,その場所に勾引することができる (68条2文)。

⑧　被告人の勾留
　　a　**勾留の意義**──被告人の逃亡および罪証隠滅を防止するために身柄を拘束する強制処分である。
　　b　**勾留の要件**──(ア) 被告人が罪を犯したことを疑うに足りる相当な理由があり (**勾留の理由**),かつ(イ)(i) 被告人が定まった住居を有しないとき,(ii) 被告人が罪証を隠滅すると疑うに足りる相当な理由があるとき,(iii) 被告人が

逃亡し，または逃亡すると疑うに足りる相当な理由があるとき（勾留の必要・相当性）には，勾留することができる（60条1項）．

　c　勾留の手続──㈦被疑者の勾留中に公訴の提起があると，被告人の勾留に移行する．
　　㈢逮捕後・未勾留の被疑者に公訴の提起があると，受訴裁判所の裁判官以外の国法上の裁判所の裁判官が，予断排除の原則からして，第一回公判期日前は，職権で勾留命令をする（280条1項，規187条）．㈠逮捕も勾留もされていない被疑者に公訴の提起があるときは，在宅のままで公訴手続が進行することもあるが，受訴裁判所（裁判官）が職権で勾留決定をする．
　　㈣「勾留質問」裁判所（裁判官）は，勾留要件の審査に当たり，被告人が逃亡した場合を除き，被告人に対し被告事件を告げ，これに関する陳述を聴いた後でなければ，勾留の決定（命令）をなしえない（61条）．㈤第一回公判期日の冒頭手続終了後は，勾留質問をせずに勾留決定をなしうる（最決昭41・10・19刑集20巻8号864頁）．㈥判決後，上訴提起前，上訴後も起訴記録が上訴裁判所に到着前は移審しないので，原裁判所が勾留に関する決定を行なう（97条2項，規92条2項）．

　d　勾留の期間──㈦公訴の提起または勾留の開始日から2箇月である（60条2項）．㈢勾留継続の必要があるときは，その理由を付した決定により，1箇月毎に更新しうる．ただし，89条の（ⅰ）1号（一定の重罪事件），（ⅱ）3号（常習犯罪），（ⅲ）4号（罪証隠滅のおそれ），（ⅳ）6号（氏名・住居の不明）に当たる場合を除いて，更新は1回に限る．㈠禁錮以上の刑に処する判決の宣告があった後は，勾留更新の制限はなくなり，権利保釈（89条）の規定も不適用になる（334条）．

⑨　被告人の勾留時の保釈

　a　保釈の意義──保釈とは，㈦勾留状（勾留要件）の存在を前提として，裁判所または裁判官が，勾留中の被告人に対して，㈢保釈保証金を納付させ，その他の適当な条件を付し，㈠被告人に一定の取消事由が生じるときは，その保釈が取り消され，納付した保釈保証金が没取されるとの心理的圧迫を課すことによって，㈣被告人の逃亡・罪証隠滅の防止という勾留目的を達成しつつ，㈤被告人の身柄を条件つきで釈放することにより，㈥被告人の自由拘束（監禁）の弊害を最小化する制度である．

　b　保釈の請求──㈦「請求権者」勾留されている被告人またはその弁護人・法定代理人・保佐人・配偶者・直系の親族もしくは兄弟姉妹（88条1項）．弁護人からの保釈請求では，弁護人届の提出・その適式の有無につき確認することを要する（最決昭44・6・11刑集23巻7号941頁）．㈢「請求の手続」口頭でも良いと定められているが，原則として書面によることが必要である（規196条

1項).(ウ)「保釈請求の失効」 保釈，勾留の執行停止もしくは勾留取消があったとき，または勾留状の効力が消滅したときは，保釈請求の効力は失われる (88条2項・82条3項). すなわち，被告人が別の理由により釈放されるときは，保釈請求の利益が欠けるからである. (エ) 保釈請求は，これに対する裁判 (決定・命令) があるまでは，その取下 (撤回) が許される.

c 保釈許否の審査

(ア) **裁判の主体**——公判 (受訴) 裁判所の裁判官は，第一回公判期日 (冒頭手続の終了) までは，勾留 (保釈) について裁判しえないので，他の裁判官が保釈の裁判を行うのが原則である (280条1項．規187条1項．ただし規187条2項).

(イ) **検察官に対する求意見**——(i) 保釈許否の判断に当たり，検察官の意見を聴取する必要がある (92条1項). (ii) 実務では，保釈請求書および所要事項を記載した求意見書を検察官に送付し，意見記入後に回付させる．その意見は，「相当」・「不相当」・「しかるべく」・「却下されるべき」等である．(iii) 検察官の口頭による補足説明を求めることもできる．

(ウ) **保釈請求権者等との面接・聴問**——(i) 弁護人等の聴問は，法的要件ではない. (ii) 実務では，弁護人等と面接して，事情を聴取し，特に保証金額・住居制限・身柄引受人等の希望・予定を参考として，保釈の許否を判断する. (iii) この面接・聴問は，「決定・命令における事実の取調」(43条3項) にあたる. (iv) 検察官，被告人または弁護人に出頭を命じて，その陳述を聴くことができる (規則187条4項).

(エ) **保釈許否の判断資料**——(i) 疎明資料は，伝聞証拠でも良い. (ii) 冒頭手続は終了したが実質的な証拠調に至っていない段階で，公判裁判所が保釈の判断資料として捜査一件記録を取調べることは，避けるべきである．この場合には，検察官の意見 (主張) を聴取することが妥当である．

(オ) **保釈許否の裁判**——(i) 公判裁判所の決定には抗告，裁判官の命令には準抗告による不服申立が可能である. (ii) 同一の勾留事実について数個の保釈請求があるときは，その一つに対して保釈許可決定 (命令) をすれば，他の請求は失効する (88条2項・82条3項). そこで，各請求を併合した上，一個の保釈許可決定または保釈請求却下決定をするのが通例である. (iii) 同一の被告人に対して，複数の異なる勾留事実につき勾留状が各発付されているときは，各勾留事実に応じて保釈許否をすべきである (事件単位の原則). この場合，一通の裁判書で各保釈を許可するときでも，各勾留事実ごとに保釈金額は定める. (iv) 保釈の裁判では，裁判書を作成すべきことになる (規53条). (v) 保釈の裁判には，抗告・準抗告が許されるので，理由が付されねばならない (44条). 例えば保釈請求却下決定では，「刑訴法89条2号に該当し，かつ保釈は相当でない」というように簡潔になされるのが実務である. (vi) 保

釈許可決定は，保証金納付後でなければ，その執行が許されない（94条１項）．
　(カ) **勾留の基礎となった事実**（勾留原因事実・事件単位の原則）──(i) 学説・判例の多数は，保釈について，権利保釈の除外事由，保釈の取消事由等は，全て勾留原因事実を基礎として判断すべきであって，当該勾留以外の事実を考慮することは許されない，としている．なぜなら，勾留外事実を基礎として保釈請求を判断するならば，実質的には勾留要件として裁判所（裁判官）の審査を受けていない別件の罪となるべき事実（余罪）につき勾留を認めるに等しいからである．もし別件の事実について，勾留の必要があるならば，その勾留要件または保釈否認（除外）事由を審査した上，勾留状を発し，保釈請求を却下すべきであろう．(ii)「勾留の基礎となった事実」には，裁判所が勾留要件の存否につき直接に「審判対象とした事実」（訴因）か，それとも，「審判対象としなかった事実」でも「審判対象とした事実」と同一性（単一性）があれば，これを含む（公訴事実の同一性）かが問題になる．(iii) 旧法と同様な意味での「公訴事実」を「勾留の基礎となる事実」とする見解によれば，併合罪の関係に立つ一部の事実のみに審査がなされていれば，審査外の事実であっても，保釈除外事由として考慮することが許される．(iv) この見解は，起訴状で公訴事実（訴因）が設定されておらず，なお事実（罪数）関係が流動的な「被疑者の勾留」には，妥当する余地がある．公訴提起前であるから，起訴状一本主義による検察官から裁判所への心証引継の禁止も，考慮する必要がないからである．しかし，令状主義すなわち裁判官の司法審査の観点からすれば，勾留の裁判にも「審判対象論」が妥当すべきであろう．(v) 被告人の勾留については，公訴提起時の起訴状に記載された「公訴事実」（訴因）が審判対象であるから，「勾留の基礎となる事実」は「公訴された事実」と一致すべきことになる．(vi) したがって，保釈の許否に当り，起訴されていない包括一罪・科刑上一罪の部分を考慮することも，本来許されない．現に審判対象となっていない乙事実を甲事実と全く同様に考えることはできない（小田・令基下29頁）．(vii) しかし，起訴猶予ないし量刑の一資料として，前科等の別ътで「被疑者・被告人の性格・性向」を判断することは許される（最決昭44・7・14刑集23巻8号1057頁，大久保・最判解説昭44年度271頁参照）．

d　**権利保釈**（必要的保釈）──(ア)(i) 保釈の請求があったときは，89条1号〜6号に該当する場合を除いて，保釈許可の裁判がなされる（89条）．(ii) すなわち，「逃亡のおそれ」または「再犯のおそれ」が認められても，保釈を拒否しえない．前者の事情は，保釈金額の決定に際して考慮される．(iii)「再犯のおそれ」は，本条のみならず，およそ保釈否認事由になりえない．例えば，3号の「常習性」との関係でも，勾留事実は「過去の罪となるべき事実」を前提としており，「将来の犯罪予測」を基礎とするものではない．「再犯の防

止」は，刑事政策的に必要であるが，勾留理由にも保釈否認事由にもなりえない．これを保釈要件に混入することは，「非法定の予防拘禁」を承認するに等しい．しかも，保安処分は，既に犯罪（違法）が行なわれたことを前提とするが，勾留段階ではその成否も認定されていない．

　(ｲ) (i) 1号事由──「当たる罪を犯した」とは，2号に対比すれば，有罪判決前の起訴されている犯罪をいう．(ii) 2号事由──「有罪の宣告を受けた」とは，判決の確定を要しない意味である．(iii) 3号事由──「常習」とは，常習性が構成要件要素とされている場合に限らない．前科のない被告人の行為についても，例えば薬物犯罪あるいは暴力団員の粗暴犯のように常習性を認めうる．(iv) 4号事由──「罪証を隠滅すると疑うに足りる相当な理由」とは，勾留の要件としてのそれ（60条1項2号）と同じ文言ではあるが，これと同一の意義であれば必要的保釈の途は閉ざされ，本号の規定は意味を失うおそれがある．(v) しかし，勾留裁判時と保釈裁判時とは異なるので，後者の時点で「罪証の隠滅のおそれ」が解消していなければ保釈を許すべき理由を欠く．例えば証人尋問の終了により，「おそれ」が解消すれば保釈を許すのが法意であると解される（通説）．また，この間に事情の変更がなくとも，保釈保証金の納付等の条件を付加すれば「罪証隠滅のおそれ」が解消するときは，単なる勾留要件と保釈要件との差異からして，保釈許可決定がなしうる．

　e　**職権保釈（任意的保釈・裁量保釈）**──(ｱ) 裁判所は，権利保釈の除外事由がある場合でも，適当と認めるときは，職権で保釈を許すことができる（90条）．(ｲ) 実務では，保釈請求がある場合でも，90条を準用して裁量保釈の当否についても判断する（東京高判昭29・4・21高刑判特40号73頁）．この場合に，請求が却下されたときは，保釈請求権者は不服申立をなしうる（最決昭29・7・7刑集8巻7号1065頁）．(ｳ) 職権保釈の基準につき，(i) 勾留目的を達成しうるときは，最大限の保釈を許すべきとする見解，および(ii) 権利保釈の除外事由があって保釈を許すのは，被告人に有利な特段な事情がある場合に限るとする見解がある．(ｴ) この両説は，同一基準についての異なる方向からの説明でしかないともいえるが，後記および必要最小限の原則からして，(i)の方向が正当である．(ｵ) 勾留の起訴事実につき裁量保釈が適当なときは，勾留外の起訴事実の審理のために被告人の身柄拘束の継続が必要であることを理由として，保釈を拒否すべきではない（高松高判昭41・10・20下刑集8巻10号1346頁）．ただし，裁量保釈の許否につき，勾留外の起訴事実を「審査の一資料」となしうる（前掲・最決昭44・7・14）．

　f　**義務的保釈**──勾留による拘禁が不当に長くなったときは，裁判所は，請求により，または職権で，勾留を取消し，または保釈を許さなければならない（91条1項．憲38条2項・37条1項参照）．

g　保釈許可の必要的条件──㈦ 保証金額──(i) 保釈を許すときは，保証金額を定める (93条1項)．(ii) 保証金額は，犯罪の性質・情状，証拠の証明力および被告人の性格・資産を考慮して，被告人の出頭を保証するに足りる相当な金額でなければならない．(iii) より具体的には，被告人の職業・社会的地位・年齢・住居の状況・家族関係，監督者の有無および他の保釈条件との関係も考慮されうる．

㈦ 代納付──裁判所は，保釈請求者でない者に保証金納付を許すことができる (94条2項)．この納付は，勾留目的を達成しうる効果をもつ場合にのみ許される．

㈫ 有価証券・保証書の納付──(i) 裁判所は，有価証券または裁判所の適当と認める被告人以外の者の差し出した保証金納付の保証書をもって保証金に代えることを許しうる (94条3項)．(ii) 保証金納付の保証書の差出人は，通例，被告人の配偶者・親族・雇主等である．(iii) 保証書には，保証金額およびこれを何時でも納付する旨が記載される (規87条)．(iv) 保証書の差出人は，保証金の没取決定があるときは，保証金額を国庫に納付すべき義務を負う．それゆえ，差出人には，被告人の出頭確保・保釈条件の遵守への協力が期待しうる．

h　保釈許可の任意的条件──㈦ 適当と認める条件──裁判所は，保釈を許すときは，被告人の住居を制限し，その他適当と認める条件を付しうる (93条3項)．㈦ 条件の具体例──(i) 住居制限，(ii) 裁判所への出頭・書面による定期的連絡，(iii) 旅行の制限・許可制 (3日以上の旅行には許可を要することが多い．外国旅行は認めないのが通例である．)，(iv) 共犯者・事件の被害者等との接触禁止等がある．

i　保釈許否の裁判留保──㈦ 実務では，より適切な判断をなしうる時期・事情が近接するときは，裁判が留保される．㈦ 例えば，(i) 公判裁判所が適切に判断しうる第一回公判期日が迫っている場合，(ii) 保釈を許可しても，別件による逮捕・勾留が予測される場合，(iii) 公判裁判所が証拠調を待って保釈裁判をする場合，(iv) 証人尋問が終了すれば，罪証隠滅のおそれがなくなり，保釈許可をなしうる場合等である．

j　保釈の取消──㈦「意義」　保釈の取消は，保釈の条件つき釈放では勾留目的 (被告人の逃亡・罪証隠滅の防止) を達成しえない事由が生じた場合に，被告人の勾留 (監禁の執行) を回復する措置である．

㈦「取消事由」(96条1項)──(i) 法定事由が存在しなくとも，「被告人の申出による取消」を認めうるか．その申立は，**保釈保証金の還付を受ける**ことを目的とし，被害者との示談金・本人の出費の必要，余罪による逮捕・勾留のための保釈見込の欠如，余罪による刑執行等を理由とする．否定説は単

に法文の根拠を欠くことを理由とする．しかし，保釈は，保証金等を条件として「被告人の自由を」可能な限り保障するものであるから，これを国家が強制すべき正当理由はない．それゆえ，被告人が「身体の自由」よりも「財産の自由」を選択した「申立」（自己決定権）を拒否すべき理由はない（同旨，金谷・令基下62頁，安廣・捜査と人権184頁，萩原・同書363頁，鳥取米子支決平5・10・26判時1482号161頁）．(ii) 1号にいう「出頭」とは，公判廷の被告人席に就くことをいい，裁判所の構内・庁舎内・傍聴席に所在するのみでは足らない．なお，被告人が公判廷で全面的な審理許否の態度を表明したり法定の秩序違反の行為を反復・続行するような「極端な場合」に限り，「正当な理由がなく出頭しないとき」に当たるとする見解（神垣英郎・令基下65頁）もある．しかし，その解釈は，法文に反するのみならず，本来は法定秩序違反行為に対する過料・刑罰で対処すべきものを，保釈取消を制裁として代用する点でも，疑問である．(iii) 2号にいう「逃亡すると疑うに足りる相当な理由」とは，同じ理由があっても保釈が許されるのであるから，保釈保証金等の条件でも逃亡を防止しえない場合をいう．なお，保釈中の再犯発覚は，本号に該当する（通説）．この場合にも，再犯という余罪については，別に勾留すれば足り，本件の「勾留の基礎となる事実」ではない．しかし，逃亡という事態は，「行為者の属性」であるがゆえに，「勾留事実」について2号の理由が生じており，事件単位の原則に反するものではない．(iv) 3号にいう「**罪証を隠滅すると疑うに足りる相当な理由**」は，権利保釈の除外事由でもあるが，その裁判時には欠けていた「理由」が事後的に発生した場合，または，裁量保釈時には抑止可能な「理由」が事後的に強化され保釈条件では抑止不能になった場合をいう．(v) 4号にいう「害を加えようとし」は，加害着手を要するとの見解もあるが，予備等でも加害を実現しうる態度の発現で足りる．(vi) 5号にいう「条件」は，任意的な条件（96条3項）をいう．それが不当な条件ないし単なる条件違反であるときは，取消事由になりえない．

(ウ) 取消の裁判——(i) 裁判所は，取消事由に当たるときは，検察官の請求または職権により，保釈の取消をなしうる（96条1項）．(ii) 公判裁判所は，被告人の不出頭により第一回公判期日（冒頭手続）を開廷しえなかったときは（286条），なお「第一回公判期日までは勾留に関する処分は，裁判官がこれを行う」（280条1項）ことになるので，自ら被告人の不出頭を知ることができるにもかかわらず，自ら保釈取消をなしえない（新関・小林・令基下71頁）．

(エ) 保釈保証金の没取——(i) 裁判所（裁判官）は，保釈を取り消すときは，決定で保証金の全部または一部を没取することができる（96条2項）．(ii) 被告人の申出により保釈取消を決定するときは，法定の取消事由がない限り，保証金を没取すべきではなく，これを還付することになる．(iii) 保釈取消と

第13講　公　判（第一審）

保証金没取とを同時に同一の決定でする必要があるかについては，見解の対立がある．必要説は，主に文言を理由とするが，法文は「同時」であることを明示の要件とはしていない．保釈取消事由は明白であるが，保証金没取の有無・金額等を裁量すべき資料が乏しい場合には，後の時点での没取決定をするのが妥当である．(iv) 判決確定後になされる保証金の没取（96条3項）についても，収監後の没取，その管轄裁判所に関して見解の対立がある．

k　保釈裁判に対する不服申立（抗告・420条1項・2項，準抗告・429条1項2号）

(ア) 保釈保証金の納付方法の変更・住居制限の変更等についての申立
――この申立を被告人・弁護人に認める規定を欠くので，裁判所・裁判官は申立に応答すべき義務はなく，単に職権を発動して変更の裁判をするにすぎない．

(イ) 変更の決定・命令があるときは，「保釈に関する裁判」（420条2項・429条1項2号）に当たるので，これに対して検察官は抗告または準抗告をなしうる．

(ウ) 変更の決定・命令をしないときは，単なる職権不発動について不服申立の対象となる裁判を欠く（東京高判昭63・11・9東高刑時報37巻9～12号36頁，東京高判昭53・10・17東高刑時報29巻10号176頁．勾留の執行停止につき，最判昭24・2・17刑集3巻2号184頁，最決昭61・9・25裁判集243号821頁）．

(エ) 再度の保釈請求の許否――(i) 保釈に関する裁判についても，「裁判が通常の方法で不服申立ができない状態（形式的確定）になった場合，その裁判の判断内容である一定の法律関係は確定し（内容的確定），その内容的確定力により，その後においては同一事項について異なった判断内容の裁判をすることはできない」（大阪高決昭47・11・30高刑集25巻6号914頁）．(ii) それゆえ，既判力（内容的確定力）の生じた事由につき「新たな証拠」を発見した場合でも，再度の保釈請求は許されない．(iii) 裁判時から事情の変更を生じた事由については，既判力が及ばないので，新たな請求が許される．

5　争点及び証拠の整理手続

a　刑事訴訟法一部改正法（平成16・5・28法62号）――(ア) 同日に成立した「裁判員の参加する刑事裁判に関する法律」（平成16・5・28法63号）に伴い刑事訴訟法が改正され，第2編第一審の第3章公判第1節の2に「争点及び証拠の整理手続」の規定（316条の2～316条の32）が新設された．

(イ) この争点・証拠の整理手続は，裁判員の参加する地方裁判所の合議事件（前記2⑦参照）のみに適用されるのではなく，「連日開廷の原則」（281条の6）および「即決裁判手続」（350条の2～350条の14・前記2⑧参照）と共に，一般事件の「充実した迅速な公判審理」を推進するためのものである．

第13講　公　判（第一審）

　　b　「公判前整理手続」の通則 (316条の2～316条の12)──(ア) 公判前整理手続は，裁判員参加の事件の公判審理では，裁判所は「第一回の公判期日前に，これを公判前整理手続に付さなければならない」（同法49条）のに対して，それ以外の一般事件の審理では，次のように，「任意的先置」とされている．
　　(イ) 裁判所は，(i) 充実した公判の審理を継続的・計画的かつ迅速に行なうため必要があると認めるときは，(ii) 検察官および被告人または弁護人の意見を聞いて，(iii) 第一回公判期日前に，決定で，事件の争点および証拠を整理するための公判準備として，事件を公判前整理手続に付することができる（316条の2）．
　　(ウ)「公判前整理手続で行われる事項」は，(i) 訴因・罰条の明確化，(ii) 訴因・罰条の追加・撤回・変更の許可，(iii) 公判期日に予定する主張の明確化と事件の争点整理，(iv) 証拠調請求，(v) 請求証拠の立証趣旨と尋問事項の明確化，(vi) 証拠調決定または証拠調請求却下に関する意見（326条の同意の有無）の確認，(vii) 証拠調決定または証拠調請求却下決定，(viii) 証拠調決定をした証拠の取調の順序・方法，(ix) 証拠調への異議申立に対する決定，(x) 証拠開示に関する裁定，(xi) 公判期日の指定・変更，その他の公判手続の進行に必要な事項の定め，である（315条の5）．要するに，公判期日における「実質的な証拠調と弁論」を除く全手続が整理手続で既に終了することになるので，被告人に弁護人がいなければ整理手続（の期日）を行なうことができない（必要的弁護手続・316条の4・7・8）．
　　(エ) 公判前整理手続の期日
　　(i) 裁判長は，訴訟関係人を出頭させて公判前整理手続をするときは，その期日を定めて，検察官・被告人および弁護人に通知する（316条の6）．
　　(ii) 手続期日に被告人は，出頭することができるし，裁判所は被告人の出頭を求めることができ，その際には黙秘権は告知される（316条の9）．
　　(iii) 裁判所は，弁護人の陳述または提出書面について，被告人の意見を確かめる必要があると認めるときは，手続期日において被告人に質問を発し，弁護人に被告人と連署した書面の提出を求めることができる（316条の10）．
　　(iv) 手続期日には，裁判所書記官が立ち会い，整理手続調書を作成する（316条の12）．
　　c　争点および証拠の整理
　　(ア)「検察官による証明予定事実の提示」（316条の13第1項）その記載書面を裁判所に提出し，被告人または弁護人に送付する．その書面には，証拠としえず証拠調請求の意思のない資料に基いて，裁判所に予断を生じさせるおそれのある事項の記載が禁止される．
　　(イ)「証明予定事実を証明するために用いる証拠の取調請求」（316条の13第2

項・3項）これには，299条1項（証拠の事前閲覧等）の規定が適用されない．

(ウ)「**検察官請求証拠の開示**」(316条14) この証拠は，速やかに被告人または弁護人に開示しなければならない．

(エ)「**検察官請求証拠以外の証拠の開示**」(316条15) その開示の要件は，(i) 証拠物・検証調書・鑑定書・証人予定者の供述録取書など，本条1項各号掲記の類型に該当し，(ii) 特定の検察官請求証拠の証明力を判断するために重要であり，(iii) その重要性の程度その他の被告人の防御準備のために開示の必要性の程度と，その開示により生じるおそれのある弊害の内容・程度とを考慮し，開示が相当と認められ，(iv) 被告人または弁護人から，本条2項所定の開示請求があることである．その開示の時期・方法・条件について，検察官は指定しうる．

(オ)「**被告人・弁護人による検察官請求証拠に対する意見表明**」(316条の16)

検察官から316条の13第1項所定の書面交付を受け，316条の14・15第1項所定の証拠の開示を受けたときは，検察官請求証拠について326条の同意をするかなどについて意見を表明する．

(カ)「**被告人側による証明予定事実・主張の明示，証拠調請求**」(316条の17)

(キ)「**被告人側請求証拠の開示**」(316条の18)

(ク)「**検察官による被告人側請求証拠に対する意見表明**」(316条の19)

(ケ)「**検察官による争点に関連する証拠の開示**」(316条の20) 316条の17所定の被告人側主張に関連する検察官手続証拠は，開示の必要性と弊害との比較衡量により，相当と認めるときは開示する．

(コ)「**両当事者による証明事実・主張・証拠調請求の追加・変更**」(316条の21・22)

(サ)「両当事者との事件の争点・証拠の整理の結果確認」(316条の24)

d　**証拠開示に関する裁定**——(ア)「裁判所による開示方法等の決定」(316条の25) 裁判所は，証拠開示の必要性と弊害を考慮し，必要と認めるときは，各当事者の請求により，当該証拠開示の時期・方法・条件について決定する．

(イ)「裁判所による証拠開示命令」(316条の26) 裁判所は，検察官または被告人側が所定の開示すべき証拠を開示していないと認めるときは，相手方の請求により，当該証拠の開示命令を決定しなければならない．この決定には，即時抗告をなしうる．

(ウ)「裁判所による証拠・証拠標目一覧表の提示命令」(316条27) 裁判所は，証拠開示方法等の決定（316条の25）および証拠開示命令の決定（316条の26）をするには，その法定要件の審査が必要になり，そのためには当事者から証拠または証拠標目を提出させて，これを取り調べる必要が生じる．

(エ)「**証拠開示と予断排除原則との関係**」(i) 裁判所は第一回公判期日前に

実施される「公判前整理手続」において，間接的にせよ証拠関係に触れることになるので起訴状一本主義・予断排除原則に抵触しないか．(ii) この点については，「整理手続期日」には「両当事者」が在廷するので，「白紙の状態」ではなくなっても「一件記録の提出による検察官主張の一方的説得，捜査手続と公判手続の連続性を廃する」という「予断排除の核心」には反しない，とされている（酒巻・法律のひろば54巻8号34頁．川出・法学教室266号118頁，伊藤・法律のひろば57巻9号16頁）．(iii) しかし，起訴状一本主義違反ではないとしても，なお予断排除原則への抵触が問題になる．特に，前記(iii)の「証拠の提出命令」（316条の27第1項）の場合には，「何人にも，当該証拠の閲覧又は謄写をさせることができない」のであるから，裁判所のみが証拠に直接触れて一方的な心証を形成するおそれがある．(iv) この点については，裁判所は争点整理のために証拠に接しても，心証とは切り離して処理するから「予断」の問題は生じない，ともされている（大谷・刑法雑誌42巻2号171頁，同旨，川出・ジュリスト1268号74頁，大澤・刑法雑誌43巻3号434頁）．なお，裁判所は，「**証拠調の決定をするに必要があると認めるときは，訴訟関係人に証拠書類又は証拠物の提示を命じることができる．**」（規192条）．この証拠提示命令でも，裁判官は証拠に触れるが，裁判官は，これを証拠能力の有無の判断資料としてのみ用いるのであって，事実認定の証拠資料とはしないので，予断排除法則に反しない，と解されている（さらに，325条参照）．(v) なお，心証形成は，事実によるもので，本人の意思では抑制しえない心理的領域の問題である．それゆえ，むしろ，ここでは責問権の放棄が問題になる．すなわち，当事者は，裁判所に証拠開示の請求をする限りで，裁判官に一定の心証形成がなされるとしても，これに同意しているのである．(vi) なお，受訴裁判所を構成しない裁判官に証拠開示を依託させるという方法がある（なお，316条の11は，裁判所を構成する裁判官への受命でしかない）．しかし，この方法では，裁判所が後の公判期日で充分な訴訟指揮をなしうるかにつき問題が残るかも知れない．

e **期日間整理手続**（316条の28）――裁判所は，必要と認めるときは，当事者の意思を聴いて，第一回公判期日後に事件の争点および証拠を整理するための公判準備として，事件を期日間整理手続に付する決定をなしうる．この場合には，公判前整理手続の規定（316条の2第1項および316条の9第2項を除く．）が準用される．

f **公判手続の特例**（316条の29～32）――整理手続がなされた場合の公判手続における必要的弁護事件・冒頭陳述・整理結果の顕出・証拠調請求の制限について，不可欠な特例が定められている．

第14講 公 判（第一審）

——公判期日の手続

1. 「第一審の公判手続」には，①「通常の手続」と②「特別の手続」とがある．①でも，裁判員参加事件の公判手続では特に必要とされる手続があるが，それは何か．②には，二つの異なる簡易迅速化の手続が制度化されているが，それは何か，また両者の差異につき説明しなさい．さらに，③「公判手続のない審理方式」もあるが，それは何か．
2. 「第一審の公判期日の手続」について，その概要を説明しなさい．
3. 「証拠調（事実認定）の手続」の概要と「当事者主義による制約」はどうか．
4. 「検察官による冒頭陳述」は，起訴状に記載された「公訴事実」（訴因）とどのような関係に立つか．また，「立証趣旨の拘束力」と「証拠能力の制限」との関係はどうか．
5. 「裁判所の職権による証拠調」が義務となるのは，どのような場合であるか．
6. 検察官による「証拠調請求が義務づけられる」のは，どのような証拠であるか．
7. 当事者が「証拠調請求に伴う開示・閲覧を義務づけられる」のは，どのような場合か．
8. 裁判所による「証拠調の決定」では，いかなる手続で何が判断されるべきであるか．
9. 「証人についての証拠調の手続」・「証人適格・証人拒否権」の概要をはどうか．
10. 「被告人の証人適格」が否認される根拠は何か（英米法では肯定）．
11. 「共犯関係に立つ共同被告人の証人適格」で対立する利益・権利は何か．
12. 「証人の義務」および「証言拒絶権」について，説明しなさい．なお，医師（149条）が患者の治療過程で入手した患者の犯罪に関する秘密・個人情報その他の証拠について，これを捜査機関に通報・提供し，または公判で証言することは，法的に許容されるか．その医師が公務員であるときには，告発義務がある（239条2項）一方，医師には秘密漏示罪（刑134条1項）の規定が適用される．これとの関係において，収集された証拠の証拠能力はどうなるか（最決平17・7・19刑集59巻6号600頁参照）．
13. 「証人尋問の方法」について，説明しなさい．
14. 裁判所が鑑定決定により定めた鑑定人が召喚に対して出頭を拒否した場合，鑑定人を勾引することができるか（171条・152条参照）．また，既に鑑定命令により一定の証拠の鑑定を実施した鑑定人（鑑定証人）の場合には，どうか．
15. 「証拠書類」と「証拠物」とにおける証拠調の方式の差異について，説明しなさい．
16. 「公判期日外の証拠調」の概要について，説明しなさい．
17. 「証拠調に関する異議の申立」について，説明しなさい．
18. 「被害者等の意見陳述」（292条の2）について，説明しなさい．
19. 「共犯関係に立つ共同被告人における弁論の分離・併合」とくに「一時の分離」または「仮の分離」の問題点について，論じなさい．例えば，検察官が取調請求したXの供述証拠について，被告人Aは同意したが，被告人Bは不同意とした場合にはどうなるか．
20. 「公判手続の停止」および「公判手続の更新」について，説明しなさい．
21. 「裁判官・裁判員の評議・評決」・「判決書の作成」および「判決の宣告」の関係はどうか．
22. 「公判調書」には，絶対的な証拠能力が認められ，伝聞法則の適用がないとされている．その根拠と範囲（対象）について説明しなさい．

第14講　公　判（第一審）

〔14講のねらい〕　第一審の「公判手続」のうち，「狭義の公判手続」すなわち「公判期日の手続」について，実定法の根拠および判例・学説を理解する．

1　第一審の公判手続とその特例手続
① **通常の公判手続**
　a　公訴提起により「公判請求」されて開始される公判手続は，(ア)「通常の手続」と(イ)「特別の手続」とに区別される．「通常の公判手続」でも，特別な公判準備手続である「争点及び証拠の整理手続」(316条の2～32・13講5参照) に付されるときは，「公判手続の特例規定」(316条の29～32) により，「公判期日の手続」が集約化して，短期間に結審して裁判（判決）に至ることになる．それが，次の手続である．
　b　「裁判員参加事件の公判手続」――「連日的開廷の原則 (281条の6) を担保するために公判前整理手続 (316条の2～27) が「必要的先置」(裁判員参加の刑事裁判法49条) となる．
　c　「一般事件の公判手続」――連日的開廷の原則を実施するには，裁判所は公判前整理手続および期日間整理手続 (316条の28) の「任意的実施」を活用しうる．
② **特別の公判手続**
　a　「簡易公判手続」(291条の2・3, 315条の2)――被告人が冒頭手続で訴因につき有罪の陳述があった一定の事件で実施されうる．
　b　「即決裁判手続」(350条の2～14, 13講2⑧参照)――検察官が被疑者の同意を得て，公訴提起と同時に申立をして，一定の事件で実施しうる．裁判所は，できる限り即日判決をする (350条の13)．
③ **公判なき略式手続** (461条～470条)――簡易裁判所の管轄に属する一定の事件につき，検察官は，被疑者の異議がないときは，公訴提起と同時に略式命令の請求をなしうる．これは，公判前の手続であるから，略式命令を受けた者または検察官は，正式裁判の請求をすることができる (465条)．

2　第一審の公判期日の手続
　公判期日の手続――(ア) 冒頭手続, (イ) 証拠調の手続, (ウ) (最終) 弁論, (エ) 判決 (宣告) の順序で進行する．

3　冒頭手続
　a　人定質問――(ア) 第一回公判期日が開廷されると，裁判長は，被告人として出頭した者が起訴状記載の被告人であるか否かを確認するために，氏名・

年齢・職業・住居・本籍等を質問する（規196条）. (イ) その者が被告人でないと判明したときは退廷させ，改めて真正な被告人に対する召喚等の手続をとる（被告人の特定につき，前記10講6(3)参照）.

b **起訴状の朗読**──(ア) 検察官は起訴状を朗読する（291条1項）.
(イ) これは，公訴・審判対象すなわち防禦対象を告知するものであるから，起訴状の全部ではなく，公訴事実（訴因），罪名・罰条の部分を朗読すれば足りる.

(ウ) **裁判所の求釈明** (i) 公訴事実等に不明の点があるときは，裁判長または陪席裁判官は（裁判長に告げて）検察官に釈明を求めることができる（規208条1項・2項）. また，訴訟関係人は，裁判長に告げて，釈明のための発問を求めることができる. (ii) 裁判長は，「訴因の記載が明確でない場合には，検察官の釈明を求め，もしこれを明確にしないときにこそ，訴因が特定しないものとして公訴を棄却すべきものである」（最判昭33・1・23刑集12巻1号34頁）. それゆえ，「訴因の特定」に関して裁判所は求釈明の義務を負う（**義務的求釈明**・岩瀬・争点3版50）. 他方，「訴因の明示」については，証拠調（冒頭陳述）で明確化されれば足りるので，裁判所の求釈明は裁量的になる（**裁量的求釈明**）.

(エ)「**起訴状の訂正・補正**」 検察官は，その際に，起訴状の訂正・補正を行う必要が生じる. 検察官の釈明も，実質的には訂正・補正と同一の法的効力を有する.

(オ)「**訴因・罰条の追加・撤回・変更の手続**」 これは書面を差し出して行うのが原則であるが，被告人が在廷する公判廷では，口頭で行うことも許される（規209条1項〜5項）.

c **訴訟上の権利告知**──(ア) 裁判長は，被告人に対し，(i) 終始沈黙し，または個々の質問に対し陳述を阻むことができる旨，(ii) 被告人は陳述をすることもできるが，陳述は自己に不利益な証拠ともなり利益な証拠ともなることがある旨，(iii) さらに必要と認めるときは，証人喚問権等について説明する（291条2項，規則197条）.

(イ) 黙秘権保障の効果として，「黙秘」・「陳述拒否」それ自体から「有罪の心証」をとることは禁止される. しかし，被告人が「容易に反論しうる質問（犯行時にどこにいたか・犯行現場で目撃された）に対して敢えて反論・弁解・否定をしなかった」・不利な特定の質問についてのみ「陳述を中断した」・「陳述に窮した」・「その際に赤面し手足が震えていた」といった「供述態度」は，「黙秘・陳述拒否」からではない「外部化された客観的事実」であって，これから「質問対象となった事実を被告人は否認しなかった」という自由心証をとることは合理的であり，その反射的効果として，質問の前提となる「証拠」の証明力が高まることを否定しえない. また，このような証拠を「自己

矛盾の供述」の一資料となしうる（多田・板倉古稀442頁）．
 d 　罪状の認否──㋐ 被告人・弁護人に対し，被告事件（公訴事実・訴因）について陳述する機会が与えられる（291条2項）．
　㋑ これは，検察官の起訴状における公訴事実の主張に対して，被告人側に防御権行使の機会を与えて，争点を明確化して，事後の訴訟指揮行使に役立てるものである．
　㋒ 被告人は「公訴事実」を認めるか否かの答弁をする．
　㋓ 被告人側は，訴訟条件の欠損を指摘して，形式裁判を求めることができる．土地管轄については，この段階で被告人の申立がない限り，管轄違の言渡しをしえない（33条1項）．
　㋔ 被告人による「**有罪の答弁**」があるときは，裁判所は，死刑・無期もしくは短期1年以上の懲役・禁錮に当たる事件を除いて，簡易公判手続によるとする決定をなしうる（291条の2）．被告人側が刑事責任を認めるが具体的事実を争うときは，「有罪の答弁」には当たらない（東京高判昭36・8・3高刑集14巻6号387頁）．
　㋕ 被告人の公訴事実に対する認否が明らかでない場合，裁判長が被告人に供述を求めることが良いが，この証拠調前の手続段階において，被告人の前科・経歴・犯行の動機・態様等について立ち入った質問をすることは，起訴状一本主義に鑑みて，避けるべきである．

4 　証拠調の手続

① **証拠調の意義**──㋐ 冒頭手続の終了後に行われる「証拠調の手続」（292条）は，検察官の主張する「公訴事実」の存否を「証拠」に基づいて審理・認定する手続であって，公判手続の中核をなす．㋑ その事実認定手続・実体審理は，常に公判期日の公判廷で行われるとは限らず，必要に応じて公判期日外で実施されることもあるが，その結果は，調書等を通じて公判廷に顕出される必要ある．㋒ なお，「公判前整理手続」において，争点・証拠の整理のために行う手続は，本証拠調の手続の例外にあたる（292条但書）．

② **冒頭陳述**
　㋐「**検察官による冒頭陳述**」──(i) 証拠調の初めに，検察官は，証拠により証明すべき事実を明らかにしなければならない（296条本文）．(ii) 検察官が設定・提起した「公訴事実」については，その主張者である検察官が立証責任を負うべきことになる．その前提として，公訴事実に「訴因」として記載された事実は，「**訴因の特定**」に必要な最小限なもので足りるので，「**訴因の明示**」により被告人の防御に必要な「証明対象となる具体的事実」を告知し，裁判所が「心証をとるべき対象」を事前に示す必要がある．(iii) この公判期日の段階では，

証拠調に対する当事者の主張・吟味が予定されているので,「**起訴状一本主義**」の制約は解除される. そこで,検察官は,被告人の経歴・前科・前歴,犯行の動機・目的,犯行の態様,犯行後の状況等について,具体的な事実主張をすべきことになる. ただし,「誤判防止の観点」からの「予断排除の原則」は,証拠調の手続においても妥当する. それゆえ,検察官(また被告人・弁護人)には,証拠とすることができず,取調請求をする意思のない資料に基いて,裁判所に事件について「偏見または予断を生ぜしめる虞のある事項」を述べることが許されない (296条但書,規198条2項).

(イ)「**被告人側による冒頭陳述**」——(i) 裁判所は,検察官の冒頭陳述後に,被告人または弁護人にも証拠により証明すべき事実を明らかにすることを許すことができる. (ii) 被告人側には,無罪についての立証責任がなく,検察官の有罪立証に「合理的な疑いが残る」と当然に無罪になる. それゆえ,被告人側の冒頭陳述は必要的ではなく,裁判所の裁量に委ねられる. (iii) しかし,被告人側は,「合理的な疑いが残らない」ときは有罪となるので,この点につき「反証の必要」が生じる. この場合には,被告人側に冒頭陳述を認める必要があるが,その時期は検察官の立証終了後でも良い.

(ウ)「**両当事者による冒頭陳述**」 これを通じて事件(公訴事実)をめぐる争点と立証計画が明確になることは,充実した迅速な審理進行をめぐる裁判所の訴訟指揮にも役立つ.

③ 証拠調の請求
　a 「**当事者主義の証拠調**」 現行法は,当事者主義を基調とするので,証拠調は当事者の請求により行なうのが原則であり,裁判所は,必要と認めるときは,職権で証拠調をすることができる (298条1項・2項). 裁判所は,原則として,職権による証拠調の義務または検察官に立証を促す義務を欠くが,例外として,検察官が証拠調請求を怠っていることが明白なときは,検察官の釈明を求め,立証を促す義務が生じる (規208条1項参照. 最判昭33・2・13刑集12巻2号218頁).

　b 「**検察官による証拠調請求**」——(ア) 検察官は,まず,事件(公訴事実)の審判に必要と認める全証拠の取調を請求すべきである (規193条1項). これは,被告人側への不意打を防止し,証拠開示の機能を有する. ただし,「情状に関する証拠」は,後の請求で足りる. なお,後に被告人側の反証により検察官の立証が崩されたときは,再度の証拠調請求が許される.

　　(イ)「**自白調書**」は,前記(ア)の例外として,犯罪事実に関する他の証拠の取調後でなければ,取調請求をしえない (301条). この制限は,補強証拠を欠く自白のみでは有罪とすることを禁止する趣旨 (憲38条3項,法319条2項) および自白の存在による**予断の排除**の目的に由来するものである. 補強証拠

の取調後であれば，自白の取調請求はなしうる。なお，自白調書の取調が後であれば，その請求は他の証拠の請求と同時であっても，301条に違反しない（最決昭26・6・1刑集5巻7号1232頁）。

　(ウ) 321条～323条または326条の規定により証拠としうる書面が，捜査記録の一部であるときは，検察官は，できる限り他の部分と分離して，その取調請求をする (302条)。この制限は，証拠能力を欠く部分の書面の提出により，裁判所に予断を生ぜしめることを禁止する趣旨である。

　(エ) 321条1項2号後段に定める検察官面前調書は，検察官は必ず証拠調を請求しなければならない (300条)。この規定は，被告人に利益な内容の調書に着目したものである。

c 「被告人側による証拠調請求」　検察官の証拠調請求後に実施される (規193条2項)。

d 「証拠調請求に伴う開示・閲覧の義務」　一方の当事者は，他方の当事者に対して，その異議がない場合を除き，証人・鑑定人・通訳人・翻訳人の氏名・住居を知り，証拠書類・証拠物を閲覧する機会を与える (299条1項，規178条の6・7)。ただし，証人等・氏名が記載されている者・その親族に対して，加害・畏怖・困惑を与える行為がなされる虞があるときは，その所在場所の特定される事項が立証・防御に必要な場合を除き，被告人を含む関係者に知られ証人等の安全が脅かされないよう配慮を求めることができる (299条の2)。

e 「立証趣旨の拘束力」　証拠調の請求は，立証趣旨（証拠と証明対象事実との関係）を明示すべきであり，これに反するときは請求を却下しうる (規198条)。その明示された立証趣旨は，証拠の証明力を拘束するものではない (多数説)。ただし，立証趣旨の限度でのみ「証拠能力」が認められる場合（例えば，証明力を争うために提出された328条所定の証拠，訴訟条件の立証目的のみで提出された証拠，立証趣旨を限定した同意ある証拠）には，立証趣旨ではなく「証拠能力の限定」ゆえに，犯罪事実の認定に供しえない。

f 「証拠調請求の方式」　書面・口頭のいずれでも良いが，証人等の尋問請求では氏名・住居を記載した書面，証拠書類等では証拠の標目を記載した書面を提出して，取調客体を特定する必要がある (規188条の2・3)。また，書面の一部のみの取調の場合にも，その特定が必要である (規189条2項)。なお，証拠調の請求は，その実施前までは撤回することが許される。

g 公判前整理手続・期日間整理手続の結果との関係——(i) 公判前整理手続 (316条の2～27) または期日間整理手続 (316条の28) に付された事件については，裁判所は，訴訟規則の定めるとことにより，各手続の結果を公判期日において明らかにしなければならない (316条の31)。(ii) 両手続に付された事件につ

いては，検察官・被告人・弁護人は，298条1項の規定にかかわらず，やむを得ない事由によって各手続において請求しえなかったものを除き，各手続の終了後には証拠調を請求しえないが，裁判所が必要と認める職権証拠調をすることを妨げるものではない (316条の32)．(iii) なお，各手続において，既に証拠調の決定等がなされていることがある (316条の5第7号～9号)．

④ 証拠調の決定 (証拠決定)

 a　裁判所は，当事者の請求に対して，「**証拠決定**」(採用決定) または「**請求却下決定**」を行う (規190条1項)．この請求がなくとも，裁判所は職権で証拠決定をすることもできる (298条2項)．

 b　**証拠調の決定手続**——証拠決定をするには，証拠の事件との関連性・証拠能力等を審査する必要がある．そこで，裁判所は，請求の相手側など訴訟関係人の意見を聞くのが原則である (299条2項，規190条2項)．ただし，被告人が不出頭でも証拠調を行いうる公判期日において，被告人・弁護人が出頭していないときは，その意見を聴く必要がない (規190条3項)．なお，証拠決定後に証拠調請求が撤回されたときは，取消決定をする必要がなく，訴訟関係人の意見を聴く必要もない (最判昭29・5・20刑集8巻5号706頁) とはいえ，やはり証拠決定を取消すのが相当であるとされている (香城・161頁)．

 c　**証拠提出命令**——証拠決定の判断に必要と認めるときは，裁判所は，訴訟関係人に証拠書類または証拠物の提示を命じうる (規192条)．この場合，その証拠能力の有無を判断するのに必要な最小限度でのみ証拠を審査しうる．

 d　**証拠決定の基準** (当事者の請求による場合)——(i) 請求の方式違反のある場合，(ii) 証拠能力ないし事件との関連性が乏しい場合，(iii) 他の証拠と内容的に重複する場合には，請求を却下すべきである．(iv) それ以外の場合には，裁判所の裁量による (最判昭23・6・23刑集2巻7号734頁)．

 e　**証拠決定の基準** (職権証拠調の義務がある場合)——(ア) 裁判所・裁判官が公判準備で実施した証人等の尋問・検証・押収・捜索の結果を記載した書面および押収物 (303条)，(イ) 公判手続の更新前の証拠資料 (規213条の2第3号本人) は，職権で証拠書類または証拠物として取り調べなければならない．(ウ) さらに，例外的に実体的真実主義および裁判所の後見的役割から取調義務がある場合として，(i) 当事者の立証が不充分であるが僅少な補充で証明に至るとき，(ii) 当事者が立証不充分に不知なとき，(iii) その立証に必要な証拠が裁判所に容易に判明可能なときであり，(iv) 特に弁護人不在ないしその活動が不足しているときは，被告人に有利な職権調は積極的に行いうるが，先ず当事者に立証を促す措置 (規208条) をとるべきことになる．

 f　**証拠調の範囲・順序・方法の決定**——裁判所は訴訟関係人の意見を聴いて，これらを自らまたは受命裁判官により決定する．同様にして，これらの変更

をなしうる (297条).

⑤ 証拠調の実施——証人の尋問

 a **証人・証言の意義**——「証人」とは，裁判所または裁判官に対して，自己が直接経験した事実を供述すべき第三者をいう．その経験・見聞した事実は，特別の知識・経験により知りえた事実を含み (174条)，これを供述する者を「鑑定証人」という．これらの供述を「証言」といい，自己の体験事実または特別な知識経験に基づく限り，そこからの推測も含む (156条).

 b **証人適格**——(i) 証人となりうる資格は，「証人適格」といわれ，「証拠能力の一要件」となる．「裁判所は，この法律に特別の定のある場合を除いては，何人でも証人としてこれを尋問することができる」(143条). この場合に，前記 a が実質的要件となる. (ii) この規定の特例として，公務員または公務員であった者が知りえた事実について，本人またはその公務所から職務上の秘密に関するものであることを申し立てたときは，監督官庁の承認がなければ証人として尋問することはできない．ただし，監督官庁は，国の重大な利益を害する場合を除いては，承諾を拒むことができない (144条)．衆議院議員・参議院議員・内閣総理大臣その他の国務大臣またはこれらの職にあった者についても，同様な規定がある (145条). (iii) 裁判官・裁判所書記官は，その事件担当を離れるときは証人となりうるが，その後は職務の執行から除斥される (20条4号，26条). (iv) 検察官は，証人として証言しうるし，除斥等の規定を欠くので，証言後再び職務に戻ることができる (東京高判昭27・6・26高刑集5巻9号1467頁)．弁護人も同様である. (v) 証言の訴訟行為能力としては，高度なものが要求されない．精神病者であっても，その症状により精神状態が通常人と異ならないこともあるから，その証言に証拠能力を認めるか否かは，裁判所の個別の判断による (最判昭31・12・24刑集2巻14号1883頁)．満4歳ないし5歳に幼児にも，供述事項に応じて，証言能力が肯定される (東京高判昭46・10・20判時657号93頁).

 c **被告人の証人適格**——(i) 英米法では，自己に有利な事実を供述するために，被告人は証人となることができる．この場合には，宣誓をして偽証罪の制裁を受ける地位に立ち，黙秘権を放棄したことになるので，検察官の反対尋問にも応答すべきことになる. (ii) 日本法では，311条の黙秘権規定により，被告人は，有利・不利を問わず，いつでも任意の供述をなしうるので，被告人に証人適格を認めるべき実益は乏しいとされている．他方，被告人が証人となる場合について，黙秘権の放棄・偽証の制裁に関する規定も欠いているので，その証人適格は否認されていると解されてきた (大決大15・9・13刑集5巻407頁).

 d **共同被告人の証人適格** (共犯関係の共同被告人)

(ア) 他の共同被告人のみに関する事項については，証人適格を肯定する見解もある（浦辺・法律実務講座刑事篇2巻345頁，なお正田・同6巻1430頁は，被告人の任意性を要件とする）。しかし，判例では，自己の事件に関して，被告人には証人適格がなく，共同被告人の場合にも手続を分離しない限り，他の被告人のみに関する事項でも，証人としては尋問しえないとされている（大阪高判昭27・7・18高刑集5巻7号1170頁）。

　(イ) 実務上の通説・判例は，同一の公判手続において供述義務に差異のある被告人と証人という二つの地位を承認することは，被告人の心理に混乱をもたらし，また共同被告人を証人とする手続につき特則がないのであるから，単なる被告人と同様に**公判審理の必要的分離**（313条2項）をすべきである，と解している（最決昭29・6・3刑集8巻6号802頁，最判昭35・9・9刑集14巻11号1477頁）。すなわち，公判の分離後も「同一裁判官」が審理し，証人尋問終了後に再び共同被告人の公判審理を併合するという**「仮の分離」方式**である。

　(ウ) かかる証人は，黙秘権および弁護人の保護を受けなくなり，証言拒絶権の範囲も限定され（146条），拒絶の理由を示さねばならず（規122条），その証人尋問調書は自己の事件審理において証拠となる（前掲・最判昭35・9・9）。

　(エ) それゆえ，反対説として，(i) 無罪を主張する被告人は，証人としても無罪を主張するのが当然であり，有罪判決をするおそれがあるとの理由で証言を拒否するのは，自己の罪を認めるに等しいが，拒否せずに証言すれば偽証の罪の制裁の下で反対尋問により自白が強要されることになる。このような進退両難に陥れないことこそ，憲法が被告人に黙秘権を認めた真の理由である。弁論分離の場合でも，起訴事実またはこれに関連する事実については，本人の申出がない限り，強制的に証人喚問しえない（平野・199頁）。(ii)「仮の分離」の場合には，実質上の被告人として，証人台においても包括的な黙秘権を行使しうる（松尾・下78頁）。

　(オ) そこで，「**併合審理のままの被告人質問**」の方式も利用しうる。311条3項の規定により，被告人Aは共同被告人Bの供述を求めることができるが，Bが黙秘をすると，Aの「反対尋問権」は保障されなくなる。判例によれば，被告人には311条3項により共同被告人に対し任意の供述を求めうる機会が与えられているから，Bの供述につき証拠能力を否定する理由はなく（最判昭28・10・27刑集7巻10号1971頁），共同被告人が現実に黙秘権を行使した場合には，その供述の証拠価値（証明力）をいかに評価するかの問題が生じるにすぎない（最判昭28・7・10裁判集84巻467頁）。

　(カ) 実務では，具体的事案において，「**黙秘権保障**」と「**反対尋問権保障**」との具体的調整方法を検討したうえ，訴訟関係人の意向を考慮しつつ，(ii)または(v)の方式が適時選択されている。現実には，共同被告人が黙秘権を行使

することは稀であり，(v)の方式で足りることが多いとされている（伊藤・争点（新版）173頁）．

　　e　**証人の義務**——(ア) 証人には，出頭・宣誓・証言の義務がある．(イ) 証人が在廷するときは，直ちに証人尋問をなしうる（規113条2項）．(ウ) 裁判所は，証人を召喚し，これに応じないときは勾引しうる（152条）．指定場所に証人の同行を命じ，これに応じないときは勾引しうる（162条）．証人の召喚・勾引には，被告人の規定が準用される（153条，規112条．なお，53条の2参照）．(エ) 証人は，宣誓をさせられ（154条，規116条〜120条），正当理由なしに宣誓を拒絶したときは，過料・費用賠償・刑罰が科せられる（160条・161条）．宣誓を欠く証言には証拠能力が否定されるが，宣誓能力を欠く者には，そのまま尋問し，証拠能力が認められる（155条1項・2項）．(オ) 証人は，正当理由なしに証言を拒絶すると，過料・費用賠償・刑罰の制裁がある（160条・161条）．その併科もありうる．

　　f　**証人の証言拒絶権**——(ア) 自己およびその配偶者・親兄弟その他一定の近親者が刑事訴追または有罪判決を受けるおそれがあるとき（146条・147条），(イ) 医師・歯科医師・助産婦・看護師・弁護士（外国法事務弁護士を含む．）弁理士・公証人・宗教の職に在る者またはこれらの職にあった者は，業務上委託を受けたため知りえた他人の秘密に関する事実であるとき（149条）である．(ウ) 新聞記者は，取材源について証言拒否権を行使しえない（最判昭27・8・6刑集6巻8号974頁）．(エ) 証人は，証言拒否の事由を示さねばならず，裁判所は，その事由を認めた場合に証言拒否を許す（規122条）．

　　g　**証人尋問の方法**

　　　(ア)「**人定質問**」——裁判所は，まず証人が人違いでないかを確認し（規115条），宣誓をさせてから偽証の罰および証言拒否権を告げ（規116条〜122条），個別に尋問を行う（規123条）．ただし，必要なときは，他の証人または被告人との対質または書面による質問・応答も許される（規124条・125条）．

　　　(イ)「**当事者の先尋問**」——裁判所が先に尋問を行うと定められているが（304条），実務では，当事者主義・起訴状一本主義の趣旨からして，当事者が先に尋問することになっている．ただし，裁判長は，その途中で介入して尋問することができる（規201条）．

　　　(ウ)「**交互尋問**」——証人尋問請求者が先に「主尋問」をし，その相手方が次に「反対尋問」をし，さらに「再主尋問」・「再反対尋問」と継続する（規199条の2）．

　　　(エ)「**主尋問**」——立証すべき事項および関連する事項について行う．「証人の供述の証明力を争うために必要な事項」も尋問しうるが，必要な正当事由のある場合（199条の3第3項）を除いて「誘導尋問」（尋問者が望む回答が示さ

れている尋問方式）をすることは許されず，裁判所はこれを制止する（199条の3）．その「証明力を争うために必要な事項」とは，「証言の信用性に関する事項」（証人の観察・記憶・表現の正確性等）および「証人の信用性に関する事項」（証人の利害関係・偏見・予断等）をいうが，みだりに「証人の名誉を害する事項」に及んではならない（199条の6）．

　㈥「**反対尋問**」──主尋問に現われた事項・関連する事項および証人の供述の信用性を争うために必要な事項について行う．必要があるときは「誘導尋問」をすることができるものの，それが不相当な場合には，裁判所がこれを制限しうる（199条の4）．

　㈮「**相当でない尋問方法**」──できる限り個別的かつ具体的な尋問をしなければならない．前記の誘導尋問のほか，次のような尋問は，禁止される（295条参照）．

　㈯「**誤導尋問**」──誤った事実を前提とするので，誤った内容の供述を招く．

　㈰「**威嚇的尋問・侮辱的尋問**」（規199条の13第2項1号，199条の6）──証人の人格侵害は，許されない．証人は，真実発見に寄与しているのであるから，尊重されねばならない．

　㈱「**重複尋問**」（規199条の13第2項2号）──審理の迅速性を害するが，証人の供述が虚偽のおそれがあるとか不明確であるとかの理由で，必要な場合は許される．

　㈲「**議論にわたる尋問**」（同3号）──尋問は，証人との議論あるいは証人を論破することが目的ではなく，証人の体験事実を供述させるためのものである．

　㈳「**意見を求める尋問**」（同3号）──証人から引き出すべきは，「評価」ではなく「体験事実」である．「経験事実から推測される事実」であれば尋問しても良い（156条）．これは，「鑑定証人」では特に必要である．

　㈴「**直接体験しなかった事実についての尋問**」（同4号）──「証言」になりえない供述を求めてはならない．

　㈵「**伝聞供述を求める尋問**」──伝聞供述は，他人の供述を証言内容とするものであるから，「他人の供述」を「聞いた」という直接経験については反対尋問で真偽を確認しうるが，「他人の供述」それ自体については，その供述者に反対尋問をしない限り，証拠能力が認められない（320条1項）．ここでは，「要証事実」との関係が問われるが，後者であれば，伝聞証拠となるので，相手方の同意（326条1項）がない限り，尋問することが許されない．

　㈶「**書面・物を用いた尋問**」（規199条の10～12）──書面・物の成立・同一性について証人に確認するため，証人の記憶喚起のため，証人の供述の明確

化のため必要であるときは，裁判長の許可を受けて，書面・物を示したり，図面・写真等を用いたりして，尋問することが許される．これは，尋問の効果を高めて，証言の証明力を正確に査定するための方法である．

　h　**証人**（被害者）**保護の方策**──(ｱ) 証人から正確な体験事実についての供述を得るためには，証人の不安・恐怖・羞恥心その他の精神的圧迫・負担を除去する方策が必要になる．これには，次のようなものがある．

　　(ｲ)「**被告人の退廷**」──証人が被告人の面前では圧迫を受けて充分な供述をしえないと認めるときは，弁護人が出頭している場合に限り，裁判所は，検察官および弁護人の意見を聴き，その証人の供述中被告人を退廷させることができる．この場合には，供述終了後に入廷させた被告人に，証言の要旨を告知し，その証人に尋問する機会を与える（304条の2）．

　　(ｳ)「**傍聴人の退廷**」──被告人・証人が特定の傍聴人の面前では充分な供述をしえない，と思料されるときは，その供述をする間，その傍聴人を退廷させうる（規202条）．

　　(ｴ)「**証人の付添人**」──証人が著しく不安または緊張を覚えるおそれがあるときに，なされる（157条の2）．

　　(ｵ)「**証人の遮蔽**」──犯罪の性質，「証人」の年齢・心身状態・「被告人」との関係または「傍聴人」との間等を考慮して，この措置がとられるが，被告人から証人の状態を認識しえない措置は，弁護人出頭の場合に限り行われる（157条の3）．

　　(ｶ)「**ビデオリンク方式**」──性犯罪・児童虐待等の証人（被害者）について，映像と音声の送受信により相手の状態を相互に認識しながら通話しうる方法で，尋問することができる（157条の4）．その記録の謄写・取調方法等については，特例が定められており（40条2項・180条2項・270条2項・350条3項・4項），一定の条件で伝聞法則の例外となる（321条の2）．

⑥　**証拠調の実施**──**鑑定人**

　a　「**鑑定決定**」(165条)──(ｱ) 裁判所は，決定により「学識経験のある者」に鑑定を命じうる．精神鑑定・死因鑑定・交通事故原因鑑定など自然科学法則に基づく事実認定に不可欠であるからである．人の特定方法として，ＤＮＡ鑑定を証拠として用いることが許される（最決平12・7・17刑集54巻6号550頁）．(ｲ) 鑑定は，事実認定に必要な実験則に関する裁判所の知識経験の不足を補充する目的で，裁判所の指示する事項について鑑定人に調査させて，法則またはこれを適用して得た具体的事実判断を報告させるものである（最決昭28・2・19刑集7巻2号305頁）．(ｳ) 鑑定決定があると，鑑定人の鑑定は，通常，裁判所外で実施される（規130条）．(ｴ) 鑑定の経過と結果は，鑑定書または口頭により裁判所に報告される（規129条1項）．(ｵ) 鑑定書は，伝聞法則の例外と

して証拠能力を有する（321条4項）．その詳細を正確に理解するために，鑑定人の尋問（304条）が行われる．
- b 「鑑定人と鑑定証人」──(ｱ) 裁判所は，鑑定決定に基いて鑑定人を定め，これを召喚するが，鑑定人が出頭を拒否しても勾引しえない（171条）．鑑定の法則的知識には，証言とは異なり代替性があり，それは強制に馴じまず，他の鑑定人に代えることができるからである．(ｲ) しかし，既に鑑定命令により一定の証拠に基いて鑑定を実施した鑑定人，あるいは捜査機関の嘱託を受けて実施した鑑定人は，その鑑定事項に関する経験的知識は非代替的であるから，「証人」の性格を有するので，「鑑定証人」として尋問される（174条）．(ｳ) その「証人尋問」と「鑑定人尋問」とは，区別すべきである．後者は，鑑定を命じて実施させるための手続であり，前者は鑑定実施後の手続である．
- c 「鑑定人に鑑定を命じる手続」──鑑定人に対して，まず宣誓を行わせ，鑑定事項を指定して鑑定を命じる．その手続には，勾引を除いて，証人尋問の手続が準用される（171条・規135条）．
- d 「鑑定の資料」──(i) 鑑定人は，事件の記録・証拠物など裁判所の資用を利用しうる（規134条）．自己の収集した資料も基礎としうる．(ii) また，被告人の精神・身体の鑑定のために，裁判所は病院等に鑑定留置をなしうる（167条，規130条の2〜5・131条）．(iii) さらに，鑑定人は，裁判所の許可状により，住居への立入・身体検査・死体解剖等をなしうる（168条・172条，規132条・133条）．

⑦ 証拠調の実施──通訳人・翻訳人
- a 裁判所では，日本語が用いられる（裁74条）．それゆえ，日本語に通じない外国人等の被告人・証人については，通訳・翻訳が必要になる（175条・177条）．
- b 耳の聞こえない者または口のきけない者にも，通訳人が必要になる（176条）．
- c 通訳・翻訳には，鑑定の規定（165条〜174条）が準用される（178条）．

⑧ 証拠調の実施──証拠書類
- a 「証拠書類」──原則として「朗読」の方法で取り調べる（305条1項・2項）．ただし，例えば多大の量の調書類については，訴訟関係人の意見を聴いて相当と認めるときは，請求者による朗読に代えて，その「要旨の告知」で済ませることができる（規203条の2）．
- b 「朗読に適しない図面・図表」──「展示」の方法で取り調べることができる（最判昭24・4・14刑集3巻4号530頁）．ただし，検証調書の添付図面のように，その文字による説明を補足するだけのものは，展示を要しない（最判昭25・5・30刑集4巻5号892頁）．
- c 「ビデオリンク方式の証人尋問記録媒体」（157条の4第3項）──「再生」によるのを原則とする（305条3・4項）．

d　「証拠調を終了した証拠書類」──遅滞なく裁判所に提出する．裁判所の許可があれば，原本に代えて謄本の提出が許される（310条）．
⑨　証拠調の実施──証拠物
　(ｱ)「証拠物」展示して取り調べる(306条)．(ｲ)「証拠物の一部としての書面」証拠物中書面の意義が証拠となるものは，「展示」および「朗読」の方法で取り調べる（307条）．ただし，その朗読に代えて「要旨の告知」でも良い（規203条の２）．(ｳ)「録音テープ，ビデオテープ，映写フィルム，ＦＤ」その内容を認識するのに適した取調方法を用いることが必要なのであるから，再生・映写・入力等の方法を用いることが許される．
⑩　証拠調の実施──検証
　(ｱ)「裁判所による検証」裁判所は，事実発見（認定）の必要があるときは，検証をすることができる（128条）．この場合には，令状は要しない．(ｲ)「公判廷での検証」証人（被害者）の身体の外傷等を感知する場合がある．被告人の容姿・体格等を認定資料とすることは，在廷から直接感得されるので，特段の証拠調を要しない（最決昭28・7・8刑集7巻7号1462頁）(ｳ)「公判廷外での検証」後述する．
⑪　証拠調の実施──被告人質問
　(ｱ)「黙秘権を有する被告人」被告人が任意に供述するときは，裁判長・陪席裁判官・検察官・弁護人・共同被告人またはその弁護人は，いつでも必要事項につき被告人の供述を求めることができる（311条）．(ｲ)「質問の方式」証人尋問の方式（規199条の２以下）に倣って実施されるが，証拠調請求・証拠調決定・宣誓手続・偽証の制裁告知は行われない．
　(ｳ)　被告人も，別件・他の被告人との関係では「証人適格」を有する．
⑫　公判期日外の証拠調
　　a　「公判準備手続の証拠調」──(ｱ)　裁判所または裁判官が「公判期日外」に実施した証人尋問・検証・押収・捜索の採証結果それ自体を事実認定に供することは，「公判中心主義」（直接主義）に反する．(ｲ)　そこで，その結果を記載した書面および押収物は，「証拠書類」および「証拠物」として，「公判期日」に取り調べなければならない（303条）．(ｳ)　それゆえ，公判期日外の証拠調は，「公判準備手続」の性質を備える．(ｴ)「公判準備手続」には，(i) 起訴後の第一回公判期日（冒頭手続）前に行われるもの，(ii) 冒頭手続後の「証拠調手続の期日前」に行われるもの，(iii)「証拠調手続の期日の間」に行われるものがある．(i)・(ii)の準備手続には，「起訴状一本主義」の規制が働くので，受訴裁判所が証拠調を実施することは，原則として控える必要がある．(ｵ)　なお，「公判前整理手続」でも，「証拠調の実施」は明示されていない（316条の５）．

b 「公判期日外の証人尋問」──㋐「裁判所外」（庁舎外）で行うもの（158条）と「裁判所内」で行うもの（281条）がある．㋑ いずれも，「公判期日での証拠調の実施」の例外であるので，「証人の重要性，年齢，職業，健康状態その他の事情と事案の軽重を考慮した上，検察官及び被告人又は弁護人の意見を聴き，必要と認めるとき」に限って，実施することができる（158・281条）．㋒ 証人尋問において，検察官・被告人および弁護人の立会は必要でないが，立会権を有するので，予め，証人尋問の日時・場所を通知し（157条2項），尋問事項（規106条～109条）を知る機会を与えなければならない（158条2項・3項）．㋓ 証人尋問に立ち会わなかった者には，証人の供述内容を知る機会を与え，その供述が被告人に予期しなかった著しい不利益なものである場合には，被告人または弁護人は，更に必要な事項の尋問を請求しうる（159条1項・2項，規126条）．㋔ 身柄拘束中の被告人には，必ずしも立会の機会を与えなくとも良い，とされているが（最判昭28・3・13刑集7巻3号561頁），被告人の立会を欠く裁判所外の証人尋問・検証の場において，新たに証人尋問を決定・実施することは許されない（最決昭43・6・25刑集22巻6号552頁）．㋕ 裁判所内での証人尋問は，裁判所が行う必要があるとされている（最決昭29・9・24刑集8巻9号1519頁）．しかし，裁判所外では，受命裁判官または受託裁判官に行わせることができる（163条）．むしろ，「証拠調手続の期日」前では，起訴状一本主義との関係で「受託裁判官」による実施が相当であろう．㋖ 期日外の証人尋問でも，証人遮蔽の規定（157条の3・4）が適用され，被告人退席中の証人供述の規定（281条の2）がある．㋗ 裁判所は，期日外の証人尋問調書を後の公判期日に職権で取り調べる必要がある（303条）．この証人尋問調書は，無条件の証拠能力を有する（321条2項前段）．

c 「公判期日外の検証」──㋐ 裁判所または受命裁判官・受託裁判官は，事実発見のため必要があるときは，令状なしに，検証・身体検査をすることができる（128条～142条，125条）．㋑ 検証実施の際には，裁判所書記官を立ち会わせ（規105条），その作成した検証調書（規41条）は，後の公判期日に職権取調の義務があり（303条），無条件の証拠能力を有する（321条2項後段）．㋒ 検察官・被告人・弁護人には検証の立会権があるが，身体拘束中の被告人には立会権がなく，裁判所の裁量に委ねられる（142条・113条1項・3項）．裁判所は，予め立会権者に検証の日時・場所を通知する（142条・113条2項）．

d 「公判期日外の押収・捜索」──㋐ 裁判所または受命裁判官・受託裁判官は，必要があるときは，証拠物または没収すべき物と思料するものを「差し押え」（99条1項），これを指定して所有者・所持者または保管者に「物の提出を命じる」ことができる（99条2項）．また，被告人その他の者が遺留した物または所有者・所持者もしくは保管者が任意に提出した物を「領置」する

ことができる (101条). さらに，必要があるときは，被告人または被告人以外の者の身体・物・住居その他の場所を (被告人以外の者には，押収すべき物の存在を認めるに足りる状況のある場合に限り，) 「捜索」することができる (102条). (イ) 公判廷内での捜索・差押には令状を要しないが (差押では公判調書の記載を要する. 規44条1項28号・41条1項)，公判廷外での捜索・差押では「一定の令状」を要する (106条・107条). その法的性質は，許可状ではなく「命令状」であって，検察官の指揮により検察事務官または司法警察職員がこれを執行する (108条1・2・3項). (ウ) 裁判所は，押収・捜索の結果を記載した書面または押収物を，後の公判期日で証拠書類または証物として取り調べる (303条).

⑬ 当事者が証拠の証明力を争う機会の付与
　a 裁判所は，検察官および被告人または弁護人に対し，証拠の証明力を争うために必要とする適当な機会を与え (308条)，その証明力を争うことができる旨を告げなければならない (規則204条).
　b 証拠の証明力は，裁判官の自由な判断に委ねられる (318条). その「自由心証主義」の前提として，当事者に証拠の証明力に関して攻防を尽くさせるために，当事者が反証の取調請求や反対尋問をなしうることを「告知」する必要がある.
　c 「証明力」とは，当該証拠の一般的信用力および要証事実の具体的証明力をいう．「証拠能力」の有無を争うのは，証拠の要件 (適格性) の存否をめぐる「適法性」の有無に関わるので，「異議申立」(309条) によってである.
　d 「告知の時機」は，裁判長の合理的な裁量に委ねられるので，個別の証拠の取調終了時でなくとも，全証拠の取調終了時でも良い．また，「告知」がなくとも，既に証明力が充分に争われている場合，現に被告人側が反証の取調請求をしている場合，もはや当事者に争う意思がない場合には，告知を欠くことの訴訟手続の法令違反は，判決に影響を及ぼさない (仙台高判昭25・10・14高刑判特13号185頁. なお，訴訟手続に不意打の違法があるとされた事例として，最判昭58・12・13刑集37巻10号1581頁参照).

⑭ 証拠調に関する異議の申立
　a 検察官，被告人または弁護人は，証拠調に関して「異議の申立」をすることができる (309条1項). それは，当事者の申立により，証拠調手続の適正化を図るものである.
　b 「異議申立の対象となる手続」——(ア) 証拠調の冒頭陳述，(イ) 証拠調の請求，(ウ) 証拠調の決定，(エ) 証拠調の範囲・順序・方法を定める決定，(オ) 証拠調の方式，(カ) 証明力を争う機会の付与，(キ) 尋問の制限等に関する裁判長の処分など，証拠調に関する全訴訟行為が「異議申立の対象」になる.

c 「異議申立の対象となる主体・行為」──(ア) 裁判所・裁判官のみならず、訴訟関係人の訴訟行為を含む。(イ)「作為」・「不作為」を問わない。例えば、検察官の誘導尋問が違法であると同時に、これを295条により制止しなかった裁判長の不作為を違法であるとして、弁護人は異議申立をなしうる。

　d 「異議申立の手続」──(ア)「証拠調に関する異議申立」（309条1項、規205条1項）──「法令違反」および「不相当」を理由としてなしうる。(イ)「証拠調に関する裁判所の決定に関する異議申立」（309条1項、規205条1項）および「裁判長の処分に関する異議申立」（309条2項、規205条2項）──「法令違反」のみを理由としてなしうる。(ウ)「不適法な異議申立」──(i) 時機に遅れた申立（ただし、重要な申立事項であるため裁判所の判断を示すことが相当な場合を除く。）、(ii) 訴訟遅延の目的が明らかな申立、(iii) 証拠調に関する決定・処分の「不相当」を理由とする申立、理由を簡潔に示していない申立、重複した申立があり、これらは裁判所により「却下決定」される（規205条の4）。(エ)「適法な申立」──(i) 理由のないときは、裁判所が「棄却の決定」をする（規205条の5）。(ii) 理由のあるときは、裁判所が「認容する内容の決定」をする（規205条の6）。(オ)「再度の異議申立」──不適法ゆえ却下される（規206条）。(カ)「却下・棄却の決定」──これに対しては、抗告も許されない（419条・420条1項）。(キ)「証拠能力を欠くことを理由とする異議申立による**証拠排除決定**」──取り調べた証拠が証拠とすることができないものであることを理由とする異議の申立を理由があると認めるときは、その証拠の全部または一部を排除する決定をしなければならない（規205条の6第2項）。この証拠排除決定は、申立がなくとも、職権でなしうる（規207条）。

⑮ 被害者等の意見陳述
　(ア) 被害者または法定代理人（被害者死亡の場合には、その配偶者、直系の親族または兄弟姉妹）が「被害に関する心情その他の被害事件に関する意見陳述の申出」を検察官にしたときは、裁判所は、公判期日において、その意見を陳述させる（292条の2第1・2項）。(イ) 裁判長・陪席裁判官および訴訟関係人は、その意見の陳述後、その趣旨を明確にするために、当該被害者等に質問することができる（同3項・4項）(ウ) 裁判長は、意見陳述・質問が重複ないし事件関連性を欠く事項にわたるとき、その他相当でないときは、これを制限しうる（同5項）。

　(エ) 裁判所は、審理の状況等を考慮して、相当でないと認めるときは、意見陳述に代えて意見書を提出させ、または意見陳述をさせないことができる（同7項）。(オ) 被害者等の陳述または書面は、犯罪事実の認定のための証拠とすることができない（同9項）。その供述は、証人として反対尋問の審査を経ていないからである。

5 弁論（公判審理）の分離・併合・再開
　a 「弁論」の意義──㋐ここにいう弁論（373条）とは，証拠調の手続後に行われる「狭義の弁論」(論告求刑・最終弁論)ではなく，「広義の弁論」つまり判決の宣告手続を含まない「事件の審理手続」全体をいう．㋑なお，事件の訴訟係属のあった裁判所の管轄については，「関連事件の併合管轄」（3条・6条）・「審理の分離」（4条・7条）・「審理の併合」（5条・8条）・「関連事件」（9条）の規定がある．

　b 「公判の基本型と関連事件」──㋐公判の基本（理念）型は，一人の被告人に対して，一つの公訴事実について，一つの公訴提起，一つの公判裁判を前提としている．㋑現実には，一人の被告人に対して，「複数の公訴事実」が同時起訴（訴訟係属）され，審判されることがある．㋒また，「複数の被告人」が，「複数の公訴事実」について，一つの起訴状で起訴されて，併合審判されることもあり，複数の起訴状で「複数の裁判所」に起訴されて，分離審判されることもある．㋓この㋑・㋒の場合を「関連事件」という．すなわち，(i) 一人が数罪を犯したとき，(ii) 数人が共に同一又は別個の罪を犯したとき，(iii) 数人が通謀して各別に罪を犯したとき，(iv) 犯人蔵匿の罪・証憑湮滅の罪・偽証の罪，虚偽鑑定通訳の罪および贓物に関する罪とその本犯の罪とは，共に犯したものとみなす，と定めている（9条）．㋔「関連事件」については，受訴裁判所の「管轄」のみならず，「公判審理」の方式をめぐり，「弁論の分離・併合」が問題になる．

　c 「弁論の分離・併合・再開の決定」──㋐裁判所は，適当と認めるときは，検察官，被告人もしくは弁護人の請求または職権により，弁論を「分離」・「併合」し，または終結した弁論を「再開」することができる（313条1項）．㋑裁判所は，（共同被告人の防御が相互に背反するなどの事情のため）被告人の権利を保護するために必要があるときは，裁判所の規則の定めるところにより，決定をもって弁論を「分離」しなければならない（313条2項，規210条．なお，少49条2項）．

　d 弁論の「併合・分離」の意義──㋐「公訴事実の同一性」（一罪関係・312条1項）の関係に立つ同一被告人の「複数の訴因」を同時に公判審理するのは，「弁論の併合」ではない．㋑**弁論の併合**とは，「数個の公訴事実」（数罪の事件）を同時に公判審理することをいう．㋒**弁論の分離**とは，同時に公判審理されている「数個の公訴事実」（数罪の事件）を分離して，各別の公判審理をすることをいう．㋓同一起訴状に（一人または数人の被告人の）「数個の公訴事実」が記載されて起訴された場合も，これを同時に公判審理するためには，理論上は「弁論の併合」の決定が必要であるが，実務では，「明示の併合決定」がなくとも，「黙示の併合決定」があったものとして処理されて

いる．

e　弁論の「客観的併合」と「主観的併合」——㋐「客観的併合」とは，同一の被告人について「数個の公訴事実」を併合審理する場合をいう．この場合には，数罪を「併合罪」として処理する実体法規定（刑47条等）の趣旨からして，被告人の利益になるよう併合審理して判決するのが原則である．
㋑「主観的併合」とは，複数の被告人の「数個の公訴事実」を併合審理する場合をいう．この場合には，各被告人について，(i) 重複した審理（証拠調の手続）の回避，(ii) 量刑の比較権衡，(iii) 矛盾のない合一的な事実確定，(iv) 同一裁判所による分離審理の一方が先行した場合に生じうる「予断」の問題を回避しうるという「長所」がある．その反面として，(v) 各被告人間の審理錯綜による審理遅延，(vi) **共同被告人間の防御（黙秘権と反対尋問権）相反**により，被告人の権利保護を害するなどの「短所」がある．それゆえ，具体的事情を考慮したうえ，「弁論の併合・分離」の是非を裁判所は決すべきことになる．

㋒ 多数の被告人が同一事件について起訴された場合，全員を同一事件で審理することは物理的に不可能であり，少数のグループ毎に分離した公判審理することが，充実した迅速な手続進行に資するので，かかる審理方式は適法である（東大事件・東京高判昭49・4・18刑月6巻4号335頁，東京高判昭47・4・12高刑集25巻2号167頁）．

f　弁論の「一時の分離」・「仮の分離」後の「併合」

㋐「分離後の併合」——(i)「一時の分離」　公判審理の分離・併合は，そのまま後の結審に至るまで継続するとは限らない．**共同被告人の併合起訴**後に公判審理が「一時的」に分離され，再び併合されることがある．これは，前記 e で論じた「併合」と「分離」の短所を排斥しつつ長所を選択するための方策である．(ii)「仮の分離」　分離された各弁論は，「同一の」裁判所または「異なる」裁判所により審理される．分離後の再併合を予定しない場合には，後者が選択されることが多い．これに対して，再併合を予定する「一時の分離」の場合には，前者が選択される．分離後の各弁論を前後通じて「同一の裁判官」が公判審理することは，「公判手続の更新」（315条）を不要とすることにより，異なる共同被告人に対する証拠調（証人尋問・供述調書の証拠能力等）について「矛盾のない手続と事実認定」を整合的に行うことを可能にする．ただし，一方の証拠調が先行することで「形成される予断」を防止するための工夫が必要になる．

㋑「**共犯関係の共同被告人における分離・併合**」——(i) これについては，4⑤dで前述した論点の補足のみを以下で論じる．
(ii) 共同被告人Aにつき分離公判で取り調べた証拠を（併合審理後）に被告

第14講　公　判（第一審）

人Bについても証拠とするには，改めて証拠調が必要になる．

(iii) 併合審理では，被告人A・Bに共通する訴訟行為（証拠調）は，各人に同一の効力を生じるので，これを重複して実施する必要はなく，重複は許されない．

(iv) しかし，共通する証拠の取調について，被告人A・Bが異なる訴訟行為をするときは，当然に異なる法的効力が生じる．例えば，一定の伝聞証拠について，Aが不同意（326条1項）でも，Bが同意すれば，Bとの関係でこれを取り調べてBの公訴事実の認定に供することが許される．「共同被告人の一人が証拠とすることに同意した書類は，その同意者との関係においては，証拠能力を有する」(札幌高判昭27・1・16高刑集5巻1号1頁).

(v) 検察官が取調請求したXの供述証拠について，被告人Aは同意し，被告人Bは不同意とした．この場合，Bとの関係ではXの証人尋問が必要となる．しかし，Aとの関係でXの調書取調後にBとの関係でXの尋問を行うならば，一方で尋問前に裁判所の予断が生じる虞があり，他方でA・B間で証拠が異なるため事実認定が相反することも生じる．そこで，次のような審理方式が可能である．

(vi) 弁論を分離してA・Bの審理を独立に進める方式は，併合の長所を失う．

(vii) 併合審理を進め，X尋問終了後までX調書の取調を待つ方式は，予断防止は達成しえても，合一性確定の長所を失う．

(viii) 併合審理を進め，XをA・B双方の関係で尋問し，その結果として調書の取調が不用となれば，検察官の取調請求を撤回させるか却下する．証言と調書とにおけるXの供述が異なり矛盾して（一方が真実とすれば他方は虚偽となる関係），調書に特信性の要件が備わるときは，X調書をAとの関係では同意書面，Bとの関係では321条1項2号の書面として取り調べる方式がある．

(ix) この方式を原則としながらも，同意したAの早期結審の利益を図るべきときは(vi)の方式とする見解も有力である．

(x) また，Xの証人尋問調書をAの関係で取り調べることで，証拠の共通化が達成しうるので，(vii)方式でも足りることも多いとされている（井上弘通・争点3版148頁）．

g　**弁論の再開**――(ｱ) 弁論終結後にも，証拠調・訴因変更の必要から，当事者による弁論再開の請求があったときは，裁判所は再開の決定または再開請求却下の決定をすべきである（最判昭36・5・26刑集15巻5号842頁）．(ｲ) 再開が認められるのは，被害者の侵害の悪化・死亡，示談の成立・新たな重要証拠の発見など，公訴事実・情状に関する事情変更があった場合である．

6 公判手続の停止——以下の場合に，裁判所は，公判手続を停止する．
　a 被告人が心神喪失等のため訴訟能力を欠いているが，その回復可能性があるとき．(i) ただし，法定代理人または特別代理人がある場合（28条・29条）には，必ずしも公判手続の停止を要しない．(ii) 無罪・免訴・刑の免除または公訴棄却の裁判をすべきことが明らかときは，公判手続を停止する必要がない（314条1項）．
　b 被告人の病気による不出頭のとき．ただし，代理人を出頭させたときは（284条・285条），別である．（314条2項）．
　c 重要証人の病気による不出頭のとき．公判期日外の証人尋問が可能な場合を除き，その出頭の可能になるまで公判手続を停止する（314条3項）．
　d 訴因・罰条の追加・変更により被告人の防御に実質的な不利益を生ずる虞れがあると認めるとき．被告人または弁護人の請求により，被告人に充分な防御の準備をさせるため必要な期間，公判手続を停止する（312条4項）．

7 公判手続の更新
　a 「公判手続の更新」の意義——公判手続の連続性を欠く事由が発生した場合に，その連続性を保つために，更新前の公判手続の主要部分を反復する手続である．
　b 更新事由——(ア) 開廷後裁判官が代ったとき．ただし判決の宣告をする場合を除く（315条）．(イ) 簡易公判手続の決定が取り消されたとき（291条の3）．ただし，検察官および被告人又は弁護人に異議がないときはこの限りでない（315条の2）．(ウ) 開廷後被告人の心神喪失により公判手続を停止したとき（規213条1項）．(エ) 開廷後長期間にわたり開廷しなかった場合において必要と認めるとき（規213条2項）．
　c 更新の手続——更新事由およびその発生時点により異なるため，その例として次のように定められている（規213条の2）．(ア) 裁判長は，まず起訴状（起訴状訂正書または訴因・罰条追加の変更書を含む．）に基いて，公訴事実の要旨を陳述させる．ただし，被告人および弁護人に異議がないときは，その陳述の全部または一部をさせないことができる（同1号）．(イ) 裁判長は，前号の規定が終わった後，被告人および弁護人に対し，被告事件について陳述する機会を与えなければならない（同2号）．(ウ) 更新前の公判期日における被告人もしくは被告人以外の者の供述録取書または裁判所の検証調書ならびに取調べた書類については，職権で証拠書類または証拠物として取り調べる．ただし，裁判所は，証拠としえない，または相当でないと認め，かつ訴訟関係人が取り調べないことに異議のない書面・物については，これを取り調べない旨の決定をする（同3号）．(エ) 裁判長は，前号本文に掲げる書面・物を取り調べ

る場合において，訴訟関係人が同意したときは，その全部・一部を朗読・展示することに代えて，相当と認める方法でこれを取り調べることができる（同4号）．(オ) 裁判長は，取り調べた各証拠について，訴訟関係人の意見および弁解を聴く（同5号）．

8 論告求刑，最終弁論，結審
　a 論告求刑——(ア) 証拠調が終った後，検察官は事実および法律の適用について意見を陳述する（293条1項）．(イ)「事実」とは，証拠の証拠能力・証明力による公訴事実の認定である．「法律の適用」とは，公訴事実の認定を前提とする「刑法の適用」すなわち成立する犯罪とこれに対する法定刑の枠内での具体的な量刑であり，実務上「求刑」といわれている．
　b 最終弁論——(ア) 被告人および弁護人も，意見を陳述することができる（293条2項）．被告人および弁護人には，最終に陳述する機会を与えなければならない（規211条）．そこで，弁護人の陳述の後に，被告人の最終陳述がなされる．(イ) 弁護人は，証拠による事実認定と犯罪の成否について意見を述べる．犯罪が成立していないと考えれば，無罪の事実的・法的根拠を主張する陳述となる．(ウ) 弁護人は，有罪と考えるときは，被告人に有利な情状（特に被害者に対する示談の成立やその誠意のある意思があること）および更生の可能性（家族・職場などの支援と更生の意思等）などの事実を陳述して，軽い刑・情状酌量・執行猶予の主張をして終る．(エ) 被告人は，無罪の主張をしたり，被害者や社会に対する謝罪の意思や更生の意思を表明したり，あるいは何も陳述しないことも，逆に重い刑を望むといった最終陳述のこともある．(オ) 裁判長は，重複する陳述または事件と関連性を欠くなど相当でない陳述を制限することができる（295条）．
　c 結審——こうして最終の公判期日の手続・審理が終り，判決の宣告手続だけを残して，弁論（公判審理）が終結する．

9 判決の宣告
　a 「評議なしの判決の言い渡し」——(ア) 単独の裁判官から構成される裁判所において，被告人が有罪の答弁をし，事実につき全く争いのない事件では，冒頭手続・証拠調の手続・弁論・判決の宣告までが一回の公判期日で全て完結することもある．この場合には，判決の言い渡し後に，判決書が作成される．(イ) このような争いのない軽い罪の事件についての公判手続でも，通常は結審後の期日において判決の言い渡しが行われる．
　b 「評議後の判決書の作成」——(ア)「評議・評決」結審後，複数の裁判官から構成される合議体の裁判所は，各裁判官の判断を調整して統合するために

「評議」を開く必要がある．

　(イ)裁判長の下で各裁判官が「事実と法律の適用」について述べる意見を整理する(75条・76条)．有罪・無罪について，意見が対立するときは，対立点につき論議を重ねる．それでも，意見が分かれるときは，裁判は，裁判官の過半数の意見による(裁77条)．その後，同様にして，量刑についても論議して，宣告刑を定める．なお，「裁判員の参加する合議裁判」における評決については，　参照)．(ウ)その結果として，「裁判書」(草稿)が作成される．

c　**「判決の宣告」**——(ア)**「判決の朗読」**——裁判長は，公判廷で判決の主文および理由を朗読し，または主文の朗読と同時に理由の要旨を告げる方法で行う(342条, 規35条)．検察官不出席の公判期日での判決宣告は，282条2項(342条)違反であり，「この違反は判決に影響を及ぼすことが明らか」であるから，控訴理由(379条)となる(最決平19・6・19刑集61巻4号369頁)．

　(イ)**「有罪宣告と上訴手続の告知」**——有罪の判決の宣告をするときは，被告人に対して，上訴期間および上訴申立書を提出すべき裁判所を告げなければならない(規220条)．

　(ウ)**「保護観察付判決の宣告」**——裁判長は，保護観察に付する旨の判決を宣告するときは，被告人に対して，保護観察の趣旨その他適当と認める事項を説示し(規220条の2)，判決の宣告後，その将来についての適当な訓戒をすることができる(規221条)．

　(エ)**「判決の成立」**——(i)「判決の外部的成立と拘束力の発生」判決の宣告が終了すると，判決は外部的に成立し，裁判所も，自己の「判決内容」に拘束され(自縛力)，これを変更しえなくなる．(ii)「上訴期間」これは，判決宣告の日から進行する(358条)．それゆえ，この間に裁判所が判決内容を変更しうるとすれば，当事者は，上訴申立の是非を検討しえなくなるからである．(iii)「判決の訂正・変更」判決の宣告に際して，裁判長が判決書または判決書草稿を誤って朗読した場合には，「宣告の訂正」が可能である．また一度宣告した判決内容を変更して宣告し直すこと，すなわち「内容の変更」も可能である．いずれも，判決宣告手続の終了前であることが必要である．(iv)「宣告手続の終了時」判決宣告手続が終了するのは，「判決宣告の公判期日の終結時」である(最判昭47・6・15刑集26巻5号341頁，最判昭51・11・4刑集30巻10号1887頁)．その限界は，一度閉廷を宣告した後であっても，訴訟関係人・傍聴人が法廷の内外にいて，再び呼び戻して，公判期日の再開・続行ができた場合である．判決宣告のための公判期日の終了後に(約30分後)被告人を呼び戻し検察官出席の上で再度行われた判決の宣告は，無効になる(前掲最決平19・6・19)．(v)「判決宣告と判決書」判決宣告の手続が定められているがゆえに，判決は，「宣告された内容」に一致した効力を生じる．宣告内容と判

決書の内容が異なるときは，判決内容は「宣告内容」により定まる（前掲最判昭51・11・4）。判決内容に伴う訴訟法的効果として，法343条〜346条に定まる効力が生じる。

10 公判調書

a **公判調書の作成**──㈦「公判期日における訴訟手続の記録」公判調書を作成し，裁判所規則（規則44条〜49条の3）の定めるところにより，審判に関する重要な事項を記載する（48条1項・2項）。㈥「公判調書の作成者」──作成者は，裁判所書記官である（規37条）。裁判所書記官は，公判廷に列席しなければならず（282条2項），事件の記録その他の書類を作成保管し，その他の事務を掌る（裁60条，法54条，民訴98条2項，刑規則298条，法305条1項・306条，規173条・178条の3・9等）。裁判所書記官は，公判調書に公判期日の正確な記録を作成すべき点において，裁判官から独立の権限が認められており（裁60条5項），それゆえに除斥・忌避の規定が準用される（26条）。

b **公判調書の記載要件**──㈦「公判期日における審判に関する重要事項の記載」（48条2項）。㈥「必要的記載要件」（規44条1項1号〜42号）。㈪「公判期日中に裁判長が記載を命じた事項」（規44条2項）。㈫裁判所書記官は，口述の書取その他書類の作成または変更に関して裁判官の命令を受けた場合において，その作成または変更を正当でないと認めるときは，自己の意見を書き添えることができる（裁60条5項）。これは，公判調書について裁判官による内容虚偽または誤った記載の指示を防止し，「公判調書の証明力」を担保するための規定である。㈭「公判調書の様式性」公判調書の成立のためには，裁判所書記官の署名押印と裁判長の認印が必要である（規49条1項）。裁判長の氏名を欠いた公判調書（大阪高判昭46・4・8高刑集24巻2号317頁），調書中の公判担当裁判官の氏名と裁判長の認印とが異なる公判調書（最判昭24・4・8刑集3巻9号1449頁，東京高判平元4・13判タ704号283頁），調書中の記載と異なる書記官の署名押印のある公判調書（大決大13・9・16刑集3巻671頁）は，いずれも無効とされている。

c **公判調書の閲覧と公判準備**──㈦「公判調書の閲覧」検察官および弁護人は，裁判所において公判記録を閲覧・謄写しうる（40条）。弁護人のいない被告人も，公判調書を閲覧しうる（49条，規50条）。㈥「公判調書の整理」公判調書は，各公判期日後速やかに，遅くとも判決を宣告するまでに，これを整理しなければならない（48条3項）。裁判所が判決を宣告するには，公判調書における公判期日の記録が不可欠である。公判調書が次回の公判期日までに整理されなかったときは，裁判所書記は，検察官，被告人または弁護人の請求により，次回の公判期日において，またはその期日までに，前回の公判期

日における証人の供述の要旨を告げなければならない（50条）．

d **公判調書による公判手続の証明力**──㈠ 公判期日における訴訟手続で公判調書に記載されたものは，公判調書のみによってこれを証明することができる（52条）．㈡「公判手続の事実・適法性」を審査・判断する資料（証拠）として，公判調書には「絶対的な証明力」が認められる．公判調書は，公判裁判所の直接性の要件を充足しているので，「調書」であるにもかかわらず，「公判期日における訴訟手続」に関しては「伝聞法則」が適用されず，無条件に「証拠能力」を有する（321条2項．なお，判決裁判所が既に直接に証人尋問を実施したときは，その証言から直接に心証を得るのであって，公判調書を証拠とするのではない）．しかし，「公判調書」の記載にも誤りがありうる．検察官，被告人または弁護人は，公判調書記載の正確性について異議の申立をすることができ，その旨が調書に記載される（51条）．上訴審で「第一審の公判手続の適法性」を判断するための資料として公判調書の記載内容が重要であるからである．㈢ 公判調書の記載が「明白な誤記」であるときは，正しい内容に従って証明力を持つ（最決昭36・3・14刑集15巻3号51頁）．㈣ 公判調書の記載が矛盾し不明確であっても，訴訟記録の他の資料によって，その正誤を判定解釈をすることができる（最決昭24・3・5刑集3巻3号253頁）．また，公判調書が無効または紛失したときは，他の資料により公判期日の諸手続が適法になされた旨を認定しうる（最大判昭29・4・28刑集8巻4号584頁）．

第15講　証　拠（1）

——事実認定の基本原理

1. 「証拠の一般的意義」について，述べなさい．
2. 「証拠の裁判主義」すなわち「事実の認定は，証拠による」（317条）ことの意義について，説明しなさい．なお，「神証」とは，どのような証拠または証明方法であるか．また，本条と違法排除法則とは，どのような関係に立つか．
3. 「自由心証主義」（318条）と「法定証拠主義」との相違について，述べなさい．
4. フランス革命後の「陪審裁判の導入」によって，法定証拠主義が退潮に向かったのは何故か．その理由について，説明しなさい．なお，「デモクラシー」（多数決原理）による裁判は，憲法的に許容されるか．
5. 自由心証主義の合理的（内在的・外在的）制約」について，説明しなさい．
6. 「要証事実」（証拠により認定されるべき事実）に応じて「証拠の証明力・証拠能力」が変動する根拠について，説明しなさい．
7. 検察官は要証事実の特定・明示のために，起訴状の「公訴事実」および「証拠調の冒頭陳述」（296条）において，いかなる手続をなすべきか．
8. 証拠の証明力が①「要証事実との関連性」および②「証拠自体の信用性」を要件とすることについて，説明しなさい．
9. 証拠の関連性は，①「自然的（事実的）関連性」と②「法的関連性」とに区別される．その根拠について，述べなさい．
10. 法は，人の供述である「自白」・「証言」・「伝聞証拠」については証拠能力を制限し，「自白」については証明力までも制限するが，「非供述証拠」については明文の法的制限がない．その理由について，説明しなさい．
11. 「供述証拠」の意義と性質について，説明しなさい．
12. 「証拠能力と証明力との異同・関係」について，述べなさい．
13. 次の証拠を分類する基準・根拠について，説明しなさい．①証拠・資料・証拠方法，②人的証拠・物的証拠，③人証・物証・書証，④直接証拠・間接証拠（情況証拠），⑤実質証拠・補助証拠（弾劾証拠・増強証拠・回復証拠），⑥本証・反証，⑦供述証拠・非供述証拠
14. 証明の三方法としての①「厳格な証明」，②「自由な証明」，③「疎明」について，区別して説明しなさい．また，④「適正な証明」とは，どのような場合であるか．
15. 「厳格な証明」を必要とする「対象」について，述べなさい．
16. 「証明を要しない事実」には，どのようなものがあるか．
17. 証明をすることが法的に制限されるのは，どのような場合であるか．
18. 「無罪の推定法理」と「疑わしきは被告人の利益に」の法理との異同について，論じなさい．
19. 「客観的な挙証責任」（実質的挙証責任）の意義について，論じなさい．なお，例外として被告人に挙証責任が負わされうるのは，どのような場合（事実）であるか．また，「推定規定」の当否について，論じなさい．
20. 「主観的挙証責任」（形式的挙証責任）の意義・多義性について論じなさい．

〔15講のねらい〕「証拠法」すなわち「証拠による事実認定に関する刑事訴訟法」の基本原則として，①「証拠裁判主義」，②「自由心証主義」，③「要証事実の証明力と証拠能力」（関連性・信用性），④「証拠の分類・性質」，⑤「厳格な証明と自由な証明」，⑥「証明の必要」，⑦「挙証責任と推定規定」について，実定法の根拠および判例・学説を理解する．

1 証拠と証拠法の意義

① 「証拠」の一般的意義
 a 広義――一定の事実が存在したことの痕跡・情報として「真実性の証明」に用いられる資料である．
 b 狭義――裁判所が公訴事実その他の「事実認定」のために用いる「情報媒体」をいう．その分類については，5で述べる．

② 「証拠法」の意義
 a 狭義――裁判所が証拠に基いて事実を認定する刑事手続を規制する法（憲31条・37条2項・38条，法317条〜328条）をいう．
 b 広義――公判手続の「証拠調」の規制（291条〜311条）を含む．
 c 最広義――被疑者・証拠を保全する「捜査手続」の規制を含む．

2 証拠裁判主義

① 「事実の認定は，証拠による」（317条）．
 刑事裁判における公訴事実（罪となるべき事実）の認定が，合理的で適法な「証拠」に依拠すべきことを定めたものである．この事実認定の法理が，「証拠裁判主義」といわれる．

② 証拠裁判主義の沿革
 a 神証――(ア) わが国古来の「盟神探湯」のような神証による有罪・無罪の認定は許されない．(イ) もっとも，「くがたち」のような神判は，史的事実としては，「証拠による事実認定」をした後の「宗教的儀式としての処刑」にすぎないとも解される．
 b 明治初期の拷問自白による事実認定――(ア) 明治初期の改定律令（1873）は，「凡罪ヲ断スルハ口供結案ニ依ル」（318条）と定め，有罪とするには被告人の自白が必要とされる「法定証拠主義」を採用していた．しかし，明治12年の太政官布告42号により，「拷問」による自白の採取が禁止された．(イ) この間，太政官布告86号の断罪依証律（1876）により「凡罪ヲ断スルハ証ニ依ル」と改められた．これが，わが国の近代裁判の証拠法の起点となる．
 c 大正刑訴法の証拠裁判主義――「事実ノ認定ハ証拠ニ拠ル」と定め，既に

第15講　証　拠 (1)

確立していた証拠裁判主義が現行法に継承された．
③　証拠裁判主義の意義

公訴事実の証拠による認定——(ア)「公訴事実」（罪となるべき事実・刑罰を基礎づける事実）を認定するには，法定の「証拠調の方式」を経た「証拠能力」のある証拠によらねばならない．これを「厳格な証明」という．(イ)「公訴事実」以外の「手続上の事実」を認定するには，必ずしも法定の厳格な証明によることなく「自由な証明」で足りることを定めたものである．

3　自由心証主義

① 「証拠の証明力は，裁判官の自由な判断にゆだねる」(318条)．

本条は，(ア)「厳格な証明方法」(317条) を前提条件としたうえで，(イ) 事実認定に用いる「証拠資料の種類」には法的制限を設けず，(ウ) その「証明力」について，「合理的である限りは」，事実認定に当たる裁判官の「自由な心証形成」に委ねる法原則を定めたものである．

② 「法定証拠主義」

a　自由心証主義の対立原理——(ア) これは，「法定証拠主義」とよばれ，証拠の証明力につき裁判官の自由な判断に委ねるときは，「誤った事実認定」が生じる虞れがあるので，「誤判防止の観点」から，事実認定に用いる「証拠資料の種類」に法的制限を設ける制度である．(イ) 一定の証拠（例えば，複数の成人証人，被告人の自白）が存在しなければ，有罪としてはならないとする「消極的法定主義」，または(ウ) 一定の証拠が存在するとき，一定の事実を認定すべきであるとする「積極的法定主義」がある．

b　法定証拠主義の退潮——(ア) 自然科学と証拠法則の未発達な時代においては，「真実を知りうるのは，神のみである」とする神判（人知の有限性）あるいは「人間である裁判官も誤った判断をする」という前提に立つとき，「法定証拠主義」には一定の合理性が認められる．(イ) しかし，**複数人の証言といえども信用しえないが**，少なくとも「被告人本人のみは真実を知っている」として「自白」を有罪認定に不可欠な証拠として法定化すると，「拷問による自白採取」および**自白偏重による誤判**」を招く．(ウ) 一定の法定証拠による画一的な事実認定の方法が「科学的合理性」を欠くことは，明らかである．(エ) フランス革命後の「人間理性」に信頼した「陪審裁判」の導入を契機として，法定証拠主義は退潮に向った．「民の声は天の声である」．(オ) しかし，「デモクラシー」といえども，「真実」を決しえない．その否定は「新たな宗教裁判」に等しく，「デモクラシー」は全体主義（多数者の圧制による個人の犠牲）の別名でしかなくなる．「それでも地球は回っている」（ガリレオ・ガリレイ）．(カ) アメリカ法では，その一般化した「陪審裁判における

事実認定の適正化」のために,「証拠の証明力の合理的審査方法」として「証拠能力の制度」が発達した.㈭「人間の理性・悟性」において職業裁判官が一般市民よりも劣っていることは,ありえない.事実認定と法の修錬を受けた職業裁判官の判断は,一般市民の判断よりも優れている筈である.その経験と職責からして信頼性も高い.それゆえ,アメリカ法でも,陪審制は,その選択権を被告人に承認せざるをえない.

③ 自由心証主義の沿革
 a 明治の断罪依証律の制定後,証拠の評価は「専ラ裁判官ノ信認スル所ニアリ」との通達(1876)が発せられた.これが,近代の自由心証主義の起点になる.
 b 治罪法は,「諸般ノ懲憑ハ裁判官ノ判定ニ任ス」,大正刑訴法は,「証拠ノ証明力ハ判事ノ自由ノ判定ニ任ス」と定め,この規定が現行法に継承された.

④ 自由心証主義の意義——内在的・外在的な制約
 a 現行法の「制限された自由心証主義」——㈦自由心証の完全な肯定でも,法定証拠の完全な否定でもない.㈣「自白」には制限があり,本人の自白のみを唯一の証拠として有罪認定することが許されない(補強証拠の法則.憲38条3項,法319条2項).
 b 裁判官の「自由な判断」——裁判官の恣意的な事実認定を許すものではなく,「論理法則」および「経験法則」に合致する合理的心証形成であることを要する(最判昭23・11・16刑集2巻12号1549頁参照).
 c 証拠の「証明力」の内在的制約——㈦事実認定に用いる証拠資料の「種類・性質」については,法的制限がない.㈣証拠の「証明力」については,事実認定の真実性を担保するための「内在的制約」がある.
 d 証拠の「証明力」の外在的制約——㈦裁判所の採証・裁判官の心証形成の適正化を担保するために,「法定の証拠調の方式」に制約のあることは,前講で説明した.㈣証拠の「証明力」を規制するものとして,「証拠能力の制限」がある.㈥証拠能力を欠く証拠は,当事者が取調請求をすることが許されず,請求しても裁判所は取調却下決定をする(規190条).取調後に証拠能力を欠くことが判明すれば,裁判所は,証拠排除決定をする(規205条の6第2項・207条).
 e 裁判官の「予断排除」の外在的制約——裁判官の予断形成を防止し,公正な心証形成を間接的に保障する制度には,㈦「起訴前」の心証形成を禁止する「裁判官の除斥・忌避」(20条~25条),㈣「証拠調手続前」の心証形成を禁止する「起訴状一本主義」(256条6項),㈥「証明対象」を定める「起訴状における訴因の明示・特定」(256条3項),㈢「予断排除」のための自白・捜査書類等の「取調方法の制限」等(301条~307条),さらに「事後的」に適正

第15講　証　拠 (1)

な心証形成を担保する制度として，(オ) 有罪判決における証拠の標目挙示 (335条1項)，(カ) 原裁判所の事実認定の上訴審・再審による事後審査 (382条・411条3号・435条) がある．

4　証拠による要証事実の証明力 (関連性・信用性) **と証拠能力**
① 「証拠により認定されるべき事実」
　a　要証事実と証拠の証明力──(ア)「要証事実」(立証事項，証明すべき事実) との関係においてのみ，「証拠資料」の有する「証明力・証拠価値」が判明する．**「要証事実の特定」なしには，「証拠の証明力」は定まらない**．(イ)「証明力を欠く証拠資料」は，事実認定に役立たないばかりか，予断・誤判の原因になる．(ウ) それゆえ，「証明対象」である「要証事実」を特定して明確化することが，先ず必要である．
　b　要証事実の特定・明示──(ア) 検察官は，公訴提起に当たり，起訴状に「公訴事実」(審判対象・256条2項・3項) を設定する．(イ) 証拠調の冒頭陳述において，「証拠により証明すべき事実」を明示する (296条)．(ウ) その各「要証事実」について，「証拠調の請求」を行い，被告人側も反証のための「証拠調の請求」をする．(エ) こうして，「証明力のある証拠」についてのみ，裁判所の証拠調決定に基いて「証拠調」が実施される．(オ) 証拠の証明力を審査するための前提として，「要証事実の特定」が必要であるということは，「立証趣旨の拘束力」を認めることとは区別されねばならない．
② 要証事実の証明力・証拠能力
　a　証拠の証明力──(ア)「証拠の証明力」とは，一定の証拠資料が要証事実を認定しうる実質的な価値 (合理性) を有していることをいう．(イ) 証拠資料が証明力を有するためには，(i) 要証事実との「関連性」および(ii) 証拠自体の「信用性」が必要になる．(ウ) 例えば，「被告人Xが，2月4日の午後11時にガソリンを散布してY宅に放火をして，これを焼損した」という公訴事実 (訴因) が「要証事実」になる．この場合に，「Xの放火行為を目撃した」という証人Aの供述について，その「証拠としての証明力」について検討しよう．
　b　要証事実についての証拠の「関連性」──(ア)「証拠の関連性」には，(i)「自然的関連性」ないし「事実的関連性」と(ii)「法的関連性」とがある．(イ)「**自然的関連性**」とは，その証拠資料が要証事実に関連する痕跡または情報を含んでいることをいう．この痕跡・情報を欠く資料には，証拠価値が認められないので，「証拠能力」を欠く．(ウ)「**法的関連性**」とは，自然的関連性の存在を前提として「法定された証拠の適格性」(狭義の「証拠能力」) であり，後述する．(エ) 前記のAの証言では，「Xの放火行為を目撃した」という

供述には，要証事実との自然的関連性が一応は認められる．しかし，目撃したのが「X」であったか，「放火行為」であったか，その時間は「2月4日の午後11時前後」であったか，などについて，Aの供述における「経験的事実」を確認しないと，「要証事実」との「実質的関連性」は明らかにならない．Y宅の付近には外灯もなく，新月の暗闇の中でAが目撃したのは「男」であったが，「その顔」までは判明せず，Xを目撃したとはいえないことが，反対尋問で明らかになるかも知れない．それにしても，その男がライターに着火した後に，Y宅の外壁が急に激しく燃え上がったのをAが確かに目撃したというのであれば，Aの供述は，少なくとも「犯行とその日時」について証明力を有することになる．

c 要証事実についての証拠の「信用性」──(ｱ)「証拠の信用性」とは，証拠の関連性があることを前提として，その証拠資料が示す痕跡・情報が「真実」であるか否かをいう．(ｲ) 偽造・変造された証拠物・証拠書類あるいは虚偽の供述であれば，形式上は証拠の関連性が認められても，実質上は証拠価値を欠くことになる．(ｳ) 偽造等の「物体への作用」は，その痕跡が証拠資料に残るので，特段の問題はない．(ｴ)「供述」は，人の知覚・記憶・表現・叙述の過程に「過誤・虚偽」が介入しうるので，その「信用性」(真実性) については慎重な審査・吟味が必要である．(ｵ) 法は，人の供述である「自白」・「証言」・「伝聞証拠」については，「証拠能力」を制限し，「自白」については「証明力」までも制限する．(ｶ)「XがY宅の外壁に，ライターで着火して火が燃え上がった際に，付近が急に明るくなり，Xの顔が照らし出されたのを確かに目撃した」とAが供述した．しかし，Aが強度の近眼であったにもかかわらず，その現場では眼鏡を外しており，目撃地点も放火現場から30m離れていた．このような事実がAの反対尋問の結果として判明したのであれば，上記のAの供述自体が信用しうるとしても，Aの目撃した人物がXであることの信用性は，低いといわざるをえない．(ｷ) もっとも，再主尋問の結果として，「目撃した人物は，黄色のアノラックを着用しており，炎で照らし出された人物の頭は禿上っており，お月様のように輝いていたのを見た」というAの証言が，Xの犯行当時の服装およびXの人相と一致するのであれば，その人物がXであることの信用性は，高まることになる．このように，「信用性」も，要証事実との関係で相対的に判断すべきことになる．

d 自由心証主義との関係──(ｱ)「自由心証主義」とは，刑事訴訟法が定めた証拠法則の枠内において，このような「証拠の関連性」および「証拠の信用性」についての査定評価を裁判官の自由な判断に委ねる「事実認定の原則」をいうが，次のような内在的制約がある．(ｲ)「裁判所の心証形成」(i) 公訴事実を認定して有罪・無罪の判断を下すのは，裁判所である．(ii) 裁判所は，

221

第15講 証　拠 (1)

「罪となるべき事実」の成立について，「確信」に到達しなければ有罪（成立）と判断しえず，「**合理的な疑い**」が残れば**無罪**（不成立）と判断すべきことになる．(iii) この心証形成を制約する原則は，「**疑わしきは被告人の利益に**」といわれる（後述の「挙証責任」参照）．(ウ)「**証明**」(i) 要証事実の成否・存否について，「裁判所の心証形成」をさせるための「証拠資料による情報提供」を証明という．(ii) 審判対象たる「公訴事実」の成立については，検察官が「証明」のための証拠調請求・証拠調実施における立証を行うべきことになるが，補完的に裁判所の職権による証拠調も行われることがある．

5　証拠の分類・性質

① **証拠資料・証拠方法**
　a　**分類の基準**——証拠の「資料」とこれを取得する「方法の客体」とを区別する分類方法である．
　b　**証拠資料**——(ア) 証明に用いられる事実認定の情報媒体は，「証拠資料」といわれる．(イ) 例えば，証人の「証言」，書証の「記載・記述」，証拠物の「存在・その時点・場所・形状」をいう．それは，証明に直接利用される「情報媒体」それ自体である．
　c　**証拠方法**——(ア) 証拠資料を取得するための手段となる客体は，「証拠方法」といわれる．(イ) 上記のb(イ)に対応して，証人・書類・証拠物といった「情報媒体」を含む「物的客体」が，証拠資料と対比して，「証拠方法」とされる．

② **人的証拠・物的証拠**
　a　**分類の基準**——証拠方法とする法的手段（強制処分）の差異に応じた客体の「物理的形態」による分類である．
　b　**人的証拠**——(ア) 証拠方法の物理的客体が「人格」であるときは，その「人格的自律」に配慮した「強制処分の方法」が必要になる．(イ) 人的証拠とは，被告人・証人・鑑定人・通訳人等であり，人の経験した情報が知覚として存在する人格から「供述証拠」を取得するために，召喚・勾引等の間接処分および「取調」（質問・尋問）の直接処分が実施される．(ウ) 捜査段階では，被疑者の逮捕（による取調）の他，検証・身体検査・捜索も「人格」を証拠方法とする点からして，「供述証拠」の取得でなくとも，「人的証拠」に含めることができる．
　c　**物的証拠**——(ア) 証拠方法の物理的形態が「人格」以外の物の客体であるものをいう．
　　(イ) 書証・証拠物それ自体を証拠方法とするための強制処分として，押収・検証などがある．

③　人証・物証・書証
　　a　分類の基準——証拠方法の差異に応じた「証拠調の方法」を基準とする分類である．
　　b　人証——(ア) 証拠方法が「人」であり，その「供述」が証拠となる場合である．(イ) 人証には，(i) 被告人の供述，(ii) 証人の証言，(iii) 鑑定人の鑑定・証言等がある．(ウ) その証拠調の方式は，質問（311条）または尋問（304条）である．
　　c　物証——(ア) 証拠方法が「物体」（証拠物）であり，その「存在」および「形状」が証拠資料となる場合である．(イ) 指紋・足型・体型・傷痕など人の身体の物理的状態が証拠資料となる場合には，人証ではなく物証となる．(ウ) 暴行の手段とされた「日記帳」（これで殴ったため被害者の血液が付着する場合），兇器を隠すのに用いられた「新聞紙」のように，そこに記載された思想・知覚の情報ではなく，物の存在・形状のみが証拠資料となる場合には，書証でなく物証となる．
　　　　(エ) その証拠調の方式は，展示（306条）または検証（128条）である．
　　d　書証——(ア) 証拠方法が「書面」であり，その「記載内容」が証拠資料となる場合である．(イ) その証拠調の方式の差異により，(i)「証拠書類」たる書面では「朗読」（305条）のみであるが，(ii)「証拠物たる書面」では「朗読」および「展示」が必要となる（307条）．(ウ) 両者を区別すべき根拠として，(i)「証拠書類」は，裁判所・裁判官の面前で法令により作成された書面であって，その成立の真正が明白であるから，展示を要しないが，(ii)「証拠物たる書面」は，その成立の真正が明白でないので，展示を要する．かかる見解も有力である．(エ) しかし，判例（最判昭27・5・6刑集6巻5号736頁）によれば，(i)「証拠書類」には，その記載内容のみが問題になるため朗読で足りるので，捜査機関の作成した供述調書および私人の作成した被害届等も含むが，(ii)「証拠物たる書面」には，朗読および展示が必要になるのは，その記載内容のみならず，その存在・状況も証拠価値を有する書面（例えば，名誉毀損・猥褻の文書）であって，「証拠としての代替性がないもの」に限られる．すなわち，「証拠書類」とは，他の代替性がある報告文書であることになる．
④　直接証拠・間接証拠
　　a　分類の基準——(ア)「要証事実との関連性」において「証拠の証明力」の有無・程度を判定するための分類である．(イ) 現行法は，直接証拠か間接証拠かで「証拠能力」に差異を設けていない．
　　b　直接証拠——(ア) 主要事実（公訴事実）を直接に証明するための証拠資料である．すなわち，「罪となるべき事実」と直接的な関連性を有する証拠である．(イ) 例えば，Xの放火現場を目撃したとされる証人Aの供述，またはX

自身が放火の事実を供述した自白などである．

　c　**間接証拠**──㋐ 主要事実（犯罪事実）と結合（関連）しうる間接事実を証明するための証拠資料である．すなわち，「罪となるべき事実」と間接的な関連性しか有しない証拠であり，**「情況証拠」**といわれることもある．㋑ それ自体では犯罪事実の証明力を有しえない証拠であるが，他の間接証拠とを組み合わせることによって，間接事実の総合から主要事実を推認しうる証明力を有することになる．㋒ 例えば，(ⅰ) Y宅の放火の方法は，ガソリン散布による．(ⅱ) Xが現場付近でガソリンを携行して歩いている事実が目撃されている．(ⅲ) Xの着衣からは，放火に用いられたガソリンと同一の成分からなるガソリンが抽出され，また煤塵が発見された．(ⅳ) 放火行為の前にXとYとは女性Zを巡り激しい確執があり，XはYに強い恨みを抱いていた．これらの(ⅰ)～(ⅳ)の間接証拠による間接事実の証明を総合すると，主要事実の直接証明に近づくことができる．

⑤　**実質証拠・補助証拠**（弾劾証拠・増強証拠・回復証拠）

　a　**分類の基準**──㋐ 証拠の「証明対象」が「事実」か「証拠の証明力」かを区別するための分類である．㋑「直接証拠・間接証拠」の分類が「要証事実との関連性」（直接性・間接性）を基準とするのに対して，「実質証拠・補助証拠」の分類は，その証明対象が「要証事実」（関連性）または「証拠の証明力」（信用性）のいずれであるかの判定基準である．

　b　**実質証拠**──主要事実または間接事実を証明する証拠，すなわち直接証拠・間接証拠の総称である．

　c　**補助証拠**──㋐ 実質証拠が，例えば，犯行目撃の証言（直接証拠）または犯行動機の証言（間接証拠）であるとき，その供述の「信用性の程度」を証明する証拠をいう．㋑ 例えば，目撃証言の「信用性」（証人Aの「視力」の強弱，「目撃地点」の遠近）に関する証拠をいう．

　d　**弾劾証拠**──㋐ 証拠の「信用性」を低下させる事実を証明する証拠である．㋑ 例えば，証人Aの視力が極度の近眼であるという証拠を提出して，Xを目撃したという供述の信用性を低下させる場合である．

　e　**増強証拠**──㋐ 証拠の「信用性」を増強させる事実を証明する証拠である．㋑ 例えば，証人Aが「Xの知人であるためXの容貌を良く知っていた」ことの事実を証明する証拠，あるいは「Aの目撃時には，満月のため視認が容易かつ確実であった」ことの証拠を用いる場合である．

　f　**回復証拠**──㋐「弾劾証拠」により低下させられた証拠の「信用性」を再び回復するために用いられる「増強証拠」が「回復証拠」といわれる．㋑ 回復証拠は，弾劾証拠による「反証」に対する「反証」にあたる．

⑥　**本証・反証**

a　分類の基準──(ア)要証事実の成否につき対立する証拠・証明，または，(イ)(主観的)挙証責任・証拠提出責任の観点による分類である．
　b　本証──(ア)要証事実の証明のために供用される証拠，(イ)挙証責任を負う当事者(検察官)が提示する証拠または証明，(ウ)要証事実について当事者の一方が先行提示・供用した証拠または証明をいう．
　c　反証──(ア)要証事実の証明を否定またはその証明力を低下させるために提示される証拠または証明，(イ)(客観的)挙証責任を負わない当事者(被告人・弁護人)が提示・供用する証拠または証明，(ウ)被告人側の先行提示・供用した証拠・証明を基準とすれば，検察官がこれに対立する証拠・証明を提示するのも，反証になる．
⑦　供述証拠・非供述証拠
　a　分類の基準──(ア)証拠資料が「人の経験(知覚・記憶)に関する表現」(言語または言語に代わる動作)であるか否かの基準による分類である．(イ)人の経験・表現には「過誤」・「意図・動機」が伴うため，供述証拠では，その「関連性」および「信用性」について審査をして，その「証明力の程度」を明確化する必要がある．(ウ)現行法は，「供述証拠」について，証拠調の方式および証拠能力の制限を設けている．
　b　供述証拠
　　(ア)　被告人の自白・公判期日での供述──(i)いずれも被告人が自己の供述に対しては反対尋問をなしえない点で共通する．しかし，「公判期日での供述」は，裁判官が直接に供述の態度を観察して質問による審査が可能である．(ii)「自白」は，本人が自己に不利益な事実を承認しているため，高い関連性と信用性ゆえに証明力が高いが，そのために強要されたり，信用性が過大評価される危険性も高い．(iii)それゆえ，「任意性」が証拠能力の要件となり，「補強証拠の存在」による証明力の制限がある(319条)．
　　(イ)　証人の証言──(i)宣誓と偽証の制裁下での供述である点で証明力(信用性)が高い．(ii)反対尋問がなされるため，供述の関連性・信用性を適正に審査しうる．(iii)この二点が証拠能力の要件となる．
　　(ウ)　公判期日外の供述・供述書・供述録取書──(i)供述者・録取者に対する公判期日での反対尋問とこれに代る信用性・必要性の要件の下に，証拠能力の認められる「伝聞証拠」となる(320条)．(ii)ただし，供述・書証であっても，その供述内容が証拠とならない場合は，供述証拠には当たらない．

6　「厳格な証明」と「自由な証明」の対象
①　厳格な証明の意義
　a　三つの証明方法──証明には，(ア)「厳格な証明」，(イ)「自由な証明」，

第15講　証　拠 (1)

　　　　(ウ)「疎明」という三方法がある．
　　b　**厳格な証明**──(ア)「**証拠能力**」のある証拠により，「**適式の証拠調**」を経た証明方法を「厳格な証明」という．この場合には，事実の存在・成立につき，裁判所は「確信」に至る必要がある．(イ) この二要件を必要としない証明方法を「**自由な証明**」という．この場合には，裁判所は「証拠の優越」の心証で足りるとする見解も有力である．(ウ) この二つの証明方法の中間に「適正な証明」という領域を認める見解もある．例えば，簡易公判手続や量刑事実に関して，当事者の異議申立があれば，証拠能力が要求され，証明力を争う機会を保障することが必要になるとされる．もっとも，厳格な証明・自由な証明の「対象」・「要件」を個別化することで，中間領域の問題の多くは，二つの各領域に解消されうる．
　　c　**疎明**──(ア) 対象が実体法上の事実ではなく，「訴訟手続上の事項」に限られ，法規に明示されている証明方法である（19条3項・206条1項・227条3項等）．(イ) 証拠能力に関しては，自由な証明とほぼ同一である．(ウ) 証拠調の方式に関しては，自由な証明よりも緩やかで良い，とされている（小林・207頁）．(エ) この場合における裁判所の心証は，合理的な推認の程度で良いとされている．
② **厳格な証明の「対象」**──犯罪および刑罰を基礎づける事実
　　a　**犯罪事実**──(ア) 構成要件に該当する違法かつ有責な行為（結果）を基礎づける事実（公訴事実・訴因・罪となるべき事実）．
　　　　(イ) 違法阻却事由・責任阻却事由に関しては，その「不存在」につき厳格な証明を要する．
　　　　(ウ) 例えば，共謀共同正犯における「共謀」または「謀議」の存在は，「罪となるべき事実」に該当する（最大判昭33・5・28刑集12巻8巻1718頁）．
　　b　**処罰条件となる事実**（の存在）・**処罰阻却事由となる事実**（の不存在）
　　c　**刑の加重減免事由となる事実**──(ア) 累犯前科は，その存否により処断刑の範囲が異なるので，「対象」になる（最決昭33・2・26刑集12巻2号316頁）．(イ) 併合罪になることを妨げる確定判決の存在した事実も，実質的には刑の加重を根拠づけることになるので，同様である．(ウ) 刑の減免事由（未遂・刑43条，従犯・刑62条，心神耗弱・刑39条2項，過剰防衛・刑36条2項，過剰避難・刑37条1項但書，自首・刑42条・80条）となる事実の不存在についても，同様に解しうる．
③ **自由な証明の「対象」**
　　a　**訴訟法上の事実**──(ア) 一般には自由な証明で足りる（最決昭58・12・19刑集37巻10号1753頁）．(イ) ただし，(i) **証拠能力に関する事実**（証拠の関連性，自白の任意性等．後者につき，最判昭28・10・9刑集7巻10号1904頁は，裁判所の適当と認める方法

第15講 証 拠 (1)

で良いとする), (ii) **訴訟条件に関する事実**は, 公訴事実の認定を左右し, あるいは形式裁判による手続打切という重大な手続的効果をもたらす. それゆえ, 公判に顕出した証拠に基いて, 当事者に攻防を尽くさせる必要がある. (ウ) その他の訴訟手続に関する事実 (証拠) は, 公判記録に存在しているもので足りる.

b **情状 (量刑事情)**──(ア) 刑の量定の中核となるのは, 罪となるべき事実 (犯罪事実・公訴事実) であり, 犯行の動機・手段方法・結果等については「厳格な証明」を要する. (イ) 刑の量定の基礎となる「広義の情状」には, 犯人の性格・年齢・境遇, 犯罪の軽重・情状および犯罪後の状況 (248条) を含む. (ウ) そのうち「犯罪事実」を除いた犯人の犯行前の境遇, 犯行後の改悛の情・被害弁償・謝罪の有無等は,「狭義の情状」といわれる. その一つとして, 被告人の「余罪」を狭義の情状として量刑上考慮することは, 許される (最判昭41・7・13刑集20巻6号609頁). (エ) 狭義の情状 (量刑事情) は「自由な証明」で足りるとするのが通説・判例 (最判昭24・2・22刑集3巻2号221頁) である. その理由は, (i) 複雑かつ多様な事実であるため, その存否を判定するのに適せず, (ii) その全体を評価する必要が高いにもかかわらず,「厳格な証明」を要件とすると, 量刑に必要な資料が限定され過ぎる点にある. (オ) しかし, 刑の量定の参考になるにすぎない副次的事情はともかく, 刑の量定の基礎となる事情は, 原則として「厳格な証明」によることが実務でも多いとされている (いわゆる「適正な証明」).

c **間接事実**──(ア) 厳格な証明の対象となる主要事実を推認させる間接事実については,「厳格な証明」による. (イ) 自由な証明の対象となる事実を推認させる間接事実については,「自由な証明」で足りる. (ウ) 法規・経験法則も特別の知識・経験により認識可能になるものは, いずれの証明対象に関わる事実であるかに応じて, その証明方法が定まる.

d **被告人に有利な事実**──(ア) 被告人のアリバイ (犯行時点の不在証明) 等については, 証拠能力の制限により無罪の立証が困難になると, 誤判を防止しえなくなるので,「自由な証明」で足りるとする見解も有力である (田口・273・274頁. 田宮・291頁は, 制限的な立場である). (イ) しかし, 真実は一つであり, 積極的真実と消極的真実との二種があるわけではない. 刑事裁判では「無罪の証明」はなされず,「有罪の証明」に合理的な疑いが残れば, 自動的に「無罪」とされるにすぎない. (ウ) 被告人側の提出証拠が何でも良いというのでは,「有罪の証明」が安易に崩される結果, 不当に真犯人を解放することになる. (エ) 現行法には, 偏面的な証明を許容する規定はない. むしろ,「犯罪事実の存否の証明」(314条3項・321条1項3号) という文言は, 公正中立な証明を前提としている. また, 被告人に利益な公判廷外の供述であっても,

227

第15講 証 拠 (1)

「特に信用すべき情況」のもとでなされたものでない限りは，証拠能力を認めていない（322条）．アメリカ法でも，被告人の自己に有利な供述は信用できない（証拠能力を有しない）ことを前提として，被告人に証人適格を認め，その証言を反対尋問に曝している．

7　証明の不要 (証明を要しない事実)
① **刑事訴訟の特質**
　a　民事訴訟——(ｱ) 当事者間の利害調整としての紛争解決に主眼が置かれるため，「当事者処分権主義」が妥当する．(ｲ) それゆえ，当事者間に争いがない事実は，法律関係自体が当事者の同意により実体形成されたことになるので，証明が不要になる．
　b　刑事訴訟——(ｱ) 民刑の近代における分離は，刑事法の犯罪と刑罰の問題が単なる当事者間の利害を超えた「共同体の利益・安全」に関わることを前提としている．(ｲ) 当事者間に争いのない事実であっても，例えば（処罰に同意した）「Xの身代わり犯人」Yを処罰することは，Xの自業自得であっても，「真犯人の処罰」を達成しえないことで，犯罪の助長・反復を法が許容することになって，刑事法の自壊に通じる．(ｳ) 民事不法行為も犯罪も，「犯罪の被害者」にとっては変るところがない．しかし，犯罪は，「反復される傾向」を有し，「社会に甚大な被害」をもたらすがゆえに，単なる不法行為から区別されたのである．(ｴ) 「誤った結果無価値論者」の主張するように，単なる「被害としての結果」自体が違法なのではない．(ｵ) それゆえ，当事者間に争いのない事実であっても，証明が必要になる．
② **公知の事実**——(ｱ) 一般に知られていて疑う余地のないため，証明に値しない事実である．
　(ｲ) 歴史的事実あるいは科学的事実として周知のものをいう．(ｴ) ただし，天候あるいは報道された事実・範囲のように，各地域で公知の範囲につき差異が生じることもある（最判昭31・5・17刑集10巻5号685頁参照）．(ｵ) 公知であるか否かについて当事者に争いがあれば，証明が必要になる．(ｶ) 「確証可能な事実」たとえ公知でなくとも，確実な資料（暦・地図・電話帳等）により確証しうる事実は，公知の事実に準じる．
③ **裁判所に顕著な事実**——(ｱ) 裁判所（担当裁判官）がその職務上知ることができた明白な事実をいう．(ｲ) 例えば，裁判官が同一被告人につき別件で有罪判決を下したという事実を自ら体験している場合をいう．(ｳ) その証明を不要とする明文が，民訴法にはある（民訴257条）．明文を欠く刑訴法では，当事者の攻防・吟味に曝すべきであるとする学説も有力である．(ｴ) 判例では，通称ヘロインが麻薬取締法所定の「塩酸ジアセチルモルヒネ」に当たることを「裁判

所に顕著な事実」であるとされている（最判昭30・9・13刑集9巻10号2059頁）．
　(オ) 当該事件の審理状況・経過に限るべきだとする見解もあるが，それは「公判記録」に記載されているので，特に論じる意味に乏しいといえよう．
④　**事実上推定される事実**──(ア) 論理法則および経験法則の適用により，A事実の存在または不存在からB事実の存在または不存在が合理的に証明される場合をいう．(イ) 例えば，構成要件に該当する事実が証明されるときは，これを否定する特別な事情の証明がない限りは，違法性・有責性の存在も証明されたことになる．(ウ) 正当防衛・緊急避難の事情が存在したことを疑わせる事実が証拠として提出されるときは，事実上の推定が破れるので，正当防衛の事情・成立がなかったことの証明が必要になる．(エ) 複数の間接事実の証明を総合して主要事実を認定することも，この事実上の推定にあたる．(オ) 疫学的証明は，病理学的証明を併用することによって，合理的な疑いを超える証明に到達しうる（最決昭57・5・25判時1046号15頁・千葉大チフス事件）．つまり，疫学的証明は，「間接事実」を証明するものでしかない．
⑤　**法律上推定される事実**──(ア) 前提事実を証明すると，推定事実を認定しうるという法律の規定がある場合をいう．(イ) このような**推定規定**は，単なる事実の擬制であってはならず，その推定が合理的であることを要する．そうでない限りは，「疑わしきは被告人の利益に」(in dubio pro reo) の原則（憲31条）に反して，違憲となる．(ウ) ただし，(抽象的) **危険犯**は，結果発生から見れば，その発生を推定した規定であるといえる．そこでの問題は，既遂・結果発生の不法に等しい刑罰が法定されているか否か，という責任主義（犯罪と刑罰との比例権衡原則）に関わる．(エ) 推定に対して反証を許さない場合には，実体法的には危険発生を不法（処罰）根拠としていることになる．それゆえ，法律上の推定規定は，「反証」を許すものであり，**「挙証責任の転換規定」**であると解されている．(カ) 法律上の推定の例としては，(i) 公害罪法5条の因果関係の推定規定，(ii) 薬物特例法18条の不法収益の推定規定がある．

8　証明の制限
①　**「真実発見の利益」（1条）を超える憲法の人権保障**
　　(ア) (i) 黙秘権の保障，(ii) 自白の証拠法則，(iii) 証人・証言拒否権および(iv) これらの保障を担保する「違法排除法則」の証拠能力による証明の制限の他に，(イ) 公職の選挙における個人の投票内容の秘密保持（憲15条4項）のための証明制限がある．
②　**予断排除のための証明制限**
　　(ア) 自白の証拠調時期等の制限（301条・302条），(イ)「悪性格の立証制限」　公訴事実の立証段階では，被告人の前科・余罪・非行歴の証明は許されない．そ

の立証後の狭義の情状の立証段階では，これらを量刑を基礎づける事実として証明することは，差し支えない．

9 挙証責任と推定規定

① **実質的挙証責任**（客観的挙証責任）── in dubio pro reo の原則

　a **合理的な疑いを容れない程度の確証**──(ア) 裁判所は，有罪の判断をするためには，公訴事実について「合理的な疑いを超える程度の心証」（確証）に到達しなければならない．(イ) この確証に至らないときは，「疑わしきは被告人の利益に」の原則に従って，無罪判断をすべきことになる．

　b **公訴事実の真偽不明における不利益判断を受ける負担**──(ア) 上記のように証明の結果として，裁判所が公訴事実につき「真偽不明」に至ったときに，「不利益な判断」を受けるべき責任（負担）が「実質的挙証責任」とよばれる．(イ) 刑事訴訟での実質的挙証責任は，原則として，公訴を提起して「公訴事実を主張した検察官」に負わされる．

　c **挙証責任と行為責任・結果責任**──(ア) 挙証責任における「有罪・無罪の判定規則」は，予め定められているので，「挙証」という行為責任（本来の意味での挙証責任）ではない，ともいわれる（田宮・300頁）．(イ) このような理解には，疑問がある．検察官は，自らの判断に基いて「公訴事実」（訴因）を設定して，有罪判決が得られるとの「予測」において公訴提起を決意したのである．その挙証の失敗は，検察官の起訴行為と立証行為とに由来するものであるから，検察官の挙証責任は，単なる結果責任ではなく，行為責任であるといえる．(ウ) ドイツ法のように起訴法定主義が採用されておらず，「一定の犯罪嫌疑の存在」が訴訟条件として法定されていない日本法では，検察官の「訴追裁量権」が広範であって，確実に有罪となりうる事件のみが「選択」されるために起訴有罪率が99％を超えるのである．その挙証の行為責任も広範である．

　d **検察官の挙証責任の範囲**──(ア) 犯罪・刑罰を基礎づけ加重する事実の存在および違法・責任・処罰の阻却事由・刑の減免事由となる事実の不存在，(イ) 訴訟条件の存在，(ウ) 提出証拠の証拠能力の存在（例えば，自白の任意性の存在）については，検察官に挙証責任がある．

　e **被告人の挙証責任の例外**──(ア) 刑法の規定により，例外的に被告人側に挙証責任を負わす場合がある．(イ) この例外が許されるためには，(i) 明文の規定の存在，(ii) 検察官の主要事実の立証により被告人の立証すべき事実が合理的に推認可能なこと，(iii) 検察官には立証困難であるのに対して，被告人には，立証可能な証拠があって，立証容易であること，(iv) 被告人が挙証責任を負う事実が，被告人の重大な過誤に由来するか，被告人が自ら選択し

たリスクの結果であることなどの「合理的根拠」が必要である．㋒ そうでなければ，被告人は立証の失敗・不能ゆえに「嫌疑刑」を負わされることになる．

f **挙証責任の被告人への転換規定**——㋐ (i) 同時傷害ではない事実の証明（刑207条），(ii) 名誉毀損の摘示事実の真実証明（刑230条の 2 ），(iii) 児童の年齢不知の無過失証明（児童福祉法60条 3 項），(iv) 犯罪目的の不存在証明（爆発物取締罰則 6 条），(v) 両罰規定における法人・自然人事業主の行為者違反防止に必要な注意をしたこと（無過失）の証明（公害罪法 4 条，労働基準法121条 1 項等）は，被告人が行うべきことになる．㋑ ただし，その挙証責任は，「証拠提出の責任」に留まるとする見解がある．しかし，どのような証拠を提出すべきかが問題になる．㋒ そこで，その証明は，「証拠の優越」の程度で足りる，と解されている（多数説．ただし，(ii)につき反対の判例として，東京高判昭41・9・30高刑集19巻 6 号683頁，東京高判昭59・7・18高刑集37巻 2 号360頁）．

g **推定規定における挙証責任の転換**——㋐ 推定規定における前提事実が検察官により立証されると，推定事実の不存在につき挙証（反証）責任が被告人に負わされる．㋑ その**反証責任**は，推定事実の不存在につき「合理的な疑いを超える程度の証明」までは不要であって，「推定事実の存在を疑わせる程度の証拠」を提出すれば良い（三井・法教217号106頁，田宮・308頁，田口・353頁）．㋒ かかる証拠が提出されたときは，「推定事実の存在」につき検察官が実質的挙証責任を負うべきことになる．㋓ かかる証拠が提出されないときは，「推定事実の存在」が擬制されて良いことにはならない．㋔ そこで，被告人が，容易に反証しうるにもかかわらず，かかる証拠を提出しないことを「間接証拠」として付け加えた上で，「合理的な疑いを超える心証」に到達したときは，推定事実の認定が許される（平野・裁判と上訴74頁，井上・研修523号22頁，川出・争点 3 版160頁，田口・353頁）．

② **形式的挙証責任**（**主観的挙証責任**）——㋐ この語は，多義的または多語的に用いられている．

㋑ 実質的挙証責任は，「証拠調終了の結果時」に「疑わしいときは被告人の利益に」判断されるという「「刑事裁判における鉄則」（最決昭50・5・20刑集29巻 5 号177頁・「白鳥事件」）をいう．これに対して，形式的挙証責任は，「証拠調の個別の局面」において，不利益な判断を免れるために当事者が行うべき立証行為の負担をいう．㋒ 例えば，証拠調の一定段階において，要証事実につき「合理的な疑い」が残っていれば，検察官が有罪の証拠を提出する必要がある．㋓ また，要証事実につき「合理的な疑い」が残っていなければ，被告人側は再び「合理的な疑い」を生ぜしめる証拠を提出しなければ，有罪という不利益な判断を受ける．㋔ このような「証拠調の局面」では，各当事者に「証拠提

出の責任」が生じ，被告人側にも「反証責任」が生じる．しかし，それは，「実質的挙証責任」の反映ないし一局面における事実上の「立証の負担」ないし「立証の必要」でしかない．(カ) 例えば，検察官が「構成要件に該当する事実」を主観的要件を含めて立証すれば，裁判所は有罪の心証に到達するので，検察官は正当防衛の不存在については，「立証の必要」を欠く．(キ) この局面において，被告人側は「正当防衛の成立」を争うのであれば，少なくともその主張をすべきことになる．これを「争点形成の責任」という．(ク) この場合に，被告人側は，正当防衛の成立を証明する責任を負うものではないが，一応の**「証拠提出責任」**を果すべきである．むしろ，検察官が，その不成立につき「実質的挙証責任」を負担し，そのための「証拠提出責任」も負担する．(ケ) 最後に，形式的挙証責任との関係においても，当事者の「証拠提出責任」のみではなく，裁判所の「職権証拠調の義務」が生じることがある（14講4③a・④e参照）．

第16講　証　拠 (2)
——被告人以外の者の供述証拠

1　裁判所は明らかに「証拠能力を欠く証拠」または「その存否の明らかでない証拠」について取調の決定・実施をすることが許されるか（309条参照）．
2　裁判所は，当該証拠の証拠調を実施した後に，当該証拠に「証拠能力」が欠けることが初めて判明した場合には，どのような対応（手続）をすべきか（規207条参照）．また，この場合に当事者はどのような対応（手続）をすることができるか（規205条の6・206条参照）．
3　当該証拠の「要証事実との関連性」および「信用性」は，「証拠能力」または「証明力」のいずれの要件であるか．
4　証拠能力に関して，①「自然的関連性」（事実的・論理的関連性）と②「法的関連性」（および「証拠禁止」）とを区別する見解があるが，その区別をすべき理由はどうか．また，両者を完全に区別することは可能であるか．
5　証言供述をすべき「事実を経験した者」（証人）には，どのような種別（例）があるか．列挙しなさい．
6　経験事実の供述を取り調べて事実認定に供する場合に，①「公判期日の供述」と②「公判期日外の供述」とが区別されるべき根拠はどうか（320条参照）．この区別は，③公判で事実認定をする「裁判所での面前供述」（直接主義），④「当事者の反対尋問権の保障」のいずれに由来するか．また，この区別は⑤（直接）「供述」，⑥「供述書面」に完全に対応するか．なお，「公判廷でなされた供述」であっても，①ではなく②とされるべき場合がある．それは，どのような供述であるか．
7　証人尋問（143条〜164条）は，①公判期日または②公判期日外で行われ，③公判（判決）裁判所または④受命裁判官・受託裁判官（163条）により行われる．さらに，①・③の場合でも，⑤共同被告人につき弁論（審理手続）を分離して，同一裁判官または異なる裁判官により行われる．上記の各場合における「公判調書」・「証人尋問調書」（に記載された証言）の証拠能力について，説明しなさい．
8　「伝聞証拠」の意義について，述べなさい．また，①「供述書面」ではない「伝聞証拠」があるか．②「自白」（書面）は「伝聞証拠」でないか．
9　「伝聞（禁止）法則」（原則・例外）について，法はどのように定めているか．
10　証拠の証明力（信用性）において，「公判期日外の供述」（捜査段階等での供述書面等）は「公判期日の供述」よりも常に劣るといえるか．
11　「伝聞法則」と「被告人の証人審問権」との関係について，論じなさい．①「すべての証人」（憲37条2項）の意義はどうか．証人審問の不可能な供述者の伝聞証拠に証拠能力を認めることは，憲法上許されるか．②裁判所による証人尋問への立会権・尋問権は「検察官，被告人又は弁護人」に保障されている（157条）．その理由について，説明しなさい．
12　「伝聞法則」と「直接主義」との異同について，論じなさい．
13　「反対尋問を必要としない供述証拠」として，「非伝聞証拠」と「伝聞法則の例外となる伝聞証拠」との区別について，論じなさい．
14　「公判期日外の供述」であっても，①供述の「内容」を要証事実とする場合にのみ「反対尋問を必要とする」ので伝聞証拠となる．②その供述の「存在」を要証事実とするときに

第16講　証　拠 (2)

は，伝聞証拠とならない．その根拠を説明しなさい．また，下記の場合につき，具体例を検討しなさい．

③　叙述・表現の非供述的用法

a　「『Aが放火する現場を見た』とX教授が講義中に述べたのを聞いた」とする学生Yの公判供述（要証事実との関係）

b　「X教授の発言当日の講義を欠席した」とのYの公判供述（不一致供述による供述の信用性の弾劾証拠）

c　「Xが『私は神様』と言うのを聞いた」とするYの公判供述（供述内容の真偽に左右されない事実を証明するための供述）

d　「『よっしゃ，プレゼントじゃ』とXが言いながら金員を供与したのを見聞した」とするYの公判供述（要証事実たる行為の言語的部分）

e　「運転手Xが乗車前に『ブレーキがおかしい』と供述していたのを聞いた」とするYの公判供述（客観的事実と一致する先行供述からの同事実のXにおける認識の推論）（心理状態の存在）

④　現在の心理状態の供述

a　「Xが『白鳥はもう殺していいやつだな』と発言したのを聞いた」とするYの証言供述（Xの発言した心理状態（内心たる殺人の意図）が真偽のいずれかは，発言者Xに反対尋問しても判明しえない．）

①　Xの供述の真実性が立証事項であるが，その供述には「知覚・記憶」が欠けており，「表現・叙述」の誤りもありえないので「伝聞証拠」ではないとする見解，②Xの発言の存在が立証事実であるので「伝聞証拠」ではなく，Xの真意は発言状況等の間接事実との関係から合理的に推認される証明力の問題であるとの見解がある．この両見解には，実質的な差異があるか．

b　「被害者Aが『あの人（被告人X）すかんわ，いやらしいことばかりする』と言っていた」のを聞いたとするYの証言供述（強姦致死事件の間接証拠としてのXによるAに対する猥褻行為の存在が要証事実）

c　謀議（作戦会議）において被告人X・Y・Zの犯行に関する意思・計画などを記載したA作成のメモ（ただし，Aが同会議に参加していたか不明の場合）

①　このメモにX・Y・Zの署名がある場合，それを欠くが同メモが会議中に回付されてX・Y・Zに確認されたことが立証された場合には，どうか．

②　Aがこのメモを謀議参加者Xから聞いた内容を記載して作成した場合にはどうか．なお，Aが本犯行計画の実施に参加していることを示す別の証拠があり，しかもX・Y・Z・Aの実行内容が同メモに記載された犯行計画と一致していたならばどうか．

⑮　写真・録音テープ・ビデオテープの証拠能力および証拠調の方法に関して，下記の各場合について論じなさい．

①　被告人Xが写真等を児童に対する「淫行の撮影・その後の頒布」に用いたことを立証する場合．

②　写真等に記載された「Xの犯行現場における姿態・行動」の存在を立証する場合．その場合に，撮影された日時・状況，その作成過程等が不明な場合．

③　写真等に記録された「被告人Xの供述」または「目撃証人Yの供述」の内容を訴因事実の証明に用いる場合．

④　「被告人Xの供述」および「目撃証人Yの供述」に依拠して，捜査官がXに犯行状況を「再現して自演させた行動」を撮影したビデオテープを訴因事実の証明に用いる場合．

16 当事者の同意した書面または供述（326条）に証拠能力が認められる根拠について，①「反対尋問権の放棄説」と②「証拠能力の付与説」とが対立する．その異同について，論じなさい．
17 合意書面（327条）の意義について，述べなさい．
18 弾劾証拠（328条）における①「証明力を争う証拠」の範囲，②「証明力を争う」の意義，③その供述書に供述者の署名押印がない場合について，検討しなさい．
19 被告人以外の者の供述記載書面（321条1項）における①「供述書」と②「供述録取書」との「証拠能力の要件の差異」について，説明しなさい．その場合に，③公判調書に記載された供述は，どうなるか．また，④前記②において，供述録取者の署名・押印は，どうなるか（規58条1項・60条参照）．
20 「裁判官面前調書」（321条1項1号）と「公判準備・公判期日の供述録取書」（321条2項前段）との差異について，説明しなさい．また，「公判裁判所」と「判決裁判所」とが一致する場合または一致しない場合において，その公判準備・公判期日で取り調べられた「供述」の証拠能力は，どうなるか．
21 「検察官面前調書」（321条1項2号）における「前段書面」と「後段書面」における証拠能力の要件の差異について，述べなさい．また，後段における①「相反供述」と「実質的不一致供述」，②「特信状況」の意義について，具体例を示して説明しなさい．
22 「司法警察職員面前調書等」（321条1項3号）には，どのような書面があるか．その証拠能力が認められるための要件について，述べなさい．
23 321条2項〜4項に定める「供述記載書面」について，説明しなさい．
24 その他の特信性のある書面（323条）について，説明しなさい．
25 被告人以外の者の「伝聞供述」（324条）における①「被告人の供述を内容とするもの」（1項）と②「被告人以外の者の供述を内容とするもの」（2項）との差異について，説明しなさい．また，③その供述書面の証拠能力は，どうなるか．

〔16講のねらい〕　「証拠法」の各論として，①「被告人以外の者の供述」（証言・伝聞証拠等），②「被告人の供述」（自白等），③「非供述証拠と違法排除法則」を区分したうえ，本講では①について，実定法の根拠および判例・学説を理解する．

1　証拠能力──証明力との関係

① 証拠能力の意義

　a　「証拠能力」とは，一定の証拠が裁判所の「事実認定」に用いられることを許容するための「証拠の法的適格性」をいう．これは，適正な手続の下での実体的真実発見を目的としている．

　b　事実の認定は，公判廷での証拠調による「証明力」の正しい審査を必要とする．それゆえ，「証拠能力」とは，「厳格な証明」の資料として，「公判廷での取調」を許容するための「証拠の要件」である，と定義しうる．

　c　従って，(ｱ)当事者は，証拠能力を欠く証拠の取調請求をしてはならない．
　　(ｲ)裁判所は，明白に証拠能力を欠く証拠を取り調べてはならない（309条）．

第16講　証　拠 (2)

　　　(ｳ) 裁判所は，証拠調の後に，証拠能力を欠く証拠であることが初めて判明したときは，**証拠から排除する決定**をし，事実認定に供することが許されない（規205条の6・207条）。
　　d　この意味において，証拠能力は，証拠の「形式的な資格」である。
② **証明力の意義**
　　a　証拠能力が証拠の「形式的な適格性」であるのに対して，「証明力」は，証拠の「実質的な適格性」（事実認定の力・価値）である。
　　b　証拠能力のある証拠のみが事実認定の資料（証拠調の対象）となるが，その証明力の評価は，裁判所の自由心証に委ねられる。
　　　(ｱ) 例えば，犯行の目撃者の証言には（証拠調に際して要証事実との関連性が肯定されるので），証拠能力が認められるが，（証拠調の結果として）その供述が虚偽であると判明すれば，その証明力は欠ける。
　　　(ｲ) 拷問により得られた自白には，高度の証明力があるにしても，その証拠能力は一律に否定される（319条1項）。
　　c　このように，証明力と証拠能力とは，区別されねばならない。しかし，後述のように，証明力と証拠能力とは，決して無関係なのではない。むしろ，一定の証明力が証拠能力を基礎づける関係に立つことを，看過すべきではない。
③ **証拠能力と証拠の関連性・法的禁止**
　　a　**証拠の関連性**――(ｱ) 広義では，証拠の要証（立証）事実との関連性および証拠の信用性をいう。すなわち，その証拠の「証明力」が「類型的に欠損または不確実なもの」であるため「証拠能力」を欠く場合をいう。(ｲ) 狭義では，(i)「自然的関連性」（事実的・論理的関連性）と(ii)「法的関連性」とに区別される。(ｳ)「法的関連性」は，さらに，(i) 狭義の「法的関連性」と(ii)「証拠禁止」とに区別される。
　　b　**証拠の自然的関連性**――(ｱ) 証拠が，「要証事実」との関係において，「必要最小限度の証明力」を有することである。(ｲ) 例えば，公訴事実が「兇器による殺人」である場合には，その証明に関係しない「毒物」，または「兇器」であっても犯人が別件で用いただけの物は，事実的関連性を欠く。
　　　(ｳ) 起訴状，司法警察員の意見書，弁護人の弁論等は，当該事件に関係するとはいえ，「意見・主張」または「意思表示」であるがゆえに，「事実の証明力」を有する供述ではない。これも，事実的関連性を欠くので，証拠能力がない。(ｴ) なお，自然的関連性を欠く証拠を誤って取り調べた場合でも，要証事実の存否の判断に影響を及ぼすものではないから，裁判所は「証拠排除決定」まで要しない，とされている（池田・争点3版162頁）。これは，職権主義的な見解であって疑問である。本来は，その証拠を事実認定に供しなかっ

たことを当事者に明示するために，やはり「排除決定」をすべきである．ただ，それを怠っても「事実誤認」ないし「法令違反」にならないというにすぎない．

　c　**証拠の法的関連性**──㋐自然的関連性のある証拠であっても，人の「**供述証拠**」は，その「信用性」（真憑性）に疑いがありうる．そのため，その「証明力の評価における誤り」を生じさせる危険が高いので，法は「証拠能力の制限」を定める．㋑第一に，「**証言**」では，「**偽証罪の威嚇の下での宣誓**」を要件として，その「真実の供述」を証人から引き出す（154条・160条）．宣誓能力のある証人の供述につき宣誓を欠くときは，その供述には証拠能力が否定される．㋒それで，「偽り」（意図的な誤り）は防止しうるとしても，「それ以外の誤り」の危険が残る．㋓そこで，第二に，公判廷での証言は，当事者の「反対尋問」を加えることによって，供述の「信用性の程度」が審査・吟味される必要がある．この事実認定をする「**裁判所の面前における反対尋問を欠く供述**」には，証拠能力が否定されるのが原則である（320条1項）．なお，簡易公判手続には，この原則が適用されない（320条2項）．㋔これを「**伝聞法則**」という．㋕法の明文を欠くとはいえ，人の噂・推測・想像および被告人の悪性格・同種前科についての証拠は，犯罪の立証に用いることが制限される（証明の制限）．ただし，**同種前科**における「**犯罪手口の共通性**」を間接証拠とすることは許され，また，他の証拠により客観的事実が証明されているときに，同種前科の存在を故意（違法性の認識可能性）の認定に用いることも，許される（最決昭41・11・22刑集20巻9号1035頁参照）．

　d　**証拠の法的禁止**──㋐広義の「法的関連性」に位置づけられる．㋑すなわち，事実的関連性のある証拠の利用が「適正手続の保障」（人権の優越的利益）の観点から禁止されるものを，特に「証拠禁止」という．これには，(ⅰ)**任意性を欠く自白等の供述**（憲38条1項・2項，法319条1項・325条），(ⅱ)令状主義違反等の重大な違法手続により押収された証拠物，違法な逮捕・勾留中に取得された供述，必要的弁護事件につき弁護人のいない公判廷で取り調べた証人の証言など「**違法排除法則**」の適用されるべき証拠が，証拠禁止の対象になる．

2　被告人以外の者の供述証拠
①　経験事実の供述証拠
　a　罪となるべき事実（主要事実およびこれに関連する間接事実）が人の見聞等を通じて経験されるときは，これを供述（表現・伝達）することにより証拠資料となる．

　b　この証拠資料は，「供述証拠」といわれる．また，その経験事実の供述者

第16講 証　拠 (2)

を広義の「証人」という．
② **経験事実の証言**（公判期日の供述）
　a　事実を経験した者には，被告人自身を除くと，(i) 被害者，(ii) 目撃者，(iii) 鑑定人，(iv) 事故現場を実況見分・検証したり，被疑者・被害者・目撃者 (参考人) の取調をした司法警察職員・検察事務官・検察官などがある．
　b　(ア) これらの供述証拠を証明に供するには，直接に事実を認定する裁判所・当事者のいる「公判廷で証人として証言」する方法が最善である．
　　(イ) 公判廷では，証人の供述態度・供述内容を裁判所・当事者が直接に観察・経験して，その「**信用性**」を尋問等により審査しうるからである．
　　(ウ) ただし，供述される経験事実にも，証人が直接に主要事実・間接事実を見聞した場合と，「**第三者の供述**」を見聞した場合とがあり，後者の場合には要証事実との関係で「伝聞供述」が問題になる．すなわち，「第三者の供述」は「公判期日外の供述」なのである．
③ **経験事実の供述書面**（公判期日外の供述）
　a　事実を経験した者の供述証拠を証明に供するもう一つの方法として，公判期日外での供述を「書面」として記録し，これを「公判廷」に提出して取り調べる方法である．
　b　「**経験事実の供述書面**」　これには，(ア) 証人となるべき者本人が自ら経験内容を記載した「**供述書**」（被害届，上申書，日記，検証調書），(イ) 証人となるべき者の供述を第三者が記載した「**供述録取書**」，特に司法警察職員または検察官の作成する「**供述調書**」がある．
　c　「**公判期日外に作成される供述書面**」　(ア)「**公判調書**」も，これを作成する裁判所書記官の経験事実が叙述される点では，「供述書面」である．しかし，その記録は，「公判期日における裁判所の面前」での手続的事実を記録したものであって，(i)「直接性」の要件・(ii)「作成過程の公正担保」があるので，「伝聞証拠」とならない（ただし，別事件の公判期日における被告人・証人の供述・証言を記録した「公判調書」は，「伝聞証拠」になる．321条1項1号・2項参照）．
　　(イ) これに対して，「公判期日外に作成される供述書面」は，(i) その作成過程の過誤につき審査が必要であり，記録の作成者に対する証人尋問が可能かつ必要なこともある．
　　(ii) 本人の供述が真正に記録されているとしても，その「供述内容」の意味・真偽については，書面自体からは不明であり，供述者に尋問しない限り判明しない．
　　(ウ)「供述書面」の形式でなくとも，公判廷での証言が，「公判期日外の供述」についての供述であって，その「供述」の「存否」ではなく，「内容」が要証事実となる場合には，同様に「反対尋問による審査」（正確性のテスト）

が及ばないので,「伝聞証言」とよばれる.

 d **伝聞法則との関係**——(ア)「供述書面」および「伝聞証言」は,「公判期日外の供述」として「その反対尋問による正確性の審査」を欠くので,「伝聞証拠」として証拠能力が否定されるのが原則である(それでも,公判供述が「真実」とは限らない).しかし,(イ)「供述書面」は,公判期日前の供述者が記憶の新しい時点で作成され,しかも記録されている点で,公判期日の供述よりも,内容的に「正確」である可能性も高い.(ウ)捜査官による取調調書も,密室における親密な関係・状況での尋問による証人の供述であるがゆえに,公判廷における緊張・抑圧下での証言よりも,「真実」である可能性も高い.(エ)それゆえ,「供述書面」について,「伝聞証拠」であるとの形式性ゆえに,その「信用性」を一律に否定することは,極めて不適切である.(オ)伝聞法則は,アメリカ法の陪審裁判の下で発達した「証明の法理」である.素人たる陪審員に「供述書面」を解読・精査させることは困難であるので,公判期日での証人尋問を事実認定の中心に置く必要があった.(カ)しかし,アメリカ法の下でも「**伝聞証拠禁止の例外**」が承認されてきた.反対尋問下での公判供述も虚偽でありうる.それゆえ,真実究明のために伝聞証拠を証拠とする「必要性」および「反対尋問に代わる信用性の情況的保障」の存在が「例外の要件」となる.(キ)伝聞禁止は「絶対的」なものではない.わが国の職業裁判官による事実認定の下で「伝聞例外」が拡張的に運用されてきたのには,合理的根拠がある.(ク)それにしても,「裁判員制度」が導入されたのは,前述したように「公判の迅速化」と同時に,供述書面中心の「調書裁判」から脱却して,捜査における長期間の被疑者取調等の抑制ないし密室取調の可視化を眼目としたものである.

3 公判期日における供述の「証拠能力」
① 証人の供述——証拠能力の要件

 a **証人審問権の保障(要件1)**——(ア)刑事被告人は,**すべての証人に対して審問する機会を充分に与えられる**(憲37条2項).(i)これは,無辜の不罰・防御権を担保するために,すべての証人に対する審問権を「被告人の側」から保障したものであって,「反対尋問権の片面的保障」の規定ではなく,また「無条件・無制約の権利保障」の規定でもない.(ii)「**裁判所は,この法律に特別の定めのある場合を除いては,何人でも証人としてこれを尋問することができる.**」(143条).すなわち,**証人拒否権・証言拒否権**の例外が法定されている(144条~149条).(iii)なお,共同被告人も,公判手続を分離すれば,証人にしうる(最決昭31・12・13刑集10巻12号1629頁・最判昭35・9・9刑集14巻11号1477頁.第14講4⑤d,5e・f参照).(イ)証人・鑑定人・通訳人または翻訳人は,「公

判廷における尋問」により証拠調を実施する（304条）．それゆえ，この要件を欠く証人の供述には，証拠能力が認められない（320条1項）．

　b　**証人の経験事実の供述**（要件2）──㋐証人は，「自ら体験した事実」および「そこから推測した事項」についてのみ供述することが許される（規199条の13第2項3号・4号，法156条）．㋑非体験事実の供述には，要証事実との関連性を欠くので，証明力が全く欠けるため，証拠能力も認められない．

　c　**証人の真実供述義務**（要件3）──㋐証人は，「良心に従って真実を述べ，何事も隠さず，偽りを述べないことを誓います．」という宣誓書により「宣誓」をする必要があり（154条），その虚偽の陳述については刑罰が科せられる（刑169条）．鑑定人・通訳人・翻訳人についても，同様である（166条・178条，刑171条）．㋑このような「宣誓による制裁の威嚇に基く真実供述義務」が証人に課せられるが，法定の範囲で証言拒絶権の行使が認められる（144条～149条）．ただし，他の共犯者または共同被告人のみに関する事項については，証言を拒むことができない（148条）．㋒なお，宣誓の意味が理解しえない者については，その宣誓は証言の証拠能力の要件とならない（155条）．

　d　**証言能力の存在**（要件4）──㋐証言には，過去の体験事実を記憶して，公判廷での尋問を理解したうえ，応答する能力が必要である．かかる証言能力を欠く者の供述には，証拠能力が認められない．㋑しかし，精神障害者であり，また行為時の責任能力を欠く者であっても，証言時に上記の知覚・記憶・言語能力がある限り，証言能力が肯定される（最判昭23・12・24刑集2巻14号1883頁）．㋒例えば，交通事故を目撃した4歳児（東京高判昭46・10・20判時657号93頁・百選70），猥褻被害を受けた4歳児（神戸地姫路支判平8・10・22判時1605号161頁）の供述にも証拠能力が認められている．㋓一般に，子供は，(i) 現実と空想とを区別する能力に不足し，(ii) 性的事実に関して空想する傾向があり，(iii) 本質的に暗示を受けやすく，(iv) 作話傾向がある，と心理学者から指摘されている．しかし，3歳の女児がその経験した不快な出来事について人を納得させる説明をした例もある，とされている（ギスリー・グッドジョンソン『取調べ・自白・証言の心理学』126頁）．㋔要証事実との関係に留意した適切な尋問方法が必要であり，個別の証言に応じて，証拠能力および証明力を判定すべきである．

　e　**反対尋問を欠く証言**──㋐検察官の主尋問の終了後に，その証人が死亡・所在不明・心身の故障等の理由により，被告人側の反対尋問に応じることができなくなった場合については，憲法37条2項前段にいう反対尋問権行使を欠くが，「公判期日での供述」であるので320条1項にいう制限（伝聞証拠）には該当しない．㋑この場合，法律上は伝聞証拠に該当しないが，憲法との関係で実質的・個別的な検討が必要になる．すなわち，裁判所の面前

における証言につき主尋問はなされているので，裁判所は証人の供述態度等を観察することにより，その証言の信用性を一応は審査可能である．(ウ) 従って，反対尋問を欠くにもかかわらず，それに代わる信用性の情況的保障が認められるか否かについて，裁判所は個別に判断して，これが否定される場合には，証拠排除の決定をすべきことになる．

② 鑑定人の供述——証拠能力の要件

　a　鑑定命令による鑑定人の供述——(ア) 裁判所の鑑定命令により (165条)，鑑定人が宣誓した後に被告人の面接・診断および参考人・関係人からの事情聴取・資料の調査の結果から得られた「直接経験の事実」を公判期日に証言する場合には，その供述の性質は証人の証言と変わることころがない (171条・304条．なお証言拒絶権につき149条参照)．(イ) その証言が鑑定人の「特別の知識によって知り得た過去の事実」に関するときは，「**鑑定証言**」とよばれる．この場合にも，証人の規定が適用される (174条)．(ウ) 特別な知識・経験に基づく鑑定事項の専門的判断を記載した「鑑定書」(規129条) は，公判期日における供述に代えて書面を証拠とするものであるから，伝聞法則が適用される (320条1項)．しかし，その作成の真正について鑑定人が証人尋問を受けることにより，鑑定書に証拠能力が認められる (321条4項)．ただし，鑑定書に含まれる「伝聞供述」については，さらに個別の検討が必要になる．

　b　鑑定嘱託による鑑定人の供述——(ア) 捜査機関の鑑定嘱託を受けた鑑定人 (223条1項) が「直接経験した事実」を公判期日に証言する場合にも，前記aと同じく，証人尋問により証拠能力が認められることになる (304条)．(イ) その「鑑定書」は，裁判所の命令による鑑定とは異なり，鑑定実施前の宣誓もなく，また鑑定実施時における弁護人の立会権もない (嘱託鑑定に関する223条〜228条に規定には，166条および170条が準用されていない)．(ウ) この鑑定受託者の作成した鑑定書についても，321条4項の適用 (準用) を認めるのが判例の立場である (最決昭32・7・25刑集11巻7号2025頁)．

4　公判期日外における供述の「証拠能力」(伝聞法則)

① 伝聞法則 (320条〜328条) の意義・根拠

　a　伝聞法則の意義——(ア) 伝聞法則とは，(i)「**裁判所の面前**」において「**反対尋問を経ていない供述証拠**」(伝聞証拠)，すなわち「公判期日外でなされた供述」(伝聞供述) について，(ii) その「**供述内容の真実性を立証する証拠**」としては，(iii) 原則として証拠能力を否認する法原理ないし法規定をいい，その「原則」と「例外」とから成る．

　(イ) 現行法は，(i) 321条ないし328条に規定する場合を除いては，(ii)「**公判期日における供述**」に代えて「**書面**」を証拠とし，又は「**公判期日外におけ**

る他の者の供述」を内容とする供述を証拠とすることはできない，と定める（320条1項）．(iii)すなわち，伝聞法則について，(i)は例外，(ii)は原則を定めたものであり，「伝聞証拠」・「伝聞供述」は，原則として証拠能力を欠く．

 b **伝聞法則の根拠**——(ｱ)伝聞法則は，「実体的真実の発見」(誤判の防止)を目的として，当事者および事実認定者(裁判所)に「供述証拠の証明力」を「適正評価」させる証拠法の制度である．(ｲ)伝聞法則は，事実認定の誤りを防止するために，「証拠の積極的価値」と「証拠の消極的価値」(証明力評価を誤らせる危険性)との比較衡量を基礎としている(大澤・争点3版184頁)．(ｳ)伝聞法則は，「事実認定者の面前」における「当事者の反対尋問」により「供述内容の真実性」(供述過程の過誤)を審問・審査することを「証拠能力の要件」とする．同時に反対尋問を欠く「公判廷外の供述」でも，その「証明に供する必要性」が高く，**反対尋問に代る供述の信用性の情況的保障**」が存在するときはこれを要件として，証拠能力を認める(伝聞例外)．(ｴ)供述証拠は，要証事実(立証事実)を(i)知覚(見聞)，(ii)記憶(想起)，(iii)叙述(表現・伝達)の過程を経て，事実認定者に報告される．

 (ｵ)(i)供述者が正確に事実を知覚したか．本人の見聞か他人の経験か．知覚の機会と能力が充分に備わっていたか．(ii)供述者の記憶に誤りがないか．他人の見聞を自己の経験であると錯誤していないか．記憶を再構成していないか．(iii)記憶のままに正確に報告しているか．その表現は，過大・誇張・(不都合部分の)省略・冗談ではないか．その叙述・表現の意味はどうか．このように，「**供述内容の真偽**」が審査・評価される．(ｶ)しかし，供述者Aが「Bの供述」を証言するときは，「伝聞供述」であるから，審問可能なのは，AがBからそう聞いたかどうか(B供述の「存在」)のみであって，Bの「供述内容の真偽」ではない．それゆえ，「供述の存在」には証拠能力があるが，「供述の内容」には証拠能力がない．「書面の存在」と「書面の内容」についても，同様になる．(ｷ)「**供述の各過程に介在しうる過誤**」により不利益認定を受ける「当事者」は，供述者(証人)に反対尋問(反論)を加えて「供述内容の真偽」を審問(test, examine)すべきことになる．憲法は，これを「被告人の証人審問権」として保障した(憲37条2項)．

 c **伝聞法則と証人審問権**——(ｱ)伝聞法則は，「被告人の証人審問権」とは異なり，「正確な事実認定のための準則」であるから，「両当事者」の訴訟活動に等しく係わるものである(酒巻・争点3版180頁)．その結論はともかく，伝聞法則が，単なる「事実認定の準則」でしかなく，「証人審問権」・「当事者主義」と無関係の法理であるとは解されていない．

 (ｲ)**伝聞法則と証人審問権との分離**(区別) 憲法37条2項にいう「すべての証人」を現に「公判期日に喚問された供述者」(狭義)に限定するならば，

「公判期日外の供述」に伝聞例外を認める範囲は，立法政策に委ねられ，憲法違反となりえない（最大判昭24・5・18刑集3巻6号789頁，最大判昭25・9・27刑集4巻9号1774頁，最判昭30・11・29刑集9巻12号2524頁）．

(ウ) **伝聞法則と証人審問権との競合**　「すべての証人」には「公判期日外の原供述者」(広義)も含み，証人審問（反対尋問権）が伝聞法則の中核をなすと解するのが通説である．この見解によると「公判期日外の供述」に伝聞例外を認める範囲（321条以下の規定）について，違憲性が問題になる．

(エ) 前記の(イ)説と(ウ)説とは，概念的には対立するが，実質的には接近する．(イ)説にいう「法政策」も「憲法の趣旨」と無関係でありえず，一定の伝聞例外につき，実質的違法の問題が生じ，限定解釈が必要になるからである．この限りでは，両説は「違憲」・「違法」のいずれになるかの差異でしかない．

(オ) 判例によれば，(i) 証人審問の不可能な伝聞証拠の利用は，憲法上禁止されない．(ii) 過去の相反供述について反対尋問の機会のある場合（321条1項1号後段につき最大判昭25・10・4刑集4巻10号1866頁，321条1項2号前段につき最大判昭27・4・9刑集6巻4号584頁）には，合憲となる．

(カ)「裁判所が当該外国人について**証人尋問の決定をしているにもかかわらず，強制送還が行われた場合**など，当該外国人の検察官面前調書を証拠請求することが手続的正義の観点から公正さを欠くと認められるときは，これを事実認定の証拠とすることが許容されないこともありうる」（最判平7・6・20刑集49巻6号741頁）．(i) 本判例は，(ウ)説によれば，違憲かつ伝聞法則違反により証拠能力が否定される．(ii) また，(イ)説によれば，違憲でなく，また，伝聞法則違反になりえないとしても，**違法排除法則により前記供述調書の証拠能力が否定されうる**．(iii) この限りで，両説には差異がない．

(キ) 最近の学説には，証人審問権の(i) 正確な事実認定の機能に加えて，(ii) 審問「機会」の手続的権利保障に着目する見解も有力である（堀江・法学論叢141巻1号～4号・142巻2号．また，田口・現刑16号4頁，宇藤・法教245号28頁）．(iii) もっとも，伝聞法則が単なる事実認定（実体的真実主義）の法理ではなく，当事者による反対尋問の証拠調方式（当事者主義）を前提としていることは，自明である．それは，326条・327条（伝聞証拠への同意・合意）の規定にも内在化されている．

d　**伝聞法則と直接主義**　(ア) 被告人の供述調書（322条）を含む伝聞証拠は，**事実を認定する公判裁判所の面前ではなされていない「公判期日外の供述」**であるので，「直接主義」からも排斥しうる．それは，「直接主義の例外」であるともいえる．(イ) これに対して，伝聞法則は，「当事者主義」から反対尋問権を保障したものであって，「職権主義」に由来する直接主義とは異なるとする見解（鈴木・203頁，田口・398頁）も有力である．(ウ) この見解は，正確

第16講　証　拠 (2)

ではない．伝聞法則が当事者主義からの帰結にすぎないとすれば，捜査における「原供述者」の取調に際して，被告人・弁護人の立会による反対尋問を認めれば，その供述証拠には証拠能力が認められることになりかねない．
(エ) 当事者の反対尋問は，たとえ「公判期日」でなくとも，「事実認定者」（裁判所）の面前でなされることが不可欠である．それゆえ，伝聞法則は「直接主義」を内在している．(オ) しかも，必ずしも当事者からでなく，裁判所の職権による反対尋問であっても，供述の信用性の審査には有効でありうる．この限りで，当事者主義を絶対化するのは不適切であろう．

② **伝聞証拠（伝聞となる供述）の意義・限界**

a 「非伝聞証拠」と「伝聞法則の例外」との区別——(ア) 伝聞証拠（伝聞となる供述）に該当しなければ，伝聞法則の適用はない．(イ) 伝聞法則の適用される供述証拠についてのみ，「伝聞例外」の適用が問題になる．(ウ) それゆえ，「伝聞例外」とは，伝聞証拠であるため，証拠能力が否定されるのが原則であるにもかかわらず，「証明に供する必要性」と「信用性の情況的保障の存在」ゆえに証拠能力が肯定される場合であって，本来的に「伝聞証拠」にあたらない供述証拠とは区別されねばならない．(エ) それにもかかわらず，両者は，「反対尋問を要しない供述証拠」であって，これに証拠能力を肯定する場合には，その実質的な根拠において近接することがある．

b 反対尋問を必要とする「人の供述内容」——(ア) 人の供述のみが伝聞法則の対象になるが，供述証拠の全てが伝聞法則の対象になるわけではない．(イ)「公判廷外の供述」であっても必ずしも「伝聞供述」になるとは限らない．(ウ) 伝聞となる供述とは，公判期日外の**「供述の存在」**を要証事実とするものではなく，公判期日外の**「供述の内容」**を要証事実とするものである．「供述の存在」のみを示すとき，その供述は**「非供述証拠」**になる．(エ) その「供述内容の真偽」（信用性）が問題になるからこそ，その知覚・記憶・叙述（表現）の供述過程に介在しうる過誤について反対尋問による審査が必要になる．(オ) それゆえ，伝聞供述とは，原供述につき反対尋問を必要とする「供述内容」であるといえる．(カ) しかし，「反対尋問で審査しうる供述の信用性の程度」には「限界」がある．人の**純粋な内心の内容**（知覚・記憶の正確性）を反対尋問で充分に解明しうるわけではなく，反対尋問の「審査の効果」は限られる．すなわち，供述者の「知覚・記憶」自体は解明不能であり，知覚・記憶の「情況」（間接事実）についての供述から，「知覚・記憶の内容の正確度」を事実認定者が推認するしかないのである．(キ) 供述の「存在」ではなく「内容」が要証事実となる場合であっても，その「叙述・表現」自体は客観的に存在するものであって，その「叙述・表現」の「内容的真実性」（真意・意味）をそれ自体から問うことは，意味がない．その「内心たる真意」

は，その表現時の客観的態度・状況との関係から推認するしかない．つまり，自由心証の問題なのである．

c 写真・録音テープ・ビデオテープ──㋐これらの機器は，人の知覚・記憶・叙述以上に事実を記録・再現しうる．また，その記録・再現は，人の操作に従って行われる．それゆえに，機能的には「供述証拠」と同一視する見解もある．㋑しかし，機械的な記録・再現であるがゆえに，人の供述過程とは異なり，知覚・記憶・叙述の過程に過誤の介入する可能性はなく，これに対する反対尋問による審査の必要もありえない．それゆえ，機械的ないし光学的な記録物は，**非供述証拠**であって，伝聞証拠ではなく，伝聞法則の適用を受けない（最決昭59・12・21刑集38巻12号3071頁）．㋒ただし，記録の日時が不明のときは，自然的関連性を欠くので，記録者による撮影状況等についての供述が必要になり，その証人尋問が実施されるべきことが多い．また，修正・改変の余地もあるので，関連性の判断に慎重さが必要となる．㋓**録画・録音の対象が「人の供述」**（行動としての供述）であるときは，「供述書」または「供述録取書」として扱われるが，供述者の署名・押印がなくとも，「原供述」（者）との一致が機械的に担保されていることで足りる（その証明方法として，筆跡・声紋の鑑定がなされる）．

d 叙述・表現の非供述的用法──㋐「供述の存在」が要証事実となる場合には，その「公判期日外の供述」は，伝聞証拠とはならない．㋑「『Aが放火する現場を見た』とXが講義中に述べたのを聞いた」という公判期日でのYの供述を例とする．(ⅰ) Xの供述の「存在」自体が犯罪事実を構成する場合には，それ（名誉毀損の発言）が要証事実であるから伝聞証拠にならない．Yは自ら体験した事実として供述しているので，Yに対する尋問によりYの供述内容（Xの発言を聞いたこと）正確性を審問しうるからである．(ⅱ) Xの供述「内容」である「Aの放火」が要証事実であるときは，伝聞証拠になる．Yは自ら体験していない事実を供述しているので，その正確性は全く確認しえず，原供述者Xに対する反対尋問が必要であるからである．(ⅲ) 上記の内容のYの供述書・供述録取書は，「公判期日外の供述」であって，伝聞証拠になる．

㋑「**不一致供述による供述の信用性の弾劾証拠**」となる場合，すなわち，Yの前記の供述に対して，Yの「Xの発言当日の講義を欠席した」との公判期日外の供述は，伝聞証拠にならない．この場合の要証事実は，「Xの発言」の存否ではなく，「Yの供述の信用性」であるにすぎないからである．Yの矛盾する二つの供述ゆえに，Yの前供述の信用性を低下させるために，Yの後供述が用いられている．ここでは，「Yの矛盾供述の存在」が要証事実となる（後述5④参照）．

(ウ)「供述内容の真偽に左右されない事実の証拠」となる場合，例えば，(i)「火星から来た」とか「私は神様」というＸの発言を聞いたＹの供述をＸの精神分裂病（統合失調症）を要証事実として用いる場合には，Ｘに反対尋問する意味がないからである．(ii) Ｎ教授が生きているのに，「『Ｔ教授がＮを殺した』というのをＴ教授から聞いた」とするＦ院生の供述についても，Ｔ教授の精神異常を推認する間接事実を要証事実とするのであれば，同様になる．しかし，Ｔ教授によるＮ教授に対する殺人未遂を推認する間接事実を要証事実として，非伝聞供述とする余地もある．(iii) ちなみに，状況証拠として当該供述の内容たる事実を推論するのであれば，主要事実を立証事実とする場合に等しいので，伝聞法則の潜脱になるとの見解（大澤・争点（3版）183頁）も有力である．しかし，この見解は，証拠能力と証明力との混同があろう．間接事実を要証事実として証拠能力を認めても，間接事実の証明力しか発生しないので，上記のＮ教授の殺人未遂（主要事実）の立証には達しない．なお，本説に従って，Ｎ教授を直接に証人尋問したところで，「Ｎを殺した」との発言の存在以上が立証されることはない．Ｎが他の事実を供述すれば，別になるが，それは本来当然のことである．

　(エ)「行為の言語的部分」，すなわち(i)「この野郎」と言いながら女性を殴打したとか，「よっしゃ，プレゼントじゃ」と言いながら金員を供与したとかの場合にも，その行為の存在が要証事実になるだけであって，その供述の真偽・真意が問題になるわけではないので，非伝聞となる．(ii) なお，後者の発言を「特定人物」（犯人）であることの立証に用いても，「供述の存在」を要証事実とすることになる．

　(オ)「客観的事実と一致する先行供述からの同事実の認識の推論」の場合，例えば，(i) ブレーキ故障による業過事件において，運転者Ｓが乗車前に「ブレーキがおかしい」と供述していた場合，「ブレーキ故障の認識」の証明に本供述を用いることは，伝聞証拠にならない．(ii) この場合には，Ｓの発言の「存在」が要証事実であって，その発言と客観的事実（別の証拠）との一致から「その認識」が合理的に推論されるにすぎないからである．つまり，証拠能力ではなく，証明力の合理性の問題である．(iii) なお，Ｓの供述は，「不利益事実の承認」または「自白」にもあたる．

　(カ)「領収書・借用書の受領」の場合，(i) その記載内容たる金銭等の授受の事実証明に証書を用いるのは，伝聞証拠にあたる．(ii) しかし，証書の「存在」と「受領」の事実から金銭等の授受を合理的に推認することが許される．これも，伝聞法則の証拠能力でなく，「証書」の証明力の問題である．(iii) さらに，証書については，伝聞例外（323条3号書面）ともなりうる．

　e　現在の心理状態の供述——(ア)(i)「白鳥はもう殺していいやつだな」，「共

産党を名乗って堂々と白鳥を襲撃しようか」という被告人Ｘの発言の存在を内容とするＹらの証言につき，「被告人が右のような内容の発言をしたこと自体を要証事実としている」ので，伝聞供述とはいえないと判示した判例がある（最判昭38・10・17刑集17巻10号1795頁）．(ii) 当時のＸの心理状態に関する供述は，自己の内心を表現したものであるから，知覚・記憶の過誤がありえず，その「叙述・表現の誠実性・真摯性」についてのみ反対尋問による審査が必要であるにすぎない．(iii) しかし，「叙述の真意」は，非伝聞証拠における人為的改変と同次元の問題であり，「自然的関連性」として検討されるべきものでしかない．それゆえ，Ｙ証人らへの尋問によって，Ｘの供述した当時の状況を明らかにすれば，判定（推断）しうる．(iv) しかも，Ｘの自らの心理状態の供述は，最良証拠であるから証明力も高い．Ｘの「内心」であるがゆえに，その供述の真摯性を反対尋問で確認することは，困難である．(v) このような理由からして，Ｙの供述は非伝聞と解するのが，通説である．

(イ)(i) 被告人Ｘについて，「**被害者Ａが『あの人すかんわ，いやらしいことばかりする』と言っていた**」という証人Ｙの証言について，これを伝聞証拠（324条2項・321条1項3号）と認めた判例がある（最判昭30・12・9刑集9巻13号2695頁）．(ii) 本強姦致死事件の被害者Ａにおける生前の供述では，「いやらしいことばかりする」というＸの行為が要証事実とされているので，伝聞供述であると判断されたことになる（前掲判例も，Ｙ証言の信用性にも問題があるとする）．(iii) 一方では，強制猥褻の被害者Ｂ（6歳の幼児）の被害直後の言動に関する母親Ｙの証言について，Ｂの原供述が「再構成を経た観念の伝達ではなくて，被害に対する児童の原始的身体的な反応の持続そのもの」であることを理由として，伝聞証拠に該当しないとされている（山口地萩支判昭41・10・19下刑集8巻10号1368頁）．

(ウ) **人の意思・計画を記載したメモ**につき，「その意思・計画を立証するためには，伝聞禁止の法則の適用はないと解することが可能である」，「それは，知覚，記憶，表現，叙述を前提とする供述証拠と異なり，知覚，記憶を欠落するのであるから，その作成が真摯になされたことが証明されれば，……反対尋問によりその信用性をテストする必要はない」と判示されている（東京高判昭58・1・27判時1097号146頁）．これは，供述者が「自己の体験・知覚した事実」ではなく，「自己の心理状態・認識」をそのまま直接に記述する場合を前提（要件）としている．

f **伝聞証拠の実質的判定基準**——(i)「公判期日外の原供述」であっても，その「知覚・記憶」に「過誤・改変が介在する可能性」が存在しないときは，その真偽をテストする反対尋問が不要になるので，非伝聞証拠となる．(ii) 原供述の「表現・叙述」の正確性・真摯性・誠実性は，その「供述時の

態度・状況」に関する証人の供述とこれに対する反対尋問を経て審査される「自然的関連性」の問題である。(iii) こうして,「伝聞証拠の判定基準」は,「信用性の情況的保障の存在」の有無である点で,「伝聞証拠の例外」に実質的に接近する。(iv) この結論は,伝聞法則による証拠能力の制限が,供述証拠の証明力に関する事実認定の誤りを防止するための「形式的枠組」でしかないので,その「実質的判定基準」においては「証明力の合理的判断」(自由心証)に再帰すべきことになる点に由来する。

5 公判期日外における供述の「証拠能力」(伝聞法則の例外)

① 伝聞法則の例外(321条~328条)の意義・根拠

　a　**伝聞例外の意義**——(ア) 裁判所(事実認定者)の面前で当事者の反対尋問を経ていない供述証拠のすべてが,伝聞証拠として排斥されるわけではない。一定の場合には,伝聞証拠であっても,証拠能力が認められる。(イ) 320条1項は,「第321条ないし第328条に規定する場合を除いては」と定め,伝聞法則の例外を定めている。(ウ) この「法定の伝聞例外」の規定には,「実質的な伝聞例外」ではなく,「本来的な伝聞禁止」にあたらない供述証拠も含まれていることに,留意する必要がある。

　b　**伝聞例外の根拠**——(ア)(i) 伝聞法則は,当事者の反対尋問により「供述内容の真実性」(信用性)について審査しえなかった供述証拠については,(被告人に防御の機会が与えられておらず)裁判所の「証明力評価を誤らせる危険」が高いので,その証拠能力を否定して事実認定に用いることを禁止した。(ii) しかし,このような危険の乏しい「公判期日外の供述証拠」であれば,伝聞禁止の根拠を欠くので,証拠能力を認めて証明力評価に委ねれば足りることになる。(iii) これが,「実質的な伝聞例外」であって,伝聞証拠の「消極的価値」(証明力評価を誤らせる危険)に優越する「積極的価値」が認められる場合である。(iv) 実体的真実発見にとって当該「**伝聞証拠を用いる必要性**」があり,(v) 反対尋問に代わる「**信用性の情況的保障**」がある場合をいう。

　　(イ)(i) 当事者が証拠とすることに同意・合意した書面または供述には,証拠能力が認められる(326条・327条)。(ii) これは,伝聞法則に内在する「当事者主義」から「反対尋問権の放棄」または「証拠能力の付与」という法的効果をもたらす。(iii) すなわち,伝聞法則の前提が失われることにより,「伝聞禁止の不適用」になると考えられる。

　　(ウ) 被告人に不利益な事実の承認を内容とする書面(322条1項)は,その供述過程に過誤が生じうる点では伝聞証拠であるものの,これに対する検察官の反対尋問も無意味であるので,「伝聞禁止の不適用」になると考えられる。

　　(エ) 裁判所の面前での当事者の反対尋問の機会が付与されていた証人尋問

調書（321条2項）は，形式上は「公判期日外の供述」であっても，また「書面」であるにもかかわらず，本来は「伝聞証拠」に該当しないので，実質的な伝聞例外にならない．

　(オ) **供述の証明力を争う証拠**（328条）も，事実認定に用いる供述証拠でないので，「伝聞証拠」に該当しない．

　(カ) 裁判所の面前での当事者の反対尋問の機会が付与されていない「実質的な伝聞例外の規定」では，「誰の面前での供述」であるかに応じて「例外の要件」に格差が設けられている．(i) 321条1項3号書面が最も厳格な例外型であり，供述不能・不可欠性・特信性の3要件を要する．(ii) 同2号書面（検察官の面前調書），(iii) 同1号書面（裁判官の面前調書）に応じて，例外要件が緩和されている．

② **当事者の同意した書面または供述**（326条）

　a **要件**──(ア) (i) 検察官および被告人が証拠とすることに同意した書面または供述は，(ii) その書面が作成されまたは供述されたときの情況を考慮し相当と認めるときに限り，(iii) 321条ないし325条の規定にかかわらず，これを証拠とすることができる（326条1項）．

　(イ) (i) 被告人が出頭しないでも証拠調を行うことができる場合において，被告人が出頭しないときは，(ii) 前項の同意があったものとみなす．(iii) ただし，代理人または弁護人が出頭したときは，この限りではない（326条2項）．

　b **趣旨**──(ア) 321条から324条に定める伝聞証拠であっても，当事者が証拠とすることに同意したときは，裁判所が相当と認める限り，証拠能力が認められる．また，被告人の不出頭の一定の場合には，その同意が擬制される．(イ) 実務上は，書証の取調請求があるときは，相手方の同意の有無を確認し，同意があったものは「同意書面」として証拠調を実施し，同意を欠く書面についてのみ，321条以下の伝聞例外規定の適用が検討される．(ウ) 公訴事実に争いのない大多数の刑事事件では，事実の立証は殆んどが同意書証を用いて実施される．(エ) この意味で，本条の規定は，証拠調および伝聞法則の原則と化している．

　c **同意の法的性格**──(ア) これをめぐって，ⓐ「**反対尋問権放棄説**」とⓑ「**証拠能力の付与説**」との対立がある．具体的には，(i) 被告人の自白調書に対する同意の解釈，(ii) 証明力を争うための原供述者の証人尋問の可否，(iii) 瑕疵のある伝聞証拠に証拠能力を認める根拠が争点となる．しかし，ⓐ説でも，「反対尋問権の放棄としての同意」とは別に「責問権の放棄としての同意」を認める限り，ⓑ説と一致する．また，(iii) について，証拠能力の肯定を制限する限り，ⓑ説はⓐ説に接近する．こうして，両説は，その結論が接近する限りでは，理念的な対立になる．

(イ)(i)ⓐ説（学界の多数説）によれば，当事者に伝聞証拠の内容につき争いがないため反対尋問の必要を欠く場合，当事者が反対尋問権を行使しないことは自己の不利益にならないので，その放棄が法的に認められる．(ii)その放棄の法的効果として，「320条1項」は適用の根拠を失うので，その供述証拠は「非伝聞」となる（平野，松尾，田宮，最決昭26・5・25刑集5巻6号1201頁参照）．

(ウ)(i)ⓑ説（実務の多数説）によれば，326条1項が「320条1項の不適用」ではなく「321条乃至前条の規定にかかわらず」と定めている趣旨は，「伝聞例外」である「伝聞証拠」に「積極的な証拠能力」を付与したものである．(ii)その中には「反対尋問が考えられない被告人の供述証拠」（322条）も含まれているので，それは「反対尋問権の放棄」としては説明不能である．(iii)しかも，326条1項は，伝聞法則以外の証拠能力を認める方法を問題としていないので，「当事者の処分権」を肯定した規定である．特に，被告人が証拠とすることに同意した捜索差押調書は，その手続が違法か否かにかかわらず証拠能力を有するとした判例（最大判昭36・6・7刑集15巻6号915頁）は，ⓑ説に依拠していると考えられるとする．

(エ)「被告人の自白調書に対する同意の解釈」(i)ⓐ説によれば，被告人の自白調書は反対尋問が不可能であるから，その同意は，326条の同意ではない．その証拠能力は，319条および322条により判断されるべきである．(ii)ⓑ説に立つ実務では，自白調書については326条の同意の有無を確認した後，不同意の場合に検察官が322条書面として請求する．(iii)ⓐ説でも，326条の同意と別に，「自白の任意性を争わない同意」または「責問権の放棄としての同意」を認める限り，ⓑ説と同じ結論になる．(iv)ⓐ説を一貫すれば，被告人の自白調書も，「公判期日外の供述」であり，供述過程に過誤がありうるから「伝聞証拠」の一つとされているので，これに対する「反対尋問権の放棄としての同意」も可能である．

(オ)「証明力を争うための原供述者の証人尋問の可否」(i)ⓐ説によれば，当事者が原供述に対する反対尋問権を放棄した以上は，当事者による証人尋問の請求を認めることはできない．(ii)しかし，裁判所が証人尋問を必要と認めるときは，同意の意見があっても326条の相当性を欠くものとして書証の証拠能力を否定したうえ，改めて証人尋問の請求があれば，これを実施する．(iii)同意により書証を取り調べた後に，新たに証人尋問の必要が生じたならば，例外的に証人尋問の請求が認められる．(iv)ⓑ説は同意後の証人尋問を広く認めるが，それは安易な同意を肯定することにより，書証裁判を一般化することになり，妥当でない．これに対して，ⓑ説によれば，(v)同意は証拠能力を付与する訴訟行為にとどまり，証明力まで付与するものでないから，書証に同意しても，その証明力を争うために原供述者の証人尋問を請

求しうる．(vi) その尋問の機会が与えられるときには，その供述調書にも同意する旨の意見が当事者から述べることもある．この「反対尋問権を留保した条件つき同意」については，裁判所が証人尋問を認めた段階で同意の効力が発生して書証に証拠能力が認められると同時に，証人尋問を実施する．(vii) その際には証人尋問の必要性につき，請求者の説明を求めたうえ，その採否が決定されるので，安易な書証の同意とその後の証人尋問とが助長されるわけではない．(viii) なお，弁護人から見れば，証人尋問で被告人に利益な供述を得ても，321条1項2号後段で不利益な検面調書が証拠として採用されるので，逆に同意による調書の取調後に原供述者の証人尋問を実施して有利な供述を引き出した方が有利となる．そこで，ⓑ説が支持される．

　(カ) 「**違法収集の伝聞証拠に対する証拠能力の存否**」(i) 違法な手続で取得した伝聞証拠に対して，326条の同意により証拠能力を付与することが可能であるか．(ii) ⓐ説によれば，これは否定される．責問権の放棄による場合でも，なお治癒されえない重大な違法がある限り，これに証拠能力を付与することはできない．(iii) ⓑ説によっても，当事者の放棄可能な権利でない限り，同意があっても証拠能力を付与しえない．(iv) 違法収集証拠に対する同意も原則として有効になる（前掲・最大判昭36・6・7）とする見解（田口・424頁なお379頁）もあるが，疑問である．手続の重大な違法の排除は，法益保護の公的要請であるから，当事者の私的処分に委ねられるべき事項ではないと考えられる．

　(キ) 同意の撤回の可否——(i) 証拠調前であれば，同意の「取消」が許される．(ii) 証拠調実施後における同意の「撤回」は，原則として許されない．

　(ク) 同意の相当性——原供述の任意性の欠如ないし証明力の低さゆえに，証拠能力を欠く場合である（最決昭29・7・14刑集8巻7号1078頁）．

③　**合意書面**（327条）
　a　**合意書面の要件**——(ア) 裁判所は，(i) 検察官および被告人または弁護人が合意のうえ，(ii) 文書の内容または公判期日に出頭すれば供述することが予想されるその供述の内容を(iii) 書面に記載して提出したときは，(iv) その文書または供述すべき者を取り調べないでも，その書面を証拠とすることができる．(イ) この場合においても，その書面の証明力を争うことを妨げない．
　b　**合意書面の趣旨**——(ア) 合意書面において証拠能力の認められる対象は，「文書または供述の内容」であって，当事者間の「合意」により作成された「書面提出」という手続形式の点を除くと，その趣旨は326条1項と基本的に一致する．(イ) 326条1項の「同意」は，一方当事者（通例は検察官）が証拠調請求をした際に，他方当事者（被告人）が「裁判所」に対して同意の表示あるいは黙認（異議を申し立てない）という方式でなされるが，「同意書面」の提

出という方式でもなされる．(ウ) これに対して，本条の「合意書面」は，その提出される公判期日または公判準備の前に両当事者が原供述（文書・供述）の存在・内容を知ることが前提となるので，通常は証拠開示が必要になる．しかも「合意による書面作成」が前提となるため，実務でこれが利用されることは少ない，とされている．(エ) 本条は合意書面の「証拠能力」について定めたものであるから，前記a(イ)の要件は注意規定にすぎない，と解されている．

④ 供述の証明力を争うための書面または供述（弾劾証拠・328条）

 a **弾劾証拠の要件**——(ア) 321条ないし324条の規定により証拠とすることができない書面または供述であっても，(イ) 公判準備または公判期日における被告人，証人その他の者の供述を争うためには，(ウ) これを証拠とすることができる．

 b **弾劾証拠の趣旨**——(ア) 形式上は伝聞証拠であっても，「供述証拠の証明力を争う証拠」としてであれば，証拠能力を有する．(イ) この場合の伝聞証拠（弾劾証拠）を「公訴事実の証明」（実質証拠）に用いることは，許されない（最決昭28・2・17刑集7巻2号237頁．最判平18・11・7刑集60巻9号561頁は，「矛盾供述の存在」自体を要証事実とし，「別の機会に矛盾する供述をしたという事実の立証については，刑訴法が定める厳格な証明を要する趣旨である」として，署名押印なき供述録取書の証拠能力を排斥した．）．(ウ) 伝聞証拠を「その供述内容となる事実」の立証に用いるのであれば，その真偽を反対尋問で審査する必要があるので，伝聞法則とその「例外」が適用される．そうでない非伝聞であるからこそ，本条は「伝聞不適用」を認めた（注意規定）．

 c **弾劾証拠の適用範囲**——(ア) 証人Xは，公判期日で「信号は青だった」と供述している．

  (i) しかし，Xには，事故直後の警察取調の時点では「信号は赤だった」とする供述録取書（自己矛盾の供述）がある．(ii) また，参考人Yの「信号は黄色に変っていた」とする供述録取書もある．(iii) さらに，Xの友人Zの「Xは軽率であてのならない奴だ」とする供述録取書もある．(iv) なお，Yから公判期日後「法廷で嘘を証言した」と告発された証人Xは，再び警察に自ら出頭して，(i)と同旨の供述をしたため，調書が作成された．さて，本条にいう「供述証拠の証明力を争う証拠」とは，(i)〜(iv)のどの範囲までを含むか．

  (イ) **限定説**（通説）前記(i)（または(iv)）の供述者の自己矛盾供述に限る．検察官は，Xの証言の「信用性」（信憑性）を否定するために(i)の公判廷外の供述を証拠とすることができるが，その供述内容（赤信号）の立証（認定）に供することは許されない．(i)の供述は，「その存在」の証明によって，X証言の証明力を「論理的」に減殺するために用いられているにすぎないので，伝聞

不適用となる．

　(ウ) **非限定説**　Xの証言の「証明力を争う証拠」である限り，法文上の限定がないのであるから，Xの供述と相反する全供述証拠(i)〜(iv)が許容される．これらは，Xの証言の「信用性を減殺する点」で何らの差異もないからである．しかし，本説によると，第三者の供述(ii)も「真実である可能性」が前提となり，本来は321条以下の伝聞例外としても証拠能力を欠く伝聞供述が，反対尋問なしに「事実認定」の証拠として許容されることになる，と批判されている．

　(エ) **非限定片面適用説**　被告人側にのみ非限定とし，検察官には限定する説（田宮・395頁）であるが，321条1項3号にいう「犯罪事実の存否の証明」の文言と調和せず，立法論にすぎない．

　(オ) **補助証拠説**　(i)「供述の信用性のみに関する純粋な補助事実」（供述者の能力・性格・偏見・利害関係）の立証のための公判期日外の供述証拠も，本条に含める．それゆえ，(ア)の(iii)も許容される．(ii) 本説によると，本条は「伝聞不適用」と「伝聞例外」の両者を定めたことになる．本説に対しては，(iii) 補助事実も「厳格な証明」の対象になることを前提とするが，「自由な証明」で足りるとするならば，無用の議論になる．(iv)「純粋な補助事実」の限定が困難であり，あらゆる証拠が「弾劾証拠」の名目で法廷に顕出されるおそれがある，と批判されている．

　(カ) **検討**──(i) 要するに，「供述証拠の証明力を争う証拠」に「事実認定のための実質証拠」の介入を防止しうるか否かが，決定的である．(ii) 限定説の「自己矛盾の供述」(ア)の(i)ですら，「赤信号」の事実認定に供される危険がある．しかし，この場合の信用性については，反対尋問を加えても，効果がない．自己矛盾供述のいずれが真偽かは，他の証拠との関係で判定するしかないので，その「論理的自己矛盾」が限界づけとして有効になる．

　d　**「証明力を争う」の意義**──(ア)「証明力の減殺」　証人等の供述の証拠能力を前提として，その自己矛盾供述により証明力の減殺が許容される．(イ)「証明力の増強」　減殺と増強とは，論理的な裏返しであるので，証言の信用性を高める公判期日外の本人の供述も，「論理一貫性」の証明として使用しうる，と考えられる．しかし，「自らの増強」と「他からの増強」との区別は，論理的にはともかく，現実には区別が困難であり，結局は「伝聞証拠」を犯罪事実の認定に用いることを防止しえない，とされている（肯定判例として東京高判昭31・4・4高刑集9巻3号249頁，否定判例として福岡高判昭30・2・28高裁特2巻6号141頁）．(ウ)「証明力の回復」　無条件の増強を認めず，証人の供述証拠の証明力が一度減殺された場合に限り，その証明力の回復のために自己の一致供述の使用を許すことは，可能である（東京高判昭54・2・7判時940号138頁参照）．

第16講　証　拠 (2)

　　この場合には，結果的に「自らの増強」に等しいからである．
　e　**供述（証言）の後になされた伝聞供述**（書面）——(ア) 証人尋問後に作成された検察官調書であっても本条にあたるとする判例（最判昭43・10・25刑集22巻11号961頁）がある．(イ) これに対して，学説（限定説）は，消極的である．しかし，321条1項2号後段の場合とは異なり，「自己矛盾」であること自体が決定的であって，供述の先後は重要でない．(ウ) 反対尋問後に失敗した検察官が，公判期日後に同一証人の取調をすることが「公判中心主義」に反し，「証人尋問の趣旨」に合致しない点に問題があるのであって，「自己矛盾供述」の成否の問題ではない．(エ) それゆえ，前記 c の(iv)調書の利用も許容される．

⑤　**被告人以外の者の供述記載書面 (1)**——321条1項
　a　**321条1項書面の証拠能力の要件**——(i) 被告人以外の者（共同被告人を含む．）が作成した供述書または(ii) その者の供述を録取した書面で供述者の署名もしくは押印のあるものは，(iii) 次に掲げる場合に限り，これを証拠とすることができる．
　　(ア) **裁判官面前調書**（1号書面）——(i) 裁判官の面前（157条の4第1項に規定する方法（ビデオリンク方式）による場合を含む．）における供述を録取した書面（226条～228条・179条・265条の証人の尋問調書，他事件の公判準備または公判期日における被告人または証人の供述録取書面等）については，(ii) その供述者が死亡，精神もしくは身体の故障，所在不明もしくは国外にいるため，公判準備もしくは公判期日において供述することができないとき，または(iii) 供述者が公判準備もしくは公判期日において前の供述と異なった供述をしたとき．
　　(イ) **検察官面前調書**（2号書面）——(i) 検察官の面前における供述を録取した書面（223条2項・198条2項）については，(ii) その供述者が死亡，精神もしくは身体の故障，所在不明もしくは国外にいるため，公判準備もしくは公判期日において供述することができないとき，または(iii)（その供述者が）公判準備もしくは公判期日において前の供述と相反するかもしくは実質的に異なった供述をしたとき．(iv) ただし，公判準備または公判期日における供述よりも前の供述を信用すべき特別の情況の存するときに限る．
　　(ウ) **その他の書面**（3号書面）——(i) 前2号に掲げる書面以外の書面（被告人以外の者が作成した供述書および裁判官・検察官以外の者（司法警察職員・私人）の面前録取書面）については，(ii) 供述者が死亡もしくは身体の故障，所在不明または国外にいるため，公判準備または公判期日においても供述することができず，かつ，(iii) その供述が犯罪事実の存否の証明に欠くことができないものであるとき．(iv) ただし，その供述が特に信用すべき情況の下にされたものであるときに限る．

b 321条1項書面の趣旨

　(ア) **供述録取書**──(i) これは，供述者の作成した供述書と比べて，再伝聞にあたるので，**供述者の「署名・押印」**が要件となる．それが，「録取内容」ないし「供述内容」の正確性に対する供述者の承認になり，その「信用性の保障」になる．

　(ii) しかし，供述者の供述であることの同一性が担保される限り，その署名・押印は絶対的な要件ではない．

　(iii) 公判調書の場合には，別に正確性を担保する規定 (51条) があるから，供述者の署名・押印は不要である．

　(iv) 供述者の署名・押印の不能につきやむをえない事由があり，かつ供述内容の正確性を担保する他の事情があるときは，署名・押印のある場合と同視しうる．

　(v) なお，供述録取書は，録取者にとっても伝聞証拠になりうるので，**録取者の署名・押印も必要である** (規58条1項・60条)．

　(イ) **公判期日・公判準備での供述不能事由**──(i) この法定事由は，伝聞例外に証拠能力を認めるべき必要性を示す．それゆえ，相当程度に継続する事由であることを要し，一時的な身体的故障・所在不明・国外旅行等では足りない．

　(ii) 死亡等の各法定事由は，供述不能の例示でしかない．判例によれば，公判期日での証言拒絶権の行使 (最判昭27・4・9刑集6巻4号584頁)，記憶喪失を理由とする証言拒否 (最判昭29・7・29刑集8巻7号1217頁) も，供述不能事由にあたる．

c 「1号書面」

　(ア) これには，他事件で作成された裁判官面前調書，つまり，証人ないし被告人としての供述録取書 (公判調書) を含む (最判昭29・11・11刑集8巻11号1834頁，最決昭57・12・17刑集36巻1022頁)．**これと「2項前段書面」とは，区別されねばならない**．ここにいう「裁判官」には，別件 (関連事件や共犯者) の「公判裁判所」を含む．実務上重要なのは，共同被告人の公判を分離した場合の被告人供述や証言についての「公判調書」が本号で証拠能力を有することである．

　(イ) 実務では，証人が自己矛盾の供述をしたときは，尋問の途中ないし終了後に裁判官面前調書を被告人に閲覧させるなどして，反対尋問の機会を与えるのが通常である．

　(ウ) なお，裁判官面前調書には，勾留質問調書 (最判昭58・7・12刑集37巻6号791頁) のように記載が具体的でないものもあり，証人尋問調書も請求に手間がかかるので，活発に利用されてはいない．

d 「2号前段書面」（検面調書）

(ア) 必要性（供述不能）のみを要件として，1号書面と等しく証拠能力が付与されている．

(イ) それゆえ，憲法37条2項違反とする見解，または後段の「信用性の情況的保障の要件」が前段でも必要とする解釈が多数説である．しかし，判例はこれを端的にこれを合憲であるとする（最判昭36・3・9刑集15巻3号500頁）．

(ウ) 要するに，「信用性の情況的保障の要件」を前段に加える解釈は，文理に反する．のみならず，この要件は「証明力の具体的問題」に解消可能であり，この要件を証拠法体系において「証拠能力」から「証明力」へと移したからといって違憲となるものではない．すなわち，検面調書の証明力が低いために「合理的な疑い」が残るのであれば，有罪認定は制限を受けざるをえないからである．他方，原供述者の供述不能な場合にその検面調書の利用を全面的に否認することは，真実発見を余りにも阻害するからである．

e 「2号後段書面」（検面調書）

(ア) 前段書面と異なり，「供述不能」が要件ではないので，伝聞供述利用の必要性が弱まり，「自己矛盾の供述」すなわち「相反供述・実質的不一致供述」に事件が緩和されているので，「相対的特信情況」の要件が加重されている．

(イ) **「相反供述」**とは，例えば，証人が公判期日の証言では「被告人の顔をはっきりと覚えていない」と供述しているが，それ以前に作成された検面調書には被告人につき「この男です．間違いありません」との供述が記載されているような場合である．

(ウ) **「実質的不一致供述」**とは，相反供述に至らないが重要部分の不一致であり，例えば，恐喝の公訴事実につき，公判供述では「恐怖の程度が甚だしくなかった」とするが，検面調書では「甚だしい恐怖を感じた」とされている場合である．すなわち，要証事実につき異なる認定に至る場合をいう．

(エ) **自己矛盾の供述**では，これと矛盾する「公判供述に対する反対尋問」が同時に検面調書の供述にも間接的に作用し，一方が真実・正確であれば他方が虚偽・不正確という関係に立つので，真実発見のためには検面調書を証拠として対比したうえ，いずれを信用すべきかは，裁判所の自由心証に委ねられる．後者につき，検面調書の方が供述内容において詳細である場合も含むとする判例（最決昭32・9・30刑集11巻9号2403頁）もある．

(オ) **「特信情況」**は，供述の外部的事情（公判廷では記憶をなくしたと供述したり，検面調書作成後に供述者が関係者と不和になったとか，不当な誘導があったとか，公判廷には組の関係者の傍聴があった等）を基礎とするが，内部的事情（供述の表現・内容・変化等）を排斥するものではない．

(カ) 特信情況は「相対的」であって，両供述の比較により，一方の信用性が欠けると他方の信用性が認められる．裁判例としては，(i)「検面調書」の方が自己の非を認めて誤りのないところを述べている，記憶が新鮮である，日時の経緯につれて事実否認に変わっている，他の被告人の供述内容を知りえなかった事情がある，とか，(ii)「公判供述」が被告人たる父の面前である，恐喝の被告人の面前であるとかの事情から，特信性が認められている．

(キ) 検面調書は公判供述前に作成されていなければ「前の供述」の要件を欠く．なお，判例は，同一事項につき既に証人尋問した者を検察官が取り調べて作成した調書であっても，その後の公判手続で相反供述等をしたときは，「前の供述」の要件を欠くものでないとする（最決昭58・6・30刑集37巻5号593頁）．

f 「3号書面」(司法警察職員面前調書等)

(ア) これには，(i) 司法警察職員・検察事務官の作成した参考人供述調書・告訴告発調書，収税官吏・税関職員の作成した参考人質問顛末書，弁護人が作成した参考人聴取書などの「供述録取書」，(ii) 参考人が作成した上申書・答申書・被害届・告訴状・任意提出書・所有権放棄書・還付請書，また捜査官が作成した捜査報告書・現行犯人逮捕手続書・現認報告書・捜索差押調書，領置調書・電話聴取書などの「供述書」がある．

(イ) 判例では，取引を書き留めた手帳（最判昭31・3・27刑集10巻3号387頁），酒酔い鑑識カードの被害者との問答記載部分（最判昭47・6・2刑集26巻5号317頁．なお，被疑者の外部的状態記載部分は，321条3項の「検証結果を記載した書面」とされた）．また，特殊なものとして，外国の裁判所が作成した嘱託証人尋問調書（最大判平7・2・22刑集49巻2号1頁，証拠能力の否定），国際捜査共助としてアメリカ合衆国で作成された供述書（最決平12・10・31判時1703号160頁）がある．

(ウ) (i) 3号書面の証拠能力の要件は，最も厳格であって，「供述不能要件・証明不可欠性要件・絶対的特信性要件」の3つが不可欠である．(ii) それゆえ，3号書面それ自体の証拠能力が認められる例は多くない．しかし，3号書面は，争いのない90％の公判請求事件において，326条の同意書面として証拠能力が認められる．また，証人の記憶喚起（誘導尋問）および偽証防止の手段として，伝聞法則と関係なしに，検察官により活用されている．

(エ) 「犯罪事実の存否の証明に欠くことのできない」とは，「犯罪事実の存否に関連する事実の証明につき実質的に必要と認められる場合」（東京高判昭29・7・24高刑集7巻7号1105頁）としているが，他の証拠では代替しえない場合が基準となる．

(オ) 絶対的特信情況が認められた事例としては，(i) 他の信用しうる証拠にも合致する犯行時の談話，(ii) 被害直後の被害者の「やられた，やられた，K．K」と加害者の名前を叫んだ発言，(iii) すり現行犯の現場で提出された

第16講　証　拠 (2)

被害状況答申書，(iv) 犯行目撃者が自ら交番に赴いてした供述などがある．

g 「1号書面の特則」(ビデオリンク方式の証人尋問調書・321条の2)

(ア) 1号書面の特則として，ビデオリンク方式による証人尋問（157条の4第1項に規定する方法によりなされた証人の尋問・供述その状況）を記録した記録媒体がその一部とされた調書には，その調書の取調後に訴訟関係人に対し，その供述者を証人として尋問する機会を与えることを条件として，証拠能力が認められる（同条1項．その取調方法につき同条2項）．(イ) この調書に記録された証人の供述は，所定の限度（295条1項前段・321条1項1号・2号の適用）では，被告事件の公判期日でなされたものとみなす．

⑥ 被告人以外の者の供述記載書面(2)——321条2項〜4項

a 321条2項〜4項書面の証拠能力の要件

(ア) 公判調書・裁判所の検証調書等（2項書面）——(i) 被告人以外の者の公判準備もしくは公判期日における供述を録取した書面または(ii) 裁判所もしくは裁判官の検証の結果を記載した書面は，(iii) 321条1項の規定にかかわらず，これを証拠とすることができる．

(イ) 検察官等の検証調書（3項書面）——(i) 検察官，検察事務官または司法警察職員の検証の結果を記載した書面は，(ii) その供述者が公判期日において証人として尋問を受け，その真正に作成されたものであることを供述したときは，(iii) 第1項の規定にかかわらず，これを証拠とすることができる．

(ウ) 鑑定人の鑑定書（4項書面）——(i) 鑑定の経過および結果を記載した書面で鑑定人の作成したものについても，前項と同様である．

b 「2項前段書面」(公判調書・裁判所の証人尋問調書等)——(ア) 当該事件の公判調書および公判準備期日の調書には，無条件で証拠能力が認められる．

(イ)「公判裁判所等の面前における当事者の反対尋問をする機会」が保障されていたからである．

(ウ) しかし，「公判裁判所」と「判決裁判所」とが一致する場合には，公判期日・公判準備期日で取り調べられた「供述」は，それ自体そのまま「事実認定裁判所」に直接経験され心証形成されるのであって，公判調書または公判準備期日の調書から採証されるのではない．この場合には，「伝聞不適用」となり，「2号前段書面」の適用外となる．

(エ) それゆえ，2号前段が適用される書面は，同一公判手続内において「判決裁判所を構成する裁判官」と異なる裁判官の面前で証言供述がなされた場合に限られる．すなわち，(i)「公判手続の更新」（315条・315条の2，規213条），(ii)「破棄差戻・破棄移送」（398条〜400条，412条・413条），(iii)「簡易裁判所から地方裁判所への事件の移送」（332条）における(iv) 更新・破棄・移送の前における公判調書等のみである．

(オ)「公判準備における供述を録取した書面」——当該被告事件における裁判所・受命受託裁判官（163条・171条・178条）による証人・鑑定人・通訳人・翻訳人の尋問調書である．

　(カ)「公判期日における供述を録取した書面」——当該（被告）事件の公判調書における証人等の供述記載である．

　(キ)「1項1号の裁判官面前調書との相違」——(i) 2項前段調書は，当該被告事件の「公判裁判所」およびその受命受託裁判官が基準となる．(ii) 1項1号の裁判官調書は，「公訴提起前」または「第一回公判期日前」の裁判官による証人尋問調書（226条〜228条，最大判昭25・10・4刑集4巻10号1866頁参照），証拠保全手続（179条）における証人尋問調書であって，同一事件であるか（最決昭29・11・11刑集8巻11号1834頁），被告人・弁護人の立会権があるかを問わない．(iii) なお，公判裁判所が被告人の立会権を保障しなかったとか，宣誓をさせなかったとか，除斥事由のある裁判官であったとかなどのため，その証人尋問の手続が違法であるときは，2項前段調書の要件を欠くが，なお1項1号3号・3項書面の要件を充足する場合がある．

c 「2項後段書面」（裁判所の検証調書等）——(ア)「裁判所若しくは裁判官の検証の結果を記載した書面」には，無条件で証拠能力が認められる．(イ)(i) 検証は，裁判所が行うもの（128条）および裁判官が行うものがある（142条・125条・179条）．(ii)「裁判所・裁判官の検証調書」とは，2項前段と同旨であって，当該受訴事件における公判裁判所・受命受託裁判官および当該被告人の証拠保全手続で作成された裁判官の検証調書をいう．(iii) なお，公判廷で行う証拠物の取調（306条）等の証拠調も検証の性質をもつが，事実認定裁判所が証拠から直接に心証形成をするので，2号後段に該当せず，「伝聞不適用」となる．(iv) 他事件や民事事件の検証調書であっても裁判所・裁判官の実施するものを2項後段に含める見解もあるが，妥当ではあるまい．この場合には，当該公判裁判所の直接性，当事者の立会・反対尋問の機会（142条・113条）も欠けているからである．弁護人の立会の機会を与えずに実施した検証の調書の証拠能力は，判例でも否認されている（最大判昭24・5・18刑集3巻6号783頁）．それゆえ，これらの検証調書は，3項書面になるにすぎない．

d 「3項書面」（捜査官の検証調書等）——(ア)(i)「検察官，検察事務官又は司法警察職員の検証」（218条・220条1項2号）は，人・物・場所の存在・形状を観察・認識するものであり，これを記録した検証調書（規41条1項）は「伝聞証拠」に該当する．(ii) しかし，その現場での知覚が直後に記録される限り，客観的事実と知覚との相異が生じにくく，記憶や叙述の誤りも少ないので，本来「伝聞性」が希薄である（メモの理論）．検証者の見聞の記憶を証人として尋問するよりも，検証調書の方が正確であることが多い．(iii) その点では，

第16講　証　拠 (2)

裁判所・裁判官の検証調書との間に差異がない.

　(イ)(i) 3項の検証調書は，その作成者である「供述者が公判期日において証人として尋問を受け，その真正に作成されたものであることを供述したとき」に限り，本項で証拠能力が認められる．(ii) この2項の検証調書との差異は，ⓐ 事実認定をする裁判所・裁判官の直接経験ではなく，ⓑ これに対する反対尋問も不能であり，ⓒ 被告人側の立会権も保障されていないこと (222条1項は，142条・113条を準用していない.)，に由来する．

　(ウ)(i)「作成の真正」とは，調書の単なる作成名義の真正のみを意味するのではなく，正確な観察・認識を忠実に記録したという「供述過程の正確性」をいう．(ii) 記載内容の真実性についてまで反対尋問を要するとの見解 (平野・216条，田口・337頁) は，伝聞例外の趣旨に反する (前記(ア)の(ii)参照)．反対尋問の対象は，検証に関する「方法の相当性」・「態度の真摯性」・「記載の正確性」に限定すべきであろう．

　(エ)(i)「実況見分調書」も「検証の結果を記載した書面」に含まれるというのが，確立した判例 (最判昭35・9・8刑集14巻11号1437頁，最判昭36・5・26刑集15巻5号893頁) であり，通説でもある．(ii) 酒酔い鑑識カードの化学判定欄・被疑者の外部的状態の記載欄 (前掲・最判昭47・6・2) および警察犬による臭気選別の経過・結果報告書 (最決昭62・3・3刑集41巻2号60頁) は，3項書面にあたるとされている．(ii) これに対して，「任意処分たる実況見分」には，検証のような厳格な要件がないので，正確性の保証もなく，これを認めると「私人の見聞記録」にも拡張されるので，3項書面を検証調書に限定すべきとする見解 (平野・216頁) もある．(iii) しかし，正確性は，業務・経験・方法に基くが，「強制処分性」に由来するものではない．それゆえ，一定の資格が必要になるとしても，私人による実況見分を排斥すべき理由はない．この点は「作成の真正」(前記(ウ)参照) の要件で限定しうる．

　(オ)「検証 (実況見分) 調書に記載された立会人の指示説明」──(i) 犯罪捜査規範105条は，被疑者・被害者等の立会人の指示説明を超える供述の記載を制限している．(ii)「指示説明」とは，「事故の衝突場所はA点です」・「被害者が刺されたのはB地点」といった立会人の指摘であり，これに基いて検証対象が画定され，計測や作図が行われる．(iii) この指示説明の検証調書における記載にも，本条3項が包括的に適用されるか，それとも，これと独立した「伝聞供述」として扱われるべきか．学説には，次の3説がある．(iv) 検証 (見分) 対象の特定に必要な指示説明に限り，「一体不可分のもの」として3項書面になるとの見解，(v) 伝聞証拠か否かは立証事項に応じて相対的であるので，「指示したというそれだけの事実」を立証するのであれば，非供述証拠となるとの見解 (平野・218頁)，(vi) 指示説明を供述証拠として用

いるのであれば，伝聞供述であり，321条1項2号・3号，322条1項が適用されるとの見解がある．(vii) 結論的には，指示説明という「供述の存在」を要証事実とするのであれば，非伝聞供述になるので，(v)および(vi)説が妥当である．つまり，「供述の存在」と「血痕の存在」・「被害者の刺傷」の事実とを併せて，「刺傷の地点」を認定したのであれば，「指示説明の内容」自体から立証がなされていないので，それは伝聞証拠になりえず，検証調書と一体として3項書面とすれば足りる（最判昭36・5・26刑集15巻5号893頁）．さらに，「指示説明」を超えているのであれば，この部分は「供述証拠の内容」が通常は要証事実となっているので，伝聞供述になる．この限りでは，(iv) 説も正しい．(viii) なお，交通事故等瞬時の出来事における「過失の認定」にとって，現場検証を基礎づけるのが目撃者の「指示説明」であるので，その証拠能力・証明力の判断には特段の吟味が必要である．

e 「4項書面」(鑑定書)──(ア)「鑑定の経過及び結果を記載した書面で鑑定人が作成したもの」も，専門的知識による複雑な「検証」であるにすぎないので，検証調書と同一の要件により証拠能力が認められる．

(イ)「嘱託鑑定書」捜査機関からの鑑定受託者の鑑定書については，(i) 裁判所の命令によるものでなく，(ii) 鑑定実施前の宣誓もないとはいえ，この2点が鑑定内容の正確性にとって決定的であるわけではない．(iii) その「経過および結果」に関する「作成の真正さ」について，鑑定人は宣誓をしたうえ，証人として説明し，反対尋問を受けるのであるから，嘱託鑑定書も4項書面に該当すると解してよい（最判昭28・10・15刑集7巻10号1934頁）．また，ポリグラフ検査結果回答書（心理状態の一種の鑑定として，東京高判昭34・6・30高刑集19巻4号447頁）にも，4項書面が類推適用される．これを仮に否定しても，3項書面になりうる．

(ウ)「私人による嘱託鑑定書」(i) 特に，被疑者・被告人側は，捜査機関とは異なり，179条1項により証拠保全として鑑定請求を裁判官・裁判所に請求しうる．これを理由とする否定説（田宮・384頁，田口・337頁）もある．(ii) しかし，判例は「医師の診断書」についても本4項の類推適用を肯定する（最判昭32・7・25刑集11巻7号2025頁）ので，これとの権衡を考慮するのであれば，否定説は支持しえない．(iii) 多数の患者を診察する医師の「記憶」に依拠して証言させるよりも，診察時に作成された「診断書」の方が正確性の高いことは明らかである．

(エ)「鑑定書と検証調書」との限界 (i) 鑑定も特殊な検証でしかない．それゆえ，「鑑定の結果を記載した書面」と「検証の結果を記載した書面」との限界をめぐって，3項書面と4項書面との区別が問われる．(ii) 鑑定では，「専門的知識」が必要とはいえ，その限界も明確ではない．しかし，専門的

知識を用いなければ検証しえない程に複雑な事象が対象となるがゆえに，鑑定書では「結果」のみでなく「経過」の記載が要件とされる．(iii) それゆえ，専門家による鑑定であっても，その経過の記載を欠くものは，4項書面ではなく，3項書面とすべきであろう．そうすると，「医師の診断書」は，診断経過の記載を欠くときには3項書面とされよう．

⑦ **被告人の供述記載書面**（322条）——これは，「自白法則」と関連するので，次講で論じる．

⑧ **その他の特信性のある書面**（323条）

 a　**323条書面の証拠能力の要件**——(i) 前3条に掲げる書面以外の書面は，(ii) 次に掲げるものに限り，これを証拠とすることができる．

  (ア) **公務員作成の証明書面**（1号書面）——(i) 戸籍謄本，(ii) 公正証書謄本，(iii) その他公務員（外国の公務員を含む．）がその職務上証明することができる事実について，その公務員の作成した書面．

  (イ) **業務の通常過程での作成書面**（2号書面）——(i) 商業帳簿，(ii) 航海日誌，(iii) その他業務の通常の過程において作成された書面．

  (ウ) **その他の特信性のある書面**（3号書面）——(i) 前2号に掲げるものの外，(ii) 特に信用すべき情況の下に作成された書面．

 b　**323条書面の趣旨**——(ア)「作成過程に特信性のある類型の書面」(i) 323条は，「特に信用すべき情況の下で作成された」ため，その作成者（供述者）を証人として尋問するよりも，その書面自体を証拠に供した方が「類型的に証明力の高度な文書」について，無条件で証拠能力を認めた規定である．(ii) この点において，321条3項・4項に定める検証調書・鑑定書も，323条書面と共通するとはいえ，その「作成過程」に類型的な差異が認められる．(iii) すなわち，323条書面以外の供述書面は，殆どの場合，**当該事件の発生を「認識」した過程**で作成されているためか，そうでなくとも**事件に「関連して初めて」**作成されているため，その「供述者の利害関係」が過誤・作為・意図として介在する類型的危険が認められる．(iv) これに対して，本条の書面は，「当該事件の発生」と関係なく，それ以前から「業務の通常の過程での作成」が「機械的作業」として「予定」ないし「義務」づけられている．それゆえに，「事件との関連性」に由来する「意図・過誤の介入危険」が通常ありえず，その供述記載にも「正確性」が類型化されている．(v) これが，本条に特有な「特信情況」であって，伝聞供述としての類型的危険を欠くので，証拠能力が認められる．すなわち，作成者に証人尋問をすべき意味は，一般には皆無に近い．

  (イ) 1号書面の「その他」の公務員作成証明書としては，(i) 不動産登記簿謄本，(ii) 商業登記簿謄本，(iii) 印鑑証明書，(iv) 前科調書，(v) 指紋対照結果

回答書，(vi) 身上照会回答書，(vii) 領置調書などと裁判例ではされている．

(ウ) **2号書面**の「その他業務の通常の過程において作成された書面」としては，(i) 医師のカルテ，(ii) 検量証明書，(iii) 嫌疑を受ける前に作成された販売未収金控帳（最決昭32・1・12刑集11巻12号3047頁）など作成の継続性のある文書である．(iv) その該当性判断に当っては，その作成者の証言等も資料としうる（最決昭61・3・3刑集40巻2号175頁）．

(エ) **3号書面**としては，(i) 前科調回答の電信訳文（最決昭25・9・30刑集4巻7号1856頁），(ii) 貸金をその都度記入した手帳，(iii) 売掛帳簿の写・摘要書，(iv) 農業調整委員会の議事録，(v) 服役者と妻との往復信書（最判昭29・12・2刑集8巻12号1923頁），(vi) 小切手帳・金銭出納張，(vii) 脱税事件の裏帳簿．なお，否定例として，(viii) 捜査時に検察官の要請により国税庁監察官が調査した納税対象所得額の報告書，(ix) 被告人以外の者の作成した取引記載の手帳（最判昭31・3・27刑集10巻3号387頁）がある．(x) なお，3号書面は「特信性」を要件とするので，1号・2号の書面に準じる性質のものに限定することなく，本号を伝聞例外となる書面に包括的に証拠能力を認める趣旨の規定であるとする見解も有力である．

⑨ **被告人以外の者の「伝聞供述」(324条) の証拠能力**

a **伝聞供述の証拠能力の要件**

(ア) **被告人の供述を内容とする「伝聞供述」(1項)** (i) 被告人以外の者の公判準備または公判期日における供述で，(ii) 被告人の供述をその内容とするものについては，(iii) 322条の規定を準用する．

(イ) **被告人以外の者の供述を内容とする「伝聞供述」(2項)** (i) 被告人以外の者の公判準備または公判期日における供述で，(ii) 被告人以外の者の供述をその内容とするものについては，(iii) 321条1項3号の規定を準用する．

b **被告人以外の者の「伝聞供述」**――(ア) **本条の趣旨** 324条は，「被告人以外の者」による「伝聞供述」について，(i) その内容が「被告人の供述」であれば，その供述を記載した書面に関する322条を準用し，(ii) その内容が「被告人以外の者の供述」であれば，その供述を記載した書面に関する321条1項3号を準用する．(iii) 伝聞例外の規定は，まず321条～323条で「書面」である伝聞供述について定めている．それゆえ，324条に定める「伝聞供述」には，「書面」である伝聞供述の規定（322条・321条1項3号）を準用する形式がとられている．(iv) しかし，本条に定める「伝聞供述」が調書化されたからといって，本条の適用が排斥されるものではない．すなわち，**本条は「書面」についても適用される**．

(イ) **本条の適用範囲** (i) 本条は，「被告人以外の者」による「伝聞供述」について定める．(ii) 本条にいう「被告人以外の者」とは，321条1項に定め

第16講　証　拠 (2)

るものと同義である．それゆえ，これには被疑者・参考人を取り調べた検察官・検察事務官・司法警察職員が含まれ，証人として供述しうる．(ⅲ) その「公判準備または公判期日における供述」には，当該被告事件における「証人」のみならず，「共同被告人」の供述も含む．(ⅳ) その供述が321条2項の適用される「証人尋問調書または公判調書」に記載された場合にも，その「伝聞供述」の部分には，本条が適用される（前記(ア)の(ⅳ)参照）．

　(ウ)「**伝聞供述**」(ⅰ) 被告人以外の者（証人または共同被告人）の「伝聞供述」には，公判裁判所（裁判官）の面前での「**供述の内容**」または「**供述書の内容**」に含まれる二形態があり，本条は直接には「前者」を規定している．(ⅱ) 証人等の供述における「被告人の供述をその内容とするもの」（1項）または「被告人以外の者の供述をその内容とするもの」（2項）のみが「伝聞供述」となりうる．(ⅲ) すなわち，その「供述の内容」を要証事実とする場合のみが「伝聞供述」であって，その「供述の存在」を要証事実とするにすぎない場合には「非伝聞供述」でしかなく，本条は適用されない．(ⅳ) 例えば，公判期日において証人Aが「被告人Xが『自分はAと一緒にY女を強姦した』とBら多数の友人の前で吹聴するのを聞いた」と供述した．(ⅴ) この場合，Xの供述の「存在」を「AおよびYに対する名誉毀損の事実」の立証に用いるのであれば，Aの直接見聞に対する被告人Xの反対尋問の機会が与えられているので，「伝聞供述」に当たらない．(ⅵ) しかし，Aの供述の「内容」である「Aに対する強姦の事実」の立証に用いるのであれば，それは，「伝聞禁止」に当たるので，原則として証拠能力が否定され，322条の準用によりその要件が充足された場合にのみ，伝聞例外として証拠能力が肯定される．(ⅶ) 他方，Aが「Xが強姦の自白をBから聞いた」という供述では，Bの供述を内容とするので，321条1項3号が準用される．(ⅷ) その要件であるBの「供述不能」・それの「犯罪証明への不可欠性」および「特信情況の存在」が立証されない限り，Bの供述内容は伝聞供述に当たるので，これについてAの証言を裁判所は許してはならない．(ⅸ) ただし，その証人尋問中に被告人側から異議申立がなく，326条の同意があったと認められるときは，その伝聞供述にも証拠能力が認められる．(ⅹ) 検察官の主尋問が証人AからB供述を引き出そうとするものであるときは，これを裁判所は制止すべきである．しかし，Aの証言中にBからの伝聞供述が偶発的になされたときは，検察官が「その特信情況」について，Aに再主尋問をするのを待って，裁判所は321条1項3号の要件を欠くと判断すれば，この伝聞供述の部分を排除決定すべきことになる．(ⅺ) その場合の「**特信情況**」は，「**書面**」（供述録取書）の場合とは性質が異なり，原供述者Bの「臨終の供述」・「自己に不利益な供述」・「自然発生的な供述」のように「伝聞供述自体に信用性の高い」ことが

必要になる．(xii) 例えば，福岡高判昭28・8・21高刑集6巻8号1070頁は，「証人の証言中に被告人以外の者からの伝聞を含むとき，その第三者の氏名・所在が最初から不明のため公判期日に喚問できない場合でも，その伝聞供述が犯罪の存否の証明に欠くことができないものであり，かつその伝聞が特に信用すべき情況下になされたものである場合には，本条2項によりその伝聞部分についても証拠能力を認めることができる」旨判示している．その「特信情況」は，自動車事故発生の現場で証人Ａが「後続自動車に乗ったＢから同自動車の所有者の名前が告げられた」というものであって，「事件発生後の自然発生的供述」である，と解されている．

(エ)「**再伝聞証拠**」(i) 伝聞供述中にさらに含まれる伝聞供述を「再伝聞」という．(ii) **供述書または供述録取書に含まれる「伝聞証拠」**，例えば，前記(ｳ)の(iv)設例におけるＡの供述が検面調書 (321条1項2号) に記載されている場合ついては，本条は直接的には明示していない．(iii) これにつき，判例は，本条の適用を肯定する．321条1項2号 (ただし，Ｘの供述調書を被告人Ｘの罪責立証に用いるときは，322条) により証拠能力を認めるべき被告人Ｙ以外の者Ｘの検察官に対する供述調書中の伝聞供述は，公判準備または公判期日における供述中の伝聞供述 (324条) と同等の証拠能力を有する (東京高判昭30・4・2高刑集8巻4号449頁)． **共犯者Ｘ (共同被告人) の検察官に対する供述調書**中に共同被告人Ｙからの伝聞供述が含まれているときは，Ｙの伝聞供述は，Ｘに対して321条1項2号，Ｙに対して322条・324条によりこれを被告人Ｙに対する証拠とすることができる (最判昭32・1・22刑集11巻1号103頁なお，被告人Ｙは，322条の適用される自白とされる供述について，否定・弁明をして，Ｘへの反対尋問と同一の効果をあげることができる，と判示されている)．(iv) これに対して，再伝聞供述の部分の正確性 (信用性) については，「**原供述者の確認**」(**署名押印**) を欠くという理由での反対説もある．(v) しかし，そもそも本条の適用される伝聞供述にも，その正確性につき原供述者の確認が欠けており，それは要件とされていない．また，321条以下で証拠能力が認められる公判期日外の供述は，同じく証拠能力の認められる公判期日の供述と区別して取り扱うべき理由がない．(vi) なお，前掲判例は，「異種の伝聞例外規定の重複適用」であるから，「供述録取書」に**原供述者の署名・押印**または肯認により「供述したことの確認」がある場合に限り肯定する見解 (鈴木・213頁，松尾・下68頁，田口・422頁) も有力である．(vii) この見解は，原則的に「再伝聞」の証拠能力を否定し，単なる「伝聞」と同視しうる場合にのみ，例外的に証拠能力を肯定する考え方である．(viii) しかし，同説では，「原供述者の署名・押印のある供述録取書」が単なる「供述書」よりも「信用性の高いもの」として取り扱われている．これを前提にするならば，「再伝聞」であっても「伝聞」より

も「正確な内容」のある書面を認める点で，「再伝聞」を排斥する前提と論理的矛盾が生じるように思われる．(ix) 確かに，「再伝聞」を認めると「再々伝聞」を限りなく肯定しうることになる．しかし，要するに，その反復される「伝聞過程」の各部分が審査されたうえで，「原供述」の信用性が担保されなければ，324条の適用は否定されるべきことになる．

 c **被告人の「伝聞供述」**——(ア) 被告人の公判準備または公判期日における供述であって，被告人以外の者の供述をその内容とするものについては，およそ規定がない(イ) しかし，その伝聞供述が被告人に不利益なものであるときは，322条を類推適用するか，あるいは，自己に不利益な伝聞供述を知って供述した場合には，326条の同意があったものと考えてよい．(ウ) 逆に，その伝聞供述が被告人に利益なものであるときは，321条1項3号の規定を類推適用すべきであろう．

⑩ **供述の任意性の調査**（325条）

 a **原供述の任意性の要件**——(ア) 裁判所は，(イ) 321条から324条までの規定により証拠とすることができる書面又は供述であっても，(ウ) あらかじめ，その書面に記載された供述または公判準備もしくは公判期日における供述の内容となった他の者の供述が任意にされたものかどうかを調査した後でなければ，(エ) これを証拠とすることができない．

 b **原供述の任意性の趣旨**——(ア) 321条から324条の規定により証拠能力の認められる可能性のある供述書面または供述についても，原則として，その「原供述の任意性」が証拠能力の要件となる．この場合には，あらかじめその任意性を調査する義務が裁判所にある．

  (イ) 本条の趣旨については，(i) 証明力の評価について，原供述の任意性の有無・強弱を考慮させる規定とする説，(ii) 原供述の任意性が要件となる場合には，任意性の有無を「調査」の手続を経て審査すべきことを定めたとする説などが対立する．(iii) 判例によれば，供述調書の任意性の有無の調査は，裁判所が適当と認める方法によって行うことができ，かつ供述調書の方式のみでなく内容自体も調査の資料となしうる（最判昭28・10・9刑集7巻10号1904頁）．また，本条にいう任意性の調査は，「任意性の程度が低いため証明力が乏しいか若しくは任意性がないため証拠能力あるいは証明力を欠く書面又は供述を取り調べて不当な心証を形成することをできる限り防止しようとする趣旨のもの」であるから，必ずしもその証拠調の前に行う必要がなく，その取調後にその証明力を評価する際に行ってもよいとする．

  (ウ)(i) 自白には任意性が証拠能力の要件であり（319条1項），被告人に不利益な事実の承認を内容とする書面においても同じである（322条）．その他の供述においても，「任意性」が証拠能力の要件になることを本条は明示し

ている．(ⅲ) しかし，319条1項および322条では「**任意にされたものでない疑い**」の存在のみで証拠能力が否定されるのに対して，325条では「**任意にされたものかどうか**」と定めており，「その疑い」のみで証拠能力が否定されるわけではなく，「任意にされていない」場合のみに証拠能力を欠き，そうでない場合には単に「証明力」に影響するにすぎない．(ⅳ) ただし，322条に定める書面のように原供述の任意性が本来的に必要であるため，本条で改めて実際上ほとんど問題にならない場合もあるので，裁判所による任意性の調査は常に必要なのではなく，「任意性に疑いを生じた」場合にのみ必要になることを判例も前提としている．(ⅴ) また，任意性の調査は「あらかじめ」行うのが原則であるが，その方式が定められていないこともあって，事前に「任意性に疑いを生じない」場合には，証拠調の実施後に行えば足りる．

(エ) 325条にいう「原供述の任意性」が独自の意義を有するのは，多くの場合には「特信情況」の一要素としてである．

第17講　証　拠（3）
——被告人の供述証拠

1　「匿名社会」において，①犯罪事実は証人および科学的な物証のみで解明しうるか．②現代社会においてこそ「自白は証拠の女王」であることを排斥しうるか．

2　「被告人こそが真実を知る．」被告人の体験供述は，「有罪の証拠」にも「無罪の証拠」にもなる．しかし，①被告人の「供述の信憑性」を判定するには，どのような方法があるか．②「自白」が同時に「誤判の原因」になることの多い理由はどうか．

3　人間は，自己保全の本能からして，通常「自己に不利益な事実」を供述したがらない．それにもかかわらず供述された「自白」の信用性は高いので，「自白」が追及される．「自白強要での人権侵害」を防止する手続的方法はどうか．

4　自白は，重要な証拠であるが，決定的な証拠ではない．「虚偽の自白」を可能な限り排斥するための手続的方法について，説明しなさい．

5　憲法38条の1項「黙秘権の保障」と2項「自白の任意性の保障」との関係はどうか．

6　自白の証拠能力に関する憲法38条2項と刑訴法319条1項との異同について，述べなさい．

7　「任意にされたものでない疑のある自白」の証拠能力が否定される根拠をめぐって，①虚偽排除説，②人権擁護説，③違法排除説，④任意性説ないし競合説の対立がある．その各説の相違および当否について，論じなさい．

8　証拠能力に関する「自白法則」と「違法排除法則」との異同について，説明しなさい．特に，①法の規定，②証拠排除の範囲・効力，③強要・違法の手段と証拠取得との因果関係，④偽計・利益誘引で得られた自白の証拠能力，⑤違法捜査で得られた供述証拠の証拠能力について，検討しなさい．

9　「自白の任意性の立証」について，説明しなさい．

10　自白または証言のみで「合理的な疑いを超える証明」に到達しうるか．

11　「自白の補強法則」（証明力の制限，憲38条3項，法319条2項）の法的根拠について，説明しなさい．それは，自由心証主義の「例外」・「確認」のいずれであるか．

12　「公判廷における自白」につき憲法38条3項と刑訴法319条2項との差異はどうか．

13　「現在の実務では自白の補強法則の意義は薄れた．」のは，どのような理由か．

14　「本来の補強法則」と「みせかけの補強法則」とを区別する見解について，論評しなさい．

15　「補強証拠の3要件」について，説明しなさい．

16　自白された「罪となるべき事実」のどの対象・部分に補強証拠が必要となるか．

17　「自白」と「必要となる補強証拠の範囲」との関係について，「形式説」と「実質説」との対立がある．①その当否および②判例の立場について，説明しなさい．

18　「補強証拠の証明力の程度」について，「絶対説」と「相対説」との対立はどうか．

19　「自白の証明力」および「自白と補強証拠との証明相関論」について，論じなさい．

20　「共犯者たる共同被告人の供述」の証拠能力の要件および補強証拠の要否はどうか．

第17講 証　拠 (3)

〔17講のねらい〕「証拠法」の各論として，被告人の供述の「証拠能力」および「証明力」に関して，①「自白の証拠能力」，②「被告人の供述書面」（伝聞証拠），③「自白の証明力と補強法則」について，実定法の根拠および判例・学説を理解する．

1　被告人の供述と自白法則
(1)　被告人の供述に関する自白法則
　①　**被告人の自白の証拠としての相反性**──(ア)　公訴事実（罪となるべき事実）・要証事実に関する「被告人の自白」は，犯罪事実の認定にとって最も重要な証拠となる．
　　(イ)　それゆえに，憲法でも証拠法でも，最も慎重な規制がなされている．
　　(ウ)　憲法38条は，「何人も，自己に不利益な供述を強要されない」（1項），「強制，拷問若しくは脅迫による自白又は不当に長く抑留若しくは拘禁された後の自白は，これを証拠とすることができない」（2項），「何人も，自己に不利益な唯一の証拠が本人の自白である場合には，有罪とされ，又は刑罰を科せられない」（3項）と定める．すなわち，1項で「**黙秘権の保障**」2項で「**自白の証拠能力**」，3項で「**自白の証明力**」を規制している．
　　(エ)　刑訴法311条は，「被告人は，終始沈黙し，又は個々の質問に対し，供述を拒むことができる」（1項），「被告人が任意に供述をする場合には，裁判長は，何時でも必要とする事項につき被告人の供述を求めることができる」（2項）と定める．また，319条は，「強制，拷問又は脅迫による自白，不当に長く抑留又は拘禁された後の自白その他任意にされたものでない疑のある自白は，これを証拠とすることができない」（1項），「被告人は，公判廷における自白であると否とを問わず，その自白が自己に不利益な唯一の証拠である場合には，有罪とされない」（2項），「前2項の自白には，起訴された犯罪について有罪であることを自認する場合を含む」（3項）として，憲法の権利保障を被告人に具体化して定めている．
　　(オ)　被告人には，「無罪の推定」（憲31条）が働き，「疑わしいときには，被告人の利益に」判断され（317条），「公平な裁判所の迅速な公開裁判を受ける権利」・「すべての証人に対して審問する権利」・「弁護人を依頼する権利」（憲37条）が保障されている．それにもかかわらず，**被告人は，被疑者として犯罪の嫌疑をかけられた時点から，有罪の危険に曝され，逮捕・勾留の下で取り調べられて**（198条1項但書），**自白を迫られる**．
　　(カ)　都市化した匿名社会の現実において，証人および客観的・科学的な証拠に基づく犯罪認定は強く要請されるところではあるが，客観的証拠の乏しい密室・匿名の犯罪も多く，犯罪の動機・目的・故意などの断片的証拠を結

びつけうるのも自白であり，そこに犯人しか知りえない「**秘密の暴露**」があれば，誤判防止にも有用となる．今日なお「**自白は証拠の女王**」であることを排斥することは，困難である．

　(キ) 被告人の自己に有利な事実の供述は信用され難く，人は自己に不利益な事実を認めたがらないがゆえに，自白の証明力は過大評価される危険を伴う．法的には，被告人は犯人ではない．しかし，「犯人のみが真実を知る」という事実を何人も否定しえない．

　(ク) 自白は決定的な証拠であるがゆえに，被告人の供述が常に追及される．それゆえに，自白の強要は，被告人の人権を侵害し，自白は真実である可能性が高いゆえに，その誤評価・誤判を招く危険を常に内在している．自白は，人権と真実との相剋矛盾をもたらす．なぜなら，無実の者の処罰という「真実違反」こそが，刑事司法における「最大の人権侵害」であるからである．

② **自白の意義**――「不利益な事実の承認」・「有罪であることの自認」との区別

　(ア)「**自白**」(319条1項) ――(i) 自白とは，「**自己の罪となるべき事実**」の全部または主要部分 (本質的部分) を承認する被告人の供述である．(ii) たとえ，共犯者または共同被告人であっても，Xの自白が同時に，Yとの関係では「他人の罪となるべき事実」についての供述になるときは，**被告人Xの自白は被告人Yの「自白」ではなく，その性質は「証言」である** (主体基準)．(iii)「自己の罪となるべき事実」の「非本質的部分」についての被告人の供述は，「自白」ではなく，「**不利益な事実の承認**」でしかない．(iv)「自己の罪となるべき事実」の本質的部分を承認する限り，正当防衛等の違法性阻却事由，責任能力・違法性の意識の可能性等の責任阻却事由，刑罰の阻却・減少事由の存在，客観的処罰条件または訴訟条件の欠損を争う場合であっても，自白に該当する．(v)「自己の罪となるべき事実」の主要部分を承認する限り，その日時・場所・方法等について公訴事実と差異があっても，「公訴事実の同一性」が認められる範囲内での供述であれば，自白に該当する．(vi) その自白がなされた時機が民事裁判であるか，被疑者・被告人の段階であるか，あるいは証人ないし参考人としての供述であったか，例えば，捜査官に対する弁解録取の供述 (203条～205条)，勾留裁判官に対する弁解録取時の供述 (207条, 61条)，公判の冒頭手続時の被告人の陳述 (291条2項) のいずれでもよい．その自白が人 (誰) に対してなされたか，相手がいないか，また自白の形式が口頭であるか書面であるかは，問わない．(vii) 公判期日外でなされた被告人の自白・自白書面については，被告人自身の反対尋問権は問題になりえないが，「**伝聞法則の適用**」(322条) がある．

　(イ)「**不利益な事実の承認**」(322条1項) ――(i) これには，「自白」を含む

が，自白に該当しない場合も含む．(ii) これには，「罪となるべき事実」の非本質的部分(間接事実)を含む．例えば，「犯行現場にいた」，「盗品を所持していたが，窃盗は否認する」，「犯行時の不在証明を欠く」，「被害者と面識がある」，「焼損の事実は認めるが，保険金騙取目的の放火であることは否認する」(最決昭32・9・30刑集2巻9号2403頁) などの被告人の供述は，「自白」ではないが，「不利益な事実の承認」になる．(iii)「不利益な事実の承認」も，「任意性」を要件として証拠能力が認められる点で，自白の証拠能力に共通する．(iv) この限りで，自白法則と伝聞法則との区別という概念上の差異はあるが，現行法には自白の定義規定を欠くので，学説上の争いはあるものの，両者の区別の実益は乏しい．(v) 自白に該当しない「不利益な事実の承認」については，補強証拠が不要になるとはいえ，それのみでは有罪の心証に到達しえないことが明白であるからである．

(ウ) **「有罪であることの自認」**(319条3項)──(i)「公判廷」における「有罪の自認」も「自白」に該当することが現行法では認められている．(ii) それゆえ，「有罪の自認」にも，319条2項が適用され，補強証拠が必要になる．(iii) 319条3項は，英米法の**「アイレンメント」**の制度すなわち公判廷における有罪の自認があるときは「有罪を認定」したうえ「量刑手続」のみを実施しうる制度を援用しないことを明示している．(iv) 319条3項は，憲法38条3項を一歩進めた規定であると解されている．この見解によれば，立法論としては「アイレンメント」の採用が可能になる．

(エ) **「犯罪の嫌疑発生前に作成された323条2号・3号の書面」**──(i) 犯罪の嫌疑を受ける前に，その事件の捜査・公判と無関係に作成された323条2号ないし3号に定める書面，すなわち日記・手帳 (広島高判松江支判昭28・3・2高裁刑時31号96頁)，金銭出納張 (大阪高判昭27・5・20高裁判特23号98頁)，未収金控張 (最決昭32・11・2刑集11巻12号304頁)，古物台帳 (東京高判昭28・1・31東高刑時3巻2号45頁) における被告人の自己に不利益な事実の記載は，それ自体「自白」であっても，補強証拠になりうる．(ii) その理由は，「自白偏重による誤判のおそれ」・「自白強要の助長のおそれ」を欠き，自白から独立した証拠である点に，求められる．

(2) 拷問による自白断罪の歴史

① **ドイツ**──(ア)(i) ドイツのカロリナ刑事法典 (1532) では，法定証拠主義が採用され，有罪判決には，犯人の自白または2人以上の信用しうる証人の証言が必要であり，一定の間接証拠があれば，自白取得のための拷問が，法的に許容されていた．(ii) 当時の拷問には3段階がある，とされている．(iii) 第一段階では，被告人を裸にして拷問道具を見せて威嚇し，笞打ち・指

締めなどで自白すると「拷問なしに自白」と記録される．(iv) 第二段階では，吊り上げ・吊り落とし，万力による骨砕きであり，失神・絶命に至ることもある．(v) 第三段階では，手足の切断・焼ごて・火で熱した長靴の装着等である．(イ) しかし，英国では，このような拷問が禁止され，長期の拘禁・不眠の正座・強制歩行がなされた．

② 日本——(ア) 日本でも，養老律令 (718) により明治初期まで，拷問による自白断罪が実施されてきた．(イ) (i) 江戸時代には，第一段階の「牢問」では，笞打・石抱・海老責であり，第二段階の「拷問」では，釣責であった．(ii) 公事方御定書 (1742) では，人殺・火付・盗賊・関所破・謀書謀判の罪に確かな証拠がありながら白状しない場合等でなければ，拷問が許されなくなった．(ウ) 明治6年の断獄則例は，殺人・強盗等の重罪に限り「訊杖」・「算板」の拷問を認めており，これを目撃したボアソナードの廃止の勧告により，改定律令318条には「凡罪ヲ断スルハ口供結案ニ依ル」と定めされるに至ったが，法制上で拷問が廃止されたのは，明治12年10月8日の太政官布告42号によってであった．(エ) こうした歴史的経緯の結果として，現行法の自白法則の規定がある．

(3) 自白の証拠能力 (任意性) の法的根拠

① 憲法と刑訴法との関係

(ア) 憲法38条2項は「強制，拷問若しくは脅迫による自白又は不当に長く抑留若しくは拘禁された後の自白」について，これに加えて刑訴法319条1項は「その他任意にされたものでない疑のある自白」について，証拠能力を否定している．

(イ) 刑訴法が憲法に定める自白法則を拡張したものか否かについては，争いがある．最判昭24・10・13刑集3巻10号1650頁は，319条1項を「拡張」したものと判示していたが，最判昭45・11・25刑集24巻12号1670頁は，両者の適用範囲を「同一」のものと判示するに至っている．

(ウ) 自白法則を違法排除法則に含める学説は，憲法の規定が「任意性」の原則とは関係なしに「違法行為」のみを列挙したものと主張する．

(エ) しかし，憲法と刑訴法とは，ほぼ同時に成立しており，その間に自白法則に関する基本的思想に差異が生じたとする歴史的事実はない．刑訴法の規定は，憲法の規定を忠実に解釈した確認規定である，と解するのが，通説である．

(オ) 仮に違法排除説の憲法解釈が正当であるとすれば，刑訴法の「任意性」の規定は違法排除の趣旨と合致しないことにもなろう．

(カ) 憲法38条1項の「**黙秘権の保障**」と憲法38条2項の「**自白の任意性の**

保障」とは，関連するとはいえ，別の法理である．(i) 歴史的には，黙秘権は公判廷において被告人に真実供述の「法的義務」を証人のように課することを解除した「特権」であり，「事実上の供述強要」を問題とするものでなかった．(ii) これに対して，「自白法則」は，公判廷外における被告人・被疑者に「自白の事実的強要」を禁止し，これに違反して取得された自白の「証拠禁止」を内容とするものであった．(iii) ちなみに，自己負罪拒否特権は，国家から告発・訴追された個人の自由（無罪推定）を担保するために，「供述証拠・非供述証拠」を問わず，その提出義務を負わないとする法理である．(iv) しかし，非供述証拠については，憲法35条の令状主義により捜索・押収が認められる一方で，供述証拠については，供述の自由を担保するものとして，被疑者であっても黙秘権の保障が及ぶようになり，これと自白法則とは接近することになった．(v) しかし，刑事免責（immunity）を与えられた者には，黙秘権は及ばなくなるのに対して，なお自白の任意性は保障されねばならないので，両者は区別される．

② 自白法則の法的根拠をめぐる学説の対立――(ア) 自白の証拠能力が否定される根拠を一元的に説明する見解として，(i) 虚偽排除説，(ii) 人権擁護説，(iii) 違法排除説の対立がある．また，その根拠の併列・競合を認める見解として，(iv) 任意性説，(v) 競合説ないし(vi) 総合説がある．

(イ)(i) 学説では，「違法排除説」が多数説ないし通説であるともいわれるが（多田・争点新版199頁，田口・381頁）．しかし，今日では「任意性説」ないし「競合説」がより有力であり，特に実務では通説といえる．(ii) 判例も，「虚偽排除」を基礎とした多元説であって，後に検討するように，特定の一元的基礎のみを採用するものではない，と解されている．

(ウ) 「虚偽排除説」――(i) 英米法の伝統に従うもので，**虚偽のおそれのある「類型」の自白**は，信用性に乏しいので，**誤判防止**のために排除される．これに対しては，(ii) 嘘をいうような状況は被告人の心理への具体的影響を判断すべきことになり，(iii) 自白内容の真実性が決定的になるので，「証拠能力と証明力との区別」がなくなり，(iv) 自白に基いて他の証拠が発見されたときは，「自白の真実性」が確認されるので，証拠能力を肯定すべきことになり，不合理である（例えば，福井・4版300頁），また自白内容が真実の場合にはその自白は許容されざるをえず，法の趣旨が没却される（田口・380頁），とされている．しかし，このような批判は，誤解ないし曲解であって，適切ではない．(v) 本説（栗本・実務刑事証拠法79頁）によれば，「任意性のない自白は虚偽の自白である蓋然性が強いが故にかかる自白を証拠とすることは危険であるからその証拠能力を否定する」というのであるから，**「証拠能力と証明力との区別」**は確保されており，(iii)・(iv)の前記批判はあたらない．すなわち，

「虚偽の危険」ゆえに当該自白が「証拠調・事実認定の対象から排除されねばならない」のであるから，(iv)の不合理な結果は生じない。また，(vi)「強制，拷問，脅迫などがあったということさえ判明すれば，これを捨て去った方が誤判の危険の除去という観点からは賢明な方法である」，「任意性のないということは，被疑者（被告人）が進んで述べたかどうかというような問題ではなく，その自白をする際に虚偽の自白を誘発するような行為を何人かがしたかどうかということである」（栗本・80頁）と述べており，前記(ii)の批判も全くの的外れである。(vii)すなわち，本説は，「強制・拷問のような行為」があれば，原則として証拠排除せよというのであり，その点では違法排除説と同じく，「行為の客観的な類型」が排除基準とされている。(viii)しかし，違法排除説とは異なり，「捜査官の違法行為」のみでなく，「何人」の強制・誘導等による「真実」の自白であっても排除される点でも，より正当な見解である（最判昭41・7・1刑集20巻6号537頁・百選8版78。その事件担当検察官には「違法行為」がなく，「弁護人」に不当な誘導があった。後述(4)④(ウ)参照）。

(ix)なお，アメリカ法では，「真実性の裏づけのある自白」は排除されないともされている。それが強盗殺人犯の自白のような場合であれば，合理的であろう。なぜなら，その自白獲得の手段が違法であったという理由のみで，その罪責を問わずに犯人を解放することは，社会にとって耐え難い不公正であるからである。日本法では，かかる解釈は，文言上困難であるとはいえ，純理論上は不可能であるとまではいえない。

(エ)「**人権擁護説**」──(i)狭義では，**憲法38条1項の黙秘権**を担保するために，「供述の自由」（任意性）欠く自白を排除する見解（平場・180頁）をいう。これに対しては，次のような批判がある。(ii)供述者の内心への影響を判定するのが困難である。(iii)黙秘権保障と自白法則とは，接近し競合するといえども，異なる法理である。(iv)憲法38条2項を1項の担保規定にすぎないとすると，各規定の独自の意義が失われる。(v)供述の自由を失わせるとはいえない「約束による誘引」等による自白を排除しえない。(vi)広義では，**黙秘権を含む人権の侵害**による自白を排除する見解もある。この見解は，人権侵害を違法と等置する限りで違法排除説に等しく，ただ「違法行為と自白の存在との因果関係」を必要とする点でのみ差異が生じるにすぎない。

(オ)「**違法排除説**」──(i)憲法31条の適正手続の保障を具体化して「**自白獲得手段の客観的な違法**」を排除するために，違法排除法則を自白に適用した規定が319条1項であるとされる。しかし，本説には，次のような疑問・異論がある。(ii)違法という基準と「任意性」の文言とは，調和しない。違法な手段で取得された自白のすべてが不任意であるとは必ずしもいえない。(iii)「強制・拷問・脅迫」のような手段ではともかく，「任意性」について

第17講　証　拠 (3)

「違法手段の客観的基準」を供述者の心理との「因果関係」なしに判定することが可能かつ妥当であるか．(iv) 果たして従来よりも明確な「客観的基準」が本説により提示されているか．(v) 違法の概念にも問題がある．約束・誘引による自白について，**捜査官の「正義・礼譲」違反**をもって「違法」とするのは，法と道徳との混同であり，供述者との**約束違反**という「**行為後の事情**」を基準として自白を排除するのも，疑問である．それでも，約束・誘引を「違法」とせざるをえないのは，やはり「虚偽排除」を理由とせざるをえないからである．(vi) 違法の程度を画する基準も不明である．(vii) 本説は，違法な取調による自白を広く排除しようとするが，判例の違法排除法則を基準とする限り，自白の違法排除は殆んど達成しえなくなる．より広範な証拠排除を肯定すべきであるならば，その根拠が問われる．(viii) それゆえ，違法排除法則とは異なり，**自白法則により無条件に証拠能力が否定されるべき根拠**は，「虚偽のおそれ」（誤判防止）を根拠とするしかない．誤判は，裁判の自己否定であり，あってはならない司法による人権侵害である．(ix) 歴史的にも，自白法則は，拷問等により供述の任意性を失わせたうえで取得された**自白が「真実」であると偏重される危険**を「中核」として発達してきた．この点は，アメリカ法の歴史でも明白である．(x) これに対して，違法排除法則は，憲法35条（捜索・押収）について発展してきた法理である．この法理は，勿論，自白にも適用されうるが，それゆえに両法則を単一化すると，却って**自白法則**（供述証拠）**の特質**が不明になる．

　(カ)「**任意性説**」——(i) 虚偽排除説によると「真実性の裏づけのある自白」を排除しえなくなるとして，人権擁護説との競合を認めたうえ，違法排除説の文理（319条1項）との不整合を回避するために，「任意性」を基準とすると同時に，自白についても別途「違法排除法則」を認める見解である．(ii) 本説は，「虚偽排除説」が妥当でないという前提から出発するのであれば，その不当性を内在するという自己矛盾に陥る．(iii) 他方では，黙秘権等の人権侵害の排除を証拠排除の根拠とするのであるから，これと虚偽排除とを等置しうる根拠が問われる．すなわち，黙秘権を侵害するときは虚偽自白を誘発するというのであれば，結局は後者に重点がある．(iv) 逆に，人権侵害の違法自体を排除するのであれば，違法排除説と同じことになり，自白につき自白法則と別に違法排除法則を二重適用すべき必要はない筈である．(v) 結局，本説は，虚偽排除・人権擁護・違法排除をめぐる対立を回避・隠匿するために「**任意性**」という文言（レッテル）を強調するだけではないか．(vi) しかも，「任意性」の要件は，「強制，拷問又は脅迫による自白」を包括しえても，「不当に長く抑留又は拘禁された後の自白」，さらに「偽計・誘引」までも包摂しうるか．これを「任意性」に包摂しうるには，「任意性」とは「虚偽の

第17講　証　拠 (3)

蓋然性」であると解するしかないであろう．

　(キ)**「競合説」**──(i) 前記の「任意性説」も，競合説の一種であって，これと本説とは必ずしも異なるものではない．(ii) 競合説は，「任意性のない自白を排除する理由に三つのものがある」として，「虚偽排除」，「黙秘権侵害」(憲法38条1項)，「供述義務を課していない身体への暴行と不当に長い抑留拘禁」(憲31条) を区別したうえ，319条1項は「右の三個の趣旨を競合的に含んでいるものと解される」(平野・228頁) とする．本説は，前記の任意性説とは異なり，自白法則に違法排除法則も含める点では，違法排除説と一致する．(iii) 新しい競合説は，「憲法違反の不任意自白の排除」，「刑訴法違反の不任意自白一般の排除」，「違法排除法則による自白排除」という3つの排除原理の併存を認める (松尾・下41頁, 内田ほか (安冨)・238頁)．判例による違法排除法則の承認を前提としている点では，平野説よりも洗練されている．

　(ク)**「総合説」**──(i) 前記の競合説と必ずしも異なるものではないが，違法排除説の難点を克服すべく，虚偽排除を正面から承認する点で，旧競合 (平野) 説と異なる．(ii)「不適正自白」の排除の観点から，虚偽排除・人権擁護・違法排除を総合する見解 (渡辺・被疑者取調べの法的規制331頁) があるが，違法排除法則を自白法則に組み込む点で，平野説と同様な難点をもつと思われる．(iii)「事情の総合説」は，憲法38条1項・2項・35条の区別に応じて，「自己負罪拒否特権違反の自白排除」，「任意性を欠く自白排除」(自白法則)，「違法排除法則による自白排除」を区別する (渥美・183頁)．虚偽排除を中核とした自白法則を強調しつつ，これを違法排除法則と区別する点では，正当な見解であると思われる．

　(ケ)**「新しい虚偽排除説」(私見)**──(i) 従来の「任意性説」・「競合説」・「総合説」の不明確で便宜的な性格を除去するには，「虚偽の蓋然性」を自白偏重危険 (誤判) の「一般的抑止」の観点から排除すべき「自白法則」と人権侵害の違法を一般的に抑止する「違法排除法則」とは，峻別されねばならない．(ii) 先ず，違法排除法則は，憲法35条の令状主義の規制下に置かれる捜索・押収の違法手段により取得された証拠を排除するものである．そこでは，違法な収集手続が「証拠の証明力」に影響を与えることを要件としない点に着目すべきである (ただし, 供述証拠である自白・伝聞証拠にも違法排除法則は適用される. 最判平7・6・20刑集49巻6号741頁・百選8版89参照)．(iii) これに対して，自白法則では，収集手続が供述者に外的圧力を加えることによって，供述証拠 (自白) の証明力に影響 (虚偽の蓋然性) を与えるゆえに**「絶対的排除」**が法定されている点に，違法排除法則とは決定的な差異がある (田口・382頁も, これを一部承認する)．(iv) この決定的な差異を看過して，違法排除法則と自白法則とを同一の原理で統合しようとした違法排除説 (田宮, 鈴木, 田口, 多田

等）には，やはり無理がある．(v) すなわち，違法排除法則では，たとえ供述証拠が対象となる場合でも，収集手続の違法が証拠の証明力（信用性）を左右することを要件とはしないがゆえに，その証拠取得と因果関係にある手段（収集行為）の違法性のみを判定すれば足り，それと「証拠資料の発生」との因果関係（自白に対する心理的因果関係）を問題にする必要がないが，自白法則における「任意性の要件」では逆の結論に至るべきことになる．(vi) 要するに，憲法および刑訴法が特に「供述証拠」について証拠能力の規制（319条～328条）を設けたのは，その「**供述の過程**」に「**虚偽の蓋然性**」が生じるからである．この点で，「自白法則」と「伝聞法則」とは共通するものの，自白の任意性は本人の供述過程（供述者の心理）の「外在的圧力による過誤」の排除，反対尋問は本人の供述過程の「内在的過誤」の排除を目的とする点で異なるのである．(vii) 自白は，本人が本能的に黙秘しようとする「自己に不利益な供述」であるがゆえに，これを取得するための拷問・強制等の外的圧力が加えられる．しかし，自白は，本人が自己の罪を悔悟して「自発的に供述」する場合には真実性が担保されるのに対して，自白が他人からの外的圧力によるときは，その苦痛を避け，その利益を得ようとして，他人に迎合するため「虚偽の蓋然性」が高まる．それでも，自白の供述内容は真実であることが多い．それゆえに，捜査官等の外的圧力が反復され自制されないため，その真実性が過大評価されて虚偽自白を必然的にもたらす．従って，「虚偽の蓋然性」ゆえに，自白の外的圧力は全面禁止される必要がある．(viii) その外的圧力は，拷問・強制のように人権侵害・違法であることが多いが，利益誘導の手段については人権侵害とはいえないが虚偽のおそれがある．(ix) 虚偽自白を誘発するような全圧力を禁圧するには，個別の自白内容が結果的に真実であったか否かは決定的ではない．当該事件での特別予防ではなく，「**一般的予防としての虚偽誘発の禁止**」が問題になるからである．従来の学説が虚偽排除説を支持しえないと考えたのは，当該事件での自白の結果的真実のみに止目する誤りをしたからである．しかし，判例は，正当にも，当該自白が真実と一致する場合であっても，「虚偽のおそれ」を理由に排除している．(x) 他方，自白の供述過程に影響せずとも違法手段が用いられた場合には，自白法則ではなく，違法排除法則が適用される．なぜなら，その自白（供述証拠）の証明力（信用性）が害されることを要件としない点で，通常の証拠物の違法排除と変わるところがないからである．

(4) **自白の証拠能力（任意性）の要件**
　① **被告人の不利益供述の証拠能力**──(ア) 任意性を欠く被告人（被疑者）の自己に不利益な事実を承認する供述は，自白（319条1項）としても，伝聞証拠

(322条) としても，証拠能力が否定される．(イ) 任意性を欠く自白は，厳格な証明を必要としない簡易公判手続における事実認定に用いることも許されない．(ウ) また，自白が伝聞証拠であるとき，326条・327条の同意・合意があっても，証拠能力を認めるべきではない．(エ) 被告人の反対尋問権または責問権の放棄が妥当せず，また328条の弾劾証拠としても証拠能力が否定されるのは，単なる違法排除のみではなく，虚偽排除の観点から強い一般的抑止が要請されるからである．

② **強制・拷問等と任意性を欠く自白との因果関係**——(ア) 違法排除説を一貫するならば，拷問等の違法自体が決定的であり，その結果として供述の任意性が欠けたことは不要になり，違法手段により自白が収集されたという外部的因果関係があることで足りる．

(イ) これに対して，判例は，強制・拷問等の手段により，「**任意にされたものでない疑いのある自白**」がなされたという「**心理的因果関係**」を必要とする．これは，虚偽排除説ないし任意性説からの帰結である．

(ウ)「取調の衝に当った警察官自身が被告人の取調は被告人に手錠をはめたままで行われたこと，午前2時頃まで取調べたこと，警察官が4人がかりで被告人を取調べたこと，警察官の一人が被告人を殴ったことのあることを認めている……，かかる状況の下になされた被告人の警察における供述は，**強制，拷問によるものであることを思わせる十分の理由があるものといわなければならない**」(最大判昭26・8・1刑集5巻9号1684頁．ただし，破棄差戻後の控訴審判決は，殴打の事実を否認し，自白の任意性を認めて，有罪判決をしている．) すなわち，自白の「任意性」に「疑い」があれば，証拠能力は否定されるが，その「疑い」が否認されれば，証拠能力は肯定される．

(エ)(i) 例えば，検事に対する自白が，その一両日前の刑事の長時間にわたる肉体的苦痛を伴う尋問の結果としてなされた**自白を反復**しているにすぎない疑いが濃厚であるにもかかわらず，その因果関係につき審理を尽くさずに，自白を証拠とすることは，許されない (最判昭27・3・7刑集6巻3号387頁)．
(ii) これについて，違法排除説は，毒樹の果実論を適用して，第一自白が違法で証拠能力を欠くことを知ったうえで第二自白がなされたという事情がない限り，第一自白の違法性は第二自白にも波及するという (田口・386頁)．しかし，このように「被告人の同意」により違法の因果関係を否認するのは，疑問である．むしろ，判例のように，**肉体的苦痛の心理的効果が及ぶ第二自白**は，「**虚偽の蓋然性**」があるとして一般的に排除されるべきであろう．

(オ) 警察官に対する自白が強要によるものであっても，その後の検事および予審判事に対する自白までも，当然に任意性を欠くものと断定することはできないが，その直前まで継続していた警察の不法留置とその間の自白強要

から何らの影響も受けずになされた任意の自白と断定することもできない（最判昭32・7・19刑集11巻7号1882頁・本判例によれば，手錠の施用等があれば「供述の任意性が欠けるとの推定」を受け，その「反証」がなされない限り，任意性の存在が否定される）．

(カ) 第二の自白（勾留質問調書）につき，裁判官が勾留質問手続では被疑者に自由な弁解の機会を与えたことで因果関係が切断されるならば，任意性が認められる（最判昭58・7・12刑集37巻6号791頁）．

(キ) 判例によれば，強制・拷問・脅迫による自白とは「任意性のない自白」の典型的事例を例示したものであり，任意性を失わせるような不法不当な圧力が現に加えられつつあるか，または過去においてこれらの圧迫が加えられたことにより，将来も再びそのような圧迫が反復されるおそれのある状態において，これを原因としてなされた自白であると解されている（東京高判昭32・12・26高刑集10巻12号826頁）．ただし，強制・拷問等の強い圧力の下で行われた取調の後になされた自白は，一般には因果関係が推定される（小林・235頁）．なぜならば，「任意になされたものでない疑いのある自白」であれば，足りるからである．

③ **不当に長く抑留・拘禁された後の自白**——(ア) 虚偽排除説によれば，「不当に長い」とは，供述の任意性を失わせることで「虚偽の蓋然性」を生じる自白であるから，ここでも供述者の具体的な心理的事情とその因果関係が考慮される．

(イ) 違法排除説からも「不当に」長いことが基準とされるが（田口・383頁），疑問である．法文に反して，「不当」かつ「長い」ことは不要であって，端的に「要件を欠く」あるいは「法定の期限」を超えた「違法な抑留・拘禁」であることを基準とするのが，違法排除説からの帰結である筈である．しかも，供述との心理的因果関係は不要になる．

(ウ) 判例では，窃盗直後の現場近くで被告人の所持品から被害金品が発見された事案につき，被告人が逃亡するおそれを欠くにもかかわらず109日の起訴前および起訴後の勾留がなされた後に初めて自白したときは，憲法38条2項にいう「不当に長く抑留若しくは拘禁された後の自白」に当たる，とされている（最大判昭23・7・19刑集2巻8号944頁）．本判決は，真実に合致する自白につき違法拘禁であることを理由に排除しているので，違法排除説に合致する結論であるともいえる．しかし，このような「不当に長い」拘禁は，違法であるがゆえに，「虚偽の蓋然性」ある自白であることを否定しうるものではない．被告人の所持品から盗品が発見されたからといって，被告人の窃盗が証明されたことにもならないので，被告人の自白には「虚偽のおそれ」がないとは断定しえない．

(エ) 判例によれば，本自白には自白と不当に長い抑留・拘禁との因果関係のないことが明らかに認められる場合の自白を含まない（最大判昭23・6・23刑集2巻7号715頁，最大判昭23・11・17刑集2巻12号1558頁，最判23・9・18刑集2巻10号1209頁）．

(オ) 判例は，「不当に長く」の要件につき，事件の性質・勾留の必要性等の客観的事情のみならず，被疑者の年齢・健康状態等の主観的事情を総合的に判断している．例えば，(i) 単純な窃盗事件で逮捕後6箇月以上拘禁後の第二審公判廷で初めてした自白につき，被告人が病気のため拘置所内の病舎に収容されており，公判期日でも治療のための釈放を訴えていたような事情が考慮されている（最大判昭24・11・2刑集3巻11号1732頁）．(ii) 放火事件につき，16歳未満の少年に勾留の必要が認められないにもかかわらず，7箇月以上勾留した間になされた自白には，その供述内容に一貫性がないことも理由としている．（前掲最判昭23・6・23）．ここでも，「虚偽のおそれ」が考慮されていることは，明白である．

④ **その他任意にされたものでない疑いのある自白**——(ア) この類型に当たる自白には，(i) 拷問に類する肉体的苦痛を与えて取得された自白，(ii) 脅迫に類する心理的苦痛を与えて取得された自白，(iii) 利益・誤情報などを与えて誘導された自白がある．特に(iii)の類型では，「約束・偽計による自白」の場合に，違法性排除説・人権擁護説と虚偽排除説との理解が尖鋭に対立することになる．

(イ) **勾留中の手錠を施したままの取調**（前掲・最大判26・8・1，最判昭38・9・13刑集17巻8号1703頁，最判昭41・12・9刑集20巻10号1107頁），**糧食差入の禁止**（最判昭32・5・31刑集11巻5号1579頁）などの事情は，それ自体の肉体的苦痛が問題になる場合には「拷問」になるが，そうでなくとも供述者の「意思の自由」が抑圧されている「疑い」がある限り，その自白は虚偽の蓋然性を否定しえないので排除される．要するに，個別の特定事情ではなく，「取調時の全事情」が判断の基礎になるので，前記(i)と(ii)の類型は，必ずしも明白に区別しうるものでなく，検察官が「任意性」の確保を立証しない限り，「任意性」を欠く疑いのある自白として取り扱われることになる．

(ウ) **「約束による自白」**（i) 捜査官が被疑者に対して利益供与を約束して自白を取得するものであり，アメリカ法では「免責・減刑など刑事責任に関する利益」に限定されるが，わが国では一般的な「世俗利益による誘導」であっても被疑者によっては充分であると解されているので，違法排除説では限界を画するのが困難になる．(ii) その先例（福岡高判昭29・3・10高刑判特26号71頁）では，検察官が選挙運動報酬の供与者とされる者Xに，供与金額が2,000円〜3,000円であれば供与者は起訴されないので，被供与者の氏名を述べよ

といわれて自白し，そのXから自白しても起訴されることはないと伝えられたYが，供与を受けてないのに虚偽の自白をした事案につき，いずれも「約束による自白」として証拠排除された．(iii) その後，贈賄罪の事案につき，「本件のように，被疑者が，起訴不起訴の決定権をもつ検察官の，自白をすれば起訴猶予にする旨のことばを信じ，起訴猶予になることを期待してした自白は，任意性に疑いがあるものとして，証拠能力を欠くものと解するのが相当である」(ただし有罪，最判昭41・7・1刑集20巻6号537頁)として，「真実の自白」が排除されている．(iv) 本判決について，違法排除説からは，「不起訴の約束をして起訴したという背信的行為の違法性のためのみならず，利益誘導による虚偽のおそれもあり，また供述の自由を侵害したともいえよう」(田口・384頁)とされている．(v) しかし，**「背信的行為」**（約束違反）は，道徳に反するとしても，違法となる根拠は不明である．百歩譲っても，約束が遵守されたときには，これを違法（背信）としえないが，やはり虚偽のおそれのある自白を「利益誘導」したものとして排除すべきであろう．しかも，本件の検察官は金品を返還したことを前提として，「起訴猶予処分も十分に考えられる」と真実を述べたので，背信の意図がないにもかかわらず，これを聞いた弁護人が「改悛の情を示せば起訴猶予にしてやると言っている」と不正確に被告人（自白者）に伝えたのである．それゆえ，**自白を誘導したのは，検察官ではなく弁護人である**から，違法排除の余地は全くない．(vi) また，この場合に被告人は自発的に供述しているので，「供述の自由」が害されたと解するのも，困難であろう．それゆえ，虚偽排除の観点からのみ，「弁護人の利益誘導」ゆえになされた自白を排除しうる．ただし，被疑者が正に改悛して自発的に真実を自白したのであれば，これを排除すべき理由はない．

(エ)**「偽計による自白」** (i) これが排除されたのは，拳銃等の不法所持の事案について，妻が自分の一存で買い受け自宅に隠していたと供述し，夫も同旨を供述していたので，検察官が，夫に対し妻は犯行の共謀を自供したと虚偽の事実を告げた上で共謀の自白をさせ，次に妻に対し夫は共謀を認めていると告げて共謀の自白をさせて，自白調書を作成し，さらに夫に共謀を確認して自白調書を作成したという**「切り違え尋問」**を用いた事案である．
(ii) 最高裁は，「思うに，捜査手続といえども，憲法の保障下にある刑事手続の一環である以上，刑訴法一条所定の精神に則り，公共の福祉の維持と個人の基本的人権の保障とを全うしつつ適正に行なわれるべきものであることにかんがみれば，捜査官が被疑者を取り調べるにあたり偽計を用いて被疑者を錯誤に陥れ自白を獲得するような尋問方法を厳に避けるべきであることはいうまでもないところであるが，もしも偽計によって**被疑者が心理的強制を受け，その結果虚偽の自白が誘発されるおそれのある場合には**，右の自白はそ

第17講　証　拠 (3)

の任意性に疑いがあるものとして，証拠能力を否定すべきであり，このような自白を証拠に採用することは，刑訴法319条1項の規定に違反し，ひいては憲法38条2項にも違反する」，また「被告人の取調にあたり，『奥さんは自供している．誰がみても奥さんが独断で買わん．参考人の供述もある．こんな事で二人共処罰される事はない．男らしく云うたらどうか．』と説得した事実のあることも記録上うかがわれ，……偽計を用いたうえ，もし被告人が共謀の点を認めれば被告人のみが処罰され妻は処罰を免れることがあるかも知れない旨を暗示した疑いがある．要するに，本件においては……**虚偽の自白が誘発されるおそれのある疑いが濃厚であり**」（最大判45・11・25刑集24巻12号1670頁）と判示している．(iii) 本判例については，尋問方法の厳禁を問題とし違法排除説への「コペルニクス的転回」を示したものとの評価（田宮「生きかえった自白法則」ジュリ470号107頁）もあるが，むしろ単なる「偽計」の違法ではなく，「虚偽排除」を直接の根拠としているとする評価が適切であろう．

⑤　**違法排除法則との関係**──(ア) 今日の判例・学説は，自白法則と違法排除法則とには共通点があることを承認しつつも，両者を区別して取り扱うのが主流である．なぜなら，自白法則では，任意性を欠く自白の証拠能力が自動的に排斥されるのに対して，違法排除法則では，相対説が支持されており，令状主義の精神を没却するような重大な違法がない限り，およそ証拠能力が排斥されないからである．

(イ)「**黙秘権・弁護権の不告知と自白の任意性**」(i) 判例によれば，黙秘権の告知は，黙秘権の保障を実効化するための制度であって，黙秘権自体の内容には含まれず，その告知を欠くのみでは憲法38条1項に違反せず，その取調に基づく被疑者の自白が直ちに任意性を失わせるものではないとする（最判昭25・11・21刑集4巻11号2359頁，最判昭28・4・14刑集7巻4号841頁）．(ii) 直接には黙秘権告知を欠くとしても，被疑者が他の情報から黙秘権の存在を熟知しているのであれば，黙秘権の行使には何の障害もないからである．(iii) 弁護権の不告知についても同様であり，その不告知の具体的な事情と供述への効果を認定した上で「任意性」が判断される．それゆえ，被疑者に供述義務があると誤信させて自白を取得した場合，あるいは弁護人の選任を妨害した上で被疑者への心理的圧力を利用して自白をさせたような場合には，任意性に疑いが生じる（大阪高判昭53・1・24判時895号122頁）．(iv) なお，黙秘権の告知が取調中に一度もなされなかった疑いがあり，取調官が黙秘権を尊重する基本的態度がなく，被疑者の心理的圧迫の解放がなかったことが推認されるので，被告人が検察官や裁判官から黙秘権の告知を受けていたことは重大ではない，として自白の証拠能力を否定した裁判例（浦和地判平3・3・25判タ760号261頁）がある．これは，自白の任意性が検察官により証明されなかった事例であり，

かつ捜査官が意図的に被告人の処罰のために画策を重ねたという点で虚偽を誘発する危険のある事案である．

(ウ)「接見拒否と自白の任意性」——(i) 余罪の取調中に弁護人Dが接見を求めたところ，検察官が取調の必要性があるとして接見を拒否したうえ，同日の午後9時頃から接見が認められた事案につき，「右自白は，A弁護人が接見した直後になされたものであるうえ，同日以前には弁護人4名が相前後して同被告人と接見し，D弁護人も前日に接見していたのであるから，接見交通権の制限を含めて検討しても，右自白の任意性に疑いがないとした原判断は相当と認められる」と判示した（最決平1・1・23判時1301号155頁）．(ii) すなわち，本件での接見拒否には違法の疑いがあるにもかかわらず，判例は，接見交通の直後の自白であることを理由として，接見制限と自白の存在との因果関係の成立を否定する前提に立って，「自白の任意性に疑いがない」と結論づけたものであろう．(iii) これに対して，違法排除説に立つならば，自白の任意性は問題にならず，違法な接見制限後の自白であることを理由として証拠能力が否定されうることになる．

(エ)「違法な身柄拘束中の自白」(i) 被告人Xをヘロイン所持の嫌疑により捜索差押許可状を執行した際に，以前に米軍捜査官Aから手渡されていた銀紙入りのヘロインを米軍捜査官BがXの財布と共に差し出して，現行犯であるかのように偽装したうえ逮捕した身柄拘束中にXの自白がなされたという事案について，「身柄の拘束の違法性が著しく，右の憲法およびこれを承けた刑事訴訟法上の規定の精神を全く没却するに至るほどに重大であると認められる場合には，その身柄拘束中の供述がたとえ任意になされたとしても，その供述の証拠としての許容性を否定すべきものと解するのが相当であるが，……これを本件についてみると，……本件現行犯逮捕の際不公正な行為をしたのは麻薬取締官ではなく，米軍捜査官であり，……日本の捜査官にとっては，前示のとおりX（当時は被疑者）が財布の中にヘロインを所持していたものと判断したこともうなずけないわけではない情況にあったものということができ」るので，本件逮捕の違法性は重大なものとはいえず，「Xの供述は証拠としての許容性を否定されない」（福岡高那覇支判昭49・5・13刑月6巻5号533頁）とされた．(ii) この判示にあるように，違法排除法則は，捜査の重大な違法自体を抑止するものであるから，その間になされた「供述の任意性」（自白法則による証拠の「絶対排除」）とは独立して，違法捜査により取得された証拠であるがゆえに，「相対的排除」の効果を生じる．すなわち，この「**絶対的排除**」と「**相対的排除**」との差異は，「**虚偽排除**」の要否に由来する．(iii) この点で，違法排除法則と自白法則とは，証拠排除の根拠および因果関係の内容において差異があり，混同すべきではない．

⑥ **伝聞法則との関係**──(ア) 被告人の自白ないし不利益供述は，これを被告人が「審問」・「反対尋問」することは不可能であるので，憲法37条2項で保障する証人尋問権を害するという問題は生じない（この場合，「検察官の反対尋問」の必要も欠ける）．しかし，被告人の「公判期日外の供述」（日記・手紙・帳簿・上申書・被害届などの「供述書」，第三者が作成した供述調書・証人尋問調書などの「供述録取書」および第三者の証言中の「被告人の供述」）が，その「供述内容の真実性」を立証するために用いられる場合には，「伝聞証拠」として320条1項の対象になり，反対当事者（検察官）の反対尋問は必要になりうる．

(イ) 被告人の公判期日外の供述については，(i) 書面で公判廷に提出されるものには322条1項（「被告人が作成した供述書」および「被告人の供述を録取した書面で被告人の署名若しくは押印のあるもの」，後者には録取者の署名・押印も必要になる．），(ii) 証人の「**伝聞供述**」には324条1項（「被告人以外の者の公判準備又は公判期日における供述で被告人の供述をその内容とするもの」が，伝聞例外の要件を定めている．

(ウ) **322条1項および324条1項が証拠能力を認める要件**は，（署名押印の点を除いて）同一である．(i)「**不利益な事実**」を認める被告人の供述は，319条の自白と同じく，「任意性」の要件のみで足りる．これを認める供述は，その信用性（真実性）が高いことを理由とする．また，被告人が公判廷で事実を争っている（公訴事実を否認しながらも，これについての被告人質問に対しては黙秘するような）ときは，公判期日外の供述（事実の承認）と公判期日の供述（事実の否認）とは，一方が真実であれば他方は虚偽であるという自己矛盾の関係にあり，両者の証拠能力を認めた上で証拠調をして，いずれが真偽であるかを判定すべき必要が生じる（実質上の反対尋問の機能）．(ii) 被告人の供述内容が自己に「利益な事実」であるものは，「特に信用すべき情況の下でされたものであるとき」に限り，これに証拠能力が認められる．被告人は黙秘権（311条1項，憲38条1項）を有するので，自己に有利な事実の供述につき検察官の反対尋問を受けることもなく，また被告人質問（311条2項・3項）でも，公判期日外の供述については充分に審査しえない．このような理由から，その特信性が要件とされる．

(エ) **322条2項**の「**被告人の公判準備又は公判期日における供述を録取した書面**」は，その供述に任意性が認められる限り，証拠能力が認められる．**本条2項が適用されるのは，被告人が供述した時の裁判官とは異なる裁判官が判決裁判所を構成するときであり**，公判手続の更新または破棄差戻・移送により新たな裁判所が審判を継続するときである．これ以外の場合には，被告人の公判期日における供述は，判決裁判所が直接に認識して（319条1項に該当しない限り）無条件で証拠（心証形成）となる．

⑦　**自白の任意性の立証**——㋐「任意にされたものでない疑のある自白」(319条1項)の要件のみが重要なのではない．むしろ，この要件が「立証」されて初めて証拠排除の効果を生じるのであるから，その「立証手続」こそが決定的な意義を有する．

㋑その文言から明らかなように，任意にされたものでない「疑」が残る限り，その自白に証拠能力は認められない．その「疑」がないことは，検察官が実質的挙証責任を負う（最大判昭23・6・23刑集2巻7号715頁，最判昭32・5・31刑集11巻5号1579頁参照）．

㋒要証事実の存在を主張する検察官が，自白の任意性についても，立証すべきことになる．その立証対象は「手続上の事実」であるので，「自由な証明」で足りるとするのが，通説であり，判例（最判昭28・10・9刑集7巻10号1904頁）でもある．ただし，自白の任意性が「虚偽の蓋然性」に関わる憲法上の保障でもあることからして，慎重かつ適正な証明を要する．

㋓「**任意性に争いのない場合**」——(i) 任意性に疑いのある自白（自白調書）は，被告人が証拠調に同意したときでも（326条・323条），簡易公判手続で証拠とすることに異議がないときでも（320条2項但書参照），また弾劾証拠（328条）としてでも，用いることが許されない．

(ii) それゆえ，検察官による自白調書の証拠調請求に対して，被告人（弁護人）が同意した場合であっても，その同意による「反対尋問権ないし責問権の放棄」の効果として，「任意性の疑い」が治癒・阻却されることはない．自白の任意性は「**虚偽排除の一般的抑止**」を目的とするので，被告人のみの権利・利益に関わる事項ではなく，その処分権に委ねることはできないからである．(iii) 上記の場合に，自白調書が322条1項または326条により証拠採用されるのは，「任意性を疑わせる特段の事情の不存在」を前提とするものである．(iv) すなわち，自白調書に被告人の署名・押印があることは，黙秘権を告知して取調が供述の任意性を確保してなされ，録取内容につき閲覧・読み聞かせがなされ，誤りのないことが確保されたことから，「一定の任意性の存在」を推認させるものである．また，取調の事情をよく知っている被告人が調書の証拠調に同意したことは，同時に前記の「一定の任意性の存在」を承認したことになるからである．このことから，任意性の存在についての「心証形成」が可能になる．

㋔「**任意性に争いのある場合**」——(i) 被告人が自白の任意性を争う場合には，前記の任意性の推認が崩れるが，その主張ゆえに「任意性に疑いのある」ことが立証されたことにはならない．(ii) 任意性を疑わせる事情のすべての不存在を予め検察官に立証させることは，不可能に近く，審理の迅速性にも反する．(iii) そこで実務では，被告人側に任意性を疑わせる具体的事

情を主張させたうえで，その存否につき被告人質問・取調官の証人尋問・留置人出入簿・取調経過一覧表の証拠調を実施して検察官に立証させるという方式がとられる．この被告人の主張は，「争点形成責任」といわれる．(iv) しかし，密室内での取調状況については，決定的な証拠がなく水掛論に終ることが多い．そこで，次のような方策が考えられる．(v) 第一は，任意性の推定を前提として，自白内容と他の資料との比較・対照等の信用性を加えた総合的判断をする方法である．この任意性の推定を破る反証がなされない限り，任意性は肯定されることになる．(vi) 第二は，「抑留・拘禁中になされた自白は，むしろ一応任意性に疑がある」(平野・229頁) という推定を基礎にして，強制・誘導等の個別事情の立証がなくとも，「自白の採取過程」における供述の変遷・動揺・動機について，留置人出入簿，取調経過一覧表に基いて検察官の積極的立証を求める方法である．すなわち，任意性を欠く具体的事情に関する被告人の主張について，これを否定しうる具体的立証が検察官からなされない限り，「任意性に疑いが残る」と判断すべきことになる (前掲・浦和地判平3・3・25参照)．(vii) 第一の判断方法では，任意性を推定しうる合理的根拠が必要である．また，自白の内容の信用性のみでは任意性を基礎づけえないのであるから，その信用性が任意性を裏づける関係に立つことが必要となる．(viii) 第二の方法は，捜査官が密室での取調における供述の任意性を確保し，これを自ら立証しうる備えをなすべき義務がある以上，適切であると思われる (大澤・争点3版173頁)．

2 自白の証明力と補強法則

(1) 自白の証拠能力と証明力との関係

a 被告人の自白ないし不利益事実の供述は，「任意性」を要件として証拠能力が認められる (319条1項・322条1項・324条1項)．

(ア) 人は誰でも自己に不利益な事実を供述したがらないがゆえに，その供述がなされると，その要証事実との関連性も高いので，信用性も過大評価される傾向にある．そのため，捜査官等は，被告人に対して外部からの圧力・誘導を用いてでも，不利益供述を獲得しようとする傾向にある．その結果，「任意性を欠く自白」には，「虚偽の危険性」が含まれる．

(イ) そこでは，個々の自白の真実性が担保されたがゆえに，その自白の証拠能力を肯定したのでは，その外的圧力は一層と強化され，「虚偽の危険性」を防止しえず，誤判が一般化する．それゆえ，虚偽自白による誤判を一般的に予防するには，「虚偽の蓋然性」のある不任意自白を「無条件」で証拠排除する必要がある．

(ウ) 要するに，「供述の任意性」という証拠能力の要件は，単なる人権侵害

を超える「虚偽自白」すなわち「誤判の一般予防」を目的とする．
　b　これに対して，(ｱ)**自白の証明力の制限**（補強法則，憲38条3項，法319条2項）も，「自白の偏重による誤判の防止」を目的とする点では，自白の任意性という証拠能力の制限と共通する（ただし，誤判防止は「自白の信用性」の問題だとする見解も，有力である）．
　　(ｲ)　しかし，両者は，「証明力」の制限と「証拠能力」の制限という形式的相違のみでなく，実質的相違がある．
　　(ｳ)　すなわち，自白の証明力の制限は，任意性が認められる場合でも，「**個別事件における誤判防止**」という意味での「**特別予防**」を主眼とする．
　　(ｴ)　他方，自白の証拠能力の制限は，当該事件において自白に真実の裏づけがあるか否かではなく，「虚偽自白の危険性」を広く排除することで「**一般事件における誤判防止**」という意味での「**一般予防**」を主眼とする．
　　(ｵ)　すなわち，自白については，その強要・偏重・過大評価による誤判を防止する制度が二重に構築されている．なぜならば，「**自白は危険な証拠の女王である**」からである．

(2)　**自白の証明力の法的制限**
　①　**自白の証明力の補強法則**──(ｱ)「何人も，自己に不利益な唯一の証拠が本人の自白である場合には，有罪とされ，又は刑罰を科せられない」（憲38条3項）．
　　(ｲ)「被告人は，公判廷における自白であると否とを問わず，その自白が自己に不利益な唯一の証拠である場合には，有罪とされない」（319条2項）．
　　(ｳ)　この両規定は，「公判廷における自白」についての明示に差異があるとはいえ，裁判所が被告人の自白のみを証拠として有罪とすることを禁止し，自白に加えて「他の証拠」（補強証拠）が有罪には必要なことを定める．
　　(ｴ)　すなわち，裁判所が「仮に」自白のみで有罪の心証に達したとしても，「補強証拠」なしには有罪とすることが法的に禁止されている．これは証拠の証明力評価を裁判所の自由な判断に委ねる「**自由心証主義**」（318条）の唯一の例外であるとされている．
　　(ｵ)　単なる「供述」は証拠になりえないので，この規定は，自由心証主義の例外ではなく，単なる帰結である．このような理解は，誤りであるといわざるをえない．「供述」が証拠として証明力を有しうることは，証言に明らかであるから，自白のみが証拠となりえないとはいえない．
　　(ｶ)　しかし，**犯行を目撃した被害者の証言のみを証拠として，被告人を有罪としうるか**．この場合には，被告人の自白もなく，証人の供述のみでもよいとなれば，補強証拠のみで有罪としうるに等しい．それにもかかわらず，

第17講 証　拠 (3)

これについて，法は，「自白とその補強証拠との必要」のような証明力の制限を設けず，裁判所の自由心証に委ねている．そうしても，裁判所が誤った証明力の評価をする「特段の危険」がない．このように立法者は，刑事司法の歴史的経験を踏まえて考えたのであろう．

㈔「過去の冤罪事件」のほとんどが，自白事件である．自白は，その任意性要件による証拠能力の制限があっても，その要件の充足後の証明力について過大評価され，誤判となるリスクを伴う．その防止のためには，自白の信用性を担保しうる「最小限の補強証拠の存在」が，**「自由心証主義の注意則」**として，当該被告人の有罪には不可欠とされたのである．

㈕(i)「補強法則」は，直接には当該事件での誤判防止を主眼とするが，同時に自白を偏重した自白獲得により生じる人権侵害の防止をも目的としている．(ii) さらに，その目的を，自白強要防止のために，捜査において「自白以外の他の証拠」すなわち被疑者の取調中心ではなく，それ以外の**客観的証拠の収集を優先すべき法政策**に求める見解（田宮・356頁，朝山・新刑事手続Ⅲ 252頁）がある．(iii) その法政策自体は尊重に値するが，法は補強証拠の先行収集義務については定めていないし，その義務づけが立法論として適切であるか疑問であろう．現実には，何らの間接証拠もなしに被疑者に対する捜査が開始されることも通例ありえず，自白に依拠して補強証拠の発見が可能になることも多いので，その趣旨が実効性をもつかは疑問である．

㈖ 自白偏重を防止するために，**自白の証拠調の請求・実施時期**を他の補強証拠の後になるように制限している（301条）．ただし，公判廷の自白には，この法的制限は機能しない．

㈗(i)「**公判廷の自白**」について，裁判所が被告人の発言・態度等からその真実性および任意性を判断しうるので，憲法上は補強証拠を要しないとするのが判例（最大判昭23・7・29刑集2巻9号1012頁，最大判昭27・6・25刑集6巻6号806頁，最判昭42・12・21刑集21巻10号1476頁）である．(ii) 刑訴法では，明文で公判廷での自白にも補強証拠が必要とされている．そこで，憲法と刑訴法との差異を認めることは，(iii) 公判廷の自白のみで有罪とした場合に，憲法違反として適法な上告理由（205条1号）となるか，それとも単なる訴訟手続の法令違反（411条1号）にすぎないか，(iv) 立法論として，アイレンメント制度の採用が可能か否かに関わる．(v)「公判廷の自白」は，一般には信用性が高いといえる．しかし公判廷自白のある場合でも，具体的には無罪とされた裁判例も少なからず存在する（田崎ほか『自白の信用性』（司法研修所編）11頁参照）．それゆえ，「とくに危険な自白は公判廷外の自白であるから，公判廷自白に補強証拠を要求しなくても憲法違反とはいえない」とする見解（田口・388頁，同旨・田宮・354頁）には，疑問がある．そこにいう「危険」な自白とは，証

拠能力（誤判の一般予防）の問題であって，証明力（誤判の特別予防）の問題では，常に公判廷の内外の自白に差異があるとは思えないからである．
② 自白の証明力制限（補強法則）の実質的根拠
　(ア) 問題の所在——(i) 補強法則の意義については，学説（学者）と実務（裁判官・検察官）とでは大きな理解の差異がある．(ii) 実務では，被害届・通報等により犯罪の嫌疑（補強証拠の存在）が確認されないと捜査が開始・立件されることもなく，被疑者の自首（自白）があっても何らの「裏付け証拠」もなければ，それは虚偽・狂言として処理され，世界一慎重な起訴をする日本の検察官が，自白のみを証拠として公訴提起をすることも，通例では考えられない．(iii) **実務で補強証拠が問題になるのは，違法排除法則を適用した結果，自白以外の重要な証拠が事実認定の資料となしえないような場合に限られる**．(iv) 補強法則に関する最高裁の判例は，昭和20年代に36件，昭和30年代に10件，昭和40年代に6件，その後1件のみであって，完全に定着して不動の感がある．(v) 今日では，補強証拠の「有罪判決における証拠の標目の摘示違反」（335条1項）が生じるに過ぎない，ともいわれている．(vi) すなわち，「**自白偏重による人権侵害・誤判の抑止**」をめぐる**実務上の重点は，自白の「任意性」（証拠能力）と「信用性」（証明力）に移り，もはや「補強法則」自体の役割ではない**，と解されている．(vii) しかし，このことは，今日既に「補強法則の法的根拠」が理論的に解明済みであることを意味しない．「自白の補強法則」が証拠法（事実認定）の枠組みにおいて「自白の信用性・証明力」に解消されるのは，自明のことである．そうであればこそ，補強法則が「**自由心証主義の例外**」とされることの意義が，改めて問われるべきことになる．(viii) 被告人の自白が「唯一の証拠である場合には，有罪とされない」（319条2項）．その最も根源的な基点となるべき問題は，自由心証主義の下では，本来ならば，「唯一自白のみで有罪認定が法的に許容されるのか」否かにある．この問題に直接の解答がなされず，「仮定法」でのみ論じている限り，「補強法則」の意義は判明せず，「自由心証主義の例外」の意味も実は不明なままなのである．(ix) この問題に「否定」の前提に立つならば，補強法則は自由心証主義での事実認定法と完全に一致し，その違反は「事実誤認」（382条）となる．(x) 判例は，自白を唯一の証拠として犯罪事実を認定した違法は，「訴訟手続の法令違反」が判決に影響を及ぼす（379条）としている（最判昭33・10・10裁判集128号265頁，最判昭40・9・21裁判集156号615頁）．この場合，単なる手続違反ではなく，「判決に影響を及ぼす」理由は何であるのかが，問われている．
　(イ) 補強法則の法的根拠——(i) 自白偏重に伴う自白強奪の防止として，自白のみで有罪認定が許されるとすると，捜査官は，裏付け捜査を怠り被疑者

の自白を強要する結果となる（横川『刑事裁判の研究』96頁）．(ⅱ) 誤判防止については，任意自白でも虚偽のおそれがあるので，自白のみでの有罪認定を許すと，誤判が生じるおそれがある（高田・255頁〜256頁），とされている．(ⅲ) なお，(ⅰ)の根拠については，自白のみでは本来有罪としえないのであれば，その注意規定でしかない．いずれにせよ，自白取得後の裏付け捜査こそが実効的であるので，その政策的妥当性に疑問がある．(ⅳ) また，(ⅱ)の根拠も政策的理由が乏しい．なぜなら，補強法則がなくとも，自由心証主義（事実認定の合理的制約）自体が誤判防止を至上目的としているからである．例えば，自白の信用性評価にあたり，客観的証拠（裏付け証拠）と自白内容との一致は当然に審査すべきことになるからである．(ⅴ) 後者の見解によると，事実認定のための合理的な証拠法の発達により，補強法則の使命は終ったことになろう．

　(ウ)「**補強法則の根拠となる自白偏重（過大評価）の防止**」——その意義について，(ⅰ) 自白の証拠価値を「一律」に低く評価する観点と(ⅱ) 自白の証拠価値を「一律」に低いとは評価せずに，万一の誤りを回避する観点とを区別したうえ，後者の観点をとるべきとする見解（田宮・355頁）がある．(ⅲ) 私見によれば，前者は「誤判の一般予防」，後者は「誤判の特別予防」に相応するので，この見解を支持しうる．(ⅳ) しかし，この見解は，その帰結が「罪体説」と結合すると主張するが，疑問である．むしろ(ⅰ)の観点を前提とした場合にのみ，自白の証明力の低さを補足するものとして「罪体」の補強が一律に必要になり，形式説・絶対説に至ると思われる．

　(エ)「**２つの補強法則**」——(ⅰ)「**本来の補強法則**」（自白の証明力が十分な場合・外在的規制説）と(ⅱ)「**みせかけの補強法則**」（自白の証明力が不十分な場合・内在的規制説）とを区別すべきとする見解（田宮・355頁〜356頁）がある．(ⅲ) この二つの区分は，理念型としてはともかく，現実の手続論としては両者の区分が果たして可能であろうか．すなわち，何らの状況証拠すらなしに，純粋に自白のみの証明力で有罪心証に到達しうる場合を想定しうるか疑問となる．(ⅳ) このような疑問を前提とするならば，補強法則は全て「みせかけの補強法則」であって，「自由心証主義」の真正の例外でなく，その内在的規制であり「注意規定」にすぎないという結論に至る．(ⅴ) すなわち，前述した唯一の「証言」のみで被告人を有罪としうるかという問題に連なるのであるが，証人の証言の場合には，宣誓と偽証処罰の威嚇および反対尋問の保障という「真実性の担保」があるが，被告人の自白では，不利事実の承認による犯罪処罰の威嚇および被告人質問・供述の態度等が「真実性の担保」として充分であるか否かである．現行法は，後者を不充分と解したので「自由心証主義」の特則（注意規定）を定める必要があるとしたのではないか（横井・新刑事

訴訟法逐条解説Ⅲ（昭24）96頁参照）．(vi) 要するに，およそ他の証拠が全くなくとも「被告人の自白」のみで有罪心証に到達可能であり有罪となしうるという前提に立つのであれば，補強法則は，「自由心証主義の真正の例外」であり，「誤判防止には本来不要な制度」でしかなく，本来ならば「補強証拠を判決の証拠の標目に挙示しなかった手続違反」となるにすぎない．誤判防止は，「自白の信用性・証明力」という自由心証主義（事実認定の適正）に委ねられるべきことになる．(vii) しかし，「自白の信用性・証明力」が自白自体で担保しうるか．これを担保するのは，「客観的証拠との一致」という「裏づけ証拠」であるとされるとき，**「裏づけ証拠」と「補強証拠」との区別は，**実質的に可能であるか．

③ **補強証拠の要件**

　(ア)「**補強証拠の三要件**」は，(i) いかなる性質の証拠により（補強証拠の適格性），(ii) 自白（罪となるべき事実）のどの範囲について（補強の対象・範囲），(iii) どの程度の証明力まで（補強の程度），補強される必要があるかである．

　(イ)「**補強証拠の適格性**」——(i) 自白を補強する証拠にも，一般の証拠と同様に，証拠能力が必要である．例えば，違法排除される証拠は，補強証拠にも利用しえない．(ii) 補強証拠に特有な証拠適格として，「**被告人の自白以外の証拠**」であることが要件となる．被告人の自白を内容とする他人の供述は，補強証拠とすることができない（最判昭30・6・17刑集9巻7号1153頁）．被告人の複数の自白（例えば公判外自白と公判自白）を併せたところで，自白のみでしかない．仮に，変転する内容の複数の自白が相互に補強可能となれば，誤判は拡大されかねない．(iii) 判例は，「不利益事実の承認」につき，**嫌疑を受ける前に作成された323条により「独立の証拠価値」の認められる書面**には，補強証拠としての利用を認める（最決昭32・11・2刑集11巻12号304頁，前記1(1)②(エ)参照）．これを認めても，自白偏重による誤判の危険が生じないからである．

　(ウ) **補強証拠の必要な対象**（形式説）——(i) 補強証拠を必要とする対象は，「犯罪事実」に限られる．それ以外の事実，例えば累犯加重が問題となる前科の存在については，被告人の自白のみで認定しうる．(ii) 犯罪事実は「客観的構成要件事実」と「主観的構成要件事実」とからなる．しかし，目的・故意・過失等の主観的要素については，それ自体の補強証拠がなく，客観的事実との関係で認定されるものなので，「客観的事実」のみにつき補強を要するという点に，今日では争いがない．(iii) 見解が対立するのは，「**犯罪の客観的事実**」（罪体）の範囲についてである．その「全部または重要な部分」について補強を要するというのが「形式説」（罪体説）であり，学界では多数説である．すなわち，次のように分類される．ⓐ 客観的な被害の発生（例えば，死体の発生），ⓑ それが犯罪行為に起因すること（他殺の死体），ⓒ その行為

者が被告人であることのうち，ⓐのみで足りるとするのが通説である．(iv) なお，ⓒまで必要とする見解（高田・216頁，渥美・373頁）に従うと，ほぼ補強証拠のみで犯罪事実の立証をすべきことになり，逆にいえば自白が証拠であることを全面的に否認するに等しい．(v) 他方，ⓐのみで足りるとする多数説によれば，「罪となるべき事実と被告人との結びつき」について補強証拠が不要なので，補強証拠自体による冤罪防止は果たせなくなり，なぜⓐの範囲に固執すべきか明らかでない．また，「被告人との結びつき」は，補強証拠ではなく「自白の信用性」・自由心証（合理的な事実認定）で証明すべき事項であるというのであれば，罪体説（形式説）の根拠が失われるであろう．(vi) 「被告人XがYを船上から突き落としたところ，海中に落下したYをジョーズがぱっくり喰い去った」のを目撃したZの証言はあったが，Yの死体は存在しない．この場合，ⓐの罪体説は，Zの証言で補強を認めないとして，それは合理的か．(vii) 「XがYを船上から突き落としたのを見た．Yの姿は海中に消え，その場をジョーズが泳ぎ回っていた」とZが証言し，海上保安庁が付近海中を念入りに捜索したがYの死体を発見しえなかった．この場合は，どうか．

(エ) **補強証拠の必要な対象**（実質説）──(i) 犯罪の客観的事実（罪体）の「全部または重要部分」ではなく，「自白の真実性を担保するのに必要な最小部分」（一部）に補強があれば足りるとするのが，「実質説」であり，実務家の大多数からも支持されている．(ii) 補強証拠は，「被告人のした犯罪が架空のものではなく，現実に行われたものであることを証するものであれば足りる」のであって，「その犯罪が被告人によって行われたという犯罪と被告人との結びつきまでをも証するものであることを要するものではない」（最判昭24・7・19刑集3巻8号1348頁，最大判昭24・7・22刑集3巻8号1360頁，最大判昭30・4・6刑集9巻4号663頁等）．(iii) 盗品に関する罪・窃盗・強盗罪についても，盗難被害届があれば補強証拠として足りる（最判昭23・3・16刑集2巻3号227頁，最決昭26・1・26刑集5巻1号101頁，最判昭25・2・7裁判集16号353頁等）．(iv) **無免許運転罪**については，運転行為のみならず無免許の点についても補強証拠が必要である（最判昭42・12・21刑集21巻10号1476頁）．この判例を形式説に近いとする見解も多いが，何ら実質説に矛盾するものではない．運転行為および無免許は，それ自体では犯罪（違法）ではないので，各一方にのみ補強証拠があっても「犯罪が架空ではない」ことを担保しえない．それゆえに，各事実毎に補強証拠が必要になるのが，実質説からの帰結である（その他の類似犯罪に関する裁判例についても，長井・百選4版160頁参照）．(v) 例えば，女子高校生強姦殺人・死体損壊遺棄事件について，第一審判決は「罪体説」に立って強姦については「未遂罪」のみを認めたが，「本件強姦の犯行については，もとより目撃

者はなく，被害者は死亡し，その陰部は切り取られているのであるから，**強姦行為を直接に裏付ける証拠が少ないのは当然であるが**，……自白とこれらの状況証拠とを総合考察すると，被告人が起訴にかかる強姦既遂の犯行を犯したことは十分に証明されている．右自白を信用しながら強姦未遂の事実のみを認定することは，甚だ不自然であるといわなければならない」(名古屋高判昭58・3・8判時1099号151頁）として，実質説に立っている．

　(オ) **補強証拠の証明力の程度**──(i) ここでも，「絶対説」と「相対説」とが対立する．(ii) **絶対説**は，学界の多数説であって，補強証拠の証明力を自白から独立して判断し，それ自体で罪体の全部または重要部分を「一応証明しうる程度のもの」を要件とする．(iii) その要件は，「形式説」に相応するものであり，他方では，「補強証拠が自白前に証拠調される」こと，「補強証拠は自白の内容いかんを問わず要求されるものであるから，自白と切り離して一応の証明がなされることが必要である」(田中ほか・282頁）とされている．(iv) 形式説が妥当でなければ，そこからの帰結も支持しえない．また，前記二つの根拠は，正当な理由とはなりえず結論を表明しているにすぎない．なぜならば，証拠調の時期は公判廷自白には妥当しえず，先行して補強証拠が取り調べられることから必然的に絶対説の帰結（一応の証明力）に至るものではないからである．(v) これに対して，**「相対説」**は，判例の立つ「実質説」からの帰結であって，自白内容を前提として相対的に補強証拠の証明力の程度を考える．(vi) 第一に，「自白が架空のものでないことが確認される程度」の証明力が補強証拠にあれば足りる．(vii) 第二に，自白と補強証拠の証明力の一方が小さければ，他方が大きくなければならないとして補完的関係を認める．この見解は，「証明力相関論」とも呼ばれる（中武・総合判例研究叢書刑訴法(1)159頁，岸・182頁，石井・刑事実務証拠法283頁，河上・刑事手続（下）846頁）．(viii) 裁判例として，駅・列車内での窃盗につき被害届はないが，被告人Xが盗品を所持・入質しており，それがXのものではないという補強証拠がある事案につき，第一審は無罪としたが，「自白の価値と必要補強証拠の大きさは相互に反比例するのであり其の一方の極は相互に他方の零に対応する」としたうえ，被告人の「自白」は捜査・公判を通じ一貫していて「信用性に疑いの余地がない」ので，前記事実は補強証拠として充分であるとした（有罪・名古屋高金沢支判昭25・2・20高刑判特9号48頁）．(ix) 汽車往来危険破壊の事件につき，「自白の価値が小であれば補強証拠の価値は大でなければならない」，「被告人が自白を飜がえし且つその自白そのものも前後矛盾し極めて非合理的で，右自白の真実性が疑わしい本件に於ては，単に被害のあつたことを証明するにすぎない右証拠の外に，更に被告人と事件とを連絡するに足る具体的証拠が補強証拠として求められなければならない」としたうえ，結局「自

白は被告人につき犯罪成立を認定するに必要な補強証拠を具備しない」と判示した（無罪・秋田地大曲支判昭29・1・25判時30号23頁）．(ㅈ) 強盗殺人の事件につき，「本件においては被告人の自白の信憑性について多くの疑問が存するのであるから，極めて高度の補強証拠換言すれば被告人の自白なくしても犯罪を認むるに差支ないと思われる程度の補強証拠の存在を要するものと解すべきである」と判示した（無罪・東京高判昭43・2・15判時535号5頁）．(xi) 強姦致死・殺人・窃盗・現住建造物放火事件につき，「自白の証明力と補強証拠の証明力とは相関関係に立ち」としながらも，自白に「犯人のみが知る事実であって他の証拠により裏づけられたものはなに一つ含まれていない」ので「合理的な疑い」が残ると判示した（無罪・名古屋地豊橋支判昭49・6・12判時776号103頁）．

④ **補強法則と自由心証主義との関係，形式説・絶対説と実質説・相対説との関係（要約）**

(ア) 学説における多数説である形式説・絶対説は，補強法則を「自由心証主義の例外」であることを強調し，裁判所の自由心証（事実認定）への不信を前提とし，かつ「自白調書の偏重」を是正させるために，補強証拠に「厳格かつ独立の事実証明力の存在」を要件とする．

(イ) しかし，一方において，「犯人との結びつき」を要件としないので，誤判防止には役立たず，また「証言」と「自白」との関係において，「証明力の制限」に大きな不権衡を生む．

(ウ) 他方において，過大な補強証拠の要件を課す結果として，自白については「自由心証主義」を実質的に否定するに等しい．

(エ) これに対して，判例における実質説・相対説は，「補強法則」を「自由心証主義の最小限の形式的制約」としたうえ，「自由心証主義の下での事実認定の合理性」を実質的に保障することによって，「補強法則」と「自由心証主義」との実質的接近（一致）を確保している．

(オ) すなわち，前記裁判例の検討で明らかなように，「自白の信用性・信憑性」の判断に重点をおいて，そこで「補強証拠による自白の信憑性の裏づけ」がなければ，「自白と補強証拠との相関関係についての総合評価」において「有罪の事実認定」を認めない．

(カ) その事実認定において決定的なのは，**「自白の信用性」**すなわち「犯罪事実と犯人との結びつき」であり，自白の供述内容と補強証拠の示す「客観的事実」との「具体的一致」，供述内容における犯人のみが知りうる「秘密の暴露」の存在等が自由心証の下で合理的に審査されている．

(キ) 要するに，形式説・絶対説の主張する要件以上のものが，実質説・相対説において「自由心証主義の合理的事実認定」として保障されている．

(ク) 実務界では，前記の**「証明力相関論」**に対して批判的な見解（杉田宗久

「補強証拠の証明力」刑事証拠法の諸問題（上）358頁・379頁）も有力である．すなわち，前記②㈢の「2つの補強法則」を峻別する立場から，「自由心証主義での事実認定」と「補強法則」とを別のものとしたうえ，「自白の信用性」判断における「裏づけ証拠」と「補強証拠」とを異なるものとするのである．しかし，これらの各両者は実質的に異なるものといえるかは，極めて疑問である．

　㈱　各両者は，「機能的」にも同一の役割（誤判防止・合理的な事実認定）を果たしている．ただ，その批判において正当なのは，**「信用性を欠く自白」について形式的に補強証拠を重ねても，「合理的な疑い」を排除しえない**，という指摘である（渡部・無罪の発見72頁参照）．すなわち，「自白内容と補強証拠との具体的符合」または「補強証拠に合致する秘密を暴露した自白」により「被告人と犯行との結びつき」が証明されない限り，「自白の信用性」が欠けるので「有罪の補強」に至りえない．この場合には，「補強証拠」のみで「一応の有罪心証」に到達可能であることが，必要になる．

3　共犯者の供述
① 　共犯者たる共同被告人の供述（証拠能力）
　a　共同被告人（共犯者）の公判供述の証拠能力
　　㈠　共同被告人Ｙの供述も，被告人Ｘの公訴事実認定の証拠とすることができる．
　　㈡　共同被告人Ｙも，被告人であるから，(i) 被告人として供述することができるし（311条2項），これに対して被告人Ｘも反対質問をなしうる（311条3項）．(ii) Ｘの反対尋問に対してＹが供述して，その信用性が審査されたときは，Ｙの供述には証拠能力が認められる．
　　㈢　Ｘの反対尋問に対してＹが黙秘権を行使した場合については，(i) 反対尋問権の行使不能によりＹの供述には証拠能力が欠けるので，これを証拠とするには，手続を分離して証人尋問を必要とする，という見解もある．(ii) しかし，Ｘには反対質問の機会が保障されているのであるから，Ｙの供述に証拠能力を認めてよい，とするのが判例である（最判昭28・10・27刑集7巻10号1971頁）．(i)説に従ったとしても，Ｙは証言拒絶権を行使しうるので，(i)説には理由がないことを前提とする．(iii) 被告人Ｘの反対質問が事実上充分に効を奏した場合に限り，Ｙ供述に証拠能力を認める見解（平野）も有力である．(iv) 判例の立場からすれば，「反対尋問の実効性」は，証言の「証拠能力」の要件ではなく，「信用性・証明力」評価の問題にすぎない．すなわち，Ｘの反対質問に対して黙秘したときの態度・表情等それ自体が一つの供述証拠として「心証形成」の対象とされる．

b　**共同被告人**（共犯者）**の証人適格**——(ア)　前述の(ウ)の場合に，Yを証人尋問しうるか．(i)　被告人の証人適格を否定するのが，判例・通説である．(ii)　共同被告人Yも，被告人という地位のままでは，証人適格を欠く．(iii)　そこで，公判手続を分離して，Xの公判でYを証人尋問しうるかが問題となる．

　　　(イ)　これについて，(i)　判例・通説は，被告人Xの反対尋問権を保障するために，Yの黙秘権を証言拒絶権（146条）の限度で保障すれば足りるとする（最判昭35・9・9刑集14巻11号1477頁）．(ii)　他方，(i)説に対しては，「有罪判決を受けるおそれがあるという理由で証言を拒否するのは自己の罪を認めるに等しい．しかし，そこで拒否しないで証言すれば，偽証の罪の制裁の下に，反対尋問によって自白が強制されることになる」ので，被告人質問によりYの供述を求め，前述 a の(iii)のように解する一方で，Yに異議のない場合およびXのみに関する事実について証言する場合には，Yを証人尋問することができ，一度主尋問に答えた以上は黙秘権を放棄したのであるから，Yは証言を拒絶しえない（平野・199頁・200頁）．しかし，Yが現に反対尋問に答えなければ，Yの供述は証拠排除されることになる．(iii)　この(ii)説は，Yが証言拒絶権を行使する際に，その理由を述べなければならないのは，「自己の罪を認めるに等しい」と主張する．しかし，その主張の意味は，不明である．理由を述べた証言拒否のみで，その証人（共同被告人）が有罪とされることは，およそ有りえないからである．

② **共同被告人**（共犯者）**の公判期日外の供述**（証拠能力）
　　a　(ア)　Yの供述が，主に検察官面前調書で公判に提示されるのは，公判期日にYが黙秘を通している場合またはYの供述が公判期日外の供述（調書）と矛盾する場合である．

　　　(イ)　この検面調書に証拠能力を認める要件については，(i)　322条説，(ii)　322条と321条1項との競合説，(iii)　323条3号説があるが，(iv)　判例は321条1項2号後段を適用する（最決昭27・12・11刑集6巻11号1297頁）．Yの供述は，Xにとって，被告人以外の者の供述であることが前提となっている．

　　b　**共犯者Yの自白**（証言）**のみで被告人Xを有罪と認定してよいか**．それとも，共犯者Yの自白についても，憲法38条3項または法319条2項を適用して，本人Yの自白に補強証拠がなければ，Yを有罪としえないのと同様に，Xを有罪とするには，Yの自白の他にその補強証拠が必要になるか．この問題については，見解の対立がある．

　　　(ア)　**補強証拠必要説**（少数説）——(i)　Xの自白とYの自白とを区別せずに，いずれにも補強法則を適用すべきである．(ii)　自白偏重を防止すべき点において，Xの自白しかない場合とYの自白しかない場合とを区別すべき理由がない．(iii)　Yの自白は，純然たる第三者Zの証言と異なり，Y自身の罪責を

免れ軽減するために，被告人Xに罪責を転嫁したり，無実のXも共犯者であるとして引っ張り込むなど，虚偽の危険が高いにもかかわらず，共犯者の供述であるから関連性が高いものとして，過大評価される危険があるので，共犯者とされるYのみの供述でXの罪責を認めるのは，適切でない．(iv) Yの自白に補強証拠を不要とすると，自白しているYは無罪であるが，否認しているXは有罪という不合理な結論になるばかりか，X・Yの合一的確定も害される．

　(イ) **補強証拠不要説**（多数説）——(i) 自白とは，被告人本人が自己の犯罪事実を認める供述をいうのであるから，共犯者であるとしても，Yの自白は，Yにとっては自白であるからといって，Xにとっては第三者の供述（証言）でしかない．それゆえ，被告人Xの自白ではないYの供述（証言）に補強法則（319条2項）を適用すべき理由はない．(ii) 被告人Xの自白であれば，これに対する反対尋問による審査がないから，これに代わる信用性の担保として補強証拠が必要になる．しかし，共犯者Yの自白は，Xが反対質問ないし反対尋問による審査がなしうるのであるから，被告人本人の自白と共犯者の自白とを同一視すべき理由はない．(iii) 共犯者Yの供述（証言）の有する虚偽（罪責の転嫁と引きずり込み）の危険性，過大評価される危険性は，今日では裁判所に周知されており，その供述の信用性を慎重に審査することで，回避すべき自由心証主義に固有の問題であって，一律に補強法則を適用ないし類推適用して解決すべき問題ではない．(iv) 必要説のいう前記(ア)の(iv)の結論は，必然でもなければ不合理でもない．自白しているYは，必ずしも無罪になるわけではない．Yの自白に補強証拠がなければYが無罪になるのは補強法則（自由心証主義）からの当然の帰結でしかなく，同様にYの自白に補強証拠があればYも有罪になる．この場合に，否認しているXがYの証言に対する反対尋問を経て有罪になりうるのも，Yが共犯者であろうとなかろうと変るところはない．また，合一的確定の必要も，両者が「共犯者」であることを前提とした結論の先取りに由来するものであって，「共犯者」であるか否かは実は不明なのである．さらに，「共犯者」であると仮定しても，犯罪の成否は個別に認定すべき事項である．

　(ウ) **公判廷自白差別説**（折衷説）——(i) 共犯者Yの自白が公判廷自白の場合には，有効な反対尋問も可能なので裁判所の合理的心証に委ねて良いが，公判廷外自白の場合には，補強証拠が必要になるとする（田宮・360頁，田口・396頁）．(ii) この見解は，支持しえない．なぜならば，共犯者に対して有効な被告人質問ないし証人尋問をなしうるか否かは，個別の事案によるものであって，必ずしも一律に公判期日の内外での自白か否かによるものではない．(iii) さらに，319条2項は「公判廷における自白であると否とを問わず」と定

めており，折衷説の解釈はこの文理に反する．しかも，立法論としても，妥当ではないであろう．

c **判例（不要説）**——(ア) 判例は，当初共犯者の公判廷での自白を「ハーフ・プルーフ」(半証拠能力)として補強証拠が必要であるとしたが（最大判昭24・5・18刑集3巻6号734頁），これは証拠能力と証明力とを混同する前提に立つものであった．(イ) その後，判例は変更された．すなわち，単なる共犯者も共同審理を受けている共犯者も，被告人本人との関係では被告人以外の者であって，その供述は独立して完全な証明力を有し，「本人の自白」と同一視しうるものではなく，また，補強法則は自由心証主義の例外であるから，厳格に解すべきである，として不要説に立つ（最大判昭33・5・28刑集12巻8号1718頁）．

d **学説・判例の検討**——(ア) 実質的には，必要説・不要説の対立は意義が乏しいものである．(イ) 不要説の学説（平野・236頁，松尾・下80頁）でも，「自由心証主義」としては，共犯者の自白が唯一の証拠であって，他の裏づけ証拠（補強証拠）がない場合には，被告人を有罪とし難いことを認めている．すなわち，「補強証拠」は不要でも，「裏づけ証拠」は必要になる．この両者は，実質的には区別不能である．そうすると，両説の対立は，「自由心証主義」・「自由心証主義の例外」(319条2項の適用)のいずれで対処するかの差異でしかない．(ウ) 不要説の判例でも，「八海事件判決」（最判昭43・10・25刑集22巻11号961頁）以降は，「共犯者自白」の危険性を前提として，実質的な補強証拠の存在を必要とし（最判昭51・2・19刑集30巻1号25頁，最判昭51・10・38刑集30巻9号1059頁），その「信用性」に疑いがある場合には，事実誤認として破棄されうる（最判昭59・4・24刑集38巻6号2196頁，最判平1・6・22刑集43巻6号427頁）．(エ) なお，不要説の立場から，共犯者の自白に補強証拠を要求しても，共犯者による責任転嫁や引っ張り込みの危険は，ほとんど防止できない（荒木・警察研究49巻4巻57頁，田中ほか・286頁），とされている．ただ，上記の判例に示されるように，共犯者の自白の「信用性」は，客観的な証拠（補強証拠）との具体的符合の判断を通じて慎重に審査されねばならない．(オ) 結局，必要説と不要説の実質的結論は接近するとはいえ，両者を同視することは許されない．なぜなら，複数の共犯者の自白がある場合に，被告人を有罪としうることは認められる（前掲・最判昭51・10・28，団藤裁判官も同旨）．そうであれば，共犯者の自白には補強法則が不適用になることを承認せざるをえないからである（小林・240頁参照）．

第18講　証　拠（4）

——非供述証拠と違法排除法則

1　刑事手続において被告人（被疑者）・証人またはその市民に対して権利侵害・違法行為がなされたとき，「これを救済・防止する法的手段」にはどのようなものがあるか．これにつき列挙して説明しなさい．

2　刑事手続での証拠の収集・保全または証拠調における不適法・違法を防止する「手続法上の手段・方法」について，論じなさい．

3　「違法排除法則」とは，①どのような証拠法の原則・原理であるか．②その実定法上の根拠または刑事訴訟上の明文規定はどうか．

4　違法排除法則は，①「供述証拠」の収集・保全についても，適用されるか．例えば，②被告人が犯行を告白して記載した日記（供述書）がこれを所持する友人宅から令状なしに差し押さえられた場合，③被告人の薬物取引に関する電話での会話が令状なしに傍受録音された場合，④取調室での被告人（被疑者）の黙秘に対して捜査官が暴力を用いて自白を強要した場合には，どうなるか．

5　「違法排除法則」と「自白法則」（憲38条2項，法319条1項）ないし「伝聞法則」（憲37条2項，法320条～328条）との相違について，説明しなさい．

6　初期の最高裁判例が違法排除法則の導入について消極的であったのは何故か．その根拠を述べなさい．

7　今日の最高裁判例が違法排除法則の適用について「相対的排除効」しか認めないのは何故か．その根拠を述べなさい．

8　違法排除法則の実質的根拠をめぐって，①違法抑止説，②司法無瑕性説，③適正手続規範説の対立がある．これらの各説の根拠・思想および証拠排除の範囲における差異について，説明しなさい．

9　違法排除法則については，真犯人の処罰困難という弊害をもたらす反面として，手続の適法性を遵守させる効果が乏しい．また，違法抑止効は，判例（裁判の結果）に無関心な捜査官には期待しえない．このような批判について，論評しなさい．

10　判例は，本法則による「証拠排除の基準」として，①「令状主義の精神を没却するような重大な違法」および②「これを証拠として許容することが，将来における違法な捜査の見地から相当でないと認められる場合」の2つを掲げている．この①重大性基準と②相当性基準とは，排除の要件としてどのような関係に立つか．また，①において「令状主義違反」を端的に基準としていないのは何故か．

11　判例による「違法の重大性」の前提判断においては，①「違法捜査と証拠収集との規範的な因果関係の存否」が検討されている．また，②その因果関係は「同一目的」の一連の違法手続の「直接利用」関係である，と解されている．その根拠・機能について，説明しなさい．

12　警察官が「証拠物の発見後」に被告人に対して違法な暴行を加えた場合に，その「証拠能力を否定することはできない」とした判例（最決平8・10・29刑集50巻9号683頁）がある．この判例で証拠排除が否定されたのは何故か．その根拠について，検討しなさい．

13　「違法な逮捕後の採尿により作成された鑑定書」の証拠能力を否定しながらも，その鑑定書を疎明資料として発付された「捜索差押により押収された覚せい剤および鑑定書」の証

第18講 証 拠 (4)

拠能力を肯定した判例（最決平15・2・14刑集57巻2号121頁）がある．その根拠について，検討しなさい．

[14] 上記の判例法理は，①「毒樹の果実論」，②「独立入手源の法理」および③「不可避的発見の法理」とどのように関係するか．これにつき説明せよ．

[15] 上記の判例では，「違法の重大性」の判断に際して，警察官が逮捕手続の違法を糊塗するために行った「事後的な隠蔽行為の存在」が重視されている．①この事後の違法が事前の証拠保全の違法に影響することが，「因果的」にありうるか．②事後の違法は事前の違法の「証拠資料」として用いられている，とも解されている．このような理解の意味・当否について，検討しなさい．

[16] 刑事手続における違法抑止は，①被告人・市民など「被害者の損害補償」，②「捜査官の手続違法の反復防止」，③客観的違法，④主観的違法のいずれに重点を置くものか．これにつき説明せよ．

[17] 「証拠調に対する被告人の同意」は，①伝聞法則，②自白法則および③違法排除法則において，どのような効果をもたらすか．その相違について，検討しなさい．③の場合において，違法手続の被害者が被告人以外の第三者であるときは，どうなるか．

[18] 違法排除法則において「排除の申立適格」の要否・範囲を論じる実益・根拠があるか．①被告人が同意をしている場合に，弁護人または検察官が排除の申立をすることができるか．②当事者から排除の申立がない場合にも，裁判所は証拠排除の決定をなしうるか．

[19] 「科学的証拠の証拠能力」（自然的関連性）において，①要証事実（立証事項）との関連性に加えて，②当該証拠の「科学的・経験的な信用性」が問われる場合を列挙して，検討しなさい．②の信用性判断に際して「専門分野の一般的承認」を要件とすべきか．その当否について，説明しなさい．

[20] 「酒酔い酒気帯び鑑識カード」において被疑者の言動・外貌・酒臭等を記載した「見分状況欄」および「外観による判定欄」については，伝聞法則につき定める規定のいずれが適用されるか．その「質問応答状況欄」に被疑者の供述が記載されているとき，これに321条1項3号が適用されるのはどのような場合か（最判昭47・6・2刑集26巻5号317頁参照）．

〔18講のねらい〕 「証拠法」の各論として，非供述証拠の証拠能力および証明力に関して，①「違法収集証拠の排除法則」，②「科学的証拠の自然的関連性」につき，実定法の根拠および判例・学説を理解する．

1 違法収集証拠の証拠能力
(1) 違法排除法則の形式的根拠
　　a **意義**──「違法排除法則」とは，違法な手続により収集・保全された証拠について，その証拠能力を否定し事実認定に供することを排除する法原則をいう（この法理は，アメリカ法に由来し，1970年代まではイギリス法でも採用されていなかったが，後に多くの国で適用されるに至った）．

　　b **法的根拠**──(ア) この法原則には，その定義・要件・適用範囲について，明文の規定がなく，判例により採用され発展したものである．

(イ) この点で,「供述証拠」に関して証拠能力を制限する「自白法則」(憲38条2項, 法319条1項)・「伝聞法則」(憲37条2項, 法320条~328条) と「違法排除法則」とは, 決定的に異なっている. なぜ, このような法的差異があるのか.

(ウ)「**内在的な証拠法則**」 (i) 自白法則および伝聞法則は, 実体的真実主義に由来し, その対象が「供述証拠」に限られ, その「供述内容の信用性・証明力」に関わる点で「内在的証拠法則」であるので, 立法者が明文で証拠能力の規制をしたものと考えられる. (ii) すなわち, 両法則では, その「供述の虚偽」が「事実認定」(実体的真実の発見) に影響するので,「信用性を欠く供述証拠」であれば, 無条件に証拠排除されることになる.

(エ)「**外在的な証拠法則**」 (i) 違法排除法則は,「証拠の収集保全手続の違法」自体を理由とするものであって, その手続によって収集保全された「証拠の信用性・証明力」が害されるわけではない点で「外在的証拠法則」であるといえる. (ii) すなわち, **供述証拠**であっても, **違法排除法則の対象になりうる**とはいえ, その場合にも「証拠物」として捜索・押収・検証されるときは, 供述者の「内面的な供述過程」に作用して,「虚偽の供述」を誘発することがありえない. それゆえ, 違法排除法則は,「証拠による事実認定」に直接に関わらない「不真正の証拠法則」でしかない. (iii) もとより, 自白獲得手段としての「拷問・強要」等による取調を「違法・人権侵害」と評価することは, 正当である. しかし, それゆえに「自白法則」(供述の任意性) を「違法排除法則」に包摂して位置づけることは, 両法則の決定的差異を無視する点で, 証拠法体系に不整合をもたらす. (iv)「自白法則」において「違法排除説」を採用したとしても, これを「伝聞法則」にまで拡張して統一的に説明することには, 無理がある. むしろ,「自白法則」と「伝聞法則」とは, いずれも「内面的な供述過程における虚偽の介在」を「誤判防止のために絶対的に排除」しようとする点で共通するのであって,「外在的な証拠法則」である「違法排除法則」の「相対的な証拠排除」とは異質であることが, 明らかである. (v) 322条の規定も, 自白法則と伝聞法則との競合を認めるが, 違法排除法則との競合を当然ながら予定していない.

c **法文上の根拠**——違法排除法則には明文がなく, その淵源は憲法31条・33条・35条・36条に由来するが, 直接には法317条にいう「事実の認定は証拠による」という場合の「証拠」とは,「適法な証拠・手続」を前提としたものと解さざるをえない点に求められる (鈴木・227頁, 田口・372頁).

(2) **判例による違法排除法則の導入**
① **導入に消極的な判例**——(ア) (i) 最高裁の初期の判例は, 傍論ではあるが,

「押収物は押収手続が違法であっても物其自体の性質，形状に変異を来す筈がないから其形状等に関する証拠たる価値に変りはない」（最判昭24・12・13裁判集刑15号349頁）と判示し，違法排除法則に消極的な態度を示していた．(ii) その後約30年を経て，最高裁が，積極説に変わるのであるが，今日まで実際に違法排除を認めた最高裁の判例は一件のみであって，その消極的姿勢が根本的に変わったものとは，評価しえない．

(イ) (i) 前記判例が違法収集証拠でもその「証拠価値」が変らないと判示した点は，「**実体的真実主義**」に由来する「**自白法則・伝聞法則**」と「**適正手続の保障**」に由来する「**違法排除法則**」との決定的差異を示唆している点で，極めて重要である．(ii) なぜなら，「証拠価値」に影響して，無実の者を処罰するという「誤判による人権侵害」は，最大限回避されねばならないからである．(iii) 他方，「証拠価値」に影響せず，真犯人である者を「違法手続」のゆえに放免すれば，それ自体不正義でもあり，犯罪の一般予防・特別予防は達成されず，社会の安全が害されることになりかねない（例えば，強姦殺人犯人が逮捕に伴う押収に際して警察官から一発殴打されたような事例を考えよ）．(iv) このように「実体的真実」を害するおそれのない場合の「証拠排除」は，無条件で肯定しうるものではない．(v) その反面として，**捜査に際して違法な行為をした警察官等について，刑事責任，懲戒等の行政処分，また国賠法・民法による不法行為責任を追及すること**が，充分に実践され難いのである．(vi) すなわち，捜査機関による違法行為が，「当該刑事事件外の手続」により充分に抑止されないのであれば，その違法抑止の「補充的機能」を「当該刑事事件内の手続」に求めることが不可欠になる．(vii) これこそ「外在的な証拠法則」としての「違法排除法則」が実質的に必要になる理由である．(viii) これに対して，「真実の発見を問題とする証明力から適正手続を問題にする証拠能力へという視点の転換は，刑事訴訟法の基本目的の変遷と密接に関連していた」（田口・373頁）とする評価には若干の疑問がある．なぜなら，「真実発見」と「適正手続」とは，必ずしも相反する関係に立つ対立価値ではありえないからである．この点は，次の判例からも明らかである．

② **導入に踏み切った判例**──(ア) 職務質問に際して被告人の上衣内ポケットに手を差し入れて所持品を取り出したことに端を発する違法捜査がなされた事案について，(i)「押収手続に違法があるとして直ちにその証拠能力を否定することは，**事案の真相の究明に資するゆえんではなく，相当でない**」が，(ii)「ⓐ 事案の真相の究明も，個人の基本的人権の保障を全うしつつ，適正な手続のもとでされなければならないものであり，ことに憲法35条が，憲法33条の場合及び令状による場合を除き，住居の不可侵，捜索及び押収を受けることのない権利を保障し，これを受けて刑訴法が捜索及び押収等につき厳

格な規定を設けていること，また，憲法31条が法の適正な手続を保障していること等にかんがみると，ⓑ 証拠物の押収等の手続に憲法35条及びこれを受けた刑訴法218条1項等の所期する**令状主義の精神を没却するような重大な違法があり**，ⓒ これを証拠として許容することが，将来における**違法な捜査の抑制の見地からして相当でないと認められる場合**においては，その証拠能力は否定されるものと解すべきである」．(ⅲ)「違法な所持品検査及びこれに続いて行われた試薬検査によってはじめて覚せい剤所持の事実が明らかになった結果，被告人を覚せい剤取締法違反被疑事実で現行犯逮捕する要件が整った本件事案においては，右逮捕に伴い行われた本件証拠物の差押手続は違法」である．(ⅳ)「職務質問の要件が存在し，かつ，所持品検査の必要性と緊急性が認められる状況のもとで，必ずしも諾否の態度が明白でなかった被告人に対し，所持品検査として許容される限度をわずかに超えて行われたに過ぎないのであって，もとより同巡査において令状主義に関する諸規定を潜脱しようとの意図があったものではなく，また，他に右所持品検査に際し強制等のされた事跡も認められないので，**本件証拠物の押収手続の違法は必ずしも重大であるとはいえない**のであり，**これを被告人の罪証に供することが，違法な捜査の抑制の見地に立ってみても相当でないと認めがたいから，本件証拠物の証拠能力はこれを肯定すべきである**」（最判昭53・9・7刑集32巻6号1672頁）と判示した（ⓐ〜ⓒは筆者が付した）．

　(ｲ)「**相対的排除効**」——(ⅰ) 違法排除法則を判例として初めて承認した「最高裁昭53年判決」は，前記(ｱ)(ⅰ)において，①の判旨を踏まえて，違法収集手続によっても押収証拠物の証拠価値が害されないことを前提として，「事案の真相の究明」を重視しつつ，これと調和する限りでのみ「証拠の相対的排除」を認める立場を明らかにしている．それゆえ，結論的にも，本件証拠物の証拠能力を否定していない．(ⅱ) 本判例は，押収手続の違法ゆえに直ちに証拠物の証拠能力を全面否定する「**絶対的排除効**」を認めていない．(ⅲ) そもそも，**捜査手続の重要性にも多様な差異があり，その手続違反の程度にも差異がある**のであるから，「絶対的排除説」でも多様な手続違反の中から「一定の重大違反」に限定して，排除効を承認するしかないのである．(ⅳ) 本判例は，排除要件となる「手続違反」を，前記(ⅱ)のⓑにおいて，単なる令状主義違反ではなく，「**令状主義の精神を没却するような重大な違反**」に限定している．なぜなら，「**令状主義違反**」ですらも多様な軽重があるからである．例えば，(ⅴ) 押収の実体的要件は充足されていたが，令状請求手続を怠った場合，その逆の場合，あるいは令状発付の直前に執行を開始してしまった場合，令状は発付されたが，令状呈示手続に不備があった場合，押収対象物の一部のみが令状記載物件でなかった場合，押収目録の交付を欠い

た場合等々がある．(vi) その違反も計画的・意図的・偶発故意的・過失的などの差異がありうる．(vii) また，**手続違反と直接的な押収との「因果関係」にも強弱の差異がある**．これらの全手続違反が上記の要件に該当するわけではない．(viii) さらに，「**手続の違法**」と「**罪となるべき事実の軽重**」との**衡量**も不可欠であろう．ビルの爆破で数千人を殺害したテロの被告人を「重大な令状主義違反」ゆえに証拠排除すれば無罪放免となる場合にも，違法排除をすることが「比例権衡原則」(法益衡量) と合致する「配分的正義」といえるであろうか．(ix) 要するに，この衡量が必要になる点こそが，違法排除法則とそれ以外の自白法則・伝聞法則との決定的な相違である．後二者では，排除される証拠がその「信用性」すなわち「虚偽のおそれ」に結びつくがゆえに，その証拠は無条件で絶対的に排除すべきことになる．すなわち，「罪となるべき事実」が虚偽のおそれがあるため，その重さと手続違法の重さとの衡量の前提が欠ける．しかし，違法排除法則では，そうではないことに充分留意すべきであろう．

　(ウ)「**排除法則の法的根拠**」——(i) 本判例は，違法収集証拠の証拠能力については，憲法・刑訴法に何らの規定もないから，「**刑訴法の解釈**」に委ねられるとしている．(ii) その趣旨は，「排除法則を憲法問題として一刀両断に解決するのではなく，訴訟法の問題として事案に応じて柔軟な解釈運用を図るという姿勢を示したのである」(松本・百選7版139頁)，とされている．(iv) ただし，排除法則の根拠を憲法31条に求めたからといって，一律の排除つまり「絶対的排除効」を承認しうるものではない．憲法31条は，「生命」と「自由」の重みを区別しており，憲法13条の制約下にある適正手続条項であるから，市民の幸福追求権を害する「犯罪の抑止」のための「実体的真実発見」の利益を決して無視しえない．適正手続条項には，実体的適正の要請が当然に内含されている．(v) むしろ，本判例が憲法の直接適用を控えたのは，**憲法違反は常に上告理由** (405条) となりうるので，その制限を意図したものであろう．

③　**違法排除法則の実質的根拠**

　a　昭和53年判例は，証拠排除の根拠として，憲法31条・33条・35条の適正手続の保障に着目しながらも，直接には刑訴法1条における実体的真実の発見と法定手続の保障との調和を目的として，「将来における違法な捜査の抑制の見地」を掲げている (前記②(ii)および(iv))．すなわち，「**違法抑止 (効) 説**」は，将来の違法捜査の抑止・予防に必要な限りで，違法収集証拠の証拠調を否認し，これが法的に許容されないことを捜査官に周知させて，**違法捜査の一般予防**を達成しようとするもので，「相対的排除効」を認めるにすぎない．

b 「司法の無瑕・廉潔性 (Judicial Integrity) 説」――国家は違法行為を市民のみならず自らにも禁止しているのであるから,「法の支配」の担い手たる司法は,自ら憲法・法令を遵守すると同時に,他人が法に違反して保全した「汚れた証拠」を裁判に使用して,「自らの手を違法に染めてはならない」.

c 「適正手続 (Due Process of Law) 説」ないし「適正手続規範説」――国家は,憲法33条・35条に法定の正当理由がある場合にのみ,令状主義に基いて個人の自由を拘束しプライヴァシーに介入しうるのであるから,その適正手続に違反した証拠保全は,「法定の正当理由」を欠くゆえに,本来は保全しえなかったものとして「無効」になり,絶対的かつ自動的に証拠能力を失う.

d (検討) (ア) さて,前記の3説は,単なる排除法則をめぐる対立ではなく,法哲学における原理的対立に由来する.すなわち,「違法抑止効説」は,功利主義的な「優越利益原則」を基礎とするもので,刑法における「目的刑(抑止刑)論」に相応するものである.これに対して,「司法無瑕性説」は,法と倫理との一致をめざす「絶対刑論」に由来するものである.また,「適正手続規範説」は,「国家共同体に対する個人の自由の優位」を基礎とする「リベラリズム」に由来するものである.

(イ) 結論的には,「司法無瑕性説」および「適正手続規範説」は,原理的にも,また憲法解釈としても偏向しており,妥当でない.なぜならば,国家機関のみの違法が強調されて,個人(被告人・犯人)の違法が無視されることで,共同体の利益(犯罪からの安全)が保護されなくなるからである.両説によれば,国家は,その機関が違法に保全した証拠により被告人の有罪が示されている場合にも,犯罪の違法に目をつむり,犯罪抑止という「共同体の利益保護」を放棄して,片面的に個人の国家に対する権利のみを保護して,犯人を免責して共同体に放置すべきことになるが,それが憲法13条・31条からの帰結であるとは決していえない.

(ウ) そもそも,犯罪の証拠は,例えば自白とは異なり,捜査官の違法行為により創出されたものではなく,被告人が犯罪をしなければ存在しえなかったものである.それゆえ,犯人の違法行為の結果として創出された証拠が,その保全手続の違法ゆえに,本来は存在しなかったものと法的に擬制されるべき理由が問われる.

(エ)「法の適正手続の保障」(憲31条)を基礎づける基本思想は「共存のための配分的正義」(比例権衡原則)であり,「個人の自由は,他者を侵害しない限り,保障される」にすぎないのであって,**有罪犯人の放免に等しい自動的証拠排除は,配分的正義に反する**.

(オ) 捜査官の被告人に対する手続違反は，被告人の権利侵害として損害賠償で補顛されるべきであり，公務員の紀律違反として懲戒処分を受けるべきであり，刑事手続においては量刑で考慮されるべきであって，それでもなお不充分な場合に初めて証拠排除が必要になり，その結果として有罪犯人の放免もやむをえない．しかし，それは「最終手段」でしかなく，判例が証拠排除を容易に認めなかったのは，正当であった．違法排除法則の適用が問題になった最高裁判例は，すべてが覚せい剤の所持・使用の事案であったが，これを自制しえない犯人を放置すると，犯人および社会的にどのような結果が招来されるかを考えるべきであろう．

(カ) 「違法抑止説」への批判——同説が「相対的排除効」しか認めないこともあって，結局は違法抑止の効果が乏しいのであるから，理論的な根拠を欠くものといわざるをえない，という批判が加えられている．しかし，その批判は，決定的なものでなく，妥当とは思われない．

(キ) 判例による捜査方法の違法確認が警察官に対する抑止力を果していないとする研究（宮澤節男・犯罪捜査をめぐる第一線の刑事の意識と行動365頁）もある．確かに，立件捜査され送検された事件の一部しか起訴されないという「起訴便宜主義の運用」の下では，現場警察官のモラールが低下し，その事件の起訴・判決の結果に対する関心も弱まるであろう．しかし，必要な課題は，その違法抑止力を高めるための方策を構築することにある．他方，検察官に対する違法抑止力は，充分に働く．検察官は，公訴の提起に当たり，判例の基準に照らして違法捜査のあった事件を不起訴にするからである（座談会「排除法則の現状と展望」現刑5巻11号7頁（河村発言）参照）．

(ク) 「犯罪に対する刑罰の抑止力」と同様に，「証拠排除による違法捜査の抑止力」の証明は困難である．しかし，むしろ，「違法抑止の実効性」を考慮せずに絶対的排除効を認める見解こそが，その査定基準を欠く点で疑問であるといえよう．

(ケ) **結論**——(i) 手続違反の程度・状況・有意性・頻発性，(ii) 手続違反と当該証拠獲得との因果性の程度，(iii) 証拠の重要性および事件の重大性・違法抑止の必要性を総合的に考量する「相対的排除論」（井上・刑事訴訟における証拠排除404頁）が，通説であって，判例・実務でもある．

④ **証拠排除の要件**

a 昭和53年判例は，違法収集証拠の証拠能力を否定する基準として，ⓐ「**令状主義の精神を没却するような重大な違法**」（違法の重大性基準）およびⓑ「**これを証拠として許容することが，将来における違法な捜査の抑制の見地から相当でないと認められる場合**」（排除の相当性基準）の2つを掲げている（前記②(ii)のⓑ・ⓒ）．この両基準については，理解が対立している．

b　**第一説**──は，ⓐのみが要件であって，ⓑは根拠にすぎないとの見解（田宮・警察研究55巻1号78頁）であるが，本説が判例の文言に副わないことは，明らかである．

c　**第二説**──両基準を独立の択一的要件とする見解（井上・前掲556頁）である．この見解（競合説）は，ⓐの基準を「司法の無瑕性」ないし「権利擁護」，ⓑの基準を「違法抑止」であるとするが，なぜ二つの異なる基準の併立が可能であるのか疑問である．なぜならば，「違法抑止」の必要を欠く「司法の無瑕性違反」が独立して証拠排除されるべき場合を考え難いからである．

d　**第三説**──両基準を加重要件とする見解（重畳説，川出・松尾古稀（下）530頁）であって，判例の文言にも合致し，違法抑止説とも調和する．しかし，本説が井上説に従って「司法の無瑕性」と「違法捜査の抑止」とを併立するのは，疑問である．むしろ，ⓑ「排除相当性」の要件は，ⓐ違法が重大であって抑止の必要が高くても，証拠・事件が重大であるため，証拠排除に踏み切れない場合をいうものと解される．

e　（**検討**）──㋐証拠保全捜査における「違法抑止の必要性・相当性」は，井上説および川出説では，ⓐの要件ではなく，ⓑの要件に包摂される．しかし，それが「重大な違法」である程に「違法抑止の必要性」も高い筈であるから，これがⓐの要件となるべきであって，その判定要素が前記③㋙の(i)・(ii)となると考えられる．

　㋑これに対して，前記③㋙の(iii)を判定要素とするⓑの要件は，「違法抑止の必要性」を超える「証拠の重要性・事件の重大性」が認められるために，「違法排除」よりも「真実究明」を優越すべき事情のある場合であって，証拠能力の否定が相当でない例外事由を画するものである．

　㋒通例はⓐの要件と同時にⓑの要件も充足されることが多いが，例外的な重大事件ではⓑの要件が支障となって，証拠排除の相当性を欠くこともありうる．従来の最高裁判例では，覚せい剤事犯であるため，ⓐの要件が否定されることが多く，ⓑの要件の積極的判断は示されていなかった．しかし，後記⑥の新判決は，ⓐの要件を否定しながらも，併せてⓑの要件をも否定している．

⑤　**違法捜査と証拠収集との因果関係に関する判例**

　a　**判例における「違法の重大性」の判断構造**──㋐これについて，最高裁の判例は，第一に，「違法捜査と証拠収集との規範的因果関係」の存否を確定する．㋑第二に，これが肯定される場合には，その一連の捜査経過について，適法な手続との具体的な差異が「実質的な違法事情」として認定され，そこに「軽微な実質的違法」しか認められない場合には，その

第18講　証　拠（4）

証拠保全手続の「違法は重大ではない」とする結論を下している．(ウ) そこで，以下では，(ア)の「規範的因果関係」に関する判例理論について，検討する．

b 「同一目的」の一連の違法手続の「直接利用」関係——(ア) 違法な捜査と証拠の発見・保全との因果関係がなければ，その保全された証拠物は違法排除されるべき理由を欠く．

(イ) それ自体としては適法な手続で保全された証拠であっても，それが先行する違法捜査なしには発見・保全しえなかったとすれば，このような条件関係の存在ゆえに，その一連の捜査行為が「違法判断の対象」になる．

(ウ) この両者の因果関係ないし条件関係は，単なる事実的な因果事象ではなく，刑法の「罪責をめぐる帰責（属）関係」とも異なり，捜査の違法抑止という「刑訴法に合目的な規範的性格」を帯びている．

(エ) 判例では，捜査官の違法な住居立入りに始まる一連の経過において採尿が実施された事案について，「被告人宅への立ち入り，同所からの任意同行及び警察署への留め置きの一連の手続と採尿手続は，被告人に対する覚せい剤事犯の捜査という ⓐ 同一目的に向けられたものであるうえ，採尿手続は右一連の手続によりもたらされた状態を ⓑ 直接利用してなされていることにかんがみると，右採尿手続の適法違法については，採尿手続前の右一連の手続における違法の有無，程度をも十分考慮してこれを判断するのが相当である」と判示したうえ，任意同行には有形力行使がなく，警察署への留め置きには強要がなく，採尿にも強制がないことを理由に，その違法は重大でないとして，尿の鑑定書の証拠能力が肯定された（最判昭61・4・25刑集40巻3号215頁，百選7版68，百選8版66，ⓐ・ⓑは筆者が付加した）．

(オ) 上記判決によれば，違法に開始されて証拠保全に至る捜査行為が「同一目的」に向けられたものであるときに「一連の手続」として証拠保全に「直接利用」されたものとして一体評価され，適法・違法の判断対象とされている．すなわち，事前的考察によれば「同一目的」という「違法な主観的連関」が認められるときに，証拠保全に「直接利用された」という事後的評価がなされている．

(カ) 例えば，違法な逮捕による意思制圧状態を利用して採尿が実施された場合には，文字どおりの「直接利用」があるので，その採尿手続も当然に違法となる．しかし，上記の場合には，このような自然的意味での違法手続の「直接利用」は認められず，「同一目的」の存在を媒介として「直接利用」という規範的評価がなされているにすぎない．

c ——(ア) 本判決後も，ⓐ 最決昭63・9・16刑集42巻7号1051頁，ⓑ 最判平6・9・16刑集48巻6号420頁，ⓒ 最決平7・5・30刑集49巻5号703頁では，

個別の具体的事情の差異ゆえに必ずしも常に「同一目的」ないし「直接利用」の表現は用いられていないとはいえ，「一連の手続」を「違法」と評価しながらも，「重大」であることが否定されている．

　(イ) また，ⓓ 最決平 8・10・29 刑集50巻 9 号683頁では，「**証拠物の発見後**」に被告人に警察官が違法な暴行を加えた事案につき，「その暴行の時点は証拠物発見の後であり，被告人の発言に触発されて行われたものであって，証拠物の発見を目的とし捜索に利用するために行われたものとは認められないから，右証拠物を警察官の違法行為の結果収集された証拠として，証拠能力を否定することはできない」と判示された．ここでも，**捜査官の「目的」**の有無が重視されている．

　(ウ) なお，ⓓの判例については，「証拠物発見と何らの因果関係もない事案に関するものであるから，排除法則の適用外であることは明らかであろう」とする見解（長沼・現刑 5 巻11号31頁）がある一方で，ⓔ 最決平15・5・26刑集57巻 5 号620頁では，ホテル内での職務質問中に被告人を全裸のままにしておく行為が，所持品検査の適法性に影響を与えるとされている点，ⓓの判例の事案でも，押収手続はなお継続しているので，その暴行が手続の違法判断の対象になりうるという指摘もある（「排除法則の現状と展望」（山崎・田口発言参照）現代刑事法 5 巻11号13頁）．この点は，後に検討する．

⑥ **違法排除を認めた新判例の展開**

　a **証拠能力を否定した新判例**──(ア) 最判平15・2・14刑集57巻 2 号121頁（百選 8 版67）は，最高裁の判例として初めて，違法な逮捕後の採尿により作成された鑑定書の証拠能力を否定した．

　(イ) しかし，**この鑑定書を疎明資料として発付された捜索差押許可状により押収された覚せい剤および鑑定書**については，「これらの証拠等の重要性等諸般の事情を総合すると，その証拠能力を否定することはできない」と判示した．すなわち，実体的真実発見（犯罪抑止）の必要性を認めて，「証拠排除の相当性」が否定された点でも，注目に値する．

　(ウ) その事案は，窃盗の被疑事実で逮捕状が発付されていた被告人Xに対して，逮捕状を携行・呈示せずに，Xに片手錠を掛けて捕縛して警察署に連行後（午前11時頃），初めて逮捕状を呈示したが，任意の採尿が午後 7 時頃実施され，その鑑定書を疎明資料として発付された覚せい剤に関する捜索差押状と窃盗事件の捜索差押状とを併せてX方を捜索したところ，本件覚せい剤が発見され，差し押さえられたものである．

　(エ) 第一審は，窃盗は有罪としたが，本件覚せい剤・その鑑定書を証拠排除して無罪とし，その判断は原審でも是認された．検察官の上告に対する最高裁の判断は，次のとおりである．

(オ)「逮捕時に逮捕状の呈示がなく，逮捕状の緊急執行もされていない（略）という手続的な違法があるが，それにとどまらず，警察官は，その手続的な違法を糊塗するため，（略）逮捕状へ虚偽事項を記入し，内容虚偽の捜査報告書を作成し，更には，公判廷において事実と反する証言をしているのであって，本件の経緯全体を通して表れたこのような警察官の態度を総合的に考慮すれば，本件逮捕手続の違法の程度は，**令状主義の精神を潜脱し，没却するような重大なものである**と評価されてもやむを得ないものといわざるを得ない．そして，このような違法な逮捕に密接に関連する証拠を許容することは，**将来における違法捜査抑制の見地からも相当で**ないと認められるから，その証拠能力を否定すべきである」．

　(カ)「本件覚せい剤の差押えは，司法審査を経て発付された捜索差押許可状によってされたものであること，逮捕前に適法に発付されていた被告人に対する窃盗事件についての捜索差押許可状の執行と併せて行われたものであることなど，本件の諸事情にかんがみると，**本件覚せい剤の差押えと上記(2)の鑑定書との関連性は密接なものではない**というべきである．したがって，本件覚せい剤及びこれに関する鑑定書については，その収集手続に重大な違法があるとまではいえず，その他，これらの証拠の重要性等諸般の事情を総合すると，その証拠能力を否定することはできない」．

　b　覚せい剤等の証拠排除の相当性の欠如——(ア) 本件覚せい剤とその鑑定書について，本判決は，「違法重大」の要件を欠くとしながらも，「排除相当」の要件も欠く旨判示している．

　(イ) それゆえ，両要件は各独立の加重要件でないとの疑いが生じる．しかし，本件では，前者の要件を欠くとした点に批判もありうることに備えて，後者の要件も欠くことを確認したにすぎないものと推測される．

　(ウ) 従って，両要件は独立の加重要件である，と解することには，特に問題がない．

　c　覚せい剤等の収集手続の重大違法の欠如——(ア) その理由として，本判決は，違法排除された「尿の鑑定書」とこれを疎明資料として発付された捜索差押状により押収された「覚せい剤等」とは，「密接な関連性」を欠くとしている．

　(イ) この「密接な関連性の欠如」は，前述した「同一目的・直接利用」の基準による違法判断を前提としたうえでの「違法の重大性」二段階評価における判断であるから，後者の基準とは競合しつつも異なるのである．ただし，本判決では「同一目的」の表現は用いられておらず，「窃盗」の逮捕行為と「覚せい剤事犯」の採尿行為とは，異なる事件であるため「同一目的」を欠く事案である，と解されている．

(ｳ) また，密接関連性が欠ける根拠として，「司法審査」の介在を先行捜査の「**違法の希釈**」（先行する違法捜査の後に他の適法手続・適法証拠が介在することにより，当初の違法手続との因果関係ないし違法性が弱まる場合には，証拠能力を認める例外を「希釈法理」という．）に用いているが，それのみでは不充分である．

(ｴ) そこで，「逮捕前に適法に発付された捜索差押状」と併せた執行であることが根拠に付加されている．ここでは，「**毒樹の果実論**」の因果関係および仮定的条件関係を切断する「**独立入手源の法理**」（当初の違法捜査から独立した適法捜査により入手した派生的証拠に証拠能力を認める法理）および「**不可避的発見の法理**」（現実には違法捜査により証拠が入手されているが，仮に違法捜査をしなくとも不可避的に適法捜査により同一捜査により同一法理の入手がなされた筈といえる場合には，その証拠能力を認める法理）との競合・中間ともいうべき論理が用いられている．いずれも，覚せい剤等を証拠排除しても違法捜査の抑止に効果がない場合であるとはいえ，その競合という論理の一面性に問題を残すので，前述のように「証拠排除の相当性」の欠如についても，付言されたのであろうか．

d　尿の鑑定書の証拠能力否認──(ｱ) 本判決は，本件逮捕手続の「違法の重大性」を認め，これと「密接な関連を有する証拠」である尿の鑑定書の証拠能力を否認した．

(ｲ) その顕著な特色は，「違法の重大性」の判断に際して，警察官が逮捕手続の違法を糊塗するために行った「**事後的な隠蔽行為の存在**」を重視している点にある．(i) 違法な捜査手続と直接の証拠保全との「因果関係」ないし「違法承継」を問題にする従来の見解によれば，証拠保全後の違法行為の存在は，証拠保全の違法を基礎づけない筈である．(ii) この問題を従来の見解から解決する方法は，事後的な違法行為の存在は上記の「因果関係」を基礎づけるものではなく，その**先行手続の違法性を基礎づける**「**証拠資料**」として用いられているにすぎない，と解釈するものである．しかし，このような因果関係の理解は，違法捜査で「汚れた証拠」のみが排除されるべきであるという「司法の無瑕性」の帰結にすぎない，と考えられる．(iii) 違法抑止説からすれば，先行違法手続との因果関係自体に意味があるのではなく，「証拠保全行為の違法性」自体が抑止されるべきなのであるから，証拠の収集保全を含む**一連の違法手続と因果関係のある限り，それが保全後の違法行為であるからといって，これを違法抑止の対象から除外すべき理由は**ないであろう．前記(iv)の見解も，実質的には「事後の違法」を「事前の違法」に包含させているといわざるをえない．(iv) すなわち，「自白法則」では，「供述過程への心理的影響」が不可欠であるので，その因果関係は先行行為（における圧力）を要件とせざるをえない．し

かし，違法排除法則における因果関係は，それが証拠物の証拠価値には影響しえないのであるから，事前の違法であることは不可欠ではなく，事後の違法を含むものであっても差し支えない，と考えられる．

(ウ) なお，「同一目的・直接利用」要件との関係で，「先行行為の違法承継」と「違法な先行手続と証拠保全との因果関係」とを峻別したうえ，後者を妥当とする見解（川出・松尾古稀（下）516頁）がある．しかし，違法承継論も因果関係論の一つである以上，両者を峻別する実益は，明らかではない．

(エ) むしろ，本判例において重要なのは，逮捕手続の客観的連関の違法よりも，「捜査官の主観的連関の違法」こそが「違法の重大性」を基礎づけている点である．

e **捜査官の主観的連関の違法性**——(ア) 本判決において重要な第二の点は，逮捕手続に始まる「捜査行為の客観的連関の違法」よりも，「捜査官の主観的連関の違法」に「違法の重大性」の重点が移されていることである．

(イ) 被告人への人権侵害による手続違反（無効）に重点を置く「適正手続規範説」や違法手続の利用禁止を根拠とする「司法無瑕性説」によれば，「客観的連関の違法」こそが証拠排除を基礎づける．これに対して，「違法抑止説」によれば，個人が被った人権侵害による損害は国家賠償法・民事不法行為法により補償されるべきであって，刑事手続による違法抑止の重点は，「被害者の損害補償」ではなく，「**捜査官の手続違法の反復防止**」（一般予防）に置かれる．それゆえ，「捜査官の主観的連関の違法」こそが決定的になる．

(ウ) 捜査官が違法を「意図的」・「計画的」に「反復」したり，その違法を「隠蔽」し適法性を「偽装」するといった事態を放置すれば，このような手続違反が捜査の活動・組織に蔓延することになる．このような過失ないし偶発的なものではない「違法の体質」を切除すべきことは，「善意の例外法理」の思想と同根のものであって，「違法抑止の核心」をなす．従って，本判決が証拠能力の否認に踏み切ったことは，英断であったと評価しうる．

(エ) また，それゆえに，「証拠保全後」の捜査官による違法行為であっても，本判決が「違法の重大性」の判断対象にしたことも，前述のように，妥当であると評価しうる．証拠保全に先行する違法手続との因果関係に限定すべきことは，違法抑止の目的実現に不可欠な帰結ではないからである．むしろ，「同一目的」の実現に向けられた捜査官の違法行為は，証拠保全後のものであっても，「一連一体」のものとして評価されるべきであろう．

(3) 違法収集証拠に対する同意と排除申立適格
　a　この点についても，当然ながら法の明文が欠けている．
　b　「伝聞法則」に関しては，(i) 326条 (327条) の規定により，被告人は同意により伝聞証拠能力を認めることができる．
　　(ii) その根拠は，反対尋問権が権利として保障されている被告人が (37条2項)，その権利を放棄し，あるいは証拠能力を付与されているだけではなく，証拠能力を認めても，証明力の段階で供述証拠の信用性が吟味されて誤判の危険がないからである．
　c　「自白法則」に関しては，(ア) 被告人が同意しても，任意性を欠く自白に証拠能力が認められない，とされている (ただし，同意によって自白に任意性があると認められる場合は，本来的に証拠能力があった場合である)．
　　(イ) 同意が証拠能力の欠損を回復しえない根拠は，任意性を欠く自白に証拠能力が認められない根拠と表裏の関係に立つ．権利擁護説に立つとすれば，反対尋問権・責問権の放棄を否定することは，自白についてもできない筈である．なぜならば，人権として保障されている黙秘権にせよ身体の自由権にせよ，全面的に放棄を許さないとはいえないからである．違法排除でも，同様の結論になるであろう．
　　(ウ) 虚偽排除説でも，本人の誤判の回避のみを根拠とするのであれば，任意性を欠く自白に同意による証拠能力を認めても，自白の信用性のみならず自白の補強証拠により，被告人は誤判の逸脱から保護されうる．しかし，「誤判のおそれの一般抑止」を根拠にする「虚偽排除説」に依拠するときは，それは被告人のみが同意で処分しうる利益でないことを根拠づけることができる．
　d　「違法収集証拠」に対する同意については，ⓐ 放棄不能説，ⓑ 放棄可能説およびⓒ 中間説があり，これにも重大な違法については放棄を認めないとする説および同意の存在を証拠能力の有無の判断の一資料とする説とが対立している．
　　(ア) 裁判例では，結論的に，証拠能力を認めるものがより多いとはいえ (5件)，放棄不能説に立つもの (大阪高判昭60・2・27判タ555号339頁，福岡高判平7・8・30判タ907号281頁) もみられる (その詳細につき，樋口・刑事証拠法の諸問題下409頁)．
　　(イ) 判例としては，最大判昭36・6・7刑集15巻6号915頁が同意による放棄可能説とされることもあるが (田口・379頁)，そこでは緊急逮捕に伴う捜索差押が適法と判断されているのみならず，違法排除法則を承認した最高裁昭53年判決以前の判断であって，違法排除法則が問題となったものではない．また，最高裁昭53年判決については，放棄不能説に立つものとする調査官解説

(岡・判解403頁) もあるが, 反対の理解もある.

　(ウ) 問題は, 単なる違法捜査の存在ではなく, 排除要件である「違法の重大性」と「排除の相当性」との両要件を充足する場合における「同意による放棄」の可否にある. 放棄不能説は, 将来における違法捜査の抑止という「一般予防」目的を徹底するので, これを被告人を含む当事者の判断 (同意) に委ねるべきではない, と主張する.

　(エ) これに対して, 違法の程度は多様であり, その中には不利益を受けた当事者が不問に付しても良い, とする積極的意思を裁判所が尊重してよい場合もあり, 放棄不能説によると当事者による処分の余地が全くない重大な違法がある場合に限って排除が認められる結論になり, 排除法則の適用範囲が狭められる. それゆえ, 弾力的な結論に至る中間説が妥当であって, 同意を証拠能力判断の一要素と見る点で, 諸利益を勘案する相対的証拠排除論とも通じ, また326条の「相当性」判断とも合致する旨主張されている (樋口・前掲421頁～422頁, ほぼ同旨・大谷・争点3版196頁).

　(オ) 結論——排除要件に当たる「違法の重大」な場合については, 当事者の処分権が制限されるという点において, 放棄不能説と中間説との結論は一致する. しかし, 中間説が放棄不能説によると排除の範囲が狭まるとしている点は, 不適切である. ここでは, 最高裁昭53年判決以来今日まで形成されてきた判例が「違法の重大性」と「排除の相当性」とを不動の要件としていることを前提とすべきであり, 放棄不能説の採用により, この両要件が変動することなど理論的にも考え難いからである. また, 相対的排除論とは, この二要件により「違法捜査の一般的抑止」を達成しようとするものであるから, ここに不利益を受けた被告人の救済や処分権が介入しうる理論枠は, 本来ありえないと思われる. すなわち, 中間説のいう弾力性は,「単なる違法」と抑止の必要な「重大違法」との区別において, 既に切り分けられており, 不要な不明確化でしかないのである.

　e　**要約**——自白法則は「誤判のおそれの一般的抑止」, 違法排除法則は,「違法捜査の一般的抑止」を目的とするものであり,「一般的抑止」という点では当事者の権利という個人的法益を超えた公共的法益 (実体的真実の発見と適正手続の保障) の実現に関わる. それゆえ,「被告人自身にかかわらない利益侵害については, 排除の申立適格を認めるべきであるまい」とする見解 (田中ほか・330頁～331頁) は, その前提自体に疑問がある. すなわち, 当事者主義といっても, 民事訴訟法とは区別されねばならない. 両法則において証拠排除すべき場合は, 共通して本来「被告人自身のみにかかわらない利益」が問題になっているのであるから, 検察官のみならず共同被告人にも排除の申立適格が認められる (結論同旨・小林・245頁). さらに, 被告人の意思に反し

て，弁護人が申立をすることも許される．ここでは，被告人の擁護義務が問題となっているのではなく，弁護人の法律家としての適正手続義務が問題になるからである．

2 科学的証拠の証拠能力

① **非供述証拠の証拠能力**（自然的関連性）——(ア)「**供述証拠**」については，(i) 自然的関連性の要件のみならず，(ii) その「信用性」(真憑性) の類型的乏しさゆえに，「自白法則」(319条1項) および「伝聞法則」(320条〜328条) により証拠能力の制限が法定されており，(iii) また供述証拠が「証拠物」としてのみならず，検証・取調により「調書」として収集・保全される場合にも，「違法排除法則」が適用される．

(イ)「**非供述証拠**」については，法定の明文を欠くが，317条にいう「証拠」には，(i) 自然的関連性および(ii) 法的関連性 (適法性) が要件となっていると解されるので，証拠能力の制限があり，ここでも「違法排除法則」が(ii)の要件として適用される．(iii) その「自然的関連性」の要件は，狭義の「**要証事実との関連性**」のほかに，(iv)「**科学的・経験的な信用性**」がポリグラフ検査・DNA鑑定・声紋鑑定・筆跡鑑定・警察犬による臭気選別等について問われる．(v) その際には，各科学的検査方法の@「**一般的合理性**」および⑥「**個別の検査方法**」における検査者 (鑑定人) の「**技術・経験および公平中立性**」，© 鑑定の資料・方法・経過を保存・記録して「**検証可能性**」確保することが必要である．(vi) 要するに，「科学的信用性」につき，およそ専門家の支持がなければ自然的関連性が否定される．しかし，「専門分野の一般的承認」を要件とするフライ・テストは，過度な要件であって，学界の評価が二分して対立するような場合であっても，「一定程度」の科学的合理性 (信頼性) が担保され，かつ「検証可能性」(反論可能性の手続的保障) があれば証拠能力を肯定して，「証明力評価」に委ねうる．(vii) なお残存しうる「不確実性」の程度は，「証明力の程度」の問題でしかない．このことは，供述証拠の証明力であっても同様であり，100％の確実性は証明において存在しえない．個別の事件につき，「**合理的な疑いの残らないこと**」で刑事裁判の証明は，満足するしかない．

② **「酒酔い・酒気帯び鑑識カード」**——(ア) 本鑑識カードは，警察庁交通局長通達により全国標準様式が定められており，司法警察職員が被疑者の酒気帯び・酒酔いの程度を判定するための「複合書面」であるから，その個別の記載欄について証拠能力が問題になる．

(イ)「記録紙」に自動的に印字されたアルコール濃度値は非供述証拠となるが，この数値を読み捜査官が記入した「化学判定欄」，被疑者の言動・外貌・酒臭等を記載した「見分状況欄」および「外観による判定欄」は，「検証の結果を

記載した書面」(321条3項)に該当する.

　(ウ)「質問応答状況欄」は，被疑者の供述を聴取(検証)して報告した捜査官の供述書であるから，321条1項3号の書面となる(最判昭47・6・2刑集26巻5号317頁).

③　「ポリグラフ検査結果回答書」——(ア) 本検査回答書それ自体は，経験事実を記載した供述書であって，**321条4項**の「**鑑定書**」として証拠能力を有する(東京高判昭47・12・26東高刑時23巻12号247頁等).

　(イ) これと区別すべきは，その回答書に記載された「**検査者**」の供述内容たる「**検査結果**」の証拠能力(自然的関連性)である．(i)「ポリグラフ」は，人間の「意思とは関係なく働く」自律神経による呼吸・皮膚・電気反射及び血圧脈搏の「生理的反応」を記録する装置である．

　(ii)「ポリグラフ検査」は，検査者が被疑者に「質問を発した際の生理的反応」を記録したうえ，これを分析した検査者が被疑者の「心理の推論」をするものである．その分析結果を報告したものが「検査結果回答書」である．

　(iii)「質問法」には，犯人であれば知っている筈の特定犯罪情報につき質問するⓐ「緊張最高点質問法」と被疑事実に関係する情報と関係しない情報との両者を質問して生理反応を比較するⓑ「対照質問法」とがある．

　(ウ)(i) 判例によれば，「ポリグラフの検査結果を，被検査者の供述の信用性の有無の判断資料に供することは慎重な考慮を要するけれども，原審が，刑訴法326条1項の同意のあった(略)書面(略)について，その作成されたときの情況等を考慮したうえ，相当と認めて，証拠能力を肯定したのは正当である」(最決昭43・2・8刑集22巻2号55頁)と判示した．

　(ii) 本件の事案は，取調で自白した被告人Xが，その後否認に変り，誘導による虚偽自白であると主張し，証人A・Bの供述も相反したため，捜査官はA・Bの希望により両名のポリグラフ検査を実施し，その回答書は，第一審において有罪の証拠標目として掲げられた．しかし，弁護人は，「ポリグラフ検査結果の確実性は未だ科学的に承認されていないから，これらはすべて刑事裁判の本質に照らし，証拠能力を有しない」と主張して控訴した．

　(iii) 控訴審は，本検査回答書について，「いずれも原審において検察官が，刑事訴訟法第321条第4項所定の書面としてその取調を請求し，被告人側において，これを証拠とすることに同意したものであり」，「原審証人Aの供述に徴し，各書面はいずれも検査者が自ら実施した各ポリグラフ検査の経過及び結果を忠実に記載して作成したものであること，検査者は検査に必要な技術と経験とを有する適格者であつたこと，各検査に使用された器具の性能及び操作技術から見て，その検査結果は信頼性あるものであることが窺われ，(略)これを証拠とするに妨げがないものと認められる」と判示している(東京高判昭42・7・26高

刑集20巻4号471頁).

　(iv) アメリカの著名な刑訴法学者 Fred E. Inbau 教授によれば，ポリグラフ検査の正確度は95％とされているが，連邦裁判所の1998年判決は，学界での見解が二極化していることを理由に証拠能力を否定している．わが国でも，本決定に批判的な見解（大西・判タ464号56頁）が少くない．しかし，緊張最高点質問法の正確度は高く（大西・判タ431号21頁），相当程度の信頼性が認められるのであれば，証拠能力を認めたうえ，「証明力の程度」で慎重な制限を加えることが必要であろう．前記控訴審も，「ポリグラフ検査の経過及び結果に対する各証拠をまつまでもなく」有罪と判断しうるとされた事案である．

　㈣ 被検査者の「質問に対する生理的反応」の証拠としての性質──(i) 発問との対応で証拠となるので「供述証拠」であり，「黙秘権の侵害」になるとの見解（鈴木・46頁，光藤・上106頁）もあるが，それにしても同意して検査を受けた場合には，黙秘権は放棄されることになる（田宮・341頁）．

　(ii) しかし，この生理的反応を「意思表示」の身体動作（態度による供述）と見ることは，できない．生理的反応は，本人の「**意思によらない自律神経の作用**」でしかないから，「非供述証拠」であるといわざるをえない．公判廷で「赤面して発汗しながら」黙秘した被告人の態度から，その「心理」を推測して心証形成することが，「黙秘権の侵害」または「供述の任意性の侵害」になる筈がない（被疑者に供述の自由があるのは，当然である）．

　(iii) しかし，「質問による心理的検査」であるから，「本人の同意」が最小限必要であり（平野・107頁），しかも，「身体検査の性質」を有するので「**鑑定処分許可状**」により実施すべきであろう．ただし，実務では，不同意者に対して鑑定処分許可状で実施する例もあるとされている（小早川・百選8版151頁）．

④　「**DNA型鑑定**」──㈠ 人間の細胞の核に含まれるDNA（デオキシリボ核酸）の塩基配列は，個人毎に異なる多様な型を示すので，個人の同一性を識別するのに役立つ．その分析検査方法が，「DNA型鑑定」である．

　㈡ DNA型の鑑定方法には，(i) DNA配列の多数の部分を解析する「マルチローカス法」と(ii) その特定部位の反復数を解析する「シングルローカス法」とがある．(iii) 前者は，識別精度が高いが微量の資料からの検出が困難であるため，後者が今日では一般に用いられているとされている．

　㈢ 現場に遺留された血液・精液・唾液・毛髪等が，鑑定の資料になる．次の判例の事案では，4歳の少女の死体付近から発見された下着に精液が付着しており，被告人Xの捨てたゴミ袋から精液の付着したティッシュペーパーが採取され，科学警察研究所が独自に開発したMCT118法という鑑定法により，前記両精液のDNA型が一致するとされた．そこで，警察はXの出頭を求めて取調をしたところ，Xの自白が得られた．

(エ) 本件の DNA 鑑定結果の証拠能力について，(i) 第一審は，証拠能力を肯定したうえ，「325通りという著しい多型性を示す MCT118法が一致したという事実が一つの重要な間接事実になることは否定でき」ないとして，信用性も肯定して，被告人を有罪とした（宇都宮地判平成5・7・7判タ820号177頁）。(ii) 控訴審も，「その認知・分析の基礎原理に科学的証拠があり，かつ，その手段，方法が妥当で，定型的に信頼性のあるものでなければならない」として証拠能力を肯定した（東京高判平8・5・9高刑集49巻2号181頁）。

　(オ) 最高裁は，「本件で証拠の一つとして採用されたいわゆる MCT118DNA型鑑定は，その科学的原理が理論的正確性を有し，具体的な実施の方法も，その技術を習得した者により，科学的に信頼される方法で行われたと認められる．したがって，右鑑定の証拠価値については，その後の科学技術の発展により新たに解明された事項等も加味して慎重に検討されるべきであるが，なお，これを証拠として用いることが許されるとした原判断は相当である」と判示した（最決平12・7・17刑集54巻6号550頁）。

　(カ) 本決定に対しては，(i) ⓐ 当時の MCT118法は安定的方法でなく，ⓑ 鑑定資料たる下着の保管方法が不適切であり，ⓒ 再鑑定用の資料も残されておらず，ⓓ 出現頻度のデータ集積も不充分であるとして，疑問とする見解（鯰越・百選8版153頁）もある．

　(ii) しかし，決定的な点は，「犯人識別特定の立証方法」として，目撃証言等と較べて，DNA 型鑑定の信用性が劣るという余地があるか，またこれを使用すると「誤判を招く危険」が増大するか，である．そうでなければ，その証拠能力は肯定すべきことになる．

　(iii) 他方，高度の信用性・証拠価値を「証拠能力の要件」(自然的関連性) とするならば，ほぼ全証拠を使用禁止にするに等しい．それゆえ，一定の信用性のある証拠は，排除せずに使用することが「真実発見への接近」を一歩でも進めることになる．

⑤ 「声紋鑑定」――(ア) これも，DNA 型鑑定と同じく，個人識別方法の一つであるが，その精度は「指紋」ほど高くはなく，特定力は85％〜95％とされている．

　(イ) 検事総長を装って内閣総理大臣に偽電話をしたという軽犯罪法違反（官職詐称）事件について次の判例がある．

　(ウ) 「音声を高周波分析や解析装置によって紋様化し画像にしてその個人識別を行なう声紋による識別方法は，その結果の確実性について未だ科学的に承認されたとまではいえないから，これに証拠能力を認めることは慎重でなければならないが，他面陪審制を採らず，個別的具体的な判断に親しむわが国の制度の下では，各種器械の発達及び声紋識別技術の向上に伴い，検定件数も成績も

第18講　証　拠 (4)

上昇していることにかんがみれば，一概にその証拠能力を否定し去るのも相当でなく，その検査の実施者が必要な技術と経験を有する適格者であり，使用した器具の性能，作動も正確でその検定結果は信頼性あるものと認められるときは，その検査の経過及び結果についての忠実な報告にはその証明力の程度は別として，証拠能力を認めることを妨げない」（東京高判昭55・2・1東高刑時31巻2号5頁，判時960号8頁．上告棄却審・最決昭56・11・20刑集35巻8号797頁参照）．

(エ) 本判決は，(i)「**専門領域での一般的承認**」が必ずしも証拠能力の要件ではないこと，(ii) また検査結果の「**信頼性**」を証拠能力の要件としたこと，(iii) 証拠能力とを区別して「**証明力の程度**」を留保したこと，において意義が認められる．

⑥　「**筆跡鑑定**」——(ア) 筆跡鑑定は，単なる文字相互の比較対照ではなく，筆跡から判断される「書字運動」の個性に着目した個人識別法である．これについては，次の判例がある．

(イ)「いわゆる伝統的筆跡鑑定方法は，多分に鑑定人の経験と感に頼るところがあり，ことの性質上，その証明力には自ら限界があるとしても，そのことから直ちに，この鑑定方法が非科学的で，不合理であるということはできないのであって，筆跡鑑定におけるこれまでの経験の集積と，その経験によって裏付けられた判断は，鑑定人の単なる主観にすぎないもの，といえないことはもちろんである．したがって，事実審裁判所の自由心証によって，これを罪証に供すると否とは，その専権に属することがらであるといわなければならない」（最決昭41・2・21判時450号60頁）．

(ウ) 本決定は，自然科学的方法ではなく，**経験科学的方法**（観察による経験的知識の集divisionsによる集積）の合理性を認めたうえで，筆跡鑑定の証拠能力を肯定し，その証明力判断を裁判所の自由心証主義に委ねている（長沼・百選8版156頁）．

⑦　「**警察犬の臭気選別**」——(ア) これも犯人識別方法の一つである．

(イ) 判例の事案では，(i) 強姦致傷の事件の捜査において，山中に逃走した犯人の足跡から採取された臭気，犯行現場付近の山中で発見された臭気，犯行現場近くの農道で発見された被告人Ｘ所有車両の運転手側ドアの取っ手の臭気について，原臭と同じ臭気が付着した物品を持来するよう訓練されている警察犬カール号を用いて，各同一性を判断するために，3回実施された．

(ii) 第一審は，第一回の臭気選別経過および結果を記載した司法警察職員作成の報告書につき，証拠能力と高度の証明力を認めて，同一の臭気である可能性が高いとする一方，第二回の臭気選別については証明力に疑問があるとしたが，目撃証言その他の状況証拠と合わせて，被告人が犯人であると認定した．

(iii) 控訴審は，第一回および第二回の臭気選別の両者につき，証拠能力と証明力を認めたが，被告人側は，この点を争って上告した．

319

㈦「各臭気選別は，右選別につき専門的な知識と経験を有する指導手が，臭気選別能力が優れ，選別時において体調等も良好でその能力がよく保持されている警察犬を使用して実施したものであるとともに，臭気の採取，保管の過程や臭気選別の方法に不適切な点のないことが認められるから，本件各臭気選別の結果を有罪認定の用に供しうるとした原判断は正当である（右の各臭気選別の経過及び結果を記載した**本件各報告書**は，右選別に立ち会った司法警察員らが臭気選別の経過と結果を正確に記載したものであることが，右司法警察員らの証言によって明らかであるから，**刑訴法321条3項**により証拠能力が付与されるものと解するのが相当である．)」（最決昭62・3・3刑集41巻2号60頁）．

㈣（ⅰ）学説では，**臭気選別の科学的根拠**が解明されていないことなどを理由とする証拠能力否定説（浅田・ジュリ768号208頁，山名・争点3版165頁）もある．

（ⅱ）しかし，前記筆跡鑑定と同様に，その正確性が経験的に裏づけられていることで充分である．伝書鳩の帰巣メカニズムが解明されていないからといって，伝書鳩が帰巣しなくなるわけでないからである．（ⅲ）なお，犬の臭気選別能力や臭気の存在に疑問を示す研究があるが，このような対立は科学の世界ではどこにもある．問題は，それらの研究または個別の検証によって犬の臭気選別能力の存在を示す経験的な事実が覆されているといえるかどうかである（なお，京都地判平10・10・22判時1685号126頁参照）．当然ながら，その信用性が低ければ，その証明力も乏しいといわざるをえない．

第19講　裁　判（1）

——第一審の終局裁判（有罪・無罪の判決）

① 「裁判」の語は，多義的であるが，どのような意味で用いられるか．
② 刑事訴訟法でいう「裁判」について，定義を示しなさい．さらに，その根拠条文はどうか．
③ 裁判は，その「形式」からして，裁判の「機関」または「手続」の差異に応じて，3つに区別される．その区別を示しなさい．
④ 裁判は，その「内容」からして，2つに区別される．その区別を示しなさい．また，その区別の基準につき2つの見解が対立している．その差異について説明しなさい．
⑤ 裁判は，その（表示される）「過程」（時点または効果）からして，2つまたは3つに区別される．その区別について，例を示して説明しなさい．
⑥ 裁判が成立する過程は，「内部的成立」と「外部的成立」とに区別される．これを区別すべき意義・時期・効果について説明しなさい．
⑦ 「裁判書」は，裁判所と区別して「さいばんがき」とも呼ばれる．これを作成すべき「理由」および「時期」はどうか．また，その記載には，「形式的な誤り」と「実質的な誤り」とがあるが，これを是正する方法（手続）はどうか．
⑧ 第一審の終局裁判には，どのような裁判があるか．これらの全てを列挙しなさい．
⑨ 「有罪の判決」は，何を対象としてなされる判断であるか．また，裁判所は，有罪の心証に到達した全犯罪の成立を判決に示してよいか．
⑩ 「有罪の判決」を裁判所が言渡すには，どのような要件が必要になるか．また，「無罪の判決」は，被告人が当該犯罪行為をしていないことを証明したものか．
⑪ 「数個の訴因から成る数個の公訴事実」と「数個の訴因から成る一個（同一）の公訴事実」とにおいて，「有罪の判決」の言渡し方法に関して，どのような差異が生じるか．各訴因につき犯罪が成立する場合と成立しない場合とで，その有罪判決の「主文」と「理由」とは，どのように判示されるべきか．例を示して説明しなさい．
⑫ 検察官は，被告人の行った①数個の犯罪（の嫌疑の認められる事件）の一部または②一個の犯罪の一部に限定した訴因として，起訴・追起訴または訴因変更をすることが許されるか．それが法的に認められる場合および根拠について，例を挙げて説明しなさい．
⑬ 裁判所は，一個の訴因の一部に限定して有罪と認定することができるか．それが法的に許容されるとして，その場合の有罪判決の「主文」と「理由」とは，どのように判示されるべきか，例を示して説明しなさい．また，被告人が複数（共同被告人）の場合には，その主文はどうなるか．
⑭ 「択一的事実認定」とは，どのような場合をいうか．これと「罪となるべき事実」，すなわち①「訴因の明示」・「訴因の特定」，②「訴因の変更」とは，どのような関係に立つか．また，これと，③「疑わしきは被告人の利益に」の事実認定（証明）法則，④裁判官の「有罪心証」とは，どのような関係になるか．さらに，これと，⑤刑法の罪刑法定主義（法定の犯罪構成要件と刑罰），⑥犯罪の成立および刑の量定とは，どのような関係に立つか．
⑮ 有罪判決（理由）における「罪となるべき事実」と①犯罪行為の「日時・場所」・②「方法」とは，どのような関係に立つか．また，①または②が具体的に証明されていないときは，有罪と認定しえないか．さらに，この場合に「一定の幅のある認定」または「AまたはBであるとの選択的認定」をすることは，裁判所に許されるか．

第19講　裁　判（1）

⑯　公訴事実に関して，「A事実またはB事実」のいずれが成立するかについて，合理的な疑いが残る．しかし，そのいずれかの事実が成立することには確証があり，それ以外のC事実ではありえないとの心証に裁判所（官）は到達した．この場合に，①「A事実またはB事実」が成立するとして，有罪認定することが許されるか．また，②「A事実」は成立しないと認定（無罪）した後に，もう一方の「B事実」は排他的ないし論理的に成立すると認定（有罪）することが許されるか．

⑰　前問⑯の「A事実」と「B事実」（さらに「C事実」）とが「犯罪構成要件」・「法定刑」・「宣告刑」（情状）に差異・軽重をもたらす場合に，択一的認定の是非につき結論の差異をもたらすか．例えば，①「A事実」は法定刑の重い構成要件に該当するが情状からして「B事実」よりも軽い宣告刑を基礎づけるのに対して，「B事実」は法定刑の軽い構成要件に該当するが情状からして「A事実」よりも重い宣告刑を基礎づける場合に，「A事実」の不成立を認定したうえで，「B事実」の成立を認定すること，または，その全く逆の認定をすることはどうか．②「A事実」または「B事実」のいずれを認定しても，言渡される刑に全く差異を生じない場合ならばどうか．③犯罪（例えば因果関係）の成立では「A事実またはB事実」が成立すると認定した後に，犯罪の情状（宣告刑の基礎）となる事実としては「重いA事実」を不成立としたうえで「軽いB事実」の成立を有罪認定することは，許されるか．

⑱　刑法の「抽象的事実の錯誤」では，異なる構成要件間において客観的要件（事実）と主観的要件（故意）との符合により一方の法定構成要件の犯罪成立が認められている．刑訴法においては，異なる構成要件間における「択一的認定」を許容することができないか．

⑲　裁判は，「主文」と「理由」とから成る．この両者は，どのような関係に立つか．

⑳　有罪判決の「主文」（333条・334条）には，罪名が記載されるか．「主文に」判示されるべき事項について，列挙しなさい．

㉑　有罪認定の主文で「刑の言渡し」をするには，刑の量定が必要になる．「処断刑」および「宣告刑」を定める方法について，適条を示して説明しなさい．また，「不定期刑」が言渡されるのは，どのような場合であり，どのように判示されるか．

㉒　有罪判決の「理由」に判示されるべき事項について，列挙して説明しなさい．

㉓　「罪となるべき事実」として，共同正犯の「共謀」については，いかなる事実の判示が必要になるか．

㉔　「罪となるべき事実」と「証拠の標目」とは，どのような関係に立つか．その判示方法について，説明しなさい．

㉕　「罪となるべき事実」と「当事者の主張に対する判断」（335条2項）との異同について，説明しなさい．

㉖　「無罪の判決」（336条）は，いかなる場合に言渡されるか．また，「被告事件が罪とならないとき」と「被告事件について犯罪の証明がないとき」との差異について，説明しなさい．さらに，無罪の判決と公訴棄却の決定（339条2号）・免訴の判決（337条2号）との差異は，どうか．

㉗　「一部無罪」の判決は，どのような場合に言渡されるか．

㉘　無罪判決を受けた被告人に対する「補償」・「賠償」は，どうなるか．「費用補償」・「刑事補償」・「国家賠償」の相違について，説明しなさい．

㉙　有罪判決を受けた被告人が負担すべき「訴訟費用」は，どうなるか．これに関する法令・規定を示して説明しなさい．

> 〔19講のねらい〕 刑事手続における「裁判」として，①「裁判の意義と種類」，②「裁判の成立過程」（内部的成立・外部的成立・裁判書），③「第一審の終局裁判」（有罪・無罪の実体裁判）について，実定法の根拠および判例・学説を理解する．

1 裁判の意義

① 「裁判」（広義）――訴訟手続の全体（刑事手続では捜査・公訴・公判・裁判の執行）または公判手続と同義で用いられることもある（憲32条・37条1項・82条参照）．しかし，刑事訴訟法では，裁判とは②の意味で用いる．

② 「裁判」（狭義）―― a 「裁判」とは，事件またはその前提となる実体法・手続法の事項について，裁判機関（裁判所・裁判官）が訴訟行為として行う意思表示（判断）である（43条～46条・329条～350条）．

　b 刑事訴訟手続は，発生した事件（紛争）の被告人にいかなる犯罪が成立し，いかなる刑罰が適用されるべきかに関して，適正手続に従って真実を発見することで事件の「公権的解決」（刑法・刑事訴訟法の実現）を図る．この裁判機関による公権的解決は，刑事手続の各過程における「裁判」の積み重ねを経て進行し終結に至る（終局前の裁判・終局の裁判・終局後の裁判）．その確定により，裁判は不可抗争になり，裁判の執行が始まる．

　c 裁判所・裁判官の訴訟行為の全てが「裁判」であるわけではない．例えば，「証拠調の決定」は裁判である．しかし，証拠調の実施その際の証人への質問等は，裁判官の心証（判断）を形成するものであっても，その心証を「外部に表示」するものではないので，裁判にあたらない．また，裁判所の意思表示であっても，訴訟手続に関する方針の表明・警告等は「確定的な判断」ではないので，裁判にあたらない．

　d 裁判は，法定の要件・方式に従わねばならない．しかし，その要件・方式に違背した裁判であっても，現に存在する裁判に他ならない．不適法な裁判または内容的に誤った裁判は，不服申立・是正・取消・上訴の対象となる「裁判」である．すなわち，裁判の「存在」とこれを前提とする「適法性・違法性」，「有効・無効」の「法的効果」とは，区別されねばならない．

2 裁判の種類

① **判決・決定・命令**（43条）――裁判は，その形式からして，「裁判の機関」（主体）または「裁判に要する手続・方式」の差異に応じて，3つに区別される．

　a **判決**――「裁判所」が「口頭弁論」を経て行い（上告審では例外）（43条1項．なお341条・391条・408条参照），必ず「理由」が付され（44条1項），かつ公判廷で宣告される（342条）．判決に対する上訴の方法は，「控訴」・「上告」である

(372条・405条).

 b **決定**——「裁判所」は,「口頭弁論」を経なくともよいが (43条2項), 申立により公判廷で行うときは, 訴訟関係人の意見を聴く必要がある (規33条1項). 決定をするには, 事実の取調をすることができる (43条3項). 上訴の許されない決定には,「理由」を付する必要がない (44条2項). 決定に対する上訴は, 抗告 (419条・433条) または (高裁の決定には) 異議の申立である.

 c **命令**——「裁判官」が, 必要なときは事実の取調を経て行うが, 訴訟関係人の意見を聴くことを要しない (43条3項・規33条2項). 命令に対する上訴は**準抗告** (429条) であるが, 裁判長の命令に対する不服申立として**異議申立** (309条) がある. 判事補は, 決定または命令に限り, 単独で行うことができる (45条). なお, 簡易裁判所の「**略式命令**」(461条) は, その名称にもかかわらず「決定」の性質を有する.

② **実体裁判・形式裁判**——裁判は, その内容からして, 実体裁判と形式裁判とに区別される. この区別については, 2つの見解が対立する.

 a 「実体裁判」とは, 事件の実体 (犯罪の成否) について判断する「有罪判決」(333条・335条) および「無罪判決」(336条) に限られる. それ以外の終局裁判・非終局裁判の全てが「形式裁判」にあたる (団藤・294・300頁).

 b 「実体裁判」とは, 判断対象 (申立) の「理由の有無」についての裁判であり,「形式裁判」とは, 判断対象 (手続) の「適法性の有無」(有効・無効) についての裁判である (平野・270頁). 本説によると, 終局前の裁判でも, 実体裁判と形式裁判とは区別される. 例えば, 証拠調に関する異議申立 (309条) を不適法として却下する決定 (規205条の5・6) は, 実体裁判である.

 c いずれの見解においても, 有罪・無罪の判決は実体裁判であり, 管轄違 (移送)・公訴棄却・免訴の裁判が形式裁判である点では, 差異がない (通説). ただし, 免訴判決 (337条) については, 実体裁判の一種であるとする少数説もある.

③ **終局裁判・非終局裁判**——裁判は, その過程 (時点または効果) からして, 終局裁判と非終局裁判とに区別される.

 a **終局裁判**——当該裁判所における事件の審理 (審級・訴訟係属) を (原則的に) 終了させる効果を有する裁判であって, (ア) 第一審の「公判の裁判」(329条~348条) 所定の有罪・無罪の実体判決, 管轄違 (移送)・公訴棄却・免訴の形式裁判をいう. また, (イ) 上訴審では, 控訴棄却の決定・判決 (385条・386条・395条・396条)・原判決の破棄・差戻・移送・自判 (397条~400条)・公訴棄却の決定 (403条), 上告棄却の判決・決定 (408条・414条), 原判決の破棄・差戻・移送・自判の判決 (410条~413条・414条) 等がある.

 b **終局前の裁判**——終局裁判前の手続過程における事件に付随する個別的事

項（当事者の申立等）を審理・解決するための裁判である．㋐被疑者・被告人・証人に関する裁判（勾留・保釈・証人尋問に関する決定），㋑手続の進行・整序に関する裁判（忌避申立・訴訟指揮・法廷警察に関する決定），㋒実体形成（事実認定）に関する裁判（証拠調に関する決定），㋓その他の派生的裁判（証人に対する過料の決定）等がある．

c　**終局後の裁判**——㋐終局裁判の後に生じる派生的事項を解決するための裁判であって，㋑刑の執行猶予取消の決定（349条・349条の2），一部大赦の刑を定める決定（350条），訴訟費用執行免除の決定（500条，規295条の2），裁判の解釈申立に対する決定（501条）等がある．

d　終局裁判では「法的安定性」の要求が強く，**裁判の成立後の不可変更性**（自縛力），**裁判の確定後の効力**（確定力・拘束力・一事不再理効）が特に問題になる．終局前の裁判では，手続の進行・状況に応じた「合目的性」・「浮動性」が強く，合理的な理由があるときは，裁判所・裁判官は一度示した裁判を自ら取消・変更することができるので，法が特別に定める場合を除いて，独立の上訴が許されない（420条）．

3　裁判の成立過程
① 裁判の内部的成立

a　**内部的成立の意義**——裁判の外部的成立（告知）以前において，裁判の意思表示内容が裁判機関の内部で確定的に形成された状態をいう．

b　**内部的成立の効果**——㋐裁判所・裁判官は，外部的成立の段階とは異なり，裁判の意思表示（判断）の内容を自ら変更することができる．㋑裁判の内部的成立後は，裁判所を構成する裁判官に交替があっても，公判手続を更新する必要がなく，内部的に成立した裁判の告知が許される（判決につき315条但書）．

c　**内部的成立の時期**——㋐独任（単独）制裁判所では，これを構成する裁判官の内面を知ることはできないので，その裁判書（少なくとも確定稿）が作成された時点となる．㋑合議制裁判所では，評議を経て，裁判の主文と理由とが確定的に形成された時点となる．

d　**裁判の評議・評決**——㋐合議体の各裁判官（裁判員）の心証が異なるときは，評議を重ねて判断の調整一致を図ることが望ましいが，意見が分かれたときは，多数決による（裁77条1項）．㋑評決の方法として，結論・理由のいずれを基準とすべきかについて見解の対立がある．A 裁判官・有罪，B 裁判官・正当防衛により無罪，C 裁判官・責任無能力により無罪という場合，「結論説」によれば，無罪2対有罪1で，無罪の裁判となる．「理由説」によれば，A・B・Cの各理由が否認されるのでA・B・Cの有罪多数という結

論に至る．結論の妥当性は理由の妥当性に依存するのであるから，各理由毎に当否を検討した上で評決をして結論に至るべきであろう．

② **裁判の外部的成立**

　a　**外部的成立の意義**──(ア) 内部的に成立した裁判の意思表示内容が，外部に告知された状態をいう．(イ) 判決の告知は，公判廷で宣告して行う（342条）．その宣告は，主文および理由を朗読するが，理由については要旨の告知でもよい（規35条2項）．(ウ) 決定・命令の告知は，公判廷では宣告によるが，公判廷外での告知では裁判書の謄本を送達するのが原則である（規34条）．令状は請求者に交付する（規153条2項参照）．

　b　**外部的成立の効果**──(ア) 裁判の告知後は，その意思表示内容の変更・撤回が許されなくなる（裁判の自縛力・羈束力）．(イ) これと同時に，裁判に対する不服申立・上訴が可能になる．それゆえ，被告人控訴期間および控訴申立書を差し出すべき裁判所が告知される（規220条）．

　c　**外部的成立の時期**──(ア) 宣告の終了時ではなく，宣告のための公判期日の終了時であるから，その限りで宣告の誤りを変更・訂正しうる（なお，裁判の言渡は「公判廷」ですべきなので（282条2項，342条），検察官の不在廷のままで宣告がなされて期日が終了すると，この宣告手続は訴訟手続の法令違反（379条）として破棄事由になる．最決平19・6・19刑集61巻4号369頁，14講9 c 参照）．(イ) 裁判の宣告内容と裁判書の記載とが異なるときは，前者が裁判の意思表示内容となり，後者はこれを証明する文書として重要な意義を有する．

③ **裁判書**

　a　**裁判書の作成**──(ア) 裁判をするときは，裁判書を作成しなければならない（規53条，その記載方式につき規54条～56条・218条・218条の2等）．しかし，判決の宣告時に判決原本まで作成されていることは必要ない（最判昭25・11・17刑集4巻2号2328頁）．(イ) 決定・命令の宣告時には，裁判書を作成せずに調書を記載させることができる（規53条但書）．(ウ) 地方裁判所・家庭裁判所・簡易裁判所の判決書については「調書判決」（規219条）に代えることができる．

　b　**裁判の更正**──(ア) 裁判の外部的成立後には，告知された裁判の変更が許されないのは，その意思表示内容を基礎として，後に不服申立・上訴がなされるからである．それゆえ，既に不服申立・上訴の対象となっている原裁判は，事後的に変更することが許される．(イ) 決定に対して抗告があった場合には，原裁判所は，再度の考案により，抗告が適法かつ理由のあるときは，原判決を更正しなければならない（423条2項）．この「原決定の更正」は，抗告裁判所に負担をかけることなく，原裁判所が自ら迅速に原決定の誤りを是正して救済を達成する制度である．(ウ) 判決については，上告裁判所にのみ「訂正の判決」（415条）をすることが認められている．

c　**裁判書の更正**──(ア) 裁判書の記載の形式的な誤りを更正するために，民事訴訟法194条のような明文が欠けている．(イ) しかし，裁判の内容的変更にならない限り，裁判書の更正決定をすることができる (判例・通説)．(ウ) 裁判の内容に関する記載の誤りであっても，裁判書自体から「記載の誤り」の「正しい意味」(訂正されるべき文字・数) が判然としている場合には，「明白な誤記」として原判決の破棄理由とならない．

4　第一審の終局裁判
(1)　有罪の判決
　①　**有罪の要件**──(ア) 有罪判決は，被告事件 (起訴状記載の公訴事実・訴因) について「犯罪の証明があったとき」になされる (323条1項)．(イ) 公訴事実 (訴因) について「合理的な疑い」が残るときは，有罪とすることができない．(ウ) 複数の訴因から成る同一の公訴事実 (科刑上一罪・包括的一罪の訴因，主位的訴因と予備的訴因，複数の択一的訴因) については，その一つの訴因について犯罪の証明があれば，有罪の主文となる．有罪とならなかった訴因については，「主文」で無罪と言い渡されることがなく，「理由」中に判断が示される．
　②　**訴因の一部 (有罪) 認定**──(ア) 一つの訴因に (構成要件上大小関係に立つ) 複数の訴因が含まれているときは，(訴因変更をせずとも) 実質的には①(ウ)と同様になる．強姦致傷の訴因につき，強姦のみの証明を欠くときは，(過失) 傷害で有罪となる．
　　(イ) 窃盗の訴因につき，領得された金員 (被害額) の一部のみを認定して，有罪としうる．
　③　**択一的事実認定** (同一の構成要件に該当する「罪となるべき事実」)
　　a　**論点**──A事実またはB事実のいずれであるかについて，合理的な疑いが残るものの，そのいずれかであることは確実であって，それ以外ではありえない場合に，(ア)「AまたはB」と事実 (有罪) 認定すること，(イ)「小なるBまたは軽いB」と事実認定することが，法的に許容されるか．
　　b　**裁判例**──(i) 被告人Xが「単独または兄Yと共謀の上」強盗の実行行為を単独で行った場合 (東京高判平4・10・4高刑集45巻3号66頁)，(ii) 被告人Xが覚せい剤を所持していたことは明らかであるが，それが単独正犯・共同正犯のいずれか不明な場合 (東京高判平10・6・8判タ987号301頁)，(iii)「被告人Xは，Yと共謀の上，24日午後8時ころから翌25日未明までの間に，A市内又はその周辺に停車中の自動車内において，Y又はXあるいはその両名において，扼殺，絞殺又はこれに類する方法でZを殺害した」という判示 (最決平13・4・11刑集55巻3号127頁) により，いずれも有罪と認定された．
　　c　**解説**──(ア) 前記(i)・(ii)では，単独正犯・共同正犯のいずれであるか不

明であっても，被告人Xには直接正犯を基礎づける実行行為が認定されているので，正犯として有罪としうるが，刑法60条を適用すべきか否かのみが問題となる．共同正犯規定を「共犯」すなわち正犯の拡張事由（修正形式）とする見解（西田・山口）によれば，刑法60条は本来ならば正犯として処罰しえない者を正犯とすることになる．この点で刑法60条は被告人に不利益な規定であるので，その適用は許されないことになるし，単独正犯（同時正犯）と認定するのも共同正犯よりも不利益になるので「疑わしきは被告人の利益に」の原則に反するという奇妙な二律背反に直面する（Xは教唆・幇助とも証明されていないので，無罪となる）．(ｲ) 他方，共同正犯は，他の共同正犯から犯罪と行為に引き込まれたので，単独正犯よりも責任が軽い，とする見解によれば，「疑わしいときは」刑法60条を適用すべきことになる．しかし，この見解も一面的で妥当でない．共同正犯は共同する点で犯意と行為が強化される点では，違法が重いともいえる．(ｳ) 私見によれば，刑法60条は共同正犯を本来の直接正犯または間接正犯のいずれか（もしくは両者の混合形態）であるとする正犯確認規定でしかないので，Xには刑法60条を適用すべき理由はなく，仮に適用したところでX・Yの罪責（宣告刑）に直接作用するものではない．その具体的な違法と責任の重さは，個別に認定すべきことになる．(ｴ) 前記(iii)では，被告人X・Yが「共謀による共同正犯」であることが前提となっているので，その実行者がXまたはY，XおよびYのいずれであろうとも，「共謀と実行行為との因果関係」により「正犯性」が立証される限り，X・Yの「共同正犯性」に疑いはない．共同正犯規定は，このような択一的な正犯認定を認めるための注意（確認）規定である．なお，犯行の日時・場所も，概括的とはいえ，一定の範囲内で「特定」されており，この間にZに対する別の殺人行為がありえない以上，罪となるべき事実が「最低一行為」として特定されている．

④ 択一的有罪認定（異なる構成要件に該当する「罪となるべき事実」）

　　a　裁判例──(i) 被告人の密造した焼酎が甲類か乙類か不明の場合に罰金額算定上有利な乙類を認定し，酒税法違反で有罪としたもの（最決昭33・7・22刑集12巻12号2712頁）．(ii) 乳児の頭を哺乳瓶で強打等した後に置き去りにした時点では生死が不明のため，保護責任者遺棄罪・死体遺棄罪のいずれの証明も不充分であるとして無罪（傷害致死罪で有罪）としたもの（大阪地判昭46・9・9判時662号101頁）．(iii) 被告人は，除雪作業中に行方不明となった妻Sを雪の中を掘って発見して大声で呼びかけたが何の反応もなく，胸に触れても鼓動を感じることができなかったのでSが死亡したと考え，殺人の嫌疑を怖れてSを国道わきに遺棄した事案について，「本件では，Sは生きていたか死んでいたかのいずれか以外にはないところ，重い罪に当た

る生存事実が確定できないのであるから，軽い罪である死体遺棄罪の成否を判断するに際し死亡事実が存在するものとみることも合理的な事実認定として許されてよい」としたもの（札幌高判昭61・3・24高刑集39巻1号8頁・百選8版96頁）．

b **解説**（同一の構成要件に該当する「罪となるべき事実」の認定）——前記の③と④とでは，論点が異なる．③では「罪となるべき事実」のいわゆる択一的記載方法（正確には，AまたはBという「併立的」記載方法）が問題になるが，(i)「量的縮小認定」（大は小を含む）または(ii)犯行の日時・場所・方法については「幅のある認定」（概括的認定）が許容されることについて，判例・通説は結論的に一致している．また，(iii)「共罰的行為」または不可罰的事前事後行為について，起訴された横領行為に先行して同一物につき横領行為があったことを理由として起訴に係る横領行為が不可罰的事後行為であると争われた事案について，「訴因外の犯罪事実を主張立証することによって訴因とされている事実について犯罪の成否を争うことを許容することは…不自然な訴訟活動を行わせることにもなりかね」ない（最決平15・4・23刑集57巻4号467頁）と判示されているように，当該訴因とされる「罪となるべき事実」のみが有罪認定の対象になる．すなわち，共罰的な事前行為または事後行為の成否は，（一事不再理・二重起訴等により訴訟条件が欠けることにならない限り）当該訴因における犯罪事実の成否に影響しない．

c **解説**（異なる構成要件に該当する「罪となるべき事実」）——(ア) ④では，③とは異なり，「罪となるべき事実」の択一的記載方法のみが問題になっているのではなく，(i) 刑法の特定の犯罪構成要件への該当性，(ii) 刑訴法の事実認定（「疑わしきは被告人の利益に」の原則）をめぐり，(iii) 法の正義（罪刑法定主義違反・不利益事実認定・真犯人の処罰）が問われている．なお，(iv)「**包摂関係の構成要件**」（業務上横領と単純横領，常習賭博と単純賭博，既遂罪と未遂罪等），「**交錯関係の構成要件**」（建造物放火と非建造物放火，殺人と傷害致死，強盗と恐喝，強姦と強制猥褻等），「**共罰的行為・不可罰的事前事後行為の関係にある構成要件**」（同一人への殺人と殺人予備，同一物の窃盗と器物損壊等）にあたる公訴事実（訴因）における「縮小択一的有罪認定」（一方の軽い事実のみの認定）が許容されることには，特に問題がない．

(イ) 学者の見解では，(i)・(ii)を根拠に**択一的有罪認定否定説**（「A罪またはB罪」とする認定および「軽いB罪」とする認定のいずれも否定する見解）が多数である（団藤・松尾・田宮・田口，特に大澤裕「刑事訴訟法における択一的認定(1)〜(4)」法協109巻6号（1992）919頁・111巻6号822頁・112巻7号921頁・113頁5号（1996）713頁）．

(ウ) しかし，実務家の見解では，**択一的有罪認定肯定説**（「A罪またはB

罪」と認定することは否定するが，「軽いＢ罪」と認定することを肯定する見解）が有力である．いずれにせよ，個別の事案に即した解決が必要であり，前記 a (iii)の裁判例については，否定説の側からも賛成する見解が多数ある点に留意すべきである．

　(エ) **刑法の犯罪構成要件をめぐる問題**（罪刑法定主義違反か否か）——異なる構成要件間の「罪となるべき事実」の択一的認定を肯定することは，Ａ罪・Ｂ罪のいずれにも「疑いが残る」ため無罪とすべき事実について択一的に犯罪の成立を認めることになり，刑法に処罰規定を欠くＣ罪またはＡ・Ｂの合成罪で有罪とすることになるから，罪刑法定主義に違反する．この否定説の論拠は，疑わしい．なぜならば，択一的な有罪認定は，犯罪（刑罰）規定のあるＡ罪・Ｂ罪等の枠内での処罰を認めるものであり，その枠外の法定を欠くＣ罪での処罰を肯定するものではないからである．

　ちなみに，アメリカ法では，択一的有罪認定の問題を回避するために，構成要件の統一化の立法が提案されている．すなわち，構成要件が細分化される程に択一的有罪認定の必要が増大するので，これを包括しうる犯罪規定を定めることで，法技術的に解決可能になる．なお，わが国でも錯誤論（法定符合説）においては，麻薬と覚せい剤との錯誤をめぐって客体と認識との構成要件的不一致にもかかわらず，異なる構成要件間での有罪認定が肯定されている．ドイツ法では，ナチスの時代に択一的有罪認定を一般的に認める刑法・刑訴法の規定が導入され，第二次大戦後に同規定が削除された後にも，再び判例は窃盗罪と贓物罪との関係を中心に択一的有罪認定を認めており，学説上もこれを承認するための理論的限界の設定に努めている．いずれにせよ，択一的有罪認定は，行為者に対して事前に示されていない構成要件的禁止規範の適用を認めるものではなく，また刑法に存在しない犯罪規定での処罰を肯定するものでもない．

　(オ) **刑訴法の事実認定をめぐる問題**（「疑わしきは被告人の利益に」の原則に違反するか否か）——択一的有罪認定は，被告人がＡ罪・Ｂ罪のいずれかの行為を行っていることが確実であって，これに合理的な疑いが残らない場合に限り，有罪認定を認めるものであるから，これによって何ら犯罪事実の成立していない無実の被告人の処罰を肯定しようとするものではない．しかも，Ａ罪でもＢ罪でもない非法定のＣ罪での事実による処罰を肯定しようとするものでもない．先ず重いＡ罪の成立について疑いが残る場合に，Ａ罪の不成立を認定したうえで，少なくとも「論理上は確実に成立した」と考えられる軽い（または同等の重さの）Ｂ罪で有罪とするにすぎない．「疑わしきは被告人の利益に」の原則は，不充分な証明により成立していない犯罪で有罪とされ，その刑罰を受けることから被告人を保護することにあ

る．そうであれば，ある行為がいずれであっても刑罰の定めがある事実である点について，合理的な疑いを超える証明があった場合には，前記の保障を害することにならず，この場合にも無罪とすることは前記の保障を超える過剰な利益を被告人（犯人）に与えることになる（古田・百選8版199頁）．

前記④aの(ⅱ)・(ⅲ)の事例では，被害者の生死が不明であるので，これが生きているとの不利益事実の認定は許されないので，保護責任者遺棄罪としての有罪認定は排斥される（ただし，刑法解釈上の疑問が残る．心肺停止状態であるが脳死判定に至っていない患者には当然に救命措置が採られるべきであるにもかかわらず，その死の判定をなしえない者への遺棄致死等の成立を排斥してよいのかという問題がある）．そうすると，被害者の死を前提として，死体遺棄罪の有罪認定をすることが本原則からの帰結である．被告人も被害者が死亡していると認識しているのであるから，故意なき故意の存在を擬制することにもならない．

これに対して，反対説は，本原則を適用して「生」を排斥した以上は「死」を前提とせざるをえないにもかかわらず，自らこれを否定して「生」を前提として死体遺棄罪の成立も否定する．これは「死」であると同時に「生」であるという矛盾した禁反言の主張であるがゆえに誤っている（反対，寺崎・390頁は，本文の主張を「死者が生き返る」というゾンビ伝説を肯定するのに等しいと批判する）．ちなみに，殺人未遂罪および死体遺棄罪は，刑法上も「生死の不明な者」に対して成立しうる，と解すべきである．後者の死体であることが明白な場合に成立しうる犯罪が，その不明な場合には成立しえないというのは，規範的にも不権衡である．その保護法益は「人の人格権」であって，その保護は「生死を超えて妥当」すべきものである．

なお，盗品を運搬または保管する行為者について，その盗品につき窃盗の疑いがあっても，それゆえに不可罰（無罪）とはならない．窃盗の証明（成立）がある場合にのみ，盗品の運搬・保管は不可罰的事後行為になりうるからである．しかし，盗品の運搬・保管が成立するためには，その盗品が適法に入手された点について合理的な疑いがあってはならない（なお，窃盗と盗品の運搬・保管とでは，その法定刑は同一であるので，両者のいずれの罪を択一的に認定すべきかという問題が生じる）．

⑤ **有罪判決の主文**——(ア) 犯罪の証明があったときは，主文で（罪名は判示されず）「刑」または「刑の免除」（334条）を言渡さなければならない（333条1項）．

(イ)「**刑の言渡し**」の際には，刑の量定が必要になる．(ⅰ) 刑種の選択（二種以上の法定刑が選択的に定められている場合には，死刑・懲役・禁錮・罰金等の中から刑種が選択されねばならない）．(ⅱ) 刑の加重——再犯の加重，法律上の減軽，併

第19講　裁　判 (1)

合加重，酌量減軽の順で行い (刑73条)，「処断刑」が定まる．(iii) 死刑または無期の懲役もしくは禁錮が処断刑であるときは，これが「宣告刑」となる．(iv) 有期の懲役・禁錮は，少年法52条の不定期刑の場合を除いて，定期刑である．また，罰金・科料も定額刑である．このように幅のある処断刑は，犯罪の「情状」に従い，具体的に刑期または金額を定めて，宣告刑を言渡す．(v) 刑の執行猶予・保護観察は，宣告刑を基準にして，刑と同時に言渡す (333条2項)．(vi) 余罪の量刑──起訴されていない事実を余罪として認定し，これを「実質上処罰する趣旨」で量刑の資料とすることは許されないが，余罪を単に被告人の性格・経歴および犯罪の動機・目的・方法等の「情状を推知するための資料」として考慮することは許される (最大判昭41・7・13刑集20巻6巻609頁，最大判昭42・7・5刑集21巻6号748頁)．

　㋒「刑の免除の言渡し」の事由は，刑法のその他の罰則に法定されている (刑36条2項・43条・80条・105条・113条・170条等)．

　㋓ 有罪判決の付随処分──有罪判決の主文には，以下の付随処分が必要に応じて言渡される．

（ⅰ）未決勾留の通算（算入）──被告人が（起訴前の勾留を含めて）勾留されていたときは，勾留日数の全部または一部を（執行猶予を言渡す場合にも）本刑に算入することができる (刑21条)．本刑が懲役・禁錮・拘留のみならず，罰金・科料である場合にも，換算の金額を定めて，これを算入することができる．(ⅱ) 労役場留置──罰金・科料を言渡すときは，これを完納しえない場合の労役場留置の期間を定める (刑18条4項)．(ⅲ) 没収・追徴──主刑と同時に附加刑として言渡される．裁判所の押収物で被害者に還付すべき理由の明らかな盗品等は，被害者還付の言渡しをする (347条)．没収および被害者還付の言渡しがなかった押収物は，有罪判決の確定により押収が解除される (346条)．(ⅳ) 仮納付──判決確定後に刑の執行はなされるが，例外として罰金・科料・追徴は，判決確定後の執行が不可能または著しく困難になると認められるときは，仮納付を命じて直ちに執行しうる (348条1項・3項)．(ⅴ) 公民権の不停止または停止期間の短縮 (公選法252条4項)．(ⅵ) 訴訟費用の負担 (181条～188条)──刑の言渡しをするときは，被告人に訴訟費用の全部または一部を負担させる．「訴訟費用」とは，ⅰ) 証人，ⅱ) 鑑定人・通訳人・翻訳人およびⅲ) 国選弁護人に支給すべき旅費・日当・宿泊料および報酬・必要費用等である．被告人が貧困のため訴訟費用を納付しえないことが明らかなときは，これを負担させないことができる．その負担を命じられても，貧困の場合には執行免除の申立ができる (500条)．(ⅶ) 特別法の措置──補導処分 (売防17条・20条)．

⑥　有罪判決の理由──㋐ 有罪判決には，「罪となるべき事実」・「証拠の標

目」・「法令の適用」を示し,「法律上犯罪の成立を妨げる理由」または「刑の加重減免の理由となる事実」が主張されたときは,これに対する判断を示さなければならない（335条）．

(ｲ)「**罪となるべき事実**」——(i) 起訴状の公訴事実としての「訴因の明示・特定」（256条2項・3項）に対応した犯罪事実の記載が必要になる．(ii) 犯罪の行われた「日時・場所」について,その記載が「罪となるべき事実」に不可欠なものとする学説が多い．しかし,日時・場所はこれに属さないので,犯罪事実を特定しうる限りは,その具体的表示まで要しないとするのが判例（最判昭23・12・16刑集2巻13号1816頁）である．結論的には,「事実の特定」が決定的である点において,学説・判例は一致している．

(iii) **共同正犯の「共謀」**（謀議の存在）は,罪となるべき事実に属するが,その日時・場所または内容についての「詳細」までも具体的に判示する必要はない（最大判昭33・5・28刑集2巻8号1718頁）．実行行為の共同を欠く被告人については,実行行為との因果性を基礎づける事実としての「共謀」が正犯性を基礎づけるので,その認定・判示が必要になる．(iv) 択一的事実認定との関係では,犯行の日時・場所・方法については,概括的・択一的に特定した記載が許される．しかし,「異なる構成要件に該当する事実」を択一的に記載することは特定性を欠くので,最終的には「特定の構成要件に該当する罪となるべき事実」の記載が要求される．

(ｳ) **証拠の標目**——(i)「罪となるべき事実」を認定した根拠となる証拠を挙示することは,事実認定の合理性を担保するうえで重要である．(ii) 旧法では,「証拠ニ依リ之ヲ認メタル理由ヲ説明シ」（旧360条）と定められていたが,現行法では直接口頭主義・公判中心主義（公判での心証形成）に重点を移し,判決書における証拠説明は簡略化された．それゆえ,一定の証拠を取捨した理由が示されることを要しない（最決昭34・11・24刑集13巻12号3089頁）．

(ｴ) **法令の適用**——適用されるべき法令とは,(i)「罪となるべき事実」についての犯罪・刑罰規定（罰条）,(ii) 刑の加重減軽事由の適用規定を示して,処断刑の幅が定まる過程を示す必要がある．(iii) 主文で没収・未決勾留算入等の付随処分が言渡されるときは,その根拠条文を示す必要がある．

(ｵ) **当事者の主張に対する判断**（335条2項）——(i) 当事者主義の観点からして,当事者の主張に対する判断を明示して事実認定が正確になされたことを示し,上訴の要否に対する手懸りを与えるものである．しかし,335条1項により,罪となるべき事実,証拠の標目および法令の適用が示されることで,犯罪の成立を妨げる事由および刑の加重減免事由は既に「黙示的」に示されたことになる．この点で335条の1項と2項とは補完的な関係に立つので,この限りで2項による当事者の主張について「明示的」な判断が示さ

れなくとも，理由不備または判決に影響を及ぼすことが明らかな訴訟手続の法令違反にはならない（最判昭24・9・1刑集3巻10号1529頁）．(ii)「法律上犯罪の成立を妨げる事実の主張」とは，罪となるべき「事実」（構成要件該当事実）自体の不存在以外の犯罪阻却事由をいう（最判昭24・1・20刑集3巻1号47頁参照）．構成要件該当性（処罰）阻却事由として，名誉毀損罪における事実証明（刑230条の2），賭博罪における娯楽性（刑185条但書），可罰的違法性阻却（東京高判昭57・7・19判時1077号156頁参照）の主張がある．また，違法性・有責性を基礎づける事実は「罪となるべき事実」として判断されているが，法令行為・正当防衛等の違法性阻却事由および心神喪失・刑事未成年等の責任阻却事由となる事実の主張がこれにあたる．(iii)「法律上刑の加重減免の理由となる事実の主張」とは，累犯（刑56条）・中止犯（刑54条但書）・心神耗弱者（刑39条）・自首（刑80条・93条但書）・親族相盗例（刑244条・251条・255条・257条）など刑の加重減免が「必要的」とされる場合をいう（最判昭26・4・10刑集5巻5号890頁）．

(2) **無罪の判決**

① **無罪判決の意義**──(ア) 被告事件が「罪とならないとき」，または被告事件について「犯罪の証明がないとき」は，判決で無罪の言渡しをすべきである（336条）．この場合には，主文で「被告人は無罪」と示される．(イ)「被告事件」とは「公訴事実」（訴因）と同義であって，その事実が「合理的な疑いを容れない程度に」犯罪であることについて，検察官が証明しない限り，無罪となる．すなわち，無罪の事実が証明されたことが，無罪判決の要件ではない．(ウ) 無罪とは，有罪でないという消極的判断であるにすぎない．この意味では，無罪判決に2つのものがあるわけではない．

② **被告事件が罪とならないとき**──(ア) 公訴事実（訴因として主張された「罪となるべき事実」）として「証明された事実」が犯罪の構成要件に該当しない場合をいう．なお，訴因として主張された事実が，「証明」するまでもなく，起訴状の記載自体から犯罪を構成しないことが明らかなときは，無罪判決ではなく，公訴棄却の決定（339条2号）が言渡される．(イ) 適用される罰則が憲法その他の上位規範（条約等）に抵触するため無効になるときは，事実の証明がなくとも，「罪となるべき」事実が欠けるので，無罪となる．なお，犯罪行為前に刑が廃止されたときは公訴棄却決定の事由となり，犯罪行為後に刑が廃止されたときは免訴判決の事由（337条2号）となる．(ウ)「法律上犯罪の成立を妨げる理由となる事実」（犯罪阻却事由）(335条2項）が証明されたときも，「罪とならない」ときにあたる（通説）．ただし，この場合にも「犯罪の証明がないとき」にあたるとする見解もある．

③ **被告事件について犯罪の証明がないとき**──(ア) 公訴事実（訴因）について

証拠が全く欠ける場合，または証拠が不充分な場合には，罪となるべき事実について「合理的な疑いを超える程度の証明」がないので，無罪となる．例えば，被告人の自白が信用しうるとしても，その補強証拠が欠ける場合（319条2項）である．(イ) 犯罪阻却事由の存否が不明な場合には，検察官がその不存在を立証すべき責任を負うので，その存在する疑いが残る限りは，「犯罪の証明がないとき」に当たる．犯罪阻却事由の存在が証明されたときは，②の(ウ)に当たる．

④ **一部無罪の判決**──(ア) **数個の公訴事実**（併合罪の関係に立つ複数の訴因，併合起訴・追起訴）については，いずれの公訴事実についても主文で有罪・無罪の判決を言渡すべきである．その一部が無罪のときは，個別の公訴事実（訴因）を識別しうるように主文に示したうえで有罪・無罪の判断を示すことになる．(イ) **数個の訴因**（科刑上一罪・包括的一罪の関係にたつ複数の訴因）については，公訴事実の同一性（312条1項）が認められるので，一部の訴因について無罪となるときも，判決の主文では刑を言渡すべきことになるが，その理由中で無罪の判断を示す必要がある（最判昭33・9・24裁判集120号507頁）．なお，**主位的訴因または択一的訴因**（の一方）につき有罪とするときは他方の訴因につき理由中に無罪の判断をしなくともよいが，反対に主文で一方を無罪とするときにも，他方の訴因が無罪となるとは限らないので，理由中で判断を示さないと審判の請求を受けた事件につき判決をしなかった違法になる．(ウ) 数個の公訴事実または訴因について，公訴棄却・免訴の形式裁判を言渡すべき事由があるときでも，前記(ア)・(イ)の区別に従うべきことになる．(エ) **罪数判断**については，検察官が起訴状に示した公訴事実（訴因）の記載を基準として裁判所は判決を言渡すべきとする見解もある．しかし，「罰条」つまり個別犯罪の成否については検察官の主張に拘束力が認められず（256条4項），「公訴事実の同一性」（罪数）判断（312条1項）は裁判所の専権である．それゆえ，罪数について検察官と裁判所との判断が異なるときは，裁判所の判断で決し，裁判所の判断の誤りは上訴によって是正すべきことになる．

⑤ **無罪判決の理由**──(ア) 無罪の判決にも理由が示されなければならない（44条1項）．その判示方法については，335条のような規定がないとはいえ，主文を導き出す合理的な判断過程が理由中に証拠に即して客観的に示されなければならない．(イ) ただし，有罪判決でも微妙な心証形成の過程までも説明することは必要ないので，「犯罪の証明なしとの理由によって無罪の言渡しをする場合に，判決において個々の証拠につき，その採るをえない理由を逐一説明する必要はない」（最判昭35・12・16刑集14巻14号1947頁）．

⑥ **無罪判決を受けた被告人への補償**──(ア)「**費用補償**」（188条の2〜7）は被告人（であった者）が負担した裁判に要した費用への国の補償である．(イ)「**刑**

事補償」(刑事補償法1条1項・25条1項)は被告人の抑留・拘禁に対する国の補償(一日当り1,000円以上12,500円以下・刑事補償4条1項)である．なお，不起訴となった被疑者が罪を犯さなかったと認めるに足りる十分な理由がある場合における抑留・拘禁に対する国の補償として，「被疑者補償規程」がある．(ウ)「**国家賠償**」(憲法17条・国家賠償法1条)は，公務員の職務行使に故意・過失による違法行為があった場合において，被疑者・被告人を含む被害者に対する国・地方公共団体の賠償責任である．(エ)「**費用補償**」は，無罪判決の確定した被告人であった者に対してなされる(188条の2第1項)．その手続は，その者の請求により，無罪判決をした裁判所(国法上の裁判所)が決定で行う(188条の3第1項)．(オ)「**補償される費用**」は，被告人・弁護人が公判準備・公判期日の出頭に要した旅費・日当・宿泊料および弁護人への報酬である(188条の6第1項，規138条の3参照)．しかし，被告人の責に帰すべき事由により生じた費用，被告人の捜査・審判を誤らせる目的でした虚偽自白等により公訴提起を受けた場合には，補償がなされない(188条の2)．(カ)併合罪・科刑上一罪の一部が無罪となった場合にも，その部分に要した費用は補償される．しかし，択一的訴因・予備的訴因・縮小認定により有罪となった場合には，費用補償がなされない．(キ)**再審**で**無罪判決が確定した場合**でも，その再審請求に要した費用は，費用補償の対象に含まれない(最決昭53・7・18刑集32巻5号1055頁)．

⑦ 有罪判決を受けた被告人の訴訟費用——(ア)「**訴訟費用**」とは，「刑事訴訟費用等に関する法律」2条に定めるものであって，3つに区別される．第1は，裁判所が証人に支給した旅費・日当・宿泊料である．第2は，裁判所が鑑定人に支給した旅費・日当・宿泊料および鑑定料・鑑定に要した費用である．第3は，裁判所が国選弁護人に支給した旅費・日当・宿泊料および報酬である．(イ)裁判所は，「**刑の言渡しをした被告人**」に対して，その貧困のため訴訟費用の納付不能が明らかなときを除いて，訴訟費用の全部または一部を負担させる(181条1項)．(ウ)裁判所は，「**刑の言渡しをしない被告人**」に対しても，その責に帰すべき事由によって生じた費用を負担させることができる(181条2項)．(i)「刑の言渡しをしない場合」とは，刑免除の有罪判決・無罪判決・免訴判決・公訴棄却の判決・決定・管轄違の判決・家庭裁判所への移送決定(保護処分相当)などの終局裁判をいう．(ii)「被告人の責に帰すべき事由」とは，被告人の正当な理由なき公判期日不出頭のために，証人の再召喚がなされた場合，身代り犯人が無罪判決を受けた場合などである．
(エ)**訴訟費用の負担**については，被告人の「責任主義」(原因主義)の原則が採用されている．自ら犯した犯罪(有罪)そうでなくとも，訴訟が必要になったことに責のある被告人等が費用負担をすべきであって，国家(国民一

般)が責のある被告人の訴訟費用を負担すべき理由はないからである．なお，(i)「刑事被告人は……公費で自己のために強制的手続により証人を求める権利を有する」(憲37条2項)と定める．そこにいう「公費」とは無資産等の被告人の証人喚問請求の自由が妨げられてはならないという趣旨であるから，その自由が害されない場合まで「公費」で証人喚問を保障する趣旨ではないので，有罪判決を受けた被告人にその負担をさせても憲法に違反するものではない(最大判昭23・12・27刑集2巻14号1934頁，最判昭35・1・19刑集14巻1号18頁)．また，(ii)被告人が自ら弁護人を選任することができない場合に裁判所が弁護人を付するとき(憲37条3項，法36条)，その請求が貧困を理由としても現実に貧困であるとは限らない．それゆえ，国選弁護人に支給した費用の負担を被告人に命じても，憲法37条3項に違反することはない(最大判昭25・6・7刑集4巻6号766頁，東京高判昭30・9・19高刑集8巻7号921頁)．貧困のため納付不能の場合の負担免除は，181条1項但書に明文がある．㋭検察官のみの上訴が棄却・取消された場合については，その訴訟費用は被告人の負担とならない(181条3項)．

第20講　裁　判（2）
——形式裁判と確定裁判の効力

1 事件が起訴された裁判所に当該事件の管轄権がないにもかかわらず，その裁判所が管轄違いの判決を言渡すことができない場合（例外）がある．その例外とは，どのような場合であり，どのような理由によるものか．

2 土地管轄（特に犯罪地）および事物管轄の存否は，何を基準に判断されるべきか．

3 犯罪後に法改正で刑の変更があったときには，事物管轄は何を基準に判断されるべきか．

4 両罰規定において，行為者には禁錮以上の刑が定められているが，法人事業主には罰金・科料の刑が定められている場合に，事業主のみを起訴するときには，その事物管轄を有する裁判所は，どうなるか．

5 簡易裁判所は，失火の訴因を審理したところ，地方裁判所に専属管轄のある放火の事実が認められるときには，どのような措置をすべきか．

6 裁判所は，訴因について実体審理を経て初めて公訴棄却の判決・決定を言渡すべき事由のあることを発見した．この場合に裁判所は，いかなる措置をすべきか．

7 公訴棄却の判決・決定が確定したとき，（原則として）一事不再理効は発生しないが，内容的確定力が発生する．このときに，なお再訴が許されるのは，どのような場合であるか．

8 当事者から公訴棄却または免訴の裁判を求める申立がなされた場合に，裁判所はその申立を棄却する判断を必ず示さなければ，実体審理および実体裁判をすることが許されないか．また，その理由はどうか．

9 親族相盗例の訴因につき被害者の告訴（訴訟条件）を欠くにもかかわらず，裁判所が実体判決をすることができるのは，どのような場合であるか．その例を2つ示しなさい．

10 窃盗の訴因につき，実体審理を経た結果，窃盗ではなく器物損壊である可能性が判明したが，被害者の告訴が欠けている．この場合に検察官または裁判所はどのような措置をとるべきか．この措置に関する見解には対立がある．この対立に言及したうえで，自説を述べなさい．

11 上記の事例において，裁判所は器物損壊の審理をするには訴訟条件が欠けるとして公訴棄却の判決を言渡した．その判決の確定後に，検察官は，窃盗の訴因で再訴することが許されるか．これについては，肯定説と否定説とが対立しているが，その各論拠について説明せよ．

12 訴訟条件の追完・補正とは，どのような場合であるか．①その例を挙げて説明せよ．②その追完・補正の許否については，3つの見解が対立している．各説の論拠を示したうえで，自説を述べなさい．

13 刑訴法10条・11条の規定により審判をしてはならないときに，既に係属している事件（訴因）に訴訟条件を欠く場合には，裁判所はいかなる措置をとるべきか．

14 刑訴法10条・11条の規定により審判をしてはならないにもかかわらず，①本来ならば審判すべきではない裁判所が既に実体審理をしてしまった場合には，当事者はいかなる措置をとるべきか．②上記の実体判決が確定したときは，本来ならば審判すべきであった裁判所は，いかなる措置をとるべきか．

15 検察官は，同一被害者に対する強姦致傷と強盗とを併合罪として起訴したが，裁判所は両訴因を強盗強姦致傷の一罪であると認定した．この場合に，強盗の訴因については二重

第20講　裁判（2）

起訴にあたるとして公訴棄却の判決（338条3号）が言渡されるべきか．

16 検察官が業務上過失致死罪の訴因と併合罪の関係に立つとして酒酔運転罪を追起訴したが，裁判所は，実体審理の結果，両訴因が危険運転致死罪の一罪になると判断した．この場合に，裁判所は，検察官の追起訴が誤った手続であるとして公訴棄却の判決（338条4号）をすべきか．また，検察官が新たに訴因追加の手続をとらなかったにもかかわらず，危険運転致死罪として有罪判決を言渡すことが許されるか．

17 検察官の起訴した被告人とは別人に訴訟係属が生じたことが判明した場合，裁判所はいかなる措置をとるべきか．また，検察官は身代り犯人と気づくことなく同人を起訴したことが判明した場合には，どうか．

18 通説は，免訴判決を形式裁判の一種であるとしつつも，その確定につき一事不再理効の発生を肯定する．①その論拠について，説明しなさい．②これに対して加えられている批判の当否について，説明しなさい．

19 裁判の効力には，どのようなものがあるか．これにつき概説しなさい．

20 裁判が告知されて外部的に成立すると，どのような効力が発生するか．

21 裁判が形式的に確定して，上訴その他の通常の不服申立方法では争えなくなる状態になるのは，どのような場合であるか．これにつき列挙しなさい．

22 裁判が内容的に確定すると，「対内的効果」および「対外的効果」として，どのような効力が発生するか．

23 実体判決における「実体的確定力」（既判力）と「一事不再理効」との関係について，①主要な各学説における理論の差異について説明しなさい．また，②主要な各学説における結論の差異について説明しなさい．

24 一事不再理効の発生する「主観的範囲」および「客観的範囲」について，説明しなさい．また，「事実上の同時訴追審判の可能性」が欠ける場合に，例外として，「公訴事実の同一性」があるにもかかわらず一事不再理効の発生を否認する見解も有力である．その論拠を示したうえで，これに対する批判の当否を検討しなさい．

25 同一被告人が反復した多数回の窃盗行為のうち，その一部が単純窃盗として有罪判決が確定した後，その余罪が①単純窃盗罪または②常習特殊窃盗罪として起訴された場合，裁判所はいかなる措置をとるべきか．

26 形式裁判が確定した場合にも，実体審理による「二重の危険」が「事実」として生じることを理由に，一事不再理効の発生を肯定する見解がある．現行法において「二重の危険」の「事実」を一事不再理効の基準とすることは，適切であるか．この点について，検討しなさい．

27 確定裁判に内容的確定力（拘束力）を認めるべき根拠および拘束力を限定すべき根拠について，説明しなさい．

28 実体裁判の内容的確定力（拘束力・再訴遮断効）については，一事不再理効との関係において，消極説と積極説とが対立している．その各論拠について，検討しなさい．

29 形式裁判の内容的確定力（拘束力・再訴遮断効）の及ぶ「同一事項」および拘束力を破る「新たな事実」について，例を示して説明しなさい．また，「新たな事実」と「新たな証拠」との区別について，例を示して説明しなさい．

30 拘束力（再訴遮断効）の生じる「同一事項」の範囲については，主文説・理由説などが対立する．判例の立場について，説明しなさい．

第20講 裁 判 (2)

〔20講のねらい〕 刑事手続における「裁判」として，①「形式裁判」（管轄違・移送・公訴棄却・免訴），②「特殊な裁判・終局後の裁判」，③「裁判の効力」（確定力・既判力および一事不再理効）について，実定法の根拠および判例・学説を理解する．

1 管轄違の判決（第11講 5 の補説）
① **裁判所の管轄権を欠く事件**（329条・規219条の 2 ）
  a 第一審の管轄には，事物管轄と土地管轄とがある．(ｱ) 事件が起訴された裁判所に管轄権がないときは，管轄違の判決が言渡される．(ｲ) 例外として，管轄権のない事件であっても，第一審裁判所が管轄違の判決をなしえない場合がある．(ⅰ) 準起訴手続により事件が地方裁判所の審判に付された場合には（329条但書），仮に管轄違とすると，再度初めから付審判請求の手続をやり直す必要があるからである．(ⅱ) 高等裁判所の特別管轄に属するとして起訴された事件は，高等裁判所が下級裁判所の管轄に属する事件であると認めた場合には，管轄裁判所に移送される（330条）．これは訴訟経済の見地から認められた例外である（刑訴では民訴と異なり，原則として移送はしない）．
  b 土地管轄（特に犯罪地）・事物管轄は，訴因に示された「罪となるべき事実」（事件）を基準として定まる．(ｱ) 簡易裁判所は，罰金以下の刑にあたる罪の事件において，専属の事物管轄を有する．(ｲ) 犯罪後に法改正により刑の変更があったときは，刑法 6 条により適用すべき罰条の法定刑が管轄の基準になる（最判昭39・2・26刑集18巻 2 号48頁）．(ｳ) 行為者に禁錮以上の刑が法定されている場合でも，罰金・科料の法定刑に限られている事業主のみを起訴するときは，簡易裁判所にのみ専属の事物管轄がある（最決昭43・12・17刑集22巻13号1476頁）．

② **管轄の訴訟条件と訴因変更との関係**
  a 地方裁判所（簡易裁判所）が放火（失火）の訴因を審理したところ，簡易裁判所（地方裁判所）に専属管轄のある失火（放火）の事実が認められる場合には，どうすべきか．地方裁判所（簡易裁判所）は，検察官に釈明を求めて，(ｱ) 検察官が失火（放火）の処罰（訴因変更）を望まないときは，放火（失火）の訴因で無罪判決を言渡す．(ｲ) 失火（放火）での処罰を求めるときは，失火（放火）の訴因に変更させたうえで，管轄違の判決を言渡すべきことになる．しかし，数個の事件の併合的事物管轄（ 3 条・ 9 条 1 項）が認められる以上，科刑上一罪等では，なおさらのこと上級裁判所に管轄権が認められる，と解しうる．それゆえ，地方裁判所は，管轄違ではなく有罪の判決を言渡すことができよう．

b　簡易裁判所に起訴された訴因が地方裁判所も競合的に管轄権を有する窃盗であって，その審理の結果として地方裁判所に専属管轄のある強盗の事実が認められる場合には，どうすべきか．ここでも，(ア) a と同様な手続がなされるほか，(イ) 検察官に釈明を求めたうえ，刑訴法332条に基づき地方裁判所に移送する（最判昭28・3・20刑集7巻3号597頁は，「簡易裁判所が訴因罰条変更請求の許可の決定を留保したまま移送するを可とする」と判示している）．

2　公訴棄却の判決・決定（第11講6・7の補説）
① 訴訟条件と形式裁判
　a　公訴棄却の裁判（判決・決定，338条・339条）は，公訴事実（各訴因）につき法定の「訴訟条件」が欠けた場合に，(ア) 実体審理（証拠調）を経ることなしに言渡される「形式裁判」の一種である．ただし，(イ) **実体審理を経て初めて訴訟条件の欠損が判明する場合**，(ウ) **実体審理を経ないと訴訟条件の存否が判明しない場合**（公訴取消後に犯罪事実につき「新たに重要な証拠」が発見された場合・340条）もある．
　b　公訴棄却の裁判は「形式裁判」であるから，(ア) それが確定しても「一事不再理の効力」が発生しない．しかし，(イ) その裁判が形式的に確定すると，その裁判には「一定の内容的確定力」が発生する．それゆえ，その訴因については，(ウ) 新たに訴訟条件が具備されたという「事情の変更」がない限り，その内容的確定力により再訴が許されなくなる．
② 裁判所の職権調査事項としての訴訟条件の存否
　a　訴訟条件は「訴因」の公訴提起・実体審理（実体判決）に必要な手続的要件である．よって，公訴の提起・追行がある限り，(ア) その訴因に関する訴訟条件の存否については，裁判所が職権により調査して判断すべきことになる．(イ) その存否については，（土地管轄の場合を除いて）当事者の申立を要しないので，「職権調査事項」といわれる．
　b　当事者から公訴棄却の裁判を求める申立がなされた場合にも，(ア) その申立は裁判所の職権発動を促すものにすぎない．それゆえ，(イ) 裁判所は，申立棄却の判断を示す必要はなく，その申立に理由はないと判断する限り，実体審理・実体判決をすれば足りる（最大決昭24・10・31刑集3巻10号168頁，最決昭28・1・22刑集7巻1号26頁，最決昭45・7・2刑集24巻7号412頁）．
③ 事実審理において訴訟条件の欠損が判明した場合（訴因変更の許否）
　a　親族相盗例の訴因につき被害者の告訴（訴訟条件）を欠くときは，被害者の氏名を親族相盗にあたらないものに訴因変更した後に，初めて実体判決がなされる（最決昭29・9・8刑集8巻9号1471頁）．
　b　非反則行為として通告手続を経ずに起訴された事実が，実体審理の結果と

第20講　裁　判 (2)

して反則行為であると判明したときは，公訴提起の手続に違反があるので，公訴棄却の判決をすべきことになる（最判昭48・3・15刑集27巻2号128頁）．

c　**強姦致傷の訴因につき，実体審理を経た結果，被害者の傷害が認められないが，強姦の事実は認められるものの被害者の告訴が欠けている場合**には，どうすべきか．

(ア) 通説によれば，訴因変更を待つまでもなく，縮小認定により強姦を基準として公訴棄却の判決をすべきことになる．しかし，この見解には疑問がある．

(イ) 検察官は，被害者の告訴が得られたとしても，単純軽微な強姦（例えば，親密な関係者の事件であり，被害者の落度も多大で，被害賠償・謝罪も充分になされているような場合）であるならば訴追する意思がないかもしれない（248条参照）．検察官が不起訴（起訴猶予）・公訴取消とした場合には，元来その起訴を裁判所は強制しえない（247条・257条・378条3号）．それゆえ，この場合にも，裁判所は，(i) 検察官に釈明を求めて，強姦に訴因変更の請求をするか否かを確認すべきであって，(ii) 訴因変更の申立がなければ，無罪判決をすべきである．

(ウ) 他方，**訴訟条件を欠く訴因への変更を原則として許すべきではないとする見解**（松尾）がある．すなわち，(i) 訴訟条件がなければ公訴（実体審理・実体裁判）は不適法になるのであるから，これを不適法にする訴因変更（公訴）を許すべきではない．(ii) 訴因変更は，有罪判決を確保するための制度であるから，公訴棄却にするための訴因変更を認めるべきではなく，これを許容すれば検察官が実体審理による二重危険の発生を潜脱して，再訴しうることになる．そこで，(iii) 裁判所は，検察官の訴因変更を認めることなく，訴訟条件を欠く訴因について犯罪となる可能性がある場合に限り，形式裁判を言渡し，そうでない場合には無罪判決を言渡すべきことになる．(iv) しかし，この(iii)の見解を首尾一貫するならば，訴因変更の許否は有罪の証拠に制約されることを承認して，有罪判決が得られる場合には，裁判所は，検察官の訴因変更を許可せず，また訴因変更命令の拘束力を肯定すべきことになろう．それにしても，検察官が公訴の取消（257条）をする限り，裁判所は有罪判決を言渡すことができなくなる．(v) 反対に，検察官の公訴権・訴因変更といえども，訴追裁量を広く承認するのであれば，訴訟条件を欠く訴因変更も，訴訟条件を欠く訴因の起訴と同様に，これを事前には裁判所であっても禁止（阻止）しえないことになるので，(イ)説（後藤昭）が支持される．

(エ) なお，告訴を欠く強姦も傷害も共に認定しえない場合には，訴訟条件を欠くゆえに公訴棄却とすべきでなく，訴訟条件の実体審理・実体判決を阻止する機能が既に失われているのであるから，強姦致傷の訴因につき無罪判

決が言渡されるべきことになる（寺崎・争点新版149頁）．いずれにせよ，残されたもう一つの論点は，傷害の訴因についてのみ無罪の心証に裁判所が到達している点をどうすべきかである．

　(オ) **強姦の訴因につき公訴棄却判決の確定後，検察官は強姦致傷で再起訴をすることが許されるか．また，受訴裁判所は，強姦致傷を認定して有罪判決をなしうるか．**この問題は，公訴棄却判決の確定力・拘束力が及ぶ範囲の問題である．

　(i) 形式裁判にも実体的審理により二重の危険が発生した場合には一事不再理効が発生しうるとの見解（田宮）によれば，強姦致傷のみならず強姦についても再訴が許されなくなるが，それでは強姦の訴因につき公訴棄却の判決をして再訴を許容する余地を残したことの意義が失われることになる．そこで，この見解を首尾一貫すれば，前記cの場合には，強姦致傷の訴因につき無罪判決をすべきことになる．(ii) しかし，傷害の不成立には強姦の訴因による公訴棄却判決の確定力が及ばないとする通説・判例によれば，強姦致傷による再訴が許されることになる．(iii) これに対して，傷害の不成立について原公訴棄却判決の確定力（内容的拘束力）を肯定する見解によれば，強姦致傷による再訴は許されないが，強姦による起訴は許される．(iv) cの事例で裁判所は検察官に釈明を求めて，強姦致傷の訴因を維持するときは無罪判決，強姦の訴因に変更するときは公訴棄却判決をすべきとしたうえ，後者の場合には傷害について応訴を被告人に強制したうえ訴因を撤回したのであるから，再び強姦致傷の訴因を主張することは禁反言に反して許されない，とする見解（光藤・公判法大系Ⅲ271頁）もある．しかし，禁反言の実定法上の根拠が問われる．この問題は，形式裁判の確定力（既判力・拘束力）として一般的に論じられねばならない．

　(v) なお，強姦致傷の訴因について，有罪認定の可能性がなくなった場合に，訴訟条件を欠く（強姦の）訴因に変更を認めることは，無罪判決を受ける被告人の利益を一方的に奪い，再訴の危険に曝す点で「二重危険の禁止」の観点から望ましくないとして，これを否定する見解（小田中）がある．(vi) しかし，本位的訴因と予備的訴因との関係において，前者につき有罪判決がなしえなくなった場合にも，被告人の無罪判決を受ける利益を奪うことになるから，予備的訴因について審理せずに無罪にせよとはいえない．訴因変更も同様なのであるから，(v)説は妥当でない．(vii) 平野博士は，検察官が強姦致傷の訴因を撤回して強姦の訴因に変更しない限り，無罪を言渡すべきであるとする（平野・153頁）．そこでは，形式裁判でも実体判断をしたならば，本来は実体的確定力が生じるはずである，と考えられている．

④　訴訟条件の追完・補正

  a 公訴提起時には欠けた訴訟条件を後に追完すれば，訴訟条件が補正されたとして，実体判決をすることが許されるか．(ア)訴訟の発展的性格と訴訟経済を理由とする肯定説（団藤・123頁），(イ)冒頭手続までの追完および被告人の同意がある場合に限る肯定説（平野・152頁，高田・127頁，柏木・146頁），(ウ)検察官の職務違背ゆえ追完を許さないとする否定説（名古屋高判昭25・12・25高判特14号115頁）がある．

  b **見解の検討**——(ウ)説は，公訴棄却を検察官の訴訟条件違反への制裁と解する．しかし，訴訟条件が備わっているのであるから再訴が可能になり，検察官は何らの制裁を受けたことにならない．しかも，被告人は，再訴による二重負担を受けることになり，その不利益は明白である．そこで(イ)説は，被告人の同意を要件とするのであるが，結局は二重負担を避けるには同意すべきことになるので，実益に乏しい．しかも，訴訟条件は，被告人の利益（妨訴権）のみを保障したものではなく，真実の発見・適正手続という公益保障を目的とするものである．この点で(イ)説も妥当でない．要するに，再訴による実体審理を許容する以上，(ア)説が妥当である．

  c 変更・追加された訴因に訴訟条件が初めて備わったときは，訴訟条件の追完・補正の問題が生じない．

⑤ **公訴棄却の決定**（二重係属の禁止）

  a **10条または11条の規定により審判をしてはならないとき**は，公訴棄却の決定がなされる．(ア)同一事件が事物管轄を異にする数個の裁判所に係属するときは，(i)上級の裁判所が検察官・被告人の請求により管轄権を有する下級の裁判所に事件の審判をさせる旨を決定した場合を除いて，上級の裁判所は本事件を審判する．また，(ii)各裁判所に共通する直近の上級裁判所が，検察官・被告人の請求により，後に公訴を受けた裁判所に本事件を審判させる旨の決定をした場合を除き，最初に公訴を受けた裁判所がこれを審判する（11条）．(イ)これらの場合には，同一事件につき審判をしないことになる裁判所は，339条1項5号により公訴棄却の決定をすべきことになる．

  b 「**同一の事件**」とは，「**公訴事実の同一性**」(312条1項)が認められる事件（訴因）であって，単純一罪・包括一罪・科刑上一罪の関係に立つ「罪となるべき事実」相互をいうが，その係属する公訴（訴訟条件）の適否は問わない．(ア)同一事件が同時に係属する裁判所の一方が先に公訴棄却の決定をしたときは，aにかかわらず，次順位の裁判所が本事件を審判すべきことになる．(イ)本来ならば審判すべきでない裁判所が実体判決をしたときは，不法に公訴を受理したものとして上訴審で破棄されるが，上記実体判決が確定したときは，本来ならば審判すべき裁判所は，確定判決を経たものとして免訴の判決をすべきことになる．

⑥ **公訴棄却の判決**（二重起訴の禁止）

a 二重起訴（338条3号）に関して，(ア) 検察官が**併合罪の関係に立つ**として追起訴の措置をしたが，実体審理をしたところ裁判所が両訴因が一罪（公訴事実の同一性・312条12頁）にあたると判断したときは，追起訴が誤った手続であるとして公訴棄却の判決（338条4号）をする必要がなく，また訴因追加の手続をとる必要もなく，実体判決をすることが許される（最判昭29・1・24刑集8巻1号1頁，最大判昭31・12・26刑集10巻12号1746頁，最決昭35・11・15刑集14巻13号1677頁参照）．(イ) **強姦致傷と強盗**とが併合罪として起訴されたが，裁判所は，両訴因につき結合犯である強盗強姦致傷の一罪であると認定したときは，強盗の訴因について二重起訴にあたるとして公訴棄却の判決（338条3号）をすべきではない，とされている（広島高判昭35・12・21下刑集2巻11・12号1361頁）．

b 検察官が公訴提起をした被告人（真正の被告人）ではない人に起訴状の謄本や公判期日の召喚状を送達する誤りをし，冒頭手続の人定質問でも別人と気づかず**訴訟係属が生じた場合**には，本号の準用により公訴が棄却される．しかし，犯人が捜査機関に偽って他人の氏名を冒用し，その氏名が記載された起訴状に従って公訴が提起され審理も進められた場合，**身代り犯人**と気づかずに捜査・公訴・審理が進められた場合には，その被告人は真正であるが犯人と誤認されたにすぎないので，公訴棄却ではなく，無罪の判決がなされるべきことになる．

3 免訴の判決（第11講8の補説）

① **免訴判決**（337条）の法的性質

a **実体裁判説**──(ア) 旧法時の通説であって，一度発生した刑罰権が後に消滅した場合になされる実体裁判である，とされている．しかし，(イ) 刑罰権が消滅するのであれば，無罪判決をすべきである．(ウ) 免訴判決と無罪判決とは異なるというのであれば，実体的な既判力ないし一事不再理効は発生しないとすべきであろう．

b **二分説**──(ア) 337条1号は公訴権の消滅・不発生を原因とする形式裁判であり，337条2号～4号は刑罰権の消滅を原因とする実体裁判である，とされている．しかし，(イ) 公訴権と刑罰権との異同が問われ，両者が異なるのであれば，法が免訴として統一した趣旨が否定される．(ウ) 一事不再理効が1号では発生せず，2号～4号では発生するとされる点も疑問である．(エ) 刑事補償法25条が免訴を公訴棄却と区別せずに統一的に取り扱っている点も，本説では説明しえない．

c **実体関係的形式裁判説**──(ア) 免訴事由は，実質的訴訟条件であって，形式的訴訟条件とは異なり，実体に関係づけた判断である，とされている．し

かし，(イ)公訴棄却でも，公訴取消後の再訴の場合には，新たな証拠につき実体審理が必要になる．しかも，(ウ)管轄違・公訴棄却の事由も実体審理（証拠調）を経て初めて判明することがある．(エ)刑事補償法25条は，免訴を公訴棄却と同様に取り扱っており，この両者を無罪判決とは全く異なって取り扱っている．

d　形式裁判説──(ア)これが通説であるが，免訴は，公訴棄却・管轄違とは異なり，実体的確定力（既判力）または一事不再理効を発生させる，とされている．(イ)古い公訴事実審判対象説によれば，その実体的確定力（既判力）は，一事不再理効と同じく，公訴事実の同一性の範囲で発生する．そうすると，この効力の発生する免訴は，形式裁判ではなく，aの実体裁判ないしcの実体関係的形式裁判であることになり，矛盾する．

e　純形式裁判説──(ア)免訴は，公訴棄却・管轄違に等しい形式裁判であるから，原則として一事不再理効は発生しない．ただし，(イ)形式裁判であっても，実体審理を経て「二重の危険」を発生させると，実体裁判と同様に一事不再理効が発生することになる．(ウ)本説は，論理的には明解であるが，公訴棄却・管轄違でも一事不再理効が発生する場合には再訴が禁止されることになり，法が公訴棄却・管轄違と免訴との区別をした理由が不明になる．また，(エ)「二重の危険」の発生時期が実体審理のどの段階なのか不明であり，実体裁判と形式裁判との区別も意義を失うことになり，法的安定性を害する，と批判されている．

② 形式裁判としての免訴判決の効力（一事不再理効の存否）

a　一事不再理効肯定説（通説）への疑問──(ア)免訴事由は，「今後およそ訴訟追行を許さない」（公訴権の消滅）ものを法定したのであるから，一事不再理効を生じる，と通説（平野・井上正治・髙田）からは説明されている．しかし，この説明は，「循環論法」であって（青柳・下766頁），単なる「結論の先取り」でしかなく，公訴権が「消滅するから消滅する」というのであって，公訴権の消滅が「公訴事実の同一性」のある別訴因にまで及ぶとする根拠は，示されていない．(イ)形式裁判説によれば，免訴事由（1号～4号）は，実体審理に入ることなく，起訴状に記載された公訴事実（訴因）自体から判断されるべきことになるのであるから，実体審理の効果としての「実体的確定力」（既判力）が生じる余地はない．また，(ウ)免訴判決は，「本案訴訟」または「刑罰権の不存在の判決」であるから，一事不再理効が発生する，とも説明されている（鈴木・田口）．この説明自体が「禁反言」に反する．なぜならば，(i)この説明は，古い公訴事実審判対象説を前提とした「実体確定力」の承認に他ならない．(ii)この説明は，2号～4号の免訴事由にはともかく，1号の免訴事由が「本案訴訟」・「刑罰権の不存在判断」であるとはいえない

点でも，不当である．(iii) 仮に「刑罰権の不存在判断」であることを承認したとしても，それは「訴因」記載の罪となるべき事実自体に関するもので，実体の審理・判決をしてない限り「二重危険」が発生しえないのであるから，「一事不再理効」が発生する余地はない．

(エ) 結局，免訴判決についての形式裁判説は，実体審理なき形式裁判であるとしながらも，実体の審理・判決がもたらす被告人に対する「二重危険」(訴因変更の可能性・公訴事実の同一性) を前提としなければ発生しえない「一事不再理効」を免訴判決に認める点において，明らかな論理的矛盾 (結論の先取り) を犯している (田宮)．

b 　一事不再理効否定説 (私見)

(ア)「確定判決を経たとき」(337条1号) とは，通説によれば，有罪・無罪の実体判決のみならず，免訴判決 (形式裁判) の確定した場合をいう．しかし，(イ)「確定判決」の文言からすれば，このように限定解釈をすべき理由はない．実体裁判のみならず形式裁判を含めて，その「確定」がある場合と解釈するのが，文言に忠実なのである．すなわち，(ウ) 本号は，裁判の「内容的確定力」(既判力・拘束力) の存在を前提として，その拘束力に反する公訴に対しては「免訴判決」を言渡すべきことを示した規定である，と解することができる．(i) 通説は，**形式裁判の内容的確定力 (拘束力) の実定法上の根拠**を15条2号から導く．しかし，管轄の規定から確定形式裁判一般の拘束力を導くのは，解釈として不自然であろう．また，(ii) 形式裁判の確定力に反する起訴については，338条4号で公訴棄却の判決を言渡すべきものと解されているが，同号の「公訴提起の手続がその規定に違反したとき」にいう「その規定」とは何を指すのか不明である．それゆえ，この解釈には文言上の難点がある．(iii) 裁判の内容的確定力は，形式裁判のみならず，実体裁判にも当然に生じる．それゆえ，(i)の解釈では不充分である．(エ) 通説は，旧法の伝統に引きずられて，裁判の既判力 (内容的確定力) と一事不再理効とを混同してきたので，(ア)の解釈に至ったのであろうが，そこから生じる難点は (イ)・(ウ)の解釈により回避しうる．(オ) 1号にいう「確定判決」には，略式命令を含むのであれば，公訴棄却の決定を含めて，その確定がある場合と解することに，支障はないであろう．(カ) 勿論，1号にいう「確定判決」が有罪・無罪の実体判決であるときは，一事不再理効が発生する．しかし，一事不再理効は「実体判決」における二重の危険に由来するものであって，免訴・公訴棄却・管轄違の裁判の「内容的確定」自体に由来するものではない．(キ) こうして，337条の1号～4号の免訴事由は，必ずしも一事不再理効の発生を認めるものではない訴訟障害事由を定めたものとして，統一的に説明しうる．

4 特殊な裁判および終局後の裁判
① 第三者所有物の没収手続
　(ア) 被告人以外の所有物を没収することを「第三者没収」という．(イ) これに関する規定は，刑法では例外であるが (刑19条2項，197条の5)，特別法では一般にみられる (覚せい剤41条の8，関税118条等)．(ウ) 最大判昭37・11・28刑集16巻11号1577頁・1593頁は，新旧の関税法違反事件において，第三者没収の言渡しは第三者の所有権剥奪の効果 (対世的効力) を生じるのであって，「第三者についても，告知・弁解・防禦の機会を与えることが必要であって」，これを欠く規定は違憲であると判示した．(エ) そこで，昭和38年には「刑事事件における第三者所有物の没収手続に関する応急措置法」が制定された．(オ) 没収の裁判が確定した後でも，所有権を失った第三者には一定の事後的な救済の途がある (同法13条)．

② 刑の執行猶予の取消決定
　(ア) 刑の執行猶予言渡の取消事由には，(i) 必要的取消 (刑26条)，(ii) 裁量的取消 (刑26条の2)，(iii) 同時取消 (刑26条の3) があり，いずれも検察官の請求により裁判所の決定で行う (349条・349条の2)．(イ) 検察官は，刑の言渡を受けた者の現在地または最後の住所地を管轄する地方裁判所・家庭裁判所・簡易裁判所に対して取消請求をする (349条1項)．それは，保護観察中の遵守事項違反 (刑26条の2第2号) を理由とする．

5 裁判の効力 (概説)
① 裁判の外部的成立と羈束力 (自縛力)
　a　原則──(ア) 裁判が告知されて外部的に成立すると，その裁判をした裁判所といえども，その裁判を自ら撤回・変更しえなくなる．(イ) この裁判所自体に対する自己拘束力 (裁判の変更禁止) が「羈束力」または「自縛力」とよばれる．

　b　例外──(ア) 終局前の訴訟指揮に関する裁判等では，具体的事情の変動に左右される一時的・合目的な判断であるので，その撤回・変更が広く認められる (297条3項・309条参照)．(イ) 抗告・準抗告がなされたときは，原裁判所は更正の決定をなしうる (423条2項・434条)．(ウ) 最高裁判所の判決には，訂正の判決がなされうる (415条〜418条)．

② 裁判の形式的確定と形式的確定力
　a　裁判の形式的確定 (不可争状態) ──(ア) 裁判が上訴その他の通常の不服申立方法では争えなくなる状態として，(i) 上訴・不服申立期間の徒過，(ii) 上訴・不服申立の放棄・取下，(iii) 上訴・不服申立の棄却裁判の確定，(iv) 通常抗告の利益消滅等がある．この状態が，「裁判の形式的確定」とよばれる．

(イ) 不服申立の許されない裁判は，告知と同時に確定する（例外・規26条3項後段）．(ウ) この形式的確定によって，終局裁判では，その事件に関する訴訟手続（訴訟係属）が終了する．

　　b　**裁判の形式的確定力**──(ア) 裁判の形式的確定による「不可争的効力」が，形式的確定力であり，すべての形式裁判・実体裁判において生じる．(イ) この形式的確定力を破棄しうる特別な不服申立方法が，例外としての「非常救済手続」（再審・非常上告等）である．

③　**裁判の内容的確定と内容的確定力**

　　a　**裁判の（実質的）内容的確定**──(ア) 裁判が形式的に確定すると同時に，その判断内容（意思表示された内容）たる一定の法律関係（手続・実体）も，不動なものとして確定する．(イ) これが，「実質的確定」または「内容的確定」とよばれる．

　　b　**裁判の内容的確定力**──(ア) 裁判の実体面・手続面における法律関係を不動とする効力（不可変更力）は，「実質的確定力」・「内容的確定力」または「既判力」とよばれる．(イ) 実体裁判の内容的効力は，「実体的確定力」（学説によっては「実質的確定力」・「既判力」）とよばれる．(ウ) 裁判の内容的確定力の「対内的効果」として，（広義の）「執行力」（裁判内容の実現）が生じる．しかし，「執行力」の内容・範囲は，法的効力として生じるのであって，内容的確定力「自体」から生じる効力ではない（小林）．

　　　(エ) 裁判の内容的確定力の「対外的効果」として，「内容的拘束力」または「一事不再理の効力」が生じる．(i)「内容的拘束力」とは，当該裁判所の裁判内容を自ら変更しえなくなる「羈束力・自縛力」とは異なる．(ii)「内容的拘束力」とは，当該裁判所の裁判内容を「他（後）の裁判所の裁判」においても，「同一事情下における同一事項について異なる判断をすることを禁止する効力」である．(iii) 内容的拘束力は，実体裁判でも形式裁判でも発生する．しかし，確定した実体裁判では，一事不再理の効力により，「公訴事実の同一性」の範囲で再訴が遮断・阻止されるので，これと別に内容的拘束力を論じる余地（実益）はない．

6　一事不再理の効力

(1)　**実体的確定力と一事不再理効との関係**

①　**実体的確定力の外部的効果としての一事不再理効**（既判力説）

　　(ア) 古い意味での「公訴事実」（実体的な犯罪事実または証拠が示す犯罪事実）審判対象説（旧通説）によれば，公訴事実（の単一・同一の範囲）が公訴対象・審理対象・判決対象であるから，既判力（一事不再理効）も「公訴事実の同一性」のある事実（312条1項）全体について生じる．

(イ) 訴因が現実的審判対象であり，公訴事実が潜在的審判対象であるとする団藤説によれば，訴因（罪となるべき事実）に対する有罪・無罪の実体判決の外部的効果として，公訴事実について既判力（一事不再理効）が生じることになる．

② **二重の危険に由来する一事不再理効**（今日の通説）

(ア) 実体的確定力は，現に公訴・審理・判決の対象となった「訴因」の範囲のみにしか生じえないのに対して，一事不再理効は，審理・判断された「訴因」の枠を超えて「公訴事実の同一性」の範囲で生じる．それゆえ，一事不再理効は，判断内容の規準性（審判対象の範囲）ではなく，憲法39条に定める二重処罰（二重の危険）の禁止に由来する．

(イ) 二重の危険とは，実体審理の結果として実体判決が形式的に確定した後の再訴禁止を意味するものであって，一事不再理効（既判力）は「実体判決の存在的効力」であり，これと別に「実体判決の対外的効力」（拘束力）が広く生じる（平野）．

(ウ) 一事不再理の効力は，「被告人が一度訴追の負担を課せられたならば，再度同じ苦しみを受けることはない」という純粋に手続的負担という「事実」に着目するので，「究極的」には実体裁判が存在しなくとも確定しなくとも，発生しうる（田宮・446頁・447頁・451頁）．

③ **学説の検討**

(ア) 上記a・bの学説は，「一事不再理の効力」において，基本的に大差なくほぼ一致した結論に至る．(イ)「一事件一裁判の原則」にいう「一事件」の範囲は，「一刑罰権に服する一罪」（単純一罪・科刑上一罪・包括的一罪）に等しく，手続法的に表現すれば，訴因変更の可能な「公訴事実の同一性」（312条1項）に一致する．(ウ) この「一事件」「一刑罰権」は国家からの観点であるのに対して，個人（被告人）からの観点からは「二重の危険発生」の範囲となり，両者は一致する．(エ) 刑事手続において「被告人の利益」のみを優先し，「国家共同体の利益」を無視することは，憲法13条・31条・法1条の趣旨にも合致しない．(オ) 前記b(ウ)の田宮説でも，一事不再理効の発生時を「原則として実体裁判の確定時」と解する点で，通説に一致するのである．

(2) **一事不再理効の範囲**

① **主観的範囲**──(ア) 事件（公訴事実・訴因）を基準とするので，「同一被告人」のみに効力が及び，たとえ共犯者であっても効力は及ばない．(イ) 共同被告人であっても，併合審理・併合判決されているだけであって，個別の被告人ごとに，罪となるべき事実の成否が認定され，主文で刑が言渡されるのである．(ウ) 共同被告人たる共同正犯者の択一的認定の場合にも，罪となる

べき事実が択一的に合一的認定される限りにおいて，事実認定は共通するにすぎず，一事不再理効は個別に発生する（例えば，共犯者のうち，Xが上訴し，Yが上訴を断念すれば，Yにのみ一事不再理効が発生し，Xの有罪判決が破棄されて無罪となりうる．この場合に，Yは再審請求等で救済されるしかない）．(エ) 刑事裁判の効力は，同一被告でも民事裁判には及ばない．(オ) 無免許のXが拾得したAの免許証を用いてAの氏名を冒用したため，**酒気帯び運転の罪でAを被告人とする略式命令が確定した後，この冒用の事実が発覚してXが無免許運転の罪で起訴された事案がある**．(i) 東京地判昭49・4・2判時739号131頁は，酒気帯び運転の罪と無免許運転の罪とは観念的競合の関係に立ち，両者には公訴事実の同一性が認められるものの，先の確定した裁判においては同時審判の可能性がなかったのであるから，一事不再理効は無免許運転の事実には及ばない，と判示した．(ii) しかし，略式命令の被告人がAである限りは，Xに対する確定裁判は欠けているのであるから，そもそもXに対する一事不再理効の問題自体が生じないことになる．

② **客観的範囲**――(ア) 判例は，「公訴事実の同一性」の認められる範囲で一事不再理効を認める（高松高判昭33・11・10高刑裁特5巻11号452頁，最判昭43・3・25刑集22巻3号153頁，東京高判昭50・12・22判時819号107頁等）．

(イ) 事実上の「同時訴追・審判の可能性」を欠く場合には，例外として「公訴事実の同一性」がある場合にも，一事不再理効を否定しうるか．

(ウ) 被告人Xは，約2年間にわたり反復した**多数の窃盗中，1回**（別件）の**単純窃盗罪につき有罪判決が確定していたが，検察官は34回**（本件）の窃盗を単純窃盗罪として起訴したところ有罪とされた．弁護人は，本件と別件とは常習特殊窃盗罪（盗犯2条）一罪にあたり，その一部に確定判決があるので，免訴判決（337条1号）をすべきとして控訴した．高松高判昭59・1・24判時1136号158頁は，(i) 別件で単純窃盗として有罪が確定した事件を後訴で常習窃盗と認定することが拘束力を破ることにならないかについては，「確定判決を経ているか否か」という一事不再理効の問題であって，確定判決の拘束力の問題ではないとし，(ii) 一事不再理効を及ぼすと，犯人を不当に利するので不正義になるとの検察官の主張については，「訴追の事実上の不能の場合に既判力が及んでこないとすると，その例外的基準を具体的に定立すること自体」が困難であり，その具体的適用も一層困難であり，「かくては既判力制度の画一性を害し，被告人の立場を不安定ならしめることになる」とした．(iii) 訴因を超えた有罪認定は許されないが，免訴判決では訴因に拘束されない，として**一事不再理効の発生**（「確定判決を経たとき」）を承認した．

(エ) 反復していた侵入盗につき建造物侵入・**単純窃盗の有罪判決が確定した被告人は，その確定前の22件につき起訴された．弁護人は，常習特殊窃盗

に該当する本件の一部が確定判決を経ているので，その一事不再理効が本件に及び，同様の事案を免訴とした前記(ウ)判例に従うべきである，と主張した．(i) 第一審判決は，一連の犯行が常習性の発露とは認められないとして，有罪とした．(ii) 控訴審判決は，実体的には常習特殊窃盗として一罪となるが，確定判決前に犯された本件各行為が建造物侵入・単純窃盗として起訴された場合には「確定判決を経たとき」に当らないとした．(iii) 最判平15・10・7刑集57巻9号1002頁は，(ウ)の判例を変更し，原判決を維持した．(iv)「訴因制度を採用した現行刑訴法の下においては，少なくとも第一次的には訴因が審判の対象であると解されること，犯罪の証明なしとする無罪の確定判決も一事不再理効を有することに加え，前記のような常習特殊窃盗罪の性質や一罪を構成する行為の一部起訴も適法になし得ることなどにかんがみると，前訴の訴因と後訴の訴因との間の公訴事実の単一性について判断は，基本的には，前訴及び後訴の各訴因のみを基準としてこれらを比較対照することにより行うのが相当である．」(v)「本件においては，前訴及び後訴の訴因が共に単純窃盗罪であって，両訴因を通じて常習性の発露という面は全く訴因として訴訟手続に上程されておらず，両訴因の相互関係を検討するに当たり，常習性の発露という要素を考慮すべき契機は存在しないのであるから，ここに常習特殊窃盗罪による一罪という観点を持ち込むことは，相当でないというべきである．そうすると，**別個の機会に犯された単純窃盗罪に係る両訴因が公訴事実の単一性を欠くことは明らかであるから，前訴の確定判決による一事不再理効は，後訴には及ばないものといわざるを得ない．**」

③　判例・学説の検討——(ア) 一事不再理効を画する「公訴事実の同一性」については，(i)「**一罪性**」（一事件一裁判の原則）を基準とする見解と(ii)「**同時審判の事実的可能性**」（証拠の同一性）を基準とする見解とが対立している．(iii) 後者は，罪数につき「吸収主義」ではなく「加算主義」を採用するアメリカ法での通説であり，日本法で「併合罪」(数罪)となる場合でも，「二重の危険」が肯定され，陪審制の下で「事実認定」に対する上訴（ニュー・トライアル）が原則として禁止される．(iv) わが国では，(i)と(ii)との基準は，規範的に統合されるのが原則であるが，特に包括的一罪や常習一罪では，これを構成する複数の行為中の一部のみでも有罪判決が確定すると，免訴によりその多数の余罪処罰が不可能になり，実体的真実の発見（犯人の処罰）が阻害されるという不正義に至る．また，無理な余罪捜査が必要になり，取調等が長期化する点でも，問題が生じる．そこで，（例外的に）(ii)の基準を採用する見解（青柳・下491頁，横井・石川・土本・安冨・臼井等）も有力である．(v) しかし，(ii)の基準は，検察官にはともかく，被告人・裁判所にとっては明確かつ安定性があるか疑問とされる．また，「証拠の同一性」という具体的指標も，被

告人の自白が得られなければ，再訴可能となるので，黙秘権保障に反する不利益を被告人に与える，と批判されている（渡辺・百選6版189頁）．この限りでは，(i)基準を採用した(ウ)の高裁判例は重要である．

　(vi) これに対して，(エ)の最高裁判例は，「**一罪の一部起訴の許容性**」（この場合に訴因の追加・変更を促す義務がないとするのは，最決昭59・1・27刑集38巻1号136頁）および「**各訴因を基準とする公訴事実の単一性判断**」を理由として，訴因に「常習性の発露」が示されていない限りは，常習特殊窃盗を構成しうる複数の単純窃盗は，その一部に有罪判決が確定したときでも，その一事不再理効に抵触することなく，その他の単純窃盗を余罪として起訴・審理・判決しうる，と判示した．要するに，(ii)の基準を採用することなく，検察官の「訴因構成権」（訴追裁量権）の基準を用いて，(ii) 基準と同一の目的が達成可能になった．(vii) 問題は，(vi)基準の当否・限界にある．最判昭43・3・29刑集22巻3号153頁は，**前訴の単純窃盗の訴因が後訴の訴因たる常習累犯窃盗を構成する関係に立つときは，「前訴の部分」については免訴とすべきである**，としている．その趣旨は，前訴の単純窃盗が常習性の発露と認められたので，二重処罰になることを避けたものであろう．これに対して，本件では，前訴と後訴の単純窃盗は，常習性の発露を欠くゆえに，二重処罰の問題が形式上は生じない（なお，盗犯等ノ防止及処分ニ関する法律2条・3条の法定刑と単純窃盗・刑法235条の併合罪の場合の刑とを対比されたい）．

(3) 形式裁判の一事不再理効

① **一事不再理効否定説**——(ア) 通説は，免訴判決以外の形式裁判には一事不再理効の発生を否定する．(イ)「二重の危険」は，単なる実体審理時にではなく，実体判決の確定により初めて発生するのであるから，上訴により再び実体審理がなされた場合にも，「一連の危険」しか発生しないことを理由とする．

② **一事不再理効肯定説**——(ア) 形式裁判でも，被告人が事実として実体審理を受けたときには，二重の危険が発生するので，理論上は一事不再理効が発生しうることになる．(イ) 本説は，検察官による被告人に不利益な上訴を二重の危険にあたるとして，立法論として禁止することを意図している．(ウ) アメリカ法では，陪審制度との関係で，「民の声は天の声」であるとして，国民を代表する陪審は単一かつ一回でなければならないので，そこに実体審理を集中させる必要から，「二重の実体審理」が禁止される．(エ) 立法論としてはともあれ，現行法の上訴制度の下では，アメリカ法と同様の結論を採用することはできない．(オ) 既に実体審理に入った後に，訴訟条件の不備が発見されたが実体審理が尽くされている場合にはどうか．(i) 形式裁判に優先

して無罪判決が言渡されることになる．(ii) これと異なり，有罪判決を形式裁判に優先して言渡すことは，訴訟条件の機能を無視することになるので許されない．(iii) 後者の場合，被告人は訴訟条件により有罪阻止の利益を受ける反面として，一事不再理効が発生しないので再訴の不利益を甘受すべきことになる点において，手続の公正が担保される．ただし，この場合，被告人には，訴訟条件の利益を放棄して，有罪判決を受ける選択が認められてよいであろうか．この問題は検討に値する．

③　**免訴判決の一事不再理効**──(ア) これについては，訴訟条件および免訴判決の項目で問題点について既に検討したが，否定説が妥当であろう．(イ) 例えば，単純横領の訴因に対して時効完成ゆえに免訴とした判決の確定後に，同一事実につき時効未完成の業務上横領が起訴された場合に，前者の訴因につき訴訟条件を欠くとの形式裁判から後者の訴因にも訴訟条件を欠くとの判断は，内容的確定力からも，一事不再理効からも説明しえない．この場合には，一事不再理効の発生を否認したうえ，後訴を許容すべきであろう（小林・法曹時報55巻6号1658頁）．(ウ) また，「再訴をおよそ許さない」というのが免訴だとしても，(i) 親告罪の告訴期間の消滅，(ii) 被告人の死亡，(iii) いわゆる公訴権の濫用の場合における公訴棄却も同様であるから，この場合にも一事不再理効を承認すべきことにならないか．いずれの場合にも，形式裁判の内容的確定力（拘束力）で対応すれば足りよう（小林・前掲1659頁）．(エ) 前記(イ)の事例において，訴因が業務上横領に変更されるときは，免訴事由にあたらないので，実体審理を経て実体裁判が確定する限り，当然に一事不再理効が発生することになる．

7　確定裁判の内容的確定力（拘束力・既判力）

(1)　概　説

a　**裁判内容の規準（規範）性（後の裁判への拘束力）**──(ア) 前に確定した裁判の内容を後の裁判所が自由に変更・否認して異なる裁判をなしうるのであれば，前の裁判をして確定させた意義が失われ，これは裁判の確定を否定するに等しい．(イ) そこで，裁判は内容的確定力の発生と同時に，その「規範性を生じる判断事項」について，これに反する公訴が許されず，後の裁判所がこれと異なる内容の裁判をなしえなくする効力が発生する．この効力は，「拘束力」ないし「既判力」とよばれ，「再訴遮断効」を生じる．

b　**拘束力の制限**──(ア) 前に確定した裁判の拘束力を直接の判断事項を超えて広範に認めると，その確定裁判に重大な誤りがあっても，後の裁判所は，これを是正して，自由な心証に基づいて正しい裁判をすることも不可能になる（自由心証主義違反・真実主義違反）．(イ) そこで，確定裁判の拘束力（審判対象

についての再訴遮断効）といえども，一定の制限が必要になる．

 c **拘束力の生じる判断**——(ア) 裁判の主文については，拘束力が生じる．
(イ) しかし有罪判決の主文のみでは，刑の言渡しがあっても，その前提として何罪が成立しているのか判明しない．また，公訴棄却等の形式裁判でも，主文のみでは，いかなる理由によるものか判明しない．(ウ) それゆえ，拘束力は，裁判の主文のみではなく，その主文を導くのに必要な直接または最小限度の理由中の判断事項にも及ぶ（通説・判例）．

(2) **実体裁判の拘束力**（実体的確定力・再訴遮断効）

 ① **一事不再理効との関係**——判例・通説は，実体判決には広い一事不再理効が発生して，これと同一性のある公訴事実（訴因）には訴訟条件が欠けることになるので，これより狭い拘束力を認めるべき実益を否定する．

 ② **拘束力肯定説**——(ア) **一般的に拘束力を肯定する見解**によれば，被告人Xにある文書が「猥褻文書」に該当しないと判断されてA裁判所の無罪判決が確定すると，同一文書を販売したYが起訴された場合に，B裁判所は「猥褻文書」に該当するとの心証に至った場合でも，前の確定判決に拘束されて，有罪判決をなしえなくなる．この逆の場合には，無罪判決もなしえなくなる．(i) この見解によると，同一事項につき各裁判所の画一的判断が保障される反面として，A裁判所の裁判が先に確定したというだけで，後の裁判所Bの判断を拘束することになるので，裁判所の独立が害され，自由心証が制限されることになり，(ii) 前訴の裁判所の判断が常に後訴の裁判所の判断に優越し，裁判の対立を経て判断が発達することが阻害される．(iii) 裁判は，当事者の訴訟活動の結果なのであるから，その訴訟活動に応じて異なる裁判になることを避けられない．それにもかかわらず，未だ訴訟活動を始めていない当事者が前訴に拘束されるのは，不合理である．

  (イ) **限定的に拘束力を肯定する見解**（田口・450頁）は，被告人の法的安定性を保障するために，(i)「同一の被告人」Xにつき，「同一文書」の販売で無罪判決が確定したときは，後に同一文書を販売して起訴されても，前訴の拘束力が働くことになる．(ii) 同一被告人Xにつき，放火で無罪判決が確定した後，その保険金請求につき実は放火であったとして詐欺罪で起訴された場合にも，裁判所は放火を認定したうえ詐欺罪で有罪判決を言渡すことがゆるされなくなる．(iii) しかし，(i)の場合に，被告人Y・Zであれば，同一文書につき有罪判決が可能になるのに，被告人Xのみが有罪判決を免れるべき理由があるとすれば，Xには故意・違法性の可能性が欠けたということであって，それ以外の理由で異なる判断をすることは，法の下の平等に反するであろう．(iv) 前記(ii)の場合でも，裁判所が被告人Xに詐欺罪の成立を認める前

提として放火を認定するのは，前訴の裁判所の認定に服従しえない根拠があるからである．この場合に，放火罪で有罪とすることは一事不再理効に反して許されないが，詐欺での有罪が許されないとする理由はない．もし，真実はＸが放火でも詐欺でも有罪だとするならば，前訴の裁判で放火罪による処罰を免れると，検察官の詐欺による公訴が許されなくなり，詐欺罪でも処罰を免れることになるが，二重の恩典を受けるべき理由は見出し難い．

③　判例──㈠　窃盗教唆で有罪確定後，同一事実につき盗品有償譲受で起訴された場合にも（拘束力を認める見解があるが），両事実には公訴事実の同一性を欠くので（最判昭33・2・21刑集12巻2号288頁），一事不再理効は働かず，有罪としうる．

㈡　犯人Ｙの身代りにより業務上過失致死で有罪の確定した被告人Ｘには，犯人隠匿罪で起訴して有罪とすることにつき，拘束力は生じないとされている（東京高判昭40・7・8高刑集18巻5号491頁）．しかし，両事件は事実・証拠が異なるにもかかわらず，ここに拘束力を肯定することは，自由心証主義および実体的真実主義に反する．前確定判決につき再審が問題になるにすぎない．

㈢　常習窃盗の一部につき単純窃盗の有罪判決が確定しても，拘束力は発生せず，残余の窃盗行為を常習または単純の窃盗で起訴して有罪としうる．ただし，既に有罪とされた部分の単純窃盗については，一事不再理効が生じるので，免訴とすべきことになる（最判昭43・3・29刑集22巻3号153頁）．

(3) 形式裁判の拘束力

① **判断内容の規準性としての拘束力**──㈠　形式裁判の内容的確定力は，その判断内容の規準性として，(i) その判断対象たる「事実（事情）の変動」がない限り，(ii) 判断された「同一事項」について，(iii) 後の裁判において「異なる判断」を許さない効力または再訴遮断効として生じる．㈡　形式裁判の拘束力は，15条2号が法的根拠とされている．(i) この規定は，誤った管轄違の確定裁判でも同一事項につき拘束力があることを前提として，管轄指定の請求につき定めたものである．(ii) しかし，これ以外には直接の根拠規定がない，と解されている．その理由は，通説が337条1号の「確定判決を経たとき」の意義を「一事不再理効」に限定解釈したことに由来する．これを否定するならば，同号が「内容的確定力」（拘束力）およびそれから派生する「一事不再理効」の根拠規定となりうる．

② **拘束力の理論的根拠**──㈠　裁判所の判断（意思表示）内容が確定（不動）した以上，同一事項につき裁判所の異なる判断または当事者の異なる主張を許すことが事件の紛争解決という裁判制度の存在理由を否認し，法的安定性を害する．㈡　一種の「禁反言法理」に由来するとの見解（光藤・公判法大系Ⅲ

268頁，田口・刑事裁判の拘束力367頁）がある．(i) 裁判所・訴訟関係人の訴訟行為の態度に着目したものであるが，拘束力は「同一主体」の禁反言（矛盾主張）であるわけではなく，また(ii)「同一被告人の法的安定性の保障」という程に広いものではなく，逆に(iii) 裁判所・検察官をも拘束する点で狭すぎる．(ウ)「訴訟行為の一回性」に由来するとの見解（井上正治・法政研究21巻3・4号21頁）は，「同一事項」につき異なる判断を許さない点に着目するものであるが，これは一事不再理効にも妥当する．

③ **判断内容の規準となる「同一事項」**──(ア) 確定した形式裁判で判断された「同一事項」（訴訟条件事実）にのみ拘束力が生じる．(イ) 判断対象となった「訴訟条件事実」が変動すれば，「同一の訴因事実」であっても，もはや「同一事項」ではなくなるので，「新たな事実」につき拘束力は働かず，新たな公訴・新たな審理が可能になる．(ウ) 例えば，親告罪の告訴が無効として公訴棄却（338条4号）された場合，(i) その確定前であれば，検察官は上訴でこれを争うことができるが，(ii) その確定後に再訴をしたうえ，新たな証拠を提示して告訴の有効を主張することは許されない．しかし，(iii) その確定後でも，検察官が新たに有効な告訴を得たうえ再訴をすることは，許される．

④ **新たな訴訟条件「事実」と新たな「証拠」との区別**──(ア) 新たな「事実」には拘束力が働かないが，新たな「証拠」にすぎないときは拘束力が働く．(i) なぜならば，検察官は，新たな証拠を提出することによって，前確定裁判の拘束力を回避して，際限なく公訴を反復しうることになるからである．(ii) しかし，「事実」と「証拠」との区別は，微妙であることが少なくない．

(イ) この問題については，(i) いかなる新証拠が提出されても，不利益再審が認められないのと同じく，例外を否認する見解（田宮・443頁）と，(ii) 形式裁判は，実体裁判と異なり，当事者主義的構造をとらず，訴訟条件の存否は職権調査事項であって，証拠提出にも限界があり，証拠法則も厳格でなく，裁判の法的安定性も絶対的なものでないので，「欺罔」を手段とする形式裁判については，例外を許容する見解（大野・刑事手続下742頁）とが対立する．

(ウ) 被告人の公判期日不出頭が正当な理由によるものでないとした保釈取消決定に対する第一次抗告審は，正当理由を認めて取消決定を取消したが，提出された資料が内容虚偽であると判明したので，第二次の抗告審は保釈決定を新たに取消決定した．(i) その第三次抗告審は，第一次決定の拘束力に反する第二次決定を取消した（大阪高決昭47・11・30高刑集25巻6号914頁）．(ii) しかし，被告人側の欺罔により裁判所の誤判が作出された場合には，再審事由（435条1号）の趣旨からして，拘束力の例外を認めてよいであろう（札幌地決昭55・12・9判時992号136頁）．

(エ) 被告人は，公判係属中に虚偽の死亡届を提出して戸籍を取消したうえ，

除籍謄本を裁判所に提出して公訴棄却（339条1項4号）の確定裁判を受けたが，「公訴棄却の決定はいわゆる形式裁判であるから，その裁判が確定しても再起訴は原則として妨げられない」と判示した（大阪地判昭49・5・2刑月6巻5号583頁・判時745号4頁）．(ii) 生死の事実が変動することは実体的にはありえないが，生死の判断が誤ることは手続的にありうるので，現に被告人が生きていることが「新たな事実」であるとすれば，(i)の裁判例は支持しうる．
(iii) 検察官の禁反言である拘束力につき，偽装工作をした被告人には要求資格が欠けるので，拘束力が生じないとする見解（田口・443頁）もある．しかし，これでは被告人に偽装行為がないときは，対応しえない．(iv) 339条1項は，事実変動のあることを予定した規定であり，4号は「被告人の死亡したことの証拠があるとき」と読むべきとする見解（柴田・注釈刑訴（新版）5巻479頁，小林・前掲1642頁）もある．しかし，訴訟条件事実の全ては証拠により認定されるのであるから，本説は(ii)説に等しい．すなわち，単なる「新たな証拠」では足りないが，「新たな証拠により証明される新たな時点の事実」であれば，拘束力を破ることができる．

⑤　**拘束力（再訴遮断効）の生じる「同一事実」の範囲**

　(ア)　**主文説**すなわち「主文に包含される判断」に限定する見解（中谷・大コンメ刑訴5巻II・22頁）は，主文のみが裁判の結論であるとするが，拘束力の対象を主文に直接記載された事項に限るとするのではなく，主文の意思表示内容を特定するのに必要な理由中の判断も「主文に包含される」と解する．(i) それゆえ，「主文説」という名称にもかかわらず，（限定的）「理由説」に等しい．(ii) いずれにせよ，主文のみでその判断内容を特定することは不可能なのである．

　(イ)　**理由説**すなわち「主文と直接関係する理由部分」・「主文に必要不可欠な理由部分」・「主文と直結する一義的な理由部分」に限定する見解が通説であるが，(i) その名称にもかかわらず，「理由」のみではなく，(ii)「主文と理由との一定の結合関係」が拘束力の生じる対象とされる．

　(ウ)　判例・学説の実質的な争点は，裁判の理由が内容として複数ないし多重に構成されている場合に，どの範囲までが「主文と結合する理由部分」であるか，にある．

　(エ)　最決昭56・7・14刑集35巻5号497頁（鈴木義男・百選5版214頁，川崎英明・百選6版190頁，鈴木茂嗣・百選7版204頁）で問題となった事案では，(i) 公正証書原本不実記載・同行使の公訴事実について，旧起訴の一審裁判所は，併合罪の関係に立つ表示登記および保存登記の両事実のいずれが起訴されたのか不明であって，訴因の特定が欠けるとして公訴棄却の判決をした．(ii) その確定後，検察官は，表示登記および保存登記に関する事実を別個の訴因とし

て再起訴したが，それは公訴時効期間の経過後であったので，新起訴の一審裁判所は，旧起訴には公訴時効進行停止の効力がないとして，免訴の判決をした．(ⅲ) 控訴裁判所は，旧起訴は表示登記に関する事実を起訴したものと認められるから，その公訴時効が停止したと判断して，新起訴審判決を破棄・差戻した．(ⅳ) 上告審決定は，「前記確定判決の理由中本件の受訴裁判所を拘束するのは，旧起訴は実体審理を継続するのに十分な程度に訴因が特定されていないという判断のみであり，右判断を導くための根拠の一つとして挙げられた…部分は，本件の受訴裁判所を拘束しないと解すべきである」と判示した．(ⅴ) 要するに，本判例は，「主文を導くうえで必要不可欠な理由となる重要な判断」にも拘束力を認める意見を排斥して，「主文を導くための直接の理由となる判断」の部分に限定して拘束力を認めた．裁判の主文は，その最終（直接）の理由から導かれるのであって，その更なる理由については各裁判官の意見が対立することも多い．このような根拠から，本決定は支持されている．(ⅵ) なお，旧起訴審では訴因の特定，新起訴審では時効の成否であって，両者の判断事項は異なっているのであるから，前者の拘束力は後者に元来及ばない，と考えることもできる．

　(オ) 最決平12・9・27刑集54巻7号710頁は，勾留の裁判に対する異議申立棄却の確定後に同一の理由により勾留取消を申立てることの当否について，(ⅰ)「右の所論と同一の論拠を主張してなされた本件勾留の裁判に対する異議申立てが先に棄却され，右棄却決定がこれに対する特別抗告も棄却されて確定しているのであるから，再び右論拠に基づいて本件勾留を違法ということはできない」と判示している．(ⅱ) なお，本決定は，形式上は「勾留裁判に対する異議申立事件」と「勾留取消請求却下裁判に対する異議申立事件」とが「別件」であるのに拘束力を及ぼしているが，実質上は両者は「同一事件」であるとされている（小林・前掲1655頁）．

第21講　上訴概説

〔21講のねらい〕　上訴概説として，① 上訴の意義・目的，② 上訴権者と上訴の利益，③ 一部上訴，④ 検察官の不利益上訴，⑤ 刑の不利益変更の禁止，⑥ 破棄判決の拘束力について，実定法の根拠および判例・学説を理解する．

1　上訴の意義

① 上訴の意義——㋐「未確定」の裁判について，㋑「上級審の裁判所」に対して，㋒「原裁判の是正」を求める不服申立の手続である．

　a　㋐の点で，「確定判決」への不服申立である再審（435条以下）・非常上告（454条以下）は，上訴と区別される．

　b　㋑の点で，司法行政監督上の措置を求める不服申立（277条）・当該裁判所への異議申立（309条・428条）・上告審判決の訂正申立（415条）は，上訴と区別される．

　c　㋒の点で，捜査機関の処分への不服申立（430条）・裁判の執行に関する処分への異議申立（502条）は，上訴と区別される．

　d　なお，高等裁判所の決定への異議申立（428条）は，上告審への抗告の制限に由来し，抗告に代わるものであり，命令への準抗告（429条）も，上級審への不服申立ではないが，上訴に類する性質をもつ．

② 上訴の種別

　a　「控訴」（372条以下）は，簡易裁判所・地方裁判所・家庭裁判所の第一審判決に対して高等裁判所への上訴である（裁16条，法372条）．

　b　「上告」（405条以下）は，高等裁判所の第一・二審判決に対して最高裁判所への上訴である（裁7条，法405条）．ただし，「跳躍上告」は，簡裁・地裁・家裁の第一審判決がした一定の法令の効力に関する判断について，直接に最高裁に申し立てる（規254条・255条）．

　c　「抗告」（419条以下，ただし428条～430条を除く）のうち，㋐「一般抗告」（通常抗告と即時抗告）は，「決定」に対する高裁への不服申立である（裁16条2号，法419条），㋑「特別抗告」は，「決定・命令」に対する憲法・判例違反を理由とする最高裁への不服申立である（裁7条2号，法433条）．

2　上訴の目的

① 上訴制度の目的——適正手続による実体的真実の発見のために，原裁判所の確定を阻止して，㋐原裁判の瑕疵を是正し，㋑「当事者の救済」と㋒「法令

解釈の統一」とを達成することにある．
② **裁判による紛争解決の一回的終局性と手続的正義の実現との相剋**——刑事事件の法的紛争解決を目的とする裁判は，被告人の迅速な裁判をうける権利の保障・二重の危険の防止と法的安定性の達成のためには，本質的に一回限りの終局性を要請され，裁判の確定により既判力・一事不再理効を生じさせる．しかし，「法的な紛争解決」は，適正手続による実体的真実を担保する裁判であることを必要とする．そのためには，裁判の過誤を「事前」に防止することが最高の方策であるが，現実の訴訟手続も当事者・裁判所の能力も完全無欠ではないので，誤った裁判の確定を当事者の不服申立により停止させて，その過誤を「事後」に是正する手続が上訴である．その申立がなければ誤った裁判でも確定することからも，上訴制度の第一目的は「当事者の救済」にある．
③ **法令解釈の統一**——複数の裁判所間で法令の解釈適用が異なると，同種の事実について相反する公権的判断が示され，法的安定性が害される．そこで，上級裁判所が「法令解釈の統一」をはかることが，上訴制度の第二目的である．その最終的統一は，最高裁判所により達成される．なお，この２つの上訴目的は，原裁判の過誤を事後に発見・是正すると同時に，将来において同種の過誤を未然に防止する機能をも備える．

3 上訴の手続・効果

① **上訴の申立**——上訴期間内に申立書を原裁判所に差し出すことを要する（373条・374条・414条・421条～423条・433条2項・434条．なお，在監中の被告人につき366条，規227条・228条，上訴の相手方への通知につき規230条参照）．
② **上訴申立の効果**——(ｱ) 原裁判確定停止の効力，(ｲ) 執行停止の効力 (ただし，「即時抗告以外の抗告」には，当然には原決定執行停止の効力がない．424条・425条・432条・434条．「仮納付の裁判」にも，執行の停止の効力はない．348条．)，(ｳ) 事件移審の効力が発生する（移審の効果は，上訴申立書・訴訟記録・証拠物が上級裁判所に送付された時点に生じるから（規235条・251条参照），それ以前の勾留に関する決定は原裁判所が行う．97条2項）．

4 上訴権者

① 「裁判を受けた者」つまり「被告人」・「検察官」であるが，決定・命令ではこの限りでない（351条・352条）．
② 「被告人のため上訴をすることができる者」（353条～355条）は，被告人の明示の意思に反する上訴を許されず（356条），独立代理権をもつにとどまる．
③ 上訴は必ずしも被告人の利益になるとは限らないので，法は被告人の意思を重視して被告人のための上訴権者をも制限した．(ｱ) 被告人の配偶者・直系の

親族・兄弟姉妹は，弁護人の独立選任権を有するが（30条2項），上記②にあたる者でない限り上訴権を有しない（最決昭30・4・11刑集9巻4号836頁，最決昭32・11・23刑集12巻15号3531頁）．(イ) 弁護人でも(i)「原審における弁護人」（355条），(ii)「上訴権者が選任した者」でない限り上訴権を行使できない．(ウ) 判例は，「原審の審理に関与した弁護人」は上訴を独立に決定するに適するとの趣旨であるから，(iii)「原判決後に被告人が選任した弁護人」は(i)ではなく(ii)として上訴できるが（最大判昭24・1・21刑集3巻1号20頁），非上訴権者が弁護人を選任すれば上訴権を行使できるのは不合理であるとして，(iv)「原判決後に被告人の妻が選任した弁護人」は上訴を許されないとしていた（最決昭44・9・4刑集23巻9号1085頁，最決昭54・10・19刑集33巻6号651頁．被告人の父による選任につき最決昭47・5・18判時668号97頁）．(エ) しかし，(iv)の判例は変更された（最大判昭63・2・17刑集42巻2号299頁，安廣・ジュリ909号63頁，渡辺・ジュリ935号182頁）．旧判例によると，被告人に上訴の意思があるときでも上訴の機会が奪われるので，包括的代理権による弁護人上訴が認められた．

5　上訴の利益（上訴の訴訟条件）

① 「上訴の利益」──(ア) これがある場合にのみ，上訴は適法になる．このことは，「被告人のため」の上訴権者（353条～355条）には法で注意的に明示されている．(イ) 検察官は，公益の代表者（検4条）として被告人の利益のためにも上訴権を有するが，これに「刑の不利益変更の禁止」（402条）は適用されない．(ウ) 被告人は自己に不利益な上訴をすることが許されない．

② 上訴が「被告人に利益」か否か──(ア) その主観や社会の倫理・通念ではなく，客観的で法的な基準による．(イ)「刑の免除判決」に無罪を求める上訴は許される（反対，平場・522頁）．(ウ)「破廉恥罪の有罪判決」に重刑の非破廉恥罪での有罪を求める上訴は許されない（反対，団藤・507頁）．(エ) 被告人には実体判決請求権がないから，「形式裁判」に無罪を求める上訴も許されない（最大判昭23・5・26刑集2巻6号529頁，最決昭53・10・31刑集32巻7号1793頁．ただし訴訟条件の欠如自体が争われたわけではない）．

6　上訴権の発生・消滅・回復

① 上訴権の発生・消滅──(ア) 裁判の告知により発生し（358条），(イ) 上訴申立期間（373条・414条・422条・429条4項・433条2項）の徒過および上訴の放棄・取下げ（359条～361条）により消滅する．

② 上訴の放棄・取下──(ア)「上訴の放棄」とは裁判告知後・上訴申立前に上訴権者がする上訴権不行使の意思表示である．(イ)「上訴の取下」とは上訴申立後の上訴の撤回である．(ウ) いずれも上訴権者の「裁判を早く確定させる利益」

のために許されるが，再び上訴することは許されないので(361条)，とくに上訴の放棄には制限がある(360条の2・3)．
③ **上訴権の回復**——「責なき事由」により上訴申立期間内に上訴をすることができなかった上訴権者には，請求により「上訴権の回復」が認められる(362条〜365条)．

7 上訴制度の構造・機能
① 旧法の上訴制度
　a 旧法——(ア)控訴審は，事件の全面的な「**覆審**」すなわち事実点・法律点にわたり新たに審理する「第2次の第一審手続」であった．(イ)しかし，上告審は，原判決の瑕疵を一定の上告理由として，法律点を中心に事実点も審査するもので，原則として「**事後審**」であった．
　b (ア)旧法の控訴申立には，原判決の瑕疵を控訴理由として主張する必要もない．(イ)控訴裁判所は原判決を妥当と認めても控訴棄却の判決をせず，原判決を不当と認めても破棄せずに，刑の言渡・刑の免除・無罪・免訴・公訴棄却・管轄違い・差戻の判決をする(旧401条〜406条)．(ウ)上告裁判所は，法律審としては原則的に確定事実にもとづき，訴訟上の事実以外に関しては事実審理をしない(旧435条1項)．(エ)法令違反(旧410上・411条・415条)が事実の確定に影響を及ぼすべきとき(旧440条)，甚しい量刑不当・再審事由・重大な事実誤認の疑い(旧412条〜414条)の上告理由があるときには(旧443条)，決定で事実審理を開始した．
　c **「覆審」への評価**——(ア)覆審は，(i)実体的真実の発見に必要であるとしても，(ii)二重の裁判に時間・費用・労力を多く費やし，(iii)しかも判決確定を遅らす目的に悪用される弊害がある．(iv)日時の経過が証拠資料の確実性を減殺するので，第二次の審判の老練優秀な裁判官でも必ずしも事実の真相把握は容易ではないから，むしろ当初の審理を精密にして過誤のないようにするのがよい(林頼三郎・刑事訴訟法論〔大8〕661頁〜662頁)．(イ)しかし，覆審擁護論もあった．(i)近代国家の上訴制度では，ただ陪審裁判所の審理につき覆審を制限するにすぎない．わが国でも陪審を除く通常の審判では，事件の大小軽重を問わず全ての判決に対する覆審を認めた(旧394条)．(ii)これは，刑事裁判が人の生命・身体・名誉・財産に甚大な影響を及ぼすが，人事の万一の過誤なきを避けるのが難しいので，重ねて審判することにしたのである(矢追秀作・刑事訴訟法要義〔昭10〕640頁)．
② 現行法の上訴制度
　a 現行刑訴法が起訴状一本主義と伝聞法則をとくに採用したことで，第一審の公判中心主義・口頭主義・直接主義が徹底され，主に書面と被告人尋問と

で事実審理をした旧法とは異なり，控訴審で第一審と同じ審理を反復するのは迅速な裁判の要請にも反し困難なことなので，覆審は廃され第一審重点主義に向うことになった．

b 一方では，上告審である最高裁判所には憲法違反の有無を最終的に審査する重大な役割が与えられ，これに適するように裁判官の数も大審院の約3分の1以下の15名とされて，旧法のように法令違反一般ではなく憲法違反と判例違反のみを上告理由とした．

c 他方では，事実認定を第一審限りで放置するわけにもいかないので，控訴審は事実点と法律点とをともに**控訴理由として「事後審査」**することになった（平野・刑事法講座6巻1248頁参照）．こうして，現行法では審判の対象・方法が上級審に行くほど限定される**「円錐形の上訴制度」**（三ヶ月＝小室・小山還暦 裁判と上訴（上）200頁）になっている．

8 上訴の範囲 (一部上訴)

① **一部上訴**——(ｱ) 上訴は，原裁判の一部に対してもできるが，その部分を限らないときは原裁判の全部に対するものになる（357条）．(ｲ) 旧法でも一部上訴が認められていたが（旧380条），原裁判が可分の限りであって，事件自体が審判対象になる覆審でも，併合罪加重により1個の主文で1個の刑が言い渡されたときには，一部上訴は許されなかった．

② (ｱ) 一部上訴が許される**「可分な裁判の範囲」**と**「公訴不可分（一事件一裁判）の原則」**とは必ずしも一致しない．(ｲ) 判例は，(i) 数罪・併合罪の一部有罪・一部無罪等の判決（最判昭28・9・25刑集7巻9号1832頁），併合罪中の各罪の刑を併科した有罪判決（最判昭35・5・6刑集14巻7号861頁）には一部上訴を許すが，(ii) 本刑・主刑と一体関係にある執行猶予・付加刑等の言渡しのみへの一部上訴を許さず，(iii) 科刑上一罪の判決の一部のみの上訴でも全部に上訴があったものとする（最決昭36・12・26裁判集140号705頁）．(iv) なお，原判決中の未決勾留日数算入・訴訟費用負担の裁判の誤りのみを一部破棄した判例があるが，これは上告審に特有のものであり，その一部上訴を認める趣旨ではない．

③ **一部上訴を許す範囲**——(ｱ) それは，「原裁判の確定を許す範囲」（および一事不再理効の生じる範囲）と相関する．通説が公訴不可分の原則にその基準を求めるのも，一事件・一公訴事実については同時確定の必要を認めるからである．(ｲ) 包括一罪・科刑上一罪の訴因は複数であるとの前提に立ち，両罪成立の場合には1個の刑の言渡しが要求されて裁判は不可分になるが，一部有罪・一部無罪の場合には，一部上訴と一部確定とを認める見解（判例解説昭和46年度98頁）がある．たとえば，(i) 有罪部分だけに被告人のみが控訴すれば無罪部分は確定するが（渥美・502頁），(ii) 無罪部分だけに検察官のみが控訴しても有罪部分

への訴追意思が継続しているから全部が移審し破棄もされる（鈴木・226頁）という．(iii) しかし，(i)の無罪部分の確定により全体に一事不再理効が発生しない理由が問題になる．(iv) 被告人上訴により二重危険禁止の利益が放棄されたと考えるのであろうか．そうすると，原審が併合罪として甲有罪・乙無罪を言い渡し，被告人だけが甲部分のみに上訴したが，上訴審が両罪を本来的または科刑上の一罪であると判断しても，訴訟法的に二分された甲罪のみの審理も許され，(ii)の検察官上訴であれば科刑上一罪で有罪（最判昭34・12・2刑集13巻31号3195頁）にもできる．しかし，判例は(i)につき事件全体が移審するとして，科刑上一罪の一部上訴と一部確定を否定する．

9 上訴審の審判対象

① **上訴審の審判対象**──(ア) それが，(i)「原裁判の当否」自体か，(ii)（当事者が破棄を求めた）「上訴理由」か．これについて見解の対立があるが，その「審判対象」の概念が必ずしも明確ではない．(イ) 少なくとも事後審では，原判決が破棄されない限り訴因（公訴事実）を直接に審理することは許されない．第一審では，訴因を超えて実体審理が許されないと同時に，訴因全体に実体審理が尽されねばならない．(ウ) このような二重の制約をもつ審判対象は現行法の上訴審には妥当せず，そこには「**審理可能な対象**」と「**審理義務の対象**」とに差異があるにすぎない．前者は上訴趣意書で当事者が主張する上訴理由を超えて職権調査権の及ぶ事項・破棄理由（393条2項・393条2項・397条2項・411条・414条）を含むが，後者は上訴趣意書に包含される事項・調査義務のある事項（392条・407条・414条）に限られる．したがって，その審判対象は，破棄理由との差などを無視すれば，**基本的には「上訴理由」**であるが，原判決の全体ではなく，当事者の主張のある部分に限られもしない．(エ) 訴因制度が当事者主義の現われであるとすれば，上訴審の審判対象には職権主義が強く現われている．しかし，「審理義務の対象」を制限しつつ「審理可能な対象」を拡張したのは，第一審を充実させつつ，当事者の救済を実現しようとする「ピラミッド型上訴制度」の構造に由来する．したがって，その職権主義も実質的な当事者対等の保障のために制約をうけることになる．

② **いわゆる「原判決対象説」**──(ア) 上訴理由を原判決当否の審査の単なる条件にすぎないとみて，(i) 両当事者からの上訴の一方のみに理由ありとして原判決を破棄する場合，主文に他方を棄却する表示をすべきでないとする判例（最決昭42・2・28刑集3巻9号1299頁）を援用し，(ii) 複数の上訴理由があっても，その1つに破棄理由があれば他は判断を要しないことを理由とする．(イ) しかし，(i)の判示方法は，およそ破棄理由がなければ上訴棄却だが，それがあれば原判決破棄を法（396条・397条）が予定することからの帰結であるにすぎないか

ら，その論拠にならない．(ウ) また，(ii)の複数の上訴理由には手続的・論理的序列の先後関係があるから，その1つが他にも影響する予備的上訴理由には判断の省略が許されるが，独立の関係にある併立的上訴理由には判断の省略は許されない．なぜならば，破棄判断を示さない点には拘束力が生じないので，無用の上訴がむし返されることになるからである．

③　いわゆる「**攻防対象論**」──(ア)「**新島ミサイル事件**」の判例（最大決昭46・3・24刑集25巻2号293頁）が示したもので，「**牽連犯，包括一罪**のように，それぞれ一個の犯罪構成要件を充足し，**訴因としても独立しえたもの**につき，その一部を有罪とし，その余については理由で無罪とされた場合には，**無罪とされた部分**については，被告人から不服を申し立てる利益がなく，検察官からの控訴申立もないときは，当事者間においては攻防の対象からはずされたものとして，その部分については**職権調査をすることはできない．**」をいう．(イ) その結論（職権調査権の否定）は，(i) 科刑上一罪の判決への一部上訴を認め，無罪部分を審判対象から外して確定させたのと同様な効果をもち，(ii) 無罪部分は実質的に移審しないとする説（佐々木・百選3版226頁）ともたまたま一致する．(iii) また，「移審はするけれども，上訴審が審理判決できないというのは概念自体が矛盾している」（青柳・ジュリ509号142頁）とか，逆に，(iv) 当事者主義を基調とすれば訴訟係属が生じても検察官の主張しない対象には審判が許されない（筑間・別冊判タ7号365頁）とかいう説もある．(ウ) しかし，**本判例は無罪部分の移審を認め確定力の発生を否定する**のであるから，一事不再理効の発生もなく，破棄後は事実全体が同時確定するのである（朝岡・判タ348号47頁）．本決定の「事後審査も当事者の申し立てた控訴趣意を中心としてこれをなすのが建前であって，…職権の発動として許された限度をこえたもの」という判示は，攻防対象論が当事者の主張した上訴理由に審判対象を限定するのではなく，**検察官上訴のない対象への職権調査を制限する**ものでしかないことを示している．そこで，本件と逆に，無罪部分に検察官のみが控訴すれば，有罪部分の職権調査も許されよう（小林・註釈刑訴4巻194頁，同・注釈刑訴6巻254頁）．

10　検察官の不利益上訴と二重危険の禁止

①　**現行法の趣旨**──(ア) 旧法と同じく，被告人に不利益な上訴を検察官に明示的に禁止してはいない（351条）．(イ) しかし，憲法39条が「二重危険の法理」を採用するものであれば，検察官の不利益上訴は違憲になり（村瀬・法律新報757号16頁，大塚・判タ21号33頁），法351条を制限的に解釈する必要も生じる．(ウ) 判例（最大判昭25・9・27刑集4巻9号1850号）は，憲法39条が二重危険の法理を採用したとは認めるが，「その危険とは，同一の事件においては，訴訟手続の開始から終末に至るまでの一つの継続的状態と見るを相当とする．されば，一審の手続

も控訴審の手続もまた，上告審のそれも同じ事件においては，継続せる一つの危険の各部分たるにすぎないのである．」と判示して，検察官の不利益上訴を合憲であるとした．

② **検察官の不利益上訴の禁止**──㈦ 二重危険の法理からの必然的帰結ではなく，英米の陪審制と特有な審級制の成果であるとして判例を支持し，その正当化の根拠を上訴費用の保障と未決勾留日数の通算の規定（改正前の368条，法188条の4〜7・495条）・検察官上訴の謙抑性・高い破棄率等に求める見解（田宮・一事不再理の原則107頁，平野・286頁・299頁）が通説となった．㈠ しかし，(i) 不利益上訴は被告人救済の上訴利益を欠くとする説（坂口・憲法百選新版125頁），(ii) 憲法39条はアメリカ法の二重危険の法理を採用したもので，第一審での検察官の訴追能力の強大さと被告人の防禦能力の劣弱さとを比べると，むしろ検察官上訴では無辜処罰の危険も高く，被告人の迅速な裁判をうける権利を害するから違憲であるとする説（熊本・公判法大系Ⅳ54頁，小田中・平場還暦現代の刑事法学下262頁），(iii) 違憲の疑いがあるとする説（鈴木・222頁，事実誤認を理由とする上訴につき渥美・501頁，なお上告につき高田・496頁）もある．㈮ ただ，現行法が利益再審のみを認め（435条・436条・452条），これを破棄理由とし（383条・411条），刑の不利益変更を禁止する（402条）ことから，不利益上訴の禁止自体を導くには無理があるとしても，被告人救済に上訴の重点を置くことが要請される．判例の「攻防対象論」はその1つであるともいえよう．

11 刑の不利益変更禁止

① 沿　革

㈦ 被告人が（または被告人のために）上訴した事件では，原判決よりも「重い刑」を言い渡すことは許されない（402条・414条）．㈠ この原則は治罪法（344条2項・368条）以来の沿革をもつが，明治刑訴法（265条・291条）においては重刑ではなく一般的不利益の変更禁止であった．ただし，旧法（403条・451条）でも不利益変更禁止を阻止する効果をもつ検察官の附帯控訴（旧399条）が認められ，その禁止も破棄差戻後の裁判所までは拘束しないと解されていたので，その効果は弱められていた．

② 根　拠

a　この原則には，㈦ 誤った裁判の是正を害するとか（小野・法学評論上320頁），㈠ 濫上訴の奨励になるとか（田中・法曹時報6巻1号3頁），㈮ 職権主義的訴訟の「恩恵的官僚主義のイデオロギー」を前提とするから当事者主義的構造の限度にとどめるべきである（平野・323頁）とかの批判もあった．

b　しかし，この原則は，被告人が不利益をおそれて上訴権を行使しないことを防止し（高田・刑法雑誌3巻1号55頁），被告人の正当な防禦権の行使を保障

するのに必要である.

　　c　この政策は,当事者の不服申立の限界でのみ裁判するという当事者主義の原理を基礎にして,実質的な当事者対等の保障のために上訴目的の重点を被告人の救済に求めることに由来する.

③　適用範囲

　　この原則は,(ア)検察官が被告人の利益のために上訴した場合には適用されないが(最決昭53・7・7刑集32巻5号1011頁),(イ)双方上訴のときに検察官上訴が棄却された場合(反対,平野・323頁.なお,最大判昭26・8・1刑集5巻9号1715頁,最判昭37・6・15刑集16巻7号1250頁参照),(ウ)差戻・移送後の裁判(旧法につき最大判昭27・12・24刑集6巻11号1363頁.反対,青柳・下592頁)にも適用される.

④　「重い刑」の意義

　　a　禁止されるのは,原判決より重い「刑」を「判決の主文」において言い渡すことであるから,不利益に犯罪事実・罰条・罪数のみを変更することを含まず,その結果として原判決の認定事実に対応する法定刑以外の刑を言い渡すことも適法になる(最大判昭26・1・17刑集5巻1号1頁).

　　b　重い「刑」──(ア)刑法9条に定めるものに加えて,(イ)刑の執行猶予・保護観察・労役場留置・追徴・公民権停止を含む.(ウ)これに未決勾留日数本刑算入も含める(最判昭28・5・21刑集7巻5号1055頁)が,(エ)訴訟費用の負担を含めない(最判昭26・12・20刑集5巻13号2556頁).

　　c　刑が「重い」かの判断方法──(ア)刑法10条自体ではなく,宣告刑を総体的に比較して客観的・法律的かつ実質的に判断することを要する(最大判昭26・6・1刑集5巻9号17頁,最判昭30・4・5刑集9巻4号652頁,罰金刑の額と労役場留置期間の換算方法につき最決平18・2・27刑集60巻2号240頁,高木・刑ジ7号79頁,宮城・ジュリ1354号221頁).(イ)この「総合的具体的考察方法」を批判して,刑の種類と量・執行猶予の有無及び期間等を個別的に比較してその一部でも不利益であれば「重い刑」であるとする「部分的一般的考察方法」を支持する説がある.これは,基準としては明確であるが,執行猶予の有無の特殊性を無視するものである.また,「禁錮10月から懲役8月」への変更(最決昭43・11・14刑集22巻12号1343頁は不利益変更ではないとする)を逆に変更しても「重く」なるが,これは矛盾でないだろうか.

12　破棄判決の拘束力

① 拘束力を認めるべき必要性

　　a　旧法──上告審のみが主に法律点の事後審であったとはいえ,原判決を破棄しても自判が原則であったので(旧446条),破棄判決の拘束力を論じる必要が少なかった.

  b **現行法**——㋐ 上訴審は原則として事後審であり，上級審は原判決に破棄理由があれば自判をせずに差戻・移送をするのが原則である（400条・413条）．㋑ この上級審の破棄判断に下級審が従わないと，既判事項についての争いが蒸し返され，事件が上級審と下級審との間をいたずらに往復することになる．そこで，当該事件の破棄判断については，上級審が下級審（裁4条）のみならず，その後の上級審をも拘束すべき必要性が生じる．

② **拘束力の生じる事項**

  a **拘束される事項**——「破棄の理由となった」判断（最大判昭25・10・25刑集4巻10号2143頁）であるから，「法律点」のみならず「事実点」をも含む（最判昭43・10・25刑集22巻11号961頁）．

  b **事実判断の拘束力**——㋐「破棄の直接の理由，すなわち原判決に対する消極的否定的判断についてのみ生じ」，その「判断を裏付ける積極的肯定事由」については生じない（前掲最判昭43・10・25〔八海事件〕）．㋑ 破棄判決は，原判決に誤り（破棄理由）があるという消極的否定的判断を本質とし，事実を積極的に認定して正しい法適用を自ら行う続審・覆審ではない．事後審たる上級審は，原判決の認定事実を審査に用いることの許される証拠では推認できないといえるだけで，このように認定せよとはいえない．㋒ しかし，破棄理由のどの判断が「直接的」または「縁由的」かは必ずしも明らかではない．そこで，「**直接の破棄理由と必須不可分の前提に立つ事項**」には拘束力が及ぶとする説が有力である．㋓ すなわち，事実判断では肯定と否定とは択一関係に立つから，直接の否定的判断と縁由たる積極的事由とは一体不可分のものであり（最決昭29・11・4刑集8巻11号1665頁参照），事実誤認の縁由が自白の信用性を欠くことであれば，「証拠－結論」の一体関係が差戻後の下級審を拘束する．

  c 拘束力が「縁由たる証拠状態」にも及ぶのは，破棄判断の基礎となった証拠状態の限りでの拘束力のみが生じることであるから，その基礎を崩す証拠調べにより拘束力は解除される．それゆえ，新たな事実取調べを経ずに殺意（自白の信用性）がないとはいえないとして破棄差戻をした場合には，殺意があるとの積極的判断（縁由）には拘束力がない．そうでないとすると，事実の取調べを経ない上級審に新たな事実認定を許すのに等しくなる．

  d 破棄判断の基礎に応じた拘束力は，直接の破棄理由の前提について審判対象として判断された破棄理由にも及ぶ．たとえば，事実誤認と量刑不当の申立に対して後者で破棄すれば，その前提となる前者の破棄理由はないと判断されたことになる（平野・刑事法講座6巻1263頁．なお，最判昭48・3・22刑集27巻2号32頁参照）．

③ **拘束力の解除**

第21講　上訴概説

　　a　拘束力は，破棄判決を形成した法的事実的関係を基礎として発生する．その前提となる基礎が変化・崩壊すると，拘束力は解除され，裁判所は破棄判断から解放され

　　b　その解除事由には，「破棄後」の(ア)新たな証拠調べ，(イ)法令の改廃，(ウ)判例の変更，(エ)非常上告・再審の事由等がある．

④　**拘束される裁判所**

　　a　**拘束力の生じる根拠**──破棄判決は「確定」して初めて拘束力を生じる．拘束力は破棄判決の「内容的確定力」の一種である（田宮・刑訴法入門286頁，鈴木・231頁）．拘束力の解除もその帰結であるにすぎない．

　　b　したがって，(ア)差戻・移送をうけた下級審，(イ)破棄した上級審（最判昭39・11・24刑集18巻9号639頁）のみならず，(ウ)上告審も確定破棄判決に拘束されることになる（反対，最判昭32・10・9刑集11巻10号252頁，最判昭34・12・11刑集13巻13号3195頁）．(エ)上記(ウ)に反対して，(i)最高裁判所が違憲審査と判例統一の使命を担い実体的真実を保障する最終審であることが根拠とされ，(ii)また拘束力の法的性質は特殊な成法上の効力であると解されている．(オ)しかし，最終審が果たすべき使命は，破棄判決に対して上告することでのみ達成されるべきものであり，確定判決に対しては再審・非常上告の事由を除いては本来達成できないはずであり，しかも上記の事由には拘束力が解除される．また，成法上の効力を裁判所法4条にのみ求めるのであれば，上記(ii)の点を直接には理由づけできなくなる．それにもかかわらず，(i)の機能を絶対視するのであれば，判例の立場も承認しうるであろう．すなわち，控訴審の誤った破棄判決の是正を確定後の非常救済手続に委ねるしかないと解するのは妥当でない，と考えられるからである（香城・注釈刑訴6巻331頁）．

第22講　控　訴

〔22講のねらい〕　① 控訴理由，② 控訴審の手続，③ 控訴審の構造，④ 控訴審の裁判について，実定法の根拠および判例・学説を理解する．

1　控訴理由の制限

① 控訴は，第一審判決の瑕疵を理由に原判決の破棄を求める申立である．その申立の許される**控訴理由**は，同時に原判決の**破棄理由**になり（379条），法定のものに限られる（384条）．

② 判決は，(ア) 適正な手続にもとづく，(イ) 事実の認定，(ウ) 法令の適用，(エ) 刑の量定からなり，これに対応して，(i) **訴訟手続の法令違反**（377条～379条），(ii) **事実誤認**（382条），(iii) **法令適用の誤り**（380条），(iv) **刑の量定不当**（381条）が控訴理由となる．(i)と(iii)は，旧法では法令違反として統合されていたが，手続法の違反（訴訟手続の誤り）と実体法適用の違反（判決内容の誤り）の区別に相当する．

③ 絶対的控訴（破棄）理由と相対的控訴（破棄）理由との区別——(ア) 重大な手続法違反は，審判の公正を疑わせ，判決内容の誤りを推認させるので，それ自体で破棄される．この手続法違反（377条・378条）と量刑不当とは「絶対的控訴理由」である．(イ) その他の手続違反等の控訴理由は「その誤りが判決に影響を及ぼすこと」を要する「相対的控訴理由」である．

2　絶対的控訴理由

(1) **訴訟手続の法令違反**（絶対的破棄理由）（377条・378条）

① **法律に従って判決裁判所を構成しなかったこと**（377条1号）——判決裁判所とは，判決およびその基礎になる審理をしたもので，更新前のものを含まない．

② **法令により判決に関与することができない裁判官**（20条・23条，規13条）**が判決に関与したこと**（377条2号）——これには審理または宣告のみに関与した裁判官は含まれない．

③ **審判の公開に関する規定**（憲37条1項・82条，裁70条）**に違反したこと**（377条3号）．

④ **不法に管轄または管轄違いを認めた**（329条～331条）**こと**（378条1号）．

⑤ **不法に公訴を受理しまたは公訴を棄却した**（338条・339条）**こと**（378条2号）——これには免訴を含むとする説も有力あるが，判例（最大判昭40・7・14刑集

19巻5号525頁）は380条を適用する．

⑥ 審判の請求を受けた事件について判決をせず，または審判の請求を受けない事件について判決をしたこと（378条3号）

 a 「審判の請求を受けた事件」・「審判の請求を受けない事件の意義」——
  (ア)「公訴の提起」とされずに，(i)「審判の請求」とされているのは，「公訴」・「追起訴」のみならず「起訴状に記載された訴因又は罰条の追加，撤回又は変更」(312条1項)を意味する．(ii) 本規定は，この「審判の請求を受けない事件」を旧法のように「公訴不可分の原則」により審判の対象とすることを排斥する趣旨である．(iii) すなわち，現行法では，旧法の意味での「公訴事実審判対象説」を採用することは，起訴状に記載される「公訴事実」として「訴因の特定・明示」が要求されるので (256条2項・3項・5項)，もはや許されない．

  (イ)「事件」とは，(i) 日本語では単複の区別がないので，「一個」または「数個」の事件を意味する．(ii) 併合起訴または追起訴される「数罪となるべき数個の公訴事実」は，「数個の事件」として併合審理されて，各事実の成立が認められるときは，「併合罪」として処理されるべきことになる．(iii)「一個の事件」とは「一個の公訴事実」を意味するが，これには「一個の訴因」から成る場合と「公訴事実の同一性」(312条1項) の認められる「数個の訴因」から成る場合とがある．(iv) 一事件・一公訴事実と成る「数個の訴因」は，科刑上一罪・包括一罪など各事実が「両立しうる一罪関係」にある場合と法条競合など択一的・予備的に記載される訴因のように各事実は「両立しえない一罪関係」にある場合とがある．(v) 前者の「数個の訴因」は，撤回された訴因を除き，追加された訴因を含めて「全体が一個の公訴事実」として「審判の請求を受けた事件」となる．(vi) 後者の「数個の訴因」は，訴因の交換的変更に等しいので，両訴因のうち一方が犯罪として成立しないときに限り，他方につき審理・判決すれば足りるので，この場合には「3号前段の不告不理違反」にならない．

  (ウ) 3号の前段・後段は，相互に他を排斥する関係にある同義の「事件」を文理上意味する．それゆえ，訴因を現実的審判対象，公訴事実を潜在的審判対象であるとして，一個の「事件」の意義を3号の前段と後段とで異義に解することは，許されない．

  (エ)「公訴事実の同一性」(312条1項，広義の一罪性) の存否により，「一事件」と「数事件」とが限界づけられる．それゆえ，「公訴事実の同一性」を欠く事実は，併合起訴または追起訴により「数個の公訴事実」(数事件) として審理・判決されるべきである．この場合に，裁判所が罪数の判断を誤って，「同一性」があるとして「訴因変更の許可決定」をしたうえ，一

罪として判決したときは，(i) 量刑の誤りもあれば量刑不当として絶対的控訴理由になるが，(ii) そうでなく，「追起訴」としての手続をとるべきを「訴因変更の許可決定」をしてしまったとの手続上の誤りにすぎない場合には，訴訟手続の法令違反の相対的控訴理由 (379条) となる (東京高判昭52・12・20高刑集30巻4号423頁．なお，起訴状の罪名は殺人であるが，逮捕監禁の事実も訴因に記載されているときに，その成立を認定した場合につき，最判昭63・1・29刑集42巻1号38頁)．なぜならば，この場合にも「審判の請求を受けた事件」を判決したことに変りはないからである．(iii) これと区別すべきは，「審判の請求を受けた事件」が「強制猥褻」であるときに，「審判の請求を受けない事件」である「公然猥褻」を訴因変更手続なしに有罪と判決した場合であり，3号後段の訴因逸脱認定となる (最判昭29・8・20刑集8巻8号1249頁)．

b 　**3号前段**は，(ア) 一個の事件または併合審理された数個の事件の一方または一部についてしか判断が示されていない場合である．(イ) 科刑上一罪の関係にある数個の訴因である場合も含む (反対，鈴木・238頁)．(ウ) 数罪としての起訴を裁判所が一罪であると認めた場合 (最判昭25・7・7刑集4巻7号1226頁，最判昭30・5・13刑集9巻6号1022頁)，他の訴因を黙示的に排斥して予備的・択一的訴因のみを有罪であると認めた場合 (最決昭29・3・23刑集8巻3号305頁，最判昭25・10・3刑集4巻10号1861頁) は，前段にあたらない．

c 　**3号後段**は，(ア) **不告不理の原則違反**または**訴因逸脱認定**の場合である．(イ) 公訴事実の同一性を欠く訴因に変更されて判決があった場合も，後段にあたることがある (最判昭33・2・21刑集12巻2号288頁，平野・309頁，反対，谷口・公判法大系Ⅳ239頁，鈴木・238頁)．

d 　**訴因逸脱認定**について，(ア) それが狭義の同一公訴事実である場合を単なる訴訟手続の法令違反であるとする判例 (最決昭32・7・19刑集11巻7号2006頁，最判昭36・6・13刑集15巻6号961頁)・学説 (西村・判タ352号83頁，小林・註解刑訴4巻93頁，鈴木・239頁) もある．(イ) しかし，上記(ア)は，広義の逸脱認定ではあっても，**特定された訴因** (審判対象) の逸脱認定 (3号後段違反) ではなく，**明示された訴因**と異なる認定がなされて，被告人の具体的防禦が害された事案であるから，求釈明義務違反などと同じく，**相対的控訴理由**になるにすぎない．(ウ) 最大判昭30・11・30刑集9巻12号2529頁は，第一審判決が起訴状に記載されていない文言を付加して判示したからといって，それは訴因の内容たる事実を明確かつ詳細にしたのに止まり，訴因の変動を来たすものでない，と判示している (さらに，最決平13・4・11刑集55巻3号127頁・百選8版48参照)．なお，訴因には抽象的な記載しかない事実については，被告人の具体的防禦が尽されていること (実質的な審判対象化) を要件としてのみ，縮小認定が許されよう (最決昭55・3・4刑集34巻3号89頁参照)．

⑦ **判決に理由を付せず，または理由にくいちがいがあること**（378条4号）
——㋐ 判決自体に判決理由（44条1条・335条1項）の欠如・不十分の場合が，「理由を附せず」（**理由不備**）である．㋑ 主文と理由または理由相互に矛盾が観取される場合が，「理由にくいちがいがある」（**理由齟齬**）であるが，「明白な誤記」であると認められる場合を除く（最決昭53・6・16刑集32巻4号645頁，長井・警察研究54巻2号77頁参照）．㋒ 有罪判決を構成する(i) 主文（最判昭24・3・23刑集3巻3号342頁，最判昭24・6・18刑集3巻7号1090頁，最判昭28・7・17刑集7巻7号1533頁，最決昭25・2・28刑集4巻2号268頁），(ii) 罪となるべき事実（最判昭23・12・16刑集2巻13号1816頁，最判昭24・2・10刑集3巻2号155頁），(iii) 証拠の標目（なお最判昭23・2・9刑集2巻2号56頁参照），(iv) 法令の適用（東京高判昭30・7・19高裁特報2巻16・17号810頁）のそれぞれに理由の不備と齟齬がありうるが，絶対的控訴理由とはいえ実質的にこれに値するような，判決内容の誤りを推認させるものに限るべきであろう．(iii)では379条（最判昭40・9・13裁判集156号615頁），(iv)では380条（札幌高判昭47・12・19判タ298号447頁参照）によるべき場合も多い．

(2) **刑の量定不当**（絶対的破棄理由）（381条）
　原判決の宣告刑が処断刑の範囲内での刑の量定に誤ったことをいう．法定刑・処断刑の範囲外の刑を言い渡した場合には，法令適用の誤りになる．

3　相対的控訴理由

(1) **訴訟手続の法令違反**（相対的破棄理由）（379条）
　① 377条と378条に規定した以外の訴訟手続の法令違反は，それが判決に影響を及ぼすことが明らかである場合（最大判昭30・6・22刑集9巻8号1189頁参照）にのみ，控訴理由となる．「訴訟手続」とは，捜査手続自体を含まず，公訴提起以後の手続をいう．
　② 実務で認められている破棄理由「**審理不尽**」は，求釈明義務違反（294条，規208条）・職権証拠調義務違反（298条2項）・訴因変更命令義務違反（312条2項）などの「訴訟手続の法令違反」その他の控訴理由に解消できる．

(2) **事実誤認**（相対的破棄理由）（382条）
　① 「事実」とは厳格な証明を要する事実をいい，「誤認」とは実体的真実自体との不一致ではなく，原判決が適法に認定すべきであった事実と原判決が認定した事実との不一致をいう．
　② 理由不備（齟齬）にあたらない場合のみが，**事実誤認**になる．たとえば，「原判決挙示の証拠から認定される事実」と「原判決の認定事実」との不一致は理由不備であるが，それは判決（書）から明らかになる場合であり，そ

うでなければ事実誤認になる．証拠能力なき証拠の引用は，それを除いても理由不備にならなければ，証拠と認定事実との不一致以前に，訴訟手続の法令違反（379条）になる（前掲最判昭23・2・9）．自白の補強証拠を欠く事実認定も，それが判文上欠ければ理由不備であるが，そうでなければ右と同様になる．

③　再審事由は，判決確定前に被告人を救済するために独自の控訴理由とされているが（383条1号），事実誤認と同じ性質をもつ．

(3)　**法令適用の誤り**（相対的破棄理由）（380条）

認定事実に対する実体法の解釈・適用の誤りをいう．その判断は原判決時を基準とするので（最大判昭24・6・29刑集3巻7号1145頁），その例外として判決後に刑の廃止・変更があった場合は別個の控訴理由とされている（383条2号）．

4　控訴審の手続

(1)　控訴の申立

①　**控訴申立書**——(ア)第一審判決の告知後14日以内に申立書を第一審裁判所に差し出すことを要する（358条・373条・374条・55条）．(イ)控訴の申立が明らかに控訴権の消滅後になされたときには，第一審裁判所は決定で棄却する（375条）．

②　前記(イ)の場合を除いて，第一審裁判所は訴訟記録・証拠物を控訴裁判所に送付する（規255条，法51条参照）．訴訟記録の送付をうけたときは，控訴裁判所は，速やかに控訴趣意書を差し出すべき最終日を指定して，控訴申立人とその弁護人に通知する（規236条）．

(2)　控訴趣意書の提出

①　控訴申立人は，指定期間内に控訴趣意書を控訴裁判所に差し出すことを要する（376条1項・386条1項1号，規238条）．

②　「**控訴趣意書**」には，控訴理由を簡潔に明示し（規240条），一定の控訴理由では必要な疎明資料・保証書を添付し（376条2項・377条・382条の2・383条），原則として訴訟記録と原裁判所が取り調べた証拠とに現われている事実を援用することを要する（378条〜382条・386条1項2号）．

③　例外として，量刑不当と事実誤認の控訴趣意書では，(ア)「**やむを得ない事由**」によって原審の弁論終結前に取調請求のできなかった証拠により証明可能な事実，(イ)原審弁論終結後判決前に生じた事実を援用することも許している（382条の2．なお383条参照）．(ウ)「やむを得ない事由」（肯定，最判昭48・2・16刑集27巻1号58頁．東京高判昭43・4・30下刑集10巻4号380頁．否定，東京高判昭43・

10・22下刑集10巻10号967頁，大阪高判昭44・10・16判タ244号290頁）については，(i) 証人となるべき者の氏名・住所を知らなかったなどの「**物理的不能**」に限る説（岸・要義341頁，髙田・526頁）と(ii) その取調請求を不要だと信じていたような「**心理的不能**」も含める説（平野・304頁，青柳・下549頁）とが対立する．これを訴訟記録等に現われない事実に限る必要はないが，(ii)説によると第一審弁論終結前に請求できなかった証拠はほぼ全面的に許容され，実質的には例外が原則化するので，原判決が用いた資料にもとづいてその判断の当否を審査するという「固い事後審」の構造は保持できない．また，同時に検察官控訴をも広く許容することになるので，(iii) 382条の2を被告人控訴についてのみ定めた規定とみる説（渥美・521頁），(i)説を基礎にしつつ(iv) 被告人控訴については383条1号により緩和できるとする説（鈴木・247頁）がある．しかし，(iv)説では，量刑不当が再審事由に含まれないので，問題を残す．(ii)説でも検察官の心理的不能は事実上厳格に解されるのではあるまいか．

(3) 控訴審の公判手続

① **控訴審の審理**——公判廷で行う（404条，規250条）．被告人は，出頭の権利を有すかが，原則として審理にも判決書言渡にも出頭の義務を負わない（390条）．

② **被告人のためにする弁論**——弁護士たる弁護人のみに行うことが許されるが（387条・388条），被告人は事実の取調請求（393条1項）・証人への反対尋問を行うことができ，裁判所は被告人には任意の供述を求めることができる（311条）．

③ **控訴審での「訴因変更」**——(ア) 312条が準用される．原判決の破棄理由を審査する過程では訴因自体が審判対象ではないので，その変更も許されない．(イ) しかし，事後審査に影響しない限り，自判（最決昭29・9・30刑集8巻9号1565頁）のみならず差戻・移送を「停止条件」とする訴因変更（予備的・択一的訴因の追加）は許されるが，変更後の訴因を基準に原判決を破棄することは許されない（最判昭42・5・25刑集3巻4号705頁，団藤・53頁）．(ウ) たとえば，原判決の訴因変更の許否判断（渥美・456頁）とか，縮小認定をしなかった審理不尽（378条3号）とかが控訴理由になる場合のほか，法令適用の誤りが控訴理由になるときの罰条・訴因（法律構成のみ）の変更の場合には，訴因変更が許される．その理由は，実は新訴因のために新たな事実認定を要しないことにある．(エ) これは**破棄・自判における新たな事実認定の可否**の問題であって，訴因変更に固有の問題ではない．また，(オ) **被告人の審級の利益を害する点**もむしろ自判のもつ問題である．さらに，(カ) **旧訴因を残さない交替的変更が許されない**のも，判決後の公訴取消の禁止（257条）に反するからであり，

(キ) 原審で訴因変更の機会があったのにこれを怠った場合も，時機に遅れた訴因変更として許されるか否か（最判昭58・2・24判時1070号5頁参照）の問題であろう．

(4) 控訴趣意の調査義務

　　控訴裁判所は，「控訴趣意書で主張された事項」つまり「主張された控訴理由の全て」を調査・判断する義務を負う．そうしないと同じ理由で控訴が反復されることにもなる．ただし，各控訴理由には先に述べた順序で成立の優先順位があるから，先順位に理由があれば後順位の理由を調査する必要が失われ，後者への調査義務を欠く．

(5) 控訴理由の職権調査の権限・義務

　① 控訴裁判所は，「控訴趣意書に包含されない事項」でも，「法定の控訴理由」に関しては，職権で調査する権限をもつ．この職権調査は，原則的には義務ではないが（最決昭25・5・18刑集4巻5号826頁，最判昭30・9・29刑集9巻10号2102頁），例外的には義務となる（最決昭47・1・18判時655号85頁）．

　② 職権調査は，(ア) 手続・法令適用の瑕疵については当事者の主張に不備も多いので，当事者の救済の下で法令解釈の統一をはかるものである．(イ) そこで，(i) 事実点を職権調査の対象から除く説（正田・判時755号8頁参照），(ii) 第一審の訴因制度に現われた当事者主義と同じく事実点については被告人上訴の場合に不利益調査による破棄を認めない説（朝岡・判タ348号45頁），(iii) およそ被告人に不利益な職権調査を原則的に認めない説（鈴木・249頁）も考えられる．(ウ) 被告人上訴の場合には，その主張の許されない不利益事項を裁判所が代行すべきではなく，事実点・法律点を問わず少なくとも職権調査による破棄は許されず，検察官上訴の場合でも被告人に不利益な事実点の職権破棄は許されまい．判例は，被告人控訴の場合にも不利益な職権調査を認めていたが（最決昭36・9・6裁判集139号129頁），「新島ミサイル事件」では牽連犯・包括一罪の無罪部分に検察官控訴がないときは職権調査をすることはできないとする「攻防対象論」を展開し（前掲最大決昭46・3・24，21講9③参照），「大信実業事件」（最判昭47・3・9刑集26巻2号102頁）では法令違反に関する上告審の職権調査にまで右趣旨を拡張した．しかし，A罪かB罪かという「法的評価」に差はあれA「訴因事実」についての検察官の処罰請求は放棄されていないので，反対説も強い．

　③ 職権調査義務の根拠——控訴理由全体が審判対象であることにではなく，裁判所の一般的審理義務（1条）に求められる．そこで，「調査義務の対象」も，控訴理由全体ではなく，控訴趣意の調査に伴い当然に明らかになる「法

令違反」などで，事実点ではとくに被告人に不利益を及ぼす重大な違法があるものに限られる．その義務違反は上告審の職権破棄理由（411条1号）になるが，逆にその理由にあたる全ての場合に職権調査義務があるわけではない．

(6) **控訴審での事実の取調**
① 控訴理由の調査をするについて**必要**であれは，控訴裁判所は，(ア) 当事者・弁護人の請求または職権により事実の取調をすることができるが，(イ) 382条の2の疎明があったもので，量刑不当または事実誤認の証明に不可欠な場合には，事実の取調義務を負い，また(ウ) 職権で第一審判決後の量刑情状につき取調をすることができる（393条1項・2項）．
② これは，原審の訴訟記録と取調証拠の調査だけでは破棄理由の有無を判断できない場合に，自判のためではなく，**破棄理由の審査**に必要な限りで，破棄理由となる「事実」につき「右以外の資料（証拠）」の取調を許したものである．①の(ウ)と刑の廃止・変更または大赦の場合（393条2項・383条2号）には原判決後に生じた「**新たな事実**」，①の(イ)と再審事由の場合（393条1項項但書・338条1号）には原判決で取調のない「**新たな証拠**」の取調が許されることは明らかであるが，右以外の場合にも新たな証拠の取調が許されるかに関しては，「**事後審の性格**」の理解の差異による見解の対立がある．
③ 第一審で適式に取り調べられた証拠能力のある証拠は，控訴審でもそのまま判決の基礎にできるが（394条），事実を新たに取り調べるときは，第一審で厳格な証明によるべき事項には同じ方法によるのが相当である．控訴棄却になるか破棄自判・差戻移送になるかは結果的に判明し，破棄判決の拘束力の問題もあるからである．
④ この事実の取調の結果にもとづいて検察官・弁護人は弁論をすることができる（393条4項）．

5 控訴審の構造
(1) **控訴審の事後審性**
① 現行法の控訴審は，基本的に「**事後審**」であると解されている．すなわち，事実審理を始めから反復する「**覆審**」，第一審の判決前の審理を承継して続行する「**続審**」とは異なる．しかし，事後審の本質とは何かについて，見解の対立がある．
② 原判決破棄・自判の場合には，回顧的には控訴裁判所は事件を直接に審理したことで続審に類似するが，破棄と自判とは同時になされ，その間に何ら審理は介在しない．
③ 「**事後審の本質**」——(ア)「原審の用いた証拠」を基礎に「原裁判時」を基

準に，原裁判の「判断過程」を事後審査する点に求める「**固い事後審説**」(団藤・518頁）と，(イ)「自ら事件について判断せず，ただ原判決の当否を判断するにとどまる点」に求める「**柔かい事後審説**」(平野・304頁）とが，基本的に対立する．(ア)説では，382条の2・383条・393条1項但書・2項は「例外」規定になり，控訴審の事後審性を統一することができない．そこで(イ)説は，控訴審の審査資料の制約を当事者主義のもとでの第一審重視のための政策にすぎないとし，理由有無の判断も審査時を基準とするのが訴訟法の原則であるとする．しかし，(イ)説に対しては，原判決の基礎となしえた資料と異なる前提に立つ事後審査は矛盾であるとか (高田・507頁），覆審・続審でも原裁判の当否を審査する働きをもつ点では同じであり，ただ新証拠が全面的に入るので自判を必然化するが，事後審では証拠量の制限から事件の心証形成が制限される帰結をもたらすとの批判がある．後者の批判は，事後審が審査の基礎をなす証拠の制約を「原因」として達成されることを的確に指摘はするが，その「結果」として心証形成の制限がなお担保されるという「質的転換」に事後審の本質を求めることまで拒むものではあるまい．**新証拠の取調を現行法が許容する点で，控訴審は「純粋な事後審」とはいえない**．そこで新たに，(ウ)「固い事後審」に例外的にそうでない態様を部分的に「接木」したとする説（渥美・513頁）もある．

④　**事後審のメルクマール**として，(ア) 控訴申立における原判決の瑕疵の指摘，(イ) 控訴棄却・原判決破棄の言渡，(ウ) 原審に現われた審査資料への制限，(エ) 審査資料の存在時点の制限，(オ) 審査の標準時，(カ) 事件の認定なき原判決の当否の判断をあげ，(カ)を最も本質的なものとしながらも，「現行法の控訴審は，右のような諸要素の複合からなる事後審である」とされていた（平野・刑事法講座6巻1250頁）．

(2) 事後審と事実の取調

①　事後審の本質の理解は，393条1項本文の「事実の取調」に許容される資料の範囲に関わる．(ア)「**固い事後審説**」では，法定の例外 (383条・393条1項但書・2項）の場合を除いて原則が適用され，原審で取り調べた証拠に限られ（団藤・531頁，高田・530頁），これに修正を加えると(イ) 原審が職権で取り調べるべきであった証拠を含む（岸・326頁，小林・ジュリ500号463頁）ことになる．(ウ)「**柔かい事後審説**」では，現行法の解釈の問題になり，(ア)説と同一の結論にも至るが（平野・318頁，青柳・下566頁），(エ) 審査時基準説を一貫すると自由に新証拠の取調が許される（平場・569頁）．そこで，(オ) 事後審の本質を無内容に近い循環論からではなく，被告人の救済という上訴目的から論じるべきであるとし，その限りで控訴審の覆審・続審化傾向を認め，被告人に有利な

新証拠のみを許す説もあり，また二重危険の禁止等を理由に同一の結論に至る説（鈴木・251頁，なお渥美・528頁）も有力である．しかし，現行法の控訴審がこのような片面的・跛行的構成をとるものと解釈するにはなお無理があり，むしろ(カ)職権による事実の取調では新証拠を許す（昭24・6・23最高裁刑事局長通達・刑裁資料67号313頁・164号121頁，寺尾・公判法大系Ⅳ209頁）としつつ，その職権行使を限界づけるものとして(オ)説の趣旨を生かすべきであろう．

さらに，(キ)書面審査による限りは事後審であるが，事実の取調が開始されると新証拠の取調が許される続審になり，**事後審に続審が接木されるという説**（小野・刑法雑誌1巻3・4号29頁）もあったが，事実の取調は旧法の事実審理開始決定と異なり手続を区切るものではなく，新証拠を全面的に許す法的根拠が乏しい．また，(ク)控訴審の続審性を部分的に認め，その資料は原審に現われない新証拠でもよいとし（齊藤・法曹時報3巻4号52頁，岩田・判タ12号29頁），あるいは393条1項但書は新証拠取調の「義務」を定めたものだから，同本文はその取調を「裁量」としたものとする説（柏木・368頁，藤野・ジュリ546号105頁）もあるが，同但書は「欠くことができないもの」のみを「義務」とするので，そうでない新証拠までも「裁量」に委ねたとは解し難い．かくして，法が原審の「記録」と「証拠」に「現われている事実」を控訴趣意書に援用することを要求したのは，第一審での当事者主義を充実させるためであり，当事者に第一審の軽視がない場合に法定の例外が認められた（平野・304頁）のであるから，**控訴審は第一審の充実化の「反映」の限りでの「柔かい事後審」**でしかない．そこで，393条1項本文の「事実の取調」は，当事者の請求によっては新証拠を許すものでないが，職権によれば当事者による証拠の第一審集中化に反しないから，原審が職権取調をするべきであった証拠に加えて，とくに被告人に利益な新証拠を許してよいとしても，「過度の職権主義」（平野・刑事法講座6巻1251頁）であるとは必ずしもいえまい．

6　控訴審の裁判

(1)　控訴の訴訟条件の欠如

控訴手続の法令違反（上訴の利益の欠如を含む）が，それ自体で明らかなときは決定で控訴を棄却し（385条・386条．なお375条参照），口頭弁論を経て明らかになるときは判決で控訴を棄却する（395条）．

(2)　破棄理由の欠如

控訴手続が適法であれば控訴理由の存否を判断して，理由のないときは判決で控訴を棄却するが（396条），さらに破棄理由のあるとき（397条2項）を除く．

(3) **破棄理由の存在**

　控訴・破棄理由にあたる事由がある場合には，判決で原判決を破棄する（397条）．被告人の利益のために破棄する場合，その破棄理由が控訴をした原審での共同被告人に共通であるときには，公平をはかるために，その共同被告人のためにも原判決を破棄する（401条）．

(4) **破棄後の裁判**

① 原判決を破棄すると事件は原判決前の状態で控訴審に係属するので，手続を終結するには同時に差戻・移送または自判の裁判をする必要がある．

② 不法な管轄違い・公訴棄却を理由に原判決を破棄するときは，判決で事件を原裁判所に差し戻し（398条），不法な管轄承認を理由に原判決を破棄するときは，判決で事件を管轄のある第一審裁判所に移送する（399条）．ただし，原審が決定で公訴棄却をすべきときは，原判決を破棄せずに，自ら決定で公訴を棄却する（403条）．

③ 右以外の理由で原判決を破棄するときは，判決で事件を原裁判所に差し戻すか，原裁判所と同等の他の裁判所に移送するのが「原則」であるが，「例外」として訴訟記録ならびに原審・控訴審で取り調べた証拠により直ちに判決をすることができるときは，事件につき自ら判決をすることができる（404条）．

(5) **自判の許容性**

① 原判決破棄と自判とは同時に行われるべきもので，両者の間に自判のための取調は介在せず，破棄理由の審査が破棄判決と自判の「シャム双生児」を結果的に産み出す．この例外は，迅速な裁判と訴訟経済の要請から許容されるが，事実取調の範囲の拡大がその促進要因になり，実務では自判の占める比率が高い．それが事後審査に「必要」でない取調の結果であるとすれば，**「控訴審の続審化」現象**として問題になる．

② まず，(ｱ) 378条1号・2号は問題ないが（398条・399条），377条の絶対的控訴理由も性質上当然に差戻・移送を要する．(ｲ) それ以外の法令違反では，原審の事実認定に影響しない限り，自判が許される．377条に準じる訴訟手続の法令違反を除いて，訴因につき訴訟条件が不備であれば公訴棄却・免訴の「判決」をすることが許される．**自判時基準**ゆえ，原判決後に訴訟条件を欠く場合も同様になる．(ｳ) 事実誤認・量刑不当の破棄では，差戻・移送が原則となるが，397条2項（393条2項）・382条の2（393条1項但書）・383条による破棄は新証拠の取調による自判を認める余地を内在している．また，量刑不当の破棄でも，量刑の基礎となる事実に変動がなく，量刑基準の評価の

差異であれは法令違反と同様に考えてよい．ただし，多少の刑期の変更は「明らかに正義に反する」ものかどうか疑問であり（谷口・公判法大系Ⅳ246頁），393条2項でも量刑事情の「激変」に限られるとの説（正田・判時758号9頁）もある．

③ 判例は，㈠犯罪事実の確定なき無罪判決を破棄して有罪の自判をする場合（最大判昭31・7・18刑集10巻7号1147頁）のみならず，㈡軽い罪の認定を破棄して重い罪で自判する場合（最判昭32・6・21刑集11巻6号1721頁，最判昭41・12・22刑集20巻10号1233頁）にも，「事件の核心」部分について事実の取調が必要であるが（最判昭34・5・22刑集13巻5号773頁），㈢量刑不当については，より重い刑の自判が事実の取調なしに許されるという立場を固持している（最大判昭30・6・22刑集9巻8号1189頁「無期懲役から死刑」，最大判昭31・7・18刑集10巻7号1173頁「懲役2年・執行猶予4年から懲役8月」）．㈣自判による事実認定には第一審と同様に，被告人の「告知と聴聞」の権利が保障される必要がある．判例は，第一審と同様に量刑事情は自由な証明で足りるとの立場であるとも考えられるが，第一審での当事者の吟味を経た量刑事情の基礎に変化のないまま異なる評価に達した場合には，量刑統一の必要から自判するのは不合理ではないとの説（渥美・534頁）もある．新たな証拠調をしても，その評価が変る余地がない場合には，それでよい．しかし，この場合にも被告人に不利益な変更については直接・口頭主義が要請される（鈴木・百選3版241頁）とすれば，その要請は重罪への認定変更・重刑への変更のみに限られるのであろうか．

(6) 差戻・移送後の手続

① 差戻・移送後の第一審の手続は，控訴裁判所の破棄判決に拘束される限りで訴訟記録等の参照を要するので，起訴状一本主義は適用されず，第一回公判期日前でも，裁判所は勾留に関する処分と準備手続を行い，証拠調請求を行うこともできるが，証拠保全（179条1項）と証人尋問（226条・227条）の請求は不要になり許されなくなる（規217条）．

② その他の手続については，現行法には規定がなく，控訴審の破棄判断に拘束される点を除けば，自由な事理を許すという判例（最決昭30・11・30刑集9巻12号2562頁）がある．そこで，㈠破棄判決は原判決のみを失効させるだけで，原手続の違法部分と不可分な手続のみやり直す必要があるが，他の部分は公判手続の更新に準じるとか，あるいは覆審かどうかは自由であるとの見解もあるが，㈡原手続と新手続とは終局判決により遮断され，新たな覆審になるのが原則であるとの見解もある．問題は，破棄判決が拘束する範囲であろう．なお，破棄・差戻（移送）後の控訴審の手続についても，見解の対立がある（龍岡・公判法大系Ⅳ220頁）．

第23講　上告と抗告

〔23講のねらい〕　(1) 上告における上告理由，② 上告審の手続，(2) 抗告・準抗告における① 意義・対象，② 手続について，実定法の根拠および判例・学説を理解する．

1　上　告
(1) 上告理由の制限
① **上告理由の憲法違反・判例違反への限定**——(ア) 前者は最高裁が違憲立法審査権を有する終審裁判所であること，後者はやはり終審裁判所として法令解釈の統一をはかる任務があることによる．(イ)「**法令解釈の統一**」は必ずしも判例違反を上告理由とするのみで達成されるものではない．しかし，憲法を除く法令違反はすでに控訴審で審査しているから，あえて上告理由とするまでもない．また法令違反を上告理由とすることが最高裁の負担を増大させ，主要な任務たる違憲審査に支障をきたすことも考えられる．とはいえ，法令解釈の統一が終審裁判所の任務であるからには，判例違反を上告理由とすることのみで事足れりとするわけにはいかない．(ウ) そこで法は，法令解釈に関する重要な事項を含む事件については，最高裁が**裁量により事件を受理する制度**を認めた (406条)．これは単に法令解釈の統一だけでなく，正しい裁判を最終的に保障すべき上告審の機能にも関わっている．(エ) 当事者の具体的救済を最終的に保障するという上告審の役割は，**職権破棄** (411条) において一層明確になる．法令違反，量刑不当，事実誤認等，正しい裁判を損なうおそれのある事由があって原判決を破棄しなければ著しく正義に反すると認めるときは，最高裁は原判決を破棄することができる．

② **当事者の具体的救済機能**——これを上告申立の中により積極的に見出そうとすれば，事実誤認もまた上告理由として認めるべきだとの提言に連なろう．当事者ことに被告人にとって，事実の問題は重大な関心事だからである（田宮・刑訴法講座3巻114頁）．この考えに立っても，最高裁の過重負担を避ける意味もあって，重大な事実誤認の全てが上告理由となるわけではなく，「死刑の有罪事件」に限られる．

(2) 憲法違反による上告理由 (405条1項)
① **憲法の違反があることまたは憲法の解釈に誤りがあること** (405条1号)．
 a 「**憲法の違反**」とは，判決の手続の誤りをも含めて原審における訴訟手続が憲法に違反する場合を指す．たとえば，残虐な刑罰を言い渡した場合

383

（憲36条），審判の公開の原則に反した場合（憲37条1項・82条），除斥事由のある裁判官が判決に関与した場合（憲37条1項），弁護人依頼権を侵害した場合（憲37条3項），反対尋問権を侵害した場合（憲37条2項），自白を唯一の証拠とし（憲38条3項）もしくは任意性のない自白で犯罪事実を認定した場合，などが具体的事例として挙げられる．

  b **「憲法解釈の誤り」**——(ア)「憲法解釈の誤り」とは，原判決の控訴趣意に対する判断または職権による判断において，誤った憲法解釈が示されていることをいう．(イ) 違憲の法令を適用した場合，適用の前提として当該法令の合憲性判断がなされているなら，これも憲法解釈の誤りといえる（刑訴応急措置法につき最判昭23・7・8刑集2巻8号801頁．なお，最判昭31・6・13刑集6号830頁参照）．(ウ) また，同一趣旨の規定が憲法と法令とにおかれている（たとえば憲38条と法319条）場合に，法令違反を理由に控訴がなされ原審がこれに対して黙示的にせよ合憲判断を示したならば，この原審の判決に対しても憲法解釈の誤りを理由に上告ができると解される．

② 上告は控訴審の判決に対する上訴であるから，控訴審で主張・判断がない事項は上告理由として主張できない（実体法規に関する主張として最決昭39・11・18刑集18巻9号597頁），訴訟手続に関する主張として（最決昭36・7・19刑集15巻7号1194頁）．したがって，控訴理由が憲法違反の主張であるにもかかわらず，控訴審が判断を逸脱した場合なら，同趣意をもって上告理由とすることもできようが，第一審における憲法違反を控訴審が看過したからといって，そのこと自体が上告理由となるものではない（前掲最決昭39・11・18参照）．

(3) **判例違反による上告理由**（405条2号・3号）

 ① **最高裁判所の判例と相反する判断をしたこと**（405条2号）．**最高裁判所の判例がない場合に，大審院もしくは上告裁判所たる高等裁判所**（刑訴応急措置法13条1項後段参照）**の判例または現行刑訴法施行後の控訴裁判所たる高等裁判所の判例と相反する判断をしたこと**（405条3号）．——(ア) 前記(1)①のように法令解釈の統一をはかるために判例違反を上告理由としたもので，判例に判例法としての拘束力を認める趣旨ではない（410条2項参照）．(イ)「**判例**」とは，(i) 裁判所が具体的事案に則して法令解釈を示したものであるが，当該事件についての個別的解決という意味を超えて一般性をもたなければならない．(ii) したがって，結論的判断が重要であって，結論に至るまでの理論的経過そのものは判例ではないと一応いえよう．(iii) また，法令解釈を含まない単なる事実認定や量刑についての判断のように，同種事案にとって具体的規範たりえないものは判例といえない．(iv) さらに，公刊の判例集に登載されている必要はなく，判例集の「要旨」は必ずしも判例ではない．(v) 旧刑

訴法についての裁判であっても，現行法に関して妥当する余地がある限りでは現行刑訴の「判例」として取り扱いうる(vi) 判例というためには刑事事件の裁判でなければならない（民訴法の規定に関する判例につき最判昭29・3・20刑集8巻3号280頁，海難審判所の裁決における判例につき最判昭31・6・28刑集10巻6号939頁）。(vii) その後の判決によって変更されているものは，「判例」ではない（最判昭26・10・16刑集5巻11号2249頁）。(viii) なお，争いがあるが，原判決言渡後であっても，上告趣意書提出時までに出た判例と原判決とが相反していれば，当該判例を示して上告理由とすることができると考える。

② 原判決がその言渡後に出た判例と結果的に相反するとしても，上告理由とはならない（最判昭29・11・5刑集8巻11号1728頁，最判昭33・4・25刑集12巻6号1203頁．反対趣旨に採りうるものとして最判昭29・11・5刑集8巻11号1715頁）。ちなみに，原判決が高裁判例と相反する判断をしたとして上告がなされた後に，先例たる当該高裁判例が最高裁判例により変更されたときは，上告を棄却すべきである（最判昭30・12・21刑集9巻14号2912頁がある．なお，最判昭29・12・24刑集8巻13号2366頁参照）。

(4) 上告審の手続
① 上告申立の手続
a 原判決言渡後，14日以内に原裁判所に申立書を差し出して行う（414条・373条・374条）．上告の申立が明らかに上告権の消滅後になされたものであるときは，原裁判所は，決定でこれを棄却する（414条・375条）．この決定に対しては，**即時抗告に代わる異議の申立**ができる（414条・375条後段・428条）．この場合を除いて，原裁判所は，公判調書の記載の正確性についての異議申立期間の経過後，速やかに訴訟記録を上告裁判所に送付しなければならない（規251条）．
b 最高裁判所は，**訴訟記録の送付**をうけた時は，速やかに上告趣意書を差し出すべき最終日を指定して，上告申立人に（弁護人があれば弁護人にも）通知書を送達して通知し（規266条・236条），同時に相手方に対して，訴訟記録の送付があった旨を通知しなければならない（規266条・237条）．上告申立人は，右の最終日までに，必要な疎明資料または保証書を添付した上告趣意書を最高裁判所に差し出さなければならない（414条・376条，規266条・236条・252条）．
c **上告趣意書**には，上告の理由を簡潔に明示することを要する（407条，規266条・240条）．──(ｱ)「判例違反」を理由に上告申立をする場合は，その判例を具体的に示し（規253条．最決昭45・2・4判時588号95頁参照），原判決の明示もしくは黙示のいかなる判断がその判例のいかなる点に抵触するかを具体的に主張しなければならない（最決昭26・3・30刑集5巻4号742頁）．(ｲ) 上告申立が法

令上の方式に違反し，もしくは上告権の消滅後にされたことが明らかな時，上告趣意書を期間内に差し出さない時，上告趣意書が不適法であり，もしくは趣意書記載の申立理由が明らかに405条所定の事由に該当しないとき（414条・385条1項・386条1項）は，最高裁判所はいずれも決定で上告を棄却する．(ｳ) 上告趣意書提出期間経過後であっても，上告棄却の決定（414条・386条1号）がなされる前であれば，その遅延がやむをえない事情にもとづくと認めるときは，上告趣意書が期間内に差し出されたものとして審判しうる（規266条・238条）．

② **上告審の審理手続**

　　a　最高裁判所は，上告趣意書その他の書類によって，上告申立の理由がないことが明らかであると認めるときは，弁論を経ないで，判決で上告を棄却する（408条・43条1項参照）．それ以外は，公判期日を開いて審理を行う．

　　b　審理手続については，(ｱ) 原則として控訴審の公判に関する規定が準用される（414条，規266条．したがって，その限度で間接的に第一審公判に関する規定も準用される．404条参照）が，(ｲ) 若干の異同がある．(ⅰ) 上告審では，公判期日に被告人を召喚する必要もなく，したがって移監も要しない（409条，規265条・244条参照）．(ⅱ) 弁護人の資格，公判期日における弁論，弁護人の不出頭等については控訴審の規定（387条・388条・389条・391条）を準用するが，上告審での弁論が直接審理による心証形成を意図しないものである以上，一層形式的になることは否めない（青柳・実務講座11巻2588頁）．(ⅲ) 上告趣意書に包含された事項は必要調査事項だが（414条・392条1項），それ以外の事項も裁量により職権調査をすることができる（405条所定の上告理由については明文（414条・392条1項）があるが，411条の破棄事由，406条の上告受理に関する事項についても同様である．）．職権調査をするについては，事実の取調をすることができ，受命裁判官，受託裁判官にこれをさせることができる（414条・393条3項）．(ⅳ) ただし，原判決後に生じた量刑事情等の事実については取調ができない（393条2項・397条2項の準用がないことにつき，最判昭52・12・22刑集31巻7号1147頁．平野・329頁）．(ⅴ) 法令等が憲法に違反する旨の原判決の判断が不当であることを上告理由とする事件については，原裁判において同種の判断をしていない他の全ての事件に優先して審判しなければならない（規256条）．

③ **上告審の裁判**

　　a　上告審に無用の負担をかけず濫上告を避けるために，(ｱ) 一見して棄却すべきことが明らかな場合は，原裁判所または最高裁判所により決定で上告申立が棄却される．(ｲ) これに対して上告申立の適法性を審査するにあたり，その事由の存否が明らかでなく疑問が残る場合には，口頭弁論にもとづいて判決によって上告を棄却する（414条・395条・396条）．(ｳ) ただし上告趣意書そ

の他から，上告申立理由のないことが明らかだと認める時は，口頭弁論を経ずに判決で上告を棄却できる（408条）．

b 405条各項に規定する上告事由がある時は，㈦ 判決で原判決を破棄する（410条1項本文）．㈣ ただし判決に影響を及ぼさないことが明らかな場合（同項但書）または，判例違反はあるが従来の判例を変更し原判決を維持するのが相当な場合（同条2項）は，原判決を破棄せずに上告を棄却する（414条・396条）．

c 上告理由がなくとも所定の事由があり原判決を破棄しなければ著しく正義に反すると認める時は，原判決を判決で破棄することができる（411条）．この**職権破棄**の規定は，上告理由を拡充する意味はもつが上告理由を定めたものではない（最決昭24・7・22刑集3巻8号1369頁，最決昭24・10・20刑集3巻10号1669頁）．

d 原判決を破棄するにあたっては，破棄と同時に次のいずれかの判決を行う．㈦ 法に管轄を認めたことを理由に破棄する時は，事件を管轄控訴裁判所または管轄第一審裁判所に移送する（412条）．㈣ 右以外の理由で原判決を破棄するときは，事件を原裁判所もしくは第一審裁判所に差し戻し，またはこれらと同等の他の裁判所に移送する（413条本文）．㈪ 訴訟記録・原裁判所および第一審裁判所で取り調べた証拠により直ちに判決ができる時は，自判する（413条但書）．㈥ このように上告審も例外的に自判が許される（413条但書）が，上告審で新たに取り調べた証拠を自判の基礎とすることが予定されていない点で，自判に用いうる証拠の範囲は，控訴審の場合より狭い．㈺ 上告審は原則として**法律審**であって，厳格な証明により事実審が認定した事実をめぐる原判断の当否の問題に介入するのは慎重でなければならない．したがって，事実の確定に影響を及ぼさない法令違反や量刑不当が破棄理由である時は，自判になじみやすいのに対し，事実の確定に影響を及ぼす場合は，直ちに判決ができる程度までの事実取調が行われているか否か，審級の利益を害するか否かが一応の目安となるとはいえる．しかし，事実誤認の有無が主要な論点であっても，少なくとも，事件を差し戻して事実審に委ねても別異の結論が期待しえない場合には，むしろ自判すべきである（最判昭43・10・25刑集22巻11号961頁参照）．

e 第一審裁判所，原裁判所が不法に公訴棄却の決定をしなかったときは，決定で公訴そのものを棄却する（414条・403条）．

④ その他の手続

最高裁判所は405条所定の事由により上告できる場合以外であっても，法令の解釈に関する重要な事項を含むものと認める事件については，その判決確定前に限り，規則の定めるところにより，**自ら上告審としてその事件を受理でき**

る (406条). 刑訴規則は，最高裁判所への移送（規247条ないし249条），跳躍上告（規254条），上告受理の申立（規257条ないし264条）を規定している．

⑤ 訂正と確定

a 上告裁判所は，その判決（判決に限る．決定の誤りは異議申立による，最決昭30・2・22刑集9巻2号372頁）の内容に誤りのあることを発見した時は，検察官，被告人または弁護人の申立（理由を簡潔に明示し書面で行う，規267条）により，判決でこれを訂正することができる（415条1項）．

b 上告裁判所の判決は，宣告があった日から10日（415条2項参照）を経過した時，または期間内に訂正申立があった場合には訂正の判決もしくは申立棄却の決定があった時に，確定する．

2 抗告・準抗告

(1) 抗告の意義・対象

① 抗告の意義

a 抗告──(ｱ) 決定または命令に対する上訴である．(ｲ) 抗告は，(i) 刑訴法433条にとくに定める抗告で最高裁判所に対して申し立てる**特別抗告**（裁7条2号）と，(ii) それ以外の抗告で，高等裁判所に対してなす**一般抗告**（419条，裁16条2号）とに大別される．(ｳ) 一般抗告はさらに，提起期間の違いと執行停止の効力の有無により，(i) **通常抗告**（原決定取に実益がある限り，いつでも提起でき（421条），執行停止の効力を有しない（424条））と，(ii) **即時抗告**（提起期間が原決定の告知日から3日（358条・422条）と短い代わりに，執行停止の効力をもつ（425条））とに区別される．

b 決定・命令は，若干の例外は別として，重要な終局裁判（判決）に至る過程で手続の進行に関連しまたは派生する事項についての中間裁判である．したがって，その重要性も低く，逐一不服申立を認める必要がないだけでなく，広く抗告を認めることがかえって手続進行を阻害するおそれがある．そこで，抗告の認められる事項は限られ，簡易な決定手続で速やかに処理されることになる．

c 高等裁判所の決定に対しては一般抗告が許されず，これに代わって「異議の申立」ができる（428条）．また命令に対しても一般抗告は申し立てることができず（419条．しかし，裁16条2号参照），一定の場合に準抗告が許されているにとどまる．

② 抗告審の構造

抗告審の構造については**事後審説**と**続審説**との対立があるが，その説かれる内容はまちまちであって，必ずしも二つの構造類型で割り切ることはできない．

③ 一般抗告の対象
　a 「即時抗告」──これについては，個別に規定されている（419条）．それらは，㈦判決前の決定でも独立して不服申立を許すのが適当なもの，㈠手続が判決に至らない場合の決定や判決後の事項に関する決定，すなわち，判決に対する不服申立という形で不服申立の機会が得られないもの，㈥第三者に対する決定などで，法が一般抗告を許す必要性を認め，しかもとくに迅速な確定を要するとしたものである（戸田・実務講座11巻2651頁）．

　b 「通常抗告」──㈦とくに即時抗告ができる旨の規定がある場合のほかに，㈠裁判所のした決定に対してこれをすることができる．ただし特別の定めがある場合は許されない（419条）．㈥この例外は実際上きわめて広範囲に及ぶ．「特別の定」とは，刑訴法420条1項，427条，428条1項を指す．㈢なお，明文はないが，最高裁判所の決定に対しても抗告は許されない（最判昭23・2・17刑集2巻2号102頁参照．旧法につき最決昭23・1・28刑集2巻1号14頁）．

　c ㈦受訴裁判所でない裁判所の決定（たとえば，裁判官に対する忌避申立を理由があるとする決定），㈠法廷警察に関する決定（たとえば，公判廷での写真撮影等を許可する決定），㈥第三者に対する決定（たとえば，証人・鑑定人等の召喚等に関する決定）も，前述の規定に該当し通常抗告が許されない．

　d 「訴訟手続に関し判決前にした決定」であっても㈦勾留，保釈，押収または押収物の還付に関する決定および鑑定のための留置に関する決定については，通常抗告が許される（420条2項）．㈠被告人その他の者の身体の自由または財産の占有を直接に侵害する処分には，直ちに救済を与える必要があるからである．

　e 抗告の申立──㈦申立書を原裁判所に差し出さなければならない（423条1項）．申立書自体に抗告理由が記載されてなくとも直ちに不適法とはならない（最決昭54・11・6刑集33巻7号685頁参照．なお，規274条参照）．㈠抗告理由にはとくに制限がなく，抗告裁判所は原決定の違法のみならず，当・不当をも審査しうる（最決昭29・7・7刑集8巻7号1065頁）．㈥ただし，勾留に対しては犯罪の嫌疑がないことを抗告理由とできない（420条3項）．

　f 原裁判所の更正決定──㈦原裁判所は，抗告に理由があると認めるときは，決定を更正する（423条2項前段）．㈠更正決定により抗告手続は終了するが，更正決定は抗告審の裁判ではないから，さらに不服があれば抗告できる．㈥抗告の全部または一部を理由がないと認めるときは，申立書を受け取った日から3日以内に意見書を添えて抗告裁判所に送付する（423条2項後段．なお規271条参照）．

　g 抗告裁判所の裁判──㈦抗告の手続が不適法であるとき（抗告申立後に

第23講　上告と抗告

実益がなくなった場合も含む），または抗告が理由のないときは決定でこれを棄却する（426条1項）．(イ) 抗告の理由の有無は，原決定の主文を抗告人の利益に変更すべき事由の有無で決する（その意味で，不利益変更禁止（402条）の準用がある．なお東京高昭29・12・28高刑集7巻12号1822頁参照）．(ウ) 抗告が理由のある時は，決定で原決定を取り消し，必要があればさらに裁判をする（426条2項）．

④　特別抗告の対象

a　刑訴法で他に独立の不服申立方法（すなわち，決定については一般抗告・抗告に代わる異議申立，命令について準抗告）が認められていない決定・命令（433条1項．申立期間の徒過などにより申立権がなくなった場合は当然含まれない）．したがって，(ア) 抗告裁判所の決定・抗告に代わる異議申立につき高裁のした決定・準抗告裁判所の決定（つまり再抗告禁止規定により一般抗告が認められないもの），(イ) それ以外の下級裁判所の決定で，一般抗告または抗告に代わる異議申立の対象とならないもの，(ウ) また，準抗告の対象とならない命令，が特別の対象となる．(エ) なお，最終審たる最高裁の決定には，特別抗告が許されない（最決昭30・10・31刑集9巻11号2349頁，最決昭30・12・23刑集9巻14号2991頁）．

b　特別抗告の手続——(ア) 特別抗告の提起期間は5日である（433条2項）．(イ) 申立は，申立書を原裁判所（官）に差し出して行う（434条・423条1項）が，申立書には抗告の趣旨を簡潔に記載しなければならない（規274条）．(ウ) その他，特別抗告の手続については，通常抗告に関する刑訴法の規定が準用され，更正決定（423条2項），執行停止の効力（424条），決定手続（426条）等，また規則の準用により，違憲判断事件の優先審判（規256条），訴訟記録等の送付（規271条），決定の通知（規272条）など，通常抗告の手続に準じて取り扱う．

⑤　抗告に代わる異議の申立——(ア) 高等裁判所の決定に対する抗告は許されず，それに代わって当該高裁に対して不服申立が認められる（428条1項・2項）．(イ) なお，この一般規定によるほかに，高裁の決定に対して個別的に異議申立が認められている（188条の5第3項・385条2項・386条2項・403条2項）．(ウ) 最高裁の決定に対して異議の申立は認められない．(エ) 高裁の決定に対して抗告を認めず，異議申立を代替措置としているのは，最高裁の負担軽減のためにほかならない．最高裁の決定に異議申立を認めれば制度の趣旨を没却することになる．

(2)　準抗告の意義・対象

①　準抗告の意義

裁判官の一定の命令または捜査機関の一定の処分に対してする不服申立を

講学上，準抗告と呼ぶ．

② **準抗告の対象**──㈠ 裁判官（裁判長，受命裁判官，受託裁判官など，一人制裁判所として審判にあたるのではない個々の裁判官）が，429条1項各号に掲げる裁判（命令）をした場合に，これに不服がある者は，その裁判の取消または変更を請求することができる．㈣ 1人の裁判官で構成される一人制裁判所がなした（合議体であれば決定でなさるべき）裁判に対しては準抗告でなく，抗告が申し立てられる（保釈許可決定につき，最決昭31・6・13刑集10巻6号847頁，押収物仮還付請求却下の裁判につき，最決昭35・1・26刑集14巻1号29頁．ただし，判例は，忌避申立却下の裁判については準抗告によると解している．最決昭31・6・5刑集10巻6号805頁など．当該裁判の性質につき，学説は分かれている）．㈦ 同条1項2号にいう「勾留，保釈，押収又は押収物の還付に関する裁判」とは，認容・却下の双方を含む．㈣ 逮捕状の発付など逮捕に関する裁判は準抗告の対象とならない（最決昭57・8・27刑集36巻6号726頁．反対，田宮・捜査の構造168頁）．㈺ 430条については，後述③ｂ参照．

③ **準抗告の手続**

a ㈠ 簡易裁判所の裁判官がした裁判に対しては管轄地方裁判所に，その他の裁判官がした裁判に対してはその裁判官係属の裁判所に（429条1項），請求書を差し出して行う（431条）．㈣ 準抗告の申立により当然には執行停止の効力が生じない（424条）．㈦ 再抗告の禁止（427条）など，原則として通常抗告に準ずる（432条）．429条1項4号・5号所定の裁判については，その裁判のあった日から3日以内に請求しなければならず，請求期間内および請求があった時に裁判の執行が停止される（429条4項・5項）．つまり即時抗告の場合に準じた取扱いがなされる．㈣ 訴訟記録の送付等の手続（規271条・272条）も抗告に関する規定が準用される（規272条）．㈺ 準抗告の申立をうけた裁判所は，合議体で決定をしなければならない（429条3項）．

b ㈠ 検察官・検察事務官，または司法警察職員の処分のうち，**接見指定に関する処分**（39条3項），**押収・押収物還付に関する処分**に不服がある者は，裁判所にその処分の取消または変更を請求することができる（430条）．㈣ 検察官・検察事務官がした処分に対しては，その検察官らの所属する検察庁に対応する裁判所，㈦ 司法警察職員についてはその職務執行地を管轄する地方裁判所・簡易裁判所に（430条1項・2項），請求書を差し出して行う（431条）．㈣ 当該処分は本来，行政庁の処分であるが，同一刑事手続内で不服申立が処理される便宜を考慮して，行政事件訴訟に関する法令（行政不服審査法，行政事件訴訟法，民訴法等）の規定は適用されない（430条3項，なお行政不服審査法4条1項6号参照）．㈺ 右以外の手続は，裁判官の命令に対する準抗告と同じである．

第24講　非常救済手続と裁判の執行

[24講のねらい]　(1) 確定判決の非常救済手段として，① 再審理由，② 再審請求の手続，③ 再審公判手続，④ 非常上告の目的・手続ならびに(2) 裁判の執行について，実定法の根拠および裁判・学説を理解する．

1　再　審
① 確定判決の非常救済手続

　a　**再審と非常上告**──(ア) いずれの手続も，上訴と同じく裁判の誤りを是正する手続であるが，上訴とは異なり「確定判決」を是正する手続であるので，「非常救済手続」とよばれる．(イ) 確定判決につき，主に，(i) 事実認定の誤りを是正するのが「再審」，(ii) 法令の解釈・適用の誤りを是正するのが「非常上告」である．

　b　**裁判の一回性と非常救済手続**──(ア) 刑事訴訟は，法的紛争を社会的かつ終局的に解決すべき制度であるから，本来は一回の裁判で確定すべきものである（「裁判の本質的一回性」）．同一事件につき異なる内容の終局裁判が反復されることは，裁判の紛争解決機能が乏しいことを示し，裁判制度の自殺になる．裁判の反復は，裁判の矛盾（判断の対立）を露呈し，被告人その他の手続関係者の負担を増大し，裁判に対する社会の信頼も低下させる．(イ) そこで，一方では，形式的な正義と真実を前提として裁判の一回性を固守する政策もある．(ウ) しかし，他方では，誤った裁判を確定させても，法と権利は実現されえず，裁判を確定すべき利益は虚しい．そこで，裁判の一回性とより実質的な正義・真実とを調和させる手段として，(i) 裁判確定前には「上訴手続」，(ii) 裁判確定後には「非常救済手続」が置かれる．(エ) 後者は，上訴による裁判の是正が可能であった後に，「裁判の法的安定性」を保つために認められる「裁判の確定力」を破るものであるから，正に例外的な事由に制限されることになる．三審制度による判決確定の後に認められるので，その事実審たる再審は，「**第四審**」ともよばれ，その開始を制限すべきことが強調されてきた．その法律審たる非常上告は，申立権を検事総長にのみ認めている．

　c　**一事不再理効と利益再審**──(ア) 旧法やドイツ法とは異なり，現行法は被告人のための「利益再審」のみを認めた．再審の根拠が，実体的真実の発見のみにあるのであれば，不利益再審も認めねば一貫しない．そこで，利益再審は，必罰主義の意味での実体的真実主義からの帰結ではなく，適正手続の

保障からの帰結であるとされている．(イ) しかし，手続違反を理由に利益再審が認められるのではなく，確定判決を破棄してでも利益再審を認めることによって，犯人処罰を追及する余りに生じる誤判原因である捜査での取調・自白等に関わる手続違反も非難され抑止されうる．このような趣旨で誤判原因の解明と抑止を目的とするならば，それは手続違反のみでなく自白の過大評価という自由心証したがって（消極的な）実体的真実主義にも利益再審は深く関わる．それゆえ，利益再審は，確定した有罪判決における一事不再理効の背後にある「二重危険の禁止」(憲39条) からの帰結であり，被告人の人権擁護（誤判救済）のための制度であるから，被告人に不利益な再審は禁止されるが，利益な再審は肯定される．

② 再審理由

a 再審の二段階構造――(ア) 再審の手続は，(i)「**再審請求手続**」と(ii)「**再審公判手続**」の二段階に分かれる．(i)では，再審の請求に基づき「再審（請求）理由」があるときは再審開始決定がなされ，これが確定すると，(ii)では，再審公判が開かれ公訴事実（訴因）を審判対象として裁判が下される．(イ) したがって，再審請求手続では再審請求理由（原確定有罪判決の維持）の当否が審判対象となる．

b **ファルサ型とノヴァ型の再審理由**――(ア) 治罪法および明治刑訴法では，利益再審とファルサ型再審理由のみを認めるフランス法式が採用されたが，大正刑訴法では，不利益再審をも認めるノヴァ型再審理由のドイツ法式が採用された．(イ) 現行法は，憲法39条の下で利益再審のみを認める一方で，ファルサ型・ノヴァ型混合の再審理由を認めるに至った (435条～437条).「**ファルサ（偽証拠）型**」とは，(i) 原確定判決の証拠の偽造または虚偽が判明した場合 (435条1号～5号) および(ii) 原確定判決の関与裁判官等の職務犯罪が判明した場合 (435条7号) であり，「**ノヴァ（新証拠）型**」とは，原判決確定後に新証拠が発見された場合 (435条6号) である．(ウ) 上記(i)・(ii)のファルサ型の理由は，確定判決で証明されることが原則であるので (437条)，その要件の完結性ゆえに問題は少ない．(エ) これに対して，現実に最も多く主張され，その要件の開放性ゆえに解釈の問題を生じるのが，ノヴァ型の理由である．すなわち435条6号にいう「**無罪・免訴・刑の免除・軽い罪**」を認めるべき「**明らかな証拠**」(証拠の明白性) を「**あらたに発見したとき**」(証拠の新規性) の意義が問われる．

c 証拠の新規性――(ア) 有罪確定判決の誤りを是正しうる証拠は，その内容としての証明力である．したがって，この「証拠」は，**証拠の内容として新しいものであればよく**，証拠方法のみならず証拠資料を含む．たとえば，原裁判の証人・共同被告人の新たな供述や供述内容の変更，結論・方法の異な

る鑑定等も，これにあたる．技術の進歩に伴い多様な新鑑定が続出しうるからといって，無辜の救済を拒否すべき理由とはなるまい．その「**発見**」が新たであれば，資料としては原判決確定前に存在したものでよい．また，その存在を知っていたとしても，提出不能または取調べされなかった証拠も，新たな証拠として取り扱ってよいであろう．(イ) **誰**にとって**新**たであることを要するか．——その証拠が裁判所にとって新たであることを要する．それは職権主義からではなく，裁判所が事実認定者であることからの帰結でしかない．請求人にとっても新たであることを要するか．当事者主義と（消極的）実体的真実主義をめぐって学説の対立がある．**身代り犯人**の事件につき，判例は積極説に立つ（最決昭29・10・19刑集8巻10号1610頁．なお，最判昭45・6・19刑集24巻6号299頁参照）．

d　**証拠の明白性**——(ア) 再審公判を開始するには，「証拠の新規性」のみで充分ではなく，「**無罪等を言い渡すべき明らかな証拠**」であることを要する．すなわち，維持すべき確定有罪判決の事実認定の正当性が，少なくとも，新証拠により「明白に疑われて」こそ初めて，再審により無罪等を言い渡すべきこと（無辜の救済）の必要性が明白になる．(イ)「証拠の明白性」について，旧来の判例は，「無罪を推測するに足る高度の蓋然性のあるもの」（名古屋高判昭34・7・15下刑集1巻7号550頁），「証拠能力もあり，証明力も高度のもの」（最決昭33・5・27刑集12巻8号1683頁）としており，**再審**は「**開かずの門**」といわれてきた．しかし，最高裁は，(i)「無罪を言い渡すべき明らかな証拠」とは，確定判決における事実認定につき合理的な疑いをいだかせ，その認定を覆えすに足りる蓋然性のある証拠をいい，(ii) この明らかな証拠であるかどうかは，もし当の証拠が確定判決を下した裁判所の審理中に提出されていたとするならば，はたしてその確定判決においてなされたような事実認定に到達したであろうかどうかという観点から，当の証拠と他の全証拠とを総合的に評価して判断すべきであり，(iii) この判断に際しても，再審開始のためには確定判決における事実認定につき合理的な疑いを生ぜしめれば足りるという意味において，「**疑わしいときは被告人の利益に**」という刑事裁判における鉄則が適用される（最決昭50・5・20集29巻5号177頁・「白鳥事件」），と判示し，従来より冤罪と主張されていた著名事件に再審無罪判決の途を開いたのである．

(ウ) 第1に，証拠の明白性に関する「証明の性質・程度」は，無罪という「罪責」判断でも「予測」判断でもない．再審の二段階構造において，無罪（罪責）は再審公判で初めて明らかになる（無罪が明白ならば，再審公判は不要になる）．その開始（確定判決の維持）の是非を「**書面審理**」する再審請求の理由としては，「有罪への合理的な疑いの存在」（無罪）の証明は過度な要請であり必要でも可能でもない．同様に，「積極的無罪」（無実）の証明も当然に不

要である（このように刑事手続では自明の法理を，ことさらに判旨(iii)は判示したものではあるまい）．そもそも，直接口頭主義を採用しない審理では，事実認定（無罪の心証形成）は，許容されず，また，その判断は公判での事実認定（有罪の心証形成）をした確定判決に優越しえないが，その「事実認定」の当否（正当性）の「事後審査」ならば当然に可能である．判旨(i)～(iii)が示すように，新証拠の投入により，確定判決の「事実認定」の当否につき「審査審」の裁判所に「合理的な疑いをいだかせ」れば足りるので，この事後審査の判断に「疑わしきは被告人の利益に」の原則が適用されることになる．すなわち，「確定判決における事実認定の正当性についての疑いが合理的な理由に基づくものであることを必要とし，かつ，これをもって足りると解すべきであるから，犯罪の証明が十分でないことが明らかになった場合にも右の原則があてはまるのである．」（最判昭51・10・12刑集30巻9号1673頁・「財田川事件」）．ただし，単に「合理的な疑いを生ぜしめる」とか「犯罪の証明が十分でない」だけは足らず，そのことが「明らか」である必要があるので，**確定判決の「認定を覆えすに足りる蓋然性」**を判旨(i)は要求した．したがって，その判断は，無罪という生の罪責判断ではなく，再審無罪となる確率の方が高いという予測を含む「仮定的」または「間接的」な無罪判断であるといえよう．㈨第2に，証拠の明白性に関する「証明の方法」は，判旨(ii)の示すように，新証拠それ自体を対象とする「孤立的判断方法」ではなく新証拠を他の全証拠に加えて対象とする「**総合的評価説**」が妥当である．新証拠の提出の時点で確定判決の事実認定の正当性を審査するには，確定力の不動を前提とする前説は不適切である．総合的評価説に立つと，新証拠と他の証拠との証明力は相対的・相関的であるから，確定判決の事実認定が元来脆弱であった場合には，新証拠が重要な証明力をもたなくとも崩れうる（財田川事件決定参照）．また，確定判決の事実認定の正当性を判断するのであるから，その事実認定（心証形成）が審査（批判）の対象になる．その対象として拘束力を受けることはその判断に拘束されることを意味せず，審査裁判所は自らの立場で原裁判所の事実認定の当否と再審無罪の蓋然性を判断する．このような意味では，「**心証引継説**」ではなく「**再評価説**」が妥当である（新証拠により旧証拠の証明力が全く減殺されないときには，新証拠の明白性が否定される．最決平9・1・28刑集51巻1号1頁，最決平14・4・8判タ1087号106頁．佐藤・ジュリ1246号190頁・寺崎・422頁）．

③　**再審の請求手続**──㈦再審の「請求権者」は，(i)公益の代表者として検察官，(ii)有罪の言渡を受けた本人（原被告人），その法定代理人・保佐人であり，(iii)本人が死亡または心神喪失の場合には，その配偶者・直系親族・兄弟姉妹が独立代理権を行使しうる（439条）．㈧上記(ii)・(iii)の者は，弁護人を選任しうる（440）．㈩再審請求の「管轄」は，原判決をした裁判所にある（438条）．

395

(エ) 再審請求の「時期」には，有罪判決の確定後であれば，制限がない．名誉回復・無罪公示（453条）・費用補償（188条の2）・刑事補償（憲40条・刑補1条）などの利益があるので，刑の執行後・本人の死亡後も請求できる（441条）．(オ) 再審の請求は，趣意書と原判決の謄本・証拠書類・証拠物を管轄裁判所に提出して行う（規283条，なお刑訴444条）．この請求は取り下げることができるが，取り下げた者は同一の理由で再び請求しえないことになる（44条）．(カ) 再審の請求は，刑の執行を停止する効力を有しない．ただし，管轄裁判所に対応する検察庁の検察官は，再審の請求についての裁判があるまで刑の執行を停止しうる（442条）．死刑については，法務大臣の執行命令が猶予される（475条2項）．

④ **再審請求の審理**——(ア) その管轄が原判決をした（国法上の意味での）裁判所にあると定めながらも（438条），原判決に関与した裁判官は除斥の対象に定められていない（20条）．(i) 実務では，原判決の訴訟法上の裁判所に管轄が配分されることも多く，原判決に関与した裁判官が当該再審請求審に関与することを妨げない，とするのが判例である（最決昭34・2・19刑集13巻2号179頁，最決昭42・5・26刑集21巻4号723頁）．(ii) このような考え方は，上訴とは異なり再審では新証拠の審査であるから予断の問題が生じないとする旧法来の見解を承継したものであるが，もはや総合評価の下では妥当しえないであろう．(iii) 請求に対する迅速かつ簡易な非常救済には原裁判所こそが最適であるというのが法の趣旨であろうが，原確定判決の事実認定の正当性を原裁判官が自ら審査するのは，裁判所の公正さを前提とする糾問主義には馴じむが，確定力の下で罪責認定をしないことを考慮しても「公平な裁判所」（憲37条1項）の理念には調和しない．

(イ) 請求審の「審判対象」は，有罪の確定判決（435条）または上訴棄却の確定判決（436条）についての「再審理由」（前記②）である．(ウ) 請求審は，請求理由につき請求人の法的見解には拘束されない（たとえば，425条2号による請求を同6号による請求として再審開始決定しうる）．(エ) 再審理由に対する決定の性質につき，(i) 罪責の実体判断とする説，(ii) 再審公判の実体判断の予測とする説，(iii) 確定判決の事後審査とする説が対立する．(i)は，請求審の構造・審理手続と調和し難く，(ii)・(iii)が，観点の差異の一方のみを強調するのは適切でない．(オ) 請求審は，原確定判決の認定の是非を審査して再審公判の開始の要否を判断するための「決定手続」であるから，その審査に必要であれば事実の取調をなしうるが，口頭弁論に基づく必要はなく（43条・445条），憲82条の「対審」にあたらない（最決昭42・7・5刑集21巻6号764頁）．請求人関与の規定もなく，職権による密行的な書面審理を許す手続の下では，原確定判決の認定を覆えす罪責自体の判断は許されず，その認定の当否が審査されうるにすぎない．(カ) この手続を当事者主義化すると二段階構造の意義が失われ検察官の活動の活発化を招くので，裁判所対請求人の二面的構造を現行法が予定するとの見解もある．しかし，

裁判所の裁量の下で利益再審の趣旨に従い事案に即して請求人（本人）の当事者としての活動を充分に保障することが，現行法の予定する方策であるといえよう．

⑤ **再審請求への裁判**──㋐ 再審の請求は，不適法なとき（446条）または理由がないとき（447条1項）には，決定で棄却する．後者の決定が確定すると何人も「同一理由」による請求をなしえなくなる（447条2項）．新たな証拠関係は，同一の理由ではないので，更なる請求を許す．併合罪の一部のみに再審理由があるときは，その部分のみが審理・決定の対象になる．請求棄却の決定に対しては即時抗告（またはこれに代る異議の申立）が許される（450条・428条）．㋑ 再審の請求に理由があるときは，裁判所は「**再審開始の決定**」をし，また決定で刑の執行を停止することができる（480条）．㋒ 再審開始決定に対しては**即時抗告**が許される（450条）．検察官の即時抗告は，再審公判でも争いうる不服でしかないのに無罪判決を遅らすので，二重危険の禁止または権限の濫用を根拠にこれを制限する見解もある．立法論としては，再審開始決定に対する不服申立を廃止したドイツの法改正が参考になるが，厳格な手続を経て確定した原判決に対して請求審の決定のみが誤りなく絶対的であるとは断じえないので，その確定の拘束力など二段階構造の是非を含めた再審手続全体の整合性が改めて検討される必要がある．

⑥ **再審公判手続**

 a **再審開始決定の確定と再審公判の構造**──㋐ 再審公判手続の基本的性格は，原確定判決・再審開始決定の確定力との関係で相対的に定まる．後者の確定により前者の確定力は完全に失効することはなく，原判決が不存在になるわけでもない．**原判決の一事不再理効は残る**．その刑の執行は新確定判決の刑の執行としても認められる．㋑ 原確定判決（特に執行力）の失効につき，(i) 後者の確定により前者の内容的確定力と執行力の部分的失効を認める説，(ii) 再審判決の言渡に失効を認める説，(iii) 再審判決の確定時に失効を認める説が対立する．㋒ 通説・実務は(iii)に依拠する．その論拠は，**448条2項の刑の執行停止が裁量的**であり，再審請求取下が再審開始決定後も可能であり，現行法は原判決と同じ審級の裁判所に再審開始決定を認めており，他説によると併合罪の刑の執行に困難を生じること等にある．㋓ すなわち，再審開始決定は，ⓐ 原確定判決の認定不当の「蓋然性」を再審理由との関係で部分的に確定したものでしかなく，ⓑ 上訴審による原判決破棄に類似するが，原判決の確定力を確定開始決定に即して緩める点で相違するのである．

 b **再審の公判**──㋐ 裁判所は，**再審開始の決定が確定した事件**については，法449条の場合を除いて，その審級に従い更に審判をしなければならない（451条）．㋑ この再審公判は，一種の続審であって，先行する確定開始決定

により確定力の緩められた原確定有罪判決の認定（その正当性に疑いのある部分）について、「公判手続の更新」（315条）に準じて進められる．(ウ) この管轄裁判所は、「原判決をした裁判所」であり，原確定判決またはその基礎になった取調に関与した裁判官，さらに再審請求審に関与した裁判官がこれに関与しても除斥事由（20条7号）にあたらず，起訴状一本主義は適用されない，と解されている．それは，利益再審に由来する「不利益変更の禁止」（452条）を前提とするので，罪責を拡大する訴因変更を許さない．(エ) これらの点は，「新たな公判手続」（覆審）であるとする見解に立つと，すべて反対に解すべきことになる．しかも，原確定判決の完全な失効を前提とすべきことになり，現行法と調和し難い．なお，審理対象としうる点につき，被告人側からの更に新たな証拠の取調請求も許容することが，利益再審の趣旨に合致するであろう．

c 再審の裁判——(ア) 再審の裁判は，通常の審級の場合と同じくなされ，これに対する上訴も許される．(イ) **再審の裁判が確定すると，原確定判決の効力は消滅する．** 無罪の言渡をしたときは，本人の名誉回復のために，その判決を官報および新聞紙に公示しなければならない（453条）．執行された刑につき刑事補償（刑補1条・25条），刑事手続で被った損害につき国家賠償法により賠償を各請求することができる

2 非常上告

① 非常上告の制度の目的と機能

a 非常上告と再審との異同——(ア)「非常上告」（454条〜460条）は，「上告」という名称にもかかわらず，**確定裁判の法令違反を是正する「非常救済手続」**である．(イ) 明治刑訴法までの非常上告は，法律で罰せざる所為への刑の言渡・相当の刑より重い刑の言渡につき上訴権を行使せずに裁判確定に至ったことを申立理由とし，非常上告判決の効力は被告人に及ぶとされ，被告人の救済を重視する制度であった．この制度を「法律適用の統一」を重視するものに改正した旧法の規定が，現行法に継承された．(ウ) 現行法では，「再審」は，確定判決の「事実認定の誤り」を「有罪判決を受けた被告人の利益に」是正する「具体的救済」の制度である．「非常上告」は，確定裁判に至る「手続の法令違反」を是正し「法令適用の統一」を図る制度であるが，同時に，その法令違反が被告人の不利益になる場合には，確定裁判を破棄・自判する「具体的救済」の制度でもある．(エ) この後者の点で，利益再審と非常上告とは，共通する制度である．

b 非常上告手続の完結性——(ア) 非常上告による是正の対象は，直接には手続の法令違反であり，それで済む限りは判決の効力が原被告人には及ばない．

(イ) そのため，非常上告の手続は，申立権者を検事総長，裁判管轄を最高裁判所のみに限定し，二段階構造を採用しない点でも，再審に較べて小さく完結した非常救済手続である。(ウ) 上告につき最高裁判所は，憲法・判例違反の審査を主たる任務とする唯一の裁判所であるから，法令違反一般を非常上告の対象とはしえないが，上告受理・職権破棄に準じて非常上告でも被告人救済のためには柔軟な機能を果すことが期待されうる。

② **非常上告の手続**

　a　**非常上告理由**——(ア) 非常上告の申立事由は，裁判の確定後「その事件の審判が法令に違反したことを発見したとき」であるが，その手続の完結性からして，「**法令違反の発見（新規性）**」と「**法令違反の明白性**」が必要になる。(イ) これにつき，判例は，動揺を示し（加重事由の誤認による累犯加重の法令違反につき，肯定・最判昭23・12・16刑集 2 巻13号1820頁，否定・最大判昭25・11・8 刑集 4 巻11号2221頁），法令違反の前提事実の誤認による非常上告を斥けた（控訴趣意書の提出を誤認した控訴棄却につき最判昭25・11・30刑集 4 巻11号2468頁，成人と誤認した少年に対する家庭裁判所を経由しない有罪判決につき最大判昭27・7・23刑集 6 巻 4 号685頁。その批判として平野・刑事法講座 6 巻1332頁）。(ウ) しかし，非常上告審は裁判所管轄・公訴受理・訴訟手続に関する事実の取調べをなしうるので，「**手続法的事実の誤認**」による法令違反は非常上告の理由とすべきであるが（二重の判決確定等につき最判昭28・12・1 刑集 7 巻12号2578頁，最判昭40・7・1 刑集19巻 5 号503頁，酒税法違反の告発なき略式命令につき最判昭32・12・24刑集11巻14号3371頁，道交法違反の交通反則手続の誤認による略式命令につき最判昭46・12・23裁判集刑182号531頁，最判昭57・9・28判時1058号145頁，最判昭62・3・27裁判集刑245号1249頁等），「**実体法的事実の誤認**」による法令違反は再審理由とするのが原則であるが，特に被告人の救済に必要であれば非常上告の理由とすべきであろう（前掲の累犯加重事由の場合。少年を成人と誤認して定期刑を言い渡した判決に上告理由を認めない最判昭26・1・23刑集 5 巻 1 号86頁につき佐藤・刑訴Ⅱ（松尾編）597頁注(3)参照）。(エ) さらに，争いのある解釈の一方的処理は不適切であるので法令違反ではなく，明白な違反でも是正の実益を欠くものは非常上告の理由から除外すべきであろう（松尾・下Ⅱ282頁）。(オ) 非常上告の対象となるのは，「確定判決」（454条）と定められているが，有罪・無罪の実体裁判・形式裁判を問わず，すべての確定した終局裁判が対象になりうる。

　b　**非常上告の申立と公判**——(ア) 検事総長が，非常上告の理由を記載した申立書を提出させて，最高裁判所に申立をする（454条・455条）。この申立があると，最高裁判所は公判期日を開き（43条 1 項・457条・458条），これに最高検察庁の検察官が出廷し申立書に基づいて陳述しなければならない（456条）。(イ) 裁判所は，申立書に包含されている事項に限り調査し，そのために裁判

所の管轄・公訴の受理および訴訟手続に関しては事実の取調べをすることができる（460条）。この訴訟手続に関する事実とは，手続そのものについての事実または手続そのものを構成する形式的事実であって，それ以外の前提事実を含まない（前掲最判昭26・1・23，最判昭28・7・18刑集7巻7号1541頁。なお，458条1号但書の破棄自判の場合にも，このように解すべきかについては疑問が残る）。

　c　非常上告の裁判——(ｱ)　非常上告の申立に理由のないときは，棄却の判決がなされる（457条）。(ｲ)　その理由のあるときは，(ⅰ)「原判決」の法令違反の部分を破棄するが，(ⅱ)　その「原判決」が被告人のため不利益であれば，これを破棄して被告事件につき判決をする（458条1号）。また，(ⅲ)「訴訟手続」の法令違反の部分を破棄する（458条2号）。(ｳ)　非常上告の判決は，(ⅱ)の破棄自判の場合を除いて，その効力を被告人に及ぼさない（459条）。(ⅲ)の「訴訟手続」とは「原判決」前の手続である。(ⅱ)の「不利益」とは，原判決より法律上利益となることの明白な判決がなされるべき場合と解されている。

3　裁判の執行

① **裁判執行の意義**——(ｱ)　裁判の意思表示内容を強制的に実現することをいう。(ｲ)　裁判は，確定した後に執行する（471条。例外として348条・483条）。(ｳ)　裁判の執行は，原則として検察官が書面で指揮して行う（472条・473条・484条〜489条，507条）。

② **刑の執行**
　a　執行の順序（470条）——(ｱ)　2つ以上の主刑は，罰金・科料を除いて，重いものを先に執行する。(ｲ)　ただし，検察官は，重い刑の執行を停止して，他の軽い刑を先に執行させることができる。
　b　死刑の執行（475条〜479条，刑11条）
　c　自由刑の執行（執行停止につき480条〜482条，勾留の日数の法定通算につき495条，労役場留置につき505条，「刑事施設及び受刑者の処遇に関する法律」参照）
　d　財産刑その他の財産に関する処分等（490条〜492条，仮納付につき493条・494条，押収物につき496条〜499条，訴訟費用につき500条〜500条の4）

③ **執行に関する裁判所への申立**
　a　訴訟費用執行免除の申立（500条・181条〜188条，規295条〜295条の5）
　b　刑の言渡に関する裁判所の解釈を求める申立（501条，規295条）
　c　刑の執行に対する異議の申立（502条〜504条，規295条。最決昭36・8・28刑集15巻7号1301頁は，その申立時期を裁判確定後に限定する。）

事項索引

あ行

新しい強制処分説 ……………………… 23
新しい虚偽排除説 ……………………… 276
新しい公訴事実審判対象説 …………… 107
新しい公訴事実説 ……………… 144, 152
あっさりした起訴 ……………………… 66
アメリカ型の弾劾手続と陪審裁判 …… 66
新たな訴訟条件事実と新たな証拠 …… 357
威嚇的尋問・侮辱的尋問 ……………… 201
異議の申立 ……………………… 324, 388
　──による証拠排除決定 …………… 207
意見を求める尋問 ……………………… 201
1号書面（321条1項）………………… 255
一罪一訴因の原則 ……………………… 146
一罪性 …………………………………… 352
一罪としての起訴 ……………………… 159
一罪の一部のみの起訴裁量 …………… 96
一事件一逮捕勾留の原則 ……………… 50
一事件一判決の原則 …………………… 146
一事不再理 ……………………………… 66
　──の効力 …………………………… 349
一事不再理効 …………………… 47, 141
　──肯定説（免訴判決）…… 346, 353
　──と利益再審 ……………………… 392
　──の範囲 …………………………… 350
　──否定説（免訴判決）…… 347, 353
一部上訴を許す範囲 …………………… 364
一部無罪 ………………………………… 335
一個の公訴事実 ………………… 159, 372
一個の事件 ……………………………… 372
一個の訴因 ……………………………… 372
一般抗告 ………………………………… 388
一般的合理性（科学的証拠）………… 315
一般的指定に対する準抗告の可否 …… 80

一般令状・包括的探索的令状の禁止 … 13
違法収集証拠に対する同意 …………… 313
違法収集証拠の証拠能力 ……………… 300
違法捜査と証拠収集との因果関係 …… 307
違法捜査と証拠収集との規範的因果関係… 307
違法捜査に基づく起訴 ………………… 101
違法捜査の一般予防 …………………… 304
違法な任意捜査と強制捜査との区別 … 8
違法な身柄拘束中の自白 ……………… 283
違法の希釈 ……………………………… 311
違法の重大性の判断構造 ……………… 307
違法排除説 ……………………………… 274
違法排除法則 …………………………… 237
　──と自白法則との関係 …………… 282
　──の形式的根拠 …………………… 300
　──の実質的根拠 …………………… 304
違法抑止（効）説 ……………………… 304
　──への批判 ………………………… 306
in dubio pro reo ………………………… 64
疑わしいときは被告人の利益に ……… 394
裏づけ証拠と補強証拠との区別 ……… 291
援助義務（弁護人）…………………… 73
押収の裁判・執行への準抗告 ………… 82
応訴権 …………………………………… 125
遅れた裁判は正義の否定に等しい …… 168
おとり捜査 ……………………………… 9
小野清一郎 ……………………………… 123
重い刑の意義 …………………………… 368

か行

外在的な証拠法則 ……………………… 301
回復証拠 ………………………………… 224
会話者の同意 …………………………… 23
会話秘聴・通信傍受 …………………… 24
科学的・経験的な信用性 ……………… 315

事項索引

科学的証拠の証拠能力 … 315	起訴状の朗読 … 193
覚せい剤自己使用の訴因 … 150	起訴独占主義 … 90
確定裁判の内容的確定力 … 354	起訴便宜主義 … 92
確定判決 … 134	——の沿革 … 94
——の非常救済手続 … 392	——の実体法的基礎 … 93
過失犯での訴因変更 … 155	——の訴訟法的基礎 … 93
過失犯の訴因 … 151	起訴変更主義 … 95
固い事後審説 … 379	起訴法定主義 … 92
カメラの設置 … 24	——の実体法的基礎 … 92
仮納付 … 332	——の訴訟法的基礎 … 92
仮の分離方式 … 199	起訴猶予 … 91
簡易公判手続 … 192	——の裁量 … 3
——の運用 … 172	羈束力（自縛力） … 348
簡易裁判所の科刑権制限 … 105	忌避事由 … 166
管轄違の判決 … 127, 340	忌避申立 … 166
管轄の訴訟条件と訴因変更との関係 … 340	基本的事実関係の同一性 … 146
監視付移転 … 34	基本的人権の保障 … 2
官署としての裁判所 … 104	義務的求釈明 … 193
間接事実 … 227	義務的保釈 … 184
間接証拠 … 224	客観的事実と一致する先行供述 … 246
官庁としての裁判所 … 104	客観的範囲（一事不再理効） … 351
鑑定決定 … 202	求釈明義務違反 … 149
鑑定書 … 261	旧法での審判対象 … 142
鑑定証言 … 241	旧法の上訴制度 … 363
鑑定書と検証調書との限界 … 261	糺問手続の理念型 … 63
鑑定処分 … 21	競合説 … 113, 276
鑑定人と鑑定証人 … 203	供述 … 221
鑑定人の供述 … 241	——の各過程に介在しうる過誤 … 242
鑑定の意義 … 21	——の自由 … 26
鑑定留置 … 21	——の証明力を争うための書面・供述 … 252
偽計による自白 … 281	——の信用性の弾劾証拠 … 245
期間整理手続 … 190	——の存在 … 244
技術・経験および公平中立性（鑑定） … 315	——の内容 … 244
偽証罪の威嚇の下での宣誓 … 237	——の任意性の調査（325条） … 266
起訴状一本主義 … 108, 142, 165, 167	供述者の署名・押印 … 255
——の例外 … 106	供述書 … 225, 238
起訴状謄本の送達 … 176	供述（証言）の後になされた伝聞供述 … 254
起訴状の記載要件 … 106	供述証拠 … 225, 237
起訴状の受理 … 176	供述内容の真偽 … 242
起訴状の訂正・補正 … 137	供述内容の真偽に左右されない事実 … 246

供述録取書 ………………… 225, 238, 255	刑事専門弁護士の不在 ……………… 168
強制採尿令状 …………………………… 15	刑事訴訟と公訴権の発展的性格 …… 122
強制捜査における法定主義 …………… 11	刑事手続の運用 ………………………… 4
強制捜査法定の原則 …………………… 8	刑事手続の概観 ………………………… 4
共同正犯の共謀 ……………………… 333	刑事法の補充性・最終手段性 ………… 3
共同正犯の訴因 ……………………… 151	刑事補償 ……………………………… 335
共同被告人間の防御 ………………… 209	刑事免責による強制証人の不起訴宣明 …… 96
共同被告人の公判期日外の供述 …… 296	刑の言渡し …………………………… 331
共同被告人の公判供述の証拠能力 … 295	刑の時効 ……………………………… 112
共同被告人の証人適格 ………… 198, 296	刑の執行 ……………………………… 400
共罰的・不可罰的事前事後行為 …… 329	刑の執行猶予の取消決定 …………… 348
共犯関係の共同被告人の分離・併合 … 209	刑の廃止 ……………………………… 135
共犯者たる共同被告人の供述 ……… 295	刑の不利益変更禁止 ………………… 367
虚偽排除説 …………………………… 273	刑の免除の言渡し …………………… 332
挙証責任 ……………………………… 231	刑の量定不当 ………………………… 374
――と推定規定 …………………… 230	刑罰権と公訴権との分化 …………… 122
――の転換規定 …………………… 229	刑罰権としての公訴権 ……………… 122
切り違え尋問 ………………………… 281	刑務所過剰拘禁の時代 ……………… 169
議論にわたる尋問 …………………… 201	厳格な証明 …………………………… 225
緊急限定説 ……………………………… 15	厳格な証明の対象 …………………… 226
緊急逮捕の手続・要件 ………………… 40	嫌疑刑 …………………………………… 63
緊急配備 ………………………………… 33	嫌疑不十分の起訴 …………………… 101
具体的公訴権（有罪判決請求権）説 …… 123	原供述の任意性の趣旨 ……………… 266
警戒検問 ………………………………… 34	原供述の任意性の要件 ……………… 266
経験科学的方法 ……………………… 319	現行犯逮捕の手続・要件 ……………… 39
経験事実の供述証拠 ………………… 237	現行犯逮捕の必要性 …………………… 40
警察犬の臭気選別 …………………… 319	現行犯人 ………………………………… 39
警察の留置場 …………………………… 44	――の写真撮影 …………………… 24
形式裁判 ……………………………… 125	――認定の資料と時点 …………… 39
――の一事不再理効 ……………… 353	現行法での審判対象 ………………… 143
――の拘束力 ……………………… 356	現行法の上訴制度 …………………… 363
――の時期 ………………………… 126	現在の心理状態の供述 ……………… 246
形式裁判説 …………………………… 131	原裁判所の更正決定 ………………… 389
形式説（別件基準説） …………… 57, 291	検察官司法 ……………………………… 88
形式説（取調の事件単位説） ………… 58	検察官請求証拠以外の証拠の開示 … 189
形式的挙証責任（主観的挙証責任） … 231	検察官請求証拠に対する意見表明 … 189
刑事公訴権 …………………………… 122	検察官請求証拠の開示 ……………… 189
刑事裁判権 …………………………… 104	検察官同一体の原則 …………………… 88
刑事施設 ………………………………… 44	検察官による証拠開示の消極性 …… 168
刑事私訴 …………………………… 90, 122	検察官による説明予定事実の提示 … 188

事項索引

検察官による争点関連証拠の開示 189
検察官の挙証責任の範囲 230
検察官の不利益上訴 366
検察官面前調書（2号書面） 254
検察審査会制度 98
　　──の運用と改革 99
検察審査会の職務 99
検察審査会の手続 99
検察審査会の目的 98
検視の手続 21
検証 11
　　──の意義 18
　　──の種類 19
検証可能性 315
検証調書記載の立会人の指示説明 260
検証・身体検査の手続 19
原訴因と証拠との同一性の欠如 153
原訴因の拘束力 159
原訴因の任意的変更 153
現認性の要件 39
原判決対象説 365
憲法違反による上告理由 383
憲法解釈の誤り 384
憲法31条の意義 4
憲法と刑訴法との関係 272
憲法の違反 383
権利保釈 183
合意書面の趣旨 251
合意書面の要件 251
行為の言語的部分 246
勾引状の執行 180
勾引の裁判 180
勾引の理由 180
公開原則の例外 167
強姦罪の一部の事実たる暴行 97
強姦致傷の訴因 342
合議制 104
広義の一罪 48
公共の福祉の維持 2
抗告 360

　　──に代わる異議の申立 390
　　──の意義 388
　　──の申立 389
抗告裁判所の裁判 389
抗告・準抗告 388
抗告審の構造 388
交互尋問 200
交錯関係の構成要件 329
公衆訴追 89
控訴 360
　　──の訴訟条件の欠如 380
　　──の申立 375
公訴棄却・管轄違の確定判決 134
公訴棄却の決定 127
公訴棄却の決定（二重係属の禁止） 344
公訴棄却の裁判と再訴の許容性 137
公訴棄却の判決 128
公訴棄却の判決・決定 341
公訴棄却の判決（二重起訴の禁止） 345
拘束される裁判所 370
拘束力（確定裁判） 354
　　──の生じる同一事実 358
　　──の解除（破棄判決） 369
　　──の生じる事項 369
　　──を認めるべき必要性 368
拘束力肯定説 355
公訴権と裁判との関係 125
公訴権と訴訟条件 124, 140
公訴権の意義 122
公訴権の概念 122
公訴権濫用の理論 101
公訴権をめぐる学説 123
公訴時効 112
　　──の完成 136
　　──の停止・中断 112, 115
　　──の法的性格 113
公訴事実（審判対象）説 143
公訴事実と訴因 107
公訴事実と訴因との関係（新しい審判
　対象論） 146

公訴事実と訴因との関係（古い審判対象論）	142	公判期日における供述	241
公訴事実の単一性	142	——の証拠能力	239
公訴事実の単一性（狭義）	157	公判期日の指定	178
公訴事実の同一性	155, 344, 372	公判期日の召喚	179
公訴事実の同一性（狭義）	157	公判期日の変更	179
公訴事実の同一性の意義	156	公判準備の手続	164, 176
控訴趣意書の提出	375	公判審理の必要的分離	199
控訴趣意の調査義務	377	公判（正式裁判）の請求	106
控訴審での訴因変更	376	公判中心主義	167
控訴審の構造	378	公判調書	214, 258
控訴審の公判手続	376	——による公判手続の証明力	215
控訴審の裁判	380	——の閲覧と公判準備	214
控訴審の事後審性	378	公判廷自白差別説	297
控訴審の審理	376	公判廷の意義	173
控訴審の続審化現象	381	公判廷の構成	173
控訴審の手続	375	公判廷の自白	288
公訴提起の手続	128	公判手続	164
公訴提起の方式	106	——の意義	164
公訴提起の法的効果	111	——の基本原理	164
公訴提起の要式行為	129	——の更新	211
公訴の取消	95, 127	——の停止	174, 211
公訴不可分の原則	111, 142	特別の——	192
公訴不提起の法的効果	119	公判なき略式手続	192
控訴理由の事後審査	364	公判の基本型と関連事件	208
控訴理由の職権調査の権限・義務	377	公判前整理手続	171, 188
控訴理由の制限	371	公判前整理手続で行われる事項	188
公知の事実	228	公判前整理手続の期日	188
交通検問	33	公平な裁判所の迅速な公開裁判を受ける権利	164
交通犯則手続違反の起訴	129	公平な裁判所の制度的保障	165
口頭主義	167	攻防対象論	366
公判開始前の中間手続	66	公民権の不停止または停止期間の短縮	332
公判期日外における供述の証拠能力	241	公務業務上の秘密の押収拒絶権	13
公判期日外における他の者の供述	241	拷問による自白断罪の歴史	271
公判期日外の押収・捜索	205	合理的相当説	15
公判期日外の供述	225, 238, 248	勾留	36
公判期日外の検証	205	——の意義	180
公判期日外の証拠調	204	——の期間	44, 181
公判期日外の証人尋問	205	——の基礎となった事実	183
公判期日・公判準備での供述不能事由	255	——の裁判・執行への準抗告	43, 82

事項索引

——の執行停止 ………………………… 43
——の手続 ……………………………… 181
——の取消 ……………………………… 43
——の要件 ……………………………… 180
勾留競合と接見指定の可否 ……………… 77
勾留原因事実 …………………………… 183
勾留質問 ………………………………… 42
勾留場所の変更（移監の手続）………… 44
勾留命令 ………………………………… 43
勾留理由の開示 ………………………… 43
国税反則手続違反の起訴 ……………… 130
国選弁護人の選任 ……………………… 72
国選弁護の例外 ………………………… 70
告訴 ……………………………………… 29
告訴権者 ………………………………… 30
告発 ……………………………………… 29
国法上の意義での裁判所 ……………… 104
個人の自律と私的自治 …………………… 2
個人の人格的自律の最大保障 …………… 3
国家訴追主義 …………………………… 90
国家賠償 ………………………………… 336
誤導尋問 ………………………………… 201
個別の検査方法 ………………………… 315
コントロール・デリバリー …………… 34

さ行

最終一行為説 …………………………… 151
最終弁論 ………………………………… 212
最小手段の原則 ………………………… 7
罪状認否の手続 ………………………… 67
罪状の認否 ……………………………… 194
再審 ……………………………………… 392
——の公判 ……………………………… 397
——の裁判 ……………………………… 398
——の請求手続 ………………………… 395
——の二段階構造 ……………………… 393
再審開始決定の確定 …………………… 397
再審開始の決定 ………………………… 397
再審公判手続 …………………… 393, 397
再審請求手続 …………………………… 393

再審請求の審理 ………………………… 396
再審請求への裁判 ……………………… 397
罪数の変更 ……………………………… 159
再訴の禁止 ……………………………… 111
最低一行為説 …………………………… 150
在廷義務 ………………………………… 174
再伝聞証拠 ……………………………… 265
再度の逮捕・勾留 ……………………… 47
採尿のための強制連行 ………………… 15
採尿の手続 ……………………………… 15
裁判員参加裁判の手続 ………………… 171
裁判員制度の刑事手続への影響 ……… 170
裁判員制度の対象事件 ………………… 170
裁判員制度の導入 ……………………… 68
裁判員の参加する刑事裁判に関する法律 … 170
裁判官の除斥・忌避・回避 …………… 166
裁判官の独立 …………………… 104, 165
裁判官面前調書（1号書面）………… 254
裁判権 …………………………………… 128
裁判公開の原則 ………………………… 167
裁判所に顕著な事実 …………………… 228
裁判所の管轄権を欠く事件 …………… 340
裁判所の検証調書 ……………………… 259
裁判所の証人尋問調書 ………………… 258
裁判所の訴訟指揮権 …………………… 175
裁判所の法廷警察権 …………………… 175
裁判所の面前 …………………………… 241
裁判書の更正 …………………………… 327
裁判書の作成 …………………………… 326
裁判内容の規準（規範）性 …………… 354
裁判の意義 ……………………………… 323
裁判の一回性 …………………………… 66
裁判の一回性と非常救済手続 ………… 392
裁判の外部的成立 ……………… 326, 348
裁判の形式 ……………………………… 126
裁判の形式的確定力 …………………… 349
裁判の更正 ……………………………… 326
裁判の効力 ……………………………… 348
裁判の執行 ……………………………… 400
裁判の種類 ……………………………… 323

裁判の成立過程	325	事実認定	217
裁判の内部的成立	325	事実の縮小認定	154
裁判の内容的確定力	349	事実の同一性	47
裁判の評議・評決	325	死者の人格権	22
再評価説	395	自首	29
罪名と罰条	107	私人訴追主義	89
裁量的求釈明	193	私人による嘱託鑑定書	261
裁量による事件受理	383	自然的関連性	220
裁量保釈	184	私選弁護人の選任	71
作成の真正	260	私選弁護の原則	70
酒酔い・酒気帯び鑑識カード	315	実況見分調書	260
差押	11	執行に関する裁判所への申立	400
差戻・移送後の手続	382	実質証拠	224
差別捜査等による不公平な起訴	102	実質説（別件基準説）	57, 292
3項書面（321条）	259	実質説（取調人単位説・令状主義潜脱説）	
3号書面（321条1項）	254, 257		58
参審制	66	実質的挙証責任（客観的挙証責任）	230
323条書面の趣旨	262	実質的逮捕の判定基準	52
323条書面の証拠能力	262	実質的不一致供述	256
321条2項～4項書面の証拠能力	258	実体関係的形式裁判説	131
340条の規定違反の起訴	128	実体裁判	125
事案の真相の究明	302	——の拘束力	355
事件	11, 372	実体裁判・形式裁判	324
事件単位説の短所	52	実体裁判・形式裁判二分説	131
事件単位の原則	11, 47	実体裁判説	131
時効期間の算定基準	114	実体審理阻止機能の働いた形式裁判	140
時効の起算点	115	実体審理阻止機能の働かない形式裁判	140
時効の基準	136	実体的確定力	141
時効の中断	115	——と一事不再理効との関係	349
時効の停止	115	実体的公訴権	124
事後審	363, 378	実体的真実の発見	4
——と事実の取調	379	実体判決請求権説	124
——の本質	378	実体法説	113
——のメルクマール	379	指定告訴権者	31
事後的な隠蔽行為（違法排除）	311	自動車検問	33
自己の罪となるべき事実	270	自白調書	195
自己負罪拒否特権	68	自白との因果関係	278
自己矛盾の供述	256	自白の意義	270
事実誤認	374	自白の証拠能力	269
事実上推定される事実	229	自白の証拠能力と証明力との関係	286

事項索引

自白の証拠能力（任意性）の法的根拠 …… 272
自白の証拠能力（任意性）の要件 ……… 277
自白の証明力 ……………………………… 269
　──と補強法則 ……………… 286, 287
　──の法的制限 …………………… 287
自白の証明力制限の実質的根拠 ………… 289
自白の信用性 ……………………………… 294
自白の任意性の立証 ……………………… 285
自白は証拠の女王 ………………………… 270
自白偏重（過大評価）の防止 …………… 290
自白法則をめぐる学説の対立 …………… 273
自判の許容性 ……………………………… 381
事物管轄 …………………………………… 105
　──なき事件 ……………………… 127
司法行政権の独立 ………………………… 165
司法警察職員面前調書 …………………… 257
司法検視と行政検視との区別 …………… 21
司法検視の主体 …………………………… 22
司法検視の法的性格 ……………………… 22
司法検視の要件 …………………………… 22
司法権の独立 …………………… 104, 164
　──と裁判官の独立の保障 ……… 164
司法権力の集中型 ………………………… 63
司法権力の分立型 ………………………… 64
司法制度改革（裁判員制度等の導入）… 168
司法による捜査の抑制 …………………… 11
司法の無瑕・廉潔性説 …………………… 305
司法（裁判官）への抑制 ………………… 11
死亡被害者の配偶者・一定親族 ………… 31
試薬検査 …………………………………… 13
写真撮影 …………………………………… 23
　──に対する準抗告の可否 ……… 83
写真・録音テープ・ビデオテープ ……… 245
主位的訴因・択一的訴因 ………………… 335
臭気選別の科学的根拠 …………………… 320
終局後の裁判 …………………… 323, 325, 348
終局裁判 …………………………………… 324
終局処分 …………………………………… 89
終局の裁判 ………………………………… 323
終局前の裁判 …………………… 323, 324

収集手続の重大違法の欠如 ……………… 310
自由心証主義 ……………………………… 218
　──の意義 ………………………… 219
　──の沿革 ………………………… 219
　──の注意則 ……………………… 288
集中審理のための制度 …………………… 168
自由な証明 ………………………………… 225
　──の対象 ………………………… 226
重複尋問 …………………………………… 201
修復的司法 ………………………………… 3
主観的範囲（一時不再理効）…………… 350
主尋問 ……………………………………… 200
出頭義務の例外 …………………………… 173
出頭滞留義務 ……………………………… 27
出頭の権利・義務 ………………………… 173
出頭の権利放棄 …………………………… 173
主文説 ……………………………………… 358
準起訴（付審判請求）手続 ……………… 99
準抗告 ………………………………… 81, 324
　──の意義 ………………………… 390
　──の対象 ………………………… 391
　──の手続 ………………………… 391
純粋形式裁判説 …………………………… 132
純粋な内心の内容 ………………………… 244
小規模な法律事務所 ……………………… 168
上級裁判所の破棄判決の拘束力 ………… 165
証言 ………………………………………… 237
証言拒絶権の行使 ………………………… 240
証言拒否権 ………………………………… 239
証言能力 …………………………………… 240
条件つき検証令状による秘聴 …………… 25
条件つき捜索差押令状 …………………… 15
証拠 ………………………………………… 217
　──による同一性の拘束力 ……… 155
　──の引用と余事記載の禁止 …… 109
　──の開示・閲覧 ………………… 177
　──の自然的関連性 ……………… 236
　──の新規性 ……………………… 393
　──の標目 ………………………… 333
　──の分類・性質 ………………… 222

——の法的関連性	237
——の法的禁止	237
——の明白性	394
証拠開示と予断排除原則	190
証拠開示に関する裁定	189
証拠開示命令	189
証拠決定	197
証拠裁判主義	217
——の沿革	217
証拠・証拠標目一覧表の提示命令	189
証拠調	217
——に関する異議の申立	206
——の意義	194
——の決定	197
——の実施	198
——の実施—鑑定人	202
——の実施—検証	204
——の実施—証拠書類	203
——の実施—通訳人・翻訳人	203
——の実施—被告人質問	204
——の請求	195
——の手続	194
——を終了した証拠書類	204
証拠調請求に伴う開示・閲覧の義務	196
証拠資料	222
証拠提示命令	190
証拠提出責任	232
証拠提出命令	197
証拠能力	235
——と証拠の関連性・法的禁止	236
——の意義	235
——の限定	196
——の付与説	249
——を否定した新判例	309
証拠排除の相当性の欠如	310
証拠排除の要件	306
証拠法	217
証拠方法	222
上告	360, 383
判例違反による——	384
上告趣意書	385
上告審の裁判	386
上告審の審理手続	386
上告審の手続	385
上告申立の手続	385
上告理由の憲法判例違反への限定	383
上告理由の制限	383
常習特殊窃盗罪	112, 142
情状（量刑事情）	227
上訴権者	361
上訴権の発生・消滅	362
上訴審の審判対象	365
上訴の意義	360
上訴の種別	360
上訴の手続・効果	361
上訴の範囲	364
上訴の放棄・取下	362
上訴の申立	361
上訴の目的	360
上訴の利益（上訴の訴訟条件）	362
上訴申立の効果	361
証人拒否権	239
証人・証言の意義	198
証人尋問	28
証人審問権の保障	239
証人尋問の方法	200
証人適格	198
証人の義務	200
証人の供述	239
証人の経験事実の供述	240
証人の遮蔽	202
証人の証言拒絶権	200
証人の真実供述義務	240
証人の尋問	198
証人の付添人	202
証人の黙秘権・証言拒絶権	26
証人（被害者）保護の方策	202
少年の刑事事件の送致	87
少年の勾留	43
少年法違反の起訴	129

事項索引

証明の不要 …………………… 228	新訴訟法説 …………………… 113
証明力 ………………………… 235	身体検査のための召喚・勾引 …… 20
——の意義 ………………… 236	身体検査の特則 ……………… 20
——の外在的制約 ………… 219	身体組織の採取 ……………… 20
——の程度 ………………… 319	慎重な審理と遅延した裁判 …… 168
——の内在的制約 ………… 219	人定質問 ……………… 192, 200
——を争う機会の付与 …… 206	人的証拠 ……………………… 222
——を争うの意義 ………… 253	審判対象と裁判確定力との関係 … 140
証明力相関論 ………………… 293	審判の請求を受けた事件 …… 372
証明力評価を誤らせる危険 … 248	審判の請求を受けない事件 … 372
職業裁判官による事実認定の厳正化 … 68	信用性 ………………… 220, 238
嘱託鑑定 ……………………… 21	——の情況的保障 ………… 248
職務質問 ……………………… 32	心理的因果関係 ……………… 278
——に伴う所持品検査 …… 33	審理不尽 ……………………… 374
叙述・表現の非供述的用法 … 245	推定規定 ……………………… 229
書証 …………………………… 223	——における挙証責任の転換 …… 231
処断刑 ………………………… 332	数個の公訴事実 …… 147, 159, 335
職権調査義務の根拠 ………… 377	数個の訴因 …………… 335, 372
職権調査事項としての訴訟条件の存否 … 341	数個の判決 …………………… 147
職権破棄 ………………… 383, 387	数罪（併合罪） ……………… 48
職権保釈 ……………………… 184	数罪・併合罪の一部のみの起訴裁量 … 96
書面 …………………………… 241	数事件数判決の原則 ………… 147
書面主義 ………………… 106, 167	請求 …………………………… 28, 29
書面・物を用いた尋問 ……… 201	精神保健福祉法による措置入院 … 119
素人裁判員 …………………… 172	精密司法 ……………………… 94
侵害原理 ……………………… 3	声紋鑑定 ……………………… 318
審級代理の原則 ……………… 72	世界一軽い言渡刑 …………… 68
審級の管轄 …………………… 104	接見拒否と自白の任意性 …… 283
新競合説 ……………………… 113	接見交通の禁止・制限 ……… 75
人権擁護説 …………………… 274	接見指定の方式 ……………… 79
親告罪の一部起訴 …………… 97	接見指定の要件 ……………… 78
親告罪の告訴 ………………… 31	接見・授受に関する指定 …… 76
親告罪の告訴・告発等の欠けた起訴 … 129	絶対説（補強証拠） ………… 293
真実義務 ……………………… 73	絶対的控訴理由と相対的控訴理由 … 371
真実発見の利益を超える憲法の人権保障 … 229	絶対的控訴理由 ……………… 371
真実発見への接近 …………… 318	絶対的排除効 ………………… 303
心証引継説 …………………… 395	絶対的破棄事由 ………… 149, 152
心神喪失者等医療観察法 …… 120	全件送致主義 ………………… 87
迅速な裁判 …………………… 168	宣告刑 ………………………… 332
迅速な裁判違反による審理の打切り … 102	専門領域での一般的承認 …… 319

事項索引

訴因‥‥‥‥‥‥‥‥‥‥‥‥‥‥‥ 165
　──と認定事実との同一性‥‥‥‥‥ 153
　──の一部（有罪）認定‥‥‥‥‥‥ 327
　──の拘束力‥‥‥‥‥‥‥‥ 151, 153
　──の順次的変更‥‥‥‥‥‥‥‥ 158
　──の択一的・予備的記載‥‥‥‥‥ 146
　──の特定‥‥‥‥‥‥‥‥‥‥‥ 149
　──の明示‥‥‥‥‥‥‥‥‥‥‥ 148
　──の明示・特定‥‥‥‥‥‥‥‥ 137
　──の明示と特定との区別‥‥‥‥‥ 148
　──の予備的・択一的記載‥‥‥‥‥ 107
　数個の──‥‥‥‥‥‥‥‥ 335, 372
　特定された──‥‥‥‥‥‥‥‥‥ 373
　明示された──‥‥‥‥‥‥‥‥‥ 373
訴因逸脱認定‥‥‥‥‥‥‥‥‥‥‥ 373
　──の禁止‥‥‥‥‥‥‥‥‥‥‥ 151
訴因・公訴事実の個数‥‥‥‥‥‥‥ 159
訴因（審判対象）説‥‥‥‥‥‥‥‥ 143
訴因説の純化‥‥‥‥‥‥‥‥‥‥‥ 144
訴因特定の限界事例‥‥‥‥‥‥‥‥ 149
訴因変更の必要‥‥‥‥‥‥‥‥‥‥ 153
訴因変更の不要‥‥‥‥‥‥‥‥‥‥ 154
訴因変更請求による公判手続の停止‥‥ 161
訴因変更と訴訟条件‥‥‥‥‥‥‥‥ 138
訴因変更の意義‥‥‥‥‥‥‥‥‥‥ 153
訴因変更の可能な限界‥‥‥‥‥‥‥ 155
訴因変更の可否‥‥‥‥‥‥‥‥‥‥ 155
訴因変更の許否‥‥‥‥‥‥‥ 161, 341
訴因変更の形成力‥‥‥‥‥‥‥‥‥ 160
訴因変更の要否‥‥‥‥‥‥‥‥‥‥ 153
訴因変更命令‥‥‥‥‥‥‥‥‥‥‥ 160
増強証拠‥‥‥‥‥‥‥‥‥‥‥‥‥ 224
総合説‥‥‥‥‥‥‥‥‥‥‥‥‥‥ 276
総合的衡量（刑事政策）説‥‥‥‥‥ 114
総合的評価説‥‥‥‥‥‥‥‥‥‥‥ 395
捜査官の検証調書‥‥‥‥‥‥‥‥‥ 259
捜査官の主観的連関の違法性‥‥‥‥ 312
捜査官の手続違法の反復防止‥‥‥‥ 312
捜索‥‥‥‥‥‥‥‥‥‥‥‥‥‥‥ 11
　──と検証との相違‥‥‥‥‥‥‥‥ 18
　──に必要な処分‥‥‥‥‥‥‥‥‥ 14
　──の対象（物・身体と場所）‥‥‥‥ 14
捜索・差押の限界‥‥‥‥‥‥‥‥‥ 13
捜索・差押の手続‥‥‥‥‥‥‥‥‥ 12
捜査との分離‥‥‥‥‥‥‥‥‥‥‥ 167
捜査における必要性の原則‥‥‥‥‥‥ 7
捜査の概念‥‥‥‥‥‥‥‥‥‥‥‥‥ 7
捜査の基本原則‥‥‥‥‥‥‥‥‥‥‥ 7
捜査の終結‥‥‥‥‥‥‥‥‥‥‥‥ 87
捜査の端緒‥‥‥‥‥‥‥‥‥‥‥‥ 29
相対説（補強証拠）‥‥‥‥‥‥‥‥ 293
相対的控訴理由‥‥‥‥‥‥‥‥‥‥ 374
相対的排除効‥‥‥‥‥‥‥‥‥‥‥ 303
相対的破棄事由‥‥‥‥‥‥‥ 149, 152
争点及び証拠の整理手続‥‥‥‥ 170, 187
争点形成責任‥‥‥‥‥‥‥‥‥‥‥ 286
相当でない尋問方法‥‥‥‥‥‥‥‥ 201
相当な理由‥‥‥‥‥‥‥‥‥‥‥‥ 38
相反性（黙秘権と反対尋問権）‥‥‥‥ 209
相反供述‥‥‥‥‥‥‥‥‥‥‥‥‥ 256
即時抗告‥‥‥‥‥‥‥‥‥ 388, 389, 397
　──に代わる異議の申立‥‥‥‥‥‥ 385
続審‥‥‥‥‥‥‥‥‥‥‥‥‥‥‥ 378
訴訟記録の公開‥‥‥‥‥‥‥‥‥‥ 167
訴訟記録の送付‥‥‥‥‥‥‥‥‥‥ 385
訴訟係属‥‥‥‥‥‥‥‥‥‥ 111, 112
　二重の──‥‥‥‥‥‥‥‥‥‥‥ 128
訴訟行為能力‥‥‥‥‥‥‥‥‥‥‥ 174
訴訟行為の訂正‥‥‥‥‥‥‥‥‥‥ 137
訴訟行為の補正‥‥‥‥‥‥‥‥‥‥ 137
訴訟条件‥‥‥‥‥‥‥‥‥‥‥‥‥ 125
　──と形式裁判‥‥‥‥‥‥‥‥‥ 126
　──の基準と変動‥‥‥‥‥‥‥‥ 126
　──の追完・補正‥‥‥‥‥‥ 137, 343
　──の法的性格‥‥‥‥‥‥‥‥‥ 126
訴訟状態説‥‥‥‥‥‥‥‥‥‥‥‥ 122
訴訟上の権利告知‥‥‥‥‥‥‥‥‥ 193
訴訟遅延の構造的・複合的な要因‥‥‥ 168
訴訟手続の法令違反（絶対的破棄理由）‥‥ 371
訴訟手続の法令違反（相対的破棄理由）‥‥ 374

事項索引

訴訟能力の判断基準……………………… 174
訴訟能力を欠く場合の手続……………… 174
訴訟費用の負担…………………………… 332
訴訟法上の意義での裁判所……………… 104
訴訟法上の事実…………………………… 226
訴訟法説…………………………………… 113
訴訟法律関係説…………………………… 122
訴追裁量違反の起訴……………………… 101
訴追裁量権の限界………………………… 95
訴追裁量による公訴の最小化…………… 68
即決裁判手続………………………… 170, 192
　——の概要……………………………… 173
　——の新設……………………………… 169
　——の創設……………………………… 172
　——の特色……………………………… 173
その他任意にされたものでない疑いのあ
　る自白…………………………………… 280
その他の書面（321条1項3号書面）…… 254
その他の特信性のある書面（323条）…… 262
疎明………………………………………… 226

た行

第一審の管轄……………………………… 104
第一審の公判期日の手続………………… 192
第一審の公判手続とその特例手続……… 192
第一審の裁判管轄………………………… 104
第一審の終局裁判………………………… 327
体液………………………………………… 20
第三者（参考人）への出頭要求………… 28
第三者所有物の没収手続………………… 348
大赦………………………………………… 136
大陪審……………………………………… 67
逮捕………………………………………… 36
　——する場合…………………………… 16
　——の引致・留置の場所……………… 42
　——の必要……………………………… 38
　——の理由と必要……………………… 38
逮捕・勾留の一回性……………………… 50
逮捕・勾留の期間制限…………………… 50
逮捕・勾留の競合…………………… 48, 52

逮捕・勾留の原状回復…………………… 50
逮捕後の手続……………………………… 41
逮捕状の記載要件………………………… 38
逮捕状の執行……………………………… 38
逮捕状の（発付）請求…………………… 37
逮捕状の法的性質………………………… 38
逮捕状発付の審査………………………… 38
逮捕前置主義……………………………… 36
代用監獄廃止論…………………………… 44
第四審……………………………………… 392
代理人……………………………………… 71
高い起訴有罪率…………………………… 168
択一的事実認定…………………………… 327
択一的有罪認定…………………………… 328
択一的有罪認定肯定説…………………… 329
択一的有罪認定否定説…………………… 329
単一性と同一性との流動性……………… 158
弾劾証拠……………………………… 224, 252
　——の趣旨……………………………… 252
　——の適用範囲………………………… 252
　——の要件……………………………… 252
弾劾手続の現実…………………………… 65
弾劾手続の諸相…………………………… 64
弾劾手続の理念型………………………… 63
団藤重光…………………………………… 123
単独制……………………………………… 104
小さな裁判所制度………………………… 94
中間処分…………………………………… 89
抽象的危険犯……………………………… 229
抽象的（形式的）公訴権説……………… 123
調書裁判の精密司法……………………… 168
跳躍上告…………………………………… 360
直接主義…………………………………… 168
直接証拠…………………………………… 223
直接体験しなかった事実の尋問………… 201
追起訴………………………… 107, 147, 372
追跡による逮捕…………………………… 39
通常抗告……………………………… 388, 389
通常逮捕の手続・要件…………………… 37
通常の公判手続…………………………… 192

412

罪となるべき事実……………………… 333	同種前科における犯罪手口の共通性…… 237
──の欠損………………………… 148	同種前科の存在と故意の認定…………… 237
──の明示・特定………………… 148	導入に消極的な判例（違法排除）……… 301
DNA 型鑑定……………………………… 317	導入に踏み切った判例（違法排除）…… 302
適者生存・優勝劣敗の生物法則…………… 3	毒樹の果実論……………………………… 311
敵性刑法……………………………………… 3	特信情況…………………………………… 264
適正手続規範説…………………………… 305	──の相対性……………………… 257
適正手続説………………………………… 305	特別抗告…………………………………… 388
適正手続の保障……………………………… 4	──の対象………………………… 390
適正手続モデル…………………………… 64	──の手続………………………… 390
適正な法定手続……………………………… 4	特別弁護人………………………………… 70
適用範囲…………………………………… 368	特別法の措置（補導処分）……………… 332
手続単位説………………………………… 49	独立入手源の法理………………………… 311
手続単位説の長所………………………… 52	都市型匿名社会…………………………… 94
転換規定（挙証責任）…………………… 231	土地管轄…………………………………… 105
電気通信の令状による傍受……………… 25	──なき事件……………………… 127
伝聞供述を求める尋問…………………… 201	取調…………………………………… 27, 28
伝聞証拠…………………………………… 225	──の透明化……………………… 27
──の意義・限界………………… 244	──の方法………………………… 28
──の実質的判定基準…………… 247	取調受忍義務……………………………… 27
──を用いる必要性……………… 248	──と事件単位原則との関係…… 60

な 行

伝聞証拠禁止の例外……………………… 239	内在的な証拠法則………………………… 301
伝聞（禁止）法則………………………… 237	2 項前段書面（321条）…………… 255, 258
──と証人審問権………………… 242	2 号前段書面（321条 1 項）…………… 256
──と直接主義…………………… 243	2 項後段書面（321条）………………… 259
──との関係……………………… 284	2 号後段書面（321条 1 項）…………… 256
──の意義………………………… 241	二重危険の禁止…………………………… 366
──の根拠………………………… 242	二重起訴と二重係属の禁止……………… 111
伝聞例外の意義…………………………… 248	二重勾留の要否…………………………… 52
伝聞例外の根拠…………………………… 248	二重制裁の禁止……………………………… 3
同意した書面または供述………………… 249	二重の起訴………………………………… 128
同意・承諾の原則…………………………… 8	二重の危険に由来する一事不再理効…… 350
同一の事件………………………………… 344	二重の危険の禁止………………………… 141
同一目的の一連の違法手続……………… 308	二重の訴訟係属…………………………… 128
当為の規範…………………………………… 3	二重の逮捕・勾留………………………… 47
同意の法的性格…………………………… 249	日本の刑事手続の特色…………………… 68
当事者の具体的救済機能………………… 383	入場検問…………………………………… 34
当事者の主張に対する判断……………… 333	任意性説…………………………………… 275
当事者の先尋問…………………………… 200	
同時審判の事実的可能性………………… 352	

413

任意性に争いのある場合 … 285
任意性に争いのない場合 … 285
任意性を欠く自白 … 237
任意捜査自由（非法定）の原則 … 8
任意捜査と強制捜査との限界 … 8
任意的保釈 … 184
任意同行と逮捕の始期 … 52
人証 … 223
認定を覆えすに足りる蓋然性 … 395
nemo judex sine actore（訴なければ裁判なし） … 89

は行

排除法則の法的根拠 … 304
排除申立適格 … 313
陪審・参審制の不採用 … 169
陪審制 … 66
破棄後の裁判 … 381
破棄判決の拘束力 … 368
破棄理由の欠如 … 380
破棄理由の存在 … 381
罰条（罪名）記載の誤り … 108
判決・決定・命令 … 323
判決の成立 … 213
判決の宣告 … 212
犯罪後の法令 … 135
犯罪後の情状 … 94
犯罪成立の非両立性 … 146
犯罪の軽重及び情状 … 94
犯罪の原因 … 92
犯罪の被害者 … 30
犯罪被害者等基本法 … 91
犯罪被害者等給付金支給制度 … 91
反証 … 225
反証責任 … 231
反対尋問 … 201
　――に代る信用性の情況的保障 … 242
　――を欠く証言 … 240
反対尋問権放棄説 … 249
判断内容の規準となる「同一事項」 … 357

犯人の性格・年齢及び境遇 … 94
犯人必罰モデル … 64
反復勾留の最小化 … 52
判例による違法排除法則の導入 … 301
PC・FDの捜索・差押 … 14
被害者参加の手続 … 91
被害者訴追 … 89
被害者等の意見陳述 … 92
被害者等の意見陳述 … 207
被疑者勾留の手続・要件 … 42
被疑者勾留の場所 … 44
被疑者の救済方法 … 81
被疑者の法的地位と防御権 … 69
被疑者の黙秘権 … 26
被疑者・被告人の接見交通権 … 74
被疑者・被告人の弁護権 … 70
被疑者への出頭要求 … 27
非供述証拠 … 225, 244, 245
　――の証拠能力（自然的関連性） … 315
被告事件が罪とならないとき … 334
被告事件について犯罪の証明がないとき … 334
被告人以外の者の供述記載書面 … 254, 258
被告人以外の者の供述証拠 … 237
被告人以外の者の供述を内容とする伝聞供述 … 263
被告人以外の者の伝聞供述 … 263
被告人の死亡 … 127
被告人側請求証拠の開示 … 189
被告人に有利な事実 … 227
被告人の意義（相対性） … 117
被告人の供述記載書面（322条） … 262
被告人の供述と自白法則 … 269
被告人の供述を内容とする伝聞供述 … 263
被告人の挙証責任の例外 … 230
被告人の勾引 … 179
被告人の公判期日外の供述 … 284
被告人の公判期日への出頭確保 … 179
被告人の勾留 … 180
被告人の勾留時の保釈 … 181
被告人の出頭 … 173

被告人の証人適格……………………… 198
被告人の身体の自由…………………… 174
被告人の訴訟能力……………………… 174
被告人の退廷…………………………… 202
被告人のためにする弁論……………… 376
被告人の伝聞供述……………………… 266
被告人の取調…………………………… 28
被告人の不利益供述の証拠能力……… 277
被告人の黙秘権………………………… 26
被告人の有罪判決の先延しへの迎合 … 169
被告人を特定する基準………………… 117
微罪処分………………………………… 88
　──の不送致の制度………………… 91
非常上告………………………………… 398
　──と再審との異同………………… 398
　──の申立と公判…………………… 399
非常上告手続の完結性………………… 398
非常上告理由…………………………… 399
被逮捕者の防御権保障………………… 41
秘聴……………………………………… 23
筆跡鑑定………………………………… 319
必要的弁護事件………………………… 174
必要的保釈……………………………… 183
ビデオリンク方式……………………… 202
　──の証人尋問調書………………… 258
非伝聞証拠と伝聞法則の例外………… 244
人単位説………………………………… 48
人の意思・計画を記載したメモ……… 247
非反則行為と通告手続………………… 341
秘密の撮影・録音……………………… 24
秘密の暴露……………………………… 270
秘密録音……………………………… 23, 24
費用補償…………………………… 335, 336
平野龍一………………………………… 123
比例・権衡の原則………………………   7
ファルサ型とノヴァ型の再審理由…… 393
不可避的発見の法理…………………… 311
覆審………………………………… 363, 378
不告不理違反…………………………… 152
不告不理の原則……………… 89, 111, 165

　──違反……………………………… 373
　──の理論的根拠…………………… 151
付審判請求手続の法的性格・審理方式 … 100
付審判請求の手続……………………… 100
付帯私訴………………………………… 90
物証……………………………………… 223
物的証拠………………………………… 222
不当逮捕の回避………………………… 68
不当な起訴の控制……………………… 101
不当な不起訴の控制…………………… 98
不当に長く抑留・拘禁された後の自白 … 279
plain view の法理……………………… 13
不利益供述の強要禁止………………… 26
不利益再審の禁止……………………… 142
不利益な事実…………………………… 284
　──の承認…………………………… 270
古い公訴事実審判対象説……………… 107
古い公訴事実説………………………144, 151
古い訴因説……………………………… 152
Plea Bargaining………………………… 67
紛争解決の一回的終局性と手続的正義の
　実現との相剋………………………… 361
併合起訴……………………… 107, 147, 372
併合罪としての起訴…………………… 159
別件基準説……………………………… 57
別件差押の禁止………………………… 13
別件逮捕勾留の意義と争点…………… 56
別件逮捕勾留の違法根拠……………… 56
別件と本件との密接関連性…………… 61
弁護義務………………………………… 73
弁護権の意義…………………………… 70
弁護権の実質的保障…………………… 70
弁護権の法的根拠……………………… 70
弁護士の数の不足……………………… 168
弁護人…………………………………… 70
　──との接見交通権………………… 76
　──の権限…………………………… 74
　──の出頭の権利…………………… 174
　──の職務…………………………… 72
　──の選任手続……………………… 177

事項索引

──の訴訟法上の義務･････････････････ 73
──の法曹倫理の欠如･････････････････ 169
──の法的地位･･･････････････････････ 70
弁護人以外の者との接見交通権･････････････ 74
弁護人選任権の告知･･･････････････････････ 177
弁護人選任権の告知義務･･･････････････････ 70
弁護人選任の効力･････････････････････････ 72
弁護人選任の照会･････････････････････････ 177
弁護人選任の手続と効力･･･････････････････ 71
弁論（公判審理）の分離・併合・再開･････ 208
弁論主義･････････････････････････････････ 167
弁論の意義･･･････････････････････････････ 208
弁論の一時の分離・仮の分離･･･････････････ 209
弁論の客観的併合と主観的併合･････････････ 209
弁論の再開･･･････････････････････････････ 210
弁論の分離･･･････････････････････････････ 208
弁論の分離・併合・再開の決定･････････････ 208
弁論の併合･･･････････････････････････････ 208
包括的な事件関連性･････････････････････････ 13
報告・記帳義務の罰則担保･････････････････ 26
法人の存続・解散･････････････････････････ 127
法人たる被告人･･･････････････････････････ 174
包摂関係の構成要件･･･････････････････････ 329
傍聴人の退廷････････････････････････････ 202
法定証拠主義････････････････････････････ 218
法定代理人･････････････････････････････････ 30
法廷秩序のための退廷命令･････････････････ 175
法定手続の保障･･･････････････････････････ 2
法廷における秩序維持･････････････････････ 175
法的関連性･･･････････････････････････････ 220
冒頭陳述･････････････････････････････････ 194
冒頭手続･････････････････････････････････ 192
法文上の根拠（違法排除法則）･････････････ 301
法律上推定される事実･････････････････････ 229
法律審･･･････････････････････････････････ 387
法令解釈の統一･･･････････････････････････ 361
法令（の）適用･･･････････････････････････ 333
　　──の誤り･･･････････････････････････ 375
補強証拠の三要件･････････････････････････ 291
補強証拠の証明力の程度･･･････････････････ 293

補強証拠の適格性･････････････････････････ 291
補強証拠の必要な対象･････････････････････ 291
補強証拠必要説･･･････････････････････････ 296
補強証拠不要説･･･････････････････････････ 297
補強法則の法的根拠･･･････････････････････ 289
補佐人･･･････････････････････････････････ 71
保釈･････････････････････････････････････ 43
　　──の意義･････････････････････････････ 181
　　──の請求･････････････････････････････ 181
　　──の取消･････････････････････････････ 185
保釈許可の任意的条件･････････････････････ 185
保釈許可の必要的条件･････････････････････ 185
保釈許否の裁判･･･････････････････････････ 182
保釈許否の審査･･･････････････････････････ 182
保釈裁判に対する不服申立･････････････････ 187
保釈保証金の没取･････････････････････････ 186
補償される費用･･･････････････････････････ 336
補助証拠･････････････････････････････････ 224
没収・追徴･･･････････････････････････････ 332
ポリグラフ検査･･･････････････････････････ 28
ポリグラフ検査結果回答書･････････････････ 316
本件基準説･･･････････････････････････････ 58
本証･････････････････････････････････････ 225
本来の補強法則･･･････････････････････････ 290

ま行

麻酔分析･････････････････････････････････ 28
身柄拘束下の取調･････････････････････････ 68
身代り犯人･･･････････････････････････････ 345
未決勾留の通算･･･････････････････････････ 332
みせかけの補強法則･･･････････････････････ 290
密出国罪の訴因･･･････････････････････････ 149
密接な関連性の欠如･･･････････････････････ 310
身分･････････････････････････････････････ 104
ミランダ警告･････････････････････････････ 67, 68
無罪等を言い渡すべき明らかな証拠･････････ 394
無罪の推定法理･･･････････････････････････ 4, 122
無罪（の）判決･･･････････････････････････ 334
　　──の意義･････････････････････････････ 334
　　──の理由･････････････････････････････ 335

416

事項索引

──を受けた被告人への補償 ………… 335
明白な誤記 …………………………………… 327
免訴事由の差異 ……………………………… 133
免訴事由の実体審理の禁止 ………………… 130
免訴事由の特色 ……………………………… 133
免訴の確定判決 ……………………………… 134
免訴(の)判決 ………………………… 130, 345
　──(337条)の法的性質 …………… 345
　──の一事不再理効 ………… 133, 346, 354
　──の事由 ……………………………… 134
　──の法的性格 ………………………… 130
黙秘権 ………………………………………… 26
　──の法的効果 ………………………… 26
　──の保障 ……………………………… 269
　──の保障と自白法則との関係 ………… 27
黙秘権・弁護権の不告知と自白の任意性 … 282
黙秘に対する自由心証 ……………………… 26

や行

約束による自白 ……………………………… 280
柔かい事後審説 ……………………………… 379
唯一回行為説 ………………………………… 151
有罪であることの自認 ……………………… 271
有罪の合理的な疑いが残ると無罪 ………… 64
有罪の推定 …………………………………… 63
有罪の答弁 ……………………………… 67, 194
有罪(の)判決 ……………………………… 327
　──の主文 ……………………………… 331
　──の付随処分 ………………………… 332
　──の理由 ……………………………… 332
　──を受けた被告人の訴訟費用 ……… 336
有罪・無罪の確定判決 ……………………… 134
郵便物の押収 ………………………………… 13
要証事実 ……………………………………… 220
　──との関連性 …………………… 220, 315
　──の証明力と証拠能力 ……………… 220
　──の特定 ……………………………… 220
予検査 ………………………………………… 13
余罪取調の可否 ……………………………… 53
余罪取調の許容される範囲 ………………… 53

余罪取調の法的効果 ………………………… 53
余罪取調の法的性格 ………………………… 53
余罪取調の要否 ……………………………… 53
余罪と量刑 …………………………………… 111
余罪の量刑 …………………………………… 332
予審 …………………………………………… 65
予断(の)排除 ……………………………… 195
　──の外在的制約 ……………………… 219
　──の原則 ……………………………… 109
　──のための証明制限 ………………… 229
　──の手続規定 ………………………… 110
予備審問 ……………………………………… 67
4項書面(321条) …………………………… 261

ら行

立証趣旨の拘束力 …………………… 196, 220
略式手続 ……………………………………… 106
略式命令 ……………………………………… 324
　──の請求 ……………………………… 106
理由説 ………………………………………… 358
理由齟齬 ……………………………………… 374
留置施設 ……………………………………… 44
理由不備 ……………………………………… 374
量刑(執行猶予等)での調整 ………………… 3
例外としての再逮捕・再勾留 ……………… 51
令状主義 ……………………………………… 11
　──の外見上の例外 …………………… 39
　──の原則と例外 ……………………… 8
令状によらない検証・身体検査 …………… 20
令状によらない捜索・差押 ………………… 15
令状の執行 ……………………………… 12, 19
令状の審査 ……………………………… 12, 19
令状の請求 ……………………………… 12, 19
連日開廷の原則化 …………………………… 169
連日的開廷の確保 …………………………… 170
労役場留置 …………………………………… 332
録画(個人情報)の保存・管理 …………… 24
録取者の署名・押印 ………………………… 255
論告求刑 ……………………………………… 212

著者略歴

長井　圓（ながい　まどか）

1947年　愛媛県に生まれる．
1969年　中央大学法学部卒業
1975年　上智大学大学院法学研究科退学，同法学部助手
1991年　神奈川大学法学部教授
2001年　司法試験考査委員（至2005年）
2003年　横浜国立大学大学院教授（法曹実務専攻）
現在　　中央大学法科大学院教授

主要著書

『消費者取引と刑事規制』（信山社・1991年）
『刑事訴訟法』（内田文昭・河上和雄ほかと共編・青林書院・1993年）
『交通刑法と過失正犯論』（神奈川大学法学研究叢書・法学書院・1995年）
『カード対策法の最先端』（日本クレジット産業協会・2000年）
『何秉松主編　中国刑法教科書（総論・第6版）』（編著・八千代出版・2002年）
『何秉松主編　中国刑法教科書（各論・第6版）』（編著・八千代出版・2003年）
『環境刑法の総合的研究』（町野朔編・信山社出版・2003年）
『臓器移植法改正の論点』（町野朔・山本輝之と共編・信山社・2004年）

LSノート刑事訴訟法

2008年10月20日　第1版第1刷発行

著者　長井　圓

発行　不磨書房
〒113-0033　東京都文京区本郷6-2-10-501
TEL 03-3813-7199／FAX 03-3813-7104

発売　㈱信山社
〒113-0033　東京都文京区本郷6-2-9-102
TEL 03-3818-1019／FAX 03-3818-0344

Ⓒ Nagai Madoka
2008, Printed in Japan

印刷・製本／松澤印刷・渋谷文泉閣

ISBN978-4-7972-8556-7 C3332

◆既刊・新刊のご案内◆

gender law books

ジェンダーと法
辻村みよ子 著 ■本体 3,400円（税別）

導入対話による ジェンダー法学【第2版】
監修：浅倉むつ子／阿部浩己／林瑞枝／相澤美智子
山崎久民／戒能民江／武田万里子／宮園久栄／堀口悦子
■本体 2,400円（税別）

比較判例ジェンダー法
浅倉むつ子・角田由紀子 編著
相澤美智子／小竹聡／今井雅子／齋藤笑美子／谷田川知恵／
岡田久美子／中里見博／申ヘボン／糠塚康江／大西祥世
■本体 3,200円（税別）

パリテの論理
男女共同参画へのフランスの挑戦
糠塚康江 著（関東学院大学教授）
待望の1作 ■本体 3,200円（税別）

ドメスティック・バイオレンス
戒能民江 著
A5変判・上製 ■本体 3,200円（税別）

キャサリン・マッキノンと語る
ポルノグラフィと買売春
角田由紀子（弁護士）
ポルノ・買売春問題研究会
9064-1 四六判 ■本体 1,500円（税別）

法と心理の協働
二宮周平・村本邦子 編著
松本克美／段林和江／立石直子／桑田道子／杉山暁子／松村歌子 ■本体 2,600円（税別）

オリヴィエ・ブラン 著・辻村 みよ子 監訳

オランプ・ドゥ・グージュ ― フランス革命と女性の権利宣言 ―
フランス革命期を毅然と生きギロチンの露と消えた女流作家の生涯
【共訳／解説】辻村みよ子／太原孝英／高瀬智子 （協力：木村玉絵） 《近刊》
「女性の権利宣言」を書き、黒人奴隷制を批判したヒューマニスト ■本体 3,500円（税別）

発行：不磨書房　TEL 03(3813)7199 ／ FAX 03(3813)7104 Email：hensyu@apricot.ocn.ne.jp
発売：信山社　TEL 03(3818)1019 FAX 03(3818)0344 Email:order@shinzansha.co.jp